〈조선의 남해 바다 지도〉

충무공
이순신 전서 4

이순신과 선조의 **軍國 經·營** 대비를 중심으로 엮은

충무공 이순신 전서 4

박기봉 편역

비봉출판사

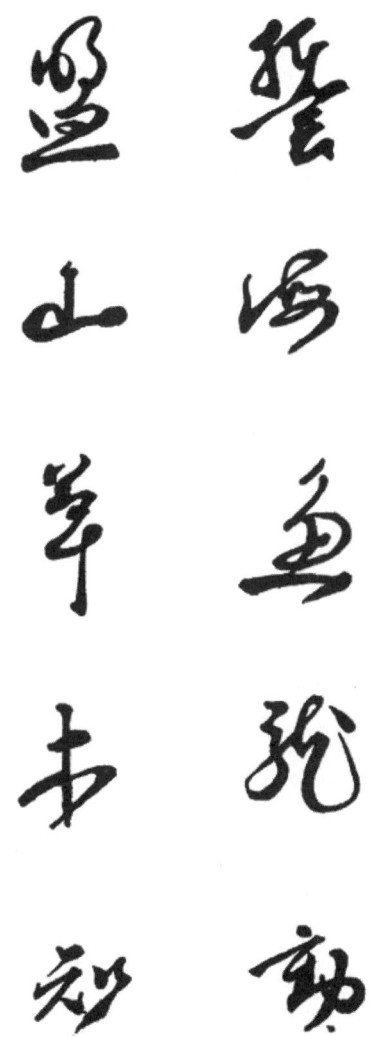

〈忠武公의 親筆詩句(陣中吟)〉

誓海魚龍動　　바다에 맹세하니 물고기와 용이 감동하고
盟山草木知　　산에 맹세하니 풀과 나무가 알아 주네

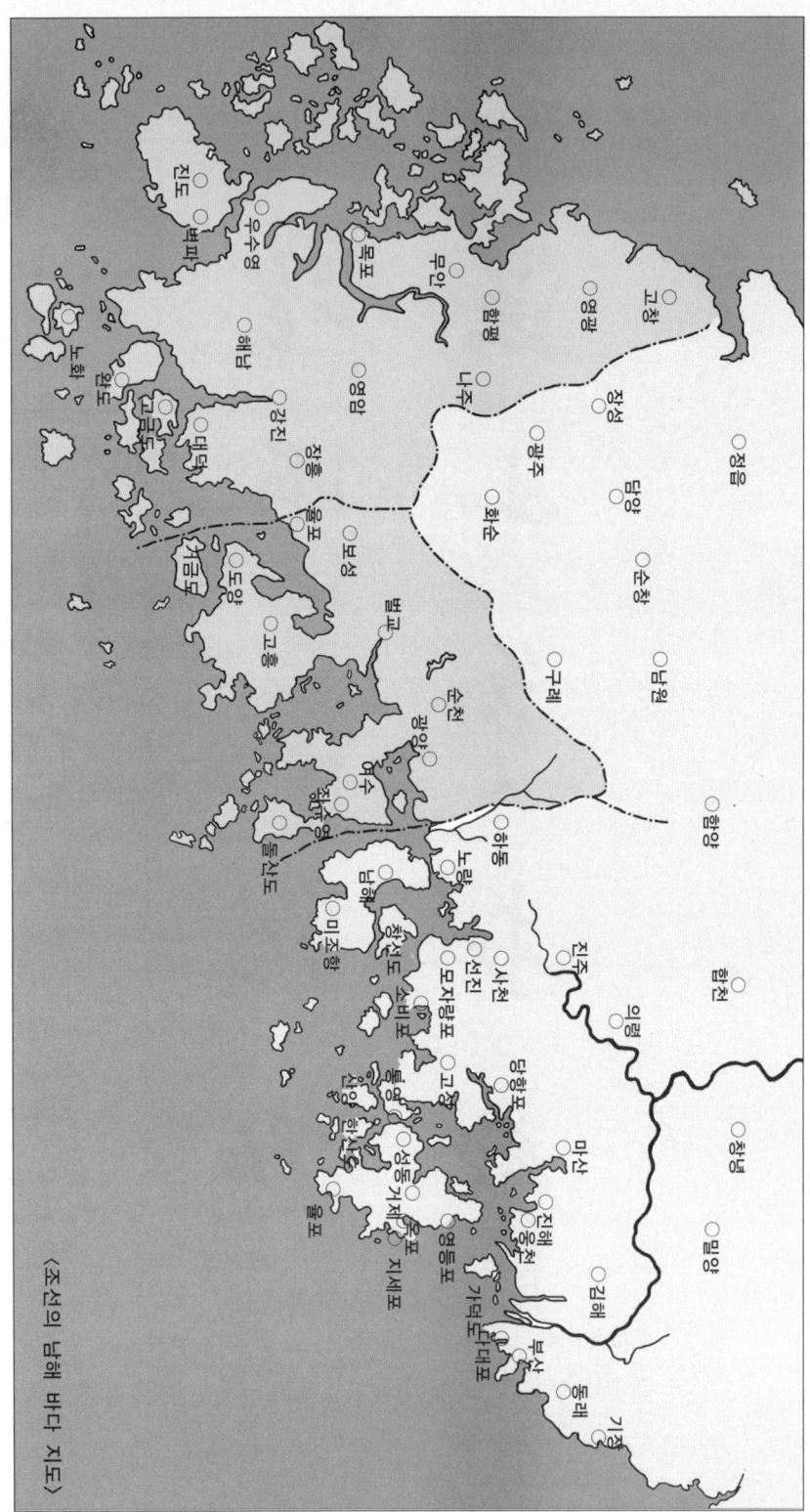

〈조선의 남해 바다 지도〉

제4권 차 례

1597(丁酉)년
1597(丁酉)년 10월 (면(葂)의 죽음과 명황제의 칙서)/ 9
1597(丁酉)년 11월 (가등청정의 포고문) / 33
1597(丁酉)년 12월 (울산성 전투: 초반엔 승첩)/ 48

1598(戊戌)년
1598(戊戌)년 1월 (울산성 전투: 결국 대패)/ 58
1598(戊戌)년 2월 (강화를 요구하는 가등청정)/ 82
1598(戊戌)년 3월 (윤두수에 대한 탄핵문)/ 91
1598(戊戌)년 4월 (화폐 사용을 권하는 명나라 장수)/ 101
1598(戊戌)년 5월 (마귀 제독의 남행길을 전송하는 선조)/ 116
1598(戊戌)년 6월 (모함에 걸려든 양호와 남행길에 오른 진린)/ 130
1598(戊戌)년 7월 (조선을 떠나가는 양호)/ 144
1598(戊戌)년 8월 (고금도에서의 승첩과 왜적의 철수 준비)/ 160
1598(戊戌)년 9월 (정응태의 양호 모함과 전투에 소극적인 명군)/ 176
1598(戊戌)년 10월 (왜교성 전투와 사천성 전투)/ 192
1598(戊戌)년 11월 (노량해전과 이순신의 전사)/ 215
시를 통해서 보는 이순신의 애국 충정/ 250

제5부 왜란의 종결과 공로평가
1. 최후의 전투와 이순신의 전사, 그리고 그 공로 평가/ 257
2. 1599(己亥)년 이후의 주요 사건들/ 269
3. 전후 처리와 선조의 죽음/ 279

충무공 이순신 전서

제6부 이순신 사후의 역사 기록들

1. 이충무공 행록(行錄)/ 313
2. 이충무공 행장(行狀)/ 363
3. 시장(諡狀)/ 388
4. 국조보감(國朝寶鑑)/ 408
5. 선묘중흥지(宣廟中興誌)/ 416
6. 징비록(懲毖錄)/ 447
7. 난중잡록(亂中雜錄)/ 462
8. 비문(碑文): 전라좌수영대첩비/ 467
9. 비문(碑文): 신도비(神道碑)/ 473
10. 충민사기(忠愍詞記)/ 492

제7부 부록(附錄): 기타 참고 자료들

1. 원균 행장록(元均行狀錄)/ 509
2. 이순신전(李舜臣傳)/ 527
3. 조선시대의 관료조직과 품계/ 540
4. 조선의 관직 구조와 각 행정기구의 기능/ 544

1597(丁酉)년 10월

(*이 달에 있었던 주요 사건을 〈선조수정실록〉에 의거 요약하면 다음과 같다.

○부총병 이여매(李如梅), 유격 파귀(頗貴), 파새(擺賽), 백영(牛伯英), 참장 양등산(楊登山) 등이 군사를 거느리고 남쪽으로 내려갔다. 얼마 뒤에 제독 마귀(麻貴)가 이여매를 응원한다는 명목으로 갑자기 군사를 이끌고 나가 남원으로 향하려고 하므로, 임금이 숭례문(崇禮門) 밖에까지 나가서 전송하였다.

○관서(關西)와 해서(海西)의 군사들을 징발하여 명나라 장수에게 나누어 소속시켜 땔나무 하는 일을 하게 하였다.)

10월 1일(戊午). 맑다. 아들 회(薈)를 보내어 저의 어미도 보고 그리고 집안 사람들의 생사도 알아보게 하려고 했다. 그런데 심사가 너무 불편하여 편지를 쓸 수가 없었다. 병조(兵曹)의 역졸(驛卒)이 공문을 가지고 내려와서 전하기를, 아산 집이 적들에게 분탕질을 당하여 거덜이 났다고 하였다.

10월 2일(己未). 맑다. 아들 회(薈)가 배를 타고 올라갔는데, 잘 갔는지 모르겠다. 나의 심정을 어찌 다 말할 수 있으랴.

10월 3일(庚申). 맑다. 새벽에 떠나 다시 법성포(法聖浦)로 돌아왔다.

〈왜인 포로가 공술한 왜적의 동향〉

「○충청병사 이시언(李時言)이 사로잡은 왜놈 복전감개(福田勘介)의 공술은 이러하였다.

"아버지는 전 국왕의 장수로 있었는데 관백이 왕의 자리를 빼앗고 왕으로 될 때에 살해당하였습니다. 이런 혐의로 나는 쫓겨나서 마침내 청정에게 소속되어 군사 1백여 명을 가지고 있었습니다.……남원이 격파된 뒤에 전주에서는 소문을 듣고 먼저 흩어졌기 때문에 행장(行長)은 빈 고을에 들어가서 분탕질을 하였습니다. 처음에 행장과 청정의 생각은 세 길로 나누어 곧바로 서울을 치려는 것이었는데, 관백이 사람을 보내어 지시하기를 '서울을 침범하지 말고 9월까지 이르는 곳마다에서 마구 죽인 다음 10월 중으로 다시 서생포와 부산 등 소굴로 돌아오라.' 고 하였기 때문에 서울까지 사흘 길을 앞두고 곧 돌아서게 되었습니다.

전라도에도 머물러 있을 생각이 없었기 때문에 늙은이와 젊은이, 남자와 여자를 막론하고 걸을 수 있는 사람은 잡아가고 걸을 수 없는 사람은 모조리 죽였습니다. 조선에서 포로로 잡아간 사람들을 일본으로 보내어 농사를 대신 짓게 하고 일본의 농사꾼들을 군사로 만들어 해마다 침범하여 나아가서는 큰 나라로 쳐들어가자는 것이었습니다.

10월 중에 청정이 울산에 새로 진을 만드는 것으로 보아 금년과 명년 사이에는 다시 출동할 생각이 없는 것 같습니다. 그러나 관백의 지시가 있다면 반드시 출동하지 않으리라는 보장이 없습니다.

아마 영토를 차츰차츰 먹어 들어가면서 투항한 사람은 부려먹고 항거하는 사람은 모조리 죽일 것입니다. 이렇게 토지와 백성들을 점점 자기 소유로 만든다면 뜻을 이루게 될 것이라고 합니다.
청정과 행장은 서로 대립하고 있습니다. 행장이 평양에서 패배한 사실을 청정은 계속해서 두고두고 말하고 있습니다. 그리고 행장은 강화를 하려고 하나 청정은 반대하고 있습니다. 그래서 서로 사이가 좋지 않습니다.
처음 강화를 할 때 행장은 거짓말을 하였습니다. 일본이 원하는 대로 명나라가 할 것이라고 해서 강화를 허락했던 것인데, 막상 책봉사신이 돌아가자 단지 국왕으로나 책봉하였을 뿐 아무런 실질적인 이익이 없었기 때문에, 결국 일이 이루어지지 못하였습니다. 아무리 강화를 하려고 하더라도 반드시 실속 있는 일을 가지고 청정에게 말해야만 성립될 수 있을 것입니다."」

-〈선조실록〉(1597. 10. 3.(庚申)-

(*이러한 정보를 공술한 사로잡은 왜인 포로 복전감개를 사흘 후 10월 6일에 목을 베어 죽인다.)

10월 4일(辛酉). 맑다. 그대로 머물러 잤다.

10월 5일(壬戌). 맑다. 그대로 머물러 있게 되어 촌가(村家)로 내려가서 잤다.

10월 6일(癸亥). 흐리다. 눈비가 부슬부슬 내렸다.

10월 7일(甲子). 바람이 순조롭지 않았고, 비가 오다 개었다 하였다. 들으니, 호남 안팎으로 적의 자취가 전혀 없다고 하였다.

10월 8일(乙丑). 맑다. 출발하여 어외도(於外島: 무안군 지도면)에 이르러 잤다.

10월 9일(丙寅). 맑다. 일찍 떠나서 우수영에 이르니 성 안팎에 인가(人家)라고는 하나도 없었고, 또 인적(人跡)도 없어서 보기에 참담하였다. 또 들으니, 흉악한 적들이 해남(海南)에 진을 치고 있다고 하였다. ○초저녁에 김종려(金宗麗), 정조(鄭詔), 백진남(白振男) 등이 찾아와서 만났다.

10월 10일(丁卯). 비가 뿌리고 북풍이 세게 불었다. 밤 10시경에 중군장 김응함(金應諴)이 와서 전하기를, 해남에 있는 적들이 급히 물러나고 있는 현상이 많이 보인다고 하였다. 이희급(李希伋)의 아비가 적에게 포로로 잡혀갔다가 애걸하여 풀려 나왔다고 하였다. ○몸이 불편하여 앉았다 누웠다 하며 밤을 새웠다.
○우도 우후(虞侯) 이정충(李廷忠)이 배에 왔다는데도 찾아와 보지 않는 것은 (지난 번 명량 싸움 때) 외도(外島)로 도망가 있었기 때문이다.

〈25일이 지났으나 명량 대첩의 소식을 모르고 있는 조정〉
「○임금이 숭례문 밖에 가서 남쪽으로 떠나가는 마 제독(麻貴)을 전송하기 위한 송별연을 차리고 위로하였다.……
마 제독: "남쪽 변방에서 매일 들어오는 보고를 들었습니까?
선조: 우리나라의 정탐보고는 아직 들어오지 않았습니다."」
　　　　　　　　　　　　－〈선조실록〉(1597. 10. 10.(丁卯)－
(*이순신의 명량대첩이 있은 지 25일이 지난 이때까지도 조정에서는 명량대첩의 소식에 대해서 깜깜하였다.)

10월 11일(戊辰). 맑다. 새벽 2시에 바람기가 조금 자는 것 같으므로 닻을 들고 바다 가운데 이르러 정탐할 사람으로 이순(李順), 박담동(朴淡同), 박수환(朴守煥), 태귀생(太貴生) 등을 해남으로 보냈더니, 해남에는 연기가 하늘로 치솟아 오르더라고 하였다. 틀림없이 적도들이 달아나면서 불을 지른 것이리라.

○정오에 발음도(發音島)에 이르니 바람도 좋고 날씨도 화창하므로 육지로 내려가 상봉(上峰)에 올라가서 배를 감출만한 곳을 살펴보니 동쪽에는 앞에 섬이 있어 멀리 바라볼 수 없었으나, 북쪽으로는 나주(羅州)와 영암(靈巖)의 월출산(月出山)으로 통하고, 서쪽으로는 비금도(飛禽島)로 통하여 시야가 확 틔어 있었다. 얼마 있다가 중군장(金應諴)과 우치적(禹致績)이 올라오고, 조효남(趙孝南), 안위(安衛), 우수(禹壽)도 이어서 왔다. 날이 저물어 산에서 내려와 해안 언덕에 앉았는데 조계종(趙繼宗)이 와서 왜적의 정황을 말하고, 또 왜적이 우리 수군을 몹시 겁낸다고 하였다.

○이희급(李希伋)의 아비가 찾아와서 인사를 하고 포로로 잡혀간 경위를 말하는데 마음이 아파 견길 수가 없었다. ○저녁에는 따뜻하기가 마치 봄날 같아서 아지랑이가 하늘에 아른거리고 비가 내릴 징조가 많이 있었다.

○밤 8시경에 달빛이 비단결 같아서 혼자 선실 창 옆에 앉아 있으니 온갖 생각이 다 났다. 밤 10시 경에 식은땀이 나서 온몸을 다 적셨다. 자정 때쯤부터 비가 내렸다. 이날 우수사(金億秋)가 군량선에 있는 뱃사람들을 곤장으로 무릎을 쳤다고 한다. 참으로 놀랄 일이다.

〈도망간 장수는 군법에 따라 치죄해야〉

(*〈난중일기〉에 보면 9월 2일에 배설(裵楔)이 도망갔다고 하였다. 그 보고가 이때 조정에 올라왔고, 이에 대해 조정은 군법에 따라 그를 처벌하기로 결정하고 명나라 장수에게 결재를 올리려고 한다. 그리고 전라좌수영의 우후 이몽구(李夢龜)에 대한 처벌을 건의하는 기사도 나온다.)

「○비변사에서 건의하였다.

"수사 배설(裵楔)은 수군의 차장(次將)으로서 주장(主將: 원균)을 구원하지 않고 몸을 빼어 도망쳤는데, 이번에 또 주장(이순신)의 명령을 어기고 어둠을 타서 도망쳤으니 그 죄상이야말로 증오스럽기 그지없습니다. 법조문에 따라 처리하지 않을 수 없습니다. 곧 선전관을 보내어 법을 집행하겠다는 내용을 접반사 이덕형(李德馨)을 시켜 장계에 실린 내용과 함께 가지고 가서 경리에게 알리는 것이 좋겠습니다."

지시하였다. "건의한 대로 하라."」

「○장령(掌令) 이함(李諴)이 건의하였다.

"…전라 좌우후 이몽구(李夢龜)는 처음에 한산도 수군이 패하였을 때 적들이 본 도에 침범하기도 전에 군영을 지키는 장수로서 수많은 무기와 군량을 처치할 생각은 하지 않고 그저 급히 제 몸부터 피할 생각만 하였습니다. 배에 관청 곡식을 훔쳐 실은 다음 처자를 데리고 함께 타고 바다로 도망친 사실이 이때까지 올라온 장계들에 뚜렷이 적혀 있으니 통분하기 그지없습니다. 그때에 즉시 선전관을 보내어 목을 베어 매달게 함으로써 부대들에 경계를 보여야 했습니다. 그런데 지금까지도 형벌에서 빠지고 있으므로 사람들은 더없이 통분해 하고 있습니다. 이몽구를 법조문에 따라 처단하라고 빨리 지시하기 바랍니다."

대답하였다. "건의한 대로 하라."」

−〈선조실록〉(1597. 10. 11.(戊辰)−

10월 12일(己巳). 비. 비. 아침에 우수사(金億秋)가 와서 절을 하고 그 하인의 무릎 뼈 때린 일을 사죄하였다. 가리포(李應彪), 장흥(田鳳) 등 여러 장수들이 와서 종일 이야기하였다. 탐색선이 나흘이나 되어도 오지 않아 걱정이 되었다. 그러나 흉악한 적도들이 멀리 도망가는 것을 보고 그 뒤를 쫓아가서 돌아오지 않는 것이라고 생각되었다.

10월 13일(庚午). 맑다. 배 조방장(裵興立)과 경상우후(李義得)가 찾아와 보았다. 얼마 있으니 탐색선이 임준영(任俊英)을 싣고 왔는데, 그 편에 적의 소식을 들으니, 해남으로 들어와서 틀어 앉아 있던 적들이 초 10일에 우리 수군이 내려오는 것을 보고는 11일에 모두 급히 도망갔는데, 해남의 향리 송언봉(宋彦逢)과 신용(愼容) 등이 적진 속으로 들어가서 왜놈들을 끌고 와서 지방 사람들을 많이 죽였다고 하니, 통분함을 이길 길이 없었다. 그래서 곧 순천 부사 우치적(禹致績), 금갑도 만호 이정표(李廷彪), 제포 만호 주의수(朱義壽), 당포 만호 안이명(安以命), 조라포 만호 정공청(鄭公淸)과 군관 임계형(林季亨), 정상명(鄭翔溟), 봉좌(逢佐) 태귀생(太貴生), 박수환(朴壽煥) 등을 해남으로 보냈다.
○늦게 배 조방장(裵興立)과 장흥 부사 전봉(田鳳) 등과 함께 이야기하였다.
○이날 싸울 때 뒤떨어져 있었던 죄로 우수영 우후 이정충(李廷忠)을 처벌하였다.

○저녁에 중군장 김응함(金應誠)한테 들으니, 섬 안에 알지 못하는 어떤 사람이 산골짜기에 숨어 살면서 소나 말을 잡는다고 하였다. 그래서 황득중(黃得中)과 오수(吳水) 등을 보내어 염탐하게 하였다.

〈패전의 책임을 물어 도원수(권율)도 처벌해야 한다〉

(*이 날짜 〈선조실록〉에는 몇 명 살아남지도 못한 수군 장수들을 처벌해야 한다는 주장이 제기되고 있다.)

「○사헌부에서 건의하였다.

"한산도에서 수군이 패하였을 때 주장을 구원하지 않은 죄와 관련하여 각 배들을 통솔하던 장수들을 도체찰사를 시켜 그 경중을 나누어 법조문에 따라 처단하자고 대간들이 건의한 결과 승인을 받은 지 이미 수개월이 지났습니다.

도체찰사 이원익이 비록 병으로 올라왔다고 하더라도 아직 도원수가 체찰사의 지시를 받고 있음에도 불구하고 오래도록 처리하여 보고하지 않고 있으니, 이것은 임금의 지시를 쑥대밭에 내버리는 것으로서 너무나 어이없는 일입니다. 도원수 권율을 신문하고 죄를 다스리기 바랍니다."

○비망기로 한준겸(韓浚謙: 우부승지)에게 지시하였다.

"이왕에 군사 통솔자로 임명받은 이상 관하 장수와 군사들에게 죄가 있을 경우 군법에 따라 스스로 처단해야 할 것이다. 이렇게 해야만 권력이 자기에게로 돌아오고 장수와 군사들은 두려운 생각을 가져서 싸움에 나가서도 감히 지시를 어기지 못하며 따라서 성공할 수 있게 되는 것이다.

옛날에는 군정(軍政)이 이처럼 시행되어 왔으나 지금은 군령을 어긴 사람을 자체적으로 처결하지 않고 조정에 문의하기 때문에 간혹 해당 관리가 법을 농락하여 벗어나게 하는 결과를 빚어내고 있으니 위엄으로 사랑을 이기는 일을 어찌 진실로 실현해 나갈 수 있겠는가. 옛날부터 군사통솔자의 직책을 맡은 장수가 어찌 이와 같이 하였겠는가.
이제부터 군법을 어긴 관하 사람에 대해서는 모조리 먼저 처단한 다음 보고하도록 하라고 이순신과 이시언에게 글을 내려 보내도록 하라."」　　　　　　　　－〈선조실록〉(1597. 10. 13.(庚午)－

(*그러나 선조는, 이런 상태가 되게 한 책임이 임금인 자신에게 있다는 점은 전혀 언급하지 않고 있다. 조정에서 모든 일들이 간신들의 모함과 권세가의 농단으로 이루어지는 문란한 정치에서 어찌 현장의 장수가 제대로 군법을 시행할 수 있겠는가. 잘못 권력자의 비호를 받는 인물에게 벌을 주었다가는 당장 그 화를 장수 자신이 입게 되는 그런 상황에서 군사 기강은 결코 확립될 수 없는 법이다.)

10월 14일(辛未). 맑다. 새벽 2시쯤 꿈에 내가 말을 타고 언덕 위로 올라가는데 말이 발을 헛디뎌서 냇물 속에 떨어지기는 했으나 쓰러지지는 않았으며, 끝에 가서는 아들 면(葂)이 나를 끌어안고 있는 듯한 모습을 보고 깼다. 무슨 징조인지 모르겠다. 황득중(黃得中) 등이 와서 보고하기를, 내수사(內需司)의 종 강막지(姜莫只)라는 자가 소를 많이 치므로 12마리를 끌고 간 것이라고 하였다.
○저녁에 어떤 사람이 천안으로부터 와서 집안 편지를 전해주었는데, 열어 보기도 전에 뼈와 살이 먼저 떨리고 심기가 혼란해졌다. 겉봉을 뜯어내고 그 속의 편지봉투를 보니 겉에 열(苶)의 글씨가 보였는데, "통곡(痛哭)"이란 두 글자가 씌어 있었다. 면(葂)

이 전사하였음을 알고 나도 몰래 간담이 떨어져 소리를 내어 통곡, 통곡하였다.

(*명량 해전에서 패한 왜적들은 이순신의 생가가 있는 아산으로 쳐들어가서 당시 고향을 지키고 있던 이순신의 아들 면을 살해했던 것이다.)

하늘은 어찌하여 이다지도 인자하지 못한가. 내가 죽고 네가 사는 것이 마땅한 이치거늘, 네가 죽고 내가 살아 있다니, 어찌 이런 괴상한 이치가 다 있단 말이냐. 천지가 깜깜해지고 해조차도 빛이 바래는구나.

슬프구나, 내 아들아. 나를 버리고 어디로 간다는 말이냐. 남 달리 영특하기로 하늘이 이 세상에 남겨 두지 않은 것인가. 내가 지은 죄 때문에 그 화가 네 몸에 미친 것이냐. 내 이제 이 세상에 살아 있은들 장차 누구에게 의지한단 말이냐. 너를 따라 같이 죽어 지하에서 같이 울고 싶건마는 네 형, 네 누이, 네 어머니가 의지할 곳이 없으므로 아직은 참고 연명은 한다마는, 이미 속은 죽고 껍데기만 살아있는 셈이니 그저 울부짖으며 통곡할 따름이다. 하룻밤 지내기가 일년 같았다. 이날 밤 10시경에 비가 내렸다.

10월 15일(壬申). 하루 종일 비바람이 불었다. 누워있기도 하고 앉아 있기도 하면서 하루 종일 몸을 뒤척거렸다. 여러 장수들이 찾아와서 위문하였으나 얼굴을 들고 바라볼 수가 없었다. 임중형(林仲亨), 박신(朴信) 등이 적정을 정탐하기 위하여 작은 배를 타고 흥양, 순천 등의 바다로 갔다.

10월 16일(癸酉). 맑다. 우수사(金億秋)와 미조항 첨사(金應誠)를 해남으로 보냈다. 해남 현감 유형(柳珩)도 보냈다. 나는 내일이 막내 아들 죽은 소식을 들은 지 나흘째 되는 날인데도 여태 마음 놓고 통곡할 수 없었으므로, 섬 안에 있는 강막지(姜莫只)의 집으로 갔다. 밤 10시경에 순천 부사(禹致績), 우 우후 이정충(李廷忠), 금갑도(李廷彪), 제포(朱義壽) 등이 해남으로부터 돌아왔는데, 왜적의 머리 13개와 적진에 투항에 들어갔던 송언봉(宋彦逢) 등의 머리를 베어왔다.

10월 17일(甲戌). 맑다. 새벽에 죽은 자식을 위해 흰 띠를 두르고 향을 피우고 곡을 하였다. 비통함을 어찌 감당할 수 있으랴. 우수사(金億秋)가 찾아와 만났다.

10월 18일(乙亥). 맑다. 바람도 자는 것 같았다. 우수사(金億秋)는 배를 부릴 수 없어서 바깥 바다에서 잤다. 강막지(姜莫只)가 와서 보았다. 임계형(林季亨)과 임준영(林俊英)이 들어왔다.

10월 19일(丙子). 맑다. 지난밤 12시경에 꿈을 꾸었는데, 새벽에 고향 집의 종 진(辰)이 내려왔기에 죽은 아들을 생각하면서 통곡하는 꿈이었다. 늦게 조방장 및 경상우후(李義得)가 찾아왔다. 백 진사(白振男)가 찾아오고 임계형(林季亨)이 와서 인사를 하였다. 김신웅(金信雄)의 아내, 이인세(李仁世), 정억부(鄭億夫)를 붙잡아왔다. 거제 현령(安衛), 안골포 만호(禹壽), 녹도 만호(宋汝悰), 웅천 현감(金忠敏), 제포 만호(朱義壽), 조라포(助羅浦) 만호(鄭公淸), 당포 만호(安以命), 우 우후(李廷忠) 등이 찾아왔다. 적을 잡은 공문을 가져와 바쳤다. 윤건(尹健) 등이 적에게 붙었던 사람 2명을 잡아왔다.

○어두울 무렵 코피를 한 되 남짓 흘렸다. 밤에 앉아서 생각에 잠겨 눈물을 흘렸는데, 어찌 말로 다하랴. 이제는 영령(英靈)이 되었으니, 불효가 여기에까지 이를 줄이야 그가 어찌 알았으랴. 비통하여 가슴이 찢어지듯 함을 이기기 어려웠다.

10월 20일(丁丑). 맑다. 미조항 첨사(金應諴), 해남(柳珩), 강진 현감(李克新) 등이 해남의 군량을 운반할 일로 보고한 뒤 돌아갔고, 또 안골포 만호 우수(禹壽)도 보고하고 돌아갔다. 늦게 김종려(金宗麗), 정수(鄭遂), 백진남(白振男) 등이 와서 보았다. 또 윤지눌(尹志訥)의 못된 짓을 많이 말하였다.
○김종려를 소음도(所音島) 등 13섬의 염장(鹽場)의 소금 굽는 것을 감독하는 도감(監煮都監撿)으로 뽑아 보냈다.

〈이순신이 약간의 적을 잡았으나 자랑할 게 못 된다〉
「○임금이 양 경리(楊鎬)를 접견하였다.…
선조: "흉악한 적들이 조금 물러가서 종묘와 사직을 다시 모셔온 것은 사실 대인의 공로가 큽니다. 뭐라고 사례할 방도가 없으니 절을 하여 사례할 것을 청합니다.
양경리: 아닙니다. 그것이 무슨 말입니까. 나에게 무슨 공로가 있습니까. 그런 인사는 감히 받을 수 없습니다.
선조: 통제사 이순신이 약간의 적을 잡았으나 그것이 그가 응당 해야 할 일을 한 것뿐입니다. 큰 공로도 아니고 자랑할 것도 없는데 대인이 상으로 은과 비단을 주어 표창하였는바, 나는 속으로 미안하게 생각합니다.
양경리: 이순신은 의협심이 강한 훌륭한 사나이입니다. 흩어지고 없어진 전선들을 수습하고, 좌절당하고 패배한 뒤끝에 큰 공을

세운 것은 대단히 칭찬할만하기 때문에 은과 비단을 좀 주어 나의 기쁜 마음을 표시하였을 따름입니다.
선조: 대인께선 그렇다 하더라도 나로서는 사실 미안한 생각이 듭니다."」　　　　　　　　　　－〈선조실록〉(1597. 10. 20.(丁丑)－

(*선조는 이순신의 승첩 소식을 접할 때마다 마음속으로 큰 갈등과 죄책감을 느꼈을 것이며, 그것이 정유년 이후의 이순신의 승첩을 어떻게든 폄하하려는 행동으로 나타났을 것이다.
이순신의 명성이 드높아질수록 선조는 시기심과 질투심으로 몸을 떨면서도 달리 그를 대신하여 적을 막아줄 다른 장수를 구할 수 없는 상황과, 이런 훌륭하고 유능한 장수를 죽이려 했던 자신의 지난날의 행동에 대한 죄책감과, 자신의 이런 딜레마를 해결해 줄 것으로 기대했던 원균의 무참한 패배와 전사…. 이런 것을 동시에 느낄 수밖에 없었던 선조가 이순신의 승첩 소식에 자신의 과거 잘못을 잊어버리고 흔쾌히 기뻐할 수 없었다는 데에 임금으로서의 선조와 조선 백성들의 비극이 있었던 것이다.
그러나 그렇다 하더라도, 이순신이 어떤 처지에서 시작하여, 어떤 전략전술을 써서, 겨우 12척의 배로 3백 척이 넘는 왜적의 대함대를 격파하여 9월 16일의 명량대첩을 이루어냈는지를 본 우리로서는, 선조의 이런 말에서 한없는 분노를 느끼지 않을 수 없다.)

10월 21일(戊寅). 비가 오다가 눈이 오다가 하였다. 바람이 몹시 차가워서 뱃사람들이 추위에 얼까봐 걱정이 되어 마음을 안정시킬 수 없었다. ○정상명(鄭翔溟)이 들어와서 전하기를, 무안(務安) 현감 남언상(南彦祥)이 들어왔다고 하였다. 언상(彦祥)은 본래 수군에 소속된 관리였는데 자기 몸을 보전하기 위한 사사로운 계책으로 수군에 오지 않고 몸을 산골짜기에 숨긴 지 이미 달포가 넘었다.

그러다가 적이 물러간 다음에야 무거운 처벌을 받게 될까봐 겁이 나서 비로소 와서 얼굴을 내미니, 그 하는 짓이 극히 놀라웠다.

10월 22일(己卯). 아침에는 눈이 오고 늦게는 개었다. 군기시(軍器寺) 직장(直長) 선기룡(宣起龍)이 임금의 유지(諭旨)와 의정부의 방문(榜文)을 가지고 왔다. ○해남 현감 유형(柳珩)이 적에게 붙었던 사람들인 윤해(尹海), 김언경(金彦京) 등을 묶어서 올려보냈기에 단단히 가두어 놓게 하였고, 또 무안 현감 남언상(南彦祥)은 가리포 전선에 가두어 놓게 하였다.

10월 23일(庚辰). 맑다. 늦게 김종려(金宗麗), 정수(鄭遂)가 찾아왔다. 배 조방장(裵興立), 우후(李夢龜), 우 우후(李廷忠)도 왔다. 적량 만호, 영등포 만호도 뒤따라 왔다가 저녁에 돌아갔다. 이날 낮에 윤해와 김언경을 처형하였다. 진사 백진남(白振男)이 찾아와서 보았다. 전마(戰馬)의 편자가 떨어진 것을 고쳐 박았다.

〈명나라 수군의 도착을 이순신에게 알려라〉

「○비변사에서 건의하였다.

"…이순신이 있는 곳은 거리가 너무 멀어 이제 정탐하는 사람을 보내더라도 10일 이내로는 회답 보고가 당도하지 못할 것이니 몹시 염려됩니다. 병조로 하여금 무사들 가운데 영리한 사람을 특별히 정하여 급히 내려 보내어 명나라 수군이 이미 강화도에 도착하였다는 소식을 전달하게 하는 동시에 명나라 수군이 진주할 장소와 그들과 협동하여 싸울 내용을 자세히 물어서 급히 회답 보고하도록 하는 것이 좋겠습니다.

그런데 전라도에는 적들이 아직도 가득 차 있다고 합니다. 만일 그렇다면 육로로는 가기가 어려울 것이므로 할 수 없이 바닷길로 가야 할 텐데, 이것도 우려되니 함께 접반사를 시켜 먼저 이런 내용을 경리에게 보고하여 사연을 알리도록 하는 것이 어떻겠습니까." 지시하였다. "건의한 대로 하라."」

-〈선조실록〉(1597. 10. 23.(庚辰)-

10월 24일(辛巳). 맑다. 해남에 있던 왜군의 군량 322섬을 실어왔다. ○초저녁에 선전관 하응서(河應瑞)가 유지(諭旨)를 가지고 들어왔는데, 그 내용은 우후 이몽구(李夢龜)를 처형하라는 것이었다. 그 편에 들으니, 명나라 수군이 강화에 이르렀다고 하였다. 밤 10시경에 땀이 흘러 등을 적셨는데 자정이 넘어서야 그쳤다. 새벽 2시경에 또 선전관과 금오랑(金吾郞)이 왔다는 말이 전해졌다. 날이 밝은 뒤에 들어왔는데, 선전관은 권길(權吉)이었고 금오랑은 홍지수(洪之壽)였다. 무안 현감(南彦祥)과 목포(方守慶), 다경포 만호(尹承男)를 잡아 갈 일로 왔다고 하였다.

〈명나라 황제의 지시문과 그것을 받는 의식 절차〉

(*이순신을 무고하여 통제사직에서 파면하였을 뿐 아니라 붙잡아 와서 옥에 가두고 무능한 장수 원균을 그 자리에 앉히는 어리석음의 극치를 보여준 인사를 한 결과, 조선의 전 수군을 잃어버리고, 전 국토를 또다시 왜적의 발아래 유린당하게 한 임금 선조가 명나라로부터 어떤 수모와 모욕적인 대접을 받게 되는지를 볼 수 있는 역사 기록을 참고로 소개한다.)

「○선조가 모화관(慕華館)에 가서 황제의 칙서를 맞이하였다.
선조가 모화관에 이르러 장막으로 된 휴식처로 들어가서 도승지 윤담무(尹覃戊)에게 지시하였다. "칙서를 맞이하는 의식이 끝난 뒤에 곧 어전에서 시중드는 예차통사(豫差通事)를 시켜서 파견 나온 대국의 관리에게 내가 먼저 태평관에 가서 기다리고 있겠다는 내용을 알리도록 하라."

이것은 대체로 전례로 되어 있는 것이다. 조금 있다가 칙서가 도착하였다는 보고가 전달되었다.

선조가 길에 나가 서서 용정자(龍亭子: 황제의 칙서를 담아 올리는 문서함)를 바라보고 4번 절하고 3번 머리를 조아렸다.

이것이 끝난 다음 사람을 시켜서 말했다. "내가 태평관에 먼저 가서 기다리겠다."

그러자 파견나온 관리가 대답했다. "예!"

선조가 태평관에 도착한 후 잠깐 지나서 칙서가 도착하였다는 보고를 받았다. 선조가 장막으로 된 휴식처에서 나와 뜰 왼쪽에 서서 몸을 굽히고 공경스럽게 맞이하였다. 파견 나온 관리가 황제의 칙서를 받들어 대청에 놓았다. 의식절차를 거드는 관리가 선조를 인도하여 절하는 자리로 나갔으며, 4번 절하고 나서 대청으로 올라갔다.

칙서를 받들어 선조 앞에 펼쳐 놓자 선조가 다 본 다음 내려와 자리로 가서 다시 4번 절을 하였다.

의식 절차를 거드는 관리가 칙서를 받들고 나오자 선조가 그것을 펼쳐서 읽은 다음 승지를 돌아다보고 말했다.

"매우 미안하다. 매우 미안하다."

드디어 장막으로 된 휴식처로 들어가서 사관(史官)을 보내어 파견 나온 관리를 만날 것을 청하자, 파견 나온 관리는 그 의견을 따랐다. (*파견 나온 관리의 이름은 시신(時新)이고 성은 방(方)인데, 전임 수비(守備)였다. 요동 사람이다.)

선조가 수비(守備)와 두 번 절을 하였다.

선조가 절을 마치고 말했다: "명나라에서 다시 군사를 징발하고 식량을 내어 구원해주고 있을 뿐만 아니라 또 황제의 지시까지 친절하게 보내주니 감격을 금할 수 없으며 황송하기 그지없습니다."

수비: "귀국과 명나라는 한 집안과 같기 때문에 이렇게 시종 구원해주는 것입니다. 황제의 이번 지시는 귀국을 엄히 타일러서 분발하도록 하려는 것입니다.

선조: 군문대인(軍門大人)은 어떻게 지내며 지금 어디 있습니까?

수비: 지금 요양(遼陽)에 거주하고 있는데 곧 떠나올 것입니다. 그래서 파견나온 관리를 시켜 지금 의주의 객관을 수리하고 있습니다. 유제독(劉綎)이 사천과 절강의 군사를 거느리고 오는데 아마 지금쯤은 산해관(山海關)을 지났을 것입니다. 그리고 진어사(陳御使)도 벌써 황제에게 떠나는 인사를 하였습니다.

그리고 자리로 나가자 선조가 자리에서 내려와 차를 대접했다.

수비: 나의 맏형은 앞서 임진년에 이 제독의 중군으로 나왔었고, 가운데 형도 장령(將領)으로 따라 왔었는데, 이번에는 내가 또 국왕을 뵙게 되었으니 이 이상 다행한 일이 없습니다. 전에 숙녕관(肅寧館)에서 국왕께서 맏형을 접견하였을 때 나는 맡은 일이 없었기 때문에 만나 뵙지 못했습니다. 맏형이 도중에 탈이 났을 때 국왕께서 내의원 의원을 보내어 치료해준 것에 대하여 지금까지도 은혜를 잊지 않고 있으며, 고명하신 국왕에 대하여 감격하고 있습니다.

선조: 대인이 그 전에 나왔을 때는 미처 만나보지 못하였는데 이번에 황제의 은덕으로 대인을 접견하게 되었으니 더 없이 다행입니다. 맏형님은 지금 어디서 무슨 벼슬을 하고 있습니까? 우리나라 사람들은 아직도 잊지 않고 있습니다.

수비: 내가 올 때 군문에서는 명령기(命令旗) 하나를 주면서 싸움을 독촉하도록 하였습니다. 명령을 집행하지 않는 자들을 단속하여 다스려야겠으므로 나는 대군을 따라 남으로 내려가야 하며, 돌아가지 않습니다. 바라건대 길잡이를 구하여 같이 가게 해주었으면 합니다.

선조: 분부대로 하겠습니다."

이어서 술을 대접하겠다고 하자 수비는 그 의견을 따랐다. 선조가 자리에서 내려와 두 잔을 권한 다음 다시 작은 나라(조선)의 신하를 시켜 술을 권하게 할 것을 청하자, 수비는 그만두었으면 한다고 하면서 말했다.

수비: "국왕이 이제 금방 두 잔을 준 것만 해도 대단히 감사한 일입니다. 더군다나 나는 주량이 작은 사람인데 어떻게 하겠습니까.

선조(윤담무를 돌아보며): 이 사람은 황제의 칙서를 가지고 왔으므로 예의상 여러 장수들과는 다르게 특별대우를 해야겠는데, 다시 청하는 것이 어떻겠는가?

윤담무: 전하의 지시가 지당하십니다.

선조: 대인이 우리나라에 왔는데 우리나라의 신하들치고 누군들 술 한 잔 드리고 싶지 않겠습니까. 그래서 감히 다시 청하는 것입니다.

수비: 그렇다면 어떻게 지시를 따르지 않을 수 있겠습니까."

선조가 경림군 김명원(金命元)에게 들어와 술을 따르게 했다.

수비: "전에 교활한 적들이 왕으로 책봉해 줄 것과 공물을 바치게 해달라고 간청하기 때문에 명나라는 믿고 군사를 철수하였던 것입니다. 그러나 이번에는 황제가 몹시 노했고, 형 군문(邢玠), 양 경리(楊鎬), 마 제독(麻貴)이 모두 분발하였으므로 반드시 이

적들을 소멸시키고 나서야 그만두려 할 것입니다. 식량은 아까워서 그러는 것이 아니라 다만 길이 너무 멀어서 미처 실어오지 못했습니다. 귀국에서도 힘을 다하여 운반해야 하겠습니다. 이 적을 소멸시켜야만 귀국도 편안하고 명나라도 근심이 없을 것입니다.

선조: 끝까지 구제해 주니 황제의 은혜야말로 끝이 없습니다. 식량에 대해서는 우리나라에서 감히 힘을 다하지 않는 것은 아닙니다. 남쪽 지방이 몽땅 거덜나게 되어서 어떻게 해야 할지 생각이 나지 않아 지금 애만 태우고 있습니다. 있는 힘을 다하여 마련하겠습니다.

선조(승지를 보고): 식량문제가 몹시 딱하다. 만일 제때에 마련하지 못하면 틀림없이 예측할 수 없는 변이 생길 텐데 몇 달 안으로 마련해낼 길이 있겠는가? 미처 마련하지 못하면 결말이 어떻게 되겠는가?

한준겸(韓浚謙: 우부승지): 지금의 형편으로 보아서는 마련할 수 있다고 말할 수가 없습니다.

수비: 귀국에서 힘을 다하지 않는다고 말하는 것은 아닙니다. 명나라에서 식량이 무수히 나오고 있는데, 반드시 그 식량을 제때에 옮겨와야 하기 때문입니다.

선조: 어찌 힘을 다하지 않을 수 있겠습니까. 우리나라의 존망이 거기에 달려 있습니다.

수비: 이미 술도 취하고 음식도 배부르게 먹었으니 그만두었으면 합니다.

선조: 그렇다면 앉은 자리에서 술을 들었으면 합니다.

수비: 말씀대로 하겠습니다. 그저 두어 잔만 들고 끝냈으면 합니다."

술이 두어 순배 돌아가자 수비는 굳이 사양하였다.

수비(선조가 예물 목록을 올리자): "지금 높고 낮은 장수들의 수가 매우 많아서 접대비용만 해도 미안한 일인데 어떻게 감히 예물을 받을 수 있겠습니까. 목록만 받고 물건은 받지 못하겠습니다. 내가 만일 무슨 물건을 가지고 있다면 그 물건으로 귀국의 군량을 만분지 일이라도 보태야 할 텐데 어떻게 이 물건들을 받을 수 있겠습니까.

수비(선조가 다시 청하자): 목록만 받아도 받은 것이나 같으니 물건은 받지 않겠습니다.

선조: 대체로 예의는 세 번을 하는 것이 절차로 되어 있으니 다시 청하는 것이 좋겠다."

그래서 역관이 다시 선조의 뜻을 받아 강요하였으나 수비는 굳이 사양하였다.

선조가 드디어 읍을 하고 나왔다. 수비는 문밖까지 나와서 선조가 남여(藍輿: 가마)를 타는 것을 보고 나서야 들어갔다.」

○ 황제의 지시문은 이러하였다.

"나는 생각건대, 너희 나라는 동쪽 변방에 치우쳐 있으면서 대대로 공순(恭順)하였다고 생각한다. 그런데 몇 년 전에 왜놈들이 너희 강토를 혹심하게 파괴하자 의주에 피난해 와서는 애타게 구원해 주기를 청하므로, 나는 측은하게 여기고 특별히 문무 중신들을 파견하여 군사를 거느리고 가서 왜적을 치게 하였다. 이것은 불에 휩싸인 사람을 구원하고 물에 빠진 사람을 건져주려는 것만은 아니었다.

그때에는 너희 온 나라가 그래도 굳은 결심을 가지고 명나라의 정벌을 도와주었기에 너희 땅을 회복하고 너희 왕자와 신하를 돌려

올 수 있었다.
그리하여 이미 왜놈들은 겁이 나서 도망쳤으며, 머리를 숙여 왕으로 책봉해줄 것을 요구하기에 나는 너희 백성들과 재물이 회복되지 못한 것을 생각하여 우선 그 요청을 따랐다. 이것은 모두 너희들을 편안하게 하기 위한 것이었다.

그런데 어찌하여 몇 해 동안 휴식하면서 훈련도 하지 않고 스스로 원수 갚을 결심도 잊고 나라가 붕괴되는 것을 앉아서 보고만 있었으며, 교활한 왜적들이 다시 침입하였는데도 여전히 세월만 보내다가 장황하게 글을 올려 우리나라에 구원을 청하였는가.
이리하여 다시 왜적을 치는 싸움이 있게 되었는데, 우리 군사를 수고롭게 하고 식량을 운반하면서 험난한 길을 넘어 너희 나라를 구원하고 있으니, 나로서도 작은 나라를 사랑하는 어진 마음과 어려움에 처한 나라를 돌보아주는 의로운 일을 다 하였다고 할 수 있다.

그런데 들으니 너희 임금과 신하들은 명나라 군사를 소원하게 여기면서 조금도 관심을 돌리지 않으며, 수도를 헌신짝처럼 버리면서 전혀 애착을 두지 않는다고 하며, 식량이 떨어졌는데도 수습하지 않으며, 신하들이 도망을 쳐도 처단하지 않는다고 한다.
나는 구원하는 군사 보내는 것을 어렵게 여기지 않고 만 리 밖에 나가서 돕고 있는데, 너희는 나라를 지켜야 하겠다는 의리를 소홀히 하면서 한 가지 계책도 세우지 못하고 있으니, 이것이야말로 지시하지도 못하고 지시받지도 못하는 것이라 하겠다.

우리 경리가 그곳에 가 있으므로 마땅히 온 나라가 복종하여야 하

겠으나 아직 한 번도 신하와 백성들을 경계하고 나의 가르침을 공
순히 받는다는 말을 들어본 적이 없다. 정리(情理)는 소통되지 않
고, 법은 집행되지 않으니, 어떻게 오랫동안 흩어져 있던 백성들을
단합시킬 수 있겠으며, 쇠약해질 대로 쇠약해진 힘을 한 번 떨쳐서
굳세게 할 수 있겠는가. **너희 마음이야말로 매우 어리석고 또 가련
하다 할 것이다.** …
이에 어사 한 명을 파견하여 군사를 감독하고 싸움을 독려하게 하
는 동시에 보검 한 자루를 군문에게 주어 명령을 집행하지 않는
장수와 군사들이 있을 경우 우선 목을 벤 다음 보고하도록 하였다.
너희 임금과 신하들은 마땅히 온 나라가 노력하여 명나라 군사를
도울 것이며 스스로 하늘을 배반함으로써 후회를 남기는 일이 없
도록 해야 할 것이다. 조심할 것이다. 이 때문에 지시하는 것이
다."」   -〈선조실록〉(1597. 10. 24.(辛巳)-

(*명나라 황제의 이처럼 엄한 질책성 지시문을 받고 임금 선조는 11월
8일(乙未)에 이에 대한 책임을 지고 임금의 자리에서 물러나겠다고 승
정원에 지시함으로써, 또다시 양위 만류 상소가 며칠간 이어지게 만든
다.)

10월 25일(壬午). 맑다. 몸이 몹시 불편했다. 종 순화(順和)가 아산으
로부터 배를 타고 왔는데, 그 편에 집안 편지를 받아보았다. 마음
이 편치 못하여 이리 뒤척 저리 뒤척 하면서 혼자 앉아 있었다.
초저녁에 선전관 박희무(朴希茂)가 유지(諭旨)를 가지고 왔는데,
명나라 수군의 배가 정박하기에 적합한 곳을 생각해서 급히 회답
장계를 올리라는 것이었다. 양희우(梁希雨)가 장계를 가지고 서울
로 올라갔다가 돌아왔다. 충청 우후 원유남(元裕男)이 홍시 한 접

을 보내왔다.

10월 26일(癸未). 비가 뿌렸다. 조방장 등이 찾아왔다. 김종려(金宗麗), 백진남(白振男), 정수(鄭邃) 등이 찾아왔다. 이날 밤 10시경에 식은땀으로 몸이 젖었다. 온돌에 불을 너무 많이 땠기 때문이다.

10월 27일(甲申). 맑다. 영광 군수(田浹)의 아들 전득우(田得雨)가 군관(軍官)이 되어 와서 신고하였다. 곧 자기 아버지 있는 곳으로 돌려보냈더니 홍시 100개를 가지고 왔다. 밤에는 비가 뿌렸다.

10월 28일(乙酉). 맑다. 아침에 여러 가지 장계를 봉하여 피은세(皮銀世)에게 주어 올려보냈다. 늦게 강막지(姜莫只)의 집으로부터 지휘선으로 옮겨 탔다. 저녁에 염장(鹽場)의 도서원(都書員) 거질산(巨叱山)이 큰 사슴을 잡아 와서 바치기에 군관들에게 주어 갈라 먹게 하였다.

10월 29일(丙戌). 맑다. 새벽 2시경에 출발하여 목포로 향하였다. 비와 우박이 섞여 내리고 동풍이 약간 불었다. 목포에 이르렀다가 다시 옮겨 보화도(寶花島: 지금의 高下島)에 대었더니 서북풍을 막음직하고 배를 감추기에 아주 적합하였다. 육지로 올라가서 섬 안을 돌아보니 지형이 대단히 좋으므로 진영을 이곳에 설치하기 위하여 집 지을 계획을 세웠다.

10월 30일(丁亥). 맑다. 아침에 집 지을 곳으로 내려가 앉으니 여러 장수들이 와서 인사를 하였다. 해남 현감(柳珩)도 와서 왜적에게 붙었던 자들의 소행을 전했다.

○황득중(黃得中)에게, 목수(耳匠)들을 데리고 섬의 북쪽 봉우리 밑으로 가서 집 지을 재목을 찍어 오라고 하였다.

○늦게 해남에서 적에게 붙었던 정은부(鄭銀夫)와 김신웅(金信雄), 그리고 왜놈에게 우리나라 사람들을 죽이도록 지시한 두 사람과 선비 집 처녀를 강간한 김애남(金愛男) 등을 모두 목 베어 효시하였다. 저녁에 양밀(梁謐)이 도양장(道陽場)의 벌레 먹은 곡식을 제멋대로 나누어준 일로 곤장 60대를 쳤다.

1597(丁酉)년 11월

(*이 달에 있었던 주요 사건을 〈선조수정실록〉에 의거 요약하면 다음과 같다.
○경리 양호(楊鎬)와 제독 마귀(麻貴)가 많은 군사를 이끌고 경상도로 내려갔다.)

11월 1일(戊子). 비. 비. 아침에 사슴 털가죽 두 장이 물에 떠내려 왔으므로 명나라 장수에게 보내주기로 했다. 괴이한 일이다. 오후 2시경에 비가 개었으나 북풍이 크게 불었다. 배에 탄 사람들은 추위를 견디기 어려웠고, 나도 선실에 웅크리고 앉아 있으니 심기가 좋지 않아 하루를 보내기가 마치 일 년 같았다. 비통함을 어찌 다 말하랴. 저녁에 북풍이 크게 불어 밤새도록 배가 흔들려서 사람들이 안정을 취할 수가 없었다.

11월 2일(己丑). 흐리다. 우수사(金億秋)의 전선이 바람에 떠내려가다가 바위에 걸려 깨어졌다고 하니, 매우 통분한 일이다. 병선 담당 군관 당언량(唐彦良)에게 곤장 80대를 쳤다. 선창에 내려가 앉아서 다리 놓는 것을 감독하였다. 그 길로 새로 집 짓는 곳으로 올라갔다가 어두워질 때 배로 내려왔다.

11월 3일(庚寅). 맑다. 일찍 새로 집 짓는 곳으로 올라갔더니 선전관 이길원(李吉元)이 배설(裵楔)을 처단할 일로 들어왔다. 배설은 벌써 성주(星州) 본가로 갔는데, 그리로 가지 않고 바로 이리로 찾아왔으니, 그의 사사로운 정분을 앞세우는 죄가 극심하다.
(*선전관 이길원은 배설과 개인적으로 친한 사이였다. 그래서 그가 도망갔다고 장계를 올렸는데도 바로 그가 갈만한 곳으로 찾아가지 않고 이곳으로 와서 시간을 지체함으로써 배설로 하여금 도망가는 것을 눈감아 주고 편리를 봐주고 있음을 지적한 것이다.)

11월 4일(辛卯). 맑다. 일찍 새로 집 짓는 곳으로 올라갔더니, 이길원(李吉元)이 그곳에 머물고 있었다. 진도 군수 선의경(宣義卿)이 왔다.

〈이순신과의 면담을 요구하는 명나라 장수〉

(*이날 조정에서는 7월 15일의 원균의 패배에 관한 책임 소재를 권율에게 떠넘기는 사헌부의 상소가 있었다. 당시 사헌부와 사간원의 인적 구성은 모두 원균을 두호하는 자들로 구성되어 있었던 것 같다. 상소문은 1597년 7월 분 〈권율의 패전 책임〉 항에서 이미 소개하였다.)
○양 경리가 지시하였다. "수병장 계금(季金)이 이순신을 만나 서로 군사 행동에 대한 문제를 의논하려고 하는데, 듣자니 이순신은 해남 등지로 떠나가고 육로는 적들에게 차단되었기 때문에 쉽사리 올라올 수 없을 것이라고 한다. 급히 적당한 관리를 보내서 이순신에게 뱃길로 오게 하여 도중에서 맞아 면담할 수 있도록 하

라."」　　　　　　　　－〈선조실록〉(1597. 11. 4. (辛卯)－

11월 5일(壬辰). 맑다. 따뜻하기가 봄날 같았다. 일찍 새로 집 짓는 곳으로 올라갔다가 해가 저물어서야 배로 내려왔다. 영암 군수 이종성(李宗誠)이 와서 밥 서른 말을 지어 일꾼들을 먹이고 또 말하기를, 군량미 2백 섬과 벼 7백 섬을 준비해 놓았다고 하였다. ○이날 보성 군수와 흥양 군수를 시켜서 군량 창고 짓는 일을 보살피게 하였다.

11월 6일(癸巳). 맑다. 일찍 새로 집 짓는 곳으로 올라가서 종일 거닐며 해가 지는 줄도 몰랐다. 새로 지은 집에 지붕을 이었고 군량 창고도 세웠다. 전라우도 우후(李廷忠)가 나무를 찍어 올 일로 황원장(黃原場)으로 갔다.

11월 7일(甲午). 맑고 따뜻하다. 해남의 의병(義兵)들이 왜놈의 머리 하나와 환도 한 자루를 가지고 와서 바쳤다. 이종호(李宗浩)와 강언국(康彦國)을 잡아왔기에 거제의 배에다 가두었다. 늦게 전 홍산(鴻山) 현감 윤영현(尹英賢)과 생원 최집(崔潗) 등이 와서 보고 또 군량으로 벼 40섬, 쌀 8섬을 바쳤다. 본 영의 박주생(朴注生)이 왜적의 머리 두 개를 베어 왔다. 전 현감 김응인(金應仁)이 찾아와서 만나보았다. 저녁에 새 집 마루를 다 놓았다. 여러 수사들이 찾아왔다. 이날 밤 자정 때쯤 꿈에 죽은 면(葂)을 보고, 슬퍼서 울부짖고 통곡하였다.

11월 8일(乙未). 맑다. 새벽 2시경에 물에 들어가 고기를 잡는 꿈을 꾸었다. 이 날은 따뜻하고 바람도 없었다. 새 방 벽에 흙을 발랐다. 이중화(李重和) 부자가 찾아와 만나보았다.

11월 9일(丙申). 맑다. 따듯하기가 봄날 같았다. 우수사(金億秋)가 와서 만났다. 강진 현감(宋尙甫)이 돌아갔다.

〈명나라 총병부에 보고한 명량 대첩의 공문기록〉

(*9월 말에 보낸 이순신의 명량대첩의 장계 내용이 그 후 〈선조실록〉에 전혀 소개되지 않고 있다가, 10월 20일에 경리 양호(楊鎬)가 이순신의 명량 해전에서의 승첩을 축하해주기 위하여 붉은 비단 천을 보내준 것을 알고 선조가 이순신의 승첩을 "별로 대수롭지 않은 작은 공"이라고 폄하하고 있을 뿐, 다른 어떤 언급도 전혀 하지 않았다. 그러다가 11월 9일 날짜로 명나라 총병부(總兵府)에 보내는 공문에서 간략히 언급하고 있다.
기적과 같은 승리를 두고 이렇게나 평가절하하고 있는 선조와 조정 대신들의 태도는 도저히 이해할 수 없다. 그렇다면 왜 선조와 비변사에서는 이순신의 〈벽파진에서 왜병을 쳐부순 장계(碧波破倭兵狀)〉란 제목의 장계에 대하여 그동안 널리 알리지도 않고 〈실록〉에도 기록하지 않은 채 무시해 왔는가 하는 의혹이 제기될 수밖에 없다.)

「ㅇ(명나라의) 제독 총병부에 공문을 보냈다.
"조선 국왕은 긴급한 왜적의 적정을 알립니다.…
그리고 또 요즘 소국(小國)의 신하인 3도수군통제사 이순신이 급보를 보내왔는데, 그 내용은 이러합니다.
'한산도에서 패전한 이후 전선과 무기가 거의 다 흩어져 없어졌습니다. 그래서 신은 전라우도 수군절도사 김억추(金億秋) 등과 함께 전선 13척과 정탐 배 32척을 모아 가지고 해남현(海南縣) 바닷길의 주요 길목을 차단하고 있었는데, 적의 전선 130여 척이 이진포(梨津浦) 앞바다로부터 이쪽을 향해 왔습니다.

신은 수사 김억추, 조방장 배흥립(裵興立), 거제 현령 안위(安衛) 등을 지휘하여 각각 전선을 정비하여 진도의 벽파정(碧波亭) 앞바다에서 적들과 마주쳤는데, 죽음을 무릅쓰고 힘껏 싸웠습니다. 그리하여 대포로 적선 20여 척을 쳐부쉈고 쏘아 죽인 것도 매우 많았는데, 바다에 빠져 떠 있는 적 8명의 목을 베었습니다.

적선 가운데 일산(日傘)과 붉은 깃발을 세우고 푸른 비단으로 장막을 둘러치고 있는 큰 배 한 척이 여러 적들을 지휘하여 우리 배들을 에워싸게 하였습니다. 그런데 녹도 만호 송여종(宋汝悰)과 영등포 만호 정응두(鄭應斗)가 잇달아 도착하여 힘껏 싸워서 또 적선 11척을 파괴하니, 적들의 기세가 크게 꺾이고 나머지 적들은 멀리 퇴각하였습니다.

부대 안에 투항해 온 왜인이 있었는데, 그는 붉은 깃발을 세운 적선을 가리키며 안골포에 있는 적장 마다시(馬多時)의 배라고 하였습니다. 적들에게서 노획한 물건은 그림무늬가 있는 옷, 비단옷, 옻칠한 함, 옻칠한 나무그릇, 긴 창 2자루입니다.'

이미 여러 차례 공문으로 보고하고 조사한 것 외에 이번에 앞의 건에 근거해서 조사해 본 바에 의하면, 한산도에서 패배한 뒤로 남쪽 바다 길에서 적선들이 종횡으로 달려들 것이 걱정되었는데, 지금은 소국의 수군이 다행히 약간의 승리를 얻는 바람에 적들의 선봉이 좀 꺾였으며, 이 때문에 적선은 서쪽 바다로 쳐들어올 수 없게 되었습니다.

만약 명나라의 수군이 기회를 보아서 나아가게 되면 소국의 수군들도 그 기세에 의거해서 점차 군사를 모아 가지고 한산도 방면을 다시 회복할 것을 시도할 수 있을 것이며, 그리하여 적들의 소굴을 소탕하는 것도 기대할 수 있게 되었습니다."」

-〈선조실록〉(1597. 11. 9.(丙申)-

11월 10일(丁酉). 눈비가 섞여 왔다. 서북풍이 세게 불어 배를 간신히 보호하였다. 이정충(李廷忠)이 와서 말하기를, 장흥에 있던 적들이 달아났다고 하였다.

11월 11일(戊戌). 맑다. 식사 후에 새로 집 짓는 데로 올라갔더니 평산새 만호가 찾아와서 부임장을 바쳤다. 그는 하동 현감(申蓁)의 형 신훤(申萱)이다. 장흥 부사(田鳳)와 배 조방장(裵興立)이 찾아왔다. 저녁에 우 우후 이정충(李廷忠)이 왔다가 밤 8시에 돌아갔다.

11월 12일(己亥). 맑다. 이날 늦게 영암, 나주 사람들이 타작을 못하게 방해하는 자들을 결박해 왔으므로, 그 중에서 주모자를 뽑아내어 처형하고 나머지 4명은 각 배에다 가두었다.

〈왜적에게 빌붙었던 자들의 행태〉

(*당시의 인심과 세태를 볼 수 있는 보고서가 이 날짜 〈선조실록〉에 기록되어 있다.)

「○전라우수사 이시언(李時言)이 급보를 올렸다.

"해남, 강진, 장흥, 보성, 무안 등 고을에 사는 백성들이 거의 다 적들에게 붙어 관리의 집안사람들이 피난간 곳을 일일이 고해 바쳐서 모조리 잡아 죽이게 하였습니다.

해남 고을에서 노인직으로 시골 아전 노릇을 하던 송원봉(宋元鳳)과 임시로 서원 노릇을 하던 김신웅(金信雄) 등은 좌수(座首)라고도 하고 혹은 별감(別監)이라고도 하면서 우리나라 사람들을 제 마음대로 살육하고 있습니다.

심지어 6방까지 임명하였는데, 절간의 종 심운기(沈雲起)는 이방으로, 시골 아전 송사황(宋士黃)은 호방으로, 절간의 종 서명학(徐命鶴)은 예방으로, 절간 종 박인기(朴麟奇)는 병방으로, 시골 아전 차덕남(車德男)은 형방으로 임명하였습니다. 그리고 개인집 남종인 박희원(朴希元)은 창색(倉色)으로, 개인집 남종인 다물사리(多勿沙里)와 주질석(注叱石), 을이(乙伊) 등은 창고지기로, 신역을 면제받은 시골 아전 차광윤(車光允)과 개인집 남종들인 부근(夫斤)과 인세(仁世) 등은 도장으로, 절간의 종 윤해(尹海)는 각 곳을 정탐하는 사람으로, 개인집 남종 언경(彦京)은 매를 잡아다 바치는 일에 각각 임명하였습니다.

왜놈들이 바라는 일이라면 정성을 다하고 힘을 다하여 왜놈들의 비위를 맞추어 나갔습니다. 그러다가 왜적들이 철수할 때에 와서는 뒤에 떨어진 적들에게 머물러 있어 달라고 요청하여 세 곳에 둥지를 틀고 있으면서 그들을 빙자하여 흉악한 짓을 감행하였는데, 못하는 짓이 없었다고 합니다.

그래서 장수를 임명하여 섬멸할 때 송원봉의 종 인세와 윤해의 종 언경은 잡아왔는데 자복한다는 말이 없기에 즉각 사형을 집행하여 목을 잘라 매달아서 고을 백성들로 하여금 국법이 있음을 알게 하였습니다. 그 나머지 미처 체포하지 못한 자들은 지금 뒤따라 잡고 있습니다.” 　　　　　-〈선조실록〉(1597. 11. 12.(己亥)-

11월 13일(庚子). 맑다.

〈양 경리의 숙소에 찾아갔다가 허탕치고 돌아온 선조〉

「○임금이 별전에서 동짓날에 황제가 있는 곳을 향하여 절을 하는 의식을 가졌다.
○임금이 경리의 숙소에 갔는데 사양하고 만나주지 않으면서 사람을 시켜서 말했다. "오늘은 명절날입니다. 예의상 응당 서로 축하해야 하겠으나 나는 흰옷을 입고 있는 상제인 만큼 감히 경사스러운 일에 참여할 수 없습니다. 만나지 못하게 되어 죄송합니다. 내일 찾아가 뵙겠습니다."
임금은 마침내 대궐로 돌아왔다.」

—〈선조실록〉(1597. 11. 13.(庚子)—

11월 14일(辛丑). 맑다. 해남 현감 유형(柳珩)이 와서 윤단중(尹端中)의 무리한 일을 많이 전하였다. 또 아전들이 법성포로 피난 갔다가 돌아올 때 바람을 만나 배가 전복되려고 할 때, 그들을 바다 가운데서 만났으나 구조하기는커녕 배에 있는 물건들을 약탈했다고 하였다. 그래서 중군선(中軍船)에 가두었다. 김인수(金仁守)는 경상 수영의 배(水營船)에 가두었다. 내일은 아버님의 제삿날이어서 드나들지 않았다.

11월 15일(壬寅). 맑다. 따뜻하기가 마치 봄날 같았다. 식사 후에 새로 지은 집으로 올라갔다. 늦게 임환(林懽)과 윤영현(尹英賢)이 찾아왔다. 밤에 송한(宋漢)이 서울에서 들어왔다.

〈가등청정이 조선의 백성들에게 내린 포고문〉

「○이덕형(李德馨)이 보고하였다.
"정탐하러 나갔던 군사가 급보로 보내온 청정(清正)의 포고문(布告文)을 경리가 내주면서 말하기를 '왜놈들도 백성들을 회유할 생각을 하고 있는데 본국에서 적들에게 붙잡혀간 백성들을 회유하는 일에 노력하지 않아서야 되겠습니까.' 라고 하였습니다.
그리고 또 이(李) 대간(大諫)의 품첩(禀帖)을 내보여 주었는데, 거기에는 이르기를 '곡성과 구례 등지의 백성들이 고기와 술과 음식을 갖추어 가지고 가서 왜적들에게 머물러 있어 달라고 요청하고 있으며, 우르르 휩쓸려서 저마다 앞을 다투어 군량을 날라 가고 있으니 통분하기 그지없습니다.' 라고 하였습니다. 보기가 민망했습니다."
대답하였다. "알았다."
청정의 포고문은 이러하였다.
"경상도의 각 주(州), 부(府), 군(郡), 현(縣)의 부로(父老), 좌수(座首), 별감(別監)들에게 일본의 모(某) 군영의 장수는 살길을 가르쳐 주기 위하여 글을 보낸다.
근년에 조선을 들이치고 사람들을 죽이게 된 것은 너희 죄가 아니다. 조선 국왕은 무도하여 백성들로부터 원망을 사고 있을 뿐만 아니라 이웃 나라와도 화친하지 않고 무례하게 행동하고 있다. 다시 이렇게 살벌한 싸움을 벌이게 되었는데도 화의하러 올 생각을 전혀 하지 않고 있으므로 내년 봄에는 다시 크게 군사를 일으켜 나머지 백성들을 모조리 죽이려고 이미 결심하였다.
너희들이 만일 살고 싶거든 각 고을의 좌수나 별감 중 한 사람이 스스로 서생포나 울산의 군영으로 올 것이다. 그러면 목숨을 보전할 수 있을 것이고 그렇지 않으면 보전할 길이 전혀 없을 것이다. 찾아보러 올 때에는 특별히 공물로 바칠 물건은 없어도 좋다. 단지 뒤에 써 놓은 것을 자세히 읽어보고 각각 적어 가지고 와서 바치면 될 것이다.
봄이 되면 곧 군사를 출동하게 될 터이니, 출동하기 전에 빨리 들어오면 군색하고 급하게 될 폐단이 없게 될 것이다. 그리고 찾아오는 고을에 대해서는 백성들을 죽이지 않을 뿐만 아니라 지나가는 경우에도 풀 한 포기, 나무 한 그루도 다치지 않을 것이며, 백성들은 편안히 지내면서 농사만 짓게 될 것이다. 찾아오지 않는 고을에 대해서는 먼저 그 지방에 가서 도륙을 낸 다음에 서울로 향할 것이다.

오는 경우에는 내가 말한 이것을 가지고 올 것이다. 각각 알아차리도록 하라.

뒤에 적는다.

   1. 각 고을에서 누가 좌수의 자리를 맡고 있고, 누가 별감의 자리를 맡고 있으며, 누가 담당 관리의 임무를 맡고 있는가? 각각 성명을 죽 적도록 하라.

   1. 각 고을의 리(里)와 면(面)은 몇 개이고, 토지면적은 얼마인가를 각각 상세히 적도록 하라."

-〈선조실록〉(1597. 11. 15.(壬寅)-

11월 16일(癸卯). 맑다. 아침에 위에서 내려온 군공(軍功) 기록표(磨鍊記)를 보니 거제 현령 안위(安衛)가 통정대부(通政大夫)가 되고 그 나머지도 차례차례 벼슬을 제수 받았고, 나에게는 은자(銀子) 20냥이 상으로 하사되었다. 명나라 장수 양 경리(楊鎬)는 붉은 비단 한 필을 보내면서, "배에 붉은 천을 걸어주는 예식을 거행하고 싶으나 길이 멀어서 못 간다."고 하였다. 영의정(柳成龍)의 답장도 왔다.

(*9월 16일의 벽파진(명량) 대첩에 대한 포상이 이렇게 늦어진 것은, 선조로서는 어떻게든 이것을 감추고 싶었으나 명나라 장수가 이

미 알고 나서 붉은 비단까지 보내어 축하해준 마당에 더 이상 모른 체할 수 없어서, 11월 9일 명나라 장수 양 경리(楊鎬)와의 대화 이후, 급히 일을 처리하여 내려보냈기 때문이 아닐까 생각된다. 이분(李芬)이 쓴 〈행록(行錄)〉에는 선조가 승첩 장계를 양 경리에게 보여주라고 지시했다고 하였으나, 선조의 행동으로 보아서 이는 사실이 아닐 것 같다.)

11월 17일(甲辰). 비. 비. 양 경리가 보낸 군관이 초유문(招諭文)과 면사첩(免死帖)을 가지고 왔다.

(*면사첩(免死帖) 제도는 본래 중국의 제도로서 조선에는 없던 제도이다. 흔히 면사첩을 선조가 이순신에게 내려준 것으로 잘못 알고 있으나, 면사첩은 명나라 황제에게서 내려진 것이다.

이 면사첩이 명나라 황제에게서 내려왔다는 점에서, 이순신의 자살설(自殺說)이 근거가 없는 것임이 증명된다. 즉, 중국 황제가 내려준 이 면사첩이 있는 한, 이순신이 전란이 끝난 후에 또 다시 조선의 권력자들에 의해 죄를 추궁당하고 목숨을 잃게 될지도 모른다는 걱정은 할 필요가 없게 되었기 때문이다.

그러나 명나라에서 이 면사첩을 보낸 의도가 정확히 무엇이었는지, 그 수여 대상이 누구였는지는 정확히 알 수 없다.)

〈탄핵받는 경상우수사 이순신(李純信)의 처신〉

「○사헌부에서 건의하였다.

"경상우수사 이순신(李純信)은 위급하고 곤란한 이때에 임명을 받았으면 그날로 곧 떠나가는 것이 올바른 도리입니다. 그런데도 제 마음대로 지체하면서 오래 되었는데도 하직인사를 하지 않고 있으니 완만하기 그지없습니다. 과오를 추궁하고 죄를 다스림으로써 자기 편리한대로 행동하는 장수들의 버릇을 징계하기 바랍니다.

병조로서는 응당 시급히 엄하게 독촉해서 떠나보내야 할 텐데 마치 평상시처럼 잊어버리고 살피지 않음으로써 출발을 미루고 있는 것을 내버려두었으니 대단히 옳지 못합니다. 병조의 당상관과 담당 당하관에 대해서 모두 과오를 추궁하기 바랍니다."
대답하였다. "건의한 대로 하라."」

－〈선조실록〉(1597. 11. 17.(甲辰)－

11월 18일(乙巳). 맑다. 따듯하기가 봄날 같았다. 윤영현(尹英賢)이 와서 만나보았다. 정한기(鄭漢起)도 왔다.

11월 19일(丙午). 맑다. 배 조방장(裵興立)과 장흥 부사(田鳳)가 와서 만나보았다.

11월 20일(丁未). 비. 임준영(任俊英)이 와서, 완도를 정탐해 보았으나 적선이 없더라고 하였다.

11월 21일(戊申). 송응기(宋應璣)가 산판일 할 사람들을 데리고 해남에 소나무 있는 곳으로 갔다.

11월 22일(己酉). 흐리다. 저녁에 김애(金愛)가 아산에서 돌아왔다. 장흥에 있던 적들이 20일에 달아났다는 보고가 왔다.

11월 23일(庚戌). 큰 바람이 불고 큰 눈이 왔다. 저녁에 얼음이 얼었다고 한다. 아산 집에 편지를 쓰며 눈물을 거두지 못하였다. 자식을 생각하는 정을 참기 어려웠다.

11월 24일(辛亥).　비와 눈이 내렸다. 서북풍이 계속해서 불었다.

11월 25일(壬子).　눈이 내렸다.

11월 26일(癸丑).　비와 눈이 내렸다.

11월 27일(甲寅).　맑다. 장흥 부사(田鳳)의 승첩 장계를 수정하였다.

11월 28일(乙卯).　맑다. 무안(務安)에 사는 진사 김덕수(金德秀)가 군량으로 벼 15석을 가져와 바쳤다.

11월 29일(丙辰).　맑다. 마 유격(麻貴)이 파견한 군관 왕재(王才)가 "물길로 명나라 군사가 내려오고 있다."고 전하였다. 전희원(田希元), 정봉수(鄭鳳壽)가 왔다. 무안 현감(南彦祥)도 왔다.
(*이 때 와서 이순신의 건강은 극도로 약해져 있었다. 그래서 일기를 쓰는 것조차 힘이 들어 극히 간략하게 적고 있다.)

〈경상 좌병사의 적정 동향 보고〉
「○경상 좌병사 성윤문(成允文)이 급보를 올렸다.
"흉악한 적들이 바다를 건너 돌아갈 생각을 하지 않고 울산과 양산 등지에 가득 틀어박혀서 굴을 파고 성을 쌓은 다음 더러는 산에서 하는 공사에 나가기도 하고 더러는 배를 타고 나가 곳곳에 내려서 제멋대로 행동하고 있습니다. 그래서 정예 군사를 뽑아 중요한 여러 지점에 매복시켜 한편으로는 정탐을 하고 한편으로는 적을 잡아 죽이려고 생각하고 있습니다.……"」
　　　　　　　　　　　-〈선조실록〉(1597. 11. 28.(乙卯)-

〈서울에 들어온 군문 형개(邢玠)를 맞이하는 선조〉

「○임금이 홍제원에 나가 군문(軍門) 형개(邢玠: 이름은 玠道, 호는 崑田)를 맞이하였다.

선조: "작은 나라가 전란의 참화를 혹심하게 입고 스스로 떨쳐 일어나지 못하고 있는데 명나라에서 재차 군사와 군량을 동원하여 시종 한결같이 구원해주니 황제의 은혜가 그지없습니다. 대인께서 소국의 일로 눈바람을 무릅쓰고 먼 길에 오느라 수고를 하셨는데, 지나오는 고장들이 파괴되어 제대로 접대를 하지 못하여 황송한 마음 금할 수 없습니다.

형개: 속국이 적들의 침략을 당하였을 때 군사와 군량을 크게 동원하여 구제해 주는 것은 황제의 큰 은덕이고, 황제의 지시를 받고 머나먼 곳에 구원하러 온 것은 신하의 직분인데 무슨 수고랄 게 있습니까. 일찍이 병부에서 귀국이 형체조차 없을 정도로 파괴되었다는 말을 듣고 여러 장수들에게 지시하여 침해하는 일이 없게 하였는데, 이번에 와보니 과연 듣던 바와 같습니다. 마음이 아파 견딜 수 없습니다. 오는 도중에 별로 잘못한 일이 없었습니다."

자리에 앉은 뒤 차 대접을 하였다.

형개: "요즘 적의 동태는 어떻습니까?"

선조: 가을에 명나라 군사들에게 패퇴하여 물러간 뒤에 요즘은 전라도와 경상도의 바닷가 고을들에 집결하고 있을 뿐입니다.

선조: (예물을 올리면서) 변변치 못한 토산물을 가지고 약간의 성의를 표시하려고 합니다.

형개: 나는 오는 도중에 이미 많은 대접을 받았으니 그만하면 대접받은 것이 많습니다. 나는 떳떳하게 처신하기로 뜻을 세우고 이미 받지 않기로 마음먹었는데 어떻게 나의 이 마음을 바꿀 수

있겠습니까.

선조: 이 물건으로 예절을 차리기는 부족하지만 이것이 아니고는 성의를 보일 길이 없습니다. 그리고 대인을 처음 만나는데 예절을 표시하지 않을 수 없습니다.

형개: 귀국의 형편을 보니 너무나 심하게 거덜이 나서 마음이 언짢아 견딜 수 없습니다. 그런데 어떻게 받을 수 있겠습니까. 내가 만일 받는다면 여러 장수들이 틀림없이 그것을 본받게 되어 앞으로 막기가 어려울 염려가 있으므로 그렇게 할 수 없습니다."

그리고는 끝내 읍만 하고 나갔다.

○임금이 곧 군문의 숙소에 가서 도착 연회를 베풀었다.」

-〈선조실록〉(1597. 11. 29.(丙辰)-

1597(丁酉)년 12월

(*이 달에 있었던 주요 사건을 〈선조수정실록〉에 의거 요약하면 다음과 같다.

○군문 형개(邢玠)가 요동으로부터 강을 건너려고 할 때 이원익과 윤두수를 접반사로 보내어 맞이하게 하였다. 이 달에 서울로 들어왔다.(*지난 달 말에 이미 홍제원에 도착했었다.)

○경리 양호(楊鎬)와 제독 마귀(麻貴)가 울산에 있는 적의 군영을 쳤으나 이기지 못한 채 군사를 이끌고 돌아왔다.

이때 적장 청정(淸正)은 울산에 성을 쌓고 오랫동안 머물러 있을 계획을 하고 있었는데, 경리와 제독이 군사를 몰래 끌고 가서 습격하니 적들은 일거에 무너져 지탱해내지 못하고 내성으로 달아나 들어갔다.

명나라 군사들이 적의 바깥 목책을 빼앗고는 사로잡아서 머리를 벨 욕심에서 즉시 쳐들어가지 않았더니, 적들이 그만 성문을 닫고 굳게 지키는 바람에 이기지 못하였다. 하늘에서는 갑자기 큰비가 퍼부었고, 비가 온 뒤에는 몹시 추워졌으므로, 군사들은 모두 손발이 얼어 터졌고 많은 말들이 얼어 죽었다. 게다가 영남과 호남에 주둔하고 있던 여러 적들이 수로와 육로로 구원하러 왔으므로, 양 경리는 그들에게 질 것 같아서 급히 군사를 돌렸다. 마귀와 도원수 권율(權

慄)에게 경주에 머물러 있으면서 지키도록 지시하였다.)

12월 1일(丁巳). 맑고 따뜻하다. 경상 수사 이순신(李純信)이 진으로 왔다. 그와 같이 대책을 의논하였다.

12월 2일(戊午). 맑다. 날씨가 매우 따뜻하여 봄날 같았다. 영암(靈巖) 향병장(鄕兵將) 유장춘(柳長春)이 적을 토벌한 사유를 보고하지 않았기에 곤장 50대를 때렸다. 홍산 현감(尹英賢), 김종려(金宗麗), 백진남(白振男), 정수(鄭邃) 등이 찾아왔다.

12월 3일(己未). 맑다. 큰바람이 불었다. 몸이 몹시 불편하였다. 경상 수사(李純信)가 와서 만나보았다.

12월 4일(庚申). 맑다. 몹시 춥다. 장흥 교생(校生) 기업(基業)에게 군량을 훔쳐 실은 죄로 곤장 30대를 때렸다. 거제 현령(安衛). 금갑도 만호(李廷彪), 천성 만호가 타작하는 일을 보고 돌아왔다. 무안 현감(南彦祥) 및 전희광(田希光) 등이 돌아왔다.

〈명나라 장수를 따라 남쪽으로 내려가겠다고 하는 선조〉
「○(남쪽으로 내려가는 명나라 장수를 따라 함께 남쪽으로 내려가려고) 임금이 한강에 있는 장막으로 된 임시궁전에 있었다. 도원수 권율을 불러 만나보았다.
선조: "나라 일로 많은 수고를 하는데 적정은 지금 어떠한가?
권율: 서생포의 적들이 울산으로 나가 진을 치고 있습니다.
선조: 그 의도가 어디 있는가? 점차 빼앗으려는 것인가?
권율: 반드시 넓은 지역을 차지하려는 의도입니다. 적들은 지금

양식이 떨어져서 앞으로 동해안 일대를 약탈하려고 하고 있다고 합니다.

선조: (명나라 군사가 남쪽으로 내려가려 한다는)소문이 먼저 적들의 귀에 들어가지 않겠는가? 군사에 관한 일이란 신속하게 하는 것이 귀중한데 적들이 먼저 방비하게 되면 치기가 어려울 것 같다.

권율: 만일 지금 공격한다면 성공할 수 있지만, 일단 적들이 소굴로 들어가고 난 후에는 어려울 것입니다.

선조: 오늘의 사태에 대하여 경은 어떻게 생각하는가?

권율: 명나라 군사는 6만 명에 불과합니다. 지난번에 적들이 다시 움직였을 때 오유충의 군대는 헛소문에 놀라서 달아났습니다. 명나라 군사는 아무리 많아도 믿을 것이 못 됩니다. 적이 만일 험한 지형에 의거하여 있게 되면 공격하기 어려울 것 같습니다. 신의 생각에는 호남의 적들을 먼저 공격하게 되면 적의 기세를 크게 꺾을 수 있고 우리의 위력을 떨칠 수 있을 것으로 생각합니다. 그런데 명나라 여러 장수들의 생각은 모두 영남을 먼저 공격하자는 것인데, 명나라 장수들의 생각에 착오가 없을 것입니다."」   −〈선조실록〉(1597. 12. 4.(庚申)−

12월 5일(辛酉). 맑다. 전공을 세운 여러 장수들에게 상품과 직첩(職帖)을 나눠 주었다. 보자기(鮑作)를 수색하고 단속하는 정응남(鄭應男)이 새로 만드는 배의 부정 사실을 적발할 일로 점세(占世)를 데리고 진도로 갔다. 아울러 해남으로 나갔던 독동(禿同)을 처형했다.

○도원수(權慄)의 군관이 유서(諭書)를 가지고 왔는데, "이번 선전관 편에 들으니 통제사 이순신(李舜臣)은 아직도 상제(喪制)의 예법대로만 따르고 권도(權道)를 좇지 않아 여러 장수들이 민망하

게 여긴다고 하였다. 사사로운 정(私情)이야 간절하겠지만, 국사가 한창 바쁘다. 옛사람의 말에도 전쟁에 나가서 용맹이 없으면 효(孝)가 아니라고 하였다. 전쟁에 나가서 용감하다는 것은 소찬(素饌)이나 먹어서 기운과 힘이 곤비한 자로서는 능히 하지 못하는 일이다. 예(禮)에도 원칙을 지키는 경(經)이 있고 방편을 따르는 권(權)이 있어서 꼭 원칙대로만 지킬 수는 없는 것이니, 그대는 내 뜻을 간절히 깨우쳐서 소찬 먹는 것을 그만두고 방편을 좇도록 하라."는 것이었다. 그리고 아울러 고기반찬을 하사하셨는데, 그 때문에 더욱 마음이 아팠다.

(*임금이 하사해 준 고기반찬 등을 받고서 '마음이 더욱 아팠다'고 하였다. 많은 의미가 담겨 있는 한 마디 말이다.)

12월 6일(壬戌). 나덕준(羅德竣)과 정응청(鄭應淸)이 찾아와 만났다.

12월 7일(癸亥). 맑다.

12월 8일(甲子). 맑다.

12월 9일(乙丑). 맑다. 종 목년(木年)이 들어왔다.

12월 10일(丙寅). 맑다. 해(薈), 열(苪)과 진원(珍原)이 윤간(尹侃), 이언량(李彦良)과 함께 들어왔다. 배 만드는 데 나가 앉아 있었다.

12월 11일(丁卯). 맑다. 경상수사(李純信)와 조방장(裵興立)이 왔다. 우수사(李時言)도 와서 만났다.

12월 12일(戊辰). 맑다.

12월 13일(己巳). 가끔 눈이 내렸다.

12월 14일(庚午). 맑다.

12월 15일(辛未). 맑다.

12월 16일(壬申). 맑다. 늦게 눈이 내렸다.

12월 17일(癸酉). 눈보라가 몹시 차가왔다. 조카 해(荄)와 작별의 술을 마셨다.

12월 18일(甲戌). 눈이 내렸다. 해(荄)가 어제 취한 술 때문에 늦도록 깨지 않았다. 이날 새벽에 배를 출발시키니 마음이 편치 않았다.

12월 19일(乙亥). 하루 종일 눈이 왔다.

12월 20일(丙子). 진원(珍原)의 모친과 윤간(尹侃)이 올라갔다.

12월 21일(丁丑). 눈이 왔다. 아침에 홍산(鴻山) 현령(尹英賢)이 목포로부터 찾아와 만나보았다.

12월 22일(戊寅). 눈비가 섞여 내렸다. 함평 현감(孫景祉)이 들어왔다.

12월 23일(己卯). 눈이 내려 세 치나 쌓였다. 순찰사(黃愼)가 진에 온다는 연락이 왔다.

12월 24일(庚辰). 눈이 오다 개었다 하였다. 아침에 이종호(李宗浩)를 순찰사에게 보내어 문안하였다.

12월 25일(辛巳). 눈이 왔다. 아침에 열(葆)이 돌아갔다. 그 어머니의 병 때문이다. 순찰사가 진에 왔으므로 그와 같이 군사에 관한 일을 의논하고, 연해안 열아홉 고을을 수군에 전속시키도록 하였다.

12월 26일(壬午). 눈이 왔다. 방백(方伯: 觀察使)과 같이 조용히 군사 방책을 이야기하였다. 늦게 경상수사(李純信)와 배 조방장(裵興立)이 와서 만났다.

12월 27일(癸未). 눈이 왔다. 순찰사가 돌아갔다.

12월 28일(甲申). 맑다. 경상수사(李純信)와 배 조방장(裵興立)이 와서 만났다.

(*12월에 들어서는 이순신의 건강이 여전히 극도로 나빠져서 심신이 많이 쇠약해져 있었음을 일기의 분량으로 짐작할 수 있다.)

〈울산 전투에서 첫 승리를 거둔 명나라 군사〉
(*울산에서 가등청정의 군대와의 첫 전투에서 명나라 군사가 승리한 보고가 조선의 신하들로부터 먼저 조정에 보고되었다.)

「○제독의 접반사 장운익(張雲翼)과 도원수 권율과 경리의 접반사 이덕형이 장계를 올렸다.

"이달 23일 축시 초에(새벽 1시경) 명나라의 세 협동군사들이 일시에 경주로부터 세 방면으로 나누어 전진하였습니다. 날이 밝을 무렵 좌측 협동군이 선봉이 되어 곧바로 울산에 있는 적의 소굴을 치고 나서 쫓기는 척하면서 유인해 내다가 재차 크게 싸워 5백여 명을 목 베고 왜장 1명을 사로잡았는데, 심문하여 보니 청정은 서생포에 가 있다고 하였습니다.

성 밖에 있는 적들의 장막이 전부 불타버리게 되자 나머지 적들은 성안의 토굴로 도망쳐 들어갔습니다. 그런데 날이 이미 저물어 오는데다 남쪽의 군사들이 일제히 도착하지 못하였기 때문에 포위를 풀고 군사를 휴식시켰다가 다음날 새벽에 소탕하기로 하였습니다. 경리와 제독이 적의 군영으로부터 한 마장쯤 떨어진 곳에 함께 머물러 있으면서 베어온 적의 목과 소, 말, 무기 같은 것을 조사 확인하였는데, 신 등도 따라가서 구경하였습니다.

그런데 소굴로 들어간 적들이 한참 배가 있는 곳으로 짐들을 실어 나르고 있는데 혹시 밤을 타서 달아나지 않을까 염려됩니다. 내일 다시 급보를 올리겠습니다."」-〈선조실록〉(1597. 12. 28.(甲申)-

12월 29일(乙酉). 맑다.

12월 30일(丙戌). 눈보라가 휘몰아치고 몹시 추웠다. 여러 장수들이 모두 와서 보았다. ○이날 밤은 그믐이어서 비통한 생각이 더욱 심했다.

〈울산 전투에서의 승첩 보고서〉

(*울산에서 가등청정의 군대와의 전투에서 명나라 군사가 승리한 보고서가 명나라 장수의 군관을 통해 조정에 보고되었다.)

「○마(麻貴) 제독이 파견한 군관이 승전에 관한 편지를 가지고 울산에서 왔다. 임금이 편전에서 만나보았다.

선조가 말했다. "여러 대인들이 작은 나라를 위하여 직접 적의 화살을 무릅쓰고 나아가 큰 공을 세웠으니 감격을 금할 수 없습니다. 명나라 군사들이 많이 다치지나 않았습니까?"

파견되어온 군관이 말했다. "23일 오전 10시경(巳時)에 명나라 군사들이 청정의 특별 군영을 쳐부쉈는데 그날 밤에 청정은 서생포로부터 울산으로 들어왔습니다. 명나라 군사들이 한창 도산(島山)을 포위하고 칠 때 적들은 높은 언덕에 있었고 우리 군사들은 낮은 곳에 있었기 때문에 사상자가 매우 많았습니다. 23일과 24일 싸움에서 단지 마(麻), 주(周) 두 천총(千總)만이 탄알에 맞아죽었고, 군사로서 죽은 사람은 30명이 되지 않았습니다.

뱃길로 오던 왜적들이 명나라 군사들에게 쫓겨서 달아나다가 배가 뒤집혀 빠져 죽은 자들이 수천 명이나 된다고 합니다." ……

임금이 서로 절을 할 것을 청하자, 그는 말하기를 "저도 예절을 좀 아는 사람입니다. 제가 먼저 절을 하겠습니다."라고 하고는 마침내 머리를 조아렸다.

임금이 그를 바래주기 위하여 중문까지 나오자, 그가 말하기를 "하찮은 관리인데 분에 넘치는 일입니다."라고 하면서 재삼 굳이 사양하였다.

임금은 하는 수 없이 뜰에 내려가서 바래었다.」

○임금이 세자와 함께 모든 관리들을 거느리고 전각 앞에서 황제의 은덕에 사례하였다. 네 번 절하고 세 번 머리를 조아린 다음 예

식을 마쳤다.(울산 싸움에서 승전한 보고를 들었기 때문에 이 예식을 가진 것이다.)

○임금이 형 군문(邢玠)한테 갔다. 의식 절차에 따라 절을 하고 나서 임금이 말했다. "울산에서의 승리는 모두 황제의 은혜와 대인의 위엄의 덕분입니다."
형 군문이 말했다. "어제 제독이 파견한 사람에게서 들으니, 청정(淸正)이 서생포로부터 밤중에 울산에 급히 달려왔는데, 울산이 이미 격파되었기 때문에 도산으로 달아나 들어갔는데, 응당 이 적을 사로잡았어야 했습니다. 그리고 울산을 치던 그날에 왜장 한 명이 금 갑옷을 입고 죽었는데 이것도 청정과 같은 장수라고 하였습니다. 청정이 사람을 아주 많이 죽이더니 그 명이 저절로 다하여 도산으로 들어왔습니다. 우리 군사들이 바닷가와 양산, 부산, 전라도로부터 오는 길을 차단하였기 때문에 적들이 구원하러 오지 못한다고 하였습니다."……
임금이 말했다. "우리나라 사람들은 천년만년을 두고 어떻게 은혜에 보답하였으면 좋을지 모를 것입니다."……
형 군문이 말했다. "조선 사람과 중국 사람은 한 집안 사람입니다."」　　　　　　　　　-〈선조실록〉(1597. 12. 30.(丙戌)-

(*선조는 먼저 형 군문의 숙소를 찾아가 인사를 한 후 다시 차례대로 동 낭중(董郎中), 동 도독(董都督)의 숙소로 직접 찾아가서 사례의 인사를 올리고 나서 대궐로 돌아갔다.
울산에서의 명나라 군사의 첫 승리 보고와 그에 대한 선조의 행동을 자세히 소개한 것은, 이때의 선조의 모습과 이순신이 명량 해전에서 크게 승리한 후 그 승리의 보고를 받고나서 선조가 보인 행동 사이의 엄청난 차이를 보기 위해서이다.)

1598(戊戌)년

〈이 원수들을 쳐 없앨 수만 있다면 죽어도 여한이 없겠습니다
(若殲斯讎, 死亦無憾).〉　　—이분(李芬)저,〈행록(行錄)〉에서.—

1598(戊戌)년 1월

(*이달 나라 안에서 있었던 주요 사건들을 〈선조수정실록〉에 의거 요약하면 다음과 같다.
○마귀(麻貴)가 경주로부터 군사를 이끌고 서울로 돌아왔다.
○여러 경로로 울산에서의 승전보고가 올라왔다. 가등청정이 토굴 속에 포위되었다는 보고도 왔다.
○적과의 전투에서 죽은 명나라와 조선의 군사들을 위해 제사를 지내주었다.
○울산 싸움에서 명나라의 천총 마내, 이동빈, 주도계, 왕자화, 유격 양만금 등이 전사하였다.)

1월 1일(丁亥). 맑다. 늦게 잠깐 눈이 왔다. 여러 장수들이 모두 와서 모였다.

1월 2일(戊子). 맑다. 국기일이서(明宗 仁順王后 沈氏의 제삿날) 공무를 보지 않았다. 새로 건조한 배를 진수시켰다. 해남 현감(柳珩)과 진도 군수(宣義卿)가 와서 보고 돌아갔다. 송대립(宋大立), 송득운(宋得運), 김붕만(金鵬萬)이 각 관아로 나갔다.

1월 3일(己丑). 맑다.

1월 4일(庚寅). 맑다. 무안 현감(南彦祥)에게 곤장을 때렸다.

(*무술년(1598) 1월 5일(辛卯)부터 이해 9월 14일까지의 〈난중일기〉는 발견되지 않고 있다. 따라서 이하에서는 이 사이에 있었던 전황과 나라 안의 주요 사건들을 〈선조실록〉을 중심으로 살펴본다.)

〈울산성 전투〉

(*1597년 12월 23부터 1598년 1월 초(4일) 사이에 울산에서는 왜군 가등청정의 군대와 조·명 연합군과의 사이에 대규모 전투가 벌어졌다. 울산성 전투에서 조·명 연합군은 초반의 강세를 끝까지 유지하지 못하고 퇴각함으로써 그 후의 전황에 큰 영향을 미쳤을 뿐만 아니라, 이때의 총 지휘자 양호(楊鎬)는 패전의 책임을 지고 명나라 황제에 의해 소환되어 중죄로 다스려지게 된, 말하자면 그 후유증이 대단히 컸던 전투였다. 치열한 전투를 벌였던 울산성 싸움의 전말을 〈선조실록〉에 기록되어 있는 여러 보고서를 통해 살펴본다.
일부 중복을 무릅쓰고 여러 가지 경로를 통해 올라오는 장계들 중에서 중요한 것은 대부분 수록하였는데, 그것은 전투 상황을 최대한 종합적으로, 다각도로 볼 수 있게 하기 위해서이다.)

「○이 부총병(李如梅)의 접반사 이덕열(李德悅)이 급보를 올렸다.
"이달(정유년 12월) 22일 밤에 대군이 일제히 떠났는데 부총병이 맨 앞장에 서서 갔습니다.
23일 오시(낮 12시경)에 선봉군이 적진과 20리 떨어진 지점에서 적과 마주쳤는데, 명나라 군사는 학익진형으로 용감하게 공격하여 적 4백여 명의 목을 베었습니다.
24일 동틀 무렵 성 밑으로 다가가서 각종 화포를 일제히 쏘아대니 소리가 천지를 진동시켰고 연기와 불길이 하늘로 치솟아 올랐습니다. 성 안에 있는 왜적의 건물에 일시에 불이 붙자 때마침 북풍이 강하게 불어 화염에 휩싸여 적의 무리들은 쓰러지면서 토굴로 달아나 들어갔습니다.
여러 부대들은 성을 함락시키고 토굴로 진격하였는데, 토굴은 겹겹이 쌓아서 견고하고 험하기 짝이 없어서 쳐부술 수가 없었습니다. 시험 삼아 대완구를 쏘았는데, 산판이 가파르고 높아서 곧바로 무찌를 수가 없었습니다. 그래서 하루 종일 싸웠으나 빼앗지 못했다고 합니다."

「○승정원에서 보고하였다.
"군문(軍門)의 통사(통역장교)인 박의검(朴義儉)이 방금 도착한 경리의 야불수(夜不收: 경비병)와 함께 찾아와서 이렇게 말하였습니다.
'이달 23일에 경리는 직접 좌측 협동군과 우측 협동군의 군사들을 지휘하여 울산성을 공격하여 함락시키고 5백여 명의 적의 목을 베었으며, 24일에는 8백여 명의 목을 베었는데, 적들은 모두 달아나 토굴로 들어갔습니다. 그리고 25일에는 중군장 고책(高策)과 총병 조승훈(祖承訓)이 군사를 거느리고 서생포로부터 응원하러 오는 적을 차단하였습니다. 청정은 포위당한 토굴 속에 있었는데, 형편이 매우 궁색하게 되었습니다. 경리가 파견한 사람이 명령기(令旗)와 상공기(賞功旗), 그리고 면사첩(免死帖)을 가지고 청정한테 가서, 투항하면 사형을 면제시켜 주고 후한 상을 주겠다는 내용으로 타일렀더니, 청정은 말하기를 〈투항하고 싶지만 아직은 조선 측이 항복을 허락할지 안 할지 몰라서 항복하지 못하고 있다. 만일 조선

측과 서로 화해가 되면 즉시 투항하겠다.〉라고 하였습니다.
경리는 이를 허락하지 않았고, 명나라 군사는 현재 여러 겹으로 포위하여 공격하고 있습니다.'
군문이 박의검에게 지시하기를, '전날 제독이 파견한 관리에게 후한 상을 주었던 것처럼 이 사람에게도 반드시 후한 상을 주어야 할 것이다.' 라고 하였다고 합니다.
그리고 이 사람의 말을 들어보면, 울산(蔚山)과 도산(島山)은 바로 한곳인 것 같습니다."
임금이 말하였다. "알았다."」　　-〈선조실록〉(1598. 1. 1.(丁亥)-

「○군문도감에서 보고하였다.
"제독이 파견한 관리한테 물으니 그는 이렇게 말하였습니다.
'23일과 24일 이틀에 걸쳐 싸움을 한 뒤에 곧 도산성(島山城) 밑으로 진군하였는데, 성은 대체로 4겹으로 되어 있었습니다. 바깥성은 산 밑을 둘러서 흙으로 쌓았는데 성이 낮아서 우리 군사들이 공격하여 길을 열 수 있었습니다. 그러나 그 안의 3개 성은 돌로 견고하게 쌓고 성 위에 집들을 줄지어 지어 놓았는데, 그 집이 성 바깥으로 내밀고 있어서 그들은 내려다보면서 우리를 제압할 수 있었습니다. 총알이 비 오듯 하여 우리는 그 밑에서 성 안의 형세를 살펴볼 수도 없었고, 또 총알이 날아드는 속에서 접근할 수도 없었습니다.
그래서 우리 군사들은 할 수 없이 총알이 미치지 못하는 곳에 주둔하게 되었는데, 경리와 도독은 성의 북쪽에 주둔하고, 고책(高策)은 동쪽에, 오유충(吳惟忠)은 남쪽에, 이방춘(李芳春)은 서쪽에 각각 주둔하였으며, 이여매(李如梅)와 파새(擺賽)는 강변에서 서생포의 적을 차단하고, 조승훈(祖承訓)과 파귀(頗貴)는 부산의 적을 차단하였습니다. 성이 견고하여 쳐부수기가 곤란하고, 진격하면 우리 군사들이 많이 상할 수 있기 때문에, 여러 날 포위하고 있으면서 적들이 저절로 죽기를 기다리고 있었습니다. 대개 성 안에는 양식이 적고 물이 없기 때문에 오래 가지 않아 저절로 기진하고 말 것입니다.

그런데 부산의 적들은 현재 구원하러 오는 기미가 보이지 않고 서생포의 적들이 매일 뱃길로 나오고 있는데, 우리 군사들에게 저지되어 오다가는 돌아가고 하기를 하루에 두세 차례 반복하고 있습니다.

청정이 포위 속에 있다는 사실은 투항해온 왜놈들과 조선의 여인들이 말하고 있습니다.'」 −〈선조실록〉(1598. 1. 3.(己丑)−

「○마(麻貴) 제독의 접반사 장운익(張雲翼)이 급보를 올렸다.

"명나라 군사들이 적의 토굴을 공격할 때 전사한 것을 보면, 명나라의 남방 군사들이 7백여 명이고, 우리나라 군사가 2백여 명이며, 왜놈의 목을 벤 것은 9백여 개입니다. 경리와 제독은 청정이 태화강 길을 따라 도주한다는 말을 듣고 직접 자신이 쫓아갔는데 아직 돌아오지 않았습니다."」 −〈선조실록〉(1598. 1. 4.(庚寅)−

「○경리의 접반사인 이조판서 이덕형(李德馨)과 도원수 권율(權慄)이 급보를 올렸다.

"울산 싸움에서 승리한 날에 경리와 제독이 군영으로 돌아와서 신을 불러 말하기를 '지금 온 조선 군사가 단지 3천5백 명밖에 되지 않으니, 이들을 이여매(李如梅)와 이방춘(李芳春)에게 나누어 소속시키는 것이 좋겠다.' 고 하였습니다. 때마침 흰 기운이 부채를 펼친 것처럼 군영 위에 어리자 경리가 바라보고 말하기를 '이

기운은 대단히 상서로운 징조이다.'라고 하였습니다.
경리와 제독은 아침 6시경(卯時)에 3개 협동군을 독촉해서 진군시키고 함께 떠나서 성황당 토굴 공격을 지휘하였습니다. 성 안의 집들과 강변의 왜적선 2척이 불화살에 맞아 불이 일었는데, 화염이 하늘로 치솟았습니다. 명나라 군사들이 북을 치고 함성을 지르면서 성을 함락시켰습니다. 여러 적들은 도산의 토굴로 달아나 들어갔는데, 명나라 군사들이 진격하여 목을 벤 것이 매우 많았습니다. 경리와 제독이 그 맞은편 산봉우리에 올라가서 싸움을 지휘하자 부대들이 일제히 성의 동쪽을 향하여 용감하게 쳐들어갔습니다. 명나라 군사 10여 명이 이미 성 위로 올라갔는데, 적의 방어가 매우 밀집되어 있고 지형도 또한 견고하고 험하여 성에 올라간 명나라 군사들은 적을 맞아 용감하게 싸웠으나 결국 빠져나오지 못하고, 나머지 군사들은 성을 허물 수 없어서 물러났습니다.
왜선 40여 척이 태화강 하류의 남강(藍江)에 정박하고 있었는데, 경리는 절강(浙江)의 군사 2천 명과 기병 1천 명을 시켜 강둑을 방어하게 하였습니다. 해가 진 뒤에 경리는 왜인 5~6명이 성에서 나와 도주한다는 소식을 듣고 직접 추격해 갔으나, 돌아와서 여러 장수들을 불러 다시 함께 의논하여, 긴 나무와 마른 섶을 마련해 가지고 내일 화공을 하려고 합니다.

투항해온 왜인과 사로잡혀 갔던 사람들에게 물으니 모두들 말하기를 '청정은 서생포에서 23일 한밤중에 달려왔으며 장수 5~6명이 모두 그 굴속에 모여 있다.'고 하였습니다. 적의 무리는 그 수가 약 2천여 명 되는데, 돌을 쌓은 것이 마치 구멍을 깎아놓은 것 같기도 하고 벌레둥지 같기도 하여 명나라 군사들이 위를 향해 공격하기에는 형편상 쉽지 않습니다.

어제 목을 벤 것이 매우 많은데, 경리는 말하기를 '성을 함락시키기 전에는 (사상자) 확인을 허락하지 않는다. 또한 사상자에 대한 말은 하지 말라.'고 지시하였습니다.〉」

-〈선조실록〉(1598. 1. 6.(壬辰)-

「○정유년 12월 27일부로 올린 이덕형(李德馨)과 도원수 권율(權慄)의 급보는 이러하였다.(*28일부로 쓴 것인 듯함.-편역자)

"27일 저녁부터 비가 내리기 시작했는데 밤새도록 멎지 않고 왔습니다. 경리와 제독이 사로잡혀 갔다가 도망쳐온 사람 4명을 잡아다 심문하니, 그들은 말하기를 '성 안에는 식량도 물도 없습니다. 적들은 더러 불에 탄 쌀을 주워 먹기도 하고 밤에 비가 오자 많은 적들이 홑옷과 종이를 적셔 가지고 그것을 짜서 마시기도 하였습니다. 청정은 서생포를 버리고 이곳으로 온 것을 몹시 후회하고 있다고 합니다.'라고 하였습니다.

오늘도 포를 쏘고 말을 달려 적들로 하여금 연방 조총을 쏘게 함으로써 휴식하지 못하게 하였습니다. 그리고 사방에서 사로잡혀간 사람들을 불러내어 빨리 나오도록 하였습니다.

오전 8시경(辰時)에 배 위에 있던 적들이 강기슭으로 다가와서 점차 상류로 향하므로, 경리와 제독이 지시를 내려 싸움을 독촉하는 동시에 또한 우리나라 군사들로 하여금 속히 성을 포위할 태세를 취하게 하였습니다.

경리와 제독은 부하 군사들을 거느리고 적들의 토굴이 있는 맞은편 봉우리로 올라갔습니다. 절강의 군사들은 배 위의 적들과 한동안 크게 싸웠는데, 양쪽의 포성이 계속되더니 적들이 많이 다쳐서 곧 퇴각하였습니다.

또한 왜적 몇 놈이 대나무 장대에 편지를 꽂아 가지고 깃발을 들고 성에서 내려오므로, 경리가 사람을 보내어 달려가서 가져오게 하여 보니 바로 청정 아래의 장수가 병사(兵使)에게 보낸 것이었습니다.

거기에서 이르기를 '청정은 서생포에 있고 소장(小將)들이 여기에 있는데, 조선 장수 한 사람을 이리로 보내서 우리와 함께 서생포로 가서 강화를 하게 한다면 두 나라 사람들이 많이 죽지 않아도 될 것입니다.'라고 하였습니다.

경리는 곧 그들을 돌려보내면서 타이르기를 '청정이 만일 투항해 온다면 성 안의 사람들이 모두 죽음을 면하게 될 뿐 아니라 황제에게 보고하여 벼슬을 주고 후한 상을 주도록 할 것이다. 명나라는 절대로 신의를 저버리는 일이 없다.'라고 하고는 전령의 화살(令箭)을 적중에 쏘아 보냈습니다.

그랬더니 적들은 그것을 받아보고 대답하기를 '청정은 서생포에 있으니, 남쪽의 한 쪽 길을 터주면 곧 달려가서 말하겠다.'라고 하였습니다.

경리는 이어서 각 군영의 여러 장수들을 불러 군사 문제에 대하여 상의하고 또 신(臣) 덕형(德馨)을 불러서 말하기를 '3개 협동군의 군사와 말이 모두 굶주림에 시달리고 있으니, 조선 군사들 중에서 쓸모없는 사람들을 뽑아내어 풀을 베어다가 각 군영에 나누어 주도록 하라.'고 하였습니다.

경리와 제독이 숙영하고 있는 곳으로 돌아와서 베어온 풀로 방을 만들어 숙소로 삼으려 했는데, 적들의 토굴과는 겨우 1리쯤밖에 떨어지지 않은 거리였습니다.

오후 4시경(申時)에 경리는 헌패(憲牌)를 내어주며 김응서에게, 투항한 왜인들을 데리고 적들 속으로 들어가서 그들에게 화(禍)가 되고 복(福)이 되는 점을 잘 타일러 주라고 하였습니다. 그리고 통사

(통역장교) 송업남(宋業男)에게 지시하기를 '오늘 밤 적들이 간교한 계책을 쓸 터이니 우리 군사들의 각 군영에 잘 대비하도록 엄히 지시하고, 조선 군사들에게도 잘 배치하도록 엄히 지시하여 어기는 일이 없도록 하라. 그리고 김응서(金應瑞)에게 말하여, 데리고 있는 투항한 왜인들로 하여금 밤새도록 순찰 돌게 하여 성에서 나온 왜적을 회유해 오게 하라.'고 하였습니다.

또한 사로잡혀 갔던 사람들을 계속 데려다가 심문하였더니, 청정과 그의 아들이 다른 왜장들과 함께 모두 성 안에 있다고 하였습니다. 그러니 적들이 말하는 서생포에 있다는 말은 거짓말입니다. 그리고 경리가 수고하고 있는 모습은 이루 다 말하기 어려울 정도인데, 문안하는 관리도 오지 않아서 미안하기 그지없습니다."

결재하여 비변사에 내려 보냈다.」

-〈선조실록〉(1598. 1. 6.〈壬辰〉)-

「○정유년 12월 27일부로 올린 이덕형(李德馨)과 도원수 권율(權慄)의 급보는 이러하였다.

"지난밤에 서풍이 강하게 불기 시작하면서 날씨가 몹시 추워졌습니다. 절강의 군사들이 강둑을 에워싸고 지키고 있는데 고생이 매우 심합니다.

날이 샐 무렵에 경리가 신 등에게 말하기를 '오늘은 바람세가 좋으니 섶나무를 많이 마련해 가지고 바람을 이용하여 불을 놓아 적들의 장막을 태워버리려 한다.'라고 하더니, 3개 협동군의 군사들과 우리 군사들을 시켜 섶을 베어오게 하였습니다.

오후에 남강의 적선 26척이 순탄한 흐름을 타고 거슬러 올라가 적들의 토굴이 바라보이는 곳에 이르니 적장 1명이 따라다니는 왜인 5~6명을 거느리고 성 밖으로 나와 배 위에 있는 적들을 소리쳐 불렀습니다. 그런데 명나라 군사들이 화포를 많이 쏘자 오후 4시경(申時) 마지막 무렵에 적선은 퇴각하였습니다.
경리는 명나라 군사와 우리나라 군사들에게 방패와 풀을 묶은 단을 가지고 앞을 막으면서 나아가 성에 육박하여 불을 놓게 하려고 하였는데, 적의 토굴로부터 총알이 비 오듯 날아오는 바람에 겨우 목책 바깥까지 전진하고 더 이상 나아가지 못하였습니다. 어둠이 깃든 후에 각 군사들이 다시 전진하려고 하였으나 적들이 화포를 쏘아대므로 모든 부대를 돌려세우고 경리와 제독은 군영의 장막으로 돌아왔습니다.
경리는 각 부대에 지시하여 초막을 짓고 빙 둘러 숙영하도록 하는 한편, 신 등에게 지시하여 식량 운반을 독촉하게 하여 오래 머물러 있을 궁리를 하고 있습니다. 한밤중에 왜적 수십 명이 몰래 나온 것을 오 부총병의 군사들이 매복하고 있다가 소멸시켰는데, 목을 벤 것이 6명이었으며 나머지 적들은 부상을 당하고 도망쳐 들어갔습니다. 우측 협동군의 군사들도 또한 왜적 1명을 사로잡았습니다."」 －〈선조실록〉(1598. 1. 6.(壬辰)－

「○정유년 12월 25일부로 올린 제독의 접반사 장운익(張雲翼)의 급보는 이러하였다.
"이달 16일부로 우승지가 보낸 임금의 지시에 의하면 '임금이 남으로 내려가려던 계획이 군문에 의해 저지되어 하는 수 없이 그만두게 되었다. 부대의 소식이 일체 캄캄하니 한 방면의 파발을 다시 정비하여 부대 안의 크고 작은 모든 소식들에 대하여 매일 급보를 띄우도록 하라.'고 하였습니다.
25일 오후 4시경(申時)에 신은 울산의 성황당 앞 산기슭에서 이 지시를 받았습니다. 제독의 행동과 군문의 소식에 대해서 이미 열두 번이나 급보를 올렸는데 필경 도중에서 지체된 것 같습니다.
어제 밤에 경리와 제독은 적들의 토굴이 있는 맞은편 봉우리에서 묵고 각 군영의 군사들은 모두 야외에 병영을 차려놓고 밤새도록 포를 쏘았습니다. 오늘 아침에 또 명나라 남방 군사들과 우리나라 군사들을 시켜 토굴로 진격하여 성을 허물고 넘어 들어가게 하려고 하였는데, 청정은 지금 그 속에 있고 흙벽의 4면에서 철환이 비 오듯 날아와서 발을 붙일 수가 없었습니다. 그 결과 명나라 군사들 속에서 사상자가 수백 명이 나오고 우리나라 군사들도 사상자가 많이 났으며, 진(陳) 유격이 또한 철환에 맞았으므로 할 수 없이 군사를 거느리고 군영으로 돌아갔습니다. 경리와 제독은 통분함을 이기지 못해 하면서 산 위에서 머물고 있는데, 내일 또다시 성을 공격할 계책을 의논하고 있습니다.
그런데 오늘 사로잡은 왜적 4명과 도망쳐 돌아온 여인들이 모두 말하기를 '토굴 속에는 식량도 물도 없으니 형편상 오래 지탱하기가 어려울 것입니다.' 라고 하였습니다.
단지 딴 곳에서 응원군이 많이 올까봐 걱정이며, 또 서생포로 달아나 들어가게 되면 형세는 더욱 어렵게 되어 소탕하기가 쉽지 않을까봐 염려됩니다. 그래서 매우 안타깝게 생각하고 있습니다."
-〈선조실록〉(1598. 1. 6.(壬辰)-

「○정유년 12월 27일부로 올린 제독의 접반사 장운익의 급보는 이러하였다.
"26일에 휴식하고 있는 군사들에게 하루 분 식량을 나누어 준 다음 도원수에게 지시를 내려 우리나라 군사들로 하여금 나무 방패와 섶을 지고 성 밑으로 육박해 들어가게 하였는데, 이는 적의 군영을 불사르기 위해서였습니다.

도원수 권율이 직접 부대에 나가 싸움을 지휘하면서 영산 현감 전제(全悌)와 과거에 급제한 사람 1명, 군사 1명을 목 베어 조리를 돌리니 군사들은 전진하지 않을 수 없었습니다. 그런데 적의 탄알이 비 오듯 하여 사상자가 너무 많이 나기 때문에 할 수 없이 퇴각하였습니다.

그리고 어제 오후부터 오늘 밤까지 비가 멎지 않고 계속 와서 사람과 말이 굶주림과 추위에 떨고 진흙탕이 무릎까지 빠졌습니다. 토굴을 함락시키는 것이 성을 공격하기보다 백배나 어려운데 날씨까지 이러하니 안타깝기 그지없습니다.

오늘 아침에 사로잡혀 갔던 아이들 4명과 여인 2명이 말하기를 '청정 등 5명의 장수가 현재 성 안에 있는데 군량이 이미 떨어진 데다 우물도 샘도 없습니다. 그래서 밤중에 몰래 성 밑의 우물물을 길어 가는데 졸병들은 마시지도 못합니다. 성 안의 적의 무리들은 밤낮 근심을 하고 있습니다.' 라고 하였습니다.

오늘 이른 아침에 남강(藍江)에 정박하고 있던 왜선 30여 척이 비가 오는 틈을 타서 일시에 앞으로 나와 육지에 오르려고 했기 때문에 좌측 협동군의 군사들이 포를 쏘고 북을 치면서 싸웠습니다. 얼마 지나서 경리와 제독이 군사들을 거느리고 산 위로 올라가 진을 치고 변고에 대처하고 있었는데, 오후에 적선들은 물러가 바깥 포구에서 편대를 짜놓고 있습니다.

경리가 접반사와 도원수를 불러 위로하여 말하기를 '그대의 나라 군사들이 적의 군영을 불사르고 함락시키지는 못했지만 죽음을 무릅쓰고 성을 공격함으로써 군사들의 사기를 북돋웠으니, 대단히 좋게 생각한다.' 고 하였습니다.

경리와 제독이 산 위에 진을 치고 있을 때 왜적 2명이 깃발을 들고 편지를 가지고 와서 강화하자고 말했다고 합니다.

경리가 통사와 명나라 사람에게 군령을 전달하는 화살을 보내어 성안에서 나오도록 하는 한편, 또 통역관 박대근(朴大根)과 투항해 온 왜인 월후(越後)로 하여금 성 밑으로 가서 적들을 회유하게 하였더니, 왜적이 대답하기를 '싸울 테면 싸우고, 화의를 하려거든 한 쪽을 틔워주어 성에서 나갈 수 있게 해야 할 것이다. 그리고 장수 한 사람을 보내주면 화의할 문제를 의논할 것이다.'라고 하였다고 합니다.

그리고 경리와 제독이 산꼭대기에서 노숙을 하면서 비바람을 맞고 있은 지가 벌써 5일째나 되는데 그 고생하는 모습은 이루 말할 수 없습니다. 그런데 감사 이용순(李用淳)이 경주에 물러가 있으면서 뒤따라오지 않았기 때문에 섶 공급 형편이 말이 아니며, 동시에 각 관아별로 배정하는 문제도 정하여 보내주지 않아서 신과 이덕형(李德馨)이 겨우 이웃 각 고을의 관아별로 배정하였습니다.

경리와 제독의 끼니는 겨우 마련해 올리고 있으나 3개 협동군 이하의 장수들은 소금과 장마저 떨어져서 서로 앞을 다투어 와서 신에게 사정하고 있는데, 일이 몹시 난처하게 되었습니다.

또한 오늘 도망쳐서 돌아온 사람들이 모두 말하기를, 굴속에 있는 여러 적들이 지금 높은 사다리를 만들고 있는데 밤에 달아나기 위해서 그런다고 하였습니다. 그리고 남강에 있는 적들의 배가 대중없이 들락날락 하고 비가 밤에도 멎지 않기 때문에 제독은 밤중에 적들이 쳐들어올 우려가 있다고 하여 지금 3개 협동군의 군사들로 진을 치고 대비하고 있습니다."」

-〈선조실록〉(1598. 1. 6.(壬辰)-

「○정유년 12월 30일부로 올려 보낸 접반사 윤형(尹泂)과 충청도 절도사 이시언(李時言)의 급보는 이러하였다.

"이 달 24일, 날이 샐 무렵 총병은 고(高策) 도독과 함께 울산에서 10리쯤 떨어진 곳으로 진군하여 머무르고 있었습니다. 들으니 좌측 협동군의 군사들이 이미 맞붙어 싸우고 있다고 하기에 총병에게 물으니, 말하기를 '적들에게는 4개 군영이 있는데, 동쪽 군영이 이미 격파되었으니 여러 군영의 적들은 오늘 틀림없이 달아날 것이다.' 라고 하였습니다.

신 등이 직접 나가서 적들의 군영에서 5리쯤 되는 우암산(牛巖山)에 올라가 바라보니, 외성은 이미 격파되고 다만 산 위에 작은 성이 있을 뿐이었는데, 매우 견고해서 여러 부대들이 전진을 못하고 있었습니다. 오후에 중앙 협동군의 군사들을 전부 불러내어 전진해 갔는데, 날이 저물어서 싸우지 못했습니다.

25일 이른 아침에 여러 부대들이 4면에서 성으로 육박해 갔는데, 적들이 총알을 무수히 쏘아대어 명나라 군사와 우리 군사들 속에서 사상자가 많이 났습니다. 게다가 또 성으로 올라가거나 성을 파괴하는 도구도 없어서 잠시 후에 퇴각하였습니다.

26일 양(楊) 경리가 도원수 권율을 불러서 말하기를 '오늘 명나라 군사를 쉬게 하고자 하니 본국의 군사를 시켜 진공하도록 하시오.' 라고 하였습니다. 그래서 권율이 여러 부대를 독촉하여 적진으로 육박해 갔는데, 적이 총알을 비 오듯 쏘아대어 사상자가 많이 났으므로 퇴각하였습니다.

26일 저녁부터 비가 오기 시작하여 27일까지도 종일 바람이 불고 비가 왔는데, 여러 부대는 비를 무릅쓰고 진공하였습니다.

28일에도 진격하였는데, 여전히 사상자가 많이 났습니다.

29일에는 섶을 모아 가지고 적의 군영을 불태워 버리려 하였는데, 명나라 군사와 우리 군사들 속에서 사상자가 너무 많이 나고 성 밑으로 가서 닿을 수가 없어서 밤 2경(10시경)에 물러나 돌아왔습니다.

그리고 적들의 배가 30여 척씩, 혹은 25~26척씩 날마다 남강으로 올라와서 서로 총질을 하다가 저녁때가 되면 물러갔습니다.

이것은 대개 성 안의 적을 끌어내자는 것이었는데, 여러 부대에서 경계를 엄하게 하여 대비하고 있었기 때문에 결국 물러갔습니다. 29일 밤에 작은 배가 올라왔는데 적의 무리 30여 명이 강가에 나와서 배를 타고 도망가려고 하였습니다. 그것을 우측 협동군과 오총병의 여러 군사들이 쳐서 죽였습니다. 우측 협동군에서는 1명을 목 베고, 오총병의 군사들은 6명을 목 베었습니다. 나머지 적들은 다 부상을 당하여 도로 성안으로 들어갔습니다.

근래에 왜놈들을 잡아다가 물으니, 청정이 성 안에 있다고 하였습니다. 우리나라에서 사로잡혀 갔던 남녀 6~7명이 나왔기에 물어보니, 성 안에는 식량도 없고 우물도 없으며, 적의 졸병들은 밤을 타서 성에서 내려와 불에 탄 쌀을 주어다가 먹는 형편이었고, 성밖의 우물과 샘은 모두 메워졌고, 적의 무리들은 그릇도 없어서 작은 바리로 물을 떠다가 마시는데, 옷을 물에 적셔다가 빨아먹고 있는 자들도 있다고 합니다.

30일에 왜적이 편지를 보내오기를 '강화하려고 하는데 성 안에는 글을 아는 사람이 없다. 배 위에 중이 있는데, 내보내 주면 가서 화의하는 글을 쓰려고 한다.'라고 하였습니다.

적들의 형편을 보면 매우 궁지에 빠진 것 같으나 성이 험하고 견고해서 쉽사리 쳐부술 수가 없습니다.

여러 부대의 군량이 떨어져가고 있어서 매우 걱정입니다. 싸움이 끝난 뒤에 급보를 올리려 하였으나, 형편이 이러하므로 쉽게 끝날 것 같지 않아 우선 먼저 보고합니다."」

-〈선조실록〉(1598. 1. 10.〈丙申〉)-

「○정유년 1월 초하루(丁亥)에 작성하여 올려 보낸 제독의 접반사 장운익(張雲翼)의 급보는 이러하였다.
"지난 달 29일 이전의 일에 대해서는 이미 여러 차례에 걸쳐 급보를 올렸습니다.
29일 저녁에 경리와 제독은 명나라 군사와 우리 군사들을 독촉하여 섶과 나무 방패를 많이 준비해 가지고 밤을 타서 적의 군영을 불사르려고 하였습니다. 그런데 적들이 이미 알고 조총을 많이 쏘아대므로 하는 수 없이 또 퇴각하였습니다.
30일에 청정이 경리에게 편지를 보내어 강화하자고 하자, 경리는 대답하기를, '네가 만일 나와서 살려 달라고 사정한다면 나는 용서할 것이다.' 라고 하였습니다. 그러자 청정이 또 편지를 보내어 대답하기를 '마(麻貴) 대인은 싸우자는 것을 주장하고 있으므로 나를 만나지 않을 테지만, 양(楊鎬) 대인이 만일 중간 지점에서 서로 만날 것을 요구한다면 내일 정오에 나가서 뵙겠습니다.' 라고 하였습니다. 그래서 경리는 그를 끌어내어서 사로잡으려고 한다고 합니다.
지난밤에 왜적 30여 명이 물을 긷기 위하여 성을 나온 것을 김응서(金應瑞)가 투항한 왜인들과 함께 매복하고 있다가 5명을 사로잡고 5명의 목을 베었습니다. 투항한 왜인에게 물었더니, 그가 말하기를 '지금 성 안에는 식량도 없고 물도 없습니다. 대장으로서는 김가와 청정 등 6명의 장수가 현재 부대 안에 있습니다. 졸병들은 1만여 명인데 모두 굶주리고 앓고 해서 전투에 쓸 수 없으며, 정예군사는 1천명도 안 됩니다.' 라고 하였습니다.
대개 적들과 서로 대치하고 있어서 말들이 먹지 못한 지가 이미 9일이나 되어 명나라의 말들이 1천여 마리나 쓰러져 죽었습니다. 군사들도 모두 먹지 못해 굶주리고 헐벗어 얼고 있는데, 만일 외부로부터 적들의 구원병이 오게 된다면 상황은 극히 심각해질 것입니다."」　　　　　　　－〈선조실록〉(1598. 1. 14.(庚子)－

「○1월 4일부로 작성하여 올려 보낸 이 부총병의 접반사 이덕열(李德悅)의 보고는 이러하였다.

"3일에 신이 부총병에게 세배를 드리려고 부대 안으로 가서 보니 그 수를 헤아릴 수 없을 만큼 많은 서생포의 적들이 육로를 따라 와서 적들이 있는 성에서 5리쯤 되는 서강 건너편에 진을 치고 있었습니다. 그래서 이(李) 부총병과 해 총병(解 總兵) 등 명나라 장수와 우리 군사들이 강여울 목을 지키고 있었습니다.

4일 새벽부터 명나라 군사들은 적의 탄환을 막을 기구도 없이 그대로 육박해서 성을 공격하였는데, 이때 적들이 쏘는 총알이 비 오듯 하는데다가 쏘면 틀림없이 맞기 때문에 명나라 군사들 중에 총알에 맞은 사람이 거의 5백 명이나 되었습니다. 그래서 결국 성에 오르지 못하고 오전 8시경(辰時)에 싸움을 그만두었는데, 경리와 제독은 서로 의논하여 군사를 돌려세워 경주로 향했습니다.

적의 성을 포위하고 있는 10여 일 동안 청정은 아침저녁으로 항복하려고 하였으니, 잘만 하면 사로잡을 수도 있었습니다. 그런데 명나라 장수는 군사들이 많이 죽고 성을 공격할 방법이 없다고 하여 멍 하게 정신을 잃고 맥이 풀려 있다가 불의에 전군을 철수하였습니다. 그래서 사람들은 놀라고 실망하여 생기를 잃고 있습니다. 게다가 적들의 배는 더 많이 와서 정박하고 있고 육지의 적들도 또한 육박해 오고 있습니다. 이런 형편에서 청정이 만약 일시에 세력을 규합하여 반대로 추격할 생각을 하게 된다면, 변란은 다시 예측할 수 없게 될 터이니, 더욱더 위태롭고 두렵기 그지없습니다."」
　　　　　　　　　　　－〈선조실록〉(1598. 1. 14.(庚子)－

「○부총병 이여매(李如梅)의 접반사 이덕열(李德悅)이 급보를 올렸다.
"이달 4일에 각 군영에서 군사를 철수한 문제에 대해서는 이미 급보를 올렸습니다. 오늘 여러 부대가 철수할 때에 왜적의 수군과 육군이 합세하여 30리 밖까지 추격해오는 바람에 명나라 군사들이 무수히 죽었는데 3천 명이라고도 하고 혹은 4천 명이라고도 합니다. 그 가운데 노(盧) 참장(參將)의 1개 부대는 뒤떨어져 있었기 때문에 거의 전멸되었다고 하는데, 군영 안에서 숨기고 말을 하지 않아서 아직 정확한 수는 모르겠습니다.
대체로 까닭 없이 철수를 하여 적들이 그 뒤를 쫓는 바람에 급히 달아나게 되었으니 패배는 자초한 셈입니다. 활과 갑옷을 길에 가득 내버림으로써 심지어 적을 돕게까지 되었으니 이런 통곡할 노릇이 어디 있습니까.
이 부총병이 추격해 오는 적들의 목을 몇 놈 베자 적들이 그제야 조금 물러났습니다. 전달 23일에는 선봉부대로서 적의 목을 벤 것이 가장 많았고, 24일에는 먼저 쳐들어가 성을 함락시켰으며, 25일과 26일에는 적선 10여 척을 깨뜨렸고, 이달 3일에는 강여울에 있던 적들을 격퇴하였는데, 좌측 협동군이 전후하여 적의 목을 벤 것은 690여 명이나 된다고 합니다.
철수하여 돌아오는 군사들은 대오도 짓지 않고 제멋대로 행동하도록 내버려두었기 때문에 촌락에 들어가 백성들의 재물을 뒤지고 마을 아낙네들을 강박하고, 심지어 사람을 죽이는 자들까지 있어서 마치 적의 침입을 겪는 것과 똑같았습니다. 우리 백성들이 불행하게 이 지경에 이르고 보니 어떤 촌 할머니는 울부짖으며 말하기를 '굶주림을 참아가며 쌀을 찧어 군량으로 바치면서 적을 평정할 날을 기다렸는데, 이제 도리어 이렇게 되었으니 다시 살아날 길을 바랄 수 있겠는가.' 라고 하였습니다. 이 말을 들으니 저도 모르게 눈물이 흘러내렸습니다.

부총병은 현재 안동에 머무르고 있는데, 당분간 군사를 쉬게 한 다음 4~5일 후에 서울로 올라갈 것이라고 합니다."」

-〈선조실록〉(1598. 1. 16.(壬寅)-

「○충청도 절도사 이시언(李時言)과 경상좌도 절도사 성윤문(成允文)이 급보를 올렸다.

"신 등은 지난 달 23일에 명나라 군사와 협동하기 위하여 따라와서 울산의 적의 소굴에서 접전한 사정과 27일 재차 싸움을 한 경위에 대하여 이미 도원수 권율에게 급보를 보냈습니다.

이달 2일에 서생포 등지에 있던 적들이 다수 쏟아져 나와서 서로 바라보이는 먼 산봉우리에 많은 깃발을 늘어세웠습니다.

3일에는 먼 산봉우리에 있던 적들이 점점 내려와서 일부는 적의 보루가 있는 건너편 들판으로 달려가고, 일부는 전탄(箭灘)의 남산에 줄지어 서 있었습니다. 그리고 정예군사 50~60명이 산 밑으로 내려왔는데, 명나라 군사들은 감히 한번 달려들어 싸워보지도 못하고 모두 흩어져 퇴각하였습니다. 산꼭대기의 적들은 깃발을 세우고 숙영하였습니다.

신 등은 도원수의 지시에 따라 군사를 거느리고 전탄에서 적을 차단하고 있었습니다. 그날 밤에 명나라 군사들은 또 성을 공격하려고 큰 횃불을 만들어 가지고 사면으로 포위하고 진격하였습니다. 밤 12시경(子時)부터 시작하여 날이 밝을 때에 가서야 그만두었는데, 적탄이 비 오듯 하여 사상자가 매우 많이 났으며 한 사람도 성에 가 닿지 못했습니다.

4일 이른 아침에 먼 산봉우리와 산 속에 있던 적들이 각기 오색 깃발을 메고 와서 산꼭대기의 적들과 합세하여 봉우리 10리 사이에 어깨를 잇대고 늘어섰습니다. 그러나 그 무리들은 많아야 2~3천 명에 지나지 않았으며, 산 속의 적들도 수만 명에 불과하였습니다. 맞붙어 싸우더라도 들판에서 싸운다면 짓밟아 소멸시킬 수 있었을 것입니다.

그런데 오후부터 전탄을 지키고 있던 기마병들이 점점 아래로 내려오고, 적을 포위하고 있던 우측 협동군의 군사들도 점차 포위를 풀고 나왔는데, 적선 수십 척이 강안에 줄지어 정박하고 있고 일부는 육지로 올라오기도 한 것을 쫓아버리지 않은 채 거의 다 흩어져 나오고 말았으며, 매복을 설치한 곳도 없었습니다.

사람을 시켜 감시하게 하였더니 명나라 장수가 있는 곳곳에서 불이 일어났는데, 그것은 모두 화약이 타는 불길이었으며, 사고가 나자 진지에 남아있는 사람들의 고함소리가 천지를 진동시켰습니다. 그제야 비로소 명나라 장수들이 퇴각한다는 것을 알았는데, 먼저 보병들을 내보내고 자신은 기병을 거느리고 뒤를 막으면서 퇴각하였습니다. 전탄을 지키고 있던 절강의 보병들과 기마병들도 자기들의 장수가 이미 퇴각한 것을 모르고 있다가 나중에야 알고 나서 당황하여 허둥지둥 달아났습니다.

산꼭대기에 있던 적들이 줄을 지어 연달아 내려와서 일시에 무찌르는 바람에 보병들은 살아남은 자가 많지 못하였으며, 기병들 가운데도 죽은 자가 얼마나 되는지 알 수 없을 정도입니다. 일부는 갑옷과 투구를 벗어던지고 알몸으로 나온 자들도 있었으며, 우리 군사들도 사상자가 많았습니다. 당당했던 세력이 눈 깜짝할 사이에 꺾이고 다 죽어가던 적들이 도리어 날치면서 독살을 부리게 되었으니 참으로 통곡할 노릇입니다.

신 등은 도체찰사의 지시에 따라 경주에 근거를 두고 변란에 대처하고 있습니다. 그러나 한 도 가운데 한 쪽 모퉁이라도 막아낼 만한 사람들은 경주와 울산을 비롯한 몇 개 고을의 군사들뿐이었는데, 섶과 방패를 가지고 나간 싸움에서 전부 죽었습니다. 그리고 군량을 거둘 만한 사람들은 안동을 비롯한 6~7개 고을의 백성들이었는데, 수송하는 부역에 힘이 다 소진되었습니다. 뒷날의 일이 더 이상 가망 없게 되었으니 어찌해야 할 줄 모르겠습니다."」

−〈선조실록〉(1598. 1. 16.(壬寅)−

「○경리의 접반사 이조판서 이덕형(李德馨)이 장계를 올렸다.
"오 총병이 왜적의 염탐꾼을 붙잡았는데 경리가 데려다가 직접 심문을 하니, 그가 말하기를, '전날 왜적들이 도산(島山: 울산)의 군사를 구원하였는데, 그것은 진짜 왜인이 아니라 바로 조선 사람 수천 명이 왜인 수백 명과 협동해서 깃발을 많이 세워놓고 위세를 돋운 것이었습니다. 배 위에 있던 적들로 말하면, 큰 배에 탔던 왜인은 겨우 5~6명이었고, 그 나머지는 모두 고려(조선) 사람이었습니다.' 라고 하였다고 합니다. 경리는 거듭 반복해서 신문하고 나서 말하기를, '조선 사람을 증오한다.' 라고 하였습니다.
그리고 영국윤(甯國胤)을 보고 말하기를 '내가 이제 각 군영의 군사들을 채근하여 다시 도산을 공격할 것이다.' 라고 하자, 국윤이 말하기를 '사람도 지치고 말도 지쳤는데 이런 군사를 가지고 어떻게 다시 싸울 수 있겠습니까.' 라고 하였습니다. 경리는 화가 나서 꾸짖기를 '장수가 한 사람도 없는데 너까지 이렇게 말하는가?' 라고 하였습니다.
『왜정비람(倭情備覽)』이란 책 한 권을 신에게 보내왔기에 신이 곧 펼쳐보니, 그것은 곧 중국의 복건 사람이 왜적들 속에 있으면서 전후로 보낸 글들을 베껴서 보고한 것을 지휘 사세용(史世用)이 차례로 엮어 놓은 것이었습니다. 심(沈惟敬) 유격이 전후로 관백에게 보낸 편지, 허의후(許儀後)와 염사근(廉士謹) 등이 변방 장수들에게 보낸 편지, 그리고 진주성이 함락될 당시 온 성 안의 남녀들이 모두 죽고 한 사람도 굴복한 사람이 없었다는 사실들이 빠짐없이 씌어 있었습니다. 그 끝에는 경인년(1590)에 황윤길(黃允吉) 등이 가지고 갔던 편지, 폐백, 예물 목록과 적의 우두머리에게 보낸 문서를 베낀 것이 실려 있었습니다.

경리가 신을 부르더니, 예물 목록 가운데 들어 있는 백미 200섬과 흰모시 15필 등의 항목을 가리키면서 '소국의 신하 이(李)는 적에게 쌀을 보냈을 리가 없다고 말했었는데, 이것은 무엇인가?' 라고 물었습니다.

그래서 신은 그 당시 황제에게 보낸 보고서에서도 적정을 정탐할 목적으로 사람을 뽑아서 바다를 건너보냈다는 내용이 있기 때문에 사실대로 정직하게 말했습니다.

그리고 또 요즘 많이 떠돌고 있는 잡소리와 전후로 간 염탐꾼들이 한 말이 믿기 어렵다는 내용에 대해서 여러 가지로 자세히 변명을 하니, 경리는 처음에는 의심을 하다가 나중에는 이해를 하였습니다."」　　　　　　　　　　－〈선조실록〉(1598. 1. 23.(己酉)－

「○도원수인 중추부 지사 권율이 장계를 올렸다.

"울산의 안쪽 굴의 적들은 여전히 틀어 앉아 있습니다. 풀을 베는 왜적 1명을 붙들어 와서 심문하니 말하기를 '청정이 포위되었을 때 여러 부대에 구원을 요청하여 각처의 적들이 모두 울산에 모였습니다. 그런데 명나라의 군사들의 위세가 굉장한 것을 보고 많은 적들이 모두 범접하기 어렵겠다고 생각하고 경솔하게 움직이지 못하고 있을 때 명나라 군사들이 먼저 스스로 포위를 풀었습니다. 그래서 여러 적들이 청정에게 위로하기를 〈포위에서 빠져나와 살 수 있게 되었으니 기쁘기 한이 없다.〉라고 했습니다. 여러 부대의 적들은 각각 제 소굴로 돌아갔는데, 올해는 그대로 소굴을 차지하고 있으면서 침범하지 않을 것입니다.' 라고 하였습니다."」

-〈선조실록〉(1598. 1. 23.(己酉)-

〈자살까지 시도하였던 가등청정〉

「○진(陳)어사의 접반사 이호민(李好閔)이 와서 보고하였다.

"진주에 있는 수군 김수(金守)가 한 말은 이러했습니다.

'지난 해 12월 21일에 적에게 사로잡혀 서생포에 가 있을 때의 일입니다. 도산이 포위되었다는 보고를 듣고 청정이 처음에는 믿지 않으면서 말하기를 〈이놈이 내가 멀리 떨어진 서생포에 있으니까 나를 그곳으로 오도록 하기 위해 이따위 소리를 하는 것이다.〉라고 하였습니다.

23일 밤에 정확한 보고를 재차 듣고 나서야 비로소 50명의 군사를 데리고 도산 내성으로 들어갔는데, 20명은 도중에서 살해되고 30명이 같이 들어갔습니다. 군량이 떨어져서 청정은 그 군사들과 함께 낟알을 헤아려가며 먹고 있었는데, 며칠이 지난 뒤에는 형편이 아주 절박하게 되었습니다. 청정이 작은 칼을 뽑아서 자기 목을 겨누자 왜놈 군관이 나서서 그 칼을 빼앗으면서 말하기를, 〈이 안에 소가 한 마리 있으니 삶아서 다 먹고 난 다음에 하십시오.〉라고 하였습니다. 명나라 군사가 퇴각하는 날에는 한창 그 고기를 먹고 있었는데, 청정이 보니 말을 탄 군사가 성 아래를 에워싸고 있는데 엄청나게 많았습니다. 청정이 고기를 뱉어 버리고 큰 칼을 끌어다 자기 목을 찌르려고 하였는데, 왜놈 군관이 또다시 그 칼을 빼앗으면서 〈장군은 조금만 더 기다리십시오.〉라고 하였습니다. 얼마 뒤에 보병들이 물러갔는데, 적들이 성에서 내다보고 하는 말이 〈저들이 식량을 가지러 가는 것이 아닌가?〉라고 하였습니다. 조금 뒤에는 말을 탄 군사가 물러갔는데, 그제야 적들은 손뼉을 치면서 〈이제야 살았구나.〉하고 무척이나 좋아들 하였습니다.

서생포에 있던 적들은 배에다 먹을 것을 싣고 도산 아래에 대고 있다가 명나라 군사들이 물러간 다음에 곧바로 들어갔습니다. 굴 속에 있던 적들이 그제야 죽 끓인 물을 얻어먹게 되었는데, 다 죽고 오직 청정을 비롯한 약간의 인원만이 살아남았습니다.

청정은 즉시 서생포로 돌아와서는 병을 핑계 대고 집 안에 틀어박혀서 아무 일도 하지 않으면서 말하기를 〈내가 여기 있은들 무엇을 하겠는가. 본국에는 무슨 낯으로 돌아가겠는가. 관백이 소환할 날만 기다릴 뿐이다.〉라고 하였습니다.

도산에 있던 군사들은 모두 서생포로 돌아갔는데, 그 수는 약 일만 명쯤 됩니다. 지금은 도산 등지에서도 성책을 더 쌓고 있는데, 그 수도 수만 명이 넘습니다.'」

−〈선조실록〉(1598. 3. 20.(乙巳)−

1598(戊戌)년 2월

(*이달부터 9월 14일까지의 〈난중일기〉는 발견되지 않고 있다. 따라서 이 기간 동안의 주요 사건들은 〈선조실록〉과 〈선조수정실록〉 등에 의하여 살펴본다.
*이 달에 있었던 군사상 주요 사건들은 다음과 같았다.
○유격 양만금이 전사하였다.
○주사 정응태(丁應泰)를 모화관에 가서 영접하고 술을 대접하였다.
○제독 동일원(董一元)과 유정(劉綎)이 많은 군사를 거느리고 강을 건너왔으며, 수군 제독 진린(陳璘)은 절강(浙江) 수군의 배 5백여 척을 거느리고 당진(唐津)에 와서 정박하였다가 곧 전라도로 내려갔다.
○양 포정(布政)이 공문을 보내어 왜적을 치지 말라고 지시하였다.)

〈곳곳에서 말썽을 일으키고 있는 명나라 군사들〉
「○경리의 접반사 이조판서 이덕형(李德馨)이 급보를 올렸다.
"명나라 군사가 물러나온 뒤에 장수나 군사들을 많은 경우 단속하지 않아서 가는 곳마다 말썽을 일으키고 있습니다.
안동에 주둔하고 있을 때만 해도 선화(宣和), 대동(大東)의 군사들과 마(麻貴) 제독 휘하의 달단족(㺚狙族) 군사들이 특히 심하게 못된 짓을 많이 하였습니다.

말먹이 꼴을 베러 간다고 핑계를 대고는 마을과 거리들에 흩어져 백성들의 재산을 약탈하고 부녀자를 강간하는 바람에 멀고 가까운 곳에서 소문을 듣고 피해 달아나 주위의 30~40리 사이에는 인가가 텅 비어 있으니 보기에도 놀랍고 참담합니다.

신이 경리아문(經理衙門)에 드나들며 말하고, 또 기고관(旗鼓官) 이봉양(李逢陽)이 고을 유생 금봉시(琴鳳時) 등의 호소문을 보고 직접 경리에게 보고하여, 경리가 사람을 보내어 소란을 피운 군사들을 붙잡아다 죄가 엄중한 자는 효수하고 가벼운 자는 귀를 베었습니다. 이 때문에 군사들이 좀 수그러들기는 했지만 장령들이 모두 단속을 하지 않고 원수 역시 법도가 없으니 대단히 딱한 일입니다."」　　　　　　　　　-〈선조실록〉(1598. 2. 2.(丁巳)-

〈전라도 쪽으로 간 왜적들도 기가 크게 꺾였다.〉

「○전라도 절도사 이광악(李光岳)이 급보를 올렸다.

"요즘 예교(曳橋)의 적들을 보면 전날의 싸움에서 몇 차례 패배한 뒤로는 감히 마음대로 날뛰지 못하고 있고, 나무를 하거나 물을 긷는 것조차 마음대로 하지 못하고 있습니다. 그러니 그들의 기가 꺾였다는 것을 알 수 있습니다. 요즘 적들 속에서 도망쳐 나온 사람들로부터 실태를 알아본 바에 의하면, 그 인원수가 수천 명에 지나지 못합니다.

그러니 만약 본 도의 정예부대 1천 명과 명나라 군사 1~2만 명이 연합하여 그 소굴을 함께 친다면 소멸시키는 성과를 볼 수 있을 것입니다. 그런데 명나라 장수 동정의(董正誼) 등 5명의 장수들이 이 계책에 동의하지 않을 뿐만 아니라, 군문이 현재 강화를 하려는 중이므로 신 등을 몰아부쳐 남원으로 돌아가게 하고 있으니, 앉아서 기회를 놓치는 것이 매우 애석합니다. 조정에서 토의하여 적절하게 처리하기 바랍니다."」   -〈선조실록〉(1598. 2. 8.(癸亥)-

〈왜적에게 붙었다가 명나라 군사에게 빌붙어 있는 박사유〉

「전라도 절도사 이광악(李光岳)이 급보를 올렸다.

"관리의 집안사람들 가운데 적에게 붙은 사람들이 있는데, 이런 사람들을 하나하나 다 죽여 버리게 되면 그들을 유인(誘引)해낼 길이 막히게 될 것 같습니다. 그래서 구체적인 사례를 들어 급보를 올렸는데, 그 가운데 순천에 사는 관리의 집안사람인 박사유(朴思裕)는 애초부터 적에게 붙어서 제 딸을 행장(行長)에게 시집보냈습니다. 행장이 하는 짓은 모두 사유의 지휘에 기인합니다.

사유는 스스로 처단당하는 것을 면하기 어렵다는 것을 알고 그의 아들 정경(廷卿)이 왜인의 물건을 싣고 남원에 나왔을 때 명나라 장수 오 도사(吳都司)에게 말을 바치고 온갖 방법으로 아첨하게 하였습니다. 그리고 그의 다른 한 아들 여경(餘卿)은 제 누이를 따라서 아직도 행장이 있는 곳에 가 있습니다.

우리나라의 실태를 관망하면서 명나라 장수에게 빌붙고 있는 형편에서 처리하기가 난처하게 되었으니, 조정에서 잘 처리하기 바랍니다."

비변사에서 건의하였다.

"박사유가 자기 아들딸까지 데리고 흉악한 적에게 투항하여 붙어서 멋대로 행동하고 있으니 잠시도 살려둘 수 없습니다. 그러나 이미 다시 명나라 장수에게 빌붙어 있는 상황에서 처리하기가 난처하게 되었으니 천천히 기회를 보아서 잘 처리하도록 공문을 띄우는 것이 어떻겠습니까?"

건의한 대로 승인하였다.」   -〈선조실록〉(1598. 2. 10.(乙丑)-

〈이순신의 서한; 현건(玄健)에게 보낸 답장〉

(*이순신은 2월 19일(甲戌)에 감역(監役)으로 있는 현건(玄健)이란 사람이 편지와 함께 보내준 선물을 받고 답장을 써 보냈다.)

「어제 막 이곳에 도착했습니다.
형의 고을과 그리 멀지 않은 곳이어서 혹시 소식을 들을 길도 있지 않을까 했더니 마침 먼저 보내주신 편지를 받게 되었습니다. 편지는 오래 전에 보내신 것이지만, 그리움은 더욱 새롭습니다. 봄이 되어 따뜻한데 몸은 건강하시고 하시는 일은 어떠하신지요. 저는 오랫동안 진중에 있어서 수염과 머리가 모두 다 희어서 다음날 서로 만나면 지난날의 저인 줄을 알아보지 못할 것입니다. 어제 고금도(古今島)로 진을 옮겼는데, 순천에 있는 왜적과 더불어 백리 사이를 두고 있는 진영이어서 걱정스러운 형상이야 무슨 말로 다 적으리까.
지난 신묘년(1591년: 임진왜란이 일어나기 1년 전)에 옥주(沃州: 진도) 고을 군수로 임명되었을 적에 댁 앞을 지나간 일이 있은 뒤로 언제나 서호(西湖), 월악(月岳: 月出山)의 구름과 나무와 대숲의 아름다운 경치를 마음속으로 그리워하지 않은 적이 없었습니다.
이런 난리 중에도 세호(歲好)를 잊지 않고 편지와 여러 가지 선물까지 보내주시니 모두 다 진중에서는 보기 드문 것들입니다.
그러나 정이란 물품에 있는 것이 아니고, 형의 평소 학문의 공적이 이것으로 나타나는 것이라 여겨서 깊이 감사할 따름입니다. 너무나 바빠서 이만 총총히 씁니다.」

〈강화를 요구하는 가등청정〉

「○경상도 관찰사 이용순(李用淳)이 보고서를 올렸다.

"이달 13일에 왜적 2명이 자기 소굴에서 나와서 말하기를 '청정이 보내서 편지를 가지고 왔습니다.' 라고 하였습니다. 우리나라 군사를 시켜서 죽이지 말고 군사들이 매복해 있는 곳에 억류해 놓게 한 다음 별장 김정서(金廷瑞)를 보내어 심문하였더니, 이렇게 말했습니다.

'우리 장수 청정의 편지를 가지고 왔습니다. 청정이 품고 있는 생각을 명나라 대장에게 자세히 진술하였지만, 청정은 사실 형편이 딱해서 강화를 요청하는 것이 아닙니다. 지난해에 조선에서 평행장(平行長)과 강화 문제를 논의할 때에는 행장이 관백을 속여서, 명나라와 조선이 강화하자고 요구했다고 말하였기 때문에 끝내 성사되지 못했습니다. 이번에 청정이 강화하자는 것은 여러 해 동안 서로 대치하느라 군사들이 지쳤기 때문에 한번 강화하여 세 나라가 태평하게 지내도록 하자는 것입니다. 그래서 편지를 주어 내보낸 것입니다. 지금 나를 억류하니 억류당할 수밖에 없지만, 이것은 이렇게 할 일이 아닙니다. 명나라 장수한테 가서 회답을 받아가지고 돌아가야 합니다.
또한 청정은 군사들에게 지시하기를 〈조선 사람이 설령 우리 진지에 들어오더라도 죽이지 말라.〉고 하였습니다.
또 청정은 말하기를 〈명나라 장수가 만약 강화 맺기를 승인하여 경주로 오게 되면 내가 그곳으로 나가고, 울산으로 오게 되면 또한 그곳으로 가서 만나겠다.〉고 하였습니다.'
다른 한 사람은 왜인이 아니고 바로 고성에서 살던 주질동(注叱同)이란 자였는데, 그의 공술은 이러했습니다.

'임진년에 붙잡혀 갔다가 일본에서 도망을 쳐서 대마도로 돌아왔는데, 지금 같이 온 왜인이 있는 곳으로 도로 붙잡혀 갔습니다. 울산에서 싸움이 붙었을 때 청정이 서생포에서 가만히 성 안으로 들어왔습니다. 성 안에 군량은 많이 있었지만 먹을 물이 부족했습니다. 물을 길어다가 많이 저장해 두었으나 혹시 모자랄 것 같아서 다만 조총을 가진 사람에게만 나누어 주고 다른 사람들에게는 모두 주지 않았습니다. 그래서 적들이 밤중에 성 밖에 나가서 물을 긷다가 많이 죽고 부상당했습니다.

대체로 성안에 있던 사람들이 이기지 못한다는 것을 스스로 알고 있었는데, 응원하는 적들이 건너편에 많이 모여들자 살아날 길이 열렸다고 여기고 모든 적들이 펄펄 뛰면서 좋아했습니다.

청정은 명나라 장수를 만나기 위해 나오려고 생각하면서도 명나라 장수의 처소가 멀리 떨어져 있는데다 사로잡힐 우려도 있고 해서 주저하고 있었던 것인데, 그 때에 명나라 군사가 스스로 물러갔습니다. 그 당시 성안에는 이루 셀 수 없을 만큼 많은 적들이 가득 엎드려 있었습니다.

이번에 청정이 서생포에서 강화를 요구한 것은 실제로 거짓말이 아니고 진정입니다. 그리고 그 전날 싸움이 붙었을 때 명나라 군사 2명이 사로잡혔는데, 지금 적중에 있습니다.' 라고 하였습니다. 왜인이 가지고 온 편지를 베껴서 봉하여 올려 보냅니다."」

-〈선조실록〉(1598. 2. 23.(戊寅)-

〈잘못 알려진 풍신수길의 사망 소식〉

「○경리의 접반사 이덕형이 보고하였다.

"어제 저녁에 경리가 조그마한 글쪽지를 내어 보이면서 말하기를 '양산 군수가 급보를 보냈는데, 평수길(平秀吉)이 이미 죽었으며, 왜적의 각 우두머리들은 일시에 싸움을 그만두고 정확한 기별이 나오기만 하면 바다를 건너갈 것이라고 하였습니다. 그러니 즉시 적당한 관리를 보내어 적정을 탐지해 오게 해서 보고해야 할 것입니다.' 라고 하였습니다. 그래서 감히 보고합니다."
임금이 지시하였다.

"권응수(權應銖)의 서면보고에서도 이와 같은 말이 있기 때문에 내가 몹시 근심이 되어 아침에 이미 승정원에 말해 주었다. 이제 경리의 귀에까지 들어갔으니 과연 생각했던 대로 되었다. 우리나라의 일은 어째서 매번 이렇게 되는가? 입이 쓰다. 입이 쓰다. 동쪽 오랑캐의 버릇이 원래 그런 것인지, 아니면 하늘이 우리 일을 망치게 하려고 하는 것인지, 통탄할 일이다.

설사 수길이 죽었다고 하더라도 왜적이 굴복하자면 아직 멀었으니, 수길이 죽었다 하더라도 죽은 것으로 칠 수 없다. 경은 마땅히 틈을 타서 (경리에게 싸움을 중지할 수 없다고) 강경하게 말하는 것이 좋겠다.……

그리고 수길과 청정이 천백 번 사람의 허울을 고쳐 쓰고 난다고 한들, 어떻게 이렇게 여러 번 죽었다가 여러 번 살아날 수 있겠는가. 나는 통분하다 못해 저절로 웃음이 나온다."」

-〈선조실록〉(1598. 2. 24.(己卯)-

(*이 당시 풍신수길은 아직 죽지 않았었다. 거짓 소문이었던 것이다. 풍신수길의 정확한 사망 일자는 당시 우리나라에서는 자료마다 조금씩 다르게 나타나 있다. 강항(姜沆)이 지은 〈간양록(看羊錄)〉에는 무술년 7월 1일로 되어 있고, 〈명실록(明實錄)〉에는 11월 12일에야 사망 소식을 보고받으면서 7월 9일 죽은 것으로 나오고, 경상좌병사 성윤문(成允文)이 11월 21일자에 올린 장계에는 7월 17일로 나오고, 8월 20일에 올린 전라좌병사 이순신(李純信)의 장계에는 7월 초라고 하였다.)

〈윤두수에 대한 당시의 평가〉

(*1598년 2월 25일(庚辰). 이 날짜로 선조는 이전의 좌의정 윤두수를 다시 좌의정으로 임명하였다. 그러자 사관(史官)은 그를 다음과 같이 평하고 있다.)

「*〈윤두수는 사람됨이 탐욕이 많고 방종하며 음험하여 줄곧 착한 사람들을 배격할 마음을 품고 있었다. 그래서 이전에 스물 안팎 나이 때에 임금의 외척에게 붙어서 동료들을 좌지우지 하면서 마침내는 시국 여론을 장악하고 자기편으로 들어오는 사람은 상전처럼 떠받들고 떨어져 나가는 사람은 종처럼 구박하였다.
그리고 중년에 이르러서는 또 정철(鄭澈)과 친교를 맺었다.
평양 감사로 있을 때에 마침 기축년(己丑年: 1589년)의 정여립(鄭汝立)의 반란 사건이 일어났는데, 그 기회를 타서 임금에게 글을 올려 대궐 안에서 죄인 심문을 엄하게 하기를 청함으로써 한 시대의 뜻이 굳세고 고결한 선비들을 기어이 일망타진하려고 하였다. 그 바람에 백유양(白惟讓)의 세 부자가 동시에 처단되었고, 이발(李潑)과 이길(李洁)은 세 살짜리 어린 자식과 아흔 노모와 함께 옥에 갇혔다가 결국 죽게 되었으며, 심지어 우의정 정언신(鄭彦信)과 동지(同知) 정언지(鄭彦智)까지도 다 대궐에서 실시한 심문을 받고 귀양을 가게 되었다.
그밖에 신식(申湜), 김우옹(金宇顒)과 같은 사람들 가운데도 형장을 맞거나 내쫓겨 귀양을 간 사람들이 수없이 많았으며, 그 이하 사관인 유대정(俞大禎), 한준겸(韓浚謙), 박승종(朴承宗) 등은 모두 옥에 갇혀 화를 입었다. 이뿐만 아니라 유생들에게까지 파급시켜 죽이기도 하고 귀양 보내기도 하였다.
또한 이뿐만이 아니었다. 심지어 시골에 있는 선비 최영경(崔永慶)까지 역모 사건에 걸어서 죽였다. 그가 갇혔을 때 허위고발이라는 것이 판명되어 임금이 특별 지시로 놓아주게 하였는데도 불구하고 윤두수는 대사헌으로 있으면서 끝까지 가두어 놓고 엄하게 다스려야 한다고 다시 건의하여 끝내 죽이고야 말았다. 이 때문에 지금까지도 공정한 견해를 가진 사람들이 이를 갈면서 분하게 여기고 있는데, 그는 조금도 뉘우치거나 고치지 않고 남의 토지를 **빼앗아** 가지는가 하면 남의 재물을 강요하는 등 못하는 짓이 없으니, 그 전보다 도리어 더 심해진 셈이다. 진작 먼 변경으로 내쫓아서 조정 관리들 속에 섞여 있지 못하게 했어야 할 것이었다. 이번에 정승으로 임명하는 지시가 내리기는 하였으나 사람들이 전혀 생각하지 못했던 상황에서 어떻게 하루인들 모든 사람이 우러러보는 정승의 자리에 앉아 있을 수 있겠는가. 그로부터 며칠이 지난 뒤에 공론이 일어났는데 그 또한 늦게야 일어난 셈이다.〉」

「○사간원에서 아뢰었다.

"좌의정 윤두수는 원래 음험하고 탐욕스럽고 누추한 사람으로 여러 차례 호된 규탄을 받고 공론에 의해 버림받은 지 오래되었습니다.

그 전에도 정승 자리에 있으면서 제 고집만 부리다가 나라 일을 그르쳐서 온 나라 사람들이 지금까지도 괘씸하게 여기고 있습니다. 그런데 어떻게 이런 사람을 갑자기 정승의 자리에 다시 들여세워 이제 또 나라 일을 그르치게 할 수 있겠습니까."

대답하였다. "좌의정이 어찌 그렇게까지야 했겠는가. 정승의 자리에 적합하지 않은 것도 아니다. 주장하는 것이 지나치다. 승인하지 않는다."」 　　　　　－〈선조실록〉(1598. 2. 30.(乙酉)－

1598(戊戌)년 3월

(*이 달에 있었던 주요 사건을 〈선조수정실록〉에서 발췌하여 기록한다.

○윤두수(尹斗壽)를 좌의정으로 임명하자 사간원과 사헌부에서 그의 비행과 전력을 들어 파직시키라고 계속 건의하였으나, 임금이 듣지 않았다.

○명나라에서 북쪽 변경에 경보가 있었으므로 군문 형개(邢玠)가 서울로부터 요동으로 돌아갔다.

○유격 파새(擺賽)가 군영에서 죽었다.

○마귀(麻貴)가 남쪽으로 내려가서 상주(尙州)에 주둔하였다.)

〈사간원에서 올린 윤두수 탄핵문〉

「○사간원에서 건의하였다.

"좌의정 윤두수가 다시 정승의 자리에 있을 수 없는 사정에 대해서는 나라 사람들이 다 같이 알고 있고 전하께서도 훤히 꿰뚫어 보고 계시는 바이므로 신 등이 다시 입을 열어 시끄럽게 말하지 않겠습니다.

그런데 어제 받은 전하의 비답(批答)에서 '주장하는 것이 지나치다.'고 하셨는데, 신 등은 이에 대하여 이상하게 생각합니다.

윤두수는 음험한 사람으로서 탐욕스럽고 누추한 짓을 많이 하였기 때문에 여러 차례 호된 규탄을 받고 공론에 용납되지 못한 지가 오래되었습니다. 그 전에도 정승 벼슬에 있으면서 자기 고집만 부리다가 나라 일을 그르쳐 놓았기 때문에 온 나라 사람들이 지금까지 통분해 하고 있습니다. 이런 사람이 어떻게 정승 자리에 적합할 수 있습니까?

임금의 직책은 오직 정승을 잘 고르는 데 있습니다. 나라가 평온한 때에도 신중히 고려해야 할 일인데 더구나 지금처럼 정세가 위급한 때에야 더 말할 나위가 있겠습니까? 어진 사람에게 일을 맡겨도 염려스러운데 어떻게 감당해 내지 못할 사람을 다시 등용하여 나라를 망치는 화를 끼치게 할 수 있겠습니까? 망설이지 마시고 빨리 교체시키기 바랍니다."

대답하였다. "대신을 어떻게 마음 내키는 대로 경솔하게 논의할 수 있겠는가.'" ―〈선조실록〉(1598. 3. 1.(丙戌)―

〈윤두수가 정승이 되어서는 안 되는 이유〉

「○사간원에서 건의하였다.

"좌의정 윤두수를 교체하지 않을 수 없는 사연에 대해서 신 등이 논의할 대로 논의하였습니다. 그런데 전하께서는 비답에서, '대신을 마음 내키는 대로 경솔하게 논의해서는 안 된다.' 라고 하셨으므로 신 등은 더욱 더 의혹을 품게 됩니다.

대신이라고 하면 모든 책임이 다 집중되기 때문에 비록 평상시라 하더라도 적임자를 얻기가 쉽지 않은데, 하물며 지금이 어떤 때입니까. 적들이 변경을 차지하고 있으면서 날마다 노략질을 감행하고 백성들은 신역(身役)에 시달리어 날로 고장을 떠나서 나라의 운

명이 경각에 달려 있습니다. 설사 어지러운 형편을 바로잡을 만한 재주가 있고 백성을 구원할 만한 덕망이 있는 사람을 정승의 자리에 배치하여 그 책임을 담당시킨다 하더라도 지탱해내기 여간 어렵지 않을 것입니다.

더구나 저 윤두수라는 자는 그 전에도 정승 자리에 있었지만 말한 마디 건의하였거나 대책 한 가지 강구해서 나라를 일으켜 세우는 데 도움을 준 일이 있었다는 말을 들어보지 못했습니다. 단지 물의만 일으키다가 결국 교체되고 말았습니다.

그 전에 이미 시험해 보았으므로 지금은 그만두어야 할 터인데 옛 벼슬을 다시 주어 새로운 성과를 거두라고 독촉하고 있습니다. 현재의 행정 일들은 그 전보다 열 배나 위태로워졌는데, 윤두수라는 사람은 그 전이나 오늘이나 마찬가지입니다. 그러니 과연 이 사람에게 위험에 처한 나라를 구원해낼 것을 다시 기대할 수 있겠습니까?

이런 상황인데, 어떻게 대신의 문제라고 해서 망설일 수 있겠습니까. 재삼 다시 생각해보고 빨리 승인하여 주시기 바랍니다."
대답하였다. "이미 말했다. 승인하지 않는다."」

「○사헌부에서 아뢰었다.
"임금이 정사를 하는 데 있어서 정승을 선정하는 것보다 더 중요한 것은 없습니다. 나라가 융성하는가 패망하는가 하는 것도 역시 여기에 달려 있습니다. 반드시 덕이 많고 신망이 높은 사람을 정승의 자리에 앉혀야만 사람들이 흐뭇하게 여기고 복종해서 일이 잘 되어나갈 것입니다.

더구나 지금 나라 형편이 어렵고 군사에 관한 일이 긴박하게 전개되고 있는 상황에서 어려운 고비를 수습해나갈 책임을 적임자가 아닌 사람에게 맡길 수는 절대로 없습니다.

좌의정 윤두수는 음흉하고 위험하며 탐욕스럽고 누추한 사람이어서 온 나라 사람들이 침을 뱉고 있습니다. 이전에 본 벼슬자리에 있을 때 자기 고집만 부린 관계로 공론들이 격분했었는데, 지금까지도 괘씸하게 여기고 있습니다.…

무엇 때문에 지저분한 사람의 손에 다시금 나라의 권력이 농락되게 함으로써 국운이 더욱 위태로워지는 화를 빚어내려 하십니까? 취소하여 많은 사람들의 마음을 시원하게 하여 주기 바랍니다." 대답하였다. "이미 말했다. 승인하지 않는다."라고 하였다.」

-〈선조실록〉(1598. 3. 3.(戊子)-

「○사간원에서 아뢰었다.

"신 등이 좌의정 윤두수를 교체시키지 않을 수 없다는 데 대하여 여러 날 째 주장하고 나왔음에도 불구하고 전하께서는 매번 대신을 경솔히 논해서는 안 된다는 비답을 내리시니, 신 등은 전하의 의도가 어디에 있는지 정말 모르겠습니다. 만약 적임자가 아니라면 하루에 열 번 교체시킨다고 해도 경솔히 논한 것이라고 말할 수는 없을 것입니다.

윤두수는 원래 음흉하고, 위험하며, 탐욕스럽고, 누추한 사람으로서 권력을 잡은 간신에게 아부하여 선량한 선비들을 살해하였으며, 재물에 대한 탐욕을 한없이 부려서 뇌물을 가져오는 자들이 문간에 그득 찼으므로 전후로 규탄을 받은 적이 한두 번이 아니었습니다. 일찍이 본 벼슬에 임명되었을 때에도 마음을 고치지 않고 의정부에 앉아 호령을 하면서 자기 고집만 부렸습니다. 나라 일이 잘못된 것도 사실은 이 사람 때문이었으니, 이 때문에 온 나라 사람들이 통분해 하면서 날이 갈수록 더욱 격분해 하고 있습니다. 그런데 어떻게 다시 정승의 자리에 다시 앉아 오늘날의 일을 또 그르치게 할 수 있겠습니까? 재삼 다시 생각해 보시고 빨리 승인하여 주시기 바랍니다."

대답하였다. "대신이 규탄을 받은 이상 관청에 나오기가 난처할 것이다. 공연히 기분만 자주 상하게 할 것이니 교체시키겠다."」

－〈선조실록〉(1598. 3. 4.(己丑)－

〈곡식을 바치고 가선대부가 된 이사명〉

「○사간원에서 건의하였다.

"경기수사 이사명(李思命)은 곡식을 바친 공로로 해서 이미 가선대부(嘉善大夫)의 높은 품계를 받았으니 은전(恩典)이 그지없이 큰데 이번에 또다시 자헌대부(資憲大夫)의 품계를 주었습니다. 자헌대부는 바로 재상급의 높은 반열인데 어떻게 덕이 높은 사람에게 주는 이런 벼슬을 곡식을 바친 사람에게 함부로 줄 수 있습니까. 바로잡도록 하기 바랍니다."

대답하였다.

"자헌대부를 주어서 안 될 것은 없다. 이렇게만 한다면 사람들이 맥을 놓게 될 것이다."」 －〈선조실록〉(1598. 3. 8.(癸巳)－

〈이순신: 군중(軍中)에서 약속하는 말(約束軍中辭)〉

(*통제사 이순신은 이날 휘하의 여러 장수들에게 앞으로 작전 나갔을 때 주의할 사항을 지시하고, 이를 문서로 만들어 반드시 지키겠다는 약속을 수결(手決: 사인)을 첨부하여 받아두었다.

절대적인 열세의 소수 군사들을 데리고 수많은 적들을 맞아 싸우기 위한 치밀한 준비와 '필사즉생, 필생즉사(必死則生, 必生則死)'의 자세로 임하는 모습을 볼 수 있다. 이런 방식으로 수군을 지휘하였기에 이순신은 항상 싸워서 이길 수 있었을 것이다.)

「〈이 문서는-
이번에 온 왜적들은 대부대로 쳐들어온 것은 아니다. 서너 척의 교활한 왜놈들이 우리나라 사람들이 고기잡이 하는 틈을 타고 들락날락 하면서 엿보고 섬에 정박해 있는 것이다.

진을 치고 밤을 샐 때 일체 높은 소리로 떠들지 말며, 각 배에 숙직하는 사람은 이물(뱃머리)에 4명, 고물(배 뒤)에 4명으로 하되 두 사람씩 번갈아 자게 하라. 불시에 조사하여 위반한 자에게는 무거운 죄를 주고, 까닭 없이 군중(軍中)을 놀라게 하는 자도 군법으로 다스릴 것이다.

혹시 적의 소식을 듣거든 한밤중일지라도 즉시 비밀히 보고하되 구두로 전달하는 일은 허락하지 않는다. 전쟁에 임해서 서로 구원해주지 않고 배를 빨리 저어 도망가는 자나, 주장(主將)의 임시 명령이라도 어기는 자는 모두 군법에 회부하고 용서하지 않을 것 등을 군의 여러 장수들에게 알리는바, 선봉의 척후들도 아울러 차례차례 이 약속을 받들도록 하라.〉

　　　　　　　　　　　　　　-무술년(1598) 3월 12일(丁酉)-
　　수결(手訣)
　　　전장군(前將軍) 경상우수사　이순신(李純信)　　(사인)
　　　우장군(右將軍) 전라우수사　안위(安衛)　　　　(사인)
　　　중군장(中軍將) 가리포첨사　강응표(姜應彪)　　(사인)」

〈이순신의 장계: 왜적의 동태와 조선 수군의 준비태세〉
「○통제사 이순신이 서면으로 보고해 왔다.
"행장(行長)은 예교(曳橋)를 차지하고 있는데, 2월 13일에 평수가(平秀家)가 자기 군사를 거느리고 그곳으로 이동해 가서 합쳤습니다.
수군은 나주 지경에서 멀리 떨어져 있고 보화도, 낙안, 흥양 등지의 바다로 드나드는 적들은 마음 놓고 제멋대로 날뛰고 있으므로 몹시 통분합니다. 바람도 자고 날씨도 따뜻해졌으니 이야말로 적들이 날뛸 때입니다.
2월 16일에 여러 장수들을 거느리고 보화도(寶花島)를 떠나 17일에 강진 접경인 고금도(古今島)로 옮겨서 진을 쳤습니다.
고금도 역시 호남의 좌도와 우도 중간에 있으므로 안팎의 바다를 견제할 수 있으며 산봉우리가 겹겹이 있어서 망을 보는 초소가 서로 연결되어 있습니다. 지형과 지세가 한산도보다 배나 좋습니다. 남쪽에는 지도(智島)가 있고 동쪽에는 조약도(助藥島)가 있으며, 농사지을 곳도 역시 많습니다.
아무 곳에도 속해 있지 않은 사람들이 거의 1천5백여 호나 되므로 농사를 짓게 하고 흥양과 광양에서도 계사년(癸巳年: 1593)부터 둔전을 설치했던 곳에다 군사와 백성들을 데려다가 농사를 짓게 할 계획입니다.」　　　　－〈선조실록〉(1598. 3. 18.(癸卯)－

「○통제사 이순신이 서면으로 보고해 왔다.
"흥양 현감 최희량(崔希亮)이 보낸 급보에 의하면, 정탐군 조언방(趙彦邦)이 와서 보고하기를 '순천 삼일포에 있는 적들은 우리 수군이 진주하였다는 말을 듣고 2월 24일에 예교로 옮겨서 합쳤습니다. 현재 성 쌓는 공사를 하고 있습니다. 왜장 평수가(平秀家)는 2월 7일 열병에 걸려 앓다가 죽었는데, 10일 배에다 실어 본국으로 들여보냈습니다. 현재 누워서 앓고 있는 왜인들이 적의 소굴에 어지럽게 널려 있고 죽는 자들이 꼬리를 물고 있습니다.'라고 하였다고 합니다."」 -〈선조실록〉(1598. 3. 18.(癸卯)-

〈전라우수사 안위의 전투준비 상황 보고서〉

「○전라 우수사 안위(安衛)가 올린 보고서는 이러하였다.

"신은 이달 14일에 보화도(寶花島)에 부임하여 가 있다가 같은 달 16일에 통제사 이순신에게 일시 소속되어 각 고을 포구에 있는 전선들을 거느리고 강진 고금도(古今島)로 옮겨와서 진을 친 다음 싸움 준비를 더욱 강화하고 조치를 날로 새롭게 취하면서 변란에 대처하고 있습니다.

바닷길의 정황을 보면, 흥양 서쪽은 아직 왕래하지 않고 있으며 적들 가운데서 불러들이는 사람들은 예교(曳橋)로 불러들이고 있습니다. 적의 무리들이 차츰차츰 들어와서 병력을 증강하고 요새지를 구축하며 오랫동안 틀어 앉아 있을 궁리를 하고 있으니 더욱 통분한 일입니다."」   -〈선조실록〉(1598. 3. 18.(癸卯)-

〈칠천량 해전에서 패배한 장수들에게 책임을 추궁해야〉

「○임금이 지시하였다.

"작년 한산 싸움에서 패배한 각 군의 여러 장수들에 대하여 응당 즉시 공로와 죄를 따져서 법에 의하여 처결했어야 했는데, 옛 습관에 물들어 인정보다도 위엄을 중요시해야 한다는 교훈을 망각한 결과 지금까지 한 사람의 죄도 바로 다스린 것이 없다. 이렇게 하면 비록 한신(韓信)이나 백기(伯起) 같은 자가 장수가 되더라도 제대로 일을 해나가지 못할 것이다. 옛사람은 3군에 대하여 죽는 것을 영광으로 여기고 사는 것을 수치로 여기게끔 하기 위하여 고무하고 징벌하는 일을 명백하게 하였다. 그런데 이번에 한산 싸움에

대하여 고무하고 징벌하는 것이 과연 어떻게 되었는가. 빨리 고무
하고 징벌하는 조치를 취하도록 하라."」
-〈선조실록〉(1598. 3. 22.(丁未)-

(*선조가 말로는 신상필벌(信賞必罰)을 주장하면서도 실제로는 지난해
한산도 싸움에서의 패배에 가장 큰 책임이 있는 원균은 어떻게든 처벌
대상에서 제외시키려 하였을 뿐만 아니라, 왜란이 끝난 후 왜란 평정
의 공로를 평가할 때 승리의 주인공인 이순신과 패배의 책임자인 원균
을 다 같은 〈선무일등공신(宣武一等功臣)〉으로 책봉하는 어이없는 조치
를 강행하고 있음을 볼 수 있다.)

〈적의 수급 없는 군공 보고는 믿을 수 없다〉
ㅇ임금이 (승정원에) 지시하였다.
"예로부터 활로 쏘아 죽인 군공(軍功)이 어찌 있었겠는가. 중국에
서도 반고(盤古) 이후로 그런 전례가 없었거니와 우리나라에서도
단군 이후로 역시 그런 전례가 없었다. 단지 이번에 왜적의 사변이
생겼을 때 해당 관리가 그런 전례를 만들어낸 것이다.(*이순신을 염
두에 둔 말이다.) 적을 쏘아 죽이는 것을 똑똑히 본 증인이 있는가?
누가 그 숫자를 계산해 보았는가? 사사로운 정에 끌려서 선심을
쓰는 데 지나지 않는 것이다. 우리나라에서 하는 일이란 것이 다
이런 식이다. 참작해서 처리하라."」
-〈선조실록〉(1598. 3. 25.(戊申)-

(*임진왜란이 일어난 지 벌써 몇 해나 되었건만, 아직도 선조는 전
투 현장의 실정을 이해하지 못하고 전공을 보고한 장수들을 믿지 못
하고 있다. 이런 말의 밑바닥에는 어떻게든 이순신의 전공을 깎아내
리고 싶어 하는 심리가 깔려 있었던 것이다.)

○승정원에서 아뢰었다.

"지시하시기를 '예로부터 활로 쏘아 살상한 군공(軍功)이야 있었 겠는가. 중국에서도 반고(盤古) 이후로 그런 전례가 없었거니와 우 리나라에서도 단군 이후로 역시 그런 전례가 전혀 없었다. 단지 이 번에 왜적의 사변이 생겼을 때에 해당 관리가 그런 전례를 만들어 낸 것이다. 적을 쏘아 죽이는 것을 똑똑히 본 증인이 있는가. 누가 그 수자를 계산해 보았는가. 사사로운 정에 이끌려서 선심을 쓰는 데 지나지 않을 것이다. 우리나라에서 하는 일은 모두 이런 식이 다. 참작해서 처리하도록 하라.' 라고 한 지시를 전달받았습니다.

적을 쏘아 죽인 것을 가지고 군공을 논하다 보니 허위보고를 하여 턱없이 상을 받는 일이 많기 때문에 식견이 있는 사람들이 그릇되 게 여기고 있는 것은 사실입니다. 하지만 그 가운데는 또한 진정한 공로도 없지 않습니다.
만일 허위보고를 하여 상을 함부로 타는 문제를 결함으로 여기고 일체 상을 주지 않는다면 그 공로에 대하여 보답하고 그 사람들을 고무할 수 없게 될 것입니다.
그리고 시행한 지가 이미 오래 되었는데 이제 갑자기 없애버리게 되면 상을 주는 규정이 앞뒤로 차이가 나게 되므로 본 군공청(軍功 廳)에서 참작하기가 정말 어렵게 됩니다. 대신들과 의논해서 결정 하도록 하는 것이 어떻겠습니까?"
지시하였다. "그저 그렇다는 것을 말했을 뿐이다. 규례로 된 지 이미 오래된 만큼 지금에 와서 없애기는 어려울 것이다."」

-〈선조실록〉(1598. 3. 25.(戊申)-

1598(戊戌)년 4월

(*이 달에 있었던 주요 사건을 〈선조수정실록〉에서 발췌하여 기록한다.
○이때 왜적이 남쪽 변방에 둥지를 틀고 있어서 백성들이 제때에 농사를 짓지 못한 결과 곤궁하고 굶주리는 형편이 날로 심해져갔다. 명나라에서 산동 지방의 쌀을 운반해 와서 기근을 구제하였다.
○진(陳) 유격이 동작강 모래터에서 군사를 사열하였다. 임금에게 함께 가자고 청하므로 임금도 갔다.
파할 무렵에 우리 군사들에게 지시하여 칼 쓰는 법을 보여주었더니 유격이 말하기를, "재주는 좋지만 죽음을 두려워하지 않도록 가르친 다음에라야 쓸 수 있을 것입니다."라고 하였다. 그것은 비웃어 한 말이었다.
○이덕형(李德馨)을 우의정, 홍진(洪進)을 이조판서로 임명하였다.
*이해 4월과 5월에는 당시 국가적으로 양식 조달이 가장 중대한 문제였다.)

〈선조실록〉

(*전쟁은 결국 한 나라의 국력과 관련된 것이고, 국력은 곧 경제력에 의해 뒷받침되는 것인데, 경제력의 수준과 화폐의 사용은 불가분

의 관계에 있다. 특히 농경사회에서의 전쟁의 원칙은 〈논어〉에서 말한 바 "足食, 足兵, 民信之矣"처럼, 병사들이 배불리 먹을 식량생산이 절대적으로 중요한데, 식량의 확보를 위해서도 화폐경제의 도입은 중요한 과제가 아닐 수 없다.
당시 조선의 경제상황을 이해하는 데 참고가 될 내용을 〈선조실록〉에서 소개한다.)

〈화폐 사용을 적극 권장하는 명나라 장수〉

「○비변사에서 건의하였다.

"동전(銅錢) 한 가지 문제에 대하여 의견을 내놓는 사람들은 혹 말하기를, '재정이 고갈된 이러한 때에는 화폐를 유통시키고 재정을 늘이기 위하여 온갖 대책을 극력 강구해야 합니다. 시험 삼아 해보다가 중간에 그만두더라도 그다지 큰 해가 될 것은 없을 것이니 시험해보는 것이 무방하겠습니다.' 라고 하고, 혹은 말하기를 '우리나라 습속은 중국과 다릅니다. 조상 때에도 한번 실시해 보다가 곧바로 그만두고 말았던 것이므로 지금 경솔히 실시할 수 없습니다.' 라고 합니다.

그런데 지금 경리의 의사는 꼭 실시해 보자는 것입니다. 심지어는 황제에게 글을 올려 〈만력통보(萬曆通寶)〉를 주조할 것을 건의하겠다고까지 합니다.

시험 삼아 해당 관청을 시켜서 마련하여 집행하도록 해야 할 것입니다."

임금이 말하였다. "틀림없이 시행되지 못할 것이다."

○이보다 앞서 경리 양호(楊鎬)가 상성(常盛)의 품첩(禀帖: 장계)을 보여주면서 말하기를, "너희 나라에서는 돈을 쓰지 않고 단지 쌀이나 베를 가지고 물건을 바꾸어 쓰기 때문에 화폐가 유통되지 않

아 나라가 부유해지지 못하는 것이다. 이 품첩에서 제기한 문제를 빨리 시행해보는 것이 좋겠다. 속히 토의해서 회보해주기 바란다."라고 하였다.
임금이 보고 비변사로 내려 보냈기 때문에 이렇게 회답 건의를 한 것이다.」 -〈선조실록〉(1598. 4. 2.(丙辰)-

「○임금이 말했다.
"돈을 주조하여 쓰는 것이 이로울지 해로울지, 어려운 일일지 쉬운 일일지 나로서는 잘 알 수 없다. 하지만 짐작으로 생각되는 것은, 다른 사정은 그만두고라도, 우리나라 안에는 동(銅)이 많이 나는 산이 있을 것 같지 않은데, 앞으로 무슨 동을 가지고 주조해 내겠는가. 설령 주조해 낸다고 하더라도 그 수량은 수레로 실어내고 말로 되어야 할 정도로 헤아릴 수 없이 많을 것인데, 그것이 민간에 제대로 유통될 수 있겠는가. 이제 동전 한 닢을 가지고 마을들에서 물건을 사고팔라고 한다면 누가 기꺼이 하려 하겠는가. 틀림없이 고개를 돌리고 말 것이니 형편상 절대로 시행되지 못할 것이다.
천리나 백리 사이에도 풍속이 서로 다르고, 중국과 조선은 토산물도 원래 서로 다른데, 지금 중국에서 하는 것을 본받아 강제로 실시하려 하다가는 결국 이익 될 것이 없을 뿐만 아니라 그저 한바탕 소란만 피우고 말게 될까봐 걱정된다.
지금 경리 대인(楊鎬)이 재촉하면서 심지어 황제에게까지 건의하겠다고 하니, 만일 시행되지 못하게 되면 나중에 가서 뒷소리가 생길 것 같아서 걱정스럽다. 해당 관청에서는 깊이 생각해보지 않을 수 없지만 경솔히 시작해서도 안 될 것이다."」
-〈선조실록〉(1598. 4. 7.(辛酉)-

「○호조에서 건의하였다.

"돈을 주조하는 문제를 두고 경리는 기어코 한번 시험해 보자는 의도입니다. 심지어는 황제에게 글을 올려 독촉까지 하려하고 있으므로 형편상 그만둘 수 없게 되었으니 몹시 딱하게 되었습니다. 정 그만두지 못할 바에는 유통시킬 대책을 강구해보지 않을 수 없습니다.

돈을 주조한 다음 각 도에 나누어 보내서 사람들이 물건과 바꾸어 가게 할 것입니다. 그리하여 노비들이 신역(身役)으로 바치는 공납(貢納)이나 일체 잡세(雜稅)들로서 관청에 베로 바치는 것들은 그 절반만 베로 바치고 절반은 동전으로 바치게 하며, 속죄의 몫으로 바치는 무명이나 용지 값으로 바치는 것들은 모두 동전으로 바치게 한다면, 나라에서 거두어들이는 길이 넓어질 것입니다. 그리고 모든 관리들에게 다달이 주는 녹봉과 하인 및 각종 장공인(匠工人)들에게 주는 식량은 그 절반만 쌀과 베로 주고 그 절반은 동전으로 주게 한다면 나라에서 내어주는 길도 넓어질 것입니다. 어리석은 소견이 이러하므로 감히 건의합니다."

지시하였다. "지금 이렇게 마련해서 행여나 시행될 것을 바란다는 것은 실정에 어두운 일인 것 같다. 이 문제는 아무래도 시행되지 못할 것으로 나는 알고 있다. 일을 한 가지 새로 벌이는 것은 일을 한 가지 줄이는 것만 못한 것이다. 비변사와 다시 의논해보도록 하라."」　　　　　　　　　　－〈선조실록〉(1598. 4. 8.(壬戌)－

「○호조에서 건의하였다.

"…만약 적절하게 조절만 한다면 출납(出納)의 방도가 생길 것입니다. 유통시키는 데서 폐단이 없겠는지 잘라서 말하기는 어렵지만, 그렇다고 해서 전연 쓸 수 없는 것이 되지는 않을 것입니다.

요사이 술, 고기, 두부, 소금, 장, 땔나무와 같은 소소한 물건들을 사는 데는 모두 은을 사용하고 있습니다. 중앙이나 지방의 백성들이 이 덕을 보면서 살아가고 있습니다.

처음에는 명나라 군사들에게 물건을 사고팔 때에만 시험 삼아 썼지만, 시행한 지 이미 오래되자 습관이 되어서 술을 팔거나 땔나무를 파는 사람들은 사려는 사람을 만나면 반드시 먼저 은이 있는지 물어봅니다. 이것은 다름이 아니라 그것이 편리한 점이 있다는 것을 알게 되었기 때문에 그러는 것입니다.

만일 〈만력통보〉를 만들어서 명나라 사람들과 물건을 사고팔며 유무상통한다면, 모든 사람들이 은을 쓰기 좋아하는 것처럼, 동전 쓰기를 원하게 될지 어떻게 알겠습니까. 그러나 이것 역시 사리를 놓고 추측해본 것일 뿐입니다. 결국 유리할지 해로울지에 대해서야 어떻게 똑똑히 알 수 있겠습니까. 우선 구구하게 생각해본 어리석은 소견을 이렇게 제의하면서 황공함을 금할 수 없습니다."

지시하였다. "동전은 은과는 다른 것이다. 지금 이렇게 해서 혹시 실행되기를 바란다는 것은 실정에 어두운 일인 것 같다. 이 문제는 아무래도 시행되지 못할 것으로 나는 알고 있다. 지금 간단한 제의서를 보면 또 한 번 큰 역사를 벌리고자 하는데, 이것은 공연한 일을 만들어내는 것이다. 일을 한 가지 새로 벌리는 것은 한 가지 줄이는 것만 못하다. 지금이 어느 때인데 그러는가. 시험 삼아 나의 의견을 가지고 비변사와 같이 의논해서 처리하도록 하라."」

-〈선조실록〉(1598. 4. 8.(壬戌)-

「○호조에서 건의하였다.
 "동전 문제에 대하여 비변사와 의논하였더니 다들 이렇게 말하였습니다.

'처음 이 문제를 의논할 때에도 준비하는 일이 지극히 어렵고 유통시키는 데도 애로가 많을 것이라는 것을 알고 있었지만, 사정이 전날과는 완전히 달라졌기 때문에, 시행하지 못할 것이라는 것을 알면서도 특히 경리(楊鎬)의 독촉에 못 이겨 그 의견대로 해보겠다는 뜻으로 회보하였던 것입니다. 그렇지만 사정이 난감하고 물자가 탕진된 점을 고려하지도 않고 이렇듯 엄하게 독촉하며 강제로 시행하게 되면 앞으로 한바탕 소란만 일으키게 되고 말 것이며 결국 유익한 것은 없고 폐단만 적지 않을 것입니다.

접반사를 시켜서 시행하기 어려운 온갖 조건들과 조상 때에도 한 두 차례 시험해 보았지만 오래 가지 않아서 도로 폐지하고 말았다는 내용을 극력 말해서 그의 처분을 기다려 보는 것이 좋겠습니다.' 라고 하였습니다. 이상 건의합니다."

지시하였다. "건의한 대로 하도록 하라."라고 하였다.」

―〈선조실록〉(1598. 4. 8.(壬戌)―

(*위의 기사들에서 당시 조선의 경제상황을 짐작할 수 있다. 이때까지 화폐경제가 정착되지 못하고 곡식이나 베(布木)가 교환수단으로 사용되는 저급한 경제발전 단계에 있었던 것이다. 이러한 상황에서 명나라 장수의 화폐사용 권장은 매우 적절한 충고였으나, 선조를 비롯한 많은 관리들의 인식 수준은 아직도 지극히 유치한 단계에 머물러 있었음을 알 수 있다. 경제가 발달하지 않은 상황에서 부국강병책이 효율적으로 추진될 수는 없는 법이다. 특히 한 나라의 화폐사용과 같은 중요한 경제제도의 채택을 두고 그것을 검토하는 단계에서의 논의 수준을 보면, 당시 조선의 경제 전반의 수준까지 짐작할 수 있게 된다.)

〈적임자를 잘 구해서 정사를 맡기라는 양호의 충고〉

(*이 날에도 경리 양호(楊鎬)는 선조에게 조선을 위해 매우 유익한 충고를 해주고 있다.)

「○임금이 양 경리를 찾아가 만났다.……

경리가 임금과 서로 읍을 하고는 일어나서 말했다.

양호: "둔전과 성 쌓는 등의 일을 위해서는 반드시 적임자를 구해야 합니다. 적임자를 구하여 쓰기만 하면 상벌이 명백히 실시되어 장려도 되고 징계도 될 것입니다.

선조: 대인의 말씀이 옳기는 하지만 사람을 잘 알아보기가 어려워서 걱정입니다.

양호: 사람을 잘 알아보면 곧 명철한 사람이 되는 것입니다. 요 임금(唐堯)과 순 임금(虞舜)도 그것을 어렵게 여겼습니다. 하지만 옛말에도, 묻기를 좋아하고 비근한 말까지 살피기를 좋아한다는 말이 있습니다. 임금으로서 만일 물어보지도 않고 살피지도 않는다면 어떻게 적임자를 구할 수 있겠습니까. 정작 한 사람이라도 적임자를 구해서 나라 일을 맡긴다면야 정사가 잘 안 될까봐 걱정할 필요가 어디 있겠습니까. 영의정 한 사람만은 꼭 적임자를 골라서 임명해야 할 것입니다. 영의정이 현명하기만 하면 추천하는 관리들도 모두 현명할 것입니다.

선조: 가르침대로 하겠습니다."」

○임금이 또 마(麻) 제독을 찾아가 만났다.……

마귀(마귀): "이순신이 거느리고 있는 수군이 얼마나 됩니까?

선조: 그 수는 2천여 명입니다.

마귀: 명나라에서 수군이 많이 나오고 있는데 국왕은 알고 있습니까?

선조: 알고 있습니다.

마귀: 수군을 통솔하는 사람으로서 총병(摠兵)이 2명인데, 총병 주우덕(朱佑德)은 여순 해구에서부터 강화도 서쪽을 지키고, 총병 진린(陳璘)은 강화도에서부터 호남과 영남의 앞바다를 지키게 될 것입니다. 허(許) 유격이 또 2천 명의 군사를 거느리고 뒤따라 나오게 될 것입니다.

저는 귀국의 바다 형편을 잘 모릅니다. 만일 수군 2만 명으로 먼저 진격해 나간다면 한산도를 탈환할 수 있겠습니까?

선조: 나 역시 바다 형편을 잘 모르기 때문에 경솔히 대답할 수 없습니다.」 —〈선조실록〉(1598. 4. 3.(丁巳)-

〈화살에 바를 독약의 제조법을 가르쳐주지 않는 양 경리〉

「○경리에게 화살에 독약을 바르는 법을 가르쳐줄 것을 요청하였더니, 그 독약을 만드는 사람이 군사들 속에 와 있지 않다고 하면서 끝내 가르쳐주지 않았다.」 —〈선조실록〉(1598. 4. 3.(丁巳)-

(*비록 수만 명의 군사들을 보내어 전쟁은 대신 치러줄망정 '기술'만은 선뜻 가르쳐줄 수 없다는 명나라 장수의 태도에서, 기술의 중요성에 대한 인식을 볼 수 있다.)

〈이순신이 적의 머리를 벤 것은 어린아이 장난 같은 일이다〉

(*〈난중일기〉도 없고 〈선조실록〉에도 기록되어 있지 않기 때문에, 3월에서 4월 초 사이에 이순신이 또 한 차례의 승첩을 한 후 자세한 장계를 올렸던 것인지, 아니면 지난해 9월의 명량대첩에 관한 이야기인지 분명하지 않다. 그러나 그것은 어쨌든 명나라 장수인 경리(楊鎬)는 이순신의 승리를 높이 평가하고 있는 반면에, 선조는 이순신의 승리를

아주 노골적으로 무시하려는 태도를 보이고 있다. 그가 이순신 등에게 전공 표창을 하는 것도 어디까지나 명나라 장수의 눈치 때문이다.
이제 이순신의 승리는 조선의 조정에서는 전혀 비중 있는 뉴스조차 되지 않고, 〈선조실록〉에서는 그의 장계를 기록조차 하지 않는, 너무나 당연한 일처럼 여겨지고 있음을 다음 실록의 기사로 확인할 수 있다.)

「○비변사에서 건의하였다.
"우리나라에서 적의 머리를 좀 베었다고 해서 시끄럽게 황제에게까지 보고하게 한다는 것은 과연 미안한 일입니다. 전하께서 겸손한 입장에서 그렇게 할 수 없다는 의사를 경리에게 말하는 것이 사리에 매우 타당하겠지만, 경리의 결심이 이미 확고하기 때문에 그의 아문에 있는 아래 관리들도 역시 이런 우리의 의견을 극력 막는 것입니다. 사태가 이렇게까지 되었으니 억지로라도 따르는 것이 또한 의리에 크게 해로울 것은 없을 것 같습니다.
이순신은 수군이 다 망가진 후에도 군량과 배를 마련하여 이런 큰 승리를 거둠으로써 경리의 칭찬까지 받게 된 것이므로(이 문장의 내용으로 보면 지난해의 명량대첩을 가리키는 것인 듯하다.) 일시에 표창을 해주는 문제는 오직 전하의 처분에 달려 있습니다."
임금이 지시하였다.
"내가 무슨 겸손한 말을 하자는 것이 아니라 실제로 그렇게 할 수 없기 때문이다.
우리나라 장수와 군사들이 적의 머리를 주어온 것쯤은 아이들의 장난 같은 것이어서 천하에 비웃음거리로 될 것이니 작은 문제가 아닌 것이다. 어떻게 문서로 황제에게까지 보고함으로써 다시금 명나라 조정에 죄스러운 일을 하겠는가.
경리 대인의 말은 물론 표창을 해서 고무하자는 의도에서 나온 것이지만, 나로서는 의리상 몹시 미안한 점이 있다. 만일 그의 아문의 관리들이 이런 우리의 뜻을 말리기 때문에 경리에게 알리지 못할 형편이라면, 내가 글로 써서 그에게 알리고자 한다. 다시 의논하여 보고하도록 하라.

이순신은 정말 표창해야 할 것이다. 그런데 품계를 올려준다는 것은 너무 지나친 듯하다. 하지만 품계를 올려줄 것인가, 달리는 표창할 방법이 없겠는가에 대하여 의논하여 보고하도록 하라. 나머지 문제는 건의한 대로 하라."」

-〈선조실록〉(1598. 4. 15.(己巳)-

(*여전히 이순신을 애써 폄하하려는 생각을 노골적으로 드러내고 있고, 이순신의 공로 표창에 대해서 한없이 인색한 태도를 보이고 있는 선조의 모습을 볼 수 있다. "우리나라 장수와 군사들이 적의 머리를 주어온 것쯤은 아이들의 장난 같은 것이어서 천하에 비웃음거리로 될 것이니…" 선조의 말대로라면, 왜적은 아예 우리나라의 적수가 될 수 없을 정도의 약한 군사력을 가지고 있었다는 것인데, 적의 총칼아래 온 나라가 7년간이나 유린당한 참상을 경험한 나라의 임금이 어찌 이런 말을 할 수 있단 말인가.)

〈도망쳤다가 쌀 3섬을 바치고 면죄부를 받은 군관 진몽일〉

(*이날 조정에서 논의되고 있는 것은 도망쳤던 군관 진몽일(陳夢日)이 붙잡혔는데, 붙잡아 놓고 보니 그는 이미 이전에 시행된 나라의 규정에 의해 쌀 3섬을 바치고 면죄부를 받은 상태였다. 이런 경우 죄를 주어야 하느냐, 주지 말아야 하느냐가 논쟁의 주제였다. 사형에 해당하는 죄를 범한 자에게서 쌀 3섬을 받고 면죄부를 주는 것이 당시의 상황이었던 것이다.)

「○비망기로 승정원에 지시하였다.

"우리나라에서는 해당 관리가 일 처리를 잘못한 것 때문에 낭패를 당하는 일이 많다. 예로부터 싸움을 하다가 도망친 자에게 뇌물을 받고 죄를 용서해 주고서야 어떻게 나라를 다스려갈 수 있겠는가. 그래서는 안 된다는 데 대하여 전번에도 내가 강력히 말했던 것이다.

어제 통제사 이순신이 올려 보낸 장계를 보니, 쌀을 바치는 문제에 대한 지시가 내려간 뒤로 무사들이 더욱 거리낌 없이 행동한다고 하였다. 그렇게 된다면 앞으로 누구에게 적을 막아내라고 하겠는가? 원래 싸움을 하려면 죽음을 각오해야 하는 것인데, 두어 섬 정도의 쌀을 가지고 자기 목숨을 살 수 있다면야 무엇이 안타까워서 시체를 밟고 피를 짓밟는 싸움터에 나가서 칼을 겨누면서 죽음을 각오하고 싸울 리가 있겠는가. 이것이 어찌 나라를 망하게 하는 노릇이 아니겠는가? 이것은 그저 두어 섬 되는 쌀이나 베고 편안하게 누워 있자는 것뿐이다.

지금 의금부에 갇혀 있는 죄수 진몽일(陳夢日)이라는 자는 싸움터에 나갔다가 도망을 친 자이므로 나라의 법으로 보면 응당 목을 베어야 할 것이다. 그런데 이번에 고문을 하면서 신문을 하려고 하니 그는 쌀 3섬을 바치고 속죄 증명서를 받았다고 공술하였다. 그에게서 이미 쌀을 받았으니 무슨 말을 다시 할 것이 있겠는가. 아무리 신문을 하고 싶어도 할 수 없게 되었다. 비단 통분할 뿐만 아니라 세상 사람들에게 비웃음을 사게 되었으니 작은 문제가 아니다. 의금부를 시켜 조사해서 회답하여 보고하게 하라."」

－〈선조실록〉(1598. 4. 18.(壬申)－

〈도망병조차 제대로 처벌하지 못하게 하는 현실〉

「○사헌부에서 건의하였다.

"신 등이 통제사의 군관인 현응신(玄應臣), 윤사충(尹思忠), 진몽일(陳夢日), 오대기(吳大器), 최대성(崔大晟) 등이 도망쳐 달아난 것과 관련한 문건을 가져다 상고해본 바에 의하면, 병조에서 작년 10월 달에 통제사 이순신의 장계에 의하여 각 도에 공문을 띄워 수색 체포해 가지고 이순신에게로 보내어 전적으로 군법대로 처단하게 하도록 전하에게 건의하여 승인을 받았던 것입니다.

그런데 공문을 띄운 지 네 달이 지나도록 붙잡아 보내지 않았으면 본 병조로서는 감사를 추궁하는 한편 빨리 차꼬를 채워 군문으로 보내서 목을 베어 매달아 보임으로써 많은 사람들을 경계하도록 하자고 건의해야 할 것이었습니다.

그런데 도리어 올해 정월에 와서 매 사람들의 죄를 아주 확실한 것이라고 단정할 수 없다고 핑계를 대면서 붙잡아다가 죄상을 신문해 가지고 참작하여 죄를 지우자고 다시 건의함으로써, 싸움터에 나갔다가 도망친 사람들을 당장 목을 잘라 매어달지 못하도록 하였으니 대단히 통분한 일입니다.

병조의 당상관과 담당 당하관을 다같이 추궁하는 동시에 전번의 문건대로 차꼬를 채워 통제사 이순신에게 보내어 그 가운데서 죄상이 더욱 심한 자는 법조문대로 처단하게 하기 바랍니다.

그리고 진몽일은 과거 출신의 군관으로서 감히 도망을 쳤으니 엄하게 징계하지 않을 수 없습니다. 그가 쌀을 바치고 속죄를 받은 관청 문건은 고려하지 말게 해야 할 것입니다. 그밖에 도망을 친 자들도 역시 철저히 수색 체포해서 죄를 줘야 할 것입니다."

임금이 대답하였다. "건의한 대로 하라. 그러나 이미 쌀을 바치고 속죄를 받은 공문서까지 무효로 한다면 신의를 잃게 될 것이니 작은 문제가 아니다."」

－〈선조실록〉(1598. 4. 20.(甲戌)－

〈공문서의 신뢰 확보와 도망병 방지책, 어느 것이 중요한가〉
「○사헌부에서 건의하였다.
"신 등이 이번에 전라도 병사 이광악(李光岳), 방어사 원신(元愼) 및 충청감사 김신원(金信元)의 장계를 보았습니다. 남쪽 세 도는 전란으로 인하여 거덜난 곳으로, 전날에 부유한 고을이라고 불리던 곳들도 공지로 변해 버리니 그 고을의 원으로 임명된 사람들 가운데는 회피하려는 현상이 뚜렷이 나타나고 있는가 하면, 감사 역시 인정에 구애되어 병을 핑계로 교체해 줄 것을 청원하기만 하면 그냥 받아들여서 교체해 주자고 건의하고 있습니다. 이렇게 피하려고 든다면 설령 후임을 임명해서 보내더라도 역시 기꺼이 부임하려 하지 않을 것이며, 결국 그 고을들은 공지로 되고 말 것이니 어찌 가슴 아픈 일이 아니겠습니까.……
어제 비답한 것을 보면, '이미 쌀을 받은 관청 문건을 무효로 한다면 신의를 잃게 되니 작은 문제가 아니다.' 라고 하였습니다. 전하의 지시가 지당한 것이어서 신 등이 못내 감격하였지만, 그러나 전란을 치른 이후 여러 곳에서 패배하게 된 것은 군법이 엄격하지 못해서 큰 죄를 짓고도 요행수로 모면할 수 있게 한 결과가 아닌 것이 없습니다. 군졸은 말할 것도 없고 높고 낮은 장수들까지 모두 도망가는 것을 잘된 처사로 여기는 형편인데, 한 사람도 법조문대로 처단했다는 말을 들어보지 못했으니 어찌 가슴 아픈 일이 아니겠습니까.
진몽일은 군관으로서 비장(裨將)으로 불리고 있는 사람인데 어찌 주둔지에 나가 있는 군졸들이 도망친 것과 같은 법조문을 적용할 수 있겠습니까. 쌀을 받고 속죄해 주는 문제는 보통의 군졸이라면 모르겠으나 비장으로서 싸움터에 나갔다가 도망을 친 자들을 모두 이렇게 해준다면 누가 싸움터에 뛰어들어 강한 적을 막아내려

하겠습니까. 만일 비장에 대해서까지 사형을 용서해 주기로 한다면 혹시 장수가 이런 짓을 하여도 역시 사형을 용서해 줄 수 있겠습니까?

장수와 비장은 동일한 처지에 있기 때문에 쌀을 바쳤다고 해서 베풀어 주어서는 안 될 사람에게 혜택을 베풀어 줄 수는 없습니다. 진몽일이 쌀을 바쳤다는 관청 문건은 무효로 하고 애초의 죄형대로 차꼬를 채워 군문으로 보내서 그 죄를 다스리기 바랍니다."

임금이 대답하였다.

"… 속죄 몫으로 곡식을 바치지 못하게 하자는 것은 법을 세울 초기에 주장하여 건의한다면 몰라도 지금에 와서는 그렇게 하기 곤란하다. 진몽일에 대한 문제는 비장과 군졸을 구별해서 다르게 처리할 수는 없다. 도망친 것으로 말하자면 마찬가지이다. 이미 쌀을 바쳐서 증명서를 받고 자기로서는 영원토록 보전될 귀중한 문건으로 여기고 있는데, 나로서는 어쩔 수 없다. 사실 통분한 일이지만 지금 만일 무효로 한다면 신의를 훼손시키는 점이 적지 않을 것이다.

속죄 몫으로 곡식을 바치지 못하게 하자는 문제와 진몽일에 대한 것은 비변사를 시켜 의논하여 보고하게 하라."

－〈선조실록〉(1598. 4. 21.(乙亥)－

(*진몽일 사건에 대한 태도에서 선조는 나라를 다스리는 데 있어서 사안의 경중과, 전시와 평상시에 각각 적용할 중요도의 차이 등에 대한 기초적인 이해조차 부족하였음을 알 수 있다.)

〈이순신의 품계를 가선대부(嘉善大夫)로 올려주라?〉

(*4월 15일자 〈선조실록〉의 기사와 연결해서 읽어보아야 한다. 이순신의 같은 승첩 장계에 대한 조치가 취해진 것이다.

그런데 지금의 시점에서 가선대부(嘉善大夫)의 품계를 주라는 것은 곧 그가 비록 지난해에 백의종군하던 처지에서 삼도수군통제사로 다시 임명되긴 하였으나 그의 품계는 아직 정유옥사 이전의 정헌대부(正憲大夫)라는 품계로 복귀되지 않고 있었음을 의미하고, 따라서 그에게 덮어씌워졌던 억울한 누명을 아직 완전히 벗겨주지 않고 있었음을 의미한다.)

「○승정원에서 건의하였다.
"이순신(李舜臣) 등 세 사람에게 각각 한 품계씩 올려주라는 지시가 내렸습니다. 이순신과 김응함(金應緘)은 이미 절충장군(折衝將軍)으로 있었으니 가선대부(嘉善大夫)로 승급시키고, 우수(禹壽)는 당하(堂下)에서 더 올라갈 품계가 없게 되었으니 당상관(堂上官)으로 승급시키는 문제는 문건으로 지시를 받아야 하겠습니다.
그런데 한산 싸움에서 패배한 사람들(*정유년 원균의 패전 당시의 장수들의 행적을 가리킴)은 당분간 대장에 적어 두었다가 조사한 다음에 처리하라는 지시도 있었습니다.
김응함과 우수는 다 같이 패전한 한산 싸움에 참전하였는데, 우수는 가음도(加音島) 앞바다에서 벌어진 싸움에서 배에 탄 전원이 살아서 돌아왔고, 김응함은 병 치료를 위해 진지에 머물러 있었다고 합니다. 김응함은 비록 싸우다가 패배한 부류에 속하지 않을 수 있지만, 우수만은 조사해야 할 대상자에 들어갈 것입니다. 이 두 사람도 모두 문건으로 지시를 받도록 해야 하겠는지 문의합니다."
지시하였다. "이른바 진지에 머물러 있었다고 한 것은 한산을 가리켜 말하는 것인가? 그리고 김응함이 병 치료를 위해서 진지에 머물러 있었다고 한 말은 어디로부터 나온 말인가?"」

-〈선조실록〉(1598. 4. 28.(壬午)-

1598(戊戌)년 5월

(*이 달에 있었던 주요 사건을 〈선조수정실록〉에 의거 요약하면 다음과 같다.
○비변사에서 소금과 물고기 등에 대한 국가 관리를 강화하여 재정을 튼튼히 하자는 건의를 하였다. 그러나 조정에서의 열띤 논란 끝에 흐지부지되고 말았다.)

〈칠천량 해전에서의 패배 책임을 조사하여 처리하라〉

「○이정귀(李廷龜)가 군공청에서 올린 글을 가지고 건의하였다.

"통제사 이순신이 지휘한 한산 싸움에서 군공을 세운 사람들은 이미 표창 명단을 마련하여 건의하여 비준을 받았으니 해당 관청에서 응당 표창을 해야 할 것입니다.

그런데 (정유년의) 한산 싸움에서 전패한 사람들(*원균과 당시 같이 참전하였던 장수들을 지칭함)만은 아직 그 공로와 죄과를 조사확인하지 못하였으니 당분간 적어 두었다가 확인된 다음에 처리하라는 별도의 지시가 있었습니다. 조사 확인하는 일이 아직도 결정되지 못한 만큼 형편상 제때에 시행하기 어렵습니다.

대개 한산 싸움에서 패전한 장수와 군사들에 대한 것은 도원수가 별도로 보고하였으므로 이 별도로 작성된 명단에 적힌 사람들은 공로와 죄과에 관계없이 대장에 적어 두고 당분간 조사 확인될 때까지 기다릴 것이며, 그 나머지 군공을 세운 사람들에 한해서는 해당 각 관청을 시켜서 먼저 표창하게 하는 것이 어떨까 해서 감히 문의합니다."
지시하였다. "건의한대로 하도록 하라."」

-〈선조실록〉(1598. 5. 1.(乙酉)-

〈투항한 왜인이 보고한 왜적의 동향〉

(*이 당시 왜적의 정황에 관한 정보를 투항한 왜인의 입을 통해 들어본다.)

「○도원수 권율이 올려 보낸 투항한 왜인 요여문(要汝文)이란 자의 공술 내용은 이러하였다.

"나이는 30살이고 거주지는 박다주(博多州)이며 심안돈오(沈安頓吾: 島津義弘)의 군사입니다.

임진년에 바다를 건너와서 부산에 있다가 3년 뒤에 본고장으로 돌아갔었습니다. 올해 정월달에 다시 나와서 부산포에 있었습니다. 활도 좀 쏠 줄 알고 총도 쏠 줄 압니다. 행군할 때에는 깃발을 등에 지고 앞장서서 갔습니다. 그 전부터 알고 있던 조선 사람이 지난달에 찾아와서 말하기를, 조선에서는 투항해 오는 왜인을 후하게 대접한다고 하였기 때문에 와서 투항하였습니다.

아버지와 어머니는 다 죽고 단지 형제가 셋 있는데, 하나는 부산에 있고 둘은 일본에 있습니다.

심안돈오가 거느리고 있는 군사는 원래 3만여 명이나 되었습니다. 군량은 열 개의 창고에다 보관하고 있지만 제가 관계하던 것이 아니었기 때문에 그 수량은 자세히 알지 못합니다.

당시에 부산에 있던 조선 사람은 남자, 여자 각각 2천여 명쯤 되었습니다. 식량은 대략적인 인원수를 계산해서 한꺼번에 내주었는데 실제 수량은 모릅니다. 처음에 나올 때에는 큰 배 30여 척에다 각각 군량 80~90섬씩 싣고 나왔습니다. 그 뒤에 간혹 날라 오기도 했고 또한 조선 땅에서 빼앗아다 먹기도 했습니다.

조선 사람에게는 모두 허리에 차는 패를 주어 진영에 드나들게 하였습니다. 설령 허리에 패를 찼더라도 만일 죄만 있으면 당장 죽였습니다.

부산에 있는 두 군데의 성을 현재 수축하고 있습니다. 군졸들이 공사를 할 때에는 하루 세 끼씩 밥을 먹습니다. 아직 공사를 끝내지 못했습니다.

얼마 전에 울산에서 명나라 군사와 싸움이 붙었을 때 심안돈오(沈安頓吾)가 부산에서 싸움이 붙었다는 기별을 받고 정예군사 3백여 명을 선발해 가지고 울산으로 가다가 도중에서 돌아왔습니다.

왜병이 출동할 기일은 다들 말하기를 8~9월경이 될 것이라고 하지만 무지한 왜인 졸병들은 자세히 모릅니다."」

-〈선조실록〉(1598. 5. 5.(己丑)-

〈승전의 공로 표창이 이렇게 느려서야〉

「○승정원에서 건의하였다.

"통제사의 군사들에게 공로로 줄 임명장들을 모두 조사하여 점검하였으니 이제 곧 내려 보내야 하겠습니다.

그런데 그 전의 한산 싸움에서 패전한 사람만은 그 사실이 조사 확인될 때까지 당분간 기다려야 하겠기에 배흥립(裵興立)을 비롯한 30여 명은 1등의 공로에 속함에도 표창을 받지 못하게 됩니다. 더구나 이들의 군사 공로는 그 사정 결과가 본진에서 보고한 것과 대조하면 등급을 매긴 것이 많은 경우 현저하게 차이가 납니다. 먼 바다 가운데 있는 사람들이 조정에서 논의하고 있는 소식을 알 리 없으므로 조사 확인될 때까지 당분간 기다리라고 한 지시와, 비변사에서 참작하여 사정하고 있는 내용을 전혀 알지 못하고 있을 것입니다. 은전에 대한 지시가 일단 발표되면 공로는 같은데도 표창은 다르다고 하면서 한탄하는 사람들이 혹시 없을 수 없습니다. 해당 관청을 시켜서 전후하여 건의한 사연과 내린 지시의 내용을 조리 있게 자세히 써서 통제사에게 공문을 띄워 부대의 군사들에게 알려주게 하는 것이 어떨까 합니다."
지시하였다. "건의한대로 하라."」

─〈선조실록〉(1598. 5. 10.(甲午)─

〈수군 패전의 참혹한 결과〉

「○지평(持平) 정혹(鄭㰒) 등이 건의하였다.
"남쪽의 세 도를 예로부터 나라의 창고라고 불러온 것은 비단 주민들이 많이 살고 토지가 기름지기 때문만은 아니었습니다. 권세가들이 살고 있지 않은 고을이 없어서 인재가 대단히 많았기 때문이었습니다. 그러므로 임진년 변란 때에 의병들이 많이 떨쳐 일어나서 강대한 적을 막아낼 수 있었던 것입니다. 호남 지방의 고을 가운데서 혹은 패전한 곳도 있기는 하지만 완전히 함락되지 않았던 것은 모두 그런 인사들의 힘이었습니다.
그러다가 수군이 패전하였기 때문에 온 도가 적에게 함락되어 선비들과 백성들 가운데 죽은 사람이 몇 천 명이나 되는지 모릅니다. 살아남은 사람들은 피란을 떠나서 관동, 해서, 경기 등지로 흩어져 늙은이는 부축하고 어린 것은 끌고 길이 미어지게 다니면서 빌려먹기도 하고 빌어먹기도 하는 것입니다.

애처롭고 간고한 그들의 몰골을 만일 전하께서 직접 보시게 된다면 틀림없이 목메어 흐느끼면서 불쌍한 생각을 억누르지 못할 것입니다.

전번에 비변사의 건의와 관련하여 전하께서 경기지방에다 그들을 안착시켜 돌보아 주라는 지시를 내리셨으니 백성을 사랑하는 성의는 더할 나위가 없습니다. 그럼에도 불구하고 어느 한 사람도 전하의 의도를 받들고 그대로 집행하고 있다는 말은 들어볼 수 없으니 섭섭한 일이 아니겠습니까?」-〈선조실록〉(1598. 5. 11.(乙未)-

(*통제사 이순신에 대한 임금의 바보 같은 짓으로 인해서 초래된 결과는 이처럼 참혹하였다. 특히 그 피해를 가장 많이 입은 곳이 남쪽 3도 주민들이었음을 당시의 관리의 말이 증명해 주고 있다. 온갖 수단을 동원하여 이순신을 모함하여 통제사 자리를 훔치고 나아가 조선의 수군 전부를 바다에 수장시킨 원균과, 원균이란 대리인을 통해 자신들의 당리당략을 추구하려고 하면서 모함과 아첨을 병행하여 구사했던 윤두수, 윤근수, 이산해, 김응남 등과 그들의 모함과 아첨에 놀아난 어리석은 임금 선조에 대한 증오가 남쪽 사람들에게 이때까지 강하게 남아 있게 된 원인을 이 글에서 알 수 있다.)

〈조선식 염철(鹽鐵) 논쟁-소금(鹽)과 철(鐵)에 세금을 매기자〉

「○비변사에서 건의하였다.

"나라의 경비가 몹시 긴급하지만 어찌 할 방도가 없습니다. 예로부터 전쟁이 있을 때에는 부득이 재정에 관한 정사를 잘 하여 식량을 넉넉하게 마련하기에 힘쓰지 않은 적이 없었습니다. 심지어 차세(茶稅)나 주세(酒稅)를 받아 이익을 보는 방법까지도 다 써보았던 것인데, 이는 참으로 부득이한 사정에서 나온 것이었습니다.

우리나라는 삼면이 바다로 둘러싸여 있으므로 물고기와 소금이 생산되지 않는 곳이 없으며, 백성들도 다 그 덕으로 살아가고 있습니다. 만일 그것들을 나라에서 통제하고 적절한 조치를 취한다면 군량도 그것을 통해서 얻을 수 있을 것이고, 나라와 개인이 다 같이 편리하게 될 수 있습니다.

물고기, 소금, 철에 대한 논의가 조정에서 제기된 지는 오래되었지만 단지 주관할 사람이 없다는 점에 대해서만 논의하였고, 각처에 파견된 사람들은 그저 소란을 피우는 폐단만 빚어냈습니다. 이익이 생기기만 하면 자기 뱃속이나 채웠지 나라의 비용에 보탬을 준 것은 없었으니 대단히 한심한 노릇입니다. 옛날부터 세미(稅米) 운반을 맡아보는 관리가 소금과 철의 세를 거두어들이는 임무도 겸하여 군량을 조달해 왔었는데, 이것은 바로 역대로 전해 오는 규례입니다. 우리나라에서 고려 때 의창(義倉)에서 소금을 취급했던 것도 역시 이런 뜻에서였습니다.

해당 관청으로 하여금 빨리 대책을 강구하여 착실히 집행하도록 지시를 내리기 바랍니다. 이것은 바로 목전의 긴급한 형편을 풀어 나가는 방도인 동시에 식량을 풍족히 할 영구적인 계책을 위해서도 참으로 유익할 것입니다. 삼가 건의합니다."

임금이 지시하였다.

"좋은 제안이기는 하지만, 법령이란 스스로 시행되는 것이 아니라 반드시 사람에 의해서 시행되는 것이다. 우리나라의 일들을 보면 법이 훌륭하지 않거나 지시가 좋지 않은 것도 아닌데 어떻게 되어 결국에 가서는 그것이 은혜(恩惠)를 베푸는 것이 되지 못하고, 그 법으로 인해서 폐단만 자꾸 생겨나는 것이 마치 물체에 그림자가 생겨 가는 곳마다 따라다니는 것과 같다(弊之隨法, 如形之有影). 법이 도리어 그림자로 되고 폐단이 물체처럼 되어(法反爲

影, 弊反爲形), 백성들이 아우성을 치면서 안착하지 못하고 있다. 유익한 것이 없을 뿐만 아니라 해독을 끼치고 있기 때문에 억울해서 울부짖는 백성들은 손발도 제대로 놀리지 못하고 있는 것이다. 이런 점을 따져보지 않아서는 안 된다.

만일 꼭 시행하겠다면 그런 일을 능숙하게 처리할 수 있는 사람을 구해서 맡겨야 할 것이다. 그렇지 않으면 일이 잘못될 수 있을 것이다. 백성들이 먹고 사는 것까지 빼앗아서 그 숨통까지 끊어놓겠다면 나라의 근본이 무너지고 말 것이고 아무리 곡식이 있다고 하더라도 먹을 수가 없을 것이다."」

(*사관은 말한다.
〈이야말로 옳은 말이다. 참으로 임금다운 말이고 백성들을 구원하려는 마음인 것이다.

지금은 백성들이 겨우 죽을 고비를 벗어났지만 아들이 아버지를 돌볼 형편이 못되고, 남편이 아내를 돌볼 형편이 못되어 정처 없이 떠돌아다니면서 먹을 것만 찾고 있는 형편이다. 물론 바닷가에서 사는 백성들이 있기는 하지만 그들 역시 아침저녁 끼니나 겨우 때우는 형편이고, 그 가운데 간혹 소금도 굽고 고기잡이 하는 사람도 있지만 지금은 힘이 다하고 맥이 빠져서 죽지 못해 살아가는 사람들이다.

만일 나라가 그들에게서 세금을 거두어들이게 된다면 아전들이 기승을 부리고 고을 수령들이 못살게 굴면서 (생산한) 소금 한 섬에서 받아내는 조세가 한 섬은 될 것이고, 한 말에 대한 조세가 도리어 한 말이 넘게 될 것이다. 이렇게 본다면, 한 달 동안 구운 소금을 전부 관청에 가져다가 조세로 바치더라도 그 정해진 수를 채우지 못하여 오히려 빚을 지게 될 것인데, 어떻게 영락한 백성들을 보전할 수 있으며 군량을 확보할 수 있다는 말인가. 계책이 너무나 졸렬하다.

설령 조세를 받아내는 제도가 폐단이 없다고 치더라도, 수만 섬의 소금을 얻어낸 다음 소금을 가지고 곡식을 바꾸는 데서도 백성들과 주고받는 과정에서 틀림없이 아전들이 농간을 부리게 될 것이므로, 백성들 중에는 소금은 구경도 못하고 곡식만 바치는 사람이 허다하게 나올 것이다. 이렇게 되어서야 소금을 가지고 곡식을 바꾸도록 하려는 의의가 어디에 있단 말인가.

전란이 일어난 후로 곡식을 모으는 관리가 있지 않은 고을이 없었고, 관리가 찾아가지 않은 마을이 없었으며, 한 사람이 모은 것만 해도 몇 백 섬, 몇 천 섬이 되는지 모를 정도이지만, 나라의 창고로 들어간 것은 겨우 그 10분의 1쯤 되고 자기 뱃속을 채우는 것이 10분의 9나 되었던 것이다.

정말로 8도에서 모은 곡식이 전부 나라 창고로 들어갔더라면 군량도 근심할 것이 없고 나라의 경비도 염려할 것이 없을 텐데도, 이런 쪽으로는 눈을 돌리지 않고 도리어 염세나 받아서 보태자고 하는 것이다. 그런 방법으로 문제를 해결하려고 하다가는 이 세상의 모든 물건들에 모조리 다 세금을 매겨서 거두어들여 보태더라도 양곡에 여유가 생기기는커녕 백성들만 더욱 죽어나고 말 것이다. 임금이 명철하여 이런 폐단을 꿰뚫어 보았으며 측은하게 여기는 마음이 말에서 뚜렷이 나타났다. 참으로 어느 한 사람이라도 이렇듯 인자한 임금의 뜻을 받들고 시행하면서 오늘 한 가지 폐단을 없애고 내일 한 가지 폐단을 없앰으로써 굶주린 백성들이 죽음에서 소생시켜 주는 은혜를 입게 한다면, 어른을 존경하는 마음과 윗사람을 위해 목숨을 바치려는 의리가 용솟음치게 되어 막으려야 막을 수가 없을 것이다. 참으로 이렇게만 된다면 군사도 비겁해질 염려가 없을 것이고, 군량도 떨어질 염려가 없을 것이며, 도적이 날뛸 근심도 없게 될 것이고, 옛 강토를 회복하지 못할 근심도 없게 될 것이다. 이런 방향에서 생각하지는 않고 한(漢) 나라 무제(武帝)처럼 나쁜 정사를 하도록 임금을 인도하려고 하다니, 아, 우리나라를 불행하게 만들자는 것인가!〉」

－〈선조실록〉(1598. 5. 11.(乙未)－

(*소금(鹽)과 철(鐵)에 세금을 매겨 징수하자는 비변사(지금의 국방부)의 전비(戰費) 조달을 위한 재정정책 주장은 원래 한(漢) 나라 무제(武帝)가 늘어나는 국방비 조달을 위해 실시하였던 소금(鹽), 철(鐵), 술(酒榷)의 국가 전매정책과, 지역이나 계절별 물가 수준을 고르게 하기 위해 실시한 균수(均輸) 제도에서 그 일부를 변형 모방하여 소금과 쇠(鹽鐵)에 세금을 부과하려는 안이었다.

소금과 철, 술 등을 국가가 전매하는 제도가 갖는 장점과 단점을 두고 이미 B.C. 81년에 한(漢) 무제(武帝)가 참석한 어전회의가 열려 찬성론자(집권 대신들)와 반대론자들(신진 학자들) 사이에 열띤 논쟁이 벌어졌는데, 그 당시의 논쟁을 정리, 기록해 놓은 책이 「염철론(鹽鐵論)」이다.

이 당시 비변사의 주장은 언뜻 생각하면 말이 되는 것 같으나, 현실을 무시하고 있다는 점뿐 아니라 많은 논리적 모순을 내포하고 있는 주장이다. 비변사의 주장에 대하여 역사를 기록하는 일을 맡은 사관까지 분개하고 나오고 있는 점을 잘 생각해 볼 필요가 있다.)

〈진린의 수군, 요동에 도착하다〉

「○명나라 수군 제독 진린(陳璘)의 군사 9천여 명이 4월 27일에 요동에 도착하였다.

유정(劉綎)은 의주에 도착하여 군사를 세 번으로 나누어 출발시켰는데, 첫 번에 출발시킨 것이 1만3천여 명이었다.

왕(王) 감군(監軍)과 서(徐) 주사(主事)는 평양에서 군사 3천 명을

출발시켰다.」 　　　　　-〈선조실록〉(1598. 5. 16.(庚子)-

〈혹심한 가뭄〉

「○지평 송응순(宋凝洵) 등이 와서 아뢰었다.

"근래 가뭄이 너무나 심합니다. 억울한 죄수를 심리하여 처리해서 판결해 주고, 임자 없는 시체와 해골을 묻어 주고, 물도랑을 치고 들판을 깨끗이 거두어들이는 일들을 시급히 시행해야 할 것입니다."」　　　　　-〈선조실록〉(1598. 5. 17.(辛丑)-

〈왕궁 호위 군사들에게 배식도 못해 주는 실정〉

「○병조에서 건의하였다.

"나라의 저축이 고갈되었기 때문에 왕궁을 호위하는 군사들이 말로는 배식을 받고 있다고 하지만 모조리 떠서 냄새가 나는 것들입니다. 심지어 이번 달에는 그런 뜬 것까지도 타먹지 못했습니다. 이들은 모두 오랜 기간 호위를 섰던 사람들인데, 하루아침에 이유 없이 해산하기는 미안한 일입니다. 다들 애원하면서 말하기를, 몇 개 번으로 나누어 자기 고장으로 보내주면 스스로 식량을 마련해 가지고 와서 다시 출근하겠다고 하였습니다.

요즘 들으니, 이들은 절반 이상이 의지할 고장조차 없이 떠돌아다니는 자들이라고 합니다. 하루아침에 배식이 끊어지자 스스로 살아갈 길이 없어서 가끔 보면 여러 날씩이나 끼니를 건너서 굶주린 기색이 얼굴에 완연하며, 몸도 제대로 움직이지 못하는 사람이 있는가 하면, 거지처럼 남의 집으로 돌아다니며 빌어먹고 다니는 사람도 있다고 합니다.

근래의 형편이 참으로 급박하여 지금은 호소하는 사람들이 뜰에 가득 차 있는데, 이는 모두들 사정이 절박하기 때문입니다. 그들의 태도를 보면, 나라의 창고가 텅 비어 있는 것을 직접 보았기 때문에 굶주리는 것 때문에 나라를 원망하지는 않고 있지만, 그러나 계속 먹지 못하면서 출근을 한다는 것은 곤란한 일이므로 이렇듯 애원을 하는 것입니다.

이 내용을 가지고 대신들과 의논해 보시기 바랍니다. 형편상 어쩔 수가 없어서 부득이 분산시켜야 하겠다면, 병조에서 번(番)을 나누어 처리하겠습니다."」   -〈선조실록〉(1598. 5. 20.(甲辰)-

〈마귀 제독의 남행길을 전송하는 선조〉

「○임금이 (남쪽으로 내려가는) 마 제독(麻貴)을 전송하기 위하여 한강가의 장막으로 된 휴식 처소로 갔다.

임금이 접반사 장운익(張雲翼)을 곁으로 불러들여서 물었다.

"이 한 여름에 대인이 무슨 일로 내려가는가?

장운익: 신도 모르겠습니다. 그런데 마 제독은 자신이 군졸들보다 앞장서는 것을 좋아합니다. 울산 싸움에서도 그랬습니다. 이번에도 반드시 그 때문에 먼저 갈 것입니다.

선조: 이번에 떠나가는 것은 경리가 지시한 것인가?

장운익: 말로는 군문(軍門)의 명령이라고 하지만 사실은 경리의 지시입니다. 화의 문제가 거론되기 때문에 대부대의 병력을 가지고 가서 압력을 가함으로써 화의를 성사시키려는 것입니다.

선조: 이번에 떠나가면 안동으로 가게 되는가?

장운익: 예천으로 가게 될 것입니다.

선조: 어째서 예천으로 가게 되는가?

장운익: 전날 안동으로 갔을 때 그 아래 사람들이 못된 짓을 하였기에 그 지방 사람들이 호소하자, 그 아래 사람들의 목을 베어 매달기까지 하였습니다. 그러나 예천 사람들은 소고기와 술을

가지고 와서 위로하였으며 또한 그의 덕을 칭송하는 일까지 있었기 때문에 예천으로 가려는 것입니다. 그리고 이여매(李如梅)가 그 전부터 데리고 다니던 기생첩을 마 제독이 빼앗아서 배에다 싣고 가버린 일도 있었습니다.

선조: 마 대인은 용맹과 지략이 있는가?

장운익: 복스럽게 생기고 풍채도 좋지만 꾀가 없습니다.

선조: 대장이 꾀가 없으면 어떻게 하겠는가?

장운익: 전번 도산 싸움에서 시일이 오래 걸리게 되자 양(楊) 대인은 중얼거리고 떠들면서 안타까운 마음을 참지 못했지만, 마 대인은 아무런 생각도 근심도 없이 덤덤하게 앉아 있었습니다. 한편으로 침울해 보이기도 했지만 어찌 보면 미련한 듯하였습니다. 단안을 내려야 할 일이 생기면 의례히 경리에게 떠밀면서 말하기를 '단안을 내릴 사람이 따로 있다.' 고 할 뿐이었으며 숙소에 물러가 있으면서 한 마디 말참견도 하지 않았습니다.

선조: 성을 공격할 때 무기들은 어떤 상태에 있었고, 계책은 어떻게 하였기에 처음에는 큰 승리를 거두다가 뒤에 가서는 그만 패배하고 말았는가?

장운익: 무기도 몹시 허술했고 계책도 치밀하지 못했습니다. 날마다 명령한다는 것이 그저 섶만 베어 오라고 하였습니다. 그것은 대체로 섶을 성 밑에다 쌓아 놓고 불을 지르자는 것이었지만, 군사들이 섶을 한 단 메고 성 밑에 접근하기만 하면 탄환이 빗발처럼 쏟아져서 모든 사람들이 삼대처럼 쓰러지고 말았습니다. 이렇게 되자 어떻게 할 재간이 없었습니다.

처음 쳐들어갈 때에는 도산의 바깥 성이 불에 타서 없어졌다는 것을 알고는 군사들은 승리한 여세를 몰아 그대로 밀고 들어갔는데, 무기까지 내버리고 멀리 40리 길이나 달려갔습니다. 무기들은 여기저기 널려 있었고 빈주먹만 쥐고 간 자들도 많았습니다. 그런데 왜적이 내성만 든든히 지키고 있었으므로 이때 와서는 아무리 무기를 쓰려고 해도 쓸 무기가 없었습니다.

선조: 대포를 가지고도 내성을 쳐부술 수 없었는가?

장운익: 성이 산 위에 있어서 지대가 높고 가파르기 때문에 대포를 높이 쏘면 20여 길이나 되는 높은 성을 넘어서 지나갔는데, 아무리 여러 번 쏘았지만 맞을 리가 만무했습니다. 벽력포(霹靂炮)나 호준포(虎蹲炮)로도 수없이 쏘아 보았지만 다 맞지 않았습니다. 군사를 돌려세우기 전에 벌써 장수들은 넋이 빠져서 기가 새파랗게 죽어 있었습니다.

선조: 어째서 그렇게까지 되었는가?

장운익: 22일이나 23일 경에 대부대의 군사가 그 성 밑에까지 재빨리 뚫고 들어가서 바깥 성을 모조리 불태워 버리자 왜적은 내성 안에 틀어박혀 그림자 하나 보이지 않았습니다. 그 때문에 명나라 군사들은 다들 생각하기를, 내일이면 태산으로 계란을 짓누르는 기세로 적들을 짓부숴버리게 될 줄 여겼던 것입니다. 그런데 정작 24일 날의 큰 싸움에서 크게 낭패를 당하게 되자 사기는 여지없이 꺾여버리고 말았습니다. 게다가 6일과 7일에는 큰 비가 쏟아져 옷이 흠뻑 젖었고, 8일에 가서는 강한 바람이 불어 명나라 말들이 모조리 죽었습니다. 모든 군사들은 더 이상 어쩔 수 없게 되었다는 것을 짐작하고 그저 퇴각하는 것만이 살 길이라고 생각했던 것입니다. 군사들의 마음이 뒤숭숭해지자 더는 싸울 생각을 하지 않았습니다. 경리는 이런 사태를 당하여 싸움을 하기는 곤란하다는 것을 깨닫고 다시 다른 꾀를 써서 물리쳐 보려고 하였지만, 그러나 처음부터 끝까지 화의에 대하여 말하지 않은 사람은 마 제독뿐이었습니다.

선조: 판서가 이번에 또 많은 수고를 하게 되었다.

장운익: 한 목숨 바치는 것 이외에는 달리 더 이상 갚을 길이 없습니다."

　마 제독이 강가에 도착하자, 선조가 장막으로 된 임시처소로 맞아들여 말했다.

선조: "대인이 우리나라에서 오랫동안 수고를 하였는데 이번에 또 더운 날씨에 먼 길을 가게 되었으니, 미안하게 생각합니다.

마귀: 적들이 거창 접경 지역에 들어와서 소란을 피운다는 말을 듣고 급히 내려가게 되었습니다. 천하를 위해서 하는 일인데 무슨 수고랄 게 있겠습니까. 조선의 포수 2백 명을 데리고 가는데 혹시 죄를 짓게 되면 용서 없이 법을 집행하게 될 것입니다. 이런 뜻을 소국의 신하 장운익에게 말해서 보냈습니다."

이어서 마주 읍(揖)을 하고 떠나갔다.」

-〈선조실록〉(1598. 5. 27.(辛亥)-

1598(戊戌)년 6월

(*이달에 있었던 주요 사건들을 〈선조수정실록〉에 의거 요약하면 다음과 같다.

○양 경리(楊鎬)의 중군장 팽우덕(彭友德)이 접반사 이덕형을 불러서 비밀히 말하기를, "주사(主事) 정응태(丁應泰)가 황제에게 양 경리의 죄를 규탄하면서 20가지 죄를 열거하였다는데, 그 가운데서 다섯 가지 문제는 귀국에도 관계가 되는 것입니다. 경리는 이제 글을 올려 돌아가겠다고 청하려 합니다. 경리의 불행은 또한 귀국의 불행입니다."라고 하였다.

○제독 유정(劉綎)이 서울로 들어왔으므로 임금이 모화관에 나가서 맞이하여 위로하였다.

유정이 말하기를, "조정에서는 내가 이전에 귀국에 왔었던 관계로 일의 형편을 잘 안다고 하여 여기에서 다시 일하도록 하였습니다. 황제의 지시를 받들고 감히 힘들다고 말하겠습니까."라고 하였다.

○경리 양호가 글을 올려 죄 줄 것을 청하고 돌아가겠다고 하였다.

○수군 제독 진린(陳璘)이 수군의 배 500여 척을 거느리고 전라도로 내려가려고 하자 임금이 동작강 나루에 나가 전송하였다.)

〈양포정과 주원례의 대화〉

(*다시 명나라와 일본 간의 화의를 추진하기 위하여 오랫동안 일본에 건너가 살았던 명나라 사람 주원례란 자가 찾아와 명나라 장수와 나눈 대화를 통하여 당시 일본의 속셈을 알아본다.)

「○양 포정(梁布政)이 주원례(朱元禮)를 불러다가 물었다. "너는 어느 지방 사람인가?

주원례: 절강(浙江) 사람입니다. 만력 12년에 사로잡혀 갔습니다.

양포정: 절강은 바로 문명한 지방으로, 그곳 사람들은 천하에서 제일 예절바르고 의리도 있는데, 그런 곳에서 태어난 네가 어찌하여 포로살이를 달갑게 여기면서 본국을 배반하는가?

주원례: 죽지 못해서 그러고 있습니다. 어쩌겠습니까.

양포정: 너는 이번에 무슨 일로 왔는가?

주원례: 화의 문제 때문입니다.

양포정: 화의 문제는 그 전에도 논의하지 않은 것은 아니다. 명나라에서는 두 대신을 보내서 왕으로 책봉까지 해주었지만 왜적의 우두머리는 여전히 순종하지 않고, 사례도 하지 않으며, 군사도 철수하지 않고 있다가 다시 군사를 내몰아 노략질을 하였기 때문에 조선 국왕은 온갖 고초를 다 겪으면서 복수하려 하고 있다. 한 하늘을 같이 이고 살지 않으려 하는데 어떻게 화의를 맺을 리가 있겠는가.…… 그래 화의를 하겠다니 그 기본 의도는 무엇인가?

주원례: 조선 국왕이 중요한 신하를 일본에 보내어 그 죄를 스스로 인정하고 또 조선 사람을 시켜 일본사람에게 쌀과 천을 대어 주게 하고 명나라에 조공을 바치러 갈 때에 조선에서 길만 틔워 준다면 관백이 무엇 때문에 군사를 철수하지 않겠습니까.

양포정: 조선이 너희들 왜적의 침해를 받아 혹심하게 파괴된 것만 해도 참으로 애석한 일이다. 본래 아무런 죄도 없는데 무슨 죄

를 인정한단 말인가. 관백이 까닭 없이 군사를 동원하여 남의 나라를 망가뜨려 놓았으니 응당 자신의 죄를 인정하고 조선에 사죄해야 할 것인데 너는 어떻게 조선이 죄를 인정해야 한다는 말을 감히 할 수 있는가."」 −〈선조실록〉(1598. 6. 2.(乙卯)−

〈양포정과 요시라의 대화〉

(*병신년 말(1596년 12월)에 거짓 정보를 흘려 조선 조정을 기만하고 정유년에 이순신을 감옥에 집어넣는 데 큰 역할을 한 일본 간첩 요시라(要時羅)가 또다시 명나라 장수들 앞에 찾아와 요설(饒舌)을 희롱하면서 명나라와 일본과의 화의를 말하고 있다.

요시라는 원래 대마도 사람으로 평상시에 부산으로 왕래하면서 장사를 하였다. 그래서 우리나라의 사투리는 물론이고 한글까지도 다 잘 알고 있었다. 사람이 몹시 음흉하고 간사하였다. 당시 나이는 32살, 아들이 둘 있었다.)

「○양포정과 서(徐) 주사가 함께 대청에 앉아서 요시라를 불러다 놓고 물었다: "네가 여기에 온 것은 무엇 때문인가?"

요시라: 화의를 논의하기 위해서입니다.

양포정: 화의를 하자고 하는데, 조선과 하자는 것인가, 명나라와 하자는 것인가?

요시라: 조선과 하자는 것입니다.

양포정: 비유하자면 명나라는 부모나 천지와 같고 조선은 형이고 일본은 아우이다. 일본이 까닭 없이 조선을 침해하였으니 아주 흉포하고 잔인하다. 명나라에서 분쟁을 종식시키기 위하여 두 대신을 파견하여 관백을 왕으로 책봉하였다. 이것은 부모로서 형제간의 분쟁을 화해시킨 것인데, 관백은 명나라의 지시를 준

수하지 않고 사례도 하지 않고 있다가 재차 노략질을 하였으며, 심지어는 남원에서 명나라 군사를 살해하였으니 부자간의 도리로 볼 때 어떻게 되겠는가. 조선은 결코 너희들과 화해를 하지 않을 것이다.

요시라: 대인의 말씀이 옳습니다. 전년 5월에 왕으로 책봉하는 의식을 곧 거행하게 된다는 말을 듣고 관백은 많은 재물과 노력을 들여서 숙소를 크게 짓고 공급할 물자들을 성대히 갖추어 놓았습니다. 그런데 명나라 사신은 먼저 왔는데도 조선의 신하는 오래도록 오지 않았던 것입니다. 여러 달 기다리는 동안에 때마침 지진이 일어나서 숙소로 지은 집이 다 무너져버렸습니다. 이런 문제로 인해서 관백이 화를 내면서 조선이 사람을 보내는 것을 지연시킨 것을 이유로 군사를 동원하여 전라도로 쳐들어갔던 것입니다.

양포정: 전라도로 쳐들어간 것은 그렇다 치고, 남원에서 감히 명나라 군사를 죽인 것은 무엇 때문인가?

요시라(우물쭈물 하면서 대답을 하지 못하다가): 조선이 일본과 화의를 하기 싫어한다는 것은 이미 알고 있습니다. 하지만 명나라에서 화의를 하도록 권고한다면 관백도 이미 명나라의 벼슬을 받은 이상 어찌 감히 말을 듣지 않을 수 있겠습니까. 조선에서도 역시 듣지 않을 리 있겠습니까. 오직 대인이 권고해서 화의를 성사시키도록 해야 할 것입니다.

양포정: 네가 여기에 온 것은 행장의 지시에 의한 것인가? 관백은 알고 있는가?

요시라: 행장이 가라고 시킨 것이며, 관백은 모르고 있습니다.

양포정: 일본은 그 전에도 화의 문제를 가지고 희롱하듯이 명나라를 속였다. 이번에 또 관백이 알지도 못하는 문제를 가지고 와

서 요청하고 있으니 이것은 또다시 명나라를 농락하는 짓이다.

요시라: 제가 이번에 돌아가게 되면 관백의 의향을 알아가지고 이곳으로 와서 보고하겠습니다.

양포정: 네 말은 모든 것이 거짓이다. 만일 군사를 철수하여 돌아가면서 화의를 요청하는 것이라면 조선에서도 우리 의견을 따라 너희들과 화의를 할 수도 있겠지만, 그냥 빈 소리를 하면서 우리를 농락하고 있는데 우리가 어떻게 조선에 권고할 수 있겠는가? 우리로서 할 일은 너희네 군사가 물러가면 그 물러가는 것을 지켜보고 있을 것이고, 물러가지 않으면 수많은 병력을 가지고 쳐서 소멸시키는 수밖에 없다. 가겠으면 가고 말겠으면 말고 너희들 마음대로 하라.

요시라: 대인이 군사를 걷어가지고 가라고 지시한다면 걷어 가지고 갈 것입니다.

양포정: 그렇다면 너는 여기에 남아 있고 네 아래 사람들을 시켜 행장에게 가서 군사를 걷어 가도록 보고하게 하라.

요시라: 이 문제는 처음부터 제가 관할해 오던 일이므로 만일 돌아가지도 않고 여기에 남아 있으면서 단지 아랫사람들을 시켜서 행장에게 가서 보고하게 된다면 행장은 마음속으로 께름칙하게 여길 것이고, 여러 군사들도 다 곧이듣지 않을 것입니다. 제가 직접 만나서 보고하는 것만 못합니다.

양포정: 이 문제는 명나라 조정에서 지시한 것도 아니고 또한 조선에서 원하는 것도 아니고 너희들 자신이 먼저 요청해온 것이다. 지금 우리는 너를 죽이고 싶으면 죽일 것이고 놓아 보내고 싶으면 놓아 보낼 것이다. 네가 남아 있건 말건, 사람을 보내서 보고하건 말건, 그것은 우리와는 아무런 관계도 없는 일이다.

요시라: 저야 가거나 있거나, 죽거나 살거나 그저 명령대로 할 뿐

이지만, 다만 중대한 문제가 순조롭게 되지 못할까봐 염려됩니
다.

서(徐) 주사: 네가 만일 사람을 시켜서 돌아가 보고하여 군사를 철
수하도록 한다면 너희에게는 좋은 일이 있을 것이다.
(요시라가 행장이 보낸 창과 칼, 조총을 드렸으나 양 포정은 다 거
절하라고 하면서 통역관인 서 주사에게 말했다.)

양포정: 방금 서 주사의 이 말은 전달하지 말라. 이 적이야말로 참
으로 교활한 놈이다.”」　　　-〈선조실록〉(1598. 6. 3.(丙辰)-

〈왜적에게 잡혀갔다 돌아온 조례신이 전하는 왜적의 상황〉

「○경리도감에서 왜인에게 사로잡혀 갔던 사람인 조례신(趙禮臣)
을 불러내어 적정에 대하여 물었더니 그는 대답하였다.

"적들 속에서는 다들 말하기를, 도산 싸움에서는 이긴 것도 없고
진 것도 없지만 명나라 군사가 힘이 강하므로 견뎌내기 어려웠다
고 하면서 모두들 두려워하는 기색을 보이고 있는 것 같습니다.
그리고 들리는 말에 의하면, 관백이 여러 추장들에게 말하기를
'일을 성공시키지 못하면 너희들이 조선에서 늙어죽는 한이 있어
도 돌아오지 못할 것이다.' 라고 하였다는 것입니다. 그런데 군사
들은 모두들 불평을 하면서 돌아갈 생각만 하고 있습니다.”」
　　　　　　　　　　　-〈선조실록〉(1598. 6. 5.(戊午)-

〈허 유격 앞으로 보낸 게첩〉

「○우리나라에서 허 유격(許國威) 앞으로 보낸 게첩은 이러하였
다.

"…그러나 요시라에 대한 것만은 분부대로 따를 수가 없습니다.
우리나라에 대하여 이 적은 사실상 불공대천지 원수입니다. 아무

리 지칠 대로 지치고 위험이 극도에 달했다 하더라도 뼈에 사무친 적개심을 하루도 마음속에서 잊을 수가 없습니다.
지금 거짓 호의를 보이면서 찾아온 것은 사실은 우리의 내막을 탐지하기 위한 것이므로 그가 노리는 바를 알기가 어렵지 않습니다. 설사 대인의 분부에 못 이겨서 음식을 공급해주고 있지만 심지어 노력까지 제공하는 문제만은 터지는 분통을 참아낼 수가 없습니다. 아무쪼록 양해해 주어야 할 것입니다."」

－〈선조실록〉(1598. 6. 10.(癸亥)－

〈양분된 명나라의 대 조선 정책〉

「○경리도감에서 보고하였다.
"오늘 아침 황응양(黃應陽)이 신을 보고 말했습니다.
'······명나라 조정에는 두 가지 의견이 대립하고 있습니다. 한쪽에서는 주장하기를 〈중국에서 변경 밖에 있는 남의 나라를 구원하느라 본국의 물력을 거덜 내는 것은 옳은 계책이 아니다. 왜적은 아무리 해도 중국을 침범하지는 못할 것이다. 조선에서는 자기 문제를 풀기 위한 술책으로 왜적의 세력을 과장하여 보고한 것인데, 중국에서 날마다 군사를 더 보내고 군량을 더 보냄으로써 국내에서 소동이 일어나게 하였으니 석(石) 상서가 취한 조치(*화해 노력)가 옳은 것이다.〉라고 하는 것입니다. 이것은 조 각로(趙閣老)와 석 상서(石星)를 두둔하는 사람들의 주장입니다.
다른 한쪽에서는 주장하기를 〈왜적이 노리는 것이 어찌 조그마한 조선의 땅만이겠느냐. 조선은 변경 밖에 있는 중요한 지대이므로 반드시 일거에 왜적을 쳐부숴서 방어대책을 세워 놓아야만 뒷걱정이 적어질 것이다.〉라고 합니다. 이것은 장 각로(張閣老)의 주장입니다.

하지만 여러 사람들은 모두들 일을 회피하고 있습니다. 보는 바와 같이, 여기에 나온 장수들 중에 남의 나라를 위하여 목숨을 바쳐 가면서 적을 치자는 사람이 몇이나 있습니까. 오직 양 대인(楊鎬) 만이 성격이 시원시원해서 한마음 바쳐 일을 해보려고 하는 것입니다. 그래서 사람들 중에는 대인이 조선에 대해서는 후하게 하면서 명나라 군사들에 대해서는 야박하게 한다고 말하는 사람들이 많은 것입니다.

양 대인은 원래 이해하기 어려운 사람도 아니고 원래 나쁜 사람도 아니었지만 그저 성격이 급하고 말이 가볍다 보니 모든 일이 제기 되면 그 자리에서 처리해 버리려고 합니다. 심지어는 표창과 처벌에 관한 것까지도 원망을 마다 않고 시원히 처결해 버리는 것입니다.… 이번에 만일 자리를 내어놓고 돌아가고 다시 다른 사람으로 바뀌게 되면 조선의 일은 막연하게 될 것입니다. 명나라 군사도 미구에 줄이거나 철수하게 될 것이고, 한쪽으로는 일을 잘못한 데 대한 규탄이 때를 같이하여 일어날 것입니다.

지금 수많은 수군과 육군이 매일같이 다 모여들어서 완전승리를 거둘 수 있는 당당한 기세가 보이는데, 엉뚱하게 잡소리가 한번 튀어나와서 일을 망치게 하고 있으니, 하늘이 이렇게 만드는 것인지 모르겠습니다."」　　　　　　-〈선조실록〉(1598. 6. 18.(辛未)-

(*당시 경리 양호(楊鎬)는 조각로(趙閣老)란 자와 정응태(丁應泰)란 간악하고 음흉한 자의 모함으로 울산성에서의 패전에 대한 책임뿐만 아니라 온갖 무고한 죄명을 덮어쓰고 규탄을 받게 되어 장차 조선에 나온 명나라의 지휘권이나 앞으로의 방향이 오리무중으로 빠져들고 있었다.

그리고 명나라 조정에서는 조선에의 파병을 주장하는 자들과 이에 반대하는 자들 간에 치열한 싸움이 전개되고 있었으며, 자신들의 주장을 관철하기 위한 음모와 모함까지 거세게 일고 있었다. 이것이 조선에 파병 나온 명나라 군대에까지 영향을 미쳐서 명나라 군사 내부의 명령이나 지휘체계, 통제가 극도로 헝클어져 있었다.)

〈정응태의 모함에 걸려든 경리 양호〉

「○임금이 별전에서 대신들과 비변사의 담당 당상관들을 접견하였다.

선조: "양 경리(楊鎬)가 규탄을 받게 된 것은 무엇 때문인지 모르겠다.

이덕형: 그 취한 조치들이 애매해서 잘 모르겠습니다. 대체로 보아 울산 싸움에서 남방 군사와 북방 군사가 공로를 다투다가 의견이 맞지 않아 이렇게까지 된 듯합니다.

선조: 이번 사건에 대하여 어떻게 조치를 취해야 하겠는가?

유성룡: 이번 사건에 대해서는 가만히 있을 수 없습니다. 한편으로는 명나라 조정에 건의하고 한편으로는 군문으로 공문을 띄워 거듭 해명함으로써 아무튼 명나라 조정에서 실정을 알고 허튼 잡소리에 속아 넘어가지 않게 하는 것이 오늘날의 긴급한 일입니다.

선조: 소인 한 명이 천하의 일을 망치게 할 수 있다. 정응태(丁應泰)란 자를 나는 한번 보고도 그가 음흉한 사람이라는 것을 알 수 있었다.……

그런데 양 경리의 죄를 꼽기를 목을 베어야 할 죄가 29가지이고 치욕스런 죄가 10여 가지라고 하였는데, 천하고금에 어디 그런 사람이 있을 수 있는가. 무슨 마귀나 도깨비 같은 사람이라 하더라도 그렇게까지는 되지 않을 것이다.……

조 각로는 대단히 드문 간악한 사람이다. 그런 간악한 늙은이가
정승으로 있으니 세상일을 알 만하다.……
이덕형: 정응태가 황제에게 올린 글에는 '왜적을 제어하기는 그다
지 어려울 것도 없을 터인데 중국이 무엇 때문에 내부를 텅텅
비워놓고 다른 나라의 일에만 힘을 써야 합니까?' 라고 하였다
는데, 그것이 더욱 음흉한 소리입니다.
선조: 그런 말이 채용되게 되면 세상일은 다 글러진다."」

-〈선조실록〉(1598. 6. 23.(丙子)-

〈비변사 문신들이 생각해낸 수군 전략〉

「○비변사에서 건의하였다.

"이순신이 전쟁 피해를 입은 뒤에 떠돌아다니는 피난민들을 수습
하여 군사를 편성하여 거친 외딴 지역에 주둔하고 있으면서 군수
물자들을 자체적으로 마련하여 근근이 유지해가고 있었습니다.

이번에 명나라 장수들이 수많이 내려가서는 우리 군사들과 통합하
여 매사에서 능력은 헤아리지 않고 독촉만 하고 있는 실정입니다.
심지어 군사를 점검하는 일이나 무기를 검열하는 일 등 일체를 자
유롭게 하지 못하고 모두 명나라의 담당 관리의 통제를 받고 있습
니다. 그러다 보니 무리한 요구도 생겨나고 견디기 어려운 고역도
많아서 이루 다 말로 표현할 수 없습니다.

더구나 육지로 군량을 운반해 오지 못하기 때문에 할 수 없이 우
리나라 수군의 식량을 가지고 우선 공급해 주다보니, 많지도 못한
군량이 며칠 못 가서 다 떨어지게 되었습니다. 신 등은 몹시 안타
깝습니다.

만일 지형상으로 유리하다면 서로 바라보이는 곳에 나누어 주둔시
켜 앞뒤에서 적을 칠 수 있게 하며, 겉으로는 기세가 장엄해 보이

고 안으로는 활동이 자유롭게 되도록 하는 것이 적합할 듯합니다. 그러나 지금은 이미 계 유격(季遊擊)과 같이 있게 되었으니 그렇게 하기도 어렵게 되었습니다.
지금 회답을 할 때에는 응당 그대로 따르게 하겠다는 말로 답변해야겠지만, 그러나 이렇게 쓸 것입니다.

　'본국의 수군은 한산도에서 패배한 뒤 배와 무기들이 모두 파괴되어 지금 남아있는 것은 얼마 되지 않고, 군사라는 것도 역시 바닷가에서 고기잡이 하던 사람들과 떠돌아다니는 피난민들을 수습하여 편성한 것이어서 겨우 형태나 갖추었을 뿐입니다.
대인의 분부에 비추어 보면 군사 관계의 모든 면에서 부족한 점들이 많을 것으로 여겨지므로, 한편으로 신칙하여 그대로 시행하도록 하겠습니다'
이런 내용으로 회답하는 동시에, 이순신에게 지시하여 모든 일들을 보다 더 잘 살펴서 하도록 하는 것이 어떻겠습니까?"
지시하였다. "건의한 대로 하라."」

〈선조실록〉(1598. 6. 24.(丁丑)-

(*이 글의 앞부분은 이순신으로부터 보고를 받아서 비변사에서 알고 있는 조선 수군의 사정을 쓴 것이고, 뒷부분은 명나라 수군에게서 무슨 지시를 받아 그에 대해 답변을 하는 내용이다.
막강하던 조선의 수군을 몽땅 바다에 처넣고, 천하제일의 명장 이순신을 명나라 일개 장수의 휘하에서 그의 지휘를 받을 수밖에 없는 초라한 모습으로 만든 자들이 계속해서 계책이라는 것을 생각해내어 지시를 내리고 있는 태도가 한심할 따름이다.)

〈진린 도독의 남행을 전송하는 선조〉

「○임금이 동작강(銅雀江) 가에 나가서 진린(陳璘) 도독을 전송하는 연회를 베풀었다. 두 번 읍(揖)을 하고 나서 차 대접과 술대접을 하였다.

진 도독이 말했다: "작은 나라의 신하들이 혹시라도 명령을 어기는 것이 있으면 절대로 용서하지 않고 일체 군법에 의하여 처리할 것입니다."

임금이 신식(申湜)에게 말했다: "이 말이 몹시 중하니 비변사에 말해서 의논하여 처리하게 하라."

임금이 진 도독과 두 번 읍하고 작별하고는 대궐로 돌아왔다.」

−〈선조실록〉(1598. 6. 26.(己卯)−

〈조선 수군에 대한 통수권을 주장하는 진린 제독〉

「○비변사에서 건의하였다.

"이달 26일에 강가에서 진(陳璘) 도독을 전송할 때 도독이 말하기를 '내가 명나라 조정에서 수군을 통수(統帥)하라는 지시를 받았으니, 변경에 있는 수군 장수들도 응당 내가 통제를 할 것입니다. 작은 나라의 신하들이 혹시라도 명령을 어기는 자가 있으면 절대로 용서하지 않고 일체 군법에 따라 처리할 것입니다. 이 내용을 남쪽 변경의 장수와 군사들에게 특별히 거듭 강조해야 할 것입니다.' 라고 하자, 전하께서 말씀하시기를 '분부대로 하겠습니다.' 라고 하고는, 승정원에 지시하기를 '이 문제가 몹시 중요하니 비변사에 말해서 의논하여 처리하게 하라.' 라고 하였다는 말을 전달받았습니다.

명나라 장수가 우리 군사와 같이 있다 보니 하는 일에 지장이 많습니다. 모든 일에서 어렵고 쉬운 것을 고려하지 않고 성화처럼 독촉만 하고, 심지어는 기회를 봐서 무엇을 좀 해보려고 해도 자기들의 의견만 내세우기 때문에 의사가 통하지 않습니다. 공로가 있는 일이면 우리 군사는 손도 대지 못하게 하고, 일이 잘못 되기만 하면 대뜸 책임을 덮어씌우고는 합니다.

그 전날의 일들도 모두 다 그러하였는데, 더구나 수군의 경우에는 모두가 새로 모여온 백성들입니다. 떠돌아다니던 사람들을 간신히 붙잡아 놓은 것인데, 만약 지금 많은 명나라 장수들이 진지에 내려가서는 통제를 한다고 하면서 가혹하게 다그치기만 한다면 흩어져 버릴 염려가 없지 않습니다.

또한 접반사 남부흥(南復興)이 한 말을 들어보면, 제독 자신이 우리나라 군사를 직접 통솔하겠다고 하였다는 것입니다. 과연 그 말대로 한다면 문제는 매우 난처하게 될 것이고, 통제사 이하 모든 장수들은 거느릴 군사조차 없는 장수가 되고 말 것입니다.

얼마 전에 보내온 제독의 게첩(揭帖)에 대하여 아직도 회답을 못하고 있었는데 아무래도 다음과 같은 내용으로 회답을 해야겠습니다.

'본국의 수군은 무참하게 피해를 입은 결과 모양이 말이 아닙니다. 그동안 애는 썼지만 무기와 배를 많이 장만하지 못했고, 군사들이란 것도 모두 바닷가에서 고기잡이 하던 사람들과 군사 경험이 없는 마을 백성들이어서 훈련을 받지 못하였습니다. 신묘한 무술로 군사를 지휘하는 대인의 마음에 모든 것이 만족스럽지 못할 듯하여 걱정되지만, 그러나 분부한 내용을 가지고 다시금 강조하겠습니다.

통제사 이순신, 경상우수사 이순신(李純信), 전라우수사 안위(安衛), 충청수사 오응태(吳應台) 등으로 하여금 각각 부하 장수들을 데리고 소속 군사들을 정돈해서 일체 군사 관계의 중대한 문제들

을 태만함이 없이 대인의 분부를 듣도록 대기시키겠습니다.'
또 이러한 내용을 가지고 따로 지시문을 작성하여 여러 수군 장수들에게 내려 보내서 그대로 집행하도록 할 것입니다. 이렇게 한다면 만일 제독 자신이 군사를 직접 거느리려고 하는 경우에도 여러 장수들은 어느 정도 이해할 수 있을 것입니다."
지시하였다. "건의한 대로 하라"」

-〈선조실록〉(1598. 6. 27.(庚辰)-

1598(戊戌)년 7월

(*이달에 있었던 주요 사건들을 〈선조수정실록〉에서 발췌하여 요약하면 다음과 같다.
○명나라 조정에서 양호(楊鎬)를 파면시키고 만세덕(萬世德)을 대신 임명하였다.
양호가 돌아가게 되자 임금이 홍제원에 나가서 전송하면서 그를 생각하여 눈물을 흘렸고, 양호도 서글퍼하는 기색을 지었다.
늙은이들이 길을 막고 울부짖으니 양호는 가마 위에서 위로해 주고 눈물을 흘리면서 떠나갔다.
○제독 유정(劉綎)이 군사를 이끌고 남쪽으로 내려갔다. 임금이 동작강변에서 전송하였다.)

〈모함에 걸려든 양호를 구하기 위해 황제에게 올린 보고서〉

(*조선에 구원 나온 명나라 군사의 총지휘관 경리 양호(楊鎬)가 정응태(丁應泰)의 모함으로 타의로 사직을 청한 후 명나라로 돌아간 일이 이해 7월에 있었다. 여러 기록들을 보면, 조선에 나왔던 명나라 장수들 중에서는 그가 가장 괜찮았던 인물 같은데, 조선의 최고 장수 이순신이 모함당하여 옥에 갇혔던 일과 비슷한 측면이 있기에 그에 관한 기록을 일부 소개한다.)

「○황제에게 보고하러 가는 사신 최천건(崔天健)과 서장관 경섬(慶暹)이 떠나는 인사를 하였다.
황제에게 올리는 보고서는 이러하였다.
"조선 국왕은 수많은 군사가 이미 집결하였지만 순무(巡撫: 楊鎬)가 규탄을 받았기 때문에 모든 사람들이 의혹을 품게 되고 사태가 장차 위험에 처하게 된 실정을 황제께서는 통찰하시고, 빨리 새로운 결단을 내리시어 격려하고 안정시킴으로써 적들을 끝까지 소멸시킬 수 있도록 해주실 것을 간곡히 바라면서 감히 글을 올립니다. 경리 도찰원에서 시중드는 소국의 신하 한응인(韓應寅)의 보고에 의하면, 본 원에서는 (순무 양호가)이달 16일부터 관청에 나와 사무를 보지 않고 있으며, 19일에는 황제에게 글을 올려 사직을 청하였다고 합니다.
신이 외부에서 알아본 바에 의하면, 혹은 말하기를, 양 대인이 주사 정응태(丁應泰)로부터 규탄을 받게 되었는데, 도산 싸움에서 군사와 말을 많이 손상당했는데도 숨기고 보고하지 않았으며, 마귀(麻貴) 제독도 동시에 규탄을 받았는데, 혹은 말하기를, 공로를 매기는 데 공정하지 못하였고, 공로를 등록하지 않은 것도 많았다고 합니다. 그리고 혹은 말하기를, 경리와 제독이 청정과 화의를 논의하였다고 하며, 혹은 경리가 조선에서 성을 쌓았는데 그것이 크게 잘못된 것이라고도 하며, 혹은 왜적의 인원수가 원래 많지 않은 것을 경리가 부풀려서 허위보고 하였으므로 군사와 군량을 줄여야 한다고도 말하였습니다.
비록 그것이 정확한 말인지 아닌지는 모르지만, 여러 말들이 점점 퍼지다보니 누구나 할 것 없이 의혹을 품게 되었으므로 자세히 보고하지 않을 수 없습니다.…
신이 보기에는, 순무(巡撫) 양호(楊鎬)는 명령을 받은 다음부터 동방문제에 신경을 쓰면서 총독 형개(邢玠), 순안어사 진효(陳效)와 합심협력해서 황제의 은덕에 보답하기 위해 갖은 애를 쓴 것은 원래부터 가지고 있던 충성심에서 나온 것이겠지만, 위험도 마다하지 않고 용감하게 앞으로 나아가고, 일이 생기면 원망을 듣는 것도 마다하지 않고 선뜻 처리해 버리는 것은 그의 특이한 장점이기도 하였습니다.

그리고 먼 길을 떠나와서 책임지고 여러 해 동안 일을 맡아 하였으므로 거덜 난 본국 사정을 잘 알고서 군사들이 민간에 폐를 끼치는 것을 엄격하게 처벌하였습니다.

자신의 생활은 극히 검소하게 하면서 아래 사람들도 무척 엄하게 단속하여 털끝만한 것도 다치지 못하게 하였습니다. 심지어 땔나무를 마련하고 물을 길어오는 일까지도 휘하 군사들을 돌려가며 시켰고, 날마다 공급되는 채소나 양곡 같은 것도 자신의 돈을 내서 값을 치러주기까지 하였습니다.

규정과 법을 거듭 강조하여 각 병영들을 통제하였기 때문에 군사들이 주둔하거나 통과하는 곳에서도 백성들이 모두 편안하게 지낼 수 있었습니다. 이 점에 대해서는 우리나라의 철없는 아이들까지도 감탄을 한 것입니다.

지난 해 가을에 적의 우두머리 행장(行長)이 남원(南原)을 함락시키고 청정(淸正)이 많은 군사들을 거느리고 뒤따라 들어와서 그 흉악한 칼날이 벌써 한강 남쪽에 들이닥치자 도성의 백성들은 겁을 먹고 피난을 가느라 술렁거리며 안정되지 못했습니다. 바로 그러한 때에 양호(楊鎬)가 평양에서부터 혼자 수레를 급히 몰아 위험한 성 안으로 들어와서 남아 있는 백성들을 안착시키는 한편 적들의 기세를 꺾어 놓았습니다. 그리하여 웃고 이야기하면서 싸움을 지휘하였는데도 순식간에 적을 물리치게 하였으니, 이런 것은 아무나

할 수 있는 일이 아닐 것입니다. 도성이 오늘까지 무사하게 보전되어 온 것은 모두 그의 힘이었습니다.…

예로부터 일을 책임진 사람은 남의 비방을 듣기 쉬운 법이고, 공로와 죄에 대한 사정(查定)은 모든 사람들의 비위에 맞게 하기가 어려운 법입니다. 명철한 황제의 안목은 만 리 밖까지도 훤히 내다보고 계실 것이기에 어느 것이 옳은지 그른지, 진짜인지 거짓인지를 결국 남김없이 다 훤히 아시게 될 터인데, 어찌 신이 번거롭게 건의할 필요가 있겠습니까.

지난 2월경에 청정이 왜인 1명과 사로잡혀간 사람 1명을 시켜서 제독에게 편지를 가지고 간다고 핑계를 대면서 우리의 내막을 정탐하게 하였는데, 죽산(竹山)까지 왔을 때 양호는 남쪽 변경을 지키는 장수들을 나무라는 한편, 앞에서 말한 왜인들을 남방 군사의 부장인 오유충(吳惟忠)에게 당장 넘겨서 처리하게 하였습니다.

또한 4월에는 행장이 다시 주원례(朱元禮), 요시라(要時羅) 등을 시켜서 화의 문제를 핑계 대고 은근히 우리의 공격을 지연시킬 목적으로 총독 이하 각 아문(衙門)에다 8통의 편지를 보내왔고 또 우리나라 예조(禮曹)에도 1통의 편지를 보내왔다. 양호는 아래 사람을 시켜서 예조에 보내온 편지를 뜯어보게 하였는데, 그 내용은 아주 흉측하였습니다. 우리의 공격을 지연시키며 새로 증원될 저들의 군사를 기다려 보자는 것이 바로 저들의 교활한 술책이라는 것은 그 전의 사실들을 통해서도 충분히 알 수 있었습니다.

양호는 이런 진상을 꿰뚫어보고 그들이 보내온 사람을 가두어 두는 한편, 편지는 보내지 않고 앞으로 적당한 기회에 계책을 써서 승리의 만전을 기하고자 했던 것입니다. 지금 이런 것을 트집 잡아서 화의를 논의하였다고 죄를 준다는 것은 역시 억울한 일입니다.…

저 적들은 지금 우리를 느슨하게 만들 계책을 쓰면서 더욱더 음흉한 음모를 꾸미고 있는 판이니, 지금 이런 기회야말로 적들이 바라 마지 않던 좋은 기회가 될 것입니다. 만일 황당한 주장들이 철회되지 않고 변경의 실정들이 밝혀지지 못하고 만다면, 신의 나라가 멸망하는 것은 제쳐 두고라도 온 천하를 위한 중대한 일이 이로부터 잘못되어 갈 것입니다.

더구나 순무(巡撫)가 황제의 명령을 받들고 우리나라에서 싸움을 지휘하고 있으므로, 우리나라의 존망과 싸움의 승패는 모두 그에게 달려 있습니다. 그가 하는 일들이 실제로 남들이 말하는 것과 같다면, 그것은 비단 황제의 명령을 저버린 것이 될 뿐 아니라 또한 우리나라를 멸망으로 몰아넣는 짓이 될 것입니다.

신은 응당 위로 황제를 생각하고 아래로 자기 나라를 돌보아야 할 것인데, 순무가 뭐가 아깝다고 굳이 이렇듯 성가신 변명을 해가면서까지 나라의 멸망을 스스로 초래하고 황제를 속이는 죄를 지으려 하겠습니까. 신이 아무리 변변치 못해도 절대로 그렇게까지는 하지 않을 것입니다.

바라옵건대 황제께서는 근간에 제기된 정황을 밝게 살피시고 작은 나라의 간절한 건의를 깊이 헤아리시어 경리를 빨리 유임시켜서 적들을 완전히 소멸시키도록 하셔야 할 것입니다. 그렇게 되면 우리나라를 위해서도 더없이 좋고 동방의 일을 위해서도 더없이 좋을 것입니다. 신은 못내 안타까워하면서 딱하게 여기고 있습니다. 수많은 군사가 이미 집결하였지만 순무가 규탄을 받았기 때문에 모든 사람들이 의혹을 품게 되고 사태가 장차 위험에 처하게 된 실정을 황제께서는 통찰하시고, 빨리 새로운 결단을 내리시어 격려하고 안정시킴으로써 적을 끝까지 소멸시킬 수 있도록 하실 것을 간곡히 바라면서 감히 이렇게 글을 올려 건의합니다."」

-〈선조실록〉(1598. 7. 1.(甲申)-

(*양호를 모함에서 구해내기 위한 조선 왕의 노력은 그때까지의 양호의 공적에 근거한, 진심에서 우러나온 것이었다. 그러나 이런 조선왕의 청원에 귀를 기울여 줄 명나라가 아니었다.)

〈어떻게든 왕궁 호위 군사의 급료를 마련해 주도록 하라〉

「○비망기로 승정원에 지시하였다.

"듣자니 모든 관리들과 왕궁 호위 군사들이 매달 타는 급료를 여러 달에 걸쳐 받지 못했다고 한다. 나라 일이 이렇게까지 참혹하게 되었으니 이루 말할 수 없는 형편이다. 아무쪼록 주도록 하고, 정 줄 수 없으면 원래 정해진 대로 다 부려고 하지 말고 조절해서 주도록 하라. 그렇게도 할 수 없으면 전번에 함경도에서 포목이 올라왔다고 하니 그것이라도 떼어서 주도록 하라. 그래도 모자라면 병조에 신역(身役)의 대가로 받은 포목이 있다고 하니, 왕궁 호위군사인 경우에는 그것을 떼어 주도록 하라. 이 내용을 먼저 호조에 알려서 회답하여 보고하게 하라."

○호조에서 회답하여 보고하였다.

"나라의 창고가 점점 고갈되어 명나라 군사의 양식도 댈 수 없는 형편이어서 모든 관리들과 그 이하 사람들에게 매달 주던 급료도 주지 못한 지가 벌써 여러 달이 되었습니다. 청용관(聽用官)과 왕궁 호위군사(禁軍), 각 아문에서 중요한 일을 보는 심부름꾼과 하인들에게는 얼마 전에 서울 주변에서 거두어들인 보리쌀을 가지고 보름 분의 급료를 주었습니다.

이번에 명나라에서 보낸 쌀과 콩을 계속 날라 오고 있기 때문에 모든 관리들과 그 이하 사람들에게 한 번쯤 떼어 주려던 참이었는데 전하께서 이렇게까지 지시하시니 못내 감격하였습니다. 삼가 받들어 집행하겠습니다. 감히 보고합니다."
지시하였다. "알았다."」　　　 -〈선조실록〉(1598. 7. 2.(乙酉)-

〈황제의 지시문〉
「ㅇ경리도감에서 보고하였다.
"전날 명나라에서 9경과 5주의 관리들이 모여 의논한 후 보고서를 올려 황제의 지시를 받았던 것인데, 이제야 그 통보 가운데서 얻게 되어 베껴 써서 보고합니다."

(*황제의 지시는 이러하였다.
〈동방의 왜적을 치기 위하여 한 사람의 경리(經理)를 보냈는데, 경리나 감군(監軍) 등 관리는 그 책임이 몹시 무거운 것이다. 매달 빠진 날도 없이 군량을 조달해 보내면서 완전 승리를 거두어 국외의 이웃나라를 안전하게 하리라고 기대하였더니, 섣불리 잔꾀를 써서 군사를 잃게 하였고, 보고도 사실대로 하지 않았으니 무슨 규율이 있다 하겠는가. 양호의 직무를 박탈하여 돌아오게 하라.
그리고 장수와 군사들이 무기를 잡고 추위와 더위를 무릅쓰고 적과 맞서 있다가 갑자기 죽은 사람도 있고 산 사람도 있었으나 보고를 제대로 하지 않은 데 대해서는 확인해서 규명되는 데 따라 처리하도록 하라.
그 경리의 자리가 공석이 된데 대해서는 곧 이부(吏部)로 하여금 논의하여 재능과 신망이 있고 군사관계의 일을 잘 아는 사람을 3~4명을 추천하여 올리도록 하라. 겸해서 든든한 법관 한 사람을 추천해 보내서 보고를 올린 주사 정응태(丁應泰)와 함께 군사, 말, 돈, 양곡 등에 대하여 공정하고 엄격하게 검열하여 명백히 공개할 것이며, 동방의 왜적을 치는 문제에 대해서도 토의하도록 하라. 군사들은 피로했고 재정도 고갈되었으니 어떻게 일을 매듭지을 것인가에 대해서도 모두 사실대로 제의하여 결정을 짓도록 하고, 사사로운 인정에 끌리거나 남의 의견만 덮어놓고 따르거나 속이거나 하여 법에 저촉되게 해서는 안 될 것이다.
그리고 남방 군사와 북방 군사가 무기를 메고 먼 곳에 나가 있는 상황에서 다 똑같이 돌봐주어야 할 것인데, 어찌 한 쪽만 돌봐줌으로써 공평하지 못하다는 의견이 제기되도록 하는가. 이후에 다시 그런 규탄을 받는 일이 있게 되면 용서 없이 엄중하게 다스릴 것이다. 해당 관청에서는 알아둘 것이다.")

-〈선조실록〉(1598. 7. 2.(乙酉)-

(*사실 임진왜란 중 명나라 장수로서 조선에 파병 나온 사람들 중에서 인격적으로나 조선에 대한 진정한 관심 또는 애정이란 면에 있어서 경리 양호(楊鎬)만큼 훌륭한 장수도 없었다. 그러나 그런 그도 간신배의 근거 없는 모함 앞에서는 이렇게 무참하게 그 직에서 파직되고 처벌을 피할 수 없게 되는바, 그로 인해 조선의 백성들이 겪게 되는 고통 또한 이만저만이 아니었다. 양호가 모함당한 일은 조선에서 이순신이 원균에 의해 모함당하고 파직된 것과 일부 유사한 점이 있다.
동서고금을 막론하고 허위의 사실로써 남을 모함(謀陷)하는 행위만큼 사악한 짓도 없다. 모함 행위는 상대를 파멸시킬 뿐만 아니라 모함하는 본인도 악마의 수중에 떨어져서 결국은 파멸하게 되며, 그로 인한 피해는 모함하는 본인과 상대방뿐만 아니라 사회 전체에 미치는바, 참으로 용서받지 못할 죄악인 것이다.
모함 행위로 인해 입게 되는 피해의 대표적인 역사적 사례를 우리는 원균과 이순신, 그리고 조선수군의 전멸이라는 것에서 가장 분명하게 볼 수 있다.)

〈화살에 바르는 독약의 제조법을 알아내라〉
「○승정원에 지시하였다.
"유(劉) 제독의 군사들이 화살에 바르는 독약을 가지고 있다는데 이것은 다른 군영에는 없는 것이다. 우리나라 사람은 활을 잘 쏘기 때문에 만약 이 약을 만드는 방법만 배워오게 되면 적을 막아내는데 대단히 유익할 것이다. 그 전에 들은 바에 의하면, 그러한 재료들이 모두 남원에서 나는데, 제독이 만들어 쓰면서도 비밀에 붙였다고 한다.
경은 몰래 그 속내를 아는 역관과 협력하여 많은 돈이 들더라도 아끼지 말고 그 방법을 알아내도록 하라. 만일 알아내기만 하면 통역관에게 후한 상을 줄 것이다.
이상의 내용을 접반사에게 비밀리에 말해 주도록 하라."」
―〈선조실록〉(1598. 7. 5.(戊子)―

(*이보다 앞서 4월 12일자 〈선조실록〉에서는 명나라 장수에게 〈독약 만드는 법〉을 알려 달라고 청하였다가 거절당했다는 기록이 나온다. 이제는 자체적으로, 기술을 훔치건 독자적으로 개발하건, 이 기술을 알아냄으로써 전쟁 무기의 살상 효율을 높이려 생각하고 있다.)

〈명나라 황제에게 경리 양호의 구원 상소문을 쓴 허 유격〉
(*모함을 받고 물러나는 경리 양호를 보고 당시 명나라의 유격 허국위(許國威)도 병을 이유로 황제에게 사직 상소를 올리면서, 양호의 패배 책임을 물어 파면하여 소환하는 일의 부당함을 지적하고 있는데, 이

말은 그대로 조선의 왕 선조에게 더 잘 들어맞는 내용이 아닐까 생각된다.)

「복건의 군사를 거느리고 왜적을 치는 유격장군으로서 도지휘(都指揮)의 모든 일을 대리하는 허국위(許國威)는 삼가 건의합니다. ……

사람들은 말하기를 왜인들은 군사를 잘 쓴다고 하지만, 저의 소견에는 왜인들은 장수를 잘 쓰는 것이라고 봅니다. 행장과 청정이 군사를 끌고 나와서 조선을 침범한 지 7년 어간에 평양에서 패배하고, 수도에서 패배하고, 직산과 청산에서 패배하고, 울산에서 패배하였건만 바다 섬 속에 들어붙어 있으면서 여전히 군사를 지휘하고 있는가 하면, 관백은 그들을 위하여 군사를 증원시켜주고 군량을 계속 대어주고 있습니다. 그 어느 한 사람도 교체시켰다는 말은 들어보지 못하였습니다.

이번 울산 싸움만 하여도 2천여 명이나 되는 적을 죽였기 때문에 적의 두 우두머리가 군사를 거두어가지고 오늘에 이르기까지 감히 우리를 향하여 총 한 방 쏘지 못하고 칼 한 번 쓰지 못하고 있으니, 이것이 과연 누구의 공로이겠습니까. 그럼에도 뜻밖에 경리를 교체하여 버린 것입니다. 지시가 전달도 되기 전에 뜬소문이 먼저 퍼졌으니, 방금 심어놓은 나무를 심자마자 뽑아버린 것과 같습니다.(未專先咻, 方樹忽拔) 논의하는 것은 많으나 성공하는 것은 적으며, 문인이 하는 일은 중요하게 여기면서도 무인이 하는 일은 무시되고 있으니(議論多而成功少, 刀筆重而弁兜輕) 영웅이 기가 꺾이고 총명한 선비는 사전에 물러갈 생각만 하고 있는 만큼, 갖은 병을 몸에 지니고 있지만 벼슬에서 물러날 수 없는 것은 이상할 것도 없습니다.……」   -〈선조실록〉(1598. 7. 10.(癸巳)-

〈조선을 떠나가는 경리 양호〉

「ㅇ임금이 홍제원에 나가서 양 경리(楊鎬)를 전송하였다.

경리는 베옷에 두건을 썼는데 (*올 때에는 거상(居喪) 중이었지만 황제가 불러내어 일을 시켰기 때문에 장수 차림을 하였던 것인데, 갈 때에는 해임되었기 때문에 상주로서 상복을 입었던 것이다.--편역자) 얼굴이 몹시 상해 있었다. 임금이 관례대로 맞아들여 인사를 하였다.

선조: "우리나라는 오직 대인만을 믿고 있었습니다. 대인께서 뜻밖에도 돌아가게 된다면 우리나라는 어디에 의지하겠습니까. 오늘 이 걷잡을 수 없는 마음 뭐라고 말해야 할지 모르겠습니다. (말이 떨어지자마자 목이 메여 흐느끼면서 눈물을 떨구었다. 곁에서 시중들던 신하들도 얼굴을 가리지 않는 사람이 없었다.--원주)

양경리: 여기 온 지 두 해나 되었지만 한 가지도 해놓은 것은 없고 그저 귀국만 성가시게 하였으니 부끄럽기 그지없습니다. 새로 오는 만 경리(萬世德) 대인은 군사에 정통하며 뒤따라 수군도 역시 많이 나오고 있습니다. 그러니 군량에 대한 한 가지 문제가 가장 긴급합니다. 배들을 많이 정비하여 명나라에서 나오는 군량을 빨리 운반하는 것이 좋겠습니다.

선조: 떠나면서 하시는 분부인데 어찌 힘써 시행하지 않을 수 있습니까."

경리는 세자의 안부를 묻고 나서 떠나겠다고 말했다.

선조: "술을 한 잔 권하고 싶습니다.

양경리: 국왕의 후의만은 마음속에 새겨 두겠습니다.

선조: 우리나라가 대인의 덕으로 다시 살아났는데, 대인이 이제 돌아가 버리면 누구를 믿겠습니까.

양경리: 특별히 노력만 하면 자체 힘으로 회복할 수 있습니다. 회복되었다는 소식을 듣게 되면 제가 산골에 가 있더라도 마음을

놓게 될 것입니다."
　거리에 나온 노인들이 길을 막고 울며 호소하였으나 경리는 가마 위에서 그들을 위로하고는 눈물을 떨구면서 떠나갔다.」
　　　　　　　　　　　－〈선조실록〉(1598. 7. 11.(甲午)－

〈왜장 가등청정의 편지〉

「○경상도 관찰사 정경세(鄭經世)가 보고하였다.
　"이달 5일 울산 만리성(萬里城) 밖에 화의를 요청하는 왜인이 편지를 가지고 나타나자 명나라 사람이 마치 평소에 알고 지내던 사람처럼 반갑게 맞이하여 경주로 갔습니다. 그 편지 내용은 몹시 고약하였습니다. 베껴서 올려 보냅니다."
　그 편지 내용은 이러하였다.
　"멀리 있다 보니 만나지 못하였습니다. 건강은 어떠하십니까. 내가 지금 오 대인(吳惟忠)에게 편지를 띄워 불러다가 세 나라가 화의를 맺고자 합니다. 왜냐하면, 명년에는 수많은 군사를 동원하여 조선을 치게 될 것입니다. 올해는 군사들을 좀 쉬게 하였다가 명년이면 꼭 치려고 합니다.
　나는 원래 마음이 어질기 때문에 그렇게 되는 것을 대단히 불쌍하게 여깁니다. 그래서 오 대인을 불러다가 마주앉아 의논해 보고 화의를 맺자는 것입니다.
　당신이 이런 내용을 국왕에게 보고해서 오 대인이 이곳으로 오도록 해주기만 하면 될 것입니다. 이만 씁니다.
　오 총병과 고(高彦伯)에게. 평청정(平淸正)."」
　　　　　　　　　　　－〈선조실록〉(1598. 7. 14.(丁酉)－

〈이춘란에게 곡식을 바치게 하고 내려준 관직〉

(*이 날짜 〈선조실록〉에는 당시 곡식을 바치게 하고 관직을 파는 일이 어느 지경에까지 이르렀는지를 볼 수 있는 기사가 나온다. 〈난중일기〉(1594년 5월 3일자)에도 보면 이순신 장군에게도 "공명첩(空名帖: 이름이 기록되지 않은 관직 임명장) 300장이 유서와 함께 내려 왔다."는 기록이 있는데, 비록 전시인데다가 군량 등이 부족해서 취해진 비상수단이라고는 하지만, 나라의 근간이 크게 허물어져 있음을 볼 수 있다.)

「○사간원에서 이춘란(李春蘭)을 교체해야 한다고 연속 건의하였으나 대답하기를 "승인하지 않는다."라고 하였다.

(*사관은 말한다.

〈곡식을 바친 경우라 하더라도 황패(黃覇)와 같은 인재라면 그래도 가능하겠지만, 글자 한 자 모르는 깜깜한 무식쟁이인 사람으로 고을 수령을 시켰으니, 이것은 곡식 수백 섬을 가지고 전체 고을 백성들의 목숨과 바꾼 셈이다.

임금으로서 백성들의 목숨을 사랑한다고 하면서 사실은 낟알만큼도 중요하게 여기지 않았으니 임금을 대하는 백성들의 마음 역시 어떠하였겠는가.

이 시기 왜적이 나라의 변경을 침범하고 있는데도 백성들 중에는 목숨을 바쳐 싸우겠다는 각오가 없어서 어디에서나 전부 흩어져 달아날 뿐이고 임금을 호위할 생각은 아예 없었다. 이것은 바로 이 시기의 정치가 그렇게 만든 것이다.〉」

-〈선조실록〉(1598. 7. 16.(己亥)-

(*사관의 이 말은 곡식 약간을 받고 법과 인사 등 나라를 유지하는 데 근간이 되는 원칙을 허물어뜨리고 있음을 통렬하게 지적하고 있다. 이런 조치들은 이미 앞에서(4월 18일 기사) 진몽일(陳夢日)이 군관으로서 도망을 쳤으나 쌀 3섬을 바치고 속죄되었다는 이유로 처

벌하지 못하게 하는 선조의 지시에서도 본 것이다.)

〈면사첩의 대량 발급을 권하는 양 포정〉
「○양 포정(布政: 梁祖齡)이 시어소(時御所)에 와서 (지난 번 임금이 방문인사 간 것에 대한) 답례 인사를 하면서 말했다.
"중간에 주둔하고 있는 장수가 보낸 급보에 이르기를 '왜적이 쳐 들어올 때 절반은 조선 사람의 옷차림을 하고 오다가 싸움 직전에 가서야 그 옷을 벗어 던져버리고는 칼을 뽑아들고 달려들었습니다. 아무리 불의에 나서서 먼저 치려고 해도 조선 사람의 옷차림을 했기 때문에 의문이 생겨 망설이게 되면서 어쩌지 못하겠습니다.' 라고 하였습니다.
그리고 면사첩(免死帖)을 많이 찍어서 내려 보내야겠습니다. 비록 자수를 하고 싶은 사람이 있어도 의심하고 두려워하는 마음이 없을 수 없습니다. 자수하려는 사람이 소문을 듣고 오도록 하는 것이 좋겠습니다."
이어서 두 번 읍을 하고 나갔다.」
―〈선조실록〉(1598. 7. 22.(乙巳)―

(*면사첩의 발행 취지는 〈선조실록〉 1593년 11월 9일(己未)자에 장(張) 도사가 가져온 선유첩(宣諭帖)에 자세히 나와 있다.)

〈공성 무기를 만들 기자재의 마련을 요구하는 명나라 장수〉
(*당시 전투의 모습과 공격 기자재, 무기 등을 상상해 볼 수 있는 자료여서 소개한다.)
「○임금이 모화관에 가서 오 부총을 맞아들여 절을 두 번씩 하고는 차 접대와 술 접대를 하였다.

오 부총이 말하기를 "소 100마리, 통나무 100대, 널판지 100장의 자재를 빨리 마련해 주었으면 합니다. 이것은 바로 성을 공격하는 데 쓰는 물건들입니다. 성으로 올라갈 때 소의 생가죽을 둘러쓰고 올라가면 탄환이 뚫지 못하기 때문에 한 사람도 상하지 않습니다."라고 하고는, 탄환을 맞은 자리를 보여주면서 "그 전에도 왜적과 여러 번 싸워보았지만 성을 공격하는 기구로는 이보다 나은 것이 없습니다. 나무는 성 밖에다 높이 쌓아놓고 성 안을 들여다보게 하는 것인데, 구름다리보다도 낫습니다."라고 하였다.
임금이 말하였다. "분부대로 마련하여 드리겠습니다."」

-〈선조실록〉(1598. 7. 23.(丙午)-

〈도학(道學)에 대한 높은 식견을 가진 명장 허 유격〉

「○임금이 허 유격(許國威)을 찾아가 만났다.
허 유격이 벽에 붙여놓은 글을 가리키면서 말했다.
허유격: "〈죄 없는 사람을 죽이는 것은 어질지 못한 행동이며, 자기 것이 아닌 것을 가지는 것은 의롭지 못한 행동이다〉(殺一無罪, 非仁, 非其有而取, 非義也)라고 한 이 말은 참으로 장수들이 알아두어야 할 말입니다. 국왕이 친필로 써준다면 제가 여러 장수들에게 나누어주고자 합니다. ……
양 대인(楊鎬)의 공적은 오늘에만 있는 것이 아닙니다. 임진년 이후 요동에 있을 때에도 이루어 놓은 일이 많았습니다.
선조: 양 대인의 공적이야 우리나라에서 왜 모르겠습니까. 북쪽 오랑캐들에게 통첩을 보내어 덤벼들지 못하게 한 것도 한 가지 공적입니다.
허유격: 양 대인이 여기에 있을 적에는 수도 안에서 노략질하는 일이 없었는데, 양 대인이 가고 나니 수도 안에서 노략질하는

일이 많아졌습니다. 처음에는 이런 정도이겠지만 오래 갈수록 소란스러운 일이 틀림없이 더 많아질 것입니다.

선조: 대인의 말씀이 정말 옳습니다. 정말 옳습니다. 양 대인이 벽에다 '솔개는 날고 물고기는 뛴다'(鳶飛魚躍)는 글을 써 붙여 놓은 것을 보고 대인이 도학(道學)을 심오하게 체득하고 있음을 알 수 있었습니다. 지금도 중국에서는 정자(程子), 주자(朱子), 설무청(薛文淸)의 학문을 계승하는 사람이 있습니까?

허유격: 중국에는 그 학문에 힘쓰는 사람이 대단히 많습니다. 그 중에서도 이부시랑(吏部侍郞) 양기원(楊起源)이 그 학문을 깊이 체득하고 있으며 저도 좀 알고 있습니다. 그 미묘한 학문이 전파되는 것이 매우 활발합니다.

선조: 대인의 명성을 들은 지가 오래되었는데 오늘에야 한자리에서 귀중한 말씀을 듣게 되었습니다. 이 역시 황제의 은덕입니다."」

-〈선조실록〉(1598. 7. 27.(庚戌)-

1598(戊戌)년 8월

(*이 달에 있었던 주요 사건을 〈선조수정실록〉에 의거 요약하면 다음과 같다.

○왜적에게 붙잡혀 갔던 우리나라 사람이 돌아와서 평수길(平秀吉)이 이미 죽었다고 말한 것에 대해 전라병사 이광악(李光岳)이 급보를 올렸다.

○마귀(麻貴)가 군사를 이끌고 수도로 돌아왔으며 얼마 뒤에 유정(劉綎)도 돌아왔다.

○통제사 이순신이 강진의 고금도(古今島)에서 적군을 크게 쳐부쉈다. 이순신이 진린(陳璘)과 함께 한창 연회를 하고 있다가 적이 습격하려 한다는 말을 듣고 여러 장수들로 하여금 준비하고 기다리게 하였다. 조금 뒤에 적의 배가 마구 쳐들어오자 이순신이 직접 수군을 거느리고 적들 속으로 쳐들어가서 화포를 쏘아 적의 배 50여 척을 불살라버리니 적들이 그만 도망쳤다.

○우의정 이원익(李元翼)을 (경리 양호(楊鎬)의 누명을 해명하기 위해 명나라 황제에게 파견하는) 사신으로 임명하였다.

○이달 한 달 동안 거의 매일, 어떤 날은 하루에도 몇 곳씩, 선조는 명나라 장수들의 숙소를 번갈아 찾아다니며 인사를 하고 다녔다.)

〈민간인 약탈에 광분하는 명나라 군사들〉

「○유 제독(劉綎)의 접반사 김수(金睟)가 급보를 올렸다.

"휘하 여러 장수들이 전라도 지방에 와서는 많은 군사들을 인근 지역에 풀어서 머리카락이 없는 사람은 모조리 붙잡아 묶어오게 하였습니다. 그리하여 병으로 머리카락이 빠진 사람과 머리 깎은 중들까지 모조리 붙잡혀 왔는데 하루 동안에만도 수백 명씩이나 되었습니다.

명나라 군사는 이것을 계기로 마을들을 제멋대로 돌아다니면서 재물들을 약탈하고 부녀자들을 강간하곤 하였으며, 심지어는 어린 처녀를 강간한 일도 있었습니다. 이런 사실이 발각되자 제독은 그 가운데서 죄질이 심한 자들의 목을 베어 매달았습니다."」

-〈선조실록〉(1598. 8. 1.(甲寅)-

〈형개 군문을 마중나간 선조〉

「○임금이 형(邢玠) 군문(軍門)을 마중하기 위하여 홍제원으로 갔다. 오후 2시경(未時)에 군문이 도착하였다.

선조: "대인이 다시 나오게 된 것은 우리나라의 복입니다.

형개: 양 대인이 갑자기 돌아갔기 때문에 제가 서둘러 나온 것입니다. 멀리 교외에까지 나오느라 수고하셨습니다. 국왕에게 감사드립니다.

양 대인은 수도를 보전하게 하였으며 또 직산(稷山)에서 승리를 거두었고 울산(蔚山)에서도 수고를 하였으니 공로가 매우 큽니다.

선조: 두말 할 게 있겠습니까. 우리나라에서는 하도 딱해서 각 아문(衙門)에다 이미 공문을 보냈는데, 그 사연을 황제에게 보고하였는지 모르겠습니다.

형개: 저로서는 황제에게 건의하지 못합니다. 국왕이 직접 황제에

게 올리는 글을 써 보내는 것이 좋겠습니다.

선조: 분부대로 하겠습니다."」 -〈선조실록〉(1598. 8. 3.(丙辰)-

〈형개 군문이 전한 고금도에서의 승첩 소식〉

「○형 군문(邢玠)이 답례 인사를 하기 위해 시어소(時御所)로 찾아왔다. 임금은 관례대로 맞아들여 절을 하였다.

자리에 앉은 다음 군문이 말했다.

"진(陳) 도독이 바다에서 적을 만났는데 27명의 목을 베고 2명을 사로잡고 배 6척을 침몰시켰습니다. 조선의 수군도 승리를 거두었다고 합니다. 공로를 세운 사람을 조사하여 상을 주어야 할 사람에게는 상을 주고 벼슬을 주어야 할 사람에게는 벼슬을 주어 고무하는 것이 좋겠습니다."

선조: 우리나라에서는 변경에서의 보고가 아직 올라오지 않았습니다. 지금 처음 들었습니다. 황제의 은혜가 그지없고 여러 대인의 은덕도 그지없습니다.

군문: 복건(福建)의 순무(巡撫)가 저에게 보고하기를 '복건에서 하급 관리들을 일본으로 들여보내서 형편을 자세히 탐지하게 하였는데, 그들이 돌아오는 것을 보아서 공격을 개시하고자 한다.'고 하였습니다.

선조: (역관에게) 말뜻을 잘 알지 못하겠으니 다시 물어보도록 하라.

군문: 복건의 순무가 나의 제의에 의하여 명나라의 남쪽 지방에서 사람들을 일본으로 들여보낸 것이 수천 명이나 되는데, 그들을 그곳 내부에서 호응하게 하고 수군을 동원하여 그 소굴을 곧바로 쳐들어갈 계획을 하고 있습니다."」

-〈선조실록〉(1598. 8. 4.(丁巳)-

(*이순신이 명나라 총병 진린(陳璘)의 군사와 함께 고금도(古今島)에서 조·명 연합군 합동작전으로 첫 승리를 거둔 사실이 명나라 최고 지휘부에는 보고되고 있으나 조선 조정에서는 아직 이 사실을 보고받지 못하고 있다가 8월 13일(丙寅)에야 보고를 받게 된다. 8월 13일자 〈선조실록〉의 기사를 보면 이번 전투의 실상을 알 수 있다. 한마디로, 명나라 수군은 조선 수군에게는 구원병이기는커녕 도리어 강력한, 거추장스런 방해 세력으로 등장하고 있다.

이런 상황에서 이순신의 처사는 그야말로 지혜로운 장수가 아니고는 하기 어려운 조치이다. 이 일로 인하여 이후 명나라 수군은 이순신에게 매우 호의를 갖게 되고, 그리하여 사실상의 지휘권을 다시 확보할 수 있게 된다. 지장(智將)으로서의 면모를 볼 수 있는 일처리이다.)

〈왜적에 사로잡혀 갔던 자가 전하는 풍신수길의 사망 소식〉

「○전라병사 이광악(李光岳)이 급보를 올렸다.

"의병장 임환(林懽)이 보낸 급보는 이러합니다.

'예교(曳橋)에 사로잡혀 가 있던 정성근(鄭成斤)이 처자를 데리고 와서 말하기를 〈사로잡혀 가 있는 사람들이 요즘 전원 다 나오려고 합니다. 전해들은 바에 의하면, 일본에서는 전란이 일어난데다 수길마저 죽었다는 것입니다. 행장(行長)이 무슨 일로 사천(泗川)으로 넘어갔는데, 행장이 돌아오게 되면 예교에서 철수하게 될 것이라고 합니다. 박수영(朴守榮)이라는 사람은 빠져나올 생각을 무척 하고 있는데 가족이 많다보니 달이 없는 캄캄한 밤에 빠져나올 작정을 하고 있습니다.〉라고 하였습니다.'"」

-〈선조실록〉(1598. 8. 5.(戊午)-

〈명나라 장수를 방문하려다 퇴짜 맞은 선조〉

「ㅇ임금이 비가 오는 것도 무릅쓰고 마(麻貴) 제독의 숙소를 향해 길을 떠났는데, 도중에 제독이 사람을 시켜서 통지하기를, "제가 양 포정(楊布政)의 아문(衙門)으로 가서 토의할 문제가 있어서 만나지 못하게 될 듯하니 되돌아가시기 바랍니다."라고 하였다.

임금이 승지(承旨)에게 묻기를, "어떻게 하자는 것인가?"라고 하자 대답하기를, "제독이 틀림없이 어젯밤 일로 마음이 틀어졌기 때문에 이러는 것이라고 봅니다. 그러나 전하께서 만약 곧바로 아문까지 찾아가게 되면 나와서 영접하지 않을 수 없을 것이므로 그의 마음을 풀어줄 수 있을 것입니다."라고 하였다.

(*명나라 장수가 떠날 때나 돌아올 때에는 임금이 의례히 교외로 나가서 영접하거나 전송하거나 했었다. 그러나 전날 제독이 밤늦게야 수도로 돌아왔기 때문에 임금이 직접 나가보지 못했던 것이다. 또한 파견되어 갔던 승지(承旨)와 도감(都監)의 당상관들도 모두 밤이 깊었다고 해서 도로 돌아오고 말았던 것이다.

제독이 광나루로부터 한강에 이르는 동안에 접반사에게 자주 묻기를 "국왕은 설령 나오지 못한다고 하더라도 파견되어 나와서 기다리는 사람이 한 사람도 없는 것은 웬 일인가?"라고 하면서 낯빛을 붉혔다. 이런 일 때문에 임금의 행차가 온다는 말을 듣고는 다른 곳에 나가 있으면서 끝내 만나주지 않았던 것이다.)

임금이 아문(衙門)에 도착하였을 때는 제독이 벌써 나가버린 뒤였다. 그리고는 사람을 보내서 말하기를 "오늘은 포정 아문에서 볼 일이 있습니다. 뒷날 만나는 것이 좋겠습니다."라고 하였다.

임금이 승지에게 이르기를 "내가 이미 여기까지 왔으니 나로서는 도리를 잃은 것이 아니다. 대인이 굳이 거절하면서 만나주지 않으니 대궐로 돌아가야 할 것이다."라고 하였다.」

-〈선조실록〉(1598. 8. 6.(己未)-

〈동짓날 황제에게 올리는 표문에 절하는 선조〉

「○임금이 별전에서 동짓날 황제에게 올리는 표문(表文)에 절하는 의식을 거행하였다.(사신은 정엽(鄭曄)이다.)

○임금이 마 제독을 접견하기 위하여 그의 숙소로 가려고 하였으나 마 제독이 만나지 못하겠다고 사양하였고, 또 큰비가 왔기 때문에 할 수 없이 정지하였다.」　　-〈선조실록〉(1598. 8. 7.(庚申)-

〈명나라 장수를 지극정성으로 섬기는 선조〉

「○승지 최관(崔瓘)이 건의하였다.

"신이 5일 저녁에 마 제독에게 인사 편지를 전달하기 위하여 한강으로 나갔었는데, 거기서 기다리고 있던 명나라 사람들은 모두 철수하여 들어왔습니다. 날은 벌써 캄캄해져 가고 상류에서 내려오는 뱃사람들도 모두 말하기를, 아무런 소식이 없다고 하였습니다. 또한 신이 나갈 때에 사알(司謁)이 말을 전달하기를, '기다리다가 오지 않으면 들어오도록 하라.' 고 했다고 하였습니다. 그래서 밤이 어두워서야 도로 들어와서 문틈으로 이 사유를 적어서 보고하였던 것입니다.

듣자니 제독이 그 일로 화가 나 있다고 하는데, 물론 그 원인이 한두 가지만은 아니겠지만, 어쨌든 작은 나라의 신하를 내보내지 않았다는 것을 가지고 트집을 잡고 있다고 합니다. 전하께서 이런 일이 있으리라는 것을 미리 염려하시어 특별히 신을 보냈던 것인데, 일이 예견했던 것과는 다르게 되었고, 또한 신이 잘못 생각한 관계로 전하의 의사를 전달하지 못하고 만 것입니다. 죄송하기 그지없습니다. 땅바닥에 엎드려 처벌을 내려줄 것을 기다리고 있습니다."

지시하기를 "처벌을 기다릴 것은 없다."라고 하고는 계속해서 지시하였다.

"명나라 장수를 접대하는 문제는 이만저만 중요한 일이 아니다. 그런데 지시를 받고 내려가서 잘못 시행하는 일들이 적지 않다. 당상관 이하 고을 수령들 가운데 만일 성실하게 시행하지 못하는 자들이 있으면 응당 붙잡아다가 명나라 사람들이 보는 데서 처벌을 해야 될 텐데, 그러지 않았기 때문에 명나라 장수가 몹시 화를 내게 만들었으니 심히 욕되게 하였다. 김우옹(金宇顒)을 신문하고 죄를 다스릴 것이다.

도대체 명나라 장수를 누가 보냈으며, 그들은 무슨 일을 위해서 온 것인가.(*거룩하신 황제가 아닌가!) 그들이 잘하고 잘못하는 것은 우선 논의하지 말고 우리로서 해야 할 도리를 극진히 해야 할 것이다. 나는 아무리 추운 겨울과 더운 여름이라 하더라도 하루에 서너 번까지 명나라 장수들을 찾아보았다. 기분에 언짢은 적이 어찌 한두 번 뿐이었겠는가. 그러나 한 번도 무슨 이유를 대고 핑계를 대 본 적은 없었다. 설사 하찮은 관리라 하더라도 예절을 깍듯이 차렸었는데, 이에 대해서는 승정원에서도 보아서 알 것 아닌가. 이 후로 승정원에서는 소홀히 여기지 말고 더욱 조심해야 할 것이다."

-〈선조실록〉(1598. 8. 8.(辛酉)-

(*이 얼마나 지극 정성을 다한 〈대국 섬김〉인가. 이런 지극정성을 가지고 자기 나라를 제대로 다스렸다면 어찌 지금과 같은 치욕을 당하게 되었겠는가. 본(本)과 말(末)을 제대로 헤아리지 못한 임금이 아닐 수 없다.)

〈국왕은 어찌 문안도 오지 않는가?〉

「○사간원에서 건의하였다.

"얼마 전에 마 제독(麻貴)이 올 때 전하께서는 자신의 건강을 헤아려보면서 꼭 나가서 기다리려고 했던 것입니다. 혹시 날이 저물어 마중을 하지 못하고 돌아왔다고 하더라도, 우리로서는 성의를 보인 것으로 되고, 저편에서도 듣고 섭섭하게 여기지는 않을 것이었는데, 승정원에서 전하의 의도를 받들지 않음으로써 한편으로는 전하의 체면이 깎이게 되었고, 한편으로는 명나라 장수가 성을 내게 하였던 것입니다. 그가 성 안에 들어온 지 사흘 후에 가서야 겨우 한 번 만나 주었을 뿐더러 말과 행동에서 언짢아하는 기색을 나타내었으니, 참으로 가슴 아픈 일입니다.

그리고 문안 편지를 전달할 임무를 받은 사람이 밤을 새우면서라도 기다리지 않고 아무런 이유도 없이 들어왔기 때문에 마 제독이 밤에 강가에 도착했을 때 문안하는 사람이 아무도 없었습니다. 심지어는 '국왕은 문안도 하러 오지 않는가?'라고까지 하게 되었으니, 창피하기 짝이 없습니다.

더구나 제독이 밤중에 돌아오는데도 횃불을 들고 길을 안내하는 사람마저 없었습니다. 도감(都監)의 관리가 기다리지 않았기 때문에 그가 화를 내게 된 것은 그럴만한 까닭이 있는 것입니다. 결국 황제가 보낸 사람을 존경하고 명나라 장수를 우대해 오던 전하의 성의가 이렇게 보람없이 되고 만 것입니다.

담당 승지를 교체하고 문안 편지를 가지고 갔던 승지는 파면시키고, 도감의 해당 당상관도 파면시키고, 담당 당하관은 붙잡아다 심문하기 바랍니다."

대답하였다. "승인하지 않는다. 담당 당하관을 붙잡아다 심문하자고 한 것은 건의한 대로 하라" -〈선조실록〉(1598. 8. 9.(壬戌)-

 (*선조에게는, 임금인 자신이 다른 나라의 일개 장수에게 이렇게까

지 하지 않으면 안 되게 된 원인에 대한 반성은 어디에서도 찾아볼 수 없다. 수모당하기 싫으면 수모당할 정치를 하지 말아야 한다는 맹자의 말을 선조는 한 번도 제대로 이해하고 실천하려고 한 적이 없었던 것이다. 그리고 벌을 내리는 것을 보면 항상 힘없는 아래 사람들에게는 가혹하게, 그리고 높은 자리에 있는 자들에게는 관대하게 하는데, 선조에게는 높은 자리에 있는 자가 수범을 보여야 한다는 그런 정치의 초보적인 관념조차 전혀 없었다. 이런 사람이 한 나라를 이끌어가는 최고 위치에 있게 되면 그 아래의 모든 백성들은 수모와 고통을 당할 수밖에 없는 법이다.)

〈선조와 마 제독의 남쪽 전황에 관한 대화〉

「○(전날 임금이 마 제독을 접견하기 위하여 그의 숙소로 찾아간 것에 대한) 답례 인사차 마 제독이 시어소(侍御所)에 왔다. 임금이 관례대로 맞아들여 절을 하였다.

자리에 앉은 다음 제독이 말하였다. "요 며칠 동안 변방에서 올라온 보고가 없습니까?"

선조: 긴급한 보고는 별로 없지만, 성윤문(成允文)과 정기룡(鄭起龍) 등의 서면보고가 왔었는데, 이미 군문에 보냈습니다. 대체로 경상우도의 적들은 성주(星州)를 침범하고 예교(曳橋)의 적들은 성 밖에 세 개의 진으로 나누어져 있다고 한 것들입니다.

마제독: 그것은 7월 20일 경에 제가 남쪽에 있을 때 이미 들어서 알고 있는 것들입니다. 대체로 전라도에서 경상도로 넘어가기도 어렵지 않고, 우도의 적들이 좌도로 옮겨가기도 어렵지 않습니다. 가을 이후에는 적들은 틀림없이 출동하여 노략질을 할 것입니다. 그러나 저들의 목적은 다른 데 있는 것이 아니라 들판에 있는 곡식을 거두어 들여 겨울 동안 들어앉아 소굴이나 지키려

는 계책에 지나지 않습니다.
　　얼마 전에 청정(淸正)이 사람을 보내어 화의를 청하였는데, 그들이 요구한 것은, 조선에서 해마다 일본에 금을 바치도록 해달라는 것인데, 말투가 심히 불손하였습니다. 진심으로 화의를 맺자는 의도가 아니라는 것을 알 수 있습니다.
　선조: 말씀이 지당합니다. 이 적들은 음흉하고 교활해서 이랬다저랬다 합니다. 화의를 맺고 군사를 철수하겠다고 하지만 절대로 그럴 리가 없습니다. 대체로 명나라 군사는 스스로 지치게 하고, 우리나라는 곤경에 빠지게 한 다음, 기회를 타서 독수(毒手)를 뻗치려는 것입니다.
　마제독: 그렇습니다. 명나라에서 수많은 군사를 동원하였고 수많은 군량을 내보냈는데 무엇 때문에 지금에 와서 적과 화친을 맺어서 일을 그르치려고 하겠습니까. 듣자니 적들 속에서는 말하기를, 올해는 싸움을 하는 것이 불길하므로 명년에 가서 싸움을 크게 벌일 것이라고 한다지만, 우리야 무엇 때문에 세월을 끌어서 명년까지 가려고 하겠습니까. 반드시 이번 9~10월에는 일거에 쳐부수고 말 것입니다. 적들이 이번에 화친 문제를 들고 나온 것은 우리의 공격을 지연시키고자 하는 데 지나지 않습니다.」
　　　　　　　　　　　　　　－〈선조실록〉(1598. 8. 9.(壬戌)－

〈권율이 보고하는 울산 방면의 왜적의 동향〉
「○도원수 권율이 급보를 올렸다.
　"지난 7월 30일에 왜적의 큰 배 1백여 척이 그쪽 깊은 바다로부터 성황당 강어귀로 곧바로 들어오다가 비좁아서 다 들어오지는 못하고 강 밖에다 대어놓고 태화강(太和江) 아래쪽은 배로 가득 덮여 있었습니다. 반구정(伴鷗亭) 바깥 냇가에는 현재 집들을 짓고 있으며 이날 밤에 성황당 건너편 쌍어현(雙魚峴)과 서생포(西生浦) 등지에는 큰 횃불들을 죽 벌려 세워 놓았는데 불빛이 서로 잇닿아 있다고 합니다. 그 까닭은 알 수 없지만 적정이 수상해 보입니다."」 (*울산의 청정 쪽 왜군의 적정에 대한 보고이다.)
―〈선조실록〉(1598. 8. 11.〈甲子〉)―

〈이순신: 고금도에서 왜적을 무찌른 장계〉
(*임진왜란 초기의 이순신의 장계들은 다 잘 보관되어 있었으나, 정유년 백의종군 이후의 장계들은 보관되어 있지 않은 이유가 못내 의아하다. 여기에 소개되는 〈선조실록〉의 〈고금도에서 왜적을 무찌른 장계(古今島破倭兵狀)〉 역시 원문이 아닌 실록에서의 요약된 글이다.
명나라 수군의 작태를 알 수 있는 장계로서, 이 정도 되면 명나라 군사는 원군(援軍)이 아닌 훼방군(毁謗軍)이라 할 만하다.)

「○통제사 이순신이 급보를 올렸다.
"얼마 전에 바다 가운데서 싸움을 할 때 우리 군사가 일제히 총을 쏘아 적의 배를 쳐부수자 적의 시체가 바다에 가득 뒤덮였습니다. 그러나 급박한 상황이어서 모두 갈고리로 끌어내어 목을 베지는 못하고 단지 70여 명의 머리만 잘랐습니다.
명나라 군사는 적의 배를 바라보고는 먼 바다로 피해 가버렸기 때문에 적을 한 놈도 잡지 못하였습니다. 우리 군사가 적을 잡은 수량을 알게 되자 진(陳) 도독이 뱃전에 나와서 발을 구르면서 그 부하들을 욕하여 내좇는 한편 신 등에 대해서는 못하는 짓이 없이 위협을 가했습니다. 할 수 없어서 적의 머리 40여 개를 나누어 보내주었습니다.
계(季) 유격 또한 데리고 있는 가정(家丁)을 보내서 적의 머리를 요구하기에, 신이 5개를 보내주었습니다. 다들 고맙다는 편지를 보내왔습니다."」　　　　　　－〈선조실록〉(1598. 8. 13.(丙寅)－

〈마귀 제독이 전하는 이순신의 승첩 소식〉
「○임금이 마(麻貴) 제독을 그의 숙소로 찾아가서 접견하였다.……
마귀: "요사이 남쪽에서 오는 보고는 어떻습니까?
선조: 수군의 보고를 들어보면 진(陳) 도독 대인이 적을 적지 않게 잡았다고 합니다. 우리나라 수군들도 명나라 위력의 덕으로 조그마한 승리를 거두었다고 합니다.
마귀: 제가 듣기로는 명나라 군사는 이순신(李舜臣)이 아니었더라면 조그마한 승리도 거두기 어려웠을 것이라고 합니다. 국왕은 조선의 여러 장수들 가운데 누구를 우수한 장수로 칩니까? 저는 이순신(李舜臣), 정기룡(鄭起龍), 한명련(韓明璉), 권율(權慄) 등이 제일이라고 봅니다. 얼마 전에 군문에게 말했더니 군문이 상품을 나누어 보내서 그들의 마음을 고무하겠다고 하였습니다."
임금이 예물 목록을 내어놓았으나 받지 않았다. 임금이 떠나왔다.
○승정원에 지시하였다. "이순신의 승리한 보고를 가지고 온 사람에게 상을 주도록 하라."」　　－〈선조실록〉(1598. 8. 15.(戊辰)－

(*자기 나라 장수가 거둔 승리의 공로를 명나라 장수의 공로라고 말하지 않을 수 없는 선조의 처지와 그 감정을 이해할 수 없는 것은 아니지만, 명나라 장수의 칭찬을 받고 있는 이순신에 대한 반감 또한 작용하여, 기껏 표창을 하라고 지시하는 대상이 공로를 이룬 장수들에 대해서가 아니라 그 보고를 가지고 올라온 사람에 대해서만 하고 있음을 살펴볼 필요가 있다.)

〈풍신수길의 사망 소식〉

「○임금이 참정 왕사기(王士琦)의 숙소로 가서 그를 접견하였다.

왕참정: "근일에 당보(唐報)를 통하여 이러저러한 말들이 전해지고 있는데, 국왕은 들었습니까?

선조: 우리나라 측에서는 변방 보고가 아직 올라오지 않았습니다. 어떤 내용의 당보가 왔는지 모르고 있으니 들려주었으면 합니다.

왕 참정: 관백이 병으로 죽었다고 하는 당보(唐報)가 연달아 왔습니다. 하지만 곧이들을 것이 못 됩니다. 지금 명나라 군사가 바다와 육지로 일제히 밀어 내려오고 있으니 오직 적을 섬멸하는 일만 남았습니다. 그자가 죽었건 살았건 상관할 것이 없습니다.

선조: 흉악한 적들은 변덕스럽고 교활해서 별짓을 다합니다. 관백이 병으로 죽었다는 그런 소리를 자꾸 하지만 곧이듣기 어렵습니다."」 　　　　－〈선조실록〉(1598. 8. 17.(庚午)－

〈남쪽으로 출발하는 명나라 장수들〉

「○(남쪽으로 떠나가는 명나라 여러 장수들을 전송하기 위하여) 임금이 남문 밖의 삼기리(三歧里)에 나가서 제독 마귀(麻貴)와 제독 동일원(董一元), 제독 유정(劉綎)을 전송하였다.」
　　　　－〈선조실록〉(1598. 8. 18.(辛未)－

〈풍신수길의 사망과 철수를 서두르는 왜적〉

「○경상도 좌병사 성윤문(成允文)이 비밀 급보를 올렸다.

"적에게 사로잡혀갔던 사람이 돌아와서 말하기를 '관백의 병이 위중하기 때문에 흉악한 적들이 곧 철수할 계책을 꾸미고 있습니다. 서생(西生)에 있는 적들은 소굴들을 전부 불태우고는 곧 철수하려 하고 있고, 부산과 동래에 있던 적들도 소굴에다 불을 지르고는 서생포로 돌아가려고 합니다.' 라고 하였습니다. 적들의 흉악한 모략은 종잡을 수 없기 때문에 군사를 온전히 갖추어 사변에 대처하고 있습니다."」

「○전라수사 이순신(李純信)이 비밀 급보를 올렸다.
"일본에서 도망쳐서 돌아온 사람이 말하기를, '평수길(平秀吉)이 7월 초에 병으로 죽었기 때문에 적들이 곧 철수하려고 합니다. 또한 왜적의 말에 의하면, 올해는 운이 좋지 못한데다가 명나라 장수가 수없이 나와 있고 또 조선의 수군도 많아서 좌우에서 들이 칠까봐 몹시 겁을 먹고 도망쳐 돌아가려고 합니다.' 라고 하였습니다."」　　　－〈선조실록〉(1598. 8. 20.(癸酉)－

〈도원수 권율이 보고한 울산 방면 왜적의 철수 준비〉
「○도원수 권율이 급보를 올렸다.
"정탐을 나갔던 사람이 와서 보고하기를 '서생(西生)의 적들이 성 안 남쪽 변두리에 있는 집들에 전부 불을 지르고 40여 척의 배를 강어귀에 띄워 놓았으며, 배에는 짐들이 이미 실려 있었습니다.' 라고 하였습니다.
적정을 도무지 짐작할 수 없습니다. 혹시 겉으로는 철수하는 척하면서 합세하여 불의에 덤벼드는 수도 없지 않을 것이므로, 지금 군사를 온전히 갖추어 사변에 대처할 태세를 갖추고 있습니다."」
　　　－〈선조실록〉(1598. 8. 22.(乙亥)－

〈단성 현감 안득이 전한 왜적의 철수 준비〉
「○경상도 우병사 정기룡(鄭起龍)이 급보를 올렸다.

"적에게 붙었던 괴수(魁首)인 단성 현감 안득(安得)이라는 자가 말을 타고 뛰쳐나왔기에 붙잡아 와서 심문하였더니 말하기를, '적에게 넘어간 뒤에 왜적 장수는 저를 단성 현감으로 임명하였습니다. 소, 말, 노비, 보물들이 산더미처럼 쌓여 있었습니다. 요사이 수길이 죽었다는 기별을 듣고는 모든 적의 병영들이 철수하려고 합니다. 죽일까봐 겁이 나서 뛰쳐나왔습니다.' 라고 하였습니다."」
―〈선조실록〉(1598. 8. 23.(丙子)―

〈경상도 관찰사 정경세가 전한 왜적의 철수 준비〉

「○경상도 관찰사 정경세(鄭經世)가 급보를 올렸다.

"관백의 병이 위중하다고도 하고 혹은 이미 죽었다고도 하는 말들은 매우 허망한 소리였기 때문에 전하께 보고드리기가 난처해서 보고하지 않았습니다.

대체로 구법곡(仇法谷)에 있던 적들이 서생(西生)으로 들어간 것은 아주 확실하며, 그밖에 곡식을 베어 말을 먹이고 배에 짐을 실었다고 하는 것들은 전혀 근거 없는 말들이 아닙니다. 그들 속에서 무슨 변동이 생긴 것이 분명한 것 같습니다.

신이 처음에는 혹시 적의 수군이 이동해서 호남을 침범하려는 것이 아닌가 하고 우려도 했지만, 며칠 전에 받은 통제사 이순신(李舜臣)의 보고에 의하면, 해전에서 승리를 거두어 적의 예봉을 꺾어 버렸으니, 설령 호남을 침범할 생각이 있다고 하더라도 반드시 주저하게 될 것이라 하였습니다.

그렇다고 해서 까닭 없이 철수할 리는 없겠는데 이러한 변동이 생겨나고 있는 것입니다. 음흉한 짓거리가 무엇을 시도하려는 것인지 짐작하기 몹시 어렵습니다. 여러 진들에 거듭 지시하여 정탐을 특별히 강화하고 있습니다."」―〈선조실록〉(1598. 8. 23.(丙子)―

〈철수설을 무시하는 이순신의 수군〉

「○우의정 이덕형(李德馨)이 급보를 올렸다.

"예교(曳橋)에 있는 적들은 성을 수축하고 관솔을 많이 준비하여 밤에 불을 켜놓고 총을 쏠 계획을 하고 있습니다. 군사를 철수한다는 말은 모두 뜬소리입니다.

통제사 이순신은 명나라 장수와 함께 기회를 보아 적을 소멸하기 위하여 수군을 정비해 가지고 바다로 나갔다고 합니다."」

-〈선조실록〉(1598. 8. 24.(丁丑)-

〈울산 방면 왜적의 철수 준비〉

「○도원수 권율이 급보를 올렸다.

"정탐하러 갔던 사람이 보고하기를, '서생(西生)에 있던 적들은 이달 8일에 부산으로 이동하였는데, 군량과 짐들을 연일 배로 실어 나르고 있습니다. 혹은 관백이 이미 죽었다고도 하고, 혹은 남방의 만족(蠻族)들이 쳐들어오기 때문에 군사를 철수하여 돌아가면서 일부러 이런 말을 퍼드린 것이라고도 합니다.' 고 하였습니다."」

-〈선조실록〉(1598. 8. 27.(庚辰)-

1598(戊戌)년 9월

(*○이달 9월 15일 이후부터의 〈난중일기〉는 남아 있다.
○이달 있었던 중요한 사건으로는, 명나라 찬획주사(贊劃主事) 정응태(丁應泰)가 경리 양호(楊鎬)를 규탄하여 그가 파면되어 소환당해 갔으므로, 조선에서는 그를 변호하기 위하여 최천건(崔天健)과 이원익(李元翼) 등을 연달아 황제에게 보내어 해명의 글을 올리면서 그를 조선에 머물러 있게 하여 일을 주관하게 해달라고 청한 것이다.)

〈임진왜란 당시 조선의 경제 규모 - 추정의 단서〉

(*당시 조선의 경제력 규모를 추정해볼 수 있는 자료가 〈선조실록〉에 나온다.)
「○호조(戶曹)에서 건의하였다.
"전국의 모든 관리들에게 한달 분의 요식(料食: 給料)을 나누어 주자면 쌀과 콩이 1,100여 섬이나 듭니다. 8월 보름 전의 요식을 지금 내어주어야 하겠지만 우리나라의 쌀과 콩은 남아 있는 수량이 적습니다. 대궐 안의 각종 하인들과 청용관(聽用官), 왕궁을 호위하는 군사, 각 관청의 하인들에게만 먼저 내주는 것이 어떨까 합니다."

지시하였다. "알았다."」　　　　　－〈선조실록〉(1598. 9. 3.(乙酉)－

(*〈선조수정실록〉(1601년 8월)에 따르면, 조선왕조 초기의 1년분 세수는 쌀 40여만 섬, 그 중에서 국방 예산으로 지출되는 쌀(*즉, 군사들에게 주는 급료)이 4만여 섬이었고, 왕궁의 온갖 제사와 연회에 쓰는 것이 4만여 섬이었다. 공물도 이와 비슷하였다. 그러나 그 후에 와서는 생산력이 떨어져서 1년에 20만 섬 정도로 감소하였다고 한다. 당시 일본의 한 장수들이 받는 연봉이 수 만 섬이나 되었고, 한 성주의 세미가 50만 섬에서 100만 섬이 넘는 것과 큰 격차를 보이고 있음을 알 수 있다. 당시 조선과 일본 간의 국력 차이는 우리가 상상하는 것 이상이었다.

전국 모든 관리들의 한 달분 급료가 콩 1,100여 섬이라면, 현재의 가격으로 환산해보면, 콩 1섬을 100만 원으로 잡는다 하더라도, 1백만 원 × 1,100섬 = 11억 원, 즉 약 11억 원에 불과하였다.)

〈싸움이냐 화의냐 : 명나라의 양다리 작전〉

「○우의정 이덕형(李德馨)이 급보를 올렸다.

"유정(劉綎) 제독이 이미 남원으로 내려가 행장(行長)을 만나서 화의 문제를 토의해 보겠다고 합니다. 대체로 명나라 측에서 의견이 일치되지 못하고 있으며, 형 군문(邢玠)도 양다리를 걸치고 스스로 결심을 내리지 못하고 있습니다. 제독이 말은 좋게 하지만 그의 마음은 의문스럽습니다. 못내 염려됩니다."」

－〈선조실록〉(1598. 9. 4.(丙戌)－

〈소서행장 휘하의 왜적의 동향〉

「○전라도 관찰사 황신(黃愼)이 급보를 올렸다.

"적진에 드나드는 사람 박여경(朴餘慶)이 와서 보고하였습니다. '왜적이 저에게 명나라 군사가 얼마나 되느냐고 묻기에, 제가 과장하여, 명나라 군사는 수군, 육군 합계 40만이고 바다 귀신같은 사람들이 많이 나왔다고 하였더니, 왜적은 모두 얼굴빛이 달라졌습니다.

짐들과 여러 가지 물건들을 모두 배에 실어놓기는 했지만 행장(行長)이 즉시 사천(泗川)으로 가서 적의 장수 주라궁(周羅宮)과 상의한 후 본진으로 돌아와서는 곧 왜인 졸병들을 시켜 성을 수축하게 하였습니다. 철수할 의향은 전혀 없는 것 같았습니다.'」

-〈선조실록〉(1598. 9. 5.(丁亥)-

〈경리 양호를 모함한 정응태의 변명〉

「○(경리 양호(楊鎬)를 모함하여 직위해제 시킨 후 명나라로 소환되어 가게 한 장본인인) 주사 정응태(丁應泰)가 시어소(侍御所)에 왔다. (이틀 전에 임금이 그를 모화관에까지 가서 영접한 것에 대한) 답례인사를 하기 위해서였다. ……

(*이후 명나라의 관리 정응태는 조선에서 전 경리 양호의 죄상을 조사한다는 이유로 조정을 크게 들쑤시고 뒤흔들어 놓고 있다. 이 자로 인해 전쟁을 치루고 있던 명나라 군사들뿐만 아니라 조선에서도 큰 피해를 보게 되는데, 결국에 가서는 정응태의 무고행위는 들통이 나고 말게 된다.)

정응태(丁應泰)가 말하였다.

"지난해 싸움에서 수많은 군사가 적의 성책을 포위한 상황에서 만일 조금만 더 시간을 끌었더라면 청정을 붙잡을 수 있었을 것입니다. 그런데 이여매(李如梅)는 자기가 공로를 세우지 못하고 다른 사람이 큰 공로를 세우게 될 것이 두려워서 재빨리 징을 울려 군사를 퇴각시킴으로써 결국 대사를 망쳤던 것입니다. 통분해서 견딜 수 없습니다. 전란이 일어난 지 7년이나 지난 후에 이런 좋은 기회를 만났는데 끝내 이렇게 되고 말았으니 이여매는 중국과 조선의 죄인입니다. 저는 끓어 넘치는 충성으로, 오직 한 마음으로 임금을 섬길 뿐인데 남들이 시비한들 무엇이 두렵겠습니까.

양호가 이미 황제를 기만하고 또한 국왕을 속임으로써 결국 대사를 그르치게 만들었기 때문에 제가 격분을 참지 못하고 사실대로 황제에게 건의했던 것입니다. 또한 마 유격의 군사가 여기에 와서 온갖 행패를 다 부리면서 부녀자들을 강간하고 집들을 허물었다고 합니다. 저는 정말 격분하였습니다. 역시 황제에게 보고하고자 합니다."」　　　　　　　　　　－〈선조실록〉(1598. 9. 6.(戊子)－

(*간신들의 어법(語法)을 여기서도 읽을 수 있다.)

〈투항한 왜인이 전한 풍신수길 사후 왜국의 정세〉

「○경상도 관찰사 정경세(鄭經世)가 급보를 올렸다.

"투항한 왜인이 한 말은 이러합니다.

'관백은 7월 7일에 병으로 죽은 것이 틀림없습니다. 왜인 장수들이 바로 철수하여 돌아가려고 할 때 일본에서 연락이 왔는데, 비록 관백은 죽었지만 그의 아들이 이미 그 자리에 들어섰고 좌납언(左納言), 우납언(右納言), 중납언(中納言) 세 사람이 나라 정사를 대리하면서 조금도 의견을 달리하지 않고 있으며, 여러 장수들에게 명령을 내려서 철수하여 돌아오지 말라고 하였다고 합니다.

왜인 장수들이 모여서 의논하기를 〈명나라 군사들이 어느 성을 쳐들어오든지 간에 우리들은 각자 자기 성을 지키고 있어야 하며, 자기 성을 버리고 남을 구원하는 일이 없어야 한다. 빈틈을 타서 습격해 올 수 있다는 것을 고려해야 한다.〉라고 하였다고 합니다.'"」
－〈선조실록〉(1598. 9. 6.(戊子)－

〈명나라 장수 유정에게 화의를 청해온 행장〉

「○우의정 이덕형(李德馨)이 급보를 올렸다.

"유정(劉綎) 제독이 남원에 도착하자 행장(行長)이 편지를 보내서 화의를 맺을 것을 제의하면서 만나자고 요구하였습니다. 제독이 편지를 보고는 몹시 기뻐하면서 말하기를 '나의 계책이 성공할 수 있다.' 라고 하였습니다. 대체로 제독이 의도하는 것은 화의 문제를 핑계로 서로 만나게 되면 그 기회를 이용하여 꾀를 써서 행장을 사로잡자는 것입니다. 제독이 생각하고 있는 것은 위험한 방법입니다. 못내 우려됩니다."」 -〈선조실록〉(1598. 9. 7.(己丑)-

〈죽기 직전 가등청정에게 남긴 풍신수길의 유언〉

○경상도 관찰사 정경세(鄭經世)가 급보를 올렸다.

"도망쳐서 돌아온 사람이 이렇게 말하였습니다.

'관백이 7월 초에 사냥을 하다가 더위를 먹었는데, 곁에 있는 사람에게 이르기를 〈나의 아들을 관백으로 세우는 것이 좋겠다. 그리고 조선과 명나라와 빨리 화의를 맺고 당장 철수하도록 하라.〉고 하였습니다. 청정은 회답하여 보고하기를 〈조선과 명나라 군사와 화의를 맺기 위하여 두세 번 거듭 사람을 보냈지만 조선에서는 회답이 없습니다.〉라고 하였습니다.'"」

-〈선조실록〉(1598. 9. 8.(庚寅)-

〈진린 제독의 경질을 추진하려는 조선의 조정〉

「○(임금의) 비망기는 이러하였다.

"전후에 걸쳐 올려 보낸 통제사(李舜臣)의 보고를 보았다. 진(陳璘) 도독이 하는 짓으로 보면 끝내 허락을 하지 않을 것 같으니 대단히 한심스러운 일이다. 이로부터 수군에 대한 문제가 잘못되어

갈 것이고, 바닷길을 차단하여 적을 사이에다 몰아넣고 양쪽에서 들이치자는 계획은 뒤틀어지고 말 것이다.
비변사에서 잘 헤아려보고 혹시 접반사를 시켜서 이런 사태에 대비한 것을 군문(邢玠)에게 약간 비쳐 보거나, 그것이 어렵다면 말을 잘 꾸며서 '수군에는 계(季) 유격도 있고 하니 진(陳璘) 도독을 육지로 돌려서 한 지역을 맡게 하면 명나라 군사의 기세가 더욱 강해질 것이므로 우리나라에서는 그렇게 해주기를 바란다.'는 뜻으로 건의해보는 것이 어떨까 한다. 하지만 일이 뜻대로 되지 못할 수도 있는 것이다.
이 밖에 그 장애를 제거할 수 있는 방법이 있을 것 같지 않으니 의논해서 제안하도록 비변사에 말해 주도록 하라."

○비변사에서 제안하였다.
"진 도독이 내려갈 때부터 신 등은 이런 근심을 했었지만 무슨 좋은 방책이 없었기 때문에 침묵을 지켰을 뿐입니다. 근일에 전쟁터에서 하는 짓들을 보면 통제사의 보고는 제쳐놓더라도 들리는 소문마다 한심스럽지 않은 것이 없습니다. 이렇게 엇나간다면 일이 잘 될 리가 만무합니다.
하지만 여기에서 만일 약간이라도 그런 기색을 보였다가 그의 귀에까지 들어가게 되면, 군문(軍門: 邢玠)이 조치를 취하기 전에 수군들 속에서 틀림없이 난처한 문제가 생길 수 있습니다. 신 등의 소견에는 먼저 접반사를 시켜서 대(戴) 중군(中軍)한테 가서 슬그머니 이렇게 말해보자는 것입니다.
'유 제독(劉綎)이 지금 육군으로써 왜교(倭橋)를 치려고 하지만 그러나 반드시 수군과 육군이 합세해야만 일련의 성과를 기대할 수 있을 것이다. 명령이 한 체계로 내려가지 못하고 수군과 육군이 합세하지 못하면 대사를 성공시키지 못할 것이다. 전날 유 제독이 수도에 있을 때 군문에게 문의하여 우리나라 수군까지 아울러 지휘하면서 약속이 서로 통행되도록 하려고 했지만 결정짓지 못했다. 모르긴 하지만 이 의견대로 하는 것이 어떻겠는가.'

그래서 그의 의향을 들어본 다음에 군문에게 슬쩍 제안한다면 내막이 그다지 크게 드러나지 않아서 뒷날에 가서 노발대발 하는 일도 생기지 않을 것입니다. 이렇게 해보는 것이 무방하겠습니다." 지시하였다. "제안한대로 하도록 하라."」

-〈선조실록〉(1598. 9. 8.(庚寅)-

(*통제사 이순신의 장계 내용이 무엇인지에 대해서는 다음에 소개되는 이틀 후 9월 10일자 〈선조실록〉에 소개되고 있다. 그 내용인즉, 이순신이 기회를 보아 독자적으로 왜적을 치고자 하여도 매번 제독 진린(陳璘)의 제재를 받아서 할 수 없다는 보고서인데, 이에 대해 조정에서는 진린을 수군이 아닌 육군 장수로 돌리기 위해서 이런저런 궁리를 하고 있는 것이다. 그러나 이런 계획은 그 실현 가능성이 희박하다고 판단하여 이틀 후에 취소하고 만다.)

〈이순신의 급보: 진린의 제재로 적을 칠 수 없다〉

「○통제사 이순신이 급보를 올렸다.

"진(陳) 도독이 신을 불러서 말하기를, '육군은 유(劉) 제독이 통솔하고 수군은 내가 통솔하기로 하였는데, 지금 듣자니 유 제독이 수군까지도 관할하겠다고 한다는 말이 있습니다. 사실입니까?' 라고 하기에, 신은 모른다고 하였습니다.

신이 수군을 정비하여 바다에 나가서 틈을 타서 적을 쳐 없애려고 하지만 매번 제독의 제재를 받고 있습니다. 안타깝기 그지없습니

다."」　　　　　　　-〈선조실록〉(1598. 9. 10.(壬辰)-

〈경상우병사 정기룡의 급보: 왜적이 철수하려 하고 있다〉
「○경상우병사 정기룡(鄭起龍)이 급보를 올렸다.
"… 근일 왜적에게 넘어갔던 사람들이 전후하여 2천여 명이나 나왔는데, 그들은 다 말하기를, '관백이 이미 죽은데다가 남부 지방에서 변란까지 일어나게 되자 수길의 어린 아들이 그 자리에 들어서기는 했지만 모두들 관백의 자리를 쟁탈할 생각을 하면서 지금 철수하여 돌아가려 하고 있습니다. 심안돈(沈安頓)도 역시 그 자리를 빼앗아 자기 아들을 들여세우려고 하면서 군량과 무기를 배에다 실었는데 10일이나 15일 경에 떠날 작정을 하고 있다고 합니다.' 라고 하였습니다.
대체로 적들이 철수하여 간다는 것은 헛소문이 아닌 것 같습니다. 동(董) 제독이 고령의 몸으로 나가서 기회를 보아 치자고 하였는데, 7일부터 비가 멎지 않고 내려서 강물이 불어나서 행군하기가 어렵게 되었습니다. 안타까워 견딜 수 없습니다."」
　　　　　　　-〈선조실록〉(1598. 9. 15.(丁酉)-

〈난중일기〉

9월 15일(丁酉).　맑다. 진린(陳璘) 도독과 함께 일제히 행군하여 나로도(羅老島: 고흥군 봉래면)에 이르렀다.

9월 16일(戊戌).　맑다. 나로도(羅老島)에 머물렀다.

9월 17일(己亥).　맑다. 나로도에 머물렀다.

9월 18일(庚子). 맑다. 오후 2시에 행군하여 방답(防踏: 여천군 돌산면)에 이르렀다.

9월 19일(辛丑). 맑다. 아침에 좌수영 앞바다로 옮겨 정박하니 눈에 보이는 모습이 참담하였다. 자정에 달빛을 받으며 하개도(何介島)로 옮겨 대었다가 채 밝지 않아서 또 행군하였다.

9월 20일(壬寅). 맑다. 오전 8시에 묘도(猫島: 여수시 묘도동)에 이르니 명나라 장수 유정(劉綎) 제독이 벌써 진군하여 적을 수륙으로 협공하니, 적의 기세가 크게 꺾여 크게 겁을 먹고 있었으므로 수군이 드나들며 대포를 쏘았다.

9월 21일(癸卯). 맑다. 아침에 진군하여 종일 싸웠으나 물이 너무 얕아서 진격할 수가 없었다. 남해의 적이 가볍고 빠른 배를 타고 들어와 정탐하려 할 때, 허사인(許思仁) 등이 추격하였더니 적들은 육지에 내려 산으로 올라갔다. 그래서 그 배와 여러 가지 물건들을 빼앗아 와서 도독(陳璘)에게 바쳤다.

〈황제에게 조선을 모함한 명나라 관리 정응태〉

「○명나라 관리 찬획(贊劃) 주사(主事) 정응태(丁應泰)가 황제에게 올린 보고서는, 속국(조선)이 간사하게 행동한 사실은 근거가 있고 왜적과 한통속이 되어 꾸민 음모가 이미 드러났다는 문제에 대한 것이었는데, 그 글은 이러하였다.

"신이 강(압록강) 가운데 있는 섬을 지나다가 콩과 기장들이 무성한 것을 보고 길 가던 요동 사람에게 물었더니 그는 이렇게 말했습니다.
 '이 기름진 땅에서는 서쪽에 있는 토지보다 그 수확이 몇 배나 됩니다. 그 전날 조선이 이 땅 문제를 가지고 요동 백성들과 다툰 일이 있었습니다. 도사가 여러 차례나 결론을 지어 주었는데도 조선 사람들은 불평을 품고 있다가 만력 20년(1592)에는 결국 자기 나라에 대대로 살고 있던 왜인을 들여보내서 여러 섬에 있는 왜인들을 충동질하여 군사를 일으키게 하였습니다. 그리하여 함께 명나라를 침범해서 요하 이동의 땅을 빼앗아 고구려의 옛 땅을 되찾자는 것입니다.'
이 말을 듣고 신은 못내 이상하게 생각하였습니다. 신이 정주에 도착하였을 때 신의 하인이 포목 몇 자를 가지고 조선 백성이 가지고 있던 옛날 책과 음식물을 바꾸었습니다. 그 책 이름은 「해동기략(海東紀略)」이었는데, 바로 조선이 왜인과 관계를 좋게 가진 사실들이 적혀 있었습니다.…(조선과 대마도 사이에 무역을 하였다는 사실들과 일본에 사신을 보냈다는 사실, 동래, 울산 등지에 왜인이 2천여 호나 살고 있다는 사실 등이 기록되어 있다는 말을 한 후)…
이런 것을 통해 본다면 (왜군에게) 명주와 쌀을 주었다고 하는 말이 근거가 있는 것이고, 왜인을 불러들여 (명나라로부터) 잃은 땅을 도로 찾으려 했다는 말은 허황한 소리가 아닌 것입니다. 뜻밖에도 관백 자리에 있는 강력한 우두머리가 바로 그 부름을 받고는 틈을 엿보다가 결국 일거에 이 나라를 들이쳤으니, 조선의 임금과 신하들은 자신들이 저질러서 화를 당한 것입니다.……
조선에서 과거 시험을 치는 사람들은 〈시전(詩傳)〉, 〈서전(書傳)〉, 〈주역(周易)〉을 공부해서 춘추의 큰 의리를 알고 있는 이상 응당 큰 나라의 연호를 써야 할 것인데 무엇 때문에 또 일본을 따라서 〈강정(康正)〉, 〈관정(寬正)〉, 〈문명(文明)〉 등의 연호를 대서특필했겠습니까. 더구나 그 일본연호 아래에다 〈영락(永樂)〉, 〈선덕(宣德)〉, 〈경태(景泰)〉, 〈성화(成化)〉 등의 연호를 작은 글자로 나누어 썼으니, 이것은 명나라보다도 일본을 더 높이 떠받든 것입니다. 그리고 그 책에는 외람되게도 〈태조(太祖)〉라거니 〈세조(世祖)〉라거니 〈선대의 여러 성왕(列祖聖上)〉이라거니 하며 명나라에서 선대의 황제를 높여 부르는 칭호와 동등한 말을 쓰고 있으니, 저들이 200년 동안 공순하게 큰 나라를 섬긴 의리란 결국 무엇을 의미하는 것입니까. 저들이 글로써 중국의 선대 제왕들을 모독한 실례는 그 서문에서도 이미 나타나 있습니다.

조선의 임금, 신하가 중국을 경시하는 태도는 실로 하루 이틀에 생긴 것이 아니었고, 왜인을 불러들여 흔단을 일으키려다가 자신이 그 화를 당하게 되자 몹시 격분하여 응원을 청하면서 말할 때마다 목숨을 바쳐서 절개를 지키겠다고 하였던 것입니다.…

원래 작은 나라의 임금이 무도한 짓을 하면 군사를 동원하여 치는 것은 삼대(三代)의 움직일 수 없는 큰 법입니다. 지금 조선 국왕 이연(李昖)이 신하와 백성들에게 포악하게 굴고, 술과 여색에만 빠져 있으며, 거기다가 왜인을 끌어들여 명나라를 침범하려고 하면서 명나라 조정을 우롱하는 한편, 다시금 양호와 한 통속이 되어 황제를 기만하고 있는 것입니다.…

총독 형개(邢玠), 순안어사 진효(陳效), 제독 마귀(麻貴), 장수 등 관리들은 어째서 양호의 조상이 규명도 되기 전에 오늘은 변명할 건의서를 토의하면서 짜고 황제를 속이려 하다가, 다음날에 가서는 사람을 시켜서 양호를 그대로 있게 해달라고 사정을 하는 등 부당하게 비호하여 나서는 것이겠습니까.…

바라건대 황제께서는 신이 올리는 보고서와 함께 보내는 〈해동기략〉을 조정의 신하들에게 내려 보내서 조선의 임금과 신하들이 왜인을 물리친다고 하면서 명나라 조정을 우롱한다는 것이 사실인지 아닌지, 형개, 진효, 마귀 등이 사사로운 정에 이끌려 한통속이 되어 황제를 속인다는 것이 사실인지 아닌지, 사사로이 인정을 베풀면서 양호를 부당하게 비호하고 있는 것이 사실인지 아닌지에 대하여 공정하게 논의하게 한다면, 여러 무리들의 간사한 술책은 많은 사람들의 눈을 속이거나 공정한 평판에서 빠져나가지 못할 것입니다."」   -〈선조실록〉(1598. 9. 21.(癸卯)-

(*〈해동기략(海東紀略)〉이란 책은 신숙주(申叔舟)가 왜인 중이 그 나라의 왕실 가계를 적어 놓은 것을 얻어 보고 그 본문을 그대로 우리나라의 왜인 접대 규례에다 부록으로 붙여서 한 책으로 만든 것으로, 연호를 큰 글자로 쓴 것은 그 본문이고 두 줄로 갈라 쓴 것은 주석을 단 것이다.--〈선조실록〉(1598. 10. 5.(丁巳)에서.)
(*너무나도 황당한 정응태의 모함으로 명나라 조정은 물론 조선 조정은 이후 한참동안 큰 곤경과 혼란에 빠지게 된다. 한편, 이러한 모함을 받게 되자 선조는 병이 도져 눕게 되고, 이를 해명하기 위하여 명나라에 사신을 보내고, 이런 모함과 비방, 중상을 받게 되기까지 이른 데 대한 책임으로 선조가 또다시 양위를 하겠다고 선언하고……. 한마디로 온 나라가 이 문제로 들끓는 바람에 적진 앞에서 큰 분열과 자중지란을 일으키게 된 셈이었다.
정응태의 이 보고서는 모함과 중상, 비방의 극치를 이루는 내용으로, 정유년에 이순신을 모함하던 세력들의 모함의 말에 견줄만하다.)

〈난중일기〉

9월 22일(甲辰). 맑다. 아침에 진군하여 서로 싸우다가 유격(遊擊: 季金)이 왼편 어깨에 탄환을 맞았는데, 중상은 아니었다. 명나라 군사 11명이 탄환에 맞아 죽고 지세포(知世浦) 만호도 탄환에 맞았다.

(*이번 예교(曳橋: 柚島)에서의 전투 결과를 보고한 이덕형(李德馨)의 장계가 〈선조실록〉 10월 1일(癸丑)자에 실려 있다. 본래 유정(劉綎)의 육군과 합동으로 공격하기로 했던 것인데, 유정이 공격을 하지 않음으로써 수군 단독으로 싸웠으나 별로 성과가 없었다.)

〈명나라 군사들이 많이 희생당한 예교 전투〉

「○우의정 이덕형이 급보를 올렸다.

"수군이 예교(曳橋)에 접근하자 왜적이 나와서 싸움이 벌어졌는데, 유격 계금(季金)이 오른 팔에 탄환을 맞았으나 그다지 크게 상하지는 않았습니다. 명나라 군사들 가운데 탄환에 맞아 죽은 사람의 수를 모를 지경입니다. 유 제독(劉綎)이 지금 (공성용) 사다리와 수레를 만들고 있는데, 아직 완성하지 못하였습니다."」

―〈선조실록〉(1598. 10. 1.(癸丑)―

9월 23일(乙巳). 맑다.

9월 24일(丙午). 맑다. 충청병사 이시언(李時言)의 군관 김정현(金鼎鉉)이 왔다. 남해 사람 김덕유(金德有) 등 다섯 사람이 나와서 그 고을의 적의 상황을 전하였다. 진대강(陳大綱)이 돌아갔다.

9월 25일(丁未). 맑다. 진대강(陳大綱)이 다시 돌아와서 유(劉綎) 제독의 편지를 전하였다. 이날 육군은 비록 공격을 하려고 했으나 군사 장비가 완전하지 못했다. 김정현(金鼎鉉)이 와서 만났다.

9월 26일(戊申). 맑다. 육군의 장비가 제대로 갖추어지지 못했다. 저녁에 정응룡(鄭應龍)이 와서 북도(北道)의 일을 말하였다.

〈진주 방면으로 진격해 가는 동일원 제독〉

「○군문도감의 당하관이 당상관의 말을 전하여 보고하였다.

"동 제독(董一元)이 20일에 군사를 내몰아 진주로 진격해 갔었는데 적들은 소와 말과 무기를 모두 버리고 곤양, 사천 방향으로 달아났습니다. 단지 적의 머리 7개를 베고 사로잡혀 갔던 사람 4백여 명을 찾아 왔습니다. 한편으로 진주를 지키면서 한편으로 추격해 나가고 있습니다."」 −〈선조실록〉(1598. 9. 25.(丁未)−

〈유정의 군사, 행장의 군사들을 기습 공격하다〉

「○우의정 이덕형이 급보를 올렸다.

"이달 20일에 행장(行長)이 유 제독(劉綎)과 서로 만나자고 하였으므로 유 제독은 기패(旗牌) 왕문헌(王文憲)을 제독으로 가장시키고 우후 백한남(白翰南)을 도원수로 가장시켜 한창 서로 만나려고 할 때 명나라 군사들이 서둘러 총을 쏘아댔습니다. 그리하여 행장은 몹시 기겁하여 소굴로 달아나버렸는데 과일, 밀가루, 고기 등 음식물들이 예교(曳橋)로 가는 10리 어간에 너저분하게 널려 있었습니다.

명나라 군사들이 일제히 소굴까지 육박해 들어가고 수군도 때를 같이하여 예교 앞바다에 와 닿았습니다. 적들은 기가 이미 꺾여서 나와 싸우지 못하지만 명나라 군사들은 기세가 당당하여 적은 쉽게 소멸시킬 수 있을 것 같습니다. 현재 무기들을 만들고 장작을 패서 성을 칠 계획을 세우고 있습니다."」

−〈선조실록〉(1598. 9. 26.(戊申)−

〈이순신에게 적의 수급을 강요하는 진린의 추태〉

「○비변사에서 건의하였다.

"이순신이 절이도(折爾島) 싸움에서 적의 머리 71개를 잘랐는데, 진(陳) 도독이 40개를 빼앗아 가고 계(季) 유격이 5개를 빼앗아 갔습니다. 도독은 이순신에게 강요하기를 단지 26개를 자른 것으로 보고하라고 하였기 때문에 이순신은 그의 말대로 26개를 자른 것으로 거짓 장계를 작성하여 올려 보내는 한편, 또 별도로 장계를 작성하여 사실대로 보고하였습니다.

왕(王) 안찰(按察)이 남쪽으로 내려가서 이 소문을 듣고는 우리나라에 공문을 보내어 그 일에 대하여 물으면서 동시에 그 장계를 보내라고 하였습니다.

이제 만일 사실대로 보고한 장계를 보낸다면 틀림없이 진(陳璘) 도독을 큰 죄로 몰 것이므로, 거짓으로 보고한 보고서를 보내주어야 하겠기에 감히 문의합니다."

(*사관은 말한다.— 왜적을 치러 나온 장수들치고 공로를 탐내지 않는 사람이 없었다. 진린도 남의 공로를 빼앗아서 자기 공로로 만들었다. 이렇게 하면서 성공하기를 바란다는 것은 어려운 일이 아니겠는가.)」　　　　　　　—〈선조실록〉(1598. 10. 4.(丙辰)—

〈울산 방면으로 진격한 명나라 군사와 왜적의 동향〉

(*한편, 도독이 파견한 관리의 보고에 의하면, 이때 울산 방면으로 진격한 명나라 군사와 왜적의 정세는 이러하였다.)

「○군문도감에서 보고하였다.

"지금 도산을 포위하고 있는 형편은 전일에 양경리(楊鎬)가 진격하였을 때와 꼭 같기는 하지만, 적들이 도랑을 파서 바닷물을 끌어들여 넣었기 때문에 사람들이 건너갈 수 없게 되었으므로 들이쳐서 함락시키기는 어려울 것 같습니다. 장천의 건너편 30리 구간에는 적의 양곡을 쌓아놓은 것이 많았는데 모두 불태워버렸고, 전후하여 찾아내어 데려온 우리나라 사람은 1,100여 명이나 됩니다."」
-〈선조실록〉(1598. 9. 27.(己酉)-

9월 27일(己酉). 아침에 잠시 비가 뿌리고 서풍이 크게 불었다. 형(邢)군문이 글을 보내어 수군이 신속히 진군한 것을 가상히 여긴다고 하였다. 식후에 진(陳璘) 도독을 보고 조용히 의논하였다. 종일 바람이 크게 불었다. 저녁에 신호의(愼好義)가 와서 보고 잤다.
(*이날 진린 도독이 와서 조용히 의논한 내용은 아마도 〈선조실록〉 10월 4일자(丙辰)에 기록되어 있는 다음의 내용에 관한 것이었을 것이다.)

9월 28일(庚戌). 맑다. 서풍이 세게 불어 크고 작은 배들이 출입할 수 없었다.

9월 29일(辛亥). 맑다.

9월 30일(壬子). 맑다. 이날 저녁에 왕 유격(王元周), 복 유격(福昇) 이 파총(李天常)이 전선 1백여 척을 거느리고 진에 왔다. 불빛이 휘황하여 적도들의 간담이 서늘해졌을 것이다.

1598(戊戌)년 10월

(*이달의 〈난중일기〉는 12일까지만 있고 10월 13일부터 11월 7일까지의 〈난중일기〉는 발견되지 않고 있다.)

(*이 달에 있었던 주요 사건을 〈선조수정실록〉에 의거 요약하면 다음과 같다.

○이보다 앞서 군문 형개(邢玠)가 여러 장수들을 나누어 배치하여 마귀(麻貴)는 울산을, 동일원(董一元)은 사천을, 유정(劉綎)은 순천을, 진린(陳璘)은 바닷길을 맡게 하여 일제히 적의 군영을 들이쳤으나 모두 이기지 못하였다. 동일원은 적에게 패하여 그의 군사들 중에 죽은 사람이 더욱 많았다.

○경리 만세덕(萬世德)이 서울로 들어왔다.)

10월 1일(癸丑). 맑다. 진 도독(陳璘)이 새벽에 유 제독(劉綎)에게로 가서 잠깐 서로 이야기하였다.

10월 2일(甲寅). 맑다. 오전 6시경에 진군했는데, 우리 수군이 먼저 건너가 정오까지 싸워서 적을 많이 죽였다. 사도 첨사(黃世得)가 탄환에 맞아 전사하고, 이청일(李淸一)도 죽고, 제포(薺浦) 만호

주의수(朱義壽)와 사량 만호 김성옥(金聲玉), 해남 현감 유형(柳珩), 진도 군수 선의경(宣義卿), 강진 현감 송상보(宋尙甫)는 탄환에 맞았으나 죽지는 않았다.

10월 3일(乙卯). 맑다. 진(陳璘) 도독이 유(劉綎) 제독의 비밀 서신을 받고 초저녁에 나가 싸워 자정에 이르기까지 적을 쳐부수었다. 그러나 명나라의 배인 사선(沙船) 19척, 호선(號船) 20여 척이 불탔다. 도독이 엎어지고 자빠지던 모습은 이루 다 형언할 수가 없다. 안골 만호 우수(禹壽)도 탄환에 맞았다.

(*10월 2일 싸운 정황에 대하여 이순신이 올린 보고서가 〈선조실록〉 10월 13일자에 기록되어 있는 다음과 같은 내용이다.)

〈왜교성 전투 보고서; 이순신〉

「○수군통제사 이순신이 급보를 올렸다.
　"(10월)2일 수군이 합세하여 적을 쳤습니다. 적들은 육군이 바라보기만 하면서 공격하지 않는다는 것을 알고는 수군에다 힘을 집중하였습니다. 우리 군사가 피어린 싸움을 한 결과 적의 시체가 너저분하게 널렸고 언덕 아래에는 간혹 무더기로 쌓여 있는 데도 있었습니다. 우리 군사로서는 탄환을 맞고 죽은 자가 29명이고, 명나라 군사는 5명이었습니다."」

　　　　　　　　　　　　　　-〈선조실록〉(1598. 10. 13.(乙丑)-

(*한편, 이날 수륙 연합군으로 적을 치기로 하였으나, 유(劉) 제독이 거느린 육군의 전투상황을 보면 수군과는 너무나 대조적이다. 〈선조실록〉 10월 4일(丙辰) 및 10월 12일(甲子)자의 기록을 본다.)

〈왜교성 전투 보고서; 이광악〉

「○전라병사 이광악(李光岳)이 급보를 올렸다.

"적들이 여러 날 째 포위되어 궁지에 빠지게 되자 어제 낮 12시 경(午時)에 강화를 하자고 하면서 편지를 성벽에다 꽂았습니다. 제독이 회답하기를 '조선의 남녀들을 내보낸다면 그 소원대로 해주겠다.' 라고 하였습니다."」　　－〈선조실록〉(1598. 10. 4.(丙辰)－

〈왜교성 전투 보고서; 우의정 이덕형〉

「○우의정 이덕형(李德馨)이 급보를 올렸다.

"유(劉) 제독이 2일에 성을 칠 때 여러 군사들이 적의 성 밑에서 60보쯤 되는 지점까지 들어갔을 때 적의 총탄이 비 오듯 쏟아졌습니다. 제독은 깃발을 눕힌 채 싸움을 다그치지 않았으므로 오 부총이 거느린 광동 군사는 대장의 명령만 안타깝게 기다리면서 간혹 순차(楯車: 성벽 공격용 수레) 안에 들어가서 졸고 있는 사람도 적지 않게 있었습니다. 그때 썰물이 점점 지기 시작하여 수군은 물러났습니다.

왜적은 육군이 일제히 쳐들어오지 않는 것을 보고는 밧줄을 타고 성벽을 내려와서 앞으로 나오면서 공격하였습니다. 그 바람에 광동 군사 20여 명이 죽게 되었는데, 광동 군사는 놀라서 1백 보쯤 퇴각하고 전체 군사들의 사기도 떨어지고 말았습니다.

이날의 일은 꼭 어린애들 장난 같았습니다. 공격도 하지 않고 퇴각도 하지 않으면서 각 군사들이 한자리에서 반나절 동안이나 서 있다가 적의 탄환만 맞았습니다. 제독이 하는 일은 도무지 이해할 수 없었습니다.

3일에는 수군이 밀물을 타고 피어린 싸움을 하면서 큰 총을 쏘아 행장이 있는 집을 맞히자 왜적들이 겁을 먹고 모조리 동쪽으로 쏠려 가버렸습니다. 이때 서쪽으로 쳐들어갔더라면 성을 함락시킬 수도 있었을 것입니다.

김수(金睟)가 성문을 열고 들어가서 싸우자고 청하였으나, 제독은 성난 기색으로 끝내 군사를 움직이지 않았습니다. 성 위에서 어떤 여인이 왜치기를 '지금 왜적이 없으니 명나라 군사는 빨리 들어오라.'고 하였습니다.

이렇듯 좋은 기회가 생겼는데도 팔짱만 끼고 앉아서 지냈습니다. 제독이 하는 일을 보면 꼭 넋을 잃은 사람 같았기 때문에 장수와 군사들이 모두 경멸하였습니다.

때마침 사천(泗川)에서 패전하였다는 보고를 듣자 마음이 어지러워진지라 퇴각할 결심을 하였으니 더욱 통탄할 일입니다.

제독이 수군과 협력하지 않은 것은 원래 공로를 다투는 생각 때문이었는데, 끝내 일을 더욱 크게 그르치게 하였으니 더욱 통탄을 금할 수 없습니다."」　　　　　-〈선조실록〉(1598. 10. 12.(甲子)-

「○우의정 이덕형이 급보를 올렸다.

"제독이 밤을 타서 철수하였습니다. 군사들이 흩어져서 무질서하였으며, 왜교(倭橋)로부터 순천에 이르기까지 하얀 쌀알이 길바닥에 깔려 있었습니다. 왜교에는 그래도 3천여 섬이나 남아 있었으므로 다 불태우게 했지만, 태우지 못한 것들은 적의 손에 들어가고 말았습니다.

퇴각할 때 수군은 밀물을 타고 성을 칠 준비를 하고 있었습니다. 이번 싸움에서 우리 군사는 거의 1만 수천 명이나 되었고 성을 치기 위한 여러 가지 기구들도 보기에 이만저만이 아니었지만, 적의 성을 한 쪽도 쳐서 허물지 못하고 말았습니다. 도리어 후회되는 것은 적에게 양곡만 보태주고 돌아온 것입니다. 통분함을 견딜 수 없

습니다."」　　　　　　　　　－〈선조실록〉(1598. 10. 12.(甲子)－

(*한편, 이날 명나라의 동 제독(董一元)이 거느린 육군은 사천성 전투에서 처음에는 약간의 승리를 거두었으나 후에 무참한 패배를 당하는데, 그 전투의 정황이 〈선조실록〉 10월 4일(丙辰), 10월 8일(庚申)과 10일자(壬戌)에 기록되어 있다.)

〈사천성 전투〉

「○동 제독의 접반사 이충원(李忠元)이 급보를 올렸다.

"사천을 들이치자 적의 무리 4백여 명이 성을 버리고 새 성책으로 달아났습니다. 명나라 군사와 우리나라 군사가 적의 머리를 80여 개 베었으나 노 유격(盧得功)이 탄환을 맞아 전사했습니다. 적의 시체 가운데 비단옷을 입은 자가 있었는데 투항한 왜인이 알아보고 말하기를 '이 자는 사천 진중에서 두 번째 장수이다.' 라고 하였습니다."」　　　　　－〈선조실록〉(1598. 10. 4.(丙辰)－

「○군문도감에서 보고하였다.

"동(董一元) 제독이 파견한 관리가 와서 이렇게 말하였습니다.

'동 제독이 진주를 친 다음 승리한 기세를 몰아 사천(泗川)까지 육박해 가자 동양(東陽)에 있던 적들은 싸우지도 않고 흩어져 달아나 버렸습니다. 드디어 새로 쌓은 성책을 진공하여 대포를 쏘아 성문을 깨트리고 대군이 들어가려던 순간 모(茅) 유격의 진영에서 화약에 불이 붙었기 때문에 진중(陣中)이 소란하게 되었습니다.

왜적이 바라보고 있다가 문을 열고는 마주 쳐나오면서 대항하는 한편, 좌우로 매복하고 있던 적들이 사방에서 들고 일어나는 바람에 대군이 당황하여 도망쳐 흩어졌습니다. 죽은 사람은 거의 7~8

천 명이나 되고 제독은 진주(晉州)로 퇴각하였습니다.'"」
-〈선조실록〉(1598. 10. 8.(庚申)-

〈사천성 전투: 경상도 관찰사 정경세의 보고〉
「○경상도 관찰사 정경세(鄭經世)가 급보를 올렸다.
"동(董一元) 도독이 초이튿날 새로 쌓은 성책에 있는 적을 들이쳐서 성문을 깨트리고 막 들어가려던 순간 모(毛) 유격의 진중에서 화약에 불이 붙어 그것을 끄느라고 군사들은 쩔쩔맸습니다. 왜적이 바라보다가 문을 열고 뛰쳐나와 포를 쏘는 바람에 명나라 군사들은 퇴각을 하게 되었습니다. 죽은 사람이 7천명이나 되고 군량 2천여 섬도 태워버리지 못한 채 물러났습니다. 엎어진 시체가 들판에 가득하고 군량과 무기들이 130리 어간에 좍 널렸습니다. 도독은 퇴각하여 성주(星州)에 와 있는데, 설령 재차 공격을 하려고 해도 무기 하나 없으니 속수무책입니다."」

〈울산 방면으로 나아간 마귀 제독의 동정〉
(*한편 울산 방면으로 진격해 갔던 마 제독의 상황은 이러하였다.)
○마(麻) 제독의 접반사 이광정(李光庭)이 급보를 올렸다.
"제독이 내성에서 물러선 뒤로부터 자못 겁을 내더니 지금은 경주로 퇴각하려고 합니다."」 -〈선조실록〉(1598. 10. 2.(甲寅)-

○마(麻) 제독의 접반사 이광정(李光庭)이 급보를 올렸다.
"제독은 가운데 방면으로 나가던 군사들이 패전했다는 소식을 듣자 경주로 물러나 경주를 지키려고 하면서 보병은 이미 떠나보냈습니다. 안타까움을 금할 수 없습니다."」
-〈선조실록〉(1598. 10. 10.(壬戌)-

(*○이때 동쪽 방면에는 명나라 군사가 2만 4천 명이고 우리 군사가 5,514명이었으며, 가운데 길에는 명나라 군사가 2만 6,800명이고 우리 군사가 2,215명이었으며, 서쪽 길에는 명나라 군사가 2만 1,900명이고 우리 군사가 5,928명이었다. 바다에서는 명나라 군사가 1만 9,400명이고 우리 군사가 7,328명이어서 모두 합하면 10만여 명쯤 되었으며, 군량과 무기도 여기에 상응하였다.

그럼에도 불구하고 세 방면의 군사가 걷잡을 수 없이 다 무너져버렸기 때문에 인심이 소란해져서 짐들을 꾸려가지고 피난 갈 준비를 해놓고 기다리고 있었다.)

〈진린의 무리수로 많은 희생자를 낸 전투〉

「○도원수 권율이 급보를 올렸다.

"3일 밤에 수군이 밀물을 타고 들이쳤는데, 죽거나 상한 왜적이 헤아릴 수 없이 많았습니다. 명나라 군사는 싸움에 정신이 팔려 썰물이 지는 것도 몰랐습니다.

명나라의 배 23척이 여울 턱에 걸리게 되자 적들이 따라와서 불을 질렀습니다. 명나라 군사들 가운데서도 죽고 상한 자와 적에게 사로잡힌 자가 대단히 많습니다. 그 중에서 살아서 돌아온 자는 140여 명입니다.

우리나라의 배도 7척이 여울 턱에 걸렸는데 이튿날 수군이 아침 밀물을 타고 들어가서 구원해 가지고 돌아왔습니다."」

—〈선조실록〉(1598. 10. 10.(壬戌)—

(*이때의 싸움에서 명나라의 진린(陳璘)의 군사가 크게 피해를 보게 된 과정을 〈상촌집(象村集: 조선 중기 한문 4대가의 한 사람인 신흠(1566~1628)의 시문집)〉에서는 이렇게 묘사하고 있다.)

〈상촌집(象村集)〉

「진린(陳璘) 도독이 통제사 이순신과 더불어 조수를 타고 나가서 공격하면서 싸움을 독려하기를, "모든 배는 각각 적의 배 2척씩 붙들어 오라. 오늘밤에는 기필코 이 적을 남김없이 다 섬멸할 작정이다."라고 하였다.

이순신이 조수가 물러가고 있다고 일러주었으나 도독은 듣지 않았고, 명나라의 모든 배들은 서로 번갈아 적의 배를 빼앗기에 여념이 없어서 조수가 물러가는 것도 모르고 있다가 결국 사선(沙船), 호선(號船) 23척이 여울목에 걸려버렸다. 적들이 그것을 보고 몰려들자 여러 배가 에워싸고, 배 위에 있는 사람들은 칼과 창을 휘두르며 내리 찔러서 죽인 적의 수를 헤아릴 수 없었다. 그러나 명나라 군사들도 역시 많이 죽었다.

우리 군사들이 어둠 속에서 편전(片箭)을 마구 쏘아대자 적이 비로소 한 쪽을 열어주므로, 포구의 진흙 속에 빠진 명나라 군사 140명을 구해 내었다. 명나라 군사의 배는 불에 탄 것이 19척이고 빼앗긴 것이 4척이었다.」

〈난중일기〉

10월 4일(丙辰). 맑다. 아침에 배를 출발하여 적을 공격하며 종일 싸웠다. 적들은 허둥지둥 달아났다.

10월 5일(丁巳). 맑다. 서풍이 세게 불어 배들이 간신히 정박하고 있으면서 하루를 보냈다.

10월 6일(戊午). 맑다. 서풍이 세게 불었다. 도원수(權慄)가 군관을 보내어 편지를 전하기를, 유 제독(劉綎)이 달아나려고 한다고 하였다. 통분, 통분할 일이다. 나라의 일이 장차 어떻게 될 것인가.

10월 7일(己未). 맑다. 유 제독이 보낸 군관이 도독부(都督府)에 와서 고하기를, 육군은 잠깐 순천으로 퇴각하여 다시 정비해 가지고 나서 나아가 싸우려 한다고 하였다. 아침에 송한련(宋漢連)이 군량 4섬, 조 1섬, 기름 5되, 꿀 3되를 바치고 김태정(金太丁)이 쌀 2섬 1말을 바쳤다.

10월 8일(庚申). 맑다.

10월 9일(辛酉). 맑다. 육군이 이미 철수하였으므로 도독(陳璘)과 함께 배를 거느리고 떠나 바닷가 정자(亭子)에 이르렀다.

10월 10일(壬戌). 좌수영에 이르렀다.

10월 11일(癸亥). 맑다.

10월 12일(甲子). 나로도(羅老島)에 이르렀다.
(*10월 13일부터 11월 7일간의 〈난중일기〉는 발견되지 않고 있다.)

(*그간 이순신과 진린은 같이 작전하고, 같이 술을 마시고, 같이 이야기하는 사이에 어느덧 개인적으로도 상당한 신뢰와 상호 존중의 마음을 갖게 되었다. 이런 우호적인 관계에서 두 사람이 같은 운(韻)을 가지고 시를 지어 주고받은 것이 다음의 시이다.
이 시를 지은 정확한 날짜는 알 수 없으나, 진린 도독이 먼저 危(위), 時(시), 知(지), 辭(사)라는 운으로 시를 짓고, 이순신이 이어받아 같은 운으로 그에 화답을 하는 형식으로 되어 있다.
　이전에 이미 진린은 명나라 황제에게, 이순신을 명나라의 장수로 불러서 높이 등용하여 북쪽 변경의 방비를 맡긴다면 명나라가 평안해질 것이라고 하면서 그를 추천하는 장계를 올린 바 있었으나, 이순신은 그것을 거절한 일이 있었다. 이순신의 시는 언제나 화려한 문사로써가 아니라 시 속에 담겨 있는 진실한 마음으로 인해 사람들을 크게 감동시킨다.)

(一)
〈진린도독의 시(次韻)〉

堂堂又赳赳(당당우규규)	당당하고 용감하신 그대 없었으면
微子國應危(미자국응위)	이 나라 운명 위험하였으리.
諸葛七擒日(제갈칠금일)	제갈량처럼 일곱 번 사로잡고
陳平六出時(진평육출시)	진평(陳平)처럼 여섯 번 계책을 내놓자
威風萬里振(위풍만리진)	위풍은 만 리에 떨쳤고
勳業四維知(훈업사유지)	공적은 세상에 두루 알려졌소.
嗟我還無用(차아환무용)	아, 나는 더 이상 쓸모없으니 돌아가겠소
指揮且莫辭(지휘차막사)	지휘권 돌려드릴 테니 사양 마시오.

〈이순신의 화답 시(和韻)〉

賴天子勤恤(뢰천자근휼)	다행히도 천자께서 불쌍히 여기시어
遣大將扶危(견대장부위)	장군을 보내시어 구원하게 하시었소.
萬里長征日(만리장정일)	만 리 먼 길 정벌 나온 바로 그날이
三韓再造時(삼한재조시)	이 나라 삼한이 다시 살아난 때라오.
夫君元有勇(부군원유용)	장군께선 본래부터 용감하시지만
伊我本無知(이아본무지)	이 나는 본래부터 아는 것이 없고

只擬死於國(지의사어국)　　다만 나라 위해 죽으려는 각오뿐이니
何須更費辭(하수경비사)　　다시 무슨 긴 말이 필요하리까.

(二)
〈진린의 차운(次韻)〉
不有將軍在(불유장군재)　　만약 이 나라에 장군이 없었던들
誰扶國勢危(수부국세위)　　그 누가 이 나라 운명 붙들었겠소.
逆胡驅曩日(역호구낭일)　　지난날엔 오랑캐 몰아내었고
妖氛捲今時(요분권금시)　　오늘에는 요망한 기운 거두시었네.
大節千人仰(대절천인앙)　　그대 큰 절개 모든 사람들 우러러보고
高名萬國知(고명만국지)　　그대 높은 이름 만국이 두루 안다오.
聖皇求如切(성황구여절)　　우리 황제 간절히 그대 보자 하시거늘
超去豈終辭(초거기종사)　　뛰어가지 않고 왜 끝내 사양하시오.

〈이순신의 화답(和韻)〉
若向中朝去(약향중조거)　　그대 만약 중원으로 가시고 나면
其於外國危(기어외국위)　　중원 밖의 이 나라 위태로워질 거요.
南蠻更射日(남만경사일)　　남쪽의 왜적들 또다시 설칠 테고
北狄又乘時(북적우승시)　　북쪽의 오랑캐도 그 틈을 노릴 때
全節終須報(전절종수보)　　절개 지켜 끝내 나라 은혜 보답할 뿐
成功豈可知(성공기가지)　　성공 여부야 내 어찌 알 수 있으리오.
平生心已定(평생심이정)　　평생의 마음 이미 정해졌으니
此外有何辭(차외유하사)　　이 밖에 무슨 말 또 하오리까.

〈사천 전투에서 패배한 명나라 군사〉
　　(*10월 16일(戊辰)자의 〈선조실록〉에는 이달 초에 벌어진 수륙 연합

작전에서 수군들의 승전과는 반대로 육전에서 패한 명나라 장수 자신이 설명하는 전투 당시의 상황이 변명조로 설명되고 있다. 사실과는 거리가 먼 보고서임을 쉽게 알 수 있다.)

「○동(董一元) 제독이 보내온 공문은 이러하였다.
"어저께 나라의 위력에 의하여 망진산(望晉山)과 사천(泗川)의 여러 왜성을 쳐부수고 계속해서 심안도(沈安道)를 치려고 했으나, 뜻밖에도 각 성책에 남아 있던 적들이 전부 한곳으로 몰려갔고 뭍과 바다로부터 왜적의 응원병이 도착하였습니다. 비록 그렇기는 하였지만 사방에서 모여든 우리 군사들이 힘껏 들이쳤기 때문에 이미 전과를 거두어 결판을 낼 가망이 보였습니다.
그런데 뜻밖에도 세상일은 사람의 뜻대로 되지 않았습니다. 우리 진영에서 화약통 하나에 불이 붙어 화염을 피하는 순간 왜적이 연기가 자욱한 틈을 타서 갑자기 달려들어 한참동안 혼전이 벌어지는 바람에 양쪽이 다 손상을 입었습니다. 잠시 퇴각하여 군사들을 쉬게 한 후 재차 공격할 준비를 하고 있습니다."
 (*사관은 말한다.
⟨사천의 패전에서 제독의 군사가 절반 이상이나 죽었고, 군량과 무기가 모조리 적의 손으로 들어갔으며, 제독 자신도 겨우 빠져나왔다. 그런데 지금에 와서 한다는 소리가 양쪽에서 다 손상을 당했다고 하니, 허세를 부리면서 큰소리치는 버릇은 여기에서도 볼 수 있다.⟩」　　　　－⟨선조실록⟩(1598. 10. 16.(戊辰)－

(*이런 거짓보고 때문에 후에 명나라에서는 패전의 진상 조사를 한다는 이유로 급사(給事)가 파견 나오고, 다시 조사가 이상한 방향으로 흘러서 조선의 조정까지 곤욕을 당하는 일이 벌어진다.)

〈황제에게 올린 명군의 사천성 전투 패배 보고서〉

「○감찰어사 진효(陳效)가 황제에게 올린 글은 이러하였다.

"가운데 방면으로 나간 총병 동일원의 보고에 의하면, '이달 초 하루 날 각처에서 패전한 왜적들이 모조리 심안도(沈安道)의 큰 성책으로 몰려갔는데, 그 성책은 삼면이 강에 임했으므로 한 쪽만 공격하였습니다. 각각 성책을 맡아서 쳐들어가던 중이었는데 뜻밖에 팽신고(彭信古)의 진영에서 불이 났습니다. 교활한 왜적이 그 틈에 달려들어서 한참 동안이나 혼전을 벌이는 바람에 죽거나 다친 사람이 상당히 많습니다.' 라고 하였습니다.

또 해방도(海防道) 우참의(右參議) 양조령(梁祖齡)의 보고는 이러하였습니다.

'이날(10월 2일) 공격을 개시하자 적은 감히 나와서 대항하지도 못했는데, 우연히 진영에 있던 화약에 불이 붙어 연기와 불꽃이 하늘을 덮었습니다. 우리 군사가 피하여 흩어지자 적이 그 틈에 달려들었습니다. 기병은 적을 보자마자 뛰어 달아나는 바람에 보병은 형세가 불리해져 크게 낭패를 당하였습니다. 적이 강가까지 쫓아와서야 비로소 돌아갔습니다. 우리 군사는 손상이 대단히 컸으며 가지고 있던 식량과 말먹이도 다 버리고 왔습니다. 다 되어가던 일이 순식간에 수포로 돌아가고 말았으니 이것이 어찌 하늘의 뜻이겠습니까. 역시 사람이 한 일에서 빈틈이 많았던 탓입니다.

전군을 다 출동시키면서 근거지도 마련해 두지 않았고, 기병과 보병이 일제히 공격하는데 배후에 응원부대가 없었으니 모든 것이 다 계책을 잘못 세운 때문입니다. 왜적이 쳐들어오는 것을 보자마자 스스로 무너져버렸고, 기병이 앞에서 종횡으로 길을 막으면서 보병을 적의 칼날에 내맡기고 말았으니, 이에 대하여 본관은 팔을 휘두르며 이를 갈게 됩니다.

대개 근래에 와서는 칼자루를 거꾸로 잡은 셈이 되고 법이 엄격하지 못하므로 죄가 있어도 처벌을 하지 않으니 어떻게 뒷사람을 징계할 수 있겠습니까. 따져 보면 보병은 미처 손쓸 사이가 없었으니 그래도 용서해줄 수가 있겠지만, 기병은 먼저 달아났으니 보병보다 죄가 크며, 그 가운데서도 마정문(馬呈文)과 혁삼빙(赫三聘)의 두 진영이 사실은 도망치는 데 앞장섰습니다. 실태를 조사하여 규탄하기 바랍니다.'
이런 사연으로 신에게 건의하였습니다.
신이 검토해본 바에 의하면, 마정문과 혁삼빙은 적이 무서워서 먼저 달아났습니다. 북을 울리면서 적을 쳐야 한다는 것은 생각지 않고 수많은 군사를 적에게 내맡겼으니 나라를 위해 목숨을 바치는 충성이 전혀 없었습니다. 한번 패해서 나라의 위신을 크게 손상시켰으니 법에 의한 처벌을 면할 수 없습니다. 독무(督武)의 관리가 조사하여 건의한 의견을 들어주어 군법대로 엄격하게 다스려야 할 것입니다.
총병 동일원(董一元)은 싸움판에서 규율을 거듭 강조하지 않았으며, 적을 깔보고 견고한 성을 쳤으니 만전을 기하는 데 있어서 매우 큰 실책을 범했으며, 군량과 무기를 전부 적에게 넘겨주었고 군사와 말들을 모두 모래사장에다 버렸습니다. 스스로 교활한 꾀에 빠지고 말았으니 군사상 권한을 가질 자격이 전혀 없습니다. 우참의 양조령의 조사보고는 진실하므로 정상을 참작하여 용서해 주어야 할 것입니다.
해당 부에 지시를 내려 다시 조사하여 토의하도록 하기를 삼가 바랍니다."」　　　　　－〈선조실록〉(1598. 10. 17.(己巳)－

○승정원에 지시하였다.

"사천 싸움에서 명나라 군사가 죽은 곳에 관리를 보내어 제사를 지내주도록 하라. 우리나라 군사들 가운데는 죽은 사람이 몇이나 되는가? 여러 보고서에서 언급된 것이 없지만, 역시 돌봐주는 은전을 베풀어야 할 것이다."」 -〈선조실록〉(1598. 10. 17.(己巳)-

〈패전 후 명나라 군사의 동정〉

「○병조에서 건의하였다.

"남쪽 변경의 일이 일단 이 지경에 이르자 온 나라가 어쩔 줄 모르고 있습니다. 형편이 참혹해서 차마 말을 할 수 없습니다. 도원수 권율이 지금 싸움터에 있으면서 한번 싸워보려고 벼르고 있으니 군사를 5백 명쯤 모집하여 내려 보내주어야 할 것입니다."

○경상도 관찰사 정경세가 급보를 올렸다.

"4일에 마 제독(麻貴)이 보병과 무기를 비롯한 일체 물자들을 전부 철수시켰습니다. 경주에는 단지 기병만 남아 있습니다. 6일에는 제독이 행군하여 수화촌(垂火村)에서 10리 쯤 되는 신원(新院)으로 옮겨가 주둔하고 있는데, 앞으로 어떻게 할 작정인지 모르겠습니다."」   -〈선조실록〉(1598. 10. 20.(壬申)-

〈찬획 정응태가 조선을 모함하여 황제에게 올린 거짓보고서〉

(*조선에서 경리 양호(楊鎬)의 파직을 취소해 달라는 청원을 명나라 황제에게 건의하였다가 찬획(贊畫) 정응태(丁應泰)로부터 "조선이 왜적과 연합하여 명나라를 치려고 했다, 명나라 연호를 쓰지 않고 독자적인 연호를 썼다, 의주와 요동 사이에 있는 압록강 안의 섬의 영토를 두고 명나라와 영토 다툼을 벌이고 있다." 는 등의 황당한 모함을 받게 되었고, 이를 계기로 명나라에서 급사(給事)를 파견하여 조사를 하게 하는

등 큰 수모를 당하게 되었다.
이에 선조는 황제에게 이를 해명하는 진주사(陳奏使)를 파견하고 주문(奏文)을 올리게 되는데, 당시 조선과 왜국과의 관계, 명나라와의 외교 관계 등을 알 수 있게 해주는 자료이다.
정응태가 황제에게 올린 조선을 모함하는 글의 요지는 이러하였다.)

「○정응태가 황제에게 올린 글의 요지는 이러하였다.
"조선은 이전부터 왜적과 내통해 왔습니다. 『해동기략(海東紀略)』이란 책만 보더라도 간악한 변방이라는 것이 사실입니다. 지금도 수도에는 "왜관"이니 "일본관"이니 하는 것이 있고, 그리고 (압록)강가의 땅을 가지고 다투다가 왜적이 침범하도록 사단을 일으킨 것인데, 작년 5월에 군문이 돌아갈 때에 조선 사람들이 강가에 나와서 길을 막아서면서 여전히 실랑이를 벌였습니다.
지금 어떤 사람들이 입버릇삼아 하는 말을 들어보면, 조선 사람은 교활해서 겉으로는 명나라를 섬기는 체하지만 속으로는 일본과 결탁되어 있다고 합니다. 몰래 양곡을 실어보내기도 하는데 그 양곡 속에는 납(鉛)으로 만든 탄환이 들어 있다는 것입니다. 그리고 우리의 군사 상황을 왜적에게 비밀히 통보해 주고 있으며, 또한 여러 장수들의 얼굴 모습과 투구, 갑옷, 말을 그림으로 그려서 왜적에게 갖다 바친다고 합니다. 그렇기 때문에 싸움판에 나서게 되면 왜적이 곧바로 알아보게 되었습니다. 그로 인하여 유격 노득공(盧得功) 등은 많은 적들이 쏘는 총알을 맞고 죽게 되었습니다. 신은 한이 북받쳐 목이 멜 지경입니다."」 -〈선조실록〉(1599. 2. 10.(庚申)

〈황제에게 올린 조선 조정의 해명서〉

「○진주사(陳奏使: 황제에게 건의하러 가는 사신)로 정사 이항복(李恒

福), 부사 공조참판 이정귀(李廷龜), 서장관 황여일(黃汝一)이 명나라 수도로 떠났다.

○황제에게 올리는 보고서(奏文)는 이러하였다.
 "…삼가 고찰해보면, 일본은 고려의 마지막 시기부터 우리 왕조의 초기에 이르기까지 함부로 날뛰면서 노략질을 하며 해마다 변경에서 말썽을 일으켜 왔습니다.
그리하여 동남쪽 바닷가 수천 리 땅이 쑥대밭이 되었습니다. 신의 조상인 강헌왕(康獻王: 태조 이성계)이 힘껏 싸워 평정을 하였지만, 그래도 노략질은 막아낼 수 없었습니다.
대마도라는 섬은 우리나라와 제일 가까운 곳인데, 그곳 사람들이 우리와 장사 거래를 하는 것이 이롭기 때문에 남쪽 변경에 와서 투항하였습니다. 그들이 투항해 왔기 때문에 그들의 왕래를 승인해주었습니다.
그 뒤 일본의 여러 섬에 있는 왜인이 연줄을 통해 찾아와서 좋은 관계를 맺자고 청하였습니다. 우리나라에서는 그들을 짐승이나 다름없이 여기고 독사나 다름없이 대해 왔지만, 백성들을 위하여 드디어 변경 시장을 열도록 승인해줌으로써 그들의 소원을 풀어주었으며, 혹은 쌀을 비롯한 곡식을 주어서 그들의 마음을 기쁘게 해주었습니다.
이렇게 되어 왜인들을 접대하는 예가 생겼던 것인데, 이세수(伊勢守)가 돌아갈 때 명주와 쌀을 준 것이나, 수란(壽蘭)이라는 중이 돌아갈 때 유서(諭書)를 주어 보낸 것이 바로 그 실례입니다.
정통(正統)년간에 이르러서는 그들이 사신(使臣) 왕래를 요구하기 때문에 한 번은 소국의 신하 신숙주(申叔舟)를 보내어 유서를 전달하고 오게 하였는데, 그것은 그들이 어느 정도로 융성하고 어느 정도로 강한지 그 실정을 직접 알아보는 동시에 적정을 탐지하여 명나라에 보고하기 위해서였습니다. 이것은 사실 나라들 간의 관계에서 없을 수 없는 일이며, 명나라에서도 이미 알고 있는 문제입니다. 그러하였기 때문에 정통(正統) 계해(癸亥)년간에 왜적이 대국을 침범하고 계속해서 우리나라의 제주도에 달려들었다가 우리나라 변경의 신하에게 붙잡히기는 하였으나, 나머지 적들은 대마도로 달아나 버렸으므로 우리나라에서 사람을 보내어 대마도주에게 지시하여 그 적들을 붙잡아 보내게 한 다음 곧 명나라에 포로로 바쳤던 것입니다.

가정(嘉靖) 계미(癸未)년간에도 왜적이 영파부(寧波府)에 침입하여 변경 장수를 죽이고는 달아났는데, 그 무리 등원중림(藤原中林) 등이 우리나라에서 붙잡혔기에 즉시 포로와 적의 머리를 바치고 그들이 붙잡아갔던 명나라 사람도 돌려보냈던 것입니다. 또 가정 계축(癸丑)년과 병진(丙辰)년에도 명나라를 침범하던 왜적을 다 붙잡아서 계속 포로로 바쳤습니다. 그 일로 여러 차례 명나라 조정으로부터 표창을 받았었습니다.

이것은 모두 우리나라가 명나라에 대하여 온갖 성의와 힘을 다하여 한편으로는 방어를 하여 그 예봉을 막아내고, 한편으로는 어루만지기도 하여 말썽을 일으키는 것을 막아 추악한 무리들이 두려워 복종하고 감히 딴 마음을 먹지 못하게 함으로써 변경의 화를 없애는 한편, 변방 나라로서의 본분을 다하기 위한 것이었습니다. 그리고 대마도에 있던 왜인이 애초에 제포(薺浦: 웅천), 부산포(釜山浦), 염포(鹽浦: 울산) 등지에 와서 살면서 잡은 물고기들을 팔게 해달라고 청하기에 우리나라에서는 드디어 그들이 와서 살도록 허락하고 그들을 시켜 왜적의 동정을 탐지하게 하였습니다. 이것이 3포에 왜적을 거주시켰다는 말이 나오게 된 까닭입니다.

그러나 그들의 거주와 통행은 다 지정된 구역으로 한정했고, 그 한계를 넘어서지 못하게 하였습니다. 그것을 연연으로 하여 막사를 짓고 사는 것이나, 장사를 하기 위해 몰래 와서 빌붙어 사는 것이나, 일이 끝난 뒤에도 고의로 남아 있는 것 등을 일체 금지하였습니다. 이것은 『해동기(海東記)』라는 책에도 이미 씌어 있는 것으로서 그들을 단속하기 위한 우리나라의 의도를 볼 수 있는 것입니다. 그 뒤 왜적이 점점 번성해져서 정덕(正德) 경오(庚午)년에 와서는 3포의 왜인이 변란을 일으켜 제포 첨사 이우증(李友曾)을 죽였기 때문에 우리나라에서는 드디어 장수를 보내어 소멸시켜버렸습니다. 3포에 왜인 거주지가 없어진 지가 지금은 벌써 89년이나 됩니다. 오늘 바로 우리나라에서 대대로 거주하고 있던 왜인을 시켜서 여러 왜적들을 불러들여 군사를 일으켜 같이 중국을 침범한다고 하였으니 그 말은 이처럼 얼토당토않은 것입니다.

『해동기략(海東紀略)』에 대한 문제로 말하면, 그것은 바로 소국의 신하 신숙주가 왜인이 자기 나라의 풍속, 왕실 가계, 지도 등을 적은 것을 얻어 보고는 결국 그 본문을 그대로 우리나라의 왜인 접대 사례에다 붙여서 한 책으로 만들어서 『해동제국기(海東諸國記)』라고 이름붙인 것입니다.

대개 우리나라는 일본과의 관계에서 접촉이 별로 없었으며 단지 그들이 찾아오면 거절하지 않고 대략 견제하는 정책을 써왔을 뿐입니다. 신숙주가 갔다 온 뒤로는 그 나라의 사정을 약간 알게 됨에 따라 이 책 한 권을 만들어서 다른 나라에 대한 기이한 소식을 알게 하였던 것입니다.

그런데 지금에 와서 이미 휴지로 되어버린 낡은 책을 남을 중상하기 위한 기화(奇貨)로 삼으면서 뜬소문들을 주어모아 터무니없는 말을 만들어내었으니 너무나 어이가 없습니다.…

신묘년(辛卯年: 1591) 봄에 적의 우두머리 수길(秀吉)이 자기 나라 임금을 죽이고 포악한 짓을 하여 오다가 은근히 딴 생각을 품고는 사신을 통해 편지를 보내면서 우리의 내막을 탐지하고 반역 음모에 끌어넣으려고 위협하면서 길을 빌려달라고 강요하였을 때, 신은 큰 의리를 들어서 거절하면서 그 사신을 쫓아내버렸습니다. 그리고 한편으로는 황제에게 급보를 올려 보고하였습니다. 이 사실은 명백한 것이어서 구태여 번거롭게 변명할 나위도 없는 것인데, 어찌 적을 나라에 끌어들여 자기 나라를 스스로 망하게 하면서 큰 나라와 땅을 다툴 리가 있습니까. 신이 아무리 소견이 없기로서니 미쳐서 정신이 나간 사람은 아닌데 이치상으로 보아 근사하다고 할 수 있겠습니까.

만일 그렇다면 황제는 무엇 때문에 10만 명이나 되는 군사를 보내어 대국을 침범하려는 속국을 도와주며, 우리나라로서는 무엇 때문에 7년 동안이나 있는 힘을 다해 자신이 불러들인 왜적과 싸웠겠습니까.

그러나 신이 찬획(贊畫: 丁應泰)에게서 이런 말을 듣게 된 것은 역시 까닭이 있습니다. 신이 전번에 경리 양호(楊鎬)가 돌아갈 때에 황제에게 항의하는 글을 올려 양호를 만류해주고자 하였는데, 찬획과 의견이 맞지 않았습니다.

찬획은 그 문제로 화가 나서 이렇게까지 한 것입니다. 하지만 신의 본의는 단지 양호가 오랫동안 우리나라에 있으면서 오직 한마음으로 적을 쳤고, 우리나라 사람들이 그를 믿고 한창 공을 세우는 중인데 하루아침에 그가 억울한 누명을 쓰게 되었으므로 변경의 일이 장차 잘못될 것 같기에, 혹시 다른 의견으로 인하여 큰일이 점차 망쳐지지 않을까 하여 그에게 전적으로 일임해서 왜적을 끝까지 토벌하도록 해달라는 것을 간곡히 건의하였을 뿐입니다.

그래서 신이 구구하게 그를 남아있게 해달라고 한 것이지 다른 생각은 없었습니다. 신이 제구실을 못해서 황제의 은혜를 저버렸으므로 엄한 추궁이 내릴 것만 기다리고 있었는데 어떻게 감히 무리를 이루어 황제를 속임으로써 더 큰 죄를 지으려 했겠습니까.

그리고 찬획도 황제의 명령을 받고 우리나라로 온 것일 텐데, 그가 두세 번씩 황제에게 올린 글에서는 무엇을 논의하고 있습니까. 독무사(督撫使)나 안진사(安鎭使)를 거의 모두 한 그물에 얽어 넣고, 왜적을 치러 나온 장수들 가운데서 애써 싸울 것을 주장하는 사람은 모두가 규탄을 받았습니다.

또한 일이 좋게 완결되는 것을 두려워하면서 여러 사람들이 이룩해 놓은 업적을 허물어버리려고만 함으로써 군사들이 의혹을 품고 사기가 떨어지게 만들었으며, 장수들이 맥을 놓게 만들었으니, 그가 노리는 의도가 어디에 있는지 짐작할 만합니다. 바로 우리나라가 멸망하는 것쯤은 말할 것이 못된다고 하더라고, 이로 인하여 천하 대사가 잘못되지나 않을까 심히 염려됩니다.

바라건대 황제께서는 신이 보고한 것을 해당 관청에 내려 보내어 특별히 조사하여 해명하고 그것이 사실이라면 빨리 신의 죄를 다스려 나라의 법을 엄숙하게 할 것이며, 만약 억울한 일이라면 빨리 누명을 벗겨주어 신이 이 세상에 떳떳이 나설 수 있게 해주시기를 바랍니다. 그렇게 해주시면 신이 비록 죽는다 하더라도 그 날이 바로 새로 태어나는 날로 될 것입니다."」

－〈선조실록〉(1598. 10. 21.(癸酉)－

〈선조실록〉

(*10월 22일(갑술)에도 이순신의 함대와 진린의 함대는 함께 적을 쳤으나, 뜻대로 되지 않아서 양측 모두 많은 사상자를 냈던 것 같다. 이

날의 전투상황에 대한 보고서는 〈선조실록〉 11월 13일자에 실려 있는 진린(陳璘)의 게첩(揭帖)에 근거한 것으로, 전문은 11월 13일자에서 소개된다.)

〈투항해온 왜인이 전한 왜적의 동향〉

「○경상도 관찰사 정경세(鄭經世)가 급보를 올렸다.

"이달 14일에 투항한 왜인인 첨지 김귀순(金歸順)이 팽(彭) 유격의 군사 1명을 데리고 심안도(沈安道)에게 보내는 요시라(要時羅)의 편지를 가지고 사천에 있는 적의 병영으로 들어갔습니다.

요즘 명나라 사람들이 적의 병영에 끊이지 않고 드나들고 있습니다.

10일에는 머리를 깎지 않은 한인(漢人) 한 사람이 모(茅) 유격에게 보내는 왜장 심안도(沈安道)의 편지 1통을 가지고 나왔습니다. 7일에는 모 유격 밑에 있는 주(周) 통사라는 사람과 한인이 화의를 맺는 문제에 관한 글을 가지고 왜적의 병영으로 갔습니다.

14일에는 모 유격이 또 사상공(史相公) 밑에 있는 맹(孟) 통사와 한인 2명과 우리나라 통사 1명을 왜적의 병영으로 들여보냈습니다. 10일에 왜적의 병영에서 도망쳐 나온 머리 깎은 한인에게 적정에 대하여 자세히 물었더니, 그가 말하기를 '사로잡힌 명나라 군사가 3~4백 명쯤 됩니다. 모 유격의 군사들은 머리를 깎지 않았지만 그 나머지는 모두 머리를 깎아버렸는데, 일본으로 보내려고 합니다. 명나라 군사가 쓰던 총통, 활, 동개, 말, 노새, 나귀, 옷가지와 같은 물건들은 서로 사고팔고 하였고, 명나라 군사가 쓰던 환도와 창은 두드려서 못쓰게 만들어서 탄환을 만들어내고 있었습니다. 싸움이 붙었을 때 죽인 명나라 군사의 코와 머리를 베어 동문밖에 쌓아 두었는데 적어도 4~5천 개쯤은 되어 보였습니다.' 라고 하였습니다.

요즘 왜인들이 명나라 군사의 옷차림을 하고 명나라의 말을 타고 다니면서 정탐을 하고 있지만 이 편인지 저 편인지 분간하기 어렵습니다. 참으로 정세를 헤아릴 수가 없습니다."

또 급보를 올렸다.

"동쪽 바다에서 패하고 흩어진 뒤에 신이 성주(星州)로 가서 들으니, 명나라 장수들은 먼저 도망친 죄를 우리나라 군사들에게 덮어씌우고 있다고 합니다.

어제 왕(王士琦) 안찰이 정기룡(鄭起龍)에게 말하기를 '당신이 어찌 먼저 달아날 수 있는가?' 라고 하였다고 합니다. 정기룡은 맨먼저 성에 접근했다가 제일 뒤에 나온 사람인데 도리어 이런 말을 듣게 되었으니 극히 괴이한 일입니다.

정기룡 한 사람이 억울하게 되는 것은 상관이 없을 듯도 하지만, 이것으로 인하여 앞으로는 이보다 더 큰 사실과 어긋나는 엉터리 소리들이 나올 수도 있으니 작은 근심거리가 아닙니다."

임금이 보고 비변사에 내려 보냈다.」

-〈선조실록〉(1598. 10. 23.(乙亥)-

〈먼저 퇴각한 유정의 군사들〉

「○진 도독(陳璘)의 접반사 남부흥(南復興)이 보고하였다.

"이 달 7일에 유 제독(劉綎)이 뜻밖에도 군사를 먼저 퇴각시켰습니다. 진 도독(陳璘)은 통제사 이순신과 합세하여 사흘 동안 머물고 있다가 후에 배를 이동시켜 나려도(螺驢島:羅老島)에 도착하였습니다. 지금 한창 진을 치고 사변에 대처하고 있습니다."」

-〈선조실록〉(1598. 10. 27.(己卯)-

1598(戊戌)년 11월

(*이순신의 〈난중일기〉는 이달 11월 8일부터 17일까지 있고, 그 이틀 후 노량해전에서 이순신의 전사와 함께 완전히 끝난다.
*이 달에 있었던 주요 사건을 〈선조수정실록〉에 의거 요약하면 다음과 같다.
○유정(劉綎)은 순천에 있는 왜적의 군영을 다시 공격하였으며, 통제사 이순신은 수군을 이끌고 왜적의 구원병을 바다에서 크게 격파하였다. 이순신은 이 싸움에서 전사하였다.
이때 행장(行長)이 순천의 왜교(倭橋)에다 성을 쌓아놓고 굳게 지키면서 물러가지 않았으므로 유정이 다시 쳤는데, 이순신은 진린(陳璘)과 함께 바다 어귀를 틀어막고 접근해 갔다. 행장이 사천에 있는 왜적 심안돈오(沈安頓吾)에게 구원을 청하니, 돈오가 물길로 구원하러 왔다. 이순신이 나아가 쳐서 크게 격파한 결과 왜적의 배 2백여 척을 불태우고 수많은 적을 죽이고 사로잡았다.
남해 경계까지 쫓아가 쳤는데, 이순신은 적의 총탄을 무릅쓰고 힘껏 싸우다가 날아오는 총탄에 가슴을 맞았다. 곁에 있던 사람들이 부축하여 장막 안으로 들여가니 이순신이 말하기를 "싸움이 한창 급하니 내가 죽었다는 말을 아예 하지 말라"고 하고는 숨을 거두었다. 이순신의 조카 이완(李莞)이 그의 죽음을 비밀에 붙이고 이순신의 명령으로 싸움을 더욱 힘차게 지휘하니 부대 안에서도 알지 못하였다.

진린이 탄 배가 왜적에게 에워싸이자 이완(李莞)이 그 부대를 지휘하여 구원하니 왜적들은 흩어져 갔다. 진린이 이순신에게 사람을 보내어 자기를 구원해준 것을 사례하였을 때에야 비로소 그가 죽었다는 말을 듣고 의자 위에서 바닥으로 주저앉아 가슴을 치면서 매우 비통해 하였다.

우리 군사와 명나라 군사들도 이순신이 죽었다는 소식을 듣고 군영마다 통곡하였으며, 영구(靈柩)가 지나가는 곳마다에서 백성들이 모두 제사를 지내고 상여를 붙잡고 우는 바람에 상여가 나아가지 못하였다.

조정에서는 그에게 우의정(右議政)을 추증하였다.

바닷가 사람들은 서로 모여 그의 사당을 짓고 충민사(忠愍祠)라고 불렀다.)

〈퇴각한 명나라 군사와 철수를 준비하는 왜군〉

「○선전관 허전(許㙉)이 보고하였다.

"신이 남원(南原)의 부유창(富有倉)으로 갔을 때 들은 말에 의하면, 명나라 군사가 처음 퇴각하였을 때에는 왜적들이 의심을 하면서 오지도 않았으므로, 명나라 군사가 내버린 군량과 무기와 각 영의 장막들도 그대로 있었습니다. 그런데 4~5일이 지나자 비로소 목책을 헐어다가 자기들의 소굴 밖에다 가설하는 한편, 흰 바탕에 붉은 그림을 그린 깃발 하나를 만들어서 순천으로 오는 길에다 꽂아 놓았는데, 거기에는 '군량과 무기가 부족했는데, 명나라와 조선에서 군량을 가져와서 우리에게 넘겨주었고, 무기를 가져다가 우리를 도와주었다. 대단히 감사하다.' 라는 글이 씌어 있었다고 하였습니다.…

　신이 왕(王士琦) 참정의 군영에서 들은 말에 의하면, 명나라 사람 오자화(吳自化)라는 자가 적진 속으로 들어가서 행장을 만났는데, 행장이 말하기를 '수길(秀吉)은 이미 죽었고 나라에 변고가 생겼기 때문에 나는 곧 돌아가려고 한다. 도사(都司) 오종도(吳宗道)를 통하여 28일에 유 대인(劉綎)을 만나게 해주면 곧바로 군사를 철수하겠다.' 라고 하였기 때문에, 22일 오종도가 적진 속으로 들어갔다고 합니다."」　　　　　　　　　-〈선조실록〉(1598. 11. 2.(癸未)-

〈싸울 의사가 없는 명나라 장수 유정〉

「○좌의정 이덕형이 급보를 올렸다.

　"유(劉) 제독이 수군에게 5~6일 분의 식량을 주어 순천으로 가게 하라고 재촉하기에, 신이 김수(金睟), 권율 등에게 어떻게 할 작정인지 물어보았습니다.

　제독이 말했습니다. '2일이나 3일쯤 가서 여기 있는 군사를 순천 근처로 보내서 그곳에 있는 군사들과 합세하게 하고, 나는 하루 이틀쯤 지나 검패(檢牌)를 독촉하여 정비한 다음 정세를 잘 헤아려 가지고 수군과 거사를 약속하려고 한다.'

　신이 말했습니다. '무기를 꼭 완비하고 계책을 반드시 확정한 다음 수군과 육군이 하나같이 움직이게 된 뒤에야 성 밑까지 접근하는 것이 좋겠습니다. 내가 보기에 수군은 적을 잡지 못해 속을 새까맣게 태우고 있는 것 같습니다. 이임회(李臨淮)가 새로운 명령을 내리자 모든 깃발들과 진지들이 일신되었던 것처럼, 전군의 사기가 다시 떨치게 되어야만 다시 거사하는 문제를 말할 수 있을 것입니다.'

　제독은 말했습니다. '그때에는 적을 위협하기 위하여 쫓아가다가 성 밑까지 들어갔던 것이지 애초부터 성을 칠 계획은 없었다. 그러나 지금은 전번과 비교할 수 없다. 마땅히 목숨을 걸고 싸워야 할 것이다.'

제독이 말은 이렇게 하지만 행동하는 것을 보면 교만하고 경망해서 돈이나 좋아하는 한낱 아낙네와 같습니다. 여러 장수들이 만만히 여기면서 겁을 내지 않는 점이 더욱 염려스럽습니다.

이방춘(李芳春)이나 우백영(牛伯英) 등은 더욱 싸울 생각이 없습니다. 늘 적의 성책을 무너뜨리기 곤란하고 군사를 진격시키는 것이 불리하다는 말만 함으로써 의심이 많은 제독의 마음을 동요시켜 놓곤 합니다.

또한 남원에서 데리고 있던 창기(娼妓)까지 진영 안에 데려다 놓고 있습니다. 그러다보니 부하 장수들과 군사들까지 서로 다투어 여자를 데리고 다니게 되어 진중이 문란기가 비길 데가 없습니다. 이 사람이 싸움을 하기 싫어해서 적과 마주치게 되면 비겁하게 구는 꼴을 신은 전에 도산(島山: 울산)에서도 보았습니다.

이런 것은 모두 그 대장이 전략을 확정하지 못하고 군법을 엄하게 세우지 않은 탓입니다. 보기에도 가슴이 아픕니다.

제독은 또 행장을 위협한다면서 엽춘(葉春)을 시켜 왕래하게 하는데, 엽춘이란 자는 바로 전날에 마 제독(麻貴)이 데리고 온 투항한 왜인으로서 우리가 유인하여 도망쳐 나오게 한 자입니다. 투항한 왜인 가운데서도 간사하고 성실하지 못한 자입니다.

제독이 일을 잘못 처리하는 데 대해서는 방춘도 크게 나무라면서 한탄하고 있습니다.

요즘 적들 속에서 빠져나온 자들의 공술에 의하면, 행장(行長)은 명나라 군사가 퇴각한 뒤에 몹시 의아해 하면서 겁에 질려 있고, 해남의 적들도 먼저 그 처자를 돌려보내는 한편 소와 말들을 팔아 치우고 있다고 합니다. 만일 수군과 육군이 합세하여 재차 진격한다면 뜻을 이룰 수 있을 것입니다.

신이 남해 형편에 대하여 은밀히 진 도독(陳璘)에게 알렸더니, 도독은 신의 의견이 옳다고 하면서도 여전히 순천의 적을 먼저 쳐야 한다고 하였습니다. 그리고는 신의 군관을 불러서 재차 공격할 의사를 조용히 말하면서 '나는 다시 진격하여 성을 치려고 하는데 유(劉) 모씨가 약속을 어기면서 싸우지 않을 때에는 내가 작은 배를 타고 가서 유(劉) 모씨의 머리부터 벤 다음 기어코 행장을 죽이고야 말겠다.' 라고 한다고 합니다.

왕 안찰(王士琦)이 신에게 수군과 연합해서 빨리 남해를 치도록 하라고 하였기 때문에, 신이 손문욱(孫文彧)과 남해에서 온 사람을 진 도독에게 보내서 은밀히 계책을 꾸며 처리하게 하였습니다."」

-〈선조실록〉(1598. 11. 2.(癸未)-

〈남쪽 전쟁터로 내려가겠다는 선조〉

「○(임금이) 비망기로 승정원에 지시하였다.

"지금 유(劉綎) 제독이 재차 진격하려고 시도한다고 하니 이는 관계되는 바가 가볍지 않다. 아무래도 내가 직접 남쪽으로 내려가서 그 뒷받침을 해주어야만 군량을 운반하는 일이나 군사를 뽑는 일에서 사람들의 기세가 고무될 뿐 아니라, 명나라 장수들도 이 소식을 듣게 되면 틀림없이 생각이 달라질 것이다. 한 목숨이 붙어있는 한 어떻게 가만히 앉아만 있겠는가. 나의 이 뜻을 군문(邢玠)에게 알리는 동시에 여러 가지 일들을 미리 준비하여 조속히 남쪽으로 내려가는 문제를 비변사에 말해서 빨리 토의하여 건의하도록 하라."

(*사관은 말한다.

〈옛날 송(宋) 나라 태조가 직접 전연(澶淵) 땅에까지 나감으로써 거란이 겁을 먹고는 결국 싸움도 하지 않고 항복하게 되었다.
우리나라는 이 왜적과 만대를 두고도 기어이 갚아야 할 원수지간이므로 한 하늘을 이고 같이 살 수는 없다. 그러므로 임금으로서는 응당 모든 군사를 직접 거느리고 원수와 같이 살 수 없다는 맹세를 다지고 위풍당당하게 의리를 내세우면서 단숨에 적을 물리치도록 지휘했어야만 했다.
그렇게만 했더라면 위력이 미치는 곳마다 적의 간담이 서늘해졌을 것이고, 정의를 위한 일이니 옷자락을 걷어붙이고 떨쳐 나와 싸우려는 기세가 높아졌을 것이다.
그럼에도 불구하고 임진년 난리 때에는 적의 흉악한 발길이 경기 땅에 미치기도 전에 수레를 타고 서쪽 도로 옮겨갔으며, 정유년 난리 때에는 적정이 남쪽 변경에 나타나자마자 왕비를 먼저 해주로 피난 보냈다.
7년 동안에 한 것이라고는 전부 공포에 질려서 구차하게 견뎌나가기 위한 생각뿐이었고, 한 번도 분발해서 목숨을 바칠지언정 물러서지 않고 적을 소멸시키려는 의리를 떨친 적이 없었다.
그런 만큼 이번에 비록 남쪽으로 내려가겠다는 지시를 내리기는 하였으나 신은 애당초 믿지 않는다. 군문이 허락을 하지 않은 것이나 비변사에서 지시를 가로막아 나선 것이 틀림없이 임금의 마음에 꼭 맞았을 것이다."」 －〈선조실록〉(1598. 11. 2.(癸未)－

〈난중일기〉

11월 8일(己丑). 도독부를 방문하여 위로연을 베풀고 어두워서 돌아왔다. 조금 있다가 도독(陳璘)이 보자고 청하므로 곧 갔더니, 순천 왜교(倭橋: 승주군 해룡면 신성리)의 적들이 이달 초 10일 사이에 진

을 철수하여 달아나려 한다는 기별이 육지로부터 통문으로 왔으
니, 급히 진군하여 적들의 돌아가는 길을 끊어 막자고 하였다.

11월 9일(庚寅). 도독과 함께 일제히 행군하여 백서량(白嶼梁: 여천군 남면)에 이르러 진을 쳤다.

11월 10일(辛卯). 좌수영 앞바다에 이르러 진을 쳤다.

11월 11일(壬辰). 묘도(猫島: 여수시 묘도동)에 이르러 진을 쳤다.

〈수륙 합동 공격을 준비하는 명나라 장수들〉

「○도원수 권율이 급보를 올렸다.

"유 제독(劉綎)이 다시 거사를 하려는 문제로 이달 초하루에 예교(曳橋)로 떠나갔고, 진(陳) 유격의 부대도 다음날 기병을 떠나보냈습니다. 앞으로 다시 거사를 하려고 하지만 아직도 날짜를 정한 것은 없고, 지금은 왕(王士琦) 참장과 비밀리에 모의를 하여 행장(行長)과 화의를 맺으려고 합니다.

비록 신 앞에서는 '행장을 위협하여 소굴에서 나와 바다를 건너가게 될 때에 협공하려고 한다.'고 말은 하지만, 사실은 이럭저럭 하다가 그만둘 작정이니 원통하기 그지없습니다."」

-〈선조실록〉(1598. 11. 11.(壬辰)-

〈난중일기〉

11월 13일(甲午). 왜선 10여 척이 장도(獐島: 광양군 골약면(骨若面)에 나타나므로 곧 도독(陳璘)과 약속하고 수군을 거느리고 추격하니,

왜선은 움츠러 들어가 하루 종일 나오지 않았다. 도독과 함께 장도로 돌아와 진을 쳤다.

〈진린 도독이 올린 보고서〉

「○진(陳) 도독이 올린 게첩(揭帖)은 이러하였다.

"내가 변방 장수로 임명을 받아 왜적을 제거하고 나라를 편안히 할 임무를 졌으니 군사들의 공로와 죄에 대하여 조금도 적당히 하고 넘어갈 수가 없습니다.

그래서 (10월) 22일의 싸움에서 사실 귀국의 수군이 조금 뒤로 물러섰기 때문에 내가 이미 중국의 군법에 따라 약간의 징계를 하였습니다. 그러나 어찌 국왕에게 알려 군사예절을 지키지 않을 수 있겠습니까. 그러나 모든 관리들이 과오를 대담하게 고치면서 비겁한 생각을 씻어버리고 임금의 은덕에 보답할 결심을 굳게 다졌으며, 이어 다시 싸움이 벌어지자 용감하게 뛰어들어 마주치고 나감으로써 죽거나 상하는 사람이 꼬리를 물었습니다.

받은 지시에서는 권율을 시켜 조사를 하게 한다고 하였는데, 생각건대 권율이 듣고 알아낸 사실보다는 내가 보고 아는 것이 더 자세할 것입니다.

교활하기 짝이 없는 왜적들도 수군이 맞받아 가면서 쳐부쉈기 때문에 총에 맞아 죽은 것이 대단히 많았습니다. 바로 큰 승리를 거두지는 못했지만 역시 적의 간담은 서늘하게 만들어 놓았습니다. 우리 군사도 사상자를 2~3백 명쯤 내었지만, 원래 화살과 총알이 마구 날아들어 목숨이 경각에 왔다 갔다 하는 판인데 어떻게 모두가 다 무사할 수야 있겠습니까.

그런데, 포악한 적이 날뛰는 것은 비유하자면 못난 자식을 피가 나도록 때리지 않으면 울음을 그치지 않는 것과도 같습니다. 앞으로

도 망동을 부리면서 덤벼들 생각을 하지나 않을는지 염려됩니다. 지금 무기를 충분히 정비한 후 날짜를 정하여 다시 진격할 준비를 하고 있습니다.

다만 바라건대, 전하께서는 여러 장수들을 엄히 경계하도록 하면서 위기를 구원하고 기울어진 형세를 바로잡을 뜻을 가다듬으며, 와신상담(臥薪嘗膽)하면서 복수할 결심을 다져야 할 것입니다. 임시 땜질만을 생각하지 말고, 허튼 소리에 유혹되지 말 것이며, 혹은 정탐을 풀어놓아 적의 간계를 알아내고, 혹은 군사의 위력을 떨치게 해서 적은 군량과 군사를 가지고도 수많은 적을 쳐부수는 성과를 거두도록 해야 할 것입니다.

그렇게 하면 온 나라 사람들의 고통을 덜어주고 곤경에 처한 백성들의 염원을 풀어줄 수 있을 것입니다.

오직 전하께서는 이를 도모해야 할 것입니다."」

−〈선조실록〉(1598. 11. 13.(甲午)−

11월 14일(乙未). 왜선 두 척이 강화(講和)를 논의하기 위한 일로 바다 가운데까지 나오니 도독이 왜인 말 통역관을 시켜서 왜선을 마중해 오게 하였다. 그들로부터 붉은 기(旗)와 환도(環刀) 등의 물건을 받았다. 오후 8시경(戌時)에 왜장이 작은 배를 타고 도독부(都督府)로 들어 와서 돼지 2마리와 술 2통을 도독에게 바쳤다고 하였다.

〈유정 제독이 올린 보고서〉

「○유 제독(劉綎)의 게첩(揭帖)은 이러하였다.

"왜적이 몇 해를 두고 둥지를 틀고 있지만 누구도 그 소굴을 넘보지 못했습니다. 내가 한번 북을 울리면서 들이밀어 문턱까지 육

박하면서 약간의 적을 잡기는 하였지만 무슨 공로라고 할 것이야
있겠습니까.
그러나 이번에도 기회가 불리하였다고 말하지 않을 수 없습니다.
성이 겹겹으로 막혀 있고 도랑은 깊은데다가 총포의 탄환이 빗발
처럼 쏟아지는 속에서 갖은 수단을 다해서 싸움을 걸어보았지만
성문을 굳게 닫고 나오지 않았습니다. 나는 열흘 넘게 침식도 하지
못하고 고생을 몹시 하였습니다.
갑자기 가운데 방면에서 패전하였다는 보고가 들어왔고, 나와 귀
국의 정탐꾼들이 모두 보고하기를, 왜적의 구원병이 이미 두치강
(豆峙江) 등의 길에 다가왔다고 하였습니다. 사태는 꼭 우리의 뒤
가 끊어지게 되었기 때문에 일시적으로 순천(順天)과 왜교(倭橋)에
서 퇴각하여 적을 유인하고 있는데, 마땅히 특별한 대책을 강구할
것입니다. 널리 이해하고 회답을 줄 것을 바라면서 이만 씁니
다."」　　　　　　　　　　　　-〈선조실록〉(1598. 11. 14.(乙未)-

(*〈선조실록〉에 기록된 날자와 실제로 보고서가 작성된 날자 사이에
는 보고서가 조정에 도달하는 데 소요된 기간, 즉 대략 5~8일 정도의
시차가 있음을 전제하고 사건의 전개를 연상하여야 한다.)

〈난중일기〉

11월 15일(丙申). 이른 아침에 도독(陳璘)에게 가서 보고 잠깐 이야기
하고 돌아왔다. 왜선 2척이 강화(講和)를 논의하기 위한 일로 두
번 세 번 도독의 진중으로 드나들었다.

11월 16일(丁酉). 도독이 진문동(陳文同)을 왜군 진영으로 들여보냈더
니, 조금 있다가 왜선 3척이 말과 창, 칼들을 가져와서 도독에게

바쳤다.

11월 17일(戊戌). 어제 복병장(伏兵將) 발포 만호 소계남(蘇季男)과 당진포 만호 조효열(趙孝悅) 등이 왜의 중간 배 1척에 군량을 가득 싣고 남해로부터 바다를 건너오는 것을 보고 한산도 앞바다까지 추격하자, 왜적은 바다 기슭을 타고 육지로 올라가 달아났다고 하였다. 잡은 왜선과 군량은 명나라 군사들에게 다 빼앗기고 빈손으로 돌아와서 보고하였다.

(*이틀 후인 1598(戊戌)년 11월 19일에 이순신은 노량 해전에서 전사하였다. 그의 〈난중일기〉 등 모든 자필 기록은 11월 17일(戊戌)의 이 일기를 끝으로 끝난다. 그리고 그의 든든한 후원자이기도 했던 영의정 유성룡 또한 이순신이 전사하던 날인 11월 19일에 파직을 당한다. 이로부터 보더라도, 그의 전사는 하늘의 뜻(運命)이었다고밖에 할 수 없을 것 같다.)　　　　　-이것으로 〈난중일기〉는 끝난다-

(*다음의 편지는 무술년(1598년) 11월 17일에 진린 도독이 보낸 편지에 대하여 이순신이 쓴 답장으로, 중국 청산도에 있는 진린(陳璘) 도독의 비문에 새겨져 있다. 비문에 새겨져 있는 순서와는 반대로, 진린 도독이 이순신에게 보낸 편지를 앞에 싣고, 그 뒤에다 이순신의 답장을 싣는다.)

〈진린 도독이 이순신에게 보낸 편지 또는 말〉

「내가 밤이면 천문을 보고 낮이면 사람의 일을 살펴왔는데, 동방에 대장별이 희미해져 가니 멀지 않아 공(公)에게 화가 미칠 것입니다. 공이 어찌 이를 모를 리 있겠습니까. 그런데도 어찌하여 무후(武侯: 제갈량)의 예방하는 법을 쓰지 않으십니까?」

(*吾夜觀乾象, 晝察人事, 東方將星, 將病矣, 公之禍不遠矣. 公豈不知耶, 何不用武侯之禳法乎?)

(*이순신이 이 편지를 받은 날짜는 정확하지 않으나 1598년 11월 15일 전후로 추정된다).

〈진린 도독에게 답하는 글(答陳都督璘書)〉
「저는 충성이 무후(武侯)만 못하고, 덕망이 무후만 못하고, 재주가 무후만 못합니다. 세 가지 모두 다 무후만 못하므로 비록 무후의 법을 쓴다 한들 어찌 하늘이 들어줄 리 있겠습니까? (이튿날 과연 큰 별이 바다에 떨어지는 이변이 있었다.)」
(*吾忠不及於武侯, 德不及於武侯, 才不及於武侯, 此三件事皆不及於武侯, 而雖用武侯之法, 天何應哉?)(翌日果有大星墜海之異)
－〈답진도독린서(答陳都督璘書)〉(1598. 11. 17.(戊戌)－

(*1598년 11월 19일(庚子) 새벽 오전 10시경(巳時), 노량 해전에서 이순신은 전사하였다. 그리고 이날 조정에서는 공교롭게도 처음 이순신을 천거하였던 유성룡이 왜적과의 화의를 주장하였었다는 이유로 온갖 모함을 받고 탄핵을 받아 오다가 결국 이날 벼슬에서 파직되었다. 이하에서는 먼저 유성룡의 파직과 관련된 선조실록의 기록을 살펴보고, 그리고 이순신이 전사하게 된 과정과 그 직후의 사정들을 이순신의 조카 이분(李芬)이 기록한 이순신의 전기 〈행록(行錄)〉을 통하여 살펴본 다음, 〈선조실록〉 등 사료의 기록들을 살펴보기로 한다.)

〈유성룡의 파직〉
「○정언(正言) 문홍도(文弘道)가 건의하였다.

"풍원부원군 유성룡이 간사하고 건방져서 나라 일을 그르치고 백성들을 병들게 한 죄를 지었는데도 조정의 관리들은 화를 입을 까봐 두려워서 그의 간사한 죄상을 규탄하지 못하고 임금은 고립되어 있기 때문에 그의 죄과를 알지 못하고 있다는 말을 신은 영남에 있을 때부터 귀에 젖도록 들었습니다.
이에 신은 시골에 있을 때에도 줄곧 분에 사무쳐 있었는데, 이번에 마침 간하는 관직에 있게 되었으니 입을 떼지 않을 수 없게 되었습니다. …"   -〈선조실록〉(1598. 11. 13.(甲午)-

(*이날 문홍도의 건의로 촉발된 유성룡 탄핵은 이후 6일 동안 점점 거세져 가면서 그 혐의 내용 또한 엄청난 것으로 확대되어 갔다. 유성룡은 이순신이 마치 2년 전 (1596년 11월) 이후 원균 지지파에 의해 모함을 받던 것과 비슷한 상황에 처하게 되었다.)

「○사간원에서 건의하였다.
"풍원부원군 유성룡은 그 바탕이 간사한데다가 재주로 앞가림을 해서 이름을 도적질하고 벼슬을 가로챘기 때문에 사람들을 해쳐도 사람들은 알지 못하였고, 세상을 속여도 세상에서는 깨닫지 못하였던 것입니다. 이것이 그의 평생의 심술(心術)이었습니다.
권세를 잡은 이후로 당파를 지어 나라 일을 망치고 사사로운 행위를 하여 백성들에게 고통을 준 죄가 한두 가지가 아닙니다.……
비위에 거슬리는 자는 원수처럼 배척하고 자기에게 빌붙는 자는 늦을 세라 등용하는 바람에 불량한 무리들이 그의 문하에 그림자처럼 붙어 다녔습니다.……
왜적이 불공대천지원수(不共戴天之怨讐)라는 것은 어린아이들까지도 다 알고 있는데, 성룡은 자신이 대신으로 있으면서 앞장서서 화의를 주장하였습니다. 호택(胡澤)이 나왔을 때에 일본에 작위를 주어 견제하자는 의견을 극력 주장하면서 결국 심유경과 맞장구를 쳤습니다. ……

남의 말은 귀담아 듣지 않고 고집만 부리면서 자기의 주장대로 하다가 일을 저질러 정사에 해를 끼치는 등 못하는 짓이 없었습니다. ……

원망은 나라로 돌아가고 이득은 자신이 독차지하였으니, 성룡이 어찌 이렇게도 자신을 위해서는 극성스러우면서 나라를 위해서는 성실치 못한 것입니까. ……

직권을 농락하여 생색을 내고 신세 갚음을 하면서 심복과 앞잡이들을 안팎에다 박아 놓고 각 진의 여러 장수들과 크고 작은 고을들의 수령들은 의례히 가까운 친척으로 배치하였습니다. ……

아직도 남은 세력이 당당하므로 사람들이 모두 기웃거리며 두려워하기 때문에 옳고 그른 것이 밝혀지지 못하고 공정한 논의가 날이 서지 못하고 있습니다. 벼슬과 품계를 박탈하여 온 나라 사람들의 분노를 조금이라도 풀어주도록 하기 바랍니다."

임금이 대답하였다. "어찌 이렇기야 하겠는가. 전해들은 말들이 다 사실과 맞을 수는 없다." 〕 -〈선조실록〉(1598. 11. 16.(丁酉)-

(*이날 사헌부에서도 탄핵을 하였고, 11월 17일(戊戌), 11월 18일(己亥), 11월 19일(庚子)에 이르기까지 사간원과 사헌부에서 줄기차게 탄핵하자 결국 선조는 11월 19일, 이순신이 전사하던 바로 그날 이들의 파직 건의를 승인하게 된다.

그러나 그들은 유성룡의 파직만으로 만족하지 않고 계속해서 그의 작위(爵位)까지 박탈해야 한다고 끈질기게 물고 늘어진 결과, 결국 12월 6일(丁巳)에 가서 유성룡은 풍원부원군(豊原府院君)이라는 작위까지 박탈당하게 된다.)

「○사헌부에서 유성룡의 벼슬과 작위를 박탈하자는 문제를 가지고 연달아 건의하였다.
대답하였다. "유성룡을 벼슬에서 파직시킬 것이다."

○사간원에서 서면으로 보고하였다.
 "이른바 음흉하고 간사한 무리니 심복이니 하는 사람들은 김수(金睟), 허성(許筬), 정경세(鄭經世), 최관(崔瓘), 김순명(金順命), 조정립(趙正立)의 무리들이고, 어질고 정당한 사람들이란 화의를 반대하고 공정한 논의를 주장하다가 배척당한 사람들이 다 그런 사람들입니다."
임금이 대답하였다. "알았다."」

─〈선조실록〉(1598. 11. 19.(庚子)─

(*이로써 지난 임진왜란 7년 동안 그래도 조정에서 이순신을 옹호하고 그를 온갖 모함에서 보호해주려고 노력했던 유성룡을 비롯한 동인(東人) 세력들은 이순신이 남해 바다에서 왜적과 싸워 죽던 바로 그날, 나라를 경영하는 데 있어서는 무능하나 남을 공격하는 데 있어서는 유능했던 자들의 참소와 모함에 의해 조정의 권좌에서 완전히 밀려나고 말았다.
조정에서의 이런 권력투쟁을 알 수 없었던 이순신이 바다 위에서 전사한 바로 그날 유성룡의 정치적 운명이 끝났음은 바로 이순신의 죽음이 하늘의 뜻, 즉 운명이었다고밖에 볼 수 없게 한다. 이순신이 죽음을 스스로 택했다는 일부 주장에 대하여 반증이 될 수 있는 요소이기도 하다.
그리고 편역자가 〈선조실록〉 전편을 통하여 통감하였던 것은, 당시 유성룡과 이원익 등 극소수의 몇몇 인사들을 빼놓고는 '방부병강(邦富兵強)', 즉 부국(富國)과 강병(強兵)이 나라를 다스리는 데 있어서 가장 중요한 핵심 요소란 기초적인 인식조차 한 자들이 드물었고, 따라서 어느 곳에서도 진지한 부국강병책에 대한 논의는 찾아볼 수 없고 오로지 사대주의 정신 하나 만에 기대어 공허한 '유교적 도덕'만을 입에 올리고, 그것으로써 정적들을 공격하여 제거하는 무기로 삼고 있었다는 것이다.

그리고 모두들 임금의 의중이 어디에 있는지를 알아내어 비위 맞추기에만 정신을 쏟는 소위 아유봉승(阿諛奉承)에만 능한 자들이었다는 것이다. 이런 자들이 최고 권력자의 주위에 몰려 있는 나라치고 망하지 않은 예가 없었다는 것은 역사가 증명해주고 있다.

이런 가운데서 국가의 현실을 직시하고 나라를 살릴 길 모색하기에 골몰하는 충직한 사람은 소위 '중곡교직(衆曲矯直: 비뚤어진 무리들이 정직한 자를 속임)', '중악참선(衆惡讒善: 악한 무리들이 선한 자를 참소하고 모함)'의 처지에서 빠져나와 무사하기가 어렵다는 역사적 경험을 입증하고 있음을 보게 된다.)

〈이순신의 최후〉 -〈이충무공 행록(行錄)〉에서

(*이순신의 전사를 전후한 시기의 사정을 먼저 〈행록〉의 관련 부분을 통해서 살펴보고, 다음으로 〈선조실록〉의 기사를 통해 살펴본다.)

11월 14일. 평행장(平行長)이 속히 돌아가고 싶어 하였으나 우리 수군이 길을 가로막고 있는 것이 걱정되어 도독에게 많은 뇌물을 바치고 진을 뒤로 물려 달라고 청하자, 도독은 그것을 들어주려고 하였다. 그날 밤 초저녁에 왜적의 소장(小將)이 7명을 데리고 배를 타고 몰래 도독부로 들어가서 돼지고기와 술을 바치고 돌아갔다.

11월 15일. 왜의 사자(使者)가 또 도독부로 왔다.

11월 16일. 도독이 그 부하 장수 진문동(陳文同)을 적의 진영으로 보냈더니, 조금 있다가 왜적 오도주(五島主)라는 자가 배 3척에 말과 창과 칼 등의 물건들을 싣고 와서 도독에게 바치고 돌아갔다. 그리고 나서부터는 왜의 사자들이 도독부에 끊임없이 왕래하더니 마침내 도독이 공에게 화친을 허락해 주도록 부탁하려고 했다.

그때 공이 말했다. "대장된 사람은 화친을 말해서는 안 됩니다. 이 원수는 결코 놓아 보낼 수 없소."라고 하니, 도독이 부끄러워하며 얼굴을 붉혔다.

왜의 사자가 또 오자 도독이 말했다.

"내가 너희 왜인들을 위하여 이미 통제사에게 말을 했다가 거절을 당했다. 이제 두 번 다시 말하기는 어렵다."

라고 하였다.

행장이 공에게도 사람을 보내어 총과 칼 등을 선물로 가지고 와서 매우 간절히 청하자, 공이 그것을 물리치며 말했다.

"임진년 이래로 무수히 많은 적들을 잡아서 얻은 총과 칼이 산처럼 높이 쌓였는데 원수의 심부름꾼이 여기는 뭣하러 찾아온단 말이냐."라고 야단을 치자, 왜적의 사자는 아무 말도 못하고 물러갔다.

행장이 또 사람을 보내어 "조선 수군은 마땅히 명나라 해군과는 다른 곳에 진을 쳐야 할 터인데 같은 곳에 진을 치고 있는 이유가 무엇입니까." 하고 물었다.

공이 대답하기를 "우리 땅에서 진을 치는 일은 우리 마음대로이지 너희 적들이 알 바 아니다."라고 하였다.

이때 도독은 적의 뇌물을 이미 많이 받은 후여서 놈들에게 빠져 나갈 길을 터주려고 하면서 공에게 말하기를, "나는 잠시 이곳의 행장(行長)은 내버려 두고 먼저 남해에 있는 적들을 토벌하러 가고자 합니다."라고 하였다.

이에 공이 대답하기를 "남해에 있는 자들은 모두 적에게 포로로 잡혀간 우리 백성들이지 왜적이 아닙니다."라고 하였다.

도독은 다시 말하기를, "하지만 이미 적에게 붙은 이상 그들 역시 적이오. 이제 그곳으로 가서 토벌한다면 힘도 안 들이고 머리를 많이 벨 수 있을 것이오."라고 하였다.

그러자 공은 대답하기를 "귀국 황제께서 적을 무찌르라고 명령하신 것은 작은 나라 백성들의 생명을 구원하기 위해서였소. 그런데 이제 구해 내지는 않고 도리어 그들을 죽이겠다는 것은 귀국 황제의 본의가 아닐 것이오."라고 하였다.

도독은 성을 내며 "우리 황제께서 내게 긴 칼을 내려주셨소." 하고 위협하였다.

공은 다시 대답했다. "한번 죽는 것은 아까울 게 없소. 나는 대장으로서 결코 적을 놓아주고 우리 백성을 죽이도록 할 수는 없소."

이렇게 한참 동안이나 서로 다투었다.

11월 17일. 초저녁에 행장이 봉화(烽火)를 올려서 남해에 있는 적들과 서로 연락을 취하였다. 그것은 행장이 구원을 요청하는 것이었다. 그래서 곤양(昆陽)과 사천(泗川)의 적들이 노량으로 와서 호응할 것이라고 하므로, 공은 모든 장수들에게 명령을 내려 군비를 엄하게 하여 기다리라고 하였다.

11월 18일. 오후 6시경(酉時)에 적선들이 남해로부터 무수히 많이 나와서 엄목포(嚴木浦)에 정박해 있고 또 노량으로 와서 정박하는 것도 부지기수로 많았다.

공은 도독과 약속하고 이날 밤 10시쯤에 같이 출발하여 새벽 2시쯤에 노량에 이르러 적선 5백여 척을 만나 아침이 되도록 크게 싸웠다.

이날 밤 자정에 공은 배 위에서 손을 씻고 무릎을 꿇고 하늘에 빌었다.

"만일 이 원수들만 없앨 수 있다면 죽어도 여한이 없겠습니다 (此讎若除, 死則無憾)."

그때 문득 큰 별이 바다 속으로 떨어졌는데, 그것을 본 이들은 모두 이상하게 여기었다.

11월 19일. 새벽에 공이 한창 싸움을 독려하고 있을 때 지나가는 탄환에 맞았다.

"싸움이 한창 급하다. 내가 죽었다는 말을 내지 마라.(戰方急, 愼勿言我死)"

이 말을 마치자 공은 세상을 떠나셨다.

이때에 공의 맏아들 회(薈)와 조카 완(莞)이 활을 잡고 곁에 있다가 울음을 참고 서로 말하기를,

"일이 이 지경에 이르다니, 망극, 망극하구나!"

"그렇지만 지금 만일 곡(哭) 소리를 내었다가는 온 군중이 놀라고 적들이 또 이 틈을 타서 기세를 올리게 될지도 모른다. 그리고 또 시체를 보전하여 돌아갈 수 없게 될지도 모른다."

"그렇다. 전쟁이 끝나기까지는 참는 수밖에 없다."

그리고는 곧 시체를 안고 방안으로 들어갔기 때문에, 오직 공을

모시고 있던 종 김이(金伊)와 회(薈)와 완(莞) 세 사람만 알았을 뿐 비록 친하게 믿고 지냈던 송희립(宋希立) 등도 알지 못했다. 이들은 그대로 기를 휘두르며 계속 싸움을 독려하였다.

적이 도독의 배를 에워싸서 거의 함몰당하게 되자 여러 장수들은 공의 배에서 지휘, 독전하는 것을 보고 서로 다투어 달려들어 포위 속에서 구원해 내었다.

전쟁이 끝난 뒤에 도독이 급히 배를 저어 가까이 와서 "통제사! 속히 나오시오, 속히 나오시오!" 하고 외쳤다. 완(莞)이 뱃머리에 서서 울면서 "숙부님께서는 돌아가셨습니다."라고 하였다. 그 말을 듣고 도독은 배 위에서 세 번이나 넘어지더니 큰 소리로 통곡하면서 "공(公)은 죽은 후에도 나를 구원해 주셨소."하고는 또다시 가슴을 치면서 한참이나 울었다. 그 후 도독의 군사들도 모두 다 고기를 내던지고 먹지 않았다.

〈이순신의 최후를 전후한 시기의 각종 보고들〉

　　(*이 날짜 성윤문(成允文)의 급보는 도착 일자는 11월 21일이지만 작성된 때는 이순신이 죽기 전인 11월 10일경이었을 것으로 추정된다.)
「○경상좌병사 성윤문(成允文)이 급보를 올렸다.
"적에게 사로잡혀 갔던 사람이 와서 말하기를 '관백(關白: 풍신수길)이 7월 17일에 병으로 죽고 가강(家康: 도꾸가와 이에야스)이 대장의 칭호를 가지고 나라 일을 주관하고 있습니다. 여기에 나와 있는 왜장의 처자들을 모두 붙잡아다 가두어 놓고 반란을 일으키지 못하게 하는 한편, 재삼 사람을 보내어 청정(淸正) 등을 소환하였습니다. 그러니 청정은 이달 안으로 틀림없이 돌아갈 것입니다.' 라고 하였습니다.

또 도망쳐 나온 사람도 말하기를, '관백이 7월 초에 병으로 죽자 여덟 살짜리 그의 자식은 어려서 일을 볼 수 없기 때문에 이야사(二也思: 이에야스(德川家康))가 왜장 노릇을 하면서 제멋대로 명령을 내리고 있습니다. 청정의 6촌인 가등창(加藤窓)이 청정을 데리고 가기 위하여 빈 배 50척을 가지고 나왔습니다. 지금 도산(島山)에 있는 적들은 집을 허물어 밥을 지어 먹으면서 날마다 짐을 꾸리고 있습니다. 군량과 싸움 말들 가운데 3분지 1은 이미 일본으로 싣고 들여갔습니다. 잡곡을 넣어둔 창고만은 실어가지 못하고 흙으로 창고 문을 봉해 놓았습니다.' 라고 하였습니다."」

-〈선조실록〉(1598. 11. 21.(壬寅)-

「○남이신(南以信)이 군문 도감에게 들은 말을 보고하였다.
"방금 서쪽 방면에서 정탐하는 사람이 붉은 깃발을 앞세우고 아문에 달려와서 말하기를 '이달 19일 오전 10시경(巳時)에 대군이 왜교(倭橋)를 들이쳤습니다. 적의 무리들이 배를 타고 달아날 때에 수군이 가로막아 쳐서 적선 50여 척을 불태워버렸습니다. 심안도(沈安道)도 와서 구원하다가 그도 우리 군사에게 죽었습니다.' 라고 하였습니다.
정탐하는 사람이 안으로 들어가서 아직 나오지 않았기 때문에 그동안의 사정은 자세히 알 수 없지만, 우선 들은 대로 먼저 보고합니다."」
-〈선조실록〉(1598. 11. 21.(壬寅)-
(*이 정탐꾼도 아직 이순신의 전사 여부에 대해서는 모르고 있다.)

「○좌의정 이덕형(李德馨)이 급보를 올렸다.
"이달 19일 오전 10시경(巳時)에 예교(曳橋)의 적들이 모조리 철수하여 바다를 건너갔습니다. 유 제독(劉綎)이 그 성으로 달려갔더니 성 안에는 단지 우리나라 사람 3명과 소와 말 4마리가 있었습니다. 남쪽의 먼 바다에서 포 소리가 진동하듯 들려왔는데, 이것은 필시 수군과 싸움이 붙은 것이겠지만 자세히 알 수 없습니다."

-〈선조실록〉(1598. 11. 23.(甲辰)-

「○군문 도감에서 보고하였다.

"세 방면에서 승리의 보고가 올라오고 있으니 이는 어느 한 군데서 구두로 보고하는 예와는 다릅니다. 군문(軍門)과 중군(中軍)에서 이 사실을 전하에게 보고하라고 하였습니다. 신 등의 생각에는 전하께서 사례의 인사를 해야 될 것 같습니다.

어제 밤에 중군에서 가정(家丁)을 보내어 역관에게 말하기를 '세 방면에서 올라온 보고에 의하면 적이 다 달아났다고 한다. 근래 대인이 많은 애를 썼지만 앞으로 해야 할 일들도 매우 중요하다. 국왕이 찾아와서 사례를 해야 할 것이다. 당신들이 우선 소국의 접반사에게 알려야 할 것이다.'라고 했다고 합니다.

지금 들으니 여러 장수들이 모두 예복을 입고 들어가서 축하를 드리려 한다는데, 신 등도 들어와서 참가하라고 하였습니다. 그래서 감히 보고 드립니다."」   -〈선조실록〉(1598. 11. 23.(甲辰)-

「○승정원에서 건의하였다.

"군문의 정탐꾼이 전달한 것과 도원수 등이 올린 장계를 보면, 유 제독이 끝내 일을 망쳐서 적을 치지 않고 놓아 보낸 꼴이니 통분하기 그지없습니다. 진 도독이 바다에서 가로막아 치려고 하다가 역시 유 제독이 잘못하는 바람에 바닷길을 열어주고 말았습니다.

그리하여 흉악한 적들이 고스란히 돌아가도록 내버려 두었으니 더구나 분하기 그지없습니다. 그 중간에서 유 제독이 허위보고를 하여 도리어 자기에게 공로가 있는 것처럼 내세우지나 않을는지 어떻게 알 수 있겠습니까.

우리나라에서는 명나라 장수의 비위를 거슬릴까봐 모든 사정을 사실대로 보고하지도 못하는 형편이니 이로 말미암아 뒷날 끝없는 화가 생기지 않으리라 보장할 수 없습니다.

군문에게 이번에 단지 관례대로 축하인사만 드리고 만다면 유 제독이 인질까지 바치면서 고의로 적을 놓아준 내막을 끝내 폭로하지 못할 것입니다. 이는 황제를 속이는 것이나 다름없으니 잘못일 것 같습니다.

신 등은 통절한 마음을 금할 수 없어서 이런 어리석은 소견을 감히 건의합니다. 문제가 중대한 만큼 대신에게 물어서 의논하여 처리해야 할 것입니다."

지시하였다. "건의한 대로 하라."」

-〈선조실록〉(1598. 11. 23.(甲辰)-

〈이순신이 전사하였다〉

「○군문도감에서 보고하였다.

"방금 진 도독이 파견한 군사가 들어와서 말하기를, '적의 배 1백 척을 붙잡았고 2백 척을 불태워버렸으며, 적의 머리를 자른 것이 5백 명이고 사로잡은 것이 180여 명입니다. 물에 빠져 죽은 것은 아직 떠오르지 않았기 때문에 그 수를 알 수 없습니다. 이 총병(李舜臣)은 그만 전사하였습니다.' 라고 하였습니다. 감히 보고합니다."」

-〈선조실록〉(1598. 11. 24.(乙巳)-

〈이순신이 전사하였다〉

「○승정원에서 보고하였다.

"방금 군문도감의 당하관이 군문의 보고서를 가지고 와서 문틈으로 말하였습니다. 군문이 지금 명령을 내리기를 '유(劉綎) 제독과 동(董一元) 제독은 군사를 거느리고 부산에 가서 모이도록 하고, 진(陳璘) 제독도 역시 뒤따라서 부산으로 가도록 하라. 이순신(李舜臣)이 전사하였으니 그 후임을 곧 임명해서 지시를 받고 떠나도록 해야 할 것이다. 누구를 임명할 것인지 내일 날이 밝기 전에 이름을 써 가지고 와서 보고하도록 하라.'고 하였다고 합니다."
임금이 지시하였다.

"알았다. 오늘은 밤이 깊었으니 어쩔 수 없다. 내일 아침에 승지가 보고서를 가지고 가서 사례할 것이다. 통제사는 곧 비변사로 하여금 추천하여 임명하도록 할 것이다. 모든 일들은 승정원에서 살펴서 하도록 하라."」 　　－〈선조실록〉(1598. 11. 24.(乙巳)－

(*선조는 이순신의 전사 소식을 듣고 나서도 이에 대해 한 마디 말도 하지 않았다. 이 얼마나 해괴한 일인가. 비록 마음속에서는 그에 대해 좋지 않은 감정을 가지고 있었다 할지라도, 자기 나라를 지키기 위해, 침략해온 적을 치기 위해 그처럼 고생하다가 전사한 장수를 애도하는 말 한 마디 하지 않는 자가 어찌 한 나라의 임금이라 할 수 있는가. 참으로 분통터지는 일이 아닐 수 없다. 뒤에서 보는 것처럼, 명나라 장수들을 대하는 태도와는 너무나도 대조적이다.)

〈이순신이 전사하였다〉

「○진 제독(陳璘)의 공문은 이러하였다.
"19일 오전 4시경(寅時)부터 오전 10시경(巳時)까지 부산, 사천 등지의 적의 배들과 노량도(露梁島)에서 큰 싸움을 하였습니다. 명나라 장수나 조선 장수들이 힘껏 군령을 집행한 사실에 대해서는 귀국 사람들의 입을 통해 자연히 전달되었을 것이므로 굳이 더 말하지 않겠습니다.
통제사 이순신은 자신이 군사들의 앞장에 나서서 싸우다가 탄환을 맞고 전사하였습니다. 그의 충성에 대하여는 전하가 잘 알고 있을 것이기 때문에 다시 더 말할 필요가 없을 것입니다. 단, 이 통제사의 직무는 하루도 비워 두어서는 안 될 것입니다.
내 생각에는 이순신(李純信)을 승진시켜 그 자리에 배치했으면 하는데, 귀국의 추천과 일치할는지 모르겠습니다.
깊이 생각해 보고 빨리 결정하여 군사들을 위로해 주기를 간절히 바랍니다. 회답을 기다리면서 전하의 안녕을 빌어마지 않습니다."
－〈선조실록〉(1598. 11. 25.(丙午)－

〈이순신이 전사하였으니 무척 애석하다〉

○ 회답한 글은 이러하였다.
"귀하가 큰 나라의 다락배(樓船)의 군사로써 노량에서 적의 숨통을 조였습니다. 직접 앞장서서 용감하게 앞으로 내달리며 배들을 쳐부수고 수많은 적을 베거나 사로잡아 요사한 기운을 깨끗이 쓸어 없애고 위엄과 신령스러움을 멀리 떨쳤습니다.
대개 우리나라에서 병란을 겪은 지 7년여 만에 처음으로 이런 승리를 거두었으니 기린각(麒麟閣)에 그릴 1등 공신은 귀하가 아니고 누구이겠습니까.
통제사 이순신은 귀하의 휘하에서 힘껏 싸우다가 탄환을 맞아 갑자기 전사하였으니 무척 애석합니다.
그 직무는 세 도의 수군을 통솔하게 되어 있는 만큼 그 직무를 대신하기가 대단히 어렵습니다. 이미 충청병사 이시언(李時言)을 그 후임으로 배치하였습니다. 분부대로 되지 못해 송구한 마음 어디

둘 데 없으나 양해하여 주실 것을 간절히 바랍니다.
바다에서 한지(寒地) 생활을 하는데 또 날씨까지 추워졌으니 아무쪼록 귀한 몸 조심하시기 바랍니다. 이만 씁니다."」

− 〈선조실록〉(1598. 11. 25.(丙午) −

〈등(鄧) 총병이 전사하였으니 절통하다〉

○오후 2시경(未時)에 임금이 형(邢玠) 군문의 숙소를 방문하였다.
선조: "세 방면의 적들이 일시에 도망가 버리고 진 대인(陳璘)이 바다에서 큰 승리를 거두었습니다. 황제의 은덕도 그지없지만 이것은 다 여러 대인들의 공로입니다. 내가 몸에 병이 있어서 즉시 와서 사례하지 못하였으니 황공하기 그지없습니다.
군문: 대단히 감사합니다.
선조: 황제의 은덕은 그지없거니와 더구나 어제는 명절날이었습니다. 절을 하여 축하드리고자 합니다.
군문: 수고스럽게 그럴 것은 없습니다.
(선조는 끝내 세 번 머리를 조아렸고 군문도 세 번 머리를 조아렸다.)
군문: 적들이 이미 퇴각하기 시작했습니다. 왕은 기쁘지 않습니까. 부산에 있던 적들도 성채를 벌써 불태워버렸다고 합니다.
선조: 기쁨을 말로 표현할 수 없습니다.
군문: 2백 척의 배는 다 건너가고 나머지 적들이 약간 남아 있다고 합니다. 만약 오래 머물러 있을 작정이라면 성채를 불태울 리가 있겠습니까. 나는 이미 세 방면의 장수들에게 지시를 내려 일제히 군사를 모아 가지고 적을 소멸시키라고 하였습니다. 귀국의 수군 총병은 누구입니까. 빨리 내려 보내는 것이 어떻겠습니까.
선조: 새로 임명한 총병은 이시언(李時言)입니다. 지금 전라도 지

방에 있는데 즉시 부임하도록 하겠습니다.

군문: 이시언은 쓸만한 사람입니까? 그리고 바닷길을 훤히 꿰뚫고 있습니까?

이순신이 애써 적을 치다가 끝내 전사하였습니다. 나는 애석한 마음을 억누를 길이 없어서 이미 사람을 보내서 제사를 지내주었습니다. 국왕도 사람을 보내서 제사를 지내주고 그 아들의 이름을 적어 두었다가 등용하는 것이 어떻겠습니까.

이순신과 같은 사람은 흔치 않은 사람인데 마지막에 가서 이렇게 되었으니 더구나 가슴이 아픕니다.

선조: 우리나라는 7년 동안이나 병란을 겪다보니 자체로서 추슬러 일어설 수가 없었습니다. 우리나라의 힘으로는 사실 적을 소멸하기가 어려웠지만 대인의 승산(勝算)이 있었으므로 흉악한 적들이 더러는 도망을 가고 더러는 목을 잘리어 우리나라의 온 강토가 다시금 소생의 행운을 맞이하게 되었으니, 대인의 덕은 갚을 길이 없고 황제의 은혜도 그지없습니다. 더구나 등(鄧) 총병이 우리나라 일로 해서 만 리 변방에 와서 바다에서 힘껏 싸우다가 불행하게도 전사였으니 절통한 마음 억누를 길이 없습니다. 이시언은 우리나라에서 훌륭한 장수로 소문난 사람입니다.

군문: 이것은 황제의 위력이 높고 국왕의 운수가 좋아서 그런 것이지 나야 무슨 공로가 있겠습니까. 등(鄧) 총병에 대해서는 저도 애통하게 생각합니다. 이영(李寧)과 노득공(盧得功)도 다 전사했으니 참으로 비통한 일입니다. 이번 싸움에서는 적의 목을 벤 것이 대단히 많았습니다. 가운데 방면에서는 왜장 36명이 모두 싸움에서 죽었다고 합니다.

진 총병(陳璘)은 용감한 장수입니다. 더구나 해전을 잘하여 노량싸움에서 심안도(沈安道)를 붙잡아서 목을 베었습니다. 유 총병

(劉綎)도 비란도(飛鸞道)를 죽였을 뿐만 아니라 왜적의 문서 20권을 빼앗았습니다.

선조: 이번에 바다에서 승리한 것은 진 대인(陳璘)의 공로인 동시에 역시 대인이 지휘를 잘했기 때문입니다.

군문: 한산도도 이미 탈환하였습니다. 전라도 지방에는 왜적이 한 명도 없습니다."」   -〈선조실록〉(1598. 11. 26.(丁未)-

(*형개 군문이 이순신의 공적에 대해 이처럼 칭송하는데도 불구하고 선조는 이에 대해 한마디도 말하지 않았다.)

〈통제사 이순신이 죽었다〉

「○좌의정 이덕형이 급보를 올렸다.

"이달 19일에 사천, 남해, 고성의 적들이 탄 배 3백여 척이 합세하여 노량도(露梁島)에 도착하자 통제사 이순신이 수군을 거느리고 곧바로 달려가서 맞이하여 싸웠습니다. 명나라 군사도 합세하여 나가 싸웠습니다.

왜적이 크게 패하여 물에 빠져 죽은 자는 이루 헤아릴 수 없이 많았으며, 왜적의 배 2백여 척이 박살이 나서 침몰되는 바람에 죽거나 상한 자가 수천여 명이나 되었습니다. 왜적의 시체와 깨어진 배의 널판, 무기, 의복 따위가 떠돌며 바다를 덮었기 때문에 물이 흐르지 못할 지경이었고 바닷물이 온통 시뻘겋게 되었습니다.

통제사 이순신과 가리포 첨사 이영남(李英男), 낙안 군수 방덕룡(方德龍), 흥양 현감 고득장(高得蔣) 등 10명이 탄환을 맞고 죽었습니다.

나머지 적선 1백여 척은 남해로 달아나고, 소굴에 남아 있던 왜적은 적선들이 크게 패하는 것을 보고는 소굴을 버리고 왜교(倭橋)로 달아났습니다. 남해의 강기슭에다 옮겨 쌓아 두었던 양곡도 모두 버리고 달아났습니다. 행장(行長)도 왜적의 배가 크게 패하는 것을 보고는 먼 바다로 돌아서 달아나버렸습니다.〉

(*사관은 말한다.
〈이순신은 사람이 충성스럽고 용감한데다 재능과 지략이 있었으며 규율을 세우면서도 군사들을 사랑하였기 때문에 사람들이 모두 즐겨 따랐다.
전날 통제사 원균(元均)은 탐욕스럽고 포악하기가 비길 데 없어서 인심이 이탈되었기 때문에 결국 정유년 한산 싸움에서 패배하고 말았다.
원균이 죽은 뒤에는 이순신이 그 후임으로 되었다.
이순신은 한산도에 이르자마자 남은 군사들을 수습하여 모으고 무기를 갖추는 동시에 둔전을 많이 일구는 한편, 물고기와 소금을 팔아서 군량을 넉넉히 마련하였다. 몇 달 되지도 않아서 군사의 기세가 산중의 호랑이마냥 크게 떨쳤다.
이번 예교(曳橋)의 싸움에서 육군들은 바라보기만 하면서 꿈쩍도 하지 않았지만 이순신은 명나라의 수군과 함께 밤낮 피어린 싸움을 벌려 많은 적을 죽이고 사로잡았다.
한번은 밤에 왜적 4명이 배를 타고 빠져나간 일이 있었다. 이순신이 진린(陳璘)에게 제의하기를 "이것은 틀림없이 응원병을 청하러 가는 왜적일 것이다. 떠나간 지 벌써 나흘이나 되었으니 내일쯤에는 적의 대부대가 틀림없이 도착할 것이다. 우리 군사가 먼저 나가서 맞받아 싸워야만 성공할 수 있다."라고 하였다. 진린이 처음에는 동의하지 않다가 이순신이 눈물을 흘리다시피 하면서 굳이 간청해서야 동의하였다. 그리하여 명나라 군사와 함께 노를 저어 밤새껏 앞으로 나아갔다. 날이 채 밝기 전에 노량에 도착하니 과연 적의 대부대가 오고 있었으므로 불의에 나가 한동안 피나는 싸움을 하였다.

이순신이 직접 나서서 왜적을 쏘다가 적의 탄환에 가슴을 맞고 배 위에 쓰러졌다. 그의 아들이 울음을 터뜨리려 하고 군사들은 당황하여 어쩔 줄을 몰라 할 때 손문욱(孫文彧)이 곁에 있다가 울음소리를 내지 못하게 하면서 옷으로 시체를 덮어놓고는 곧바로 북을 울리며 나가 싸웠다. 군사들은 이순신이 죽지 않은 줄로만 알고 기세를 올리며 힘껏 치자 적은 드디어 크게 패하였다.

그래서 사람들은 다 말하기를, "죽은 이순신이 산 왜적을 쳐부쉈다."고 했던 것이다.

이순신이 전사했다는 소식이 알려지자 호남의 온 지방 사람들은 통곡하지 않는 이가 없었다. 심지어 늙은 할머니와 어린아이들까지 모두 슬퍼하면서 울음을 터뜨렸다.

일편단심 충성스러운 마음을 나라를 위해 바쳤고, 한 몸을 아낌없이 의리를 위해 바쳤으니, 비록 옛날의 훌륭한 장수라 하더라도 그보다 더하지는 못할 것이다.

아, 애석하다. 조정에서 사람을 제대로 쓰지 못하여 이순신이 자기 재능을 한껏 펴보지 못하게 하였으니 만약 병신(丙申), 정유(丁酉)년 간에 이순신을 통제사의 직책에서 교체하지만 않았다면 어찌 한산 싸움에서 패배하고 호남과 호서가 적의 소굴로 되었을 리가 있었겠는가. 아, 애석한 일이다.〉」

－〈선조실록〉(1598. 11. 27.(戊申)－

(*사관의 이 기록은 역사적 사실을 매우 정확하게 쓴 글로 평가할만 하다. 당시 모든 기록을 담당하고 있던 사관이 어느 당파에도 기울지 않고 이순신과 원균에 대하여 이렇게 둘을 서로 비교해 가면서 평해 놓은 것이 이미 있음에도 불구하고, 지금에 와서 이와 다른 역사적 평가를 하려면 그에 부합되는 역사적 기록이나 자료를 바탕으로 해야 할 것이다. 요즘 일부에서 제기되고 있는 "원균 용장론"이나 "원균 재평가" 주장은 또다시 이순신을 모함하는 소행에 불과한, 한마디로 헛소리에 지나지 않는다.)

〈왜장 청정이 철수하면서 남겨놓은 편지〉

「○경상도 관찰사 정경세가 급보를 올렸다.

"도산(島山)에 있던 왜적의 장수 청정(淸正)이 철거하면서 성밖에다 명나라 장수에게 보내는 편지를 꽂아 놓았는데 그 글은 이러하였습니다.

'대 일본국 가등왕계두평(加藤王計頭平) 청정(淸正)이 명나라의 여러 장수들에게 알리는 방문(榜文).

요즘 들으니, 순천에 있는 왜국 장수 행장(行長)이 명나라의 여러 장수들과 세 나라가 화해를 하자는 약속을 하고, 귀국에서는 행장에게 볼모를 잡히겠다고까지 하였다고 합니다. 그런데도 당신들이 거듭 약속을 어기고는 군사를 동원하여 행장을 포위하고 있습니다. 당신들이 이런 속임수를 쓰니 좀도적과 무엇이 다르겠습니까. 단, 이런 속임수를 쓰는 것이 명나라의 여러 장수들인지 행장인지 나로서는 알 수 없기 때문에 오늘 이 방문을 내붙입니다.

비록 나는 여기에서 진을 마주하고 성을 지킬 수도 있지만, 순천이 이미 위험하게 되었으니 내가 구원하지 않는다면 비겁하다는 소리를 듣게 될 것입니다. 그래서 내가 먼저 이 성을 모조리 비워놓고 잠시 순천으로 옮겨가는 것입니다. 당신들도 순천으로 오면 나는 그곳에서 마땅히 강약을 겨루어 승부를 결판낼 것입니다.

물론 사태가 이렇게 되기는 하였지만 세 나라는 바로 친형제의 나라이므로 화해를 할 수도 있습니다. 당신들이 만약 화해를 하겠다고 한다면 마음대로 할 수 있습니다. 내가 비록 일본으로 돌아가더라도 편지를 주고받는 것쯤이야 왜 못하겠습니까.

그리고 우리 태합 전하는 지난 8월에 하찮은 병으로 세상을 떠나기는 했지만 아들 수뢰(秀賴) 전하가 있고, 또한 팔다리나 다름없는 대신들이 있습니다. 가강(家康: 도꾸가와 이에야스) 공은 문무를 겸비하여 주나라 무왕(武王)을 돕던 강태공(姜太公)이나 조삭(趙朔)을 돕던 정영(丁嬰), 공손제구(公孫弟臼)와도 같습니다. 그러므로 우리 일본의 사직은 안전하며 따라서 조선을 다시 정벌한다는 것은 식은 죽 먹기와 다름없으니 화해를 하는 편이 더 나을 것입니다. 더 말하지 않겠습니다.'"」

−〈선조실록〉(1598. 11. 28.(己酉)−

〈선조; 왜적이 철수하는 이유를 알지 못하겠다〉

「○비망기로 승정원에 지시하였다.

"왜적이 명나라 군사와 싸워 이긴 다음에 까닭 없이 일시에 철수하였는데, 사리로 보아서는 그럴 리가 만무한 것이다. 사실 명나라 군사가 무서워서 그렇게 한 것은 아닐 것이다. 이것은 틀림없이 명나라 장수가 화의를 요청하면서 감언이설로 그들을 꼬여서 물러가게 한 것일 텐데, 우리나라에서는 그 속내를 잘 알지 못하고 있을 뿐이니 필시 뒷날에 가서 후환이 있을 것이다. 적의 지략과 병력이 우리보다 열 배나 되므로 우둔하고 졸렬한 우리나라 사람과는 다르다.

하루아침에 견고한 성과 험한 소굴을 모두 버리고 스스로 물러가면서 간혹 성채를 그대로 남겨 두기도 하고 군량을 그대로 넘겨주기도 하였으니, 그들이 우리를 깔보고 있다는 것을 짐작하기 어렵지 않다.

병법에서 이르기를 '빼앗기 위해서는 먼저 주어야 한다.'고 하였다. 옛날 간이불(幹爾不)이 물러가자마자 송나라 사람들은 환성을 지르며 서로 축하하면서 상황(上皇)을 맞아들이고 임금을 호위하는 군사를 헤쳐 보냈다가 결국 수도의 변경이 함락되는 결과를 빚어냈으니, 그들의 어리석음이 가소롭다.

오늘 우리의 형편도 근심을 했으면 했지 덮어놓고 축하만 할 수는 없다. 나의 말을 명심하도록 하라.

다만 바다 싸움에서의 승리는 적의 간담을 서늘하게 할만한 것이었으니 그것만은 좀 분풀이가 된다."」

-〈선조실록〉(1598. 11. 29.(庚戌)-

○비변사에서 건의하였다.

"지금 경상좌병사 성윤문(成允文)의 장계를 보니, 부산에 있던 왜적들도 벌써 철수하여 갔다고 합니다. 이것이 사실이라면 남쪽 바다가 말끔해진 셈입니다. 존엄한 위엄이 떨친 보람으로 나라의 안전을 보게 되었으니 종묘에 고하고 축하를 올리는 등의 일들을 해당 관청으로 하여금 차례로 시행하게 해야 할 것입니다.

군문이나 경리의 아문에도 모든 관리들과 유생들 및 서울의 백성들이 다 가서 사례하는 것이 옳을 것입니다. 황제에게 은혜를 사례하러 가는 사신도 임명해야 할 것입니다. 이런 여러 가지 일들을 미리 준비해놓고 기다리도록 정식으로 지시를 내려야 할 것입니다. 차후 남쪽 지방에 대한 대책도 뒷수습을 잘하기 위한 방책을 미리 강구해 놓았다가 시행하는 것이 어떻겠습니까?"
지시하였다. "건의한 대로 하라."」
       -〈선조실록〉(1598. 11. 29.(庚戌)-

〈이순신에게 벼슬을 추증해 주고 부의도 보내주라〉
「○승정원에 지시하였다.
"이순신에게 벼슬을 추증(追贈)해 주고 부의(賻儀)도 보내주고 그의 장사는 관청에서 치러주도록 하라. 그의 아들은 몇이나 되는가? 거상 기간이 끝난 뒤에 모두 벼슬에 임명해야 할 것이다. 바닷가에다 사당을 세워주는 것도 좋겠다. 이 문제는 비변사에서 토의하여 보고하도록 하라. 그밖에 싸움에서 죽은 장수들 중에도 추증해 주어야 할 사람이 있을 것이다. 벼슬을 추증해 주어야 할 사람이 있으면 차차 벼슬을 추증해 주도록 하라."」

「○예조(禮曹)에서 건의하였다.
"이순신이 죽은 것에 대하여 형 군문(邢玠)이 무척 애통하게 여기면서 이미 사람을 보내어 제사를 지내주고 우리나라에서도 제사를 지내주도록 하였으니 그 성의가 대단합니다.
이순신이 정 1품의 벼슬에 있었으니 본래는 규정에 따라 제사를 지내주어야겠지만, 형 군문이 이렇게까지 말하였으니, 우선 특별히 제사를 지내줄 것입니까, 아니면 규정대로 할 것입니까?
그리고 등(鄧) 총병도 같은 곳에서 함께 전사하였으니 제사를 지내주지 않을 수 없습니다. 시체를 찾아냈는지 아직 정확히는 알 수 없으므로 당분간 관이 서울에 올라오기를 기다렸다가 제사를 지내줄 것입니까? 아래에서 마음대로 하기가 난처하여 아울러 전하의 결재를 받았으면 합니다."

지시하였다. "예조에서 알아서 하도록 하라."」

-〈선조실록〉(1598. 11. 30.(辛亥)-

(*이순신이 전사했다는 소식에 선조는 마음속으로 매우 안도하였을 것으로 추측된다. 그래서 애도의 뜻을 말하기 전에 먼저 그의 벼슬 추증과 부의, 아들들의 관직 임명 등을 먼저 언급하고 있는 것이다. 물론 명나라 형개(邢玠) 군문의 부탁이 있기는 하였지만 말이다.
이상으로 이순신이 전사한 직후인 11월 달 말일까지의 전쟁 상황과 조정의 태도 등을 살펴보았다.)

〈시를 통해서 보는 이순신의 애국 충정〉

〈시조〉

한산도가(閑山島歌)
 한산섬 달 밝은 밤에 수루에 혼자 앉아
 큰 칼 옆에 차고 깊은 시름 하는 차에
 어디서 일성 호가(胡歌)는 남의 애를 끊나니.
 (*해동가요에 기재된 것).

한산도가(閑山島歌)
 한산셤 달 발근 밤을 위루의 혼자 안ᄌ
 일장겸 겻희 노코 긴 한숨 ᄒᄂ는 밤의
 어듸셔 일성 호가ᄂ는 눔의 이를 ㅅ굿나니
 (*연려실기술(燃藜室記述) 제20권에 기재된 것)

閑山島歌(한산도가)
 閑山島月明夜(한산도월명야)
 上戍樓撫大刀(상수루무대도)
 深愁時何處(심수시하처)
 一聲羌笛更添愁(일성강적경첨수)
 (*한시로 번역하여 〈이충무공전서〉에 실은 것)

〈한시〉

진중음(陣中吟)

(一)

天步西門遠	전하께선 서쪽으로 멀리 피난가시고
君儲北地危	왕자들은 북녘에서 위태로우니
孤臣憂國日	외로운 신하들 나라를 근심하고
壯士樹勳時	장수들은 공로를 세울 때로다.
誓海魚龍動	**바다에 맹세함에 어룡이 감동하고**
盟山草木知	**산에 맹세함에 초목이 알아주네.**
讐夷如盡滅	이 원수 모조리 무찌를 수 있다면
雖死不爲辭	이 한 몸 죽음을 어찌 사양하리오.

(二)

二百年宗社	이백 년 이어 온 우리나라가
寧期一夕危	하루 밤 사이 위급해질 줄 어찌 알았으랴.
登舟擊楫日	배에 올라 노 저으며 맹세하고
拔劍倚天時	칼 뽑아 천산(天山) 위에 우뚝 설 때로다.
虜命豈能久	왜놈들의 운명이 어찌 오래 가랴
軍情亦可知	적군의 정세도 알만하다네.
慨然吟短句	서글퍼서 시 귀절 읊어보는 것이지
非是喜文辭	시문 놀이 좋아해서가 아니라네.

(三)

水國秋風夜	한바다 가을바람 서늘한 밤에
愀然獨坐危	하염없이 홀로 앉아 생각하노니
太平復何日	태평세월 언제나 다시 오려나.
大亂屬玆時	지금은 큰 난리를 겪고 있는 중
業是千人貶	공적은 많은 사람들 보다 떨어지는데
名猶四海知	이름은 오히려 온 세상에 알려졌네.
邊憂如可定	변방의 근심을 평정한 후에는
應賦去來辭	나 또한 도연명의 귀거래사 읊으리.

무제 육운(無題 六韻)

蕭蕭風雨夜(소소풍우야)	비바람 부슬부슬 흩뿌리는 밤
耿耿不寐時(경경불매시)	생각만 아물아물 잠 못 이루고
懷痛如摧膽(회통여최담)	간담이 찢어지듯 아픈 이 가슴
傷心似割肌(상심사할기)	살이 에이듯 쓰라린 이 마음
山河猶帶慘(산하유대참)	강산은 참혹한 꼴 그대로이고
魚鳥亦吟悲(어조역음비)	물고기와 새들도 슬피 우네.
國有蒼黃勢(국유창황세)	나라는 허둥지둥 어지럽건만
人無任轉危(인무임전위)	바로잡아 세울 이 아무도 없네.
恢復思諸葛(회복사제갈)	제갈량 중원 회복 어찌했던고
長驅慕子儀(장구모자의)	말 달리던 곽자의 그립구나.

經年防備策(경년방비책)	원수 막으려 여러 해 했던 일들이
今作聖君欺(금작성군기)	이제 와 돌아보니 임금님만 속였네.

(*甲午年(1594). 9월 3일에 지음.)

한산도 야음(閑山島 夜吟)

水國秋光暮(수국추광모)	한바다에 가을 빛 저물었는데
驚寒雁陣高(경한안진고)	찬바람에 놀란 기러기 높이 떴구나.
憂心轉輾夜(우심전전야)	가슴에 근심 가득 잠 못 이루는 밤
殘月照弓刀(잔월조궁도)	새벽 달 창에 들어 칼을 비추네.

(*乙未年(1595년) 10월 20일에 지음)

선거이 수사와 작별하며(贈別宣水使居怡)

北去同勤苦(북거동근고)	북쪽에 갔을 때도 같이 일했고
南來共死生(남래공사생)	남쪽에 와서도 생사를 같이 했지
一杯今夜月(일배금야월)	오늘 밤 달 아래 한 잔 술 나누지만
明日別離情(명일별리정)	내일엔 우리 서로 헤어져야 하네.

(*을미년(1595년) 9월 14일에 지음)

무제(無題)

(一)

不讀龍韜過半生(불독용도과반생)	병서도 못 읽고 반생 지내느라
時危無路展葵誠(시위무로전규성)	위태한 때 충성 바칠 길 없네.
峩冠曾此治鉛槧(아관증차치연참)	지난날엔 큰 갓 쓰고 글 읽다가

大劍如今事戰爭(대검여금사전쟁)　오늘은 큰 칼 들고 싸움을 하네.
墟落晚烟人下淚(허락만연인하루)　마을의 저녁연기에 눈물 흘리고
轅門曉角客傷情(원문효각객상정)　진중의 새벽 호각 마음 아프다.
凱歌他日還山急(개가타일환산급)　개선의 그 날 산으로 가기 바빠
肯向燕然勒姓名(긍향연연륵성명)　공적 기록 신경 쓸 겨를 없으리.

(二)

北來消息杳無因(북래소식묘무인)　북쪽 소식 아득히 들을 길 없어
白髮孤臣恨不辰(백발고신한불신)　백발의 신하 시절을 한탄하네.
袖裡有韜摧勁敵(수리유도최경적)　소매 속엔 적 꺾을 병법 있건만
胸中無策濟生民(흉중무책제생민)　가슴속엔 백성 건질 방책이 없네.
乾坤黯黲霜凝甲(건곤암참상응갑)　천지는 캄캄한데 서리 엉기고
關海腥羶血浥塵(관해성전혈읍진)　산하에 비린 피가 티끌 적시네.
待得華陽歸馬後(대득화양귀마후)　말 풀어 목장으로 돌려보낸 뒤
幅巾還作枕溪人(폭건환작침계인)　두건 쓴 처사 되어 살아가리라.

제5부

왜란의 종결과 공로평가

"나의 죽음을 적에게 알리지 말라"

(*1598(戊戌)년 11월 19일(庚子) 사시(巳時: 오전 10시경), 노량 해전에서 이순신은 전사하였다. 이순신의 전사와 동시에 7년간 지속되었던 왜란은 끝나고, 왜적들은 그 길로 곧장 부산 앞바다로 도망쳐서 일본으로 돌아갔다. 7년 왜란 최후의 해전인 노량해전의 정황과 이순신의 죽음, 그리고 그 후의 일들을 〈선조실록〉을 통해 살펴보고, 이순신의 사후 여러 사람들이 이순신에 관해 기록한 행록(行錄)이나 행장(行狀), 시장(諡狀), 제문(祭文), 비문(碑文), 기타 사서(史書)나 개인 문집 등에 나타난 이순신 관련 글들을 살펴보기로 한다.)

1. 최후의 전투와 이순신의 전사, 그리고 그 공로 평가

〈비변사의 건의〉

「○비변사에서 건의하였다.

"이순신은 지난날 한산 싸움에서 이미 큰 공로를 세웠습니다. 수군이 패망한 뒤에도 타다 남은 무기와 군량을 수습하여 전날과 다름없이 만들어 놓았습니다. 이번에도 노량(露梁)에서 밤새껏 피어린 싸움을 벌여 적의 우두머리들을 불태워 죽이고 전선 2백여 척이나 노획하였습니다. 동남에서 사기가 크게 떨치자 오랫동안 눌려 있던 적들이 넋을 잃고 밤중에 도망을 치고 말았습니다.

나라를 회복한 공로에서 이 사람이 그 첫째 자리를 차지하였습니다. 불행하게도 탄환에 맞아 쓰러졌지만, 숨을 거두는 순간까지도 침착하게 싸움을 지휘하였으니 옛날의 이름난 장수의 풍모와 흡사한 점이 있습니다.

이번에 내린 전하의 지시에서 그의 장례를 관청에서 치러주게 하였고 그의 자식들에게도 모두 벼슬을 주게 하였으니 그의 충성과 의리에 대한 고무와 격려는 이토록 극진하였습니다.

바닷가에 사당을 세우는 문제는, 좌수영의 본진에 세워서 봄과 가을에 제사를 지내주게 하는 것이 옳을 것 같습니다."

임금이 그 의견을 따랐다.」   -〈선조실록〉(1598. 12. 1.(壬子)-

〈이순신의 후임자를 보내주기를 청하는 진린의 공문〉

「○진린(陳璘) 제독이 공문을 보내왔다.

〈적의 우두머리 행장은 우리 수군이 노량에서 적을 섬멸하는 것을 엿보고 있다가 감쪽같이 달아나 버렸습니다. 군사를 돌려세워 추격을 하였으나 벌써 먼 바다로 떠나가고 말았으니 여한이 없지 않습니다.

군사를 정비해 가지고 남해로 진격해서 21일 4경(새벽 2시경)에 적의 소굴에 육박해 갔더니 적의 배들은 이미 텅 비어 있었고 단지 성 위에 아직 불빛이 보였는데, 한참 뒤에는 그것마저 없어졌습니다. 새벽녘에 그 소굴로 올라갔는데, 적들은 뒷산으로 빠져서 밤중에 도망을 쳤습니다. 말똥이 아직 온기가 남아 있는 것으로 보아 떠나간지 오래되지 않았음을 알 수 있었습니다.

쌀, 기장, 콩, 좁쌀들을 바닷가에 옮겨다 놓고는 미처 배에 싣지 못한 것들이 산더미처럼 쌓여 있었는데, 대략 1만여 섬은 되어보였습니다. 크고 작은 총포와 화약과 무기들, 일상생활에 쓰던 도구들까지 한 가지도 없는 것이 없었으며, 소와 말을 비롯한 가축들도 많이 있었습니다.

우선 숨을 돌린 다음 군사들을 풀어서 산 속을 수색하여 한 놈도 남겨두지 않음으로써 전공을 빛내고자 합니다.

이순신(李舜臣)의 자리가 비어 있으니 빨리 후임자를 골라 보내어 기다리는 심정을 풀어주기 바랍니다."」

-〈선조실록〉(1598. 12. 2.(癸丑)-

〈노량해전 승첩의 경과보고 - 군문도감〉

「○군문도감에서 보고하였다.

〈…왜적 행장(行長)이 말은 화해를 한다고 핑계를 대었지만 여러 왜장들에게 구원병을 청하였고, 울산, 부산, 사천(泗川) 등지에 있던 적들은 모두 응원병을 보냈습니다. 사천은 순천과 제일 가까웠기 때문에 사천에서 오던 응원병들이 먼저 우리 수군과 마주치게 되어 피어린 싸움을 하였습니다.

애초에 행장이 명나라의 위력 앞에 겁을 먹고 유 제독(劉綎), 진 도독(陳璘)에게 사정하기를, 유 제독에게는 왜인의 머리 2천 개를 바치고 진 도독에게는 왜인의 머리 1천 개를 바치겠으니 자기들을 돌려보내 달라고 하였습니다. 진 도독은 그 말을 곧이듣고 2천 개를 보내준다면 놓아 보내주겠다고 약속하였습니다.

행장은 연일 예물을 보내고 술과 음식과 창과 검을 계속 보내주더니 나중에는, '남해에 있는 자기 사위를 불러다가 토의할 일이 있어서 사람을 보내어 데려오고자 하는데, 이 배를 내보내주기 바란다.'고 하였습니다.

이순신은 말하기를, 속임수를 쓰는 말이니 곧이들어서는 안 되며, 사위를 불러오겠다는 수작은 응원병을 청하려는 것이니 절대로 허락해서는 안 된다고 하였으나, 진 도독은 듣지 않고 14일에 작은 배 한 척을 내보내 주었는데, 왜인 8명이 타고 있었습니다.

그 뒤 이순신이 말하기를, 왜적의 배가 떠나간 지 나흘째나 되었으니 틀림없이 응원병이 곧 도착하게 될 것이고, 우리들은 묘도(猫島) 등지에 가서 길을 차단하고 기다리다가 쳐야 한다고 주장하였습니다.

18일 4경에 각처 응원병의 대부대가 몰려 들어왔습니다. 그리하여 격전이 벌어졌는데, 미처 포를 쏘고 활을 쏠 겨를도 없어서 불덩이를 적의 배에 집어던져서 2백 여 척을 불태워버렸습니다.

옷가지와 여러 가지 물건들이 바다를 메우면서 떠내려 왔습니다.

행장(行長)은 떠내려 오는 물건과 하늘에 닿은 화염을 보고는 응원병이 크게 패배했음을 알고 바다 바깥쪽을 빙 돌아 달아나고 말았습니다. 먼 곳의 응원병들도 자기들의 선봉부대가 완전히 궤멸된 것을 알고는 감히 구원하러 오지도 못하고 마침내 돌아가고 말았던 것입니다.

만일 며칠만 더 지체했더라면 응원병이 사방에서 모여들었을 것이므로, 왜교(倭橋)의 형편은 위험에 처할 뻔하였습니다.

대체로 행장의 계책은 겉으로는 화의를 맺는 척하고 있었지만 속으로는 응원병을 기다리고 있다가 합세하여 먼저 수군을 치고 계속해서 육군을 치려는 것이었습니다. 그러던 것이 응원병의 선봉부대가 완전히 박살났기 때문에 음흉한 계책을 실현하지 못하고 만 것입니다.

아마도 하늘이 우리를 도운 것입니다. 21일에 수군이 남해에 육박하자 왜적은 벌써 달아나고 없었습니다.」

-〈선조실록〉(1598. 12. 4.(乙卯)-

〈이덕형이 경험한 이순신의 능력과 인품〉

「○좌의정 이덕형(李德馨)의 장계는 이러하였다.

"이순신(李舜臣)이란 사람을 신은 그 전에는 얼굴도 본 적이 없었습니다. 한 번쯤 서신 왕래를 한 것만 가지고 그가 어떤 사람인지 알 수는 없었습니다.

전날에 다만 원균(元均)이, 그가 일처리를 옳지 않게 한다고 하는 말만 듣고는 짐작하기를, 재능은 있지만 진실성과 용감성은 남만 못한 것 같다고 여겼을 뿐이었습니다.

그러다가 신이 본 도에 내려가서 바닷가의 백성들이 입을 모아 칭송하며 떠받들어 마지않는 것을 보고, 또 그가 4월 달에 처음으로 고금도(古今島)에 들어갔는데도 여러 가지 옳은 조치들을 극진히 취하였기 때문에 서너 달 가량 되는 동안에 전번 한산도에서 마련했던 것보다 더 많은 백성들과 군량을 마련하였다는 말을 듣고서야 비로소 그가 재능이 남보다 뛰어난 사람이라는 것을 알게 되었습니다.

유 제독(劉綎)이 힘껏 싸울 생각을 하지 않았기 때문에 큰 일은 전적으로 수군에 의지하지 않을 수 없게 되었습니다. 신이 자주 수군에 사람을 보내어 이순신으로 하여금 정황에 맞게 주선을 잘 하도록 당부했습니다. 그가 성의를 다하여 나라에 한 몸을 바치면서 죽기를 맹세하고 일을 운영해 나간 것은 참으로 훌륭하였습니다. 신은 혼자 생각에, 우리나라의 수군 문제는 주장(主將)이 적임자이니 근심할 것이 없겠다고 여겼었는데, 불행하게도 적탄에 맞아 전사하게 되었습니다. 앞으로 책임을 맡겨 일을 해나가는 데 있어 이런 사람은 구하기 어려울 것입니다. 참으로 절통하고 애석한 일입니다.

승리를 알리던 날 군량을 운반하던 사람들이 이순신이 전사하였다는 소식을 듣고는 무지한 늙은이, 어린이들까지도 수없이 뛰쳐 나와서 울며불며 조문하였습니다. 사람들 속에서 이런 신망을 얻는다는 것이 어찌 우연한 일이겠습니까.

그리고 군량을 비롯한 여러 가지 일들을 운영해 오던 것이 대단히 많은데, 하루아침에 주관하는 사람이 없게 되면 몽땅 유실되고 말 수도 있습니다. 신임 통제사를 특별히 임명하여 성심껏 돌보고 장수와 군사들을 보살펴서 흩어지지 않도록 해야 할 것입니다.

이순신이 나라를 위해 목숨을 바친 사실은 옛날의 장수와 비교해 보아서도 부끄러울 것이 없습니다. 표창하는 조치를 조정에서 특별히 취해야 할 것입니다."

임금이 보고 비변사로 내려 보냈다.」
—〈선조실록〉(1598. 12. 7.(戊午)—

〈왜적이 달아난 이후의 남해안 사정〉
「○좌의정 이덕형의 장계는 이러하였다.……
"별장 변홍달(卞弘達)이 남해로부터 와서 이렇게 말하였습니다.
 '남해에는 왜적들이 양곡을 가득 쌓아두었는데, 왜교(倭橋)에서
날라다 놓은 것만 해도 그 수를 헤아릴 수 없을 만큼 많지만, 그
소굴 속에 남아 있던 쌀도 대단히 많았습니다.
 그런데 명나라 수군이 먼저 들어갔지만 수습하는 사람이 없어서
대뜸 그 집에 불을 질러버리도록 하였기 때문에 양곡 3천여 섬이
불타버렸다고 합니다.
 그리고 싸움에서 지자 배를 버리고 달아난 왜놈들이 적지 않게 본
남해도의 산골 숲 속에 들어가 숨었는데, 명나라 군사들이 산에다
불을 지르면서 붙잡아내어 목을 베면서 심지어 우리나라 사람들에
게까지 손을 댔습니다. 그래서 그곳 백성들이 놀라 달아나서 숨어
버렸고, 한 사람도 산 밖으로 나와서 안착하지 못했습니다. 손문욱
(孫文彧)이 진 도독(陳璘)에게 자세히 건의해서야 비로소 진 도독
이 군령을 전달하는 깃발을 내보내서 금지시켰습니다.
 19일에 적이 도망쳤으면 경상우수사(李純信)가 시급히 들어가서 양
곡도 거두어들이고 백성들도 모아 놓고 명나라 군사를 기다리고
있었어야 했는데, 엎어지면 코가 닿을 거리에 있으면서도 제때에
조치를 취하지 않음으로써 이 지경이 되도록 만들었으니 대단히
잘못되었습니다.
 수군이 주장을 잃자마자 진 도독이 경상우수사 이순신(李純信)을
시켜 돌보면서 지휘하게 했으나, 장수와 군사들이 복종하지 않아

서 우려되는 문제가 적지 않습니다. 조정에서 새 통제사를 빨리 임명해 보내어 단속하게 해야 할 것입니다."」

−〈선조실록〉(1598. 12. 7.(戊午)−

〈아산으로 출발한 이순신의 영구〉

「○예조에서 건의하였다.

"등(鄧) 총병의 제사를 지낼 관리는 이미 임명되었으니 근일 내로 떠나보내야 하겠는데, 듣자니 이순신의 영구는 본인이 전사한 곳에서 이미 떠나 장사지내야 할 곳인 아산에 도착하게 될 것이라고 하니, 등 총병의 영구와 한 곳에 있지 않게 된다고 합니다.

제사를 지내는 데 선후의 차이가 잘못될 것이 없어 보이기 때문에 본 예조의 당하관을 먼저 떠나보내고 이축(李軸)도 오늘내일 안으로 내려가도록 재촉하는 것이 어떻겠습니까?"

임금이 지시하였다. "명나라 장수에게 먼저 제사지내고 우리나라 장수에게는 나중에 제사지내는 것이 예절로 보아 옳다. 한곳에 있으면 선후차를 가리고 각기 다른 곳에 있으면 우리가 하는 일을 명나라 사람이 알지 못할 것이라고 여기고 우리나라 장수에게 먼저 제사지낸다는 것은 사리로 보아 온당치 못한 듯하다. 등 총병의 제사를 지낼 관리를 빨리 먼저 내려 보내도록 하라."」

−〈선조실록〉(1598. 12. 11.(壬戌)−

(*사후에 제사지내는 일에서조차 선조는 명나라의 눈치를 보면서 이순신을 폄하하여 욕보이고 있다.)

〈생포된 왜장 풍신정성(豊臣正成)〉

「○군문도감에서 보고하였다.

"방금 군문이 통역관 이해룡(李海龍) 등을 불러다가 말했습니다.
'진 도독이 보낸 게첩에 의하면, 전번에 사로잡은 왜적의 장수를 신문하였더니 정성(正成)의 부하라고 하였다는 것이다. 그래서 정성이 불에 타 죽었는가, 물에 빠져 죽었는가를 물은즉 그렇지 않다고 대답하였다.
다른 왜인들을 신문할 때 또 그 왜적의 장수를 끌어오자 여러 왜인들이 모두 손을 모아 쥐면서 그를 존경하였었다. 보기에 이상하여 너희들이 무엇 때문에 이 왜인을 존경하는가 라고 물었더니, 여러 왜인들이 대답하기를 〈이 분이 바로 풍신정성(豊臣正成)입니다. 애초에 불에 타 죽었다고도 하고 혹은 죽지 않았다고도 하였는데, 지금 보니 사로잡혔습니다.〉라고 하였다는 것이다.
그리고 그 사람이 몸도 크고 얼굴도 비범하게 생긴 것으로 보아 의심할 바 없이 정성인 듯하다는 것이다. 적의 대장을 사로잡았으니 이보다 더 큰 일이 없다. 작은 나라의 신하에게 말하여 국왕에게 보고하게 해야 할 것이다.' 라고 하였습니다.
삼가 보고합니다."
대답하였다. "알았다."」   -〈선조실록〉(1598. 12. 14.(乙丑)-

〈이순신이 죽는 순간 옆에서 지켜보았던 사람은 누군가?〉

「○도원수 권율이 보고하였다.
"통제사 이순신이 죽은 뒤에 손문욱(孫文彧) 등이 정황에 맞게 잘 처리하면서 목숨을 내걸고 피나는 싸움을 한 덕을 보았습니다. 손문욱이 직접 판옥선 위에 올라서서 적의 형세를 둘러보면서 군사들을 지휘하여 싸움을 독려하였습니다.
진 도독(陳璘)이 패전을 면하게 된 것도 역시 우리 수군의 공로입니다. 우치적(禹致績), 이섬(李暹), 우수(禹壽), 유형(柳珩), 이언량

(李彦良) 등이 첫째가는 공로를 세웠는데 바로 이순신이 탔던 배의 사람들입니다. 그러나 이순신이 평소 적의 머리를 서로 먼저 베려고 다투다가는 적을 많이 죽이지 못한다고 단속하였기 때문에, 이번 싸움에서 적의 머리를 벤 것은 대단히 적습니다."」

-〈선조실록〉(1598. 12. 18.(己巳)-

(*이순신이 적의 총탄에 맞아 전사한 직후 그의 전사 사실을 숨기고 지휘를 한 사람이 누구인지에 대해서는 〈행록〉의 기록과 이곳 〈실록〉의 기록, 그리고 〈선조실록〉의 다른 곳에서의 기록들이 서로 다른데, 아마도 도원수 권율은 잘못된 보고를 하고 있는 것 같다.)

〈진린이 보고한 이순신의 최후 순간〉

「○진 도독(陳璘)의 보고는 이러하였다.

"본인이 여러 장수들을 거느리고 노량에 이르러 이순신이 포위된 것을 보게 되었습니다. 본인이 직접 군사를 지휘하여 수십백 명의 적을 쳐 죽이자 적이 물러가기 시작하였습니다. 승리한 기세를 타고 20여 리를 추격하였습니다. 적들은 불길에 타 죽거나 바닷물 속으로 들어갔기 때문에 다 찾아내지는 못하였습니다. 도합해서 목을 자른 것이 320개입니다. 천총 진구경(陳九經: 진린의 아들이다.)이 왜적의 장수 1명을 사로잡았는데 그자의 말에 의하면 이름을 석만자(石曼子)라고 합니다. 전사한 사람은 부총병 등자룡(鄧子龍)과 통제사 이순신입니다."」 -〈선조실록〉(1598. 12. 21.(壬申)-

〈이순신(李純信)이 보고한 진린의 분전 사실〉

「○경상우도 수사 이순신(李純信)이 보고하였다.

"…노량 싸움에서 진 도독이 우리나라의 판옥선을 타고 힘껏 싸운 사실은 신이 눈으로 직접 보았습니다. 정성(正成)을 사로잡았다는 문제는 정확히 알 수 없습니다.

도독이 신을 불러서 자기가 힘껏 싸운 사실과 적의 우두머리를 사로잡은 공로를 군문에게 보고해 달라고 하였기 때문에 신이 하는 수 없이 그대로 하였습니다.”」

-〈선조실록〉(1598. 12. 22.(癸酉)-

〈여세를 몰아 대마도를 치자?〉

○좌의정 이덕형이 보고하였다.

"군문이 신을 불러서 은밀히 묻기를 '요즘 대마도를 쳐서 빼앗을 작정을 하고 있는데 귀관의 생각은 어떤가? 그 섬에 왜적은 대략 얼마나 있는가? 군사를 얼마나 동원하면 되겠는가?' 하였습니다. 신이 대답하기를 '그곳에 갔다가 돌아온 사람의 말에 의하면, 그 섬에는 8개 고을이 있는데 한 고을에 왜인 호구가 1백여 호에 지나지 않고 그 도주(島主)가 있는 부중(府中)에도 겨우 3~4백 호쯤 된다고 합니다. 명나라 수군과 우리나라 수군을 합쳐서 정예부대 1만 명이면 성공을 보장할 수 있습니다. 그러나 반드시 투항한 왜인이나 사로잡혀갔다가 돌아온 사람을 파견하여 계속 염탐을 해본 다음에야 적의 실태를 알아낼 수 있습니다.' 라고 하였습니다.

군문이 묻기를 '만일 거사를 한다면 언제쯤 하는 것이 좋겠는가?' 라고 하기에, 신이 대답하기를 '2월 이후에는 바람이 순조로워져서 적의 배들이 쉽게 왕래할 수 있으니 반드시 정월달 안으로 빨리 해야 할 것입니다.' 라고 하였습니다.

군문이 말하기를 '일단 점령한 다음에는 어떤 방법으로 지켜내야 할지 모르겠다.' 고 하기에, 신이 대답하기를 '쳐부술 수는 있지만 지켜내지는 못할 것입니다. 그저 명나라의 위력을 크게 떨쳐 보이

자는 것뿐입니다.' 라고 하였습니다.
군문은 또 말하기를 '바다 연변을 방어하고 군사를 훈련시킬 대책을 적어 가지고 와서 상의하도록 해야 할 것이다.' 라고 하였습니다."」　　　　　　　　　－〈선조실록〉(1598. 12. 22.(癸酉)-

(*대마도를 조·명 연합군으로 쳐들어가자는 의견은 하루 전날 전라도 관찰사 황신(黃愼)이 공식적으로 제기하였다. 지켜낼 수 없을 것을 뻔히 알면서 위력을 한번 뽐내자고 1만 명의 군사를 동원하여 쳐들어간다? 매우 비현실적인 이야기들이다. 그러나 5일 후(戊寅)에 투항한 왜인 소운대(小云大) 등에게 후한 상을 주어 회유한 다음 그들을 대마도로 들여보내 정탐하도록 하였다.)

〈살마주(薩摩州)의 도주 도진의홍(島津義弘)〉
「○비변사에서 건의하였다.
"살마주(薩摩州)의 적장 도진의홍(島津義弘: 沈安頓吾)은 원래 용맹하고 싸움을 잘하는 자로서 서해도에서는 영웅으로 불리고 있습니다. 수길이 장수를 시켜서 그를 치다가 패전하게 되자 수길이 직접 나가서 크게 패배시켰던 것입니다. 의홍은 결국 수길에게 신하로 복종하게 되었고, 수길은 의홍의 누이를 볼모로 잡아다가 대판에다 억류해 두었습니다. 비단 의홍만이 그런 것이 아닙니다. 행장이나 청정의 처자와 늙은 어머니까지도 모두 볼모로 억류해 두고 있습니다. 아마 딴 마음을 먹지나 않을까 해서 그러는 듯합니다. 대체로 살마주의 왜인은 오래도록 일본에 신하로 복종하지 않았었습니다. 수길의 세력이 커진 뒤에는 마지못해 위세에 눌려 있기는 하지만 그들이 배반하지 않으리라는 것을 보증하기는 어렵습니다. 역시 좋은 말로 유인해볼 만합니다.

허의후(許儀後)가 그곳에 있기만 하면 군문과 경리아문에서 사세용(史世用)과 맹 통사(孟通事)를 시켜 바다를 건너가서 은밀히 만나서 계책을 써보도록 하는 것이 나쁘지 않을 듯합니다. 두 아문의 접반사를 시켜서 은밀히 문의해서 처리하게 할 것입니다."」

－〈선조실록〉(1598. 12. 29.(庚辰)－

〈풍신수길 사후 권력을 잡은 덕천가강(德川家康)〉

「○이보다 앞서 수길(秀吉)이 죽은 다음 가강(德川家康)이 권세를 잡고 여러 장수들의 처자들을 데려다가 인질로 삼았으며, 그들의 군사를 거두어 가지고 돌아갔다. 울산, 사천, 순천 세 방면의 왜적들이 모두 바다를 건너갔다.」

－〈선조수정실록〉(1598년 12월)－

2. 1599(己亥)년 이후의 주요 사건들

1599년(己亥. 선조 32년. 만력 27년)

〈돌아오는 명나라 장수들을 한강가에서 맞이하는 선조〉
「○영의정 이원익(李元翼)이 명나라 수도로부터 돌아와서 차자(箚子)를 올렸다.
○마귀(麻貴) 제독이 군사를 이끌고 돌아오므로 임금이 한강가에 나가서 맞이하여 위로하였다.
이 뒤로 여러 장수들이 돌아올 때마다 임금이 한강가에 나가서 맞이하여 위로하므로 형조판서 이헌국(李憲國)이 들어와 모시고 있다가 너무 지나치다고 말하였으나, 임금은 대답하지 않았다.」
-〈선조수정실록〉(1599년 1월)-

〈사로잡은 적장 풍신정성〉
「○임금이 군문의 아문(衙門)을 방문하였다. 군문이 말하였다.
"석만자(石曼子)를 죽였고, 정성(豊臣正成)을 사로잡았으며, 배 위에 있던 금병풍, 금부채 같은 것들도 노획하였습니다. 이 대간(大諫)이 그 전에 일본에 들어갔을 때 정성의 얼굴을 본 적이 있는데, 이번에 사로잡은 것이 분명히 진짜 정성이라고 합니다. 오는 21일에는 수도로 붙잡아 올 터이니 사람을 시켜서 직접 보도록 하지요.

이대간이 정성에게 거짓으로 말하기를 '너에게 문서를 주어 일본으로 돌려보내서 다시는 조선을 침범하지 못하도록 하자고 하는데, 좋겠는가?' 라고 하였더니, 그는 말하기를 '저는 싸움도 잘 하였고 군사도 제일 많이 거느리고 있었는데, 이제 사로잡혔으니 만일 본국으로 돌아가게 되면 죽음을 면하지 못할 것입니다. 돌아가지 않고 여기서 살았으면 하는 것이 간절한 소원입니다.' 라고 하였다는 것입니다.

귀국에서도 이런 말을 들었습니까?"

임금이 말하였다. "심안도는 불에 타 죽고 정성은 사로잡혔다는 보고가 오기는 하였지만 자세한 내용은 듣지 못하였는데 이제야 처음으로 알았습니다. 그 모두가 황제의 지극한 은덕이고 대인이 지휘를 잘 한 공로가 아니겠습니까."

-〈선조실록〉(1599. 1. 1.〈壬午〉)-

〈이순신은 충신이었다〉

「○임금이 이 부총(李芳春)의 숙소를 방문하였다.

부총이 말했다. "이순신은 충신입니다. 이런 사람이 10명만 있으면 적을 걱정할 것이 무엇 있겠습니까. 작은 나라의 관리들은 저를 따라다니면서 수고를 많이 하였습니다.……"」

-〈선조실록〉(1599. 1. 6.〈丁亥〉)-

〈이순신은 아산 사람입니다〉

「○저녁에 임금이 또 마 제독의 숙소에 갔다.

2. 1599(己亥)년 이후의 주요 사건들 / 271

제독: 이순신은 어디 사람입니까?
선조: 충청도 아산 사람입니다.
제독: 아깝습니다."」   -〈선조실록〉(1599. 1. 9.(庚寅)-

〈진린(陳璘) 제독이 통제사 이순신의 영전에 올린 제문〉

(*이날 명나라 장수 진린이 이순신의 영전에 올리는 제문을 지었는데, 단순한 하나의 제문이 아니라 그가 이순신을 어떻게 생각하였고 평가하였는지를 알게 해주는 역사적인 자료이기에 소개한다.)

「만력(萬曆) 27년(1599년) 정월 초하루에서 열흘이 지난 오늘. 흠차총영수병(欽差總領水兵) 어왜총병관(禦倭總兵管) 전군도독부도독첨사(前軍都督府都督僉使). 진린(陳璘)은 삼가 돼지와 양과 맑은 술의 제수로써 조선 수군통제사 이모(李某)의 영혼에 제사를 바치노니,

어허! 먼 번국(藩國)을 통제하신 분이시여, 나라의 위태로움을 편안케 하는 지혜를 지니시고, 잔약하고 피로한 군사(旅團)들을 이끌고 사마귀만한 고을을 근거로 적의 서해 엿봄을 끊어 막고 안으로 자신의 준비를 닦았도다.

창을 베개하고 갑옷을 휘감은 채 날이 새도록 여가가 없었으며, 배를 수리하고 무기를 만들기에 해가 다하도록 조금도 쉴 일이 없었고, 떠도는 이들을 불러오니 만호(萬戶)가 넘었으며, 적에게 붙었다가 도망해 돌아온 자가 천 명이나 되었도다.

노량(露梁) 싸움에 통제가 선봉이 되어 전선들이 거의 함몰당하게 될 무렵, 나와 그대 서로 도와 범의 입을 벗어나자 적들은 그로부터 기운을 잃었을 때, 천천히 싸우며 물러나며 하면서 마침내 적들을 새 잡듯 풀 베듯 하였도다.

나는 통제사가 화를 면한 줄로만 알았지 탄환에 맞아 생명을 잃으
실 줄이야 어찌 알았으리요.
추억컨대, 평시에 사람을 대하여 이르기를 "나라를 욕되게 한 사
람이라 오직 한번 죽는 일만 남았도다."라고 하시더니, 이제 와서
는 강토를 이미 되찾았고 큰 원수마저 갚았거늘 무엇 때문에 오히
려 평소의 맹세를 실천해야 하시던고.
어허! 통제사시여. 나라가 피폐해졌는데 누구랑 함께 바로잡으며,
군사들이 낭패가 되었는데 어느 누가 일으키리오.
어찌 왕의 장수 하나를 잃어버림 만이리오. 아름다운 조선의 큰 성
(城)을 잃었도다. 생각이 이에 미치니 어찌 눈물을 흘리지 않을 수
있으리오.
영혼이 어둡지 않으리니 이 제사를 받으소서.」

　　　　　　　　　　　　　-〈선조실록〉(1599. 1. 10.(辛卯)-

〈유정: 조선에 군사를 3만 명은 남겨두어야겠다〉

「○임금이 유 제독(劉綎)의 숙소를 방문하였다. 절을 한 다음 차
대접을 하였다.
유정: "어제 군문, 어사를 비롯한 여러 대인들이 다 말하기를, 군
사를 적게 남겨두어서는 안 될 것이므로 돈 30만 냥과 양곡 30
만 섬을 준비시켜 군사 3만 명은 남겨두어야 한다고 했습니다.
군사를 적게 남기면 방어하기가 곤란할 것입니다.
선조: 명나라 군사가 여기에 많이 남아 있었으면 하는 것이 우리
나라의 소원이기는 하지만 지방들이 정말 결딴나서 들판에는 무
성한 풀뿐입니다.
평상시에도 땅이 좁기 때문에 조세를 받아들이는 양이 17만 섬
밖에 되지 않았는데, 지금은 10만 섬도 되지 못합니다. 우리나

라가 명나라 군사가 아니었더라면 오늘을 보지 못했을 텐데 어떻게 식량이 없다고 핑계를 대겠습니까. 우리나라의 사정이 그럴 수 없기 때문입니다." 　－〈선조실록〉(1599. 2. 2.(壬子)－

〈선조: 조선의 능력으로는 3만의 군사를 먹일 수 없다〉
　○임금이 그 길로 조승훈(祖承訓) 총병의 숙소를 방문하였다.
　선조: "우리나라는 땅이 좁고 토질이 척박하여 평상시에도 조세를 거두어들이는 것이 17만 섬이었는데 지금은 백성들이 다 죽어 농사를 전혀 짓지 못하고 있습니다. 만일 3만 명의 군사를 남기게 되면 돈 30만 냥과 양곡 30만 섬을 마련해야 할 것인데 우리나라로서는 장만할 엄두를 내지 못하고 있습니다. 이 때문에 딱하게 여기고 있습니다.
　조승훈: 3만 명이 많다는 것입니까, 명나라 군사를 주둔시키지 말자는 것입니까?
　선조: 명나라 군사가 많이 남는 것은 우리나라의 소원이기는 하지만 다만 힘이 미치지 못하기 때문에 군문에게 공문을 내면서는 1만 명을 요구하였던 것입니다.
　조승훈: 명나라 군사들 중에 부모처자가 없는 사람이 누가 있겠으며, 이국에 오래 머물러 있기를 누군들 바라겠습니까. 하지만 3만 명이 아니고서는 방어를 할 수 없습니다. 비록 귀국의 군사라 한들 밥이야 먹지 않을 수 있겠습니까.
　선조: 대인의 말이 정말 옳습니다. 단지 힘에 부칠 따름입니다. 그래서 딱하게 여기고 있습니다."

「○임금이 별전에 나가 여러 대신들을 만나보았다.……
　선조: "명나라 사람들은 도무지 염치가 없어서 이해할 수 없는 일

들이 대단히 많다.

이덕형: 유 제독이 애초에 예교(曳橋)를 포위한 지 15일 만에 군사를 퇴각시켰습니다. 유 제독이 후에 몹시 후회를 하였으나, 적이 물러간 뒤 적의 성을 둘러보고는 함락시키기 곤란했으리라고 비로소 짐작하였습니다.

선조: 지형이 어떠하든가?

이덕형: 예교에는 산이 우뚝 솟아 있는데, 양쪽은 바다이고 한쪽만 육지와 닿아 있습니다. 성을 다섯 겹으로 쌓아 놓았기 때문에 설사 외성을 무너뜨린다고 해도 내성이 또 있기 때문에 절대로 무너뜨리지 못하게 되어 있습니다. 그리고 적의 집들은 밖에서 보기에는 한 집도 없는 것 같았지만 안에 들어가서 보니 그 수가 헤아릴 수 없이 많았습니다.

선조: 행장(行長)이 그처럼 험한 성을 차지하고 있으면서 어째서 물러갔는가?

이덕형: 수군이 무서워서 물러간 것입니다. 수군은 연일 격전을 벌렸습니다. 명나라 배는 선체가 작은데 넓은 바다에서는 불리할 것 같았지만 조그마한 포구에 드나들면서 총을 쏘고 칼을 쓰는 것이 대단히 정묘하였습니다. (10월) 28일 싸움에서도 왜적의 시체가 헤아릴 수 없이 많았지만 (11월) 3일의 싸움에서도 왜적의 시체가 역시 많았습니다.

신이 높은 곳에 올라가서 바라보니 행장의 집이 동쪽 변두리에 있었는데 명나라 군사가 쏜 불화살이 그 집에 떨어지자 서쪽 변두리에 있던 왜적들이 모조리 동쪽으로 달려가서 불을 껐습니다. 바로 이런 때에 육군이 들이치기만 한다면 성공할 수 있을 것 같아서 신이 이억례(李億禮)를 시켜 유 제독(劉綎)에게 청하기를 '이때에 쳐들어가는 것이 좋겠다.' 고 하였으나, 유 제독은 끝내 듣지 않았습니다.

선조: 쳐들어가지 않은 의도는 무엇이었는가?

이덕형: 유정(劉綎)이 늘 말하기를, '양호(楊鎬)는 군사를 쓸 줄 몰라서 군사를 많이 죽였으나 나는 한 사람도 죽이지 않고 적을 평정하려고 한다.' 고 하였습니다. 대체로 틀림없이 이길 수 있는 형세였으나 겁을 먹고 쳐들어가지 않은 것이라고들 합니다.

선조: 수군이 무서워서 행장이 철수해간 것이 아니라 진 제독과 유 제독(劉綎)이 한통속이 되어 행장과 강화를 맺은 것이 아니겠는가?

이덕형: 진 제독과 유 제독 두 장수 사이는 서로 좋지 못합니다. 유 제독이 오종도(吳宗道)를 진린에게 보내서 길을 열어주어 적을 내보내자고 하였으나, 진린은 오종도를 크게 나무라면서 끝내 허락하지 않았다고 합니다.

선조: 그것은 술책이 아니겠는가? 필시 겉으로는 그렇게 했을 것이다. 진 대인(陳璘)이 허락하지 않았다면 화의가 성립되지 못했을 것이다.

이덕형: 18일에 이순신이 진린에게 말하기를, '적의 응원병이 며칠 안으로 당도할 것이니 우리가 먼저 나가서 맞받아 싸워야 할 것이다.' 라고 하였으나, 진 제독은 허락하지 않았습니다. 이순신이 듣지 않고 맞받아 나가 싸울 결심을 하고는 나팔을 불어 배를 출발시켰습니다. 그러자 진린(陳璘)도 할 수 없이 뒤를 따랐으나 명나라 배는 선체가 작은데다 후미에 있었기 때문에 기세나 돋울 뿐이었습니다. 단지 등자룡(鄧子龍)과 진린만이 판옥선을 타고 들어가 싸웠을 뿐이라고 합니다.

선조: 수군이 큰 승리를 거두었다고 말하는 것은 지나친 말인 것 같다.

이덕형: 수군이 큰 승리를 거두었다는 것은 빈말이 아닙니다. 신이 종사관 정혹(鄭殼)을 보내서 알아보게 한 바에 의하면, 부서진 배의 널빤지가 바다에 뒤덮여 떠내려 왔으며 포구에는 적의 시체가 헤아릴 수 없이 많이 쌓여 있었습니다. 이것으로 보아 크게 승리했다는 것을 알 수 있습니다.

이헌국(李憲國): 적을 치는 데 있어서 이러한 때가 없었습니다. 설혹 과장된 말이 있다고 하더라도 후하게 표창해서 다른 사람들을 고무하지 않을 수 없습니다.

이덕형: 우리나라 출신 15명이 등자룡의 배에 같이 탔다가 다 전사하고 공주 출신 한 사람만 돌아왔기에 그 싸움의 과정을 물어 보았습니다. 장쾌하게 싸웠다고 할 만하였습니다.

선조: 형(邢玠) 군문이 수군의 공로를 표창하지 않으려고 하는 것은 무슨 의도인가?

이덕형: 군문과 유정(劉綎)이 서로 가깝기 때문입니다.

선조: 형(邢玠) 군문과 유 제독이 한 패라면 일이 몹시 난처하다. 대신들은 잘 요량해서 처리하도록 하라.

심희수(沈喜壽): 만 경리(萬世德)도 유정과 서로 아주 친하다고 합니다.

이헌국: 정응태(丁應泰)는 우둔한 사람이지만 유정은 정응태에 비할 바가 아닙니다.

선조: 어째서 정응태를 우둔하다고 하는가?

이헌국: 정응태는 비록 음흉한 사람이지만 역시 우둔합니다.

선조: 경리는 어떤 사람인가?

심희수: 성질은 순하고 착한 듯하지만 일을 별로 잘 처리해 내지 못합니다. ……

선조: 명나라 군사를 남기는 문제를 어떻게 해야 하겠는가? 빨리

의논하여 결정해거 자문을 지어 보내야 할 것이다. 군사의 수는 1만5천 명으로 하는 것이 적당하겠는가?

이덕형: 1만 명만 청했다가 안 되면 5천 명을 더 남기도록 하는 것이 좋겠습니다.

선조: 만일 저쪽에서 혹시 3만 명에서 줄일 바에야 당장 전부 철수하고 말겠다고 한다면 어떻게 하겠는가?"」

－〈선조실록〉(1599. 2. 2.(壬子)－

(*조선에 명나라 군사를 남기는 문제는 그 후 장기간에 걸쳐 밀고 당기는 외교적 협상 끝에 결국 1만 8천 명으로 결정되었다.)

〈손문욱이 공로를 가로챘다고 불평하는 수군 장수들〉

「○형조 정랑 윤양(尹瑒)이 보고하였다.

"신이 수군에게 임금의 지시를 선포하기 위하여 전라도 고금도(古今島)에 있는 통제사 주둔지에 내려가서 전하의 지시를 선포하였더니 높고 낮은 장수들이 모두들 기뻐서 흥성거리면서 태평성세를 만난 듯 감격해 마지않았습니다. 그리고 그들이 호소(伸訴)한 문제들이 있었습니다.……

그리고 또 말하기를, '노량 싸움에서의 공로는 전적으로 이순신이 힘껏 싸운 결과인데 불행하게도 탄환을 맞게 되자 군관 송희립(宋希立) 등 30여 명이 그가 죽었다는 말을 입 밖에 내지 않고 울음을 삼키며 그가 살아있을 때와 똑같이 명령을 내리는 나팔을 더욱 힘껏 불게 함으로써 주장이 죽었다는 것을 여러 배들에서 모르게 하였습니다. 그 결과 승리를 거두었던 것입니다.

그런데 저 손문욱(孫文彧)이라는 자는 보잘것없는 상놈으로서 우연히 한 배에 탔다가 모두 자기 공로로 만들었기 때문에 모든 군사들이 다 분개해 하고 있습니다.' 라고 하였습니다."

지시하였다. "해당 관청에 말해 주도록 하라."」
-〈선조실록〉(1599. 2. 8.(戊午)-

〈아산의 금성산 아래에 묻힌 이순신〉
「○(공이 돌아가신) 이듬해인 기해년(己亥) 2월 11일에 아산 금성산(金城山) 아래 서쪽(酉方)에 자리 잡은 언덕에 장사지냈는데, 부친 덕연군(德淵君)을 모신 선영에서 서쪽으로 1리쯤 되는 곳이다. 그 후 16년 되는 갑인년(甲寅: 광해 6년 1614)에 어라산(於羅山) 북쪽(壬方)에 자리 잡은 언덕 위로 옮겨 모셨는데, 덕연군의 선영에서는 북쪽으로 1리쯤 되는 곳이다.」-〈행록(行錄)〉에서-

〈명장 등자룡의 제사와 전 경상우수사 배설(裵楔)의 참수형〉
「○(진린(陳璘)이 지휘한 노량(露梁) 싸움에서 총병 등자룡(鄧子龍)이 힘껏 싸우다가 죽었다.)
임금이 총병 등자룡의 상사를 거행하는 처소에 가서 제사를 지내 주었다.」

「○전 수사 배설(裵楔)이 참수형을 당하였다. 그의 아버지 덕룡(德龍)과 그의 아들 상충(尙忠) 등은 다 석방되었다.
이보다 앞서 정유년 7월 달에 한산싸움에서 패전하게 되어 배설이 그 패전 책임을 수범(首犯)으로 지게 되자 도망을 쳐서 다른 지방에 가 있었다. 조정에서 수사하여 탐지하였으나 찾지 못하였던 것인데, 이때에 와서 도원수 권율이 선산 땅에서 붙잡아 칼을 씌워 서울로 보내서 참형에 처하게 했던 것이다.」
-〈선조실록〉(1599. 3. 6.(乙酉)-

3. 전후 처리와 선조의 죽음

〈강항(姜沆)이 장계로 보고한 왜적의 국내 사정〉

(*이 날짜 〈선조실록〉에는 〈건차록(巾車錄)〉(일명 〈간양록(看羊錄)〉이라고도 함)이란 책의 저자 강항(姜沆)이 일본에 포로로 끌려가 있는 동안 보고 들은 일본의 여러 가지 정황에 대한 장문의 글(*그 내용 전문은 현재 〈간양록〉이라는 이름의 책으로 출판되어 있다.)을 써서 임금에게 올려 보냈는데, 그것의 서문에 해당하는 글이 이 날짜 〈선조실록〉에 실려 있어서 소개한다.)

「전 형조좌랑 신 강항(姜沆)은 목욕재계하고 백번 절을 한 후 서쪽을 향하여 통곡하면서 주상 전하에게 삼가 글을 올립니다.

신은 정유년에 분호조(分戶曹) 참판 이광정(李光庭)의 당하관으로서 양 총병(楊鎬) 부대의 군량을 호남지방으로 실어 보내는 일을 맡아 하고 있었습니다. 군량은 거의 모아졌지만 적들은 벌써 남원에 육박하였고 이광정도 서울을 향해 떠나갔습니다.

신은 순찰사의 종사관 김상준(金尙寯)과 함께 여러 고을에 호소하는 격문을 보내서 의병을 불러 모았더니 나라를 생각하면서 모여든 사람이 수백 명쯤 되었었지만 모두들 가족들 근심에 곧바로 해산하고 말았습니다.

신은 하는 수 없이 아버지와 처자 형제들을 배에 싣고 서해로 해서 황해도 쪽으로 올라가려고 하였습니다. 그런데 뱃사공이 잘못하는 바람에 배를 몰지 못하고 바닷가에서 어물거리다가 갑자기 적의 배를 만나게 되었습니다.

신은 모면할 수 없음을 각오하고 가족과 함께 물속에 뛰어들었으나 바다 기슭의 물이 깊지 않았기 때문에 모두 왜적에게 붙잡히고 말았습니다. 신의 아버지만은 딴 배에 탔었기 때문에 한꺼번에 붙잡혀 죽지는 않았습니다.

분호조에서 곡식을 바치는 자에게 주기 위해 가지고 있던 이름을 써넣지 않은 관직 임명장(空名帖) 수백 통은 다 물속에 빠뜨리고 말았습니다. 제구실을 못한 탓으로 위로 조정에 치욕을 끼쳤으니 그 죄는 모면할 길이 없습니다.

적들은 신이 관리라는 것을 알고 신과 신의 형제들을 배의 다락에다 나란히 묶어 놓았는데, 밧줄이 닿았던 손이나 옷은 다 터져서 3년이 지난 지금까지도 흔적이 지워지지 않고 있습니다. 적은 문득 뱃머리를 돌려서 무안현(務安縣)의 어느 바다 기슭으로 갔는데, 거기에는 적의 배들이 몇 리나 늘어 서 있었습니다. 우리나라의 남녀들이 왜인들 속에 거의 절반이나 섞여 있었는데, 배마다 울음소리가 터져 나와 산과 바다가 떠나갈 듯하였습니다.

순천 좌수영에 가서는 적의 장수 한 명이 신과 신의 형들인 준(濬)과 환(渙) 그리고 신의 장인 김봉(金琫) 등과 신의 가족들을 한 배에다 태워서 왜국으로 압송하였습니다.

왜국의 남해도(南海道), 이예도(伊豫道), 대진성(大津城)에 도착하니 붙잡혀온 우리나라 사람을 가두어 둔 것이 무려 수천 명이나 되었는데 모두 왜놈들의 종노릇을 하고 있었습니다.

새로 온 사람들은 밤낮 울고만 있었고 그 전에 왔던 사람들은 더러 왜인으로 변해 버리기도 해서 돌아갈 생각을 아예 하지 않고 있었습니다. 신은 여기서 이현충(李懸忠)이 몸을 던져 남쪽으로 달아난 일을 예로 들어 (함께 달아나자고) 설득해 보았으나, 응하여 따라나서는 사람이 없었습니다.
이듬해 4월 그믐께인데 서울의 대나무 제품 가게(竹肆)에 있다가 임진년에 붙잡혀 왔다는 사람이 왜국의 수도로부터 이예도(伊豫道)로 도망쳐왔습니다. 왜인의 말을 잘 하기에 신이 본국으로 돌아가고자 한다는 의사를 말하고 함께 도망칠 것을 권유하였더니, 그 사람이 곧바로 동의하면서 함께 궁리를 하였습니다. 신이 왜말을 모르기 때문에 통역이 없이는 한 발자국도 움직일 수 없었습니다.
드디어 5월 20일에 저 자신도 머리를 깎고 왜말을 하면서 밤을 타서 빠져나와 서쪽으로 향했습니다. 아내와 아들은 달래어서 이예에 남겨두고, 두 형은 풍후(豊後)에서 만나기로 약속을 하였습니다. 신을 따르는 사람은 통역과 장인어른 김봉뿐이었습니다. 사흘 동안을 걸어가다가 바닷가 대숲 속에서 몰래 쉬고 있었는데 예순 살쯤 되어 보이는 한 왜인 중이 폭포 물에 몸을 씻고는 바위에 기대어 졸고 있었습니다.
통역이 신 등이 오게 된 내막을 은밀히 말하였더니, 그 중이 거듭 애통해 하면서 배를 내어 신을 풍후로 건네다 주었습니다. 그래서 통역이 그 보수로 주머니 속에 있던 은 4전을 내어주었습니다. 신 등은 몹시 기뻐하면서 중을 따라 배에서 내리기는 하였지만 열 발자국도 못가서 나루를 지키던 그 지방 군사들과 마주치게 되었는데, 갑자기 왜인 졸개들을 데리고 와서 신 등이 도망을 치는 사람이라는 것을 알고는 대진성으로 강제로 돌려보냈습니다. 그 뒤로는 단속이 더욱 심해졌습니다.
금산(金山) 출석사(出石寺)의 중 호인(好仁)이라는 자가 있었는데 글을 제법 알았습니다. 신을 보고 동정을 하면서 특히 예의바르게 대해 주었고 그 나라에서 쓴 지리, 관직 등 왜나라 말로 기록한 것들을 남김없이 보여주기에 신이 그때그때 베껴두었습니다. 또 왜인 중 일운(日雲)의 집에 그 나라의 자세한 지도가 있다고 하기에 통역을 통해서 사왔습니다.

거기에다가 다시 눈으로 직접 본 자료들과 지금까지 우리나라의 정사에 관한 대책의 잘잘못을 신의 어리석은 소견을 가지고 사이사이에다 적어 넣었습니다.

애달픈 일입니다. 싸움에서 패전한 장수는 용맹에 대해서 말할 수 없는 법인데, 하물며 신은 적의 소굴 속에 붙잡혀 와서 욕스럽게 살기를 탐내고 있는 처지에서 감히 붓대를 들고 분수없이 말할 수가 있겠습니까. 너무도 외람된 일이어서 죄를 용서받지 못할 것을 알고 있습니다.

그러나 생각해보면, 옛날에는 죽음으로써 임금을 간하고, 죽어가면서도 자기 임금을 잊지 못한 사람들이 있었습니다. 정작 나라에 유익한 일이라면 죄를 지은 사람이라고 해서 모르는 체할 수는 없는 것입니다.

멀고먼 바다 밖에 있고 겹겹이 쌓인 담장 안에 있으므로 이 왜인들의 정황을 모를 수도 있습니다. 전후하여 사신들이 드나들었지만 그들의 행차가 바빴을 뿐 아니라 단속이 엄밀하였기 때문에 알아본 것이 자세하지 못할 수도 있습니다.

그리고 붙잡혀 왔다가 돌아간 사람들 가운데는 또 조와 콩도 구별하지 못하는 미천한 백성들이 많았기 때문에 보고 들었다는 것이 정확하지 못할 수도 있는 것입니다. 그래서 여기에 감히 진술한 것입니다. 왜인 중이 쓴 것 가운데 왜나라 말로 쓴 부분을 신이 우리나라 언문으로 옮겨 적었습니다.

그러던 차에 울산 사람 김복(金福)이라는 자를 만났는데, 그의 말에 의하면 도원수 권율의 집 종이었다고 했습니다. 계사년 가을에 붙잡혀서 역시 이예주(李豫州)에 와 있다가 많은 돈을 주고 왜인의 배를 사서 본국으로 돌아가겠다고 하는 것이었습니다. 신이 곧 베껴 두었던 자료를 그 사람에게 부쳐 보내려고 합니다.

만일 전하 앞에까지 이르게 되면, 일본이란 한 개 나라가 비록 먼 바다 속에 있지만 이 왜인들의 내막이 전하의 눈앞에 환히 나타날 것입니다. 별의별 협잡을 부리는 추잡한 왜인들도 필연코 만 리 밖을 환히 내다보고 있는 데 대하여 신기하게 여길 것이고, 방비를 하는 데나 접대를 하는 데서 조금이라도 도움이 되는 점이 없지 않을 것입니다.

적은 그해 8월 8일에 신을 대판성(大坂城)으로 옮겨 두었습니다. 배로 거의 한 달쯤 가서야 대판에 이르렀는데, 대판이란 곳은 왜국의 서쪽 수도였습니다. 며칠이 지난 뒤에 또 신을 복견(伏見)에다 옮겨다 두었는데, 복견이라는 곳은 왜국의 새 수도입니다. 적의 우두머리가 이미 죽자 적들의 사정이 그 전날에 비하면 매번 달라져 가고 있습니다.

신이 염려한 것은 우리 조정에서 방략을 고치거나 혹시 기회를 놓치거나 하지 않겠는가 하는 것이었습니다. 그리하여 붙잡혀 왜국의 수도에 와있는 동래의 김우정(金禹鼎), 하동의 정창세(鄭昌世), 강천추(姜天樞), 진주의 강사후(姜士後), 니산(尼山)의 송정수(宋廷秀) 등과 함께 아침저녁 끼니의 쌀을 절약하여 각기 은 1전씩을 마련하는 한편, 다른 나라 사람인지 분간하기 어려울 정도로 왜말에 능통한 통역을 구하여 그에게 노자와 배 삯을 주어 우리나라로 띄우려고 하던 참이었는데, 글을 미처 발송하기 전에 수많은 왜군들이 벌써 철수해오고 말았습니다.

신은 온갖 꾀를 다 내여 본국으로 돌아가려고 하였으나 손에 쥔

돈이 한 푼도 없었기 때문에 할 수 없이 왜인에게 글씨를 써주고 은 50여 전을 마련하였습니다. 그리하여 남몰래 왜인의 배도 사고 힘센 장사 10여 명을 은밀히 구해서는 동래 김우정 등과 함께 본국으로 돌아갈 차비를 하였습니다.

신의 형 준(濬)이 뱃사공과 통역을 데리고 올해 3월 12일에 먼저 배가 있는 곳으로 나가 있었지만 신과 신의 형 환(渙)과 장인어른 김봉과 우정 등은 아직 출발도 하기 전이었는데 당시 물가에 있던 사람이 경비하는 왜인의 집에 몰래 고발했기 때문에 왜인이 군사를 동원하여 수색 체포해서 20여 일간이나 가두어 놓았습니다. 오랜 뒤에야 풀려나오기는 하였으나 통역 2명은 피살되고 말았습니다.

통탄할 일입니다. 꾀도 낼 대로 다 내었고 재간도 부릴 대로 다 부렸지만, 천만 가지의 계획이 모두 허사로 되고 말았습니다. 임금을 우러러 받드는 신하의 간곡한 정성이 천지를 감동시키기에는 아직도 모자라는 점이 있기 때문에 이렇듯 가지가지의 장애가 생기는 것이 아니겠습니까.

통탄할 일입니다. 진(秦)나라가 예법을 버리고 공로만 숭상하자 노중련(魯仲連)이 동해바다 속으로 떠나자고 하였고, 무왕(武王)은 어진 마음을 가지고 포악한 주(紂)를 쳤지만 백이(伯夷)는 오히려 서산 속에 들어가 굶어죽었습니다. 더구나 이 왜적이야 얼마나 더러운 놈들이며 이곳이야말로 얼마나 멀리 떨어진 타국이며, 우리나라의 사람들에게 있어서 얼마나 큰 원수입니까.

하물며 신의 가문은 우리 왕조 초기부터 순문사(巡問使)인 신하 회백(淮伯) 이후로 석덕(碩德) 희안(希顏), 희맹(希孟)을 비롯해서 귀손(龜孫), 학손(鶴孫)에 이르기까지 할아버지, 아들, 손자, 형제간해서 4대를 걸쳐 재상으로도 있었고 장수로도 있었습니다. 그 가운데서 한 자리의 벼슬도 하지 못한 분은 단지 신의 할아버지와 아버지뿐이었습니다.

신의 4촌 이상의 형제들만 하여도 40여 명이나 되는데, 글 한 줄 모르는 사람들까지 모두 공신의 후손이라고 해서 군역을 지는 부담마저 면제해 주었습니다. 자자손손 융성하여 흐뭇한 혜택을 백 년간이나 입었습니다.

신도 또한 한강 이남에 살던 선비로서 외람되게 과거시험에 합격하자 벼슬 품계도 낮고 경력도 없었지만 지난 갑오년 가을과 겨울 어간에는 승정원의 가주서(假注書)로서 편전에 들어가 전하를 모신 적이 20여 회나 되었습니다.

전하의 얼굴을 지척에서 뵙게 되었을 대 전하께서는 친근히 말씀해 주시면서 신의 성명까지 물어 주었습니다.

병신(丙申: 1596)년 겨울에는 또 공조(工曹)의 좌랑(佐郞)으로 임명되었으니 발끝에서 머리끝까지 모든 것이 나라에 바친 몸이었습니다.

이렇듯 전하의 혜택을 입으면서 살아왔는데도 그 은혜에 털끝만치도 보답하지 못하고 갑자기 외딴 섬나라 오랑캐의 소굴 속에 갇히고 말았으니, 하루라도 욕되게 살기를 탐낸다는 것은 만 번 죽어도 죄가 남을 일입니다.

신의 하찮은 목숨쯤이야 아까울 것이 없고 순간의 고통을 못 견딜 것은 없었지만, 그러나 돌이켜 생각할 때, 한 순간에 자멸하고 마는 것은 고지식한 사람이 시궁창 구렁텅이에서 제 목을 매어 값없이 죽는 것이나 다름이 없을 것입니다. 위로 충성을 바치고 공로를 세워 나라에 도움이 될 일을 하지 못하고, 아래로 보람 있게 죽어서 영예로운 이름을 남기면서 원수를 갚지 못하고 마는 것입니다. 옛날의 충신 의사들 가운데서도 문천상(文天祥)이나 주서(朱序)와 같은 사람들은 적에게 붙잡혔지만 역사 기록들에서는 그들을 나무라지 않을 뿐만 아니라, 그들이 끝까지 절개를 지킨 점을 평가하여 주었습니다. 그것은 바로 몸은 비록 포로가 되었다 하더라도 그들의 정신만은 포로가 되지 않았기 때문일 것입니다.

신은 물론 용렬해서 옛날 사람이 한 일에 비하면 만분의 일도 따르지 못하지만, 충성을 바치려는 생각만은 옛날 사람보다 못하지 않습니다. 한 오라기 실 날 같은 목숨이 한순간이라도 남아있는 한, 임금을 위해 바치려는 지성만은 천만 번 꺾자고 해도 꺾이지 않을 것입니다. 이제라도 안간힘을 다해서 본국으로 돌아가게만 되면 비록 의금부에 나아가 형벌을 받아 몸과 머리가 두 동강이 난다고 해도 오랑캐의 땅에서 고스란히 죽는 것보다는 나을 것입니다.

더구나 추악한 적들의 정상이 이미 갇혀 있는 신에게까지 알려지게 되었습니다. 만일 하늘이 좋은 기회를 마련해주어 어떤 틈을 탈 수 있다면, 이 쓸모없이 된 몸이지만 3군의 길을 인도해서 나라의 위력에 의거하여 위로 선대 임금의 능들과 종묘, 사직에 끼친 치욕을 씻고, 아래로 이국땅에 갇혀 곤욕을 당한 분풀이를 할 수도 있을 것입니다. 이것이 신으로서 스스로 분발하면서 안타깝게 여기는 바이며 하루 밤에도 몇 번이고 생각하는 문제입니다.

아, 먼 이국땅에 가 있는 것을 옛날 사람도 슬퍼하였다는 말이 있지만, 그것은 예사롭고 대수롭지 않은 말입니다. 이 몸이 살아 있는 동안에 고국산천을 다시 보게 되리라고는 감히 바랄 수도 없지만, 죽기 전에 대마도로 돌아가서 부산이라도 한번 바라보게 된다면 아침에 갔다가 저녁에 죽더라도 아무런 여한이 더는 없겠습니다. 전번에 이예(伊豫)에 있을 때 적어두었던 왜국의 정황에 대한 자료들과 적의 우두머리가 죽은 뒤 왜국의 장수에게 내가 고하려고 했던 글들을 모두 다음과 같이 써서 보냅니다.

바라건대 전하께서는 신이 죽지 않고 살아있다고 해서 형편없는 사람이라고 여기지 말아 주소서. 신의 말도 함께 적어두었다가 정세가 변하고 일이 복잡하게 될 때마다 가끔 이 글을 참고하여 본다면, 적을 치고 막아내는 일에서 적지 않은 도움이 될 것이라고 생각합니다.」   -〈선조실록〉(1599. 4. 15.(甲子)-

〈사당들의 내력〉

○홍문관에서 건의하였다.

"이순신을 위해 사당을 세우는 문제와 관련하여 그런 전례가 있는지 다시 조사하여 보고하라고 지시하였습니다.

우리나라의 전례를 보면 이러합니다.

신라 때의 대각간(大角干) 김유신(金庾信)의 사당이 강릉부 화부산(花浮山)에 있는데, 그것을 관에서 세운 것인지 민간에서 세운 것인지는 알 수 없습니다.

고려 때의 대장군 강민첨(姜民瞻)의 사당이 진주 고을 관아 안에 있는데, 천희(天禧) 연간에 거란군과 싸워 공로가 있었기 때문에 그 고을 사람들이 세워서 제사를 지내고 있습니다.

고려 때의 문하주서(門下注書) 길재(吉再)의 사당이 선산부 금오산 아래에 있는데, 감사 방재(方在)가 세웠습니다.

포충표절사(褒忠表節祠)가 평양부에 있습니다. 고려 고종 때 필현보(畢玄甫)가 서경에서 반란을 일으키자 대장군 정의(鄭顗)를 보내서 현보를 설득시키도록 하였더니, 현보는 정의를 임금으로 추대하기 위하여 회유도 하고 위협도 하였지만, 정의는 굴복하지 않고 죽었으며, 서기 일을 맡은 오선각(吳先覺)은 묘청(妙淸)이 반란을 일으켰을 때 거짓으로 바보인 체하면서 추종하지 않았었고, 대장군 조린(趙璘)은 신돈(辛旽)을 죽이려고 하다가 피살되었던 것인데, 만력(萬歷) 기축년(己丑年)에 윤두수가 이들을 위해 세운 사당입니다. 그 뒤 권징(權徵)의 건의에 의해 임금이 사당 이름을 지어주었던 것입니다.

고려 때의 안종원(安宗源)과 우리 왕조의 조운흘(趙云仡), 신유천(辛有天), 유량(柳亮)은 모두 강릉부사로 있었는데, 그들이 정사를 잘하였기 때문에 백성들이 그들의 생전에 함께 사당을 세워주었습니다.

녹도만호 이대원(李大源)이 손죽도(損竹島)에서 전사하자 조정에서 그를 표창하여 죽은 뒤에 벼슬을 올려주었는데, 감사 윤두수가 그 진의 수군들의 청원에 따라 사당을 세워놓고 그가 죽은 날짜에 제사를 지내주고 있습니다.

이밖에는 더 알아볼 것이 없습니다."

대답하였다. "알았다."」　　　－〈선조실록〉(1599. 4. 15.(甲子)－

〈명나라로 돌아가는 군문 형개(邢玠)〉

「○군문 형개(邢玠)가 여러 장수들을 데리고 서쪽으로 돌아갔다. 임금이 홍제원에 나가서 송별 연회를 베풀었다.

형개가 황제에게 건의하여 만세덕(萬世德), 두잠(杜潛), 이승훈(李承勛) 등을 남겨두어 서울에 그대로 주둔해 있도록 하였다. 그것은 우리나라의 청을 들어준 것이었다.」

－〈선조수정실록〉(1599년 4월)－

〈왜장 평조신(平調信)이 보내온 편지〉

(*이달(7월) 14일자에 지난 7년간의 왜란 당시 소서행장과 함께 행동해온 대마도주 조신(調信)이 편지를 보내왔다. 이것은 전란 마지

3. 전후 처리와 선조의 죽음 / 289

막 단계에서 왜적이 철수하도록 하기 위해 명나라 장수와 일본 사이에 모종의 약속이 있었지 않나 하는 의문이 들게 하는 내용이 들어 있다.)

「○왜인이 문서를 보내왔는데 그 내용은 이러하였다.

"일본군 풍신조신(豊臣調信)은 조선국 부산 첨사 대인(*당시 이종성(李宗誠)이 첨사로 있었다.)에게 삼가 글을 보냅니다.

명나라 장수가 볼모로 보낸 관리 3명과 파견한 관리 하응조(河應潮), 왕양(汪洋)과 그 가정(家丁) 장사종(張思宗), 왕경(王慶), 소학(蘇學) 등을 배 주인 지실(智實)을 시켜서 귀국으로 호송합니다.

우리나라의 태합 전하(平秀吉)는 죽었으나 그 아들 수뢰(秀賴)가 들어섰으므로 나라의 형세는 전하가 생존하던 때보다 못하지 않습니다. 이것은 명나라 사람들이 눈으로 본 바입니다.

지난해에 명나라의 여러 장수들과 약속한 바에 따라 일본은 군사를 철수하였지만, 그 뒤로 귀국의 사신이 바다를 건너오지 않고 있으니 그 일이 어떻게 되는 것인지 모르겠습니다. 명나라 장수가 약속한 것을 변경한다면 싸움을 그만두지 않았을 것인데, 어떻게 사신 한 사람을 아끼면서 만백성의 목숨을 잃게 하려고 하는 것입니까.

지난 섣달에 배 주인 강근(康近)을 시켜서 명나라 장수가 보낸 볼모와 파견한 관리 3명을 부산으로 실어 보냈는데 귀국에서 억류해 두고 있으며, 그보다 먼저 요시라(要時羅)를 귀국의 수도로 보냈었는데 그 역시 돌려보내지 않고 있으니, 어떻게 하자는 것인지 모르겠습니다.

설령 수천 수백 명의 사신을 억류해 두더라도 일본은 가슴아파하지 않을 것입니다. 아마 그것은 소인들이 하는 일이지 너그럽고 어진 방도는 아닐 것입니다. 그들을 돌려보낼 것인지 돌려보내지 않을 것인지는 필시 조정의 의견에 달려 있을 것인즉 일본이 어떻게 강요하겠습니까. 태평한 관계를 보장하기 위한 좋은 계책은 사신이 바다를 건너다니게 하는 한 가지 문제에 달려 있을 뿐입니다. 조신(調信)이 귀국에 대하여 성의를 보인 것이 지금까지 한두 번이 아니었습니다. 이번에도 잠자코 있을 수 없어서 스스로 생각한 것을 누누이 진술하는 바이니, 이 내용을 예조(禮曹)의 대인에게 자세히 전달하여 주기 바랍니다.

또 전년에 왜장이 전라도를 함락시켰을 때 풍신무성(豊臣茂成)이 귀국 사람들을 붙잡아 왔습니다. 지난 겨울에 무성에게서 떠나와 우리 섬에 도착한 사람들인 유오(柳澳), 정희득(鄭喜得), 정경득(鄭慶得), 정징(鄭澄), 주현남(朱顯男), 정호인(鄭好仁), 유여굉(柳汝宏), 유여녕(柳汝寧), 임득제(林得悌), 유흥남(柳興男), 정호례(鄭好禮)를 이번에 배 뒷전에 태워 보냅니다.

앞으로도 두 나라 사이에 화의만 이루어지게 되면 떠나가는 사람이건 도망을 가는 사람이건 또는 이곳에 있는 사람이건 할 것 없이 반드시 배를 내어 태워 보내도록 하겠습니다. 이 이야기 역시 예조의 대인에게 전달하는 것이 좋겠습니다.

이 밖에 미진한 점은 모두 용서하여 주기 바랍니다.

황송하여 머리를 조아리면서 이만 씁니다."」

－〈선조실록〉(1599. 7. 14.(辛酉)－

〈권율의 사망과 영의정으로 임명된 윤두수〉

「○전 도원수 권율(權慄)이 죽었다.

권율은 임진전란 때 솔선해서 어려운 싸움에 나가서 싸울 때마다 늘 적을 무찌르고 굳게 지켰다. 이치(利峙)나 행주(幸州) 싸움에서 이긴 것으로 말하면 비록 옛날의 이름난 장수라도 이보다 더 나을

수 없었다. 나라가 다시 일어서게 된 것이 사실은 이 사람의 덕이
었으니 거룩하다고 할 만하다.」

○윤두수를 영의정으로 임명하였다.」
-〈선조실록〉(1599. 7. 19.(丙寅)-

(*그러나 이후 사헌부에 의해 끈질긴 탄핵을 받아 윤두수는 결국 몸이
아프다는 이유로 사임하였다.)

〈사신을 보내어 화의를 청해온 왜인〉

「○왜인이 사신을 보내어 화의를 청하였으나 허락하지 않았다.」
-〈선조수정실록〉(1599년 8월)-

(*그리고 조정에서는 이 왜인 사신을 타일러서 돌려보내느냐, 붙잡아
서 명나라로 압송해야 하느냐 하는 논의로 한동안 시끄러웠으나 쉽게
결론을 내지 못하였다.)

〈영의정에 임명된 이원익〉

「○이원익(李元翼)을 영의정으로 임명하였다.」
-〈선조수정실록〉(1599년 9월)-

〈둔전 경영의 이익이 크다〉

「○비변사에서 건의하였다.

"각 곳에 설치한 둔전들이 애초에는 그다지 큰 이득이 없을 줄
알았는데, 이번에 연말을 마감하면서 거기서 난 숫자를 조사해본
바에 의하면 쌀과 콩이 도합 1만 26섬이고, 겉 잡곡이 도합 4,772
섬이었으니 군량에 적지 않은 도움을 주었습니다.

명년에는 부득이 중앙과 지방의 여러 곳에 숫자를 더 늘려서 운영하게 함으로써 나라의 재정에 보탬이 되게 하는 것이 좋을 듯합니다. 당하관도 한 사람쯤 더 두는 것이 어떻겠습니까?"
지시하였다. "승인한다."」   -〈선조실록〉(1599. 12. 30.(乙巳)-
(*이순신이 둔전 경영을 조정에 건의하면서 여러 곳에 널리 시행하여 군량문제 해결에 활용하자고 하였을 때, 선조 이하 많은 관리들은 그것의 문제점만 나열하면서 반대 내지 소극적으로 나왔었음을 우리는 기억하고 있다. 이때 와서야 비로소 그것이 훌륭한 제도임을 실제 결과를 보고 이해하게 된 것이다.)

1600년(庚子. 선조 33년. 만력 28년)

「○정탁(鄭琢)을 좌의정으로 임명하였다.」
　　　　　　　　　　　　　-〈선조수정실록〉(1600년 2월)-

「○경리 만세덕(萬世德) 등이 여러 장수들과 함께 군사를 거두어 가지고 돌아갔다.」　　　-〈선조수정실록〉(1600년 9월)-

1601년(辛丑. 선조 34년. 만력 29년)

「○해원부원군(海原府院君) 윤두수(尹斗壽)가 죽었다.」
　　　　　　　　　　　　　-〈선조수정실록〉(1601년 4월)-

「○임금을 호위하여 따라간 공신을 등록하면서 영의정 이항복(李恒福)과 정곤수(鄭崑壽)를 으뜸 공신으로 정하였다.」
　　　　　　　　　　　　　-〈선조수정실록〉(1601년 5월)-

〈이항복: 토지제도의 개혁이 시급하다〉

「○영의정 이항복(李恒福)이 말하였다.

"오늘날의 토지제도를 응당 시급히 바로잡아야 할 것입니다. 나라에 한 해 동안의 밑천도 없고서야 어떻게 회복할 도리가 있겠습니까.

신이 전란이 터지기 전에 호조참의로 있으면서 옛 제도를 훑어본 바에 의하면, 왕조가 선 초기에는 조세로 받아들인 것이 40여 만 섬이었는데, 군사들에게 주는 급료(廩料: 俸祿)가 4만 여 섬이었고, 제사와 연회에 쓰는 것이 4만여 섬이었습니다. 공물의 규모도 이와 비슷하였습니다.

그때 녹봉을 주는 제도를 보면, 형조의 도관(都官) 정랑(正郞)의 녹봉이 45섬이라고 하였으니, 비록 너무 많은 것 같기는 하지만, 그러나 본래 저축이 많았고 또 잘 절약하여 썼기 때문에 중종(中宗) 때에 이르러서는 세 개 창고의 저축이 무려 203만 섬이나 되었습니다.

그 후에는 제사와 연회에 드는 비용이 점점 많아지고 쓸데없이 쓰는 길도 점점 넓어졌기 때문에 임진년 초에는 저축이 겨우 50여 만 섬밖에 되지 않았으니, 이미 3분의 2가 줄어든 것입니다.

인구는 전란이 터지기 전의 평시에 비하면 겨우 10분의 1밖에 되지 않으나, 평시에는 양반들만 토지를 가지고 있었고 일반 백성들은 토지가 없었기 때문에 모두 어울려서 경작하여 먹었습니다. 전란 후에는 사람마다 자기 밭을 경작하기 때문에, 경작하는 토지는 크게 줄어들지 않았으나 토지제도가 이 꼴이 되었기 때문에 영락한 백성들만 그 고통을 받고 있습니다.

토지 면적을 보면 전라도는 40여만 결, 경상도는 30여만 결, 충청도는 27만 결이었는데, 근세에 와서는 조세를 계속 하등의 하(下

下)로 거두기 때문에, 비록 전란이 터지기 전의 평시에조차 조세로 받아들이는 것은 겨우 20여만 섬밖에 되지 않았으니, 왕조 초기에 비하면 절반이나 줄어든 것입니다. 그런데 전란 후에는 8도의 토지면적이 겨우 30여만 결밖에 안 되어 전란이 일어나기 전의 전라도 한 개 도만도 못하게 되었습니다. 사정이 이러니 무엇으로 나라를 다스리겠습니까. 토지를 측량하는 데 폐단이 있다고 하더라도 토지제도를 바로잡지 않을 수 없습니다."
-〈선조수정실록〉(1601년 8월)-

1602년(壬寅. 선조 35년. 만력 30년)

「○영의정 이항복이 사임하였으므로 이덕형(李德馨)을 대신 임명하였다.」
-〈선조수정실록〉(1602년 윤2월)-

〈은을 캐는 일은 이익보다는 폐단이 크다?〉

「○호조에서 은을 캐자고 건의하니 임금이 대답하였다.
"소금을 굽고 철광석을 녹이는 것은 백성들과 나라를 넉넉하게 하기 위한 것으로 그 의도는 좋으나, 이익이 나는 구멍이 한번 열리면 폐해가 반드시 뒤따르는 법이다.…
대체로 한 가지 이익을 얻어내는 것은 한 가지 폐해를 제거하는 것만 못하고, 한 가지 일을 만들어 내는 것은 한 가지 일을 줄이는 것만 못한 법이니 그 일을 그만두어야 할 것이다."」
-〈선조수정실록〉(1602년 11월)-

1603년(癸卯. 선조 36년. 만력 31년)

〈선조실록의 수정이 급하다〉

「○이때 여러 왕대의 〈실록〉이 1부만 남은 것을 호남에서 관서로 옮겨다 둔 채 오랫동안 수정하지도 못하였다.

춘추관에서 4부를 베껴서 각처에 나누어 보관하자고 청하니 임금이 그 의견을 따랐다.」　　　　　-〈선조수정실록〉(1603년 5월)-

〈엽전의 사용은 시행하기 곤란하다〉

「○엽전을 사용하는 문제를 가지고 2품 이상의 관리들을 대궐 안으로 불러들여 의논하게 하였다.

영의정 이덕형(李德馨) 등 14명은 의견을 내놓기를, "우리나라에는 화폐(泉貨)가 없고 쌀(米)과 베(布)만 써왔기 때문에 농민들이 고통스러워하고 나라는 가난합니다. 난리를 겪고 난 뒤인 이때에 돈(錢貨)을 사용함으로써 나라의 비용을 넉넉하게 하지 않아서는 안 됩니다."라고 하였다.

좌의정 윤승훈(尹承勳) 등 17명은 말하기를, "엽전(葉錢)을 사용하는 한 가지 일을 시험해 보는 것은 무방하겠습니다. 그런데 엽전의 무게를 8푼으로 정한다면 1만 근의 구리로 2천 꿰미의 엽전을 부어 만들 수 있게 됩니다. 돈은 얼마 만들지 못하고 구리는 마련하기가 매우 어려우므로, 여러 사람들의 의견을 널리 들어서 가부를 결정해야 할 것입니다."라고 하였다.

우의정 유영경(柳永慶)은 말하기를, "구리는 우리나라에서 나지 않으므로 이것은 매우 시행하기 어렵습니다. 엽전을 사용하는 법을 새로 실시하는 과정에서 만약 규정을 엄하게 세우지 않으면 협잡질 하는 폐단을 막기 어려울 것이고, 만약 이것을 우려하여 엄한 법으로 다스린다면 백성들이 결국 좋아하지 않을 것이니, 시행하기 어려울 것 같습니다."라고 하였다.

임금이 우의정 유영경의 의견을 따랐다.」
－〈선조수정실록〉(1603년 6월)－

(*결국 선조는 한 가지 일을 새로 벌이기보다는 한 가지 일을 줄여 나간다는 방침을 택했다. 중국에서는 이미 2천년도 더 이전부터 화폐를 주조하여 사용해 오고 있었는데, 이때 와서도 화폐 사용에 관한 인식이 이 정도의 수준에 머물고 있었으니, 이런 수준의 사람들이 한 나라의 최고 지도자로 있는 상황에서는 애초부터 부국(富國)을 기대하기는 어려운 것이었다.)

〈시장을 열어 통상을 요구해온 대마도의 왜인들〉

「○대마도의 왜인들이 시장을 열어 줄 것을 청하였다.

2품 이상의 관리들이 조회하는 대청에 모여 의논하도록 하였더니 모두들 말하였다. "우리나라는 왜국과 의리상 한 하늘을 같이 이고 살 수 없는데 난리를 겪은 지 10년이 되어도 아직 세월만 보낼 뿐 군사나 인심이나 하나도 믿을 만한 것이 없습니다. 우선 구슬려 놓고 천천히 장기적인 대책을 세우는 것이 임시방편으로 합당할 것 같습니다."

윤근수는 말하였다. "왜적이 물러간 것은 순전히 명나라 군사의 힘에 의해서였습니다. 오늘 시장을 여는 한 가지 문제에 대해서도 불가피한 일이라면 우려되는 점을 자세히 적어서 명나라 조정에 보고하는 것이 마땅할 것 같습니다."

비변사에서 회답하여 건의하였다. "임시방편으로 처리하여 우선 적의 칼날을 수그러지게 하겠다는 데 대하여 황제에게 명백히 보고하고 처결을 받기 바랍니다."

임금이 그 의견을 따랐다.」 －〈선조수정실록〉(1603년 9월)－

〈유성룡의 복권〉

「○유성룡을 다시 풍원부원군(豊原府院君)으로 봉하였다.」
―〈선조수정실록〉(1603년 10월)―

1604년(甲辰. 선조 37년. 만력 32년)

「○(지난달에 이덕형이 영의정을 사임하자) 이항복(李恒福)을 영의정으로 임명하였으나 극력 사임하면서 나오지 않았다.」
―〈선조수정실록〉(1604년 4월)―

〈공신 책봉: 이순신과 원균이 같은 선무1등공신이다?〉

「○공신들을 많이 봉하였다. 서울에서 의주에 이르기까지 시종일관 임금의 행차를 따라간 사람들을 호성(扈聖) 공신으로, 왜적을 친 여러 장수들과 명나라 황제에게 양식을 청하러 갔던 사신을 선무(宣武) 공신으로, 이몽학(李夢鶴)의 난을 평정한 사람들을 청난(淸難) 공신으로 삼고 모두 3등으로 나누어 칭호를 차등 있게 주었다.

이항복(李恒福)과 정곤수(鄭崑壽)를 호성 1등 공신으로, 이원익, 윤두수, 윤근수, 유성룡, 김응남 등 31명을 호성 2등 공신으로, 정탁(鄭琢) 등 54명을 호성 3등 공신으로 삼았다.

이순신(李舜臣), 권율(權慄), 원균(元均)을 선무 1등 공신으로, 김시민, 신점, 이정암, 이억기는 선무 2등 공신으로, 권준(權俊), 이순신(李純信), 이운룡(李雲龍) 등 10명을 선무 3등 공신으로 삼았다. 홍가신(洪可臣)은 청난 1등 공신으로 삼았다.」
―〈선조수정실록〉(1604년 6월)―

(*선무 1등 공신에는 〈충성을 다하고 의리를 내세우며 굳세게 나아

가고 힘을 합친(效忠仗義迪毅恊力) 선무공신(宣武功臣)〉이란 칭호를 내려주었다.

그런데 참으로 웃기는 것은, 패장 원균을 이순신이나 권율과 같은 선무 1등 공신으로 삼은 것이다. 신하들의 반대에도 불구하고 선조가 강력히 주장하여 이렇게 된 것이다. 다른 자료(〈원균행장록〉)에서 이렇게 된 과정이 밝혀진다.

선조는 마지막까지 자신의 과오를 숨기기 위한 수단으로, 그리고 이순신을 어떻게든 폄하하려는 의도에서, 끝까지 원균을 두둔하였던 것이다.

그리고 수많은 장수들이 나라를 지키기 위해 목숨까지 바쳤건만 그들은 공신의 명단에 올리지 않은 반면, 그저 피난 가는 임금의 뒤만 졸졸 따라다니면서 아무 것도 한 일이 없는 많은 문신들은 공신록에 올려놓는 이 어처구니없는 상벌의 집행에서도 당시 조선의 정치 행태를 읽을 수 있다. 참고로 〈원균행장록〉의 이 부분을 소개한다.)

〈원균행장록〉

「○계묘년(1603) 6월에 선무공신(宣武功臣)을 녹훈(錄勳)할 때에 이덕형·이항복 등이 장계를 올려 말하기를, "원균은 처음에는 군사가 없는 장수로 해상 전투에 참가하였으며, 그 뒤에는 수군을 패망하게 한 과실이 있으므로 이순신·권율 등과 더불어 같이 할 수 없어서 내려서 2등으로 기록하였습니다."라고 하였다.

임금이 이르기를, "적의 변란을 처음 당했을 때 <u>원균이 이순신에게 구원을 요청하였고, 이순신이 스스로 달려간 것이 아니었으며, 적을 공격함에 있어서는 원균은 스스로 죽기를 결심하고 매번 선봉이 되어 용맹하게 싸워서 먼저 올라갔으니 승리의 공이 이순신과 꼭 같으며, 원균이 잡은 적의 괴수와 충루선은 도</u>

리어 이순신에게 빼앗긴 바 되었던 것이다.

또한 이순신을 대신하게 된 이후에는 여러 번 장계를 올려 부산 앞바다로 들어가 싸울 수 없다는 뜻을 힘써 말하였으나, 비변사에서는 독촉하였고, 도원수는 잡아다 곤장을 치니, 드디어 <u>원균은 패전할 줄 분명히 알면서도 할 수 없이 진을 떠나서 적을 공격하다가 전군이 궤멸하고 그 자신도 순국하였으니, 이는 원균의 용맹함이 삼군에서 으뜸일 뿐 아니라 그의 지략이 또한 출중한 것이었다.</u> … 전번에 영상(李恒福)이 남하하였을 때에는 대체로 원균이 불쌍하다는 뜻을 보이더니, 오늘에 이르러 공을 의논하는 마당에서는 <u>도리어 2등에 기록하려 하니 어찌 원통하지 않겠는가. 원균의 눈이 지하에서 감기지 못하리라.</u>"고 하시고 드디어 공훈을 제1등 제3인에 책봉하시었다.」

(*선조의 말은 논리에도 맞지 않고 사실관계도 틀린, 황당하기 짝이 없는 것이다. 특히 밑줄 친 부분만을 살펴보아도, 엉터리 공로평가이고, 이런 엉터리 공로평가를 바탕으로 해서 후세에 쓰여진 〈원균행장록〉은 사료로서의 가치가 전혀 없는 허접쓰레기 문서에 불과하다.

이 공로 평가에 있어서 이항복 등의 잘못된 처사와 선조의 공훈 평가가 얼마나 엉터리인지를 논리적으로 명쾌하게 반박한 글이 조선 중기의 유학자 안방준(安邦俊)이 쓴 문집 〈우산집(牛山集)〉에 실려 있는데, 앞에서 이미 소개하였으나, 해당 부분만 여기서 다시 소개한다.)

〈우산집(牛山集)-잘못된 공훈 평가〉

「백사(白沙: 李恒福)가 말하기를, "임금께서 일찍이 여러 장수들을 평하면서, '이순신과 원균의 해전에서의 공로와 권율의 행주(幸州) 승첩을 으뜸공로로 삼아야 마땅하다.' 라고 말씀하셨는데, 이 말씀은 바꾸지 못할 정론이다."라고 해놓고는, 나중에 또 말하기를 "원균은 특히 남으로 인해서 성공한 자인만큼 진실로 이순신과 더불어 맞설 수는 없다."라고 하였으니, 백사는 어찌 그리도 틀린 생각을 하였던가.

적이 해군을 거느리고 호남을 향해 몰아칠 때, 이순신은 만 번 죽어도 좋다는 생각을 가지고 한산도를 차단하여 적으로 하여금 감히 서쪽으로 나오지 못하게 한 지 무릇 6년 동안에, 원균은 겁을 먹고 어찌할 줄 몰라서 스스로 자기 휘하의 전선들을 몽땅 침몰시키고 바닷가에 숨어 엎디어 있는 것을 이순신이 끌어내어 진중에 두고, 군량을 보급해주고, 자기가 싸워 죽인 적의 머리까지도 원균에게 베게 해주어 원균으로 하여금 군법을 면하게 했을 뿐만 아니라 따라서 상까지 받게 했던 것이다.

그러므로 원균이 이순신에게 대해서는 그 양육 받은 은혜가 진실로 적지 않건마는, 원균은 득의(得意)한 후부터 도리어 시기하는 마음을 품고 이순신을 해치는 흉측한 짓이 극도에 이르러 마침내 이순신이 스스로 바다의 왕(海王)으로 자처한다는 모함의 말까지 지어내어 퍼뜨리면서, 청정(淸正)이 바다를 건너올 때 이순신이 머뭇거리고 진군하지 않았다고 무고함으로써 결국 이순신은 잡혀가서 문초를 받게 되기에 이르렀던 것이다.

원균이 통제사를 대신한 지 얼마 되지도 않아 온 군사가 패망을 당했으니, 그에게는 목을 베어 죽일 죄만 있었지 기록할만한 공로가 전혀 없었는데도 이순신, 권율과 함께 나란히 으뜸공로자로 부르는 것은 무슨 이유인가?
그 이유는, 원균이 서울에서 살아서 그 족속들이 귀인들과 연결되고 또 아첨하는 시속 사람들이 많이 편을 들었기 때문이다.
그래서 임금을 속여 상과 벌이 거꾸로 베풀어졌던 것인데, 백사(白沙)는 그런 것을 듣지도 못했던가?
어전에서 공로를 논평할 적에 어찌 이와 같이 아뢰어서 우리 선왕으로 하여금 옳고 그름을 소상히 알게 하지 못하고 물러나온 다음에야 말을 하며, 또 처음에는 "바꾸지 못할 정론이다."라고 해놓고는, 다시 나중에는 "이순신과 더불어 감히 맞설 수 없다."라고 하니, 정론이란 것이 과연 그런 것인가?」

(*공로를 평가함에 있어서 원균을 이순신과 같은 반열에 올려놓은 것 자체가 이순신을 한없이 폄하하고 사후에 다시 한 번 모함하고 모욕하는 행위임을 당시 선조와 조정 대신들은 인식하지 못한 것일까? 참으로 기가 막히는 일이다.)

1605년(乙巳. 선조 38년. 만력 33년)

「○유정(惟正)이 일본에서 돌아오면서 우리나라의 남녀 3천여 명을 찾아 가지고 왔다.(유정은 중인데 갑진년(1604) 봄에 왜인 귤지정(橘智正)이 와서 통신사를 보내도록 청하였으므로, 조정에서 유정을 보내면서 적정을 탐지하게 하였다. 이때에야 돌아왔다.)」
―〈선조수정실록〉(1605년 4월)―

1606년(丙午. 선조 39년. 만력 34년)

〈조선통신사의 파견을 요구해온 일본〉

「ㅇ김계신(金繼信), 조훤(趙暄), 손문욱(孫文彧) 등을 일본에 보냈다.

이보다 앞서 대마도주 평의지(平義智)와 평경직(平景直)이 심부름하는 왜인 원신안(源信安), 귤지정(橘智正)을 보내어 예조에 글을 올리면서, 가강(德川家康)의 뜻인데 통신사를 보내달라고 청하였다. 임금이 신하들에게 여러 번 물어보면서 각기 의견을 말하게 하였더니, 대부분 말하기를 "가강(家康)이 비록 어린 것(秀瀨)을 끼고 나라를 좌지우지 하지만 수길의 잔당들이 그 나라에 가득 퍼져 있으므로 뒷날에 어느 쪽이 이기게 될지 알 수 없는 일입니다. 이제 우리가 그들의 형편을 잘 모르고 그들의 편지 한 장 보지 않고 단지 심부름 하는 왜인의 말만 믿고 그들의 간청을 받아준다면 오늘은 속임을 당하고 뒷날에는 화를 입게 될 것입니다. 차라리 먼저 사람을 보내어 그들이 진정으로 그러는 것인지 거짓으로 그러는 것인지를 살펴보고 처리하는 것이 좋겠습니다." 라고 하였다.

임금이 그 의견을 옳게 여기었다. 그리고 지시하기를 "왕릉을 파헤친 왜적을 잡아 보내도록 추궁하는 일을 그만둘 수 없으니 이 내용도 함께 말해주어야 할 것이다." 라고 하였다.

그리하여 전 우후 전계신(全繼信), 군수 조훤(趙暄), 첨지 손문욱(孫文彧)과 역관 박대근(朴大根), 이언서(李彦瑞) 등을 시켜 귤지정 등과 함께 일본에 들여보냈다. 그리고 진강(鎭江)에 자문관을 보내어 명나라 조정에 보고하게 하였다.」

-〈선조수정실록〉(1606년 5월)-

〈임해군 진(珒)의 미치광이 짓〉

「ㅇ이때 왕자 임해군 진(珒)이 너무나도 횡포하게 제멋대로 하는 바람에 중앙과 지방에서 그 고통을 견디지 못하였다.

임금이 지시하여 임해군 진의 미치광이 같은 도리와 어그러진 행동을 하나하나 들면서 사법 관청으로 하여금 빼앗은 노비를 원래 주인에게 돌려주게 하고, 데리고 있는 관청 기생들은 본 고을에 다 돌려주게 하였으며, 그의 세력을 믿고 행패질한 임해군의 종들도 사법 관청에서 다스리게 함으로써 여러 왕자들의 교훈으로 삼게 하였다.

이때 좌의정 심희수(沈喜壽)는 휴가 중이었는데, 이 소식을 듣고서는 "훌륭하신 조치를 취하여 온 나라 백성들이 기뻐하고 있다."는 내용의 차자를 올렸다가 임금의 미움을 사게 되어 사임을 청하였다.」 −⟨선조수정실록⟩(1606년 9월)−

(*아무리 왕자라지만 이런 상태에까지 이르렀으면 폐서자 하여 내치는 것이 군왕으로서의 올바른 처사이다. 중국의 역사를 보면, 많은 경우 이런 왕자들은 비록 자기 자식이라도 죽이고 만다.)

⟨억울하게 왕릉을 훼손한 혐의를 쓰고 목 베인 왜인⟩

「ㅇ대마도 왜인 마고사구(麻古沙九)와 마자화지(麻多化之) 등을 저자에서 목을 베었다.

이보다 먼저 왜인의 우두머리 원가강(源家康: 德川家康)이 나라의 정사를 좌지우지하면서 수길(豊臣秀吉)이 하던 일을 모두 뒤집어엎고 붙잡아간 사람들을 연거푸 찾아 보내게 하는 한편 심부름 하는 왜인 귤지정(橘智正)을 부산으로 보내어 통신사의 왕래를 회복할 것을 청하였다.

그런데 나라를 대표한 가강(家康)의 편지가 실제로 없었기 때문에 조정에서는 왕릉을 파헤친 왜인들을 묶어 보내고 가강의 편지를 보내야만 화의를 할 수 있다고 하면서 먼저 사람을 보내 알려주었다.

그러자 가강이 처음으로 편지를 보내기를, "전하가 빨리 통신사를 바다를 건너보내어 60여 주의 백성들이 실제로 좋은 관계를 가진다는 것을 알게 한다면 두 나라에 큰 행복이 될 것입니다."라고 하였다. 또 죄를 지어 죽게 된 대마도의 왜인들인 마고사구와 마다화지 2명을 왕릉을 훼손한 왜인들이라고 거짓말하면서 편지와 함께 보내왔던 것이다.…

(이들을 서울로 압송하여 종묘에 고하고 즉시 목을 베어 바치자는 주장이 제기되자,) 동부승지 박동열(朴東說)이 글을 올려 말했다.

"…대체로 적 가운데는 주모자와 추종자가 있는 법이고, 처사는 명백하게 해야 하는 것입니다. 가령 가강(家康)이 평의지(平義智)나 현소(玄蘇) 같은 무리들을 차꼬를 채워 보냈다 하더라도 우리의 마음으로는 오히려 만분의 일도 시원하지 못하겠는데, 그 밖의 놈들이야 더 말할 게 무엇 있겠습니까.

더구나 대마도의 적들은 일을 매듭짓기에만 급급해 하는데, 그 내막은 사실 가늠하기 어렵습니다. 우선 감사와 병사가 귤지정(橘智正)이 보는 앞에서 같이 그들의 죄를 엄한 말로 추궁하여 밝히고 즉시 목을 베어 효시하는 것이 제일 좋을 것 같습니다. 무슨 이유로 진짜 죄인인지 아닌지도 모르는 상태에서 서울까지 압송하여 마치 진짜 죄인을 붙잡은 것처럼 합니까.

신은 이 문제가 나라의 위신을 손상시키고 수모를 받게 될 수 있는 큰 문제라고 생각합니다."

임금이 이 글을 내려 보내어 의논하게 하였더니, 의견들이 일치하지 않았다.

임금이 지시하였다. "진짜인지 가짜인지를 따질 것 없이 신문하여 그 진상이 과연 진짜이면 종묘에다 포로를 바치는 의식을 즉시 거행하여 알려야 할 것이다. 또 진짜가 아니라 하더라도 역시 적은

적인만큼 즉시 목을 베는 것이 마땅할 것이다. 일은 공명정대하게
해야 하고 우물쭈물해서는 안 된다."…
사복시(司僕寺)에다 추국청(推鞫廳)을 설치하고 신문하도록 하였
던바, 마고사구(麻古沙九)는 공술하기를, 자기는 대마도주에게 죄
를 짓고 지방의 촌으로 쫓겨나가 있었는데 밤중에 자기를 묶어 보
냈다고 하였고, 마다화지(麻多化之)도 공술하기를, 자기는 임진전
란에 참가조차 하지 않았고, 대마도주에게 죄를 지어 지방의 촌에
단단히 갇혀 있다가 갑자기 묶여 왔다고 하면서 모두 자복하지 않
았다.
연이어 불로 지지는 형벌과 무릎을 짓누르는 형벌을 가하니 두 왜
인이 큰소리로 왜치기를, "우리들은 물론 죽을 줄 안다. 그러나
애당초 도주(島主)가 속여서 보내는 줄 알았더라면 배를 갈라 그
자리에서 죽었지 여기에 올 리가 있었겠는가."라고 하면서 그냥
울부짖었다.
임금이 지시하기를, "대마도의 왜놈들이야 어느 놈인들 우리나라
의 적이 아니겠는가. 도주가 이미 묶어 보냈으니 목을 잘라 거리에
다 매어달도록 하라."고 하고는 곧 목을 베라고 하였다.」
-〈선조수정실록〉(1606년 11월)-

〈조선 통신사의 파견과 권력층의 부정부패〉
「ㅇ회답하러 가는 사신 여우길(呂祐吉)과 경섬(慶暹), 서장관 정호
관(丁好寬) 등을 일본에 파견하였다.
가강(家康)이 여러 번 통신사를 보내달라고 청하였으나 조정에서는
명목을 붙이기 어려워서 오랫동안 허락하지 않았다.
이때에 와서 가강이 편지를 보내어 굳이 청하므로 드디어 회답하
러 가는 사신이라는 명목으로 보내니, 사람들은 모두 원수를 갚기

도 전에 통신사를 앞질러 보내는 것은 옳지 않다고 하였다.

이때 영의정 유영경(柳永慶)이 오랫동안 조정의 권력을 잡고 있은 결과 뇌물들이 공공연히 오갔다. 남쪽 변경의 한 수군 장수가 한 척의 배에 실은 쌀을 유영경에게 보내주면서 훈련도감의 군사들을 먹일 것이라고 핑계를 대었다. 도제조(都提調) 이항복(李恒福)이 그 말을 듣고 배에 실은 쌀을 도감으로 가져갔다.

또 한 무사가 유영경에게 뇌물을 바치고 만호(萬戶)로 임명되었는데, 이름이 같은 다른 사람도 사례하러 와서는 서로 다투었으므로, 이 말을 들은 사람들은 모두 다 쓴웃음을 웃었다. 안성(安性)은 이런 시를 지었다.

都監坐得全舡米(도감좌득전강미)	도감(都監)에선 앉아 있어도 쌀 한 배 얻게 되고
萬戶來爭肅拜名(만호래쟁숙배명)	이름이 같은 만호들은 사례하러 와서 다투네.
若使此言聞塞外(약사차언문새외)	만약 이런 말이 변경 밖으로 새나간다면
東倭北狄自然平(동왜북적자연평)	동쪽 왜놈 북쪽 야인 저절로 평정될까.」

-〈선조수정실록〉(1606년 12월)-

1607년(丁未. 선조 40년. 만력 35년)

〈풍원부원군 유성룡의 서거〉

「○풍원부원군(豊原府院君) 유성룡(柳成龍)이 죽었다.

유성룡은 안동 사람으로 호는 서애(西厓)이며, 이황(李滉)에게서 글을 배워 일찍부터 명망이 높았다.

병인년 과거 시험에 합격하여 좋은 벼슬을 두루 지냈으며 경연에 드나든 지 25년 만에 재상으로 되었고, 계사년에는 영의정으로서 온 나라의 복잡한 공무를 혼자서 담당하였다.

명나라 장수의 공문이 매일같이 마구 들어와 쌓이고 여러 도의 보고가 동서에서 번갈아 몰려드는 것을 성룡이 이것저것 가리지 않고 흐르는 물처럼 거침없이 처리하였다.

이때 신흠(申欽)이 비변사의 당하관으로 있었는데, 언제나 신흠에게 붓을 잡게 하고 글을 불러주어 쓰게 하였으나 글은 마치 미리 지어둔 것처럼 한 번도 수정하지 않았으므로, 신흠이 늘 사람들에게 이야기하기를, 그런 재능이 있는 사람은 쉽게 얻을 수 없다고 하였다.

무술년에는 일본과 화의를 주장하여 나라를 그르쳤다는 말을 들었다는 이유로, 잘못된 것을 해명하러 명나라에 가는 것을 회피하다가 결국 규탄을 받고 벼슬자리에서 물러났으며, 시골에 있은 지 10년 만에 죽었으니 나이는 66살이었다.

성룡은 임진란 후에 임금에게 건의하여 훈련도감을 처음으로 설치하고 척계광(戚繼光)의 『기효신서(紀效新書)』에 의하여 포수, 사수, 살수를 뽑아 군사를 정비하였으며, 지방의 산성을 수리하고 진관제도(鎭管制度)를 시행하여 나라를 방비할 대책으로 삼았으나 성룡이 자리에서 물러난 후에는 다 폐지되고 시행되지 않았다. 그러나 훈련도감만은 그대로 남아 있어 지금도 도움을 받고 있다.」

-〈선조수정실록〉(1607년 5월)-

〈왜인에게 붙잡혀 갔던 1,240명 돌아오다〉

「○일본에 회답하러 갔던 사신 여우길(呂祐吉) 등이 붙잡혀 갔던 남녀 1,240여 명을 찾아서 데리고 돌아왔다.

여우길이 가지고 온 일본 국서(國書)의 첫머리에는 원수충(源秀忠: 家康의 아들)이라고만 쓰고 국왕이라고는 쓰지 않았다. 또 예조에 회답한 편지에는 우리나라 사람을 '먼 곳 사람(遠人)'이라고 썼으며, 또 예조 참판 오억령(吳億齡)의 성명을 그대로 썼다.

장령 최유원(崔有源)이 그때 풍덕(豊德)에 있으면서 여우길 등이 그 편지를 고쳐 쓰도록 극력 시비하여 바로잡지 못하였다고 하여 글을 올려 나라를 욕되게 한 여우길의 죄를 규탄하였다. 그래서 사헌부와 사간원에서 붙잡아다 신문하자고 청하니, 임금은 그에게 준 상만 회수하라고 지시하였다.

이번에 갔을 때 사신들이 재물을 탐냈다는 이야기가 온 나라 안에 퍼졌으므로, 듣는 사람들은 모두 더럽게 여기었다.」

-〈선조수정실록〉(1607년 8월)-

〈병으로 쓰러진 선조와 최후의 선위 전교〉

「○임금이 봄부터 편치 않아서 오랫동안 치료하고 있었는데 이때에 와서 아침에 일어나 침실에서 걸어 나오다가 갑자기 땅에 엎어졌다.

세자가 막 왕궁에 들어와 문안드리려고 하는데 궁녀가 전달하기를 임금의 병이 위급하다고 하였다. 세자가 가마에서 내려 빨리 달려 들어갔다.

약방 도제조(都提調) 유영경(柳永慶) 등과 왕궁 안의 의원 허준(許浚) 등이 모두 침실 문밖에 들어와 있으면서 약을 여러 번 드리니 임금의 병세가 조금 안정되었다.

그래서 세자가 곁에 있는 사람들을 물러나가게 하였으며, 영경 이하가 다 나가 중문 안에서 대기하였다. 해가 기울어질 무렵에 임금의 병이 다시 위급해졌으므로 영경과 허준 등이 들어와 약을 드렸더니 한참 뒤에 많이 안정되었다. 그래서 모두 물러나갔고 세자는 그대로 왕궁 안에 있으면서 병구완을 하였다.」

○(이틀 후인 庚午日에) 임금이 세 정승을 불러 빈청에 모이게 하여 지시하기를, "나의 병이 이 지경이니 옛 규례에 의하여 자리를 세자에게 물려주어야겠다. 만약 어렵다고 생각한다면 정사를 대리시켜야겠다."라고 하니, 영의정 유영경(柳永慶), 좌의정 허욱(許頊), 우의정 한응인(韓應寅) 등이 건의하기를, "전하의 건강은 자연히 회복될 것입니다. 더 없이 중대한 일에 대해서는 지시를 따르지 못하겠습니다."라고 하였다.

조금 뒤에 중궁이 언문으로 된 글을 다시 내려 보내어 지시를 전하기를, "대신들은 전하의 지시를 받들어서 편안히 치료하도록 하기 바란다."라고 하였으나, 영경 등이 건의하기를, "신 등은 죽는 한이 있어도 끝내 그렇게 할 수 없습니다."라고 하였다.」

-〈선조수정실록〉(1607년 10월)-

1608년(戊申. 선조 41년. 만력 36년)

〈선조, 세상을 떠나다〉

「○임금이 병이 난 지 몇 달이 되었다. 약방에서 날마다 문안하니 임금이 대답하기를, "여전하다. 지난밤에는 잘 잤다."라고 하였다.

○이날 오후 2시경(未時)에 임금의 병이 갑자기 위독해져서 정릉동 행궁(行宮)의 정전(正殿)에서 세상을 떠났다. 향년 57세였다.

세자가 즉위하여 존호(尊號)를 '현문의무성경달효(顯文毅武聖敬達孝)'라 하였고, 묘호(廟號)를 '선종(宣宗)'(광해군 때 宣祖(선조)라 고침), 능호(陵號)를 '목릉(穆陵)', 혼전(魂殿)을 '영모전(永慕殿)'이라 하였다.
이호민(李好閔)을 명나라에 보내어 부고를 전하였다. 이듬해에 황제가 행인사(行人司: 지금의 외교부)의 행인(行人) 웅화(熊化) 등을 보내어 '소경(昭敬)'이라는 시호(諡號)를 내려주었다.」
－〈선조수정실록〉(1608년 2월 1일(戊午)－

(*이로써 임금의 자리에 앉아서도 부국강병책에는 관심이 없고 시문놀이와 공허한 공리공담과 사대주의 정신 하나로 허송세월하다가 나라를 왜적의 참화 속으로 몰아넣어 수많은 백성들의 목숨을 어육으로 만들게 하였을 뿐만 아니라, 이순신 같은 충의의 장수를 억울한 누명으로 옥에 가두고 고문을 하도록 한 어리석은 임금 선조 이연(李昖)의 41년간 조선왕으로서의 일생은 마감을 하게 되었다.)

제6부

이순신 사후의 역사 기록들

(*이하에서는 이순신의 사후에 기록된 관련 사료들을 살펴본다. 여기에서는 이충무공의 조카 이분(李芬) 저 〈이충무공 행록(行錄)〉과, 최유해(崔有海) 저 〈행장(行狀)〉과, 이식(李植) 저 〈시장(諡狀)과, 〈국조보감(國朝寶鑑)〉과, 〈선묘중흥지(宣廟中興誌)〉와, 유성룡(柳成龍) 저 〈징비록(懲毖錄)〉과, 의병장 조경남(趙慶男) 저 〈난중잡록(亂中雜錄)〉과, 비문(碑文)으로 이항복(李恒福)이 쓴 〈전라좌수영대첩비(全羅左水營大捷碑)〉와 김육(金堉)이 쓴 〈신도비(神道碑)〉, 이항복이 쓴 〈충민사기(忠愍祠記)〉를 소개한다.)

1. 이충무공 행록(行錄)

조카 정랑(正郎) 이분(李芬)

가정(嘉靖) 을사년(乙巳: 가정 24년. 인종 원년. 1545년) 3월 초8일(당시 양력 4월 28일). 공이 한성(漢城) 건천동(乾川洞) 집에서 탄생하였다. 점을 치는 사람이 말하기를, "나이 오십이 되면 북방에서 대장이 될 것이다."라고 하였다. 처음에 공이 태어날 때 모친의 꿈에 할아버지 참판공(參判公: 李百祿)께서 나타나셔서 말하기를, "이 아이는 반드시 귀하게 될 터이니 이름을 순신(舜臣)이라 하라"고 하였으므로, 모친이 아버지 덕연군(德淵君: 李貞)에게 그 꿈 이야기를 하여 마침내 그대로 이름을 지었다.

어려서 놀 때에도 언제나 여러 아이들과 전쟁놀이를 하며 놀았는데, 여러 아이들은 반드시 공을 장수로 떠받들었다. 처음에 두 형들을 따라서 유학(儒學)을 공부했는데 재기(才氣)가 있어서 그 길로 성공할 수도 있었으나 매번 붓을 내던지고 싶어 하였다.

병인년(丙寅: 22세. 1566년) 겨울에 처음으로 무예를 배웠는데, 팔 힘과 말 타고 활쏘기에 있어서 같이 노는 자들로서 그를 따를 자가 아무도 없었다. 공은 성품이 높고 굳세어서 무사들과 같이 놀 때에도, 자기들끼리는 하루 종일 농담의 말로 서로 희롱하면서도, 공에게 대해서만은 감히 너, 나 하지 못하고 항상 존경하였다.

임신년(壬申: 28세. 1572년) 가을에 훈련원(訓鍊院) 별과(別科) 시험을 볼 때 달리던 말이 거꾸러지자 공은 떨어져 왼쪽 다리가 부러졌다. 그때 보고 있던 사람들은 공이 죽었다고들 말했는데, 공이 한 쪽 다리로 일어서서 버드나무 가지를 꺾어서 껍질을 벗겨 다리를 싸매자, 그곳에 있던 모든 사람들이 그를 장하게 여기었다.

병자년(丙子: 32세. 1576년) 봄에 정기적으로 보던 무과 과거시험에서 병과(丙科)에 합격하였다. 공은 무경(武經) 강독 시험에서는 만점을 받았는데, 황석공(黃石公)에 관한 시험에서 시험관이 묻기를 "장량(張良)이 적송자(赤松子)를 따라가서 놀았다고 했으니, 장량은 정말로 죽지 않았을까?" 하자, 공이 대답하기를 "사람은 일단 태어나면 반드시 죽게 마련이며, 통감강목(通鑑綱目)에도 임자(壬子) 6년에 유후(留侯) 장량(張良)이 죽었다고 쓰여 있습니다. 그러니 신선을 따라가 죽지 않았을 리가 어디 있겠습니까. 그것은 다만 가탁(假託)하여 한 말일 따름입니다."라고 대답하였다. 그러자 시험관들이 서로 돌아보며 그의 특출함을 찬탄하면서, "이것이 어찌 일개 무인(武人)으로서 알 수 있는 것이겠는가."라고 하였다.

공이 처음 과거에 급제한 일로 선영에 성묘하러 갔을 때, 무덤 앞에 세웠던 돌로 만든 사람(石人)이 넘어져 있는 것을 보고는 하인 십 수 명을 시켜서 일으켜 세우도록 하였으나 돌이 무거워서 일으켜 세우지 못했다. 그러자 공은 그들을 물리치고, 청포(靑袍: 관복)도 벗지 않은 채 그것을 등에 업어 금방 일으켜 세우니, 보는 사람들이 말하기를, 힘으로만 할 수 있는 것이 아니라고 하였다.

성품이 본래 분주히 찾아다니는 것을 좋아하지 않아서 서울에서 나고 자랐지만 알아주는 이가 드물었는데, 서애(西厓) 유 정승(柳成龍)만이 같은 동리에서 살던 어릴 적 친구여서, 언제나 공이 장수의 재목이라고 알아주었다.

율곡(栗谷) 이이(李珥) 선생이 이조판서(吏曹判書)로 있을 적에 공의 이름을 듣고 또 같은 성씨(姓氏)임을 알고서 서애(西厓)를 통하여 한 번 만나보기를 청하였다. 서애가 한 번 찾아가 보라고 권했으나, 공은 말하기를, "나와 율곡 선생이 같은 성씨이니 만나볼 수도 있겠지만, 그분이 이조판서(관리 임면권을 가진 직책)로 있는 동안에 만나보는 것은 옳지 못하다." 하고는 끝내 찾아가지 않았다.

그해(丙子: 32세) 겨울에 함경도 동구비(童仇非)의 권관(權官)이 되었다. 그때 청련(靑蓮) 이후백(李後白)이 감사가 되어 각 진(鎭)을 순행하면서 변방 장수들에게 활쏘기 시험을 보였는데, 변방 장수들로서 별로 곤장을 맞지 않은 자가 적었다. 그러나 이곳에 와서는 평소부터 공의 이름을 들은 터인지라 매우 친절히 대해 주었다. 그래서 공이 조용히 말하기를 "사또의 형벌이 너무 엄해서 변방의 장수들이 손발 둘 곳을 모릅니다." 라고 하니, 감사가 웃으면서 말하기를 "그대의 말이 옳다, 그러나 나인들 어찌 옳고 그른 것을 가리지 않고 그리 하겠느냐." 라고 하였다.

기묘년(己卯: 35세. 1579년) 봄에 임기가 차서 돌아와 훈련원에서 근무하였다. 그때 병부랑(兵部郞: 兵曹正郞 徐益)으로 있는 자가 자기와 친한 자를 차례를 뛰어 넘어 참군(參軍)으로 올리려 하자, 공은 담당관으로서 이를 허락하지 않으면서 말하기를, "아래에 있는 자를 건너뛰어 올리면 당연히 승진할 사람이 승진하지 못하게 되니, 이는 공평하지 못할 뿐더러 또 법에도 어긋나는 것입니다."라고 하였다. 병부랑이 위력으로 강행하려 했으나 공은 끝내 굽히지 않고 따르지 않았다. 병부랑은 크게 성을 냈지만 그러나 감히 마음대로 올리지는 못하였다. 이 일로 훈련원 사람들이 서로 말하기를, 아무개는 병부랑이면서도 훈련원의 일개 봉사(奉士)에게 굴복하였다고 하였다. 이 일로 그는 공을 미워하는 마음을 품었다.

공이 훈련원에 있을 적에 병조판서 김귀영(金貴榮)이 자기 서녀(庶女)를 공에게 첩으로 주려고 하였다. 그러나 공은 말하기를, "나는 이제 갓 벼슬길에 올랐는데, 그런 내가 어찌 권세가의 집 대문에 발을 들여 놓을 수 있겠는가." 하고는 그 자리에서 중매를 돌려보냈다.

그해 겨울에 공이 충청병사의 군관(軍官)이 되었는데, 그가 거처하는 방에는 다른 아무것도 없고 다만 옷과 이불뿐이었으며, 부모님을 뵈러 귀향하게 되는 때에는 반드시 남은 양식을 양곡 관리 담당자에게 돌려주니, 병사가 듣고서 그를 사랑하고 존경하였다.

어느 날 저녁 병사가 술에 취해서 공의 손을 끌고 어느 군관의 방으로 가자고 했는데, 그 사람은 병사와 평소 친하여서 군관이 되어 와 있는 사람이었다. 공은 대장이 사사로운 일로 군관에게 가본다는 것은 옳지 않다고 여겨서 짐짓 취한 척하고 병사의 손을 잡고 말하기를, "사또 어디로 가려고 하시오?"라고 하자, 병사도 깨닫고 주저앉으며 "내가 취했군, 취했어."라고 하였다.

경진년(庚辰: 36세. 1580년) 가을에 발포(鉢浦) 만호가 되었다. 그때 감사 손식(孫軾)이 참소의 말을 듣고 공에게 벌을 주려고 벼르고 있었다. 그가 순행차 능성(綾城)에 이르러 공을 마중나오라고 불러내서는 진법

(陣法)에 관한 책의 강독을 끝내고나서 공에게 진형(陣形)을 그려보라고 시켰다. 공이 붓을 들고 매우 정연하게 그리니, 감사가 꾸부리고 한참 들여다보고는 말하기를, "어쩌면 이렇게도 자세하게 그리는가."하였다. 그리고는 조상이 누구인지 물어보고 말하기를 "내가 진작 몰라보았던 것이 한이로다."라고 하였다. 그 후로는 그를 진중하게 대하였다.

좌수사 성박(成鎛)이 발포로 사람을 보내어 객사(客舍) 뜰에 있는 오동나무를 베어다가 거문고를 만들고 싶어 하였으나 공은 허락하지 않으며 말했다. "이것은 관가(官家)의 물건이다. 그리고 심은 지 여러 해 된 것을 어떻게 하루아침에 베어버릴 수 있느냐." 하고 돌려보냈다. 수사가 그 말을 듣고 크게 성을 내었으나 그래도 감히 베어 가지는 못하였다.

이용(李㦙)이 수사로 있으면서 공이 고분고분하게 섬기지 않는 것을 미워하여 일을 핑계 삼아 벌을 주고자 하였다. 그래서 소속 다섯 포구의 군사를 불시에 점고하였는데, 다른 네 포구에서는 빠진 군사의 수가 많았으나 공의 발포에는 세 사람뿐이었는데도 수사는 공의 이름만 거명하여 장계를 올려 죄 줄 것을 청하였다. 공은 그 사실을 알고서 먼저 네 곳의 결석자 명단을 얻어 가지고 있었다. 수영(水營)의 부하 장령들이 줄을 지어 수사에게 말하기를, "발포의 결석 인원이 제일 적을 뿐만 아니라 이모(李某)가 다른 네 포구의 결석자 명단을 얻어 갖고 있는데, 이제 만약 장계를 올렸다가는 뒷날 후회할 일이 있을까 염려됩니다."라고 하자, 수사도 그렇겠다고 여겨서, 급히 사람을 보내어 뒤쫓아 가서 장계를 도로 가지고 왔다.

수사와 감사가 같이 모여서 관리들의 성적의 우열(殿最)을 논평하면서 공을 하등(下等)으로 매기려고 하였다. 그때 중봉(重峯) 조헌(趙憲)이 도사(都事)로서 붓을 잡고 있다가 쓰지 않고 말하기를, "이모(李某)의 군사 다루는 법이 도내에서 제일이라는 말을 익히 들어 왔는데, 다른 여러 진들을 모두 하하등(下下等)으로 평가할망정 이모(李某)는 깎아내릴 수 없습니다."라고 하자, 그만두었다.

임오년(壬午: 38세. 1582년) 봄에 군기시(軍器寺)의 경차관(敬差官: 徐益)이 발포에 와서, 군기를 수보(修補)하지 않았다는 이유로 파직시키라는 장계를 올렸다. 모두들 공의 군기를 수리하고 갖춤이 저렇게도 자세하고 엄밀한데도 벌을 받게 된 것은 공이 지난날 훈련원에서 굽히지 않았던 것에 대해 품었던 원한 때문이라고 하였다.

그해 여름에 다시 임관되어 훈련원에서 일을 보게 되었다. 정승 유전(柳㙉)이 공에게 좋은 화살통(箭筒)이 있다는 말을 듣고는 공이 활을 쏘는 기회에 불러서 그것을 자기에게 달라고 요구했다. 공이 엎드려 말하기를, "전통(箭筒)을 드리는 것은 어렵지 않으나 대감께서 받으시는 것을 보고 남들이 무어라 말할 것이며, 또 소인이 바치는 것을 보고는 무어라 말하겠습니까. 전통 하나 때문에 대감과 소인이 함께 더러운 이름을 얻게 된다면 이는 심히 미안한 일이옵니다."라고 하자, 유 정승(柳㙉)도 "그대의 말이 옳다."라고 하였다.

계미년(癸未: 39세. 1583년) 가을에 이용(李戜)이 남병사(南兵使: 함경남도 병사)가 되어 위에 아뢰어 공을 자기 군관으로 삼았다. 그것은 아마 전에 공을 잘 알아보지 못했던 것을 깊이 뉘우치고 이번에 서로 사귀고 싶어 했기 때문이었다. 그래서 공을 보고는 몹시 기뻐하며 다른 사람들보다 배나 친밀하게 대해 줄 뿐만 아니라, 크고 작은 군사 일을 반드시 공과 의논하는 것이었다.

어느 날 병사가 행군하여 북쪽으로 가려고 하였다. 공은 병방(兵房)의 군관으로서 행군하면서 서쪽 문을 통해 나가자 병사가 크게 성을 내면서, "내가 서쪽 문으로 나가고 싶어 한 게 아닌데 어째서 서쪽 문으로 나갔느냐." 하고 물었다. 공이 대답하기를, "서쪽(西)은 방위로는 금(金)에 속하며, 지금의 때(時)는 가을(秋)입니다(*오행에서 가을(秋)은 금(金)에 속한다. -편역자). 가을은 숙살(肅殺)을 주관합니다(*오행에서 숙살을 주관하는 것은 금(金)이다. -편역자). 그래서 서문으로 나갔습니다."라고 대답하니, 병사도 크게 기뻐하였다.

이해(癸未: 39세) 겨울에 건원(乾原: 함경북도 경원군) 권관(權管)이 되었다. 그때 오랑캐 울지내(鬱只乃)가 변방의 큰 골칫거리로 되어 있었지만, 조정에서는 걱정만 할 따름이고 쳐서 잡을 수가 없었다. 공이 부임한 후 계책을 써서 그들을 꾀어내니 울지내는 변경 오랑캐들과 같이 찾아왔다. 공은 복병을 두었다가 그들을 사로잡았다.

그러나 병사 김우서(金禹瑞)는 공이 혼자서 큰 공을 이룬 것을 시기하여, 공이 주장(主將)에게 보고하지도 않고 함부로 큰 일을 저질렀다는 내용으로 장계를 올렸다. 조정에서는 마침 큰 상을 내리려고 하다가, 주장(主將)의 장계 때문에 멈추고 시행하지 않았다.

그리고 또 공이 건원에 있으면서 정해진 훈련원 근무기간이 만기가 되어 참군(參軍)으로 승진하였다. 그러나 공은 명성이 자자하면서도 (권세가들을) 분주히 찾아다니지 않았기 때문에, 벼슬이 뛰어 오르지 못하여 말하는 사람들이 안타깝게 생각했다.

이해 겨울 11월 15일에 공의 부친 덕연군(德淵君: 貞)이 아산(牙山)에서 세상을 떠났는데, 공은 이듬해 정월에야 비로소 그 부음을 들었다. 그때 재상 정언신(鄭彦信)이 함경도를 순시하다가 공이 상을 당하여 달려갔다는 소식을 듣고는 혹시 공이 몸을 상할까 염려하여, 도중으로 여러 번 사람을 보내어 공에게 상복을 입고(成服) 가라고 청했으나(*상복을 입으면 천천히 가게 됨), 공은 한 시각도 지체할 수 없다고 하여 집에 이르러서야 상복을 입었다.

이때 조정에서는 마침 공을 크게 기용하고자 의논하던 터였기에, 겨우 소상(小祥)이 지났을 때인데도 상복을 벗을 날이 언제냐고 두 번 세 번 물어보았던 것이다.

병술년(丙戌: 42세. 1586년) 정월에 3년 상을 마치고 곧 사복시(司僕寺) 주부(主簿)로 임명되었다. 임명받은 지 겨우 16일 만에 조산(造山) 만호 자리가 비었는데, 조정에서는 오랑캐들의 장난이 심해지고 또 조산은 오랑캐 땅에 바짝 가까이 있는 곳이므로 사람을 아주 엄선해서 보내야 한다고 하여 공을 만호(萬戶)로 천거하였던 것이다.

정해년(丁亥: 43세. 1587년) 가을에 녹둔도(鹿屯島)의 둔전(屯田) 관리 책임자를 겸하게 되었는데, 이 섬이 외롭고 멀리 떨어져 있으며 또 수비 군사가 적은 것이 걱정되어 공은 여러 차례 병사 이일(李鎰)에게 보고하고 군사를 증원시켜 달라고 청하였다. 그러나 이일은 들어주지 않았다.

그러자 8월에 과연 적들은 군사들을 데리고 와서 공의 나무 울타리를 에워쌌는데, 붉은 털옷을 입은 자 여러 명이 앞장서서 지휘하며 달려오므로, 공이 활을 당겨 연달아 쏘아 붉은 털옷 입은 자들을 맞추어 그들이 모두 땅에 쓰러지자 적들은 달아났는데, 공은 이운룡(李雲龍)과 같이 추격하여 사로잡힌 우리 군사 60여 명을 도로 빼앗아 가지고 돌아왔다. 그날 공도 오랑캐의 화살에 맞아 왼쪽 다리를 상했으나 여러 부하들이 놀랄까봐 몰래 화살을 뽑아버렸다.

병사 이일(李鎰)이 공을 죽여 입을 막음으로써 자기 죄를 면하려고 공을 구속하여 형벌을 가하려고 하였다. 공이 병사의 관아로 들어가려고 할 때 병사의 군관인 선거이(宣居怡)가 본래 공과 친하게 지내던 사이여서 공의 손을 잡고 눈물을 흘리며, "술을 마시고 들어가는 게 좋겠소."라고 말하니, 공이 정색하고 말했다. "죽고 사는 것은 천명인데 술은 마셔서 무엇 하겠소."라고 하였다. 선거이가 다시, "그럼 술을 마시지 않더라도 물이라도 마시고 들어가시오."라고 했으나, 공은 "목도 마르지 않은데 물은 무엇 하러 마시겠소."하고 그대로 들어갔다.

이일이 싸움에 패한 데 대하여 공술서를 받으려 하자, 공은 이를 거절하며 말했다. "내가 병력이 약하기 때문에 여러 번 군사를 증원해 주기를 청했으나 병사가 들어 주지 않았소. 그 공문이 여기 있소. 조정에서 만일 나의 이런 뜻을 안다면 죄는 나에게 있지 않을 것이오. 또 내가 힘껏 싸워서 적을 물리치고 추격하여 우리 사람들을 도로 데리고 돌아왔는데 이것을 패배한 것으로 치는 것이 옳단 말이오?" 하며 말소리나 동작에서 조금도 흔들림이 없으니 이일이 한참동안 대답하지 못하고, 다만 공을 가두어 두기만 하였다. 이 일이 임금의 귀에 들어가자 임금이 말했다. "이모(李某)의 일은 군사를 패하게 한 그런 종류와는 다르다."라고 하고는 평복으로 종군하여 공을 세우도록 하였다가, 그해 겨울에 공로가 있어서 특사(特赦)를 입게 되었다.

무자년(戊子: 44세) 윤 6월에 집으로 돌아와 있었다. 그때 조정에서는 무사로서 차례를 무시하고 뽑아 쓸 만한 사람을 천거하였는데, 공이 그 두 번째에 들어 있었으나 임명이 되지 않아 관직을 제수 받지 못했다.

기축년(己丑: 45세. 1589년) 봄에 전라순찰사 이광(李洸)이 공을 군관으로 삼고 나서 탄식하여 말하기를, "그대와 같은 재주를 가지고 이렇게 펴지 못하고 지내다니, 참으로 안타까운 노릇이다."라고 하면서 위에 아뢰어 본도의 겸조방장(兼助防將)으로 삼았다. 공이 순천(順川)에 이르렀더니 부사 권준(權俊)이 같이 술을 마시다가 공에게, "이 고을이 아주 좋은데, 그대가 나를 대신해서 한번 맡아 다스려보지 않겠소?"라고 하였는데, 자못 자랑스러워하면서 거만한 빛을 보였지만, 공은 다만 웃고 말았다.

그해 11월에 무관(武官)으로서 선전관(宣傳官)을 겸하게 되어 상경하였다가 12월에 정읍(井邑) 현감(縣監)이 되었다.

그때 태인(泰仁) 현감을 겸직하게 되어 겸관(兼官)의 자격으로 태인현에 갔었는데, 당시 태인은 오랫동안 고을 수령 자리가 비어 있었기 때문에 공문서와 장부가 쌓여 있었다. 공이 물 흐르듯이 척척 결재하고 판결하여 잠깐 사이에 끝내니, 그곳 백성들이 둘러서서 듣고 또 옆에서 보고는 탄복하지 않는 사람이 없었다. 그래서 어사(御使)에게 글을 올려 공을 태인 현감으로 보내주도록 청하는 자까지 있었다.

그때 조대중(曺大中)이 도사(都事)로 있으면서 편지로 공에게 안부를 물어왔다. 공 역시 본 도 도사의 편지인지라 답장을 하지 않을 수가 없어서 글을 써서 보내었다. 그 후 조대중(曺大中)이 역모의 죄에 걸려 그 집 서적들이 모조리 수색당하고 압수당하는 일이 벌어졌다. 공도 마침 차사원(差使員: 공무상 연락관)으로 상경하다가 길에서 금오랑(金吾郞: 금부도사)을 만났는데, 그는 본래 공과 서로 아는 사이였다. 그가 공에게 이르기를, "조대중의 수색물 가운데 공의 편지도 들어 있었소. 공을 위해서 뽑아 버리는 게 어떻겠소?" 하고 물었다. 공이 말하기를, "지난날 도사가 내게 편지를 보내왔기에 나도 답장을 하면서 다만 서로 안부만을 물어볼 따름이었소. 또 이미 수색물 속에 들어 있는 것을 사사로이 뽑아 버리는 것은 옳은 일이 아니오."라고 하였다. 그 뒤 얼마 안 되어 공에게 만포(滿浦) 첨사(僉事)를 제수하니, 사람들이 쑥덕거리며 말하기를, 위에서 공의 문필(文筆)을 보고 총애하기 때문이라고 하였다.

공이 차사원(差使員)으로 서울에 들어갔을 때 마침 우상(右相) 정언신(鄭彦信)이 옥중에 있었으므로 공은 옥문 밖에서 문안하였다. 그때 금부도사들이 당상에 모여 앉아 술을 마시며 놀고 있는 것을 보고, 공이 금부도사들에게 말했다. "죄가 있건 없건 간에 일국의 대신이 옥중에 있는데 이렇게 당상에서 놀고 있다는 것은 미안한 일이 아니오?"라고 하니, 그들은 정색을 하고 사과하였다.

공의 두 형이 일찍 죽고 그 자녀들이 모두 어렸으므로 공의 어머님 손에서 자라고 있었다. 공이 정읍 현감이 되자 두 형의 자녀들도 공의 어머님을 따라 같이 가 있었다. 어떤 사람이 관리로서 부양하는 식솔들이 너무 많다(*이를 남솔(濫率)이라고 한다)고 비난하니, 공은 눈물을 흘리면서 말했다. "내가 차라리 남솔(濫率)의 죄를 지을지언정 이 의지할 데 없는 어린 것들을 차마 버리지 못하겠습니다."라고 하니, 듣는 이들이 공을 의롭게 여기었다.

경인년(庚寅: 46세. 1590년) 7월에 고사리(高沙里) 첨사로 제수되었으나 대간(臺諫)들이 고을 수령 옮기는 문제에 대하여 이의를 제기하였기 때문에 그대로 그 고을(정읍)에 유임하였다. 또 8월에는 품계를 당상(堂上)으로 올려 만포(滿浦) 첨사로 제수하였지만, 대간들이 또 다시 너무 빨리 승진시킨다고 이의를 제기함으로써 다시 고쳐서 그대로 유임하였다.

신묘년(辛卯: 47세. 1591년) 2월에 진도(珍島) 군수(郡守)로 전임 발령을 받았으나 부임도 하기 전에 가리포(加里浦) 첨사로 전임되었다. 그리고 또 부임도 하기 전에 같은 달 13일에 전라좌도 수사(水使)로 임명되어 정읍(井邑)에서 부임해 갔다.

공이 처음 수사(水使)로 임명되었을 때에, 공의 한 친구가 꿈을 꾸었다. 꿈에 큰 나무를 보았는데, 그 높이는 하늘을 찌를 듯하고 가지는 양편으로 가득 펴져 있었다. 그 위에 올라가 몸을 가지에 기대고 있는 자들이 몇 천 만 명인지 모를 정도였다. 그런데 그 나무가 뿌리째 뽑혀 쓰러지려고 하자 한 사람이 몸으로 그것을 떠받들고 있었다. 자세히 보니 그가 바로 공이었다고 하였다. 그래서 뒷사람들은 그 꿈을 저 송(宋)나라의 문천상(文天祥)이 하늘을 떠받들었다는 꿈에 비기었다.

공이 수영(水營)에 있을 때 왜적이 반드시 쳐들어올 줄 알고 본영 및 소속 진(鎭)들과 포구의 무기와 장비들을 모조리 수선하여 갖추고 또 쇠사슬을 만들어 앞 바다를 가로막았다. 그리고 또 싸움배(戰船)를 창작(創作)하였는데, 그 크기는 판옥선만하지만 위를 판자로 덮었고, 판자 위에 십자(十字) 모양의 좁은 길을 내어 사람들이 지나다닐 수 있게 하였으며, 그 나머지 부분에는 모두 칼과 송곳을 꽂아서 사방으로 발 디딜 곳이 없도록 했다. 앞에는 용의 머리를 만들어 붙였으며, 그 입은 총구멍이 되고, 뒤는 거북의 꼬리처럼 되어 있었는데 꼬리 아래에도 총구멍이 있었고, 좌우로 각각 6개의 총구멍이 있었다. 그 모양은 대체로 거북의 모습과 같았기 때문에 이름을 거북선(龜船)이라고 하였다.

뒷날 적을 맞아 싸울 때에는 거적으로 송곳 위를 덮고 선봉(先鋒)이 되어 나아갔다. 적들이 배 위로 올라와서 덤비려 들다가는 칼날과 송곳에 찔려 죽었으며, 에워싸고 엄습하려다가는 좌우, 전후에서 한꺼번에 총을 쏘아대니, 적선이 아무리 바다를 덮어 구름같이 모여들어도 이 배는 그 속을 마음대로 드나들었다. 향하는 곳마다 쓰러지지 않는 놈이 없었기 때문에 전후로 크고 작은 전투에 이것으로써 항상 승리하였던 것이다.

조정에서는 신립(申砬)의 장계에 근거하여 수군을 없애고 육전(陸戰)에만 전력하자고 주청하자, 공이 곧 장계를 올려서, "바다로 오는 적을 막는 데는 수군만한 것이 없으니, 수군과 육군의 어느 한 가지도 없앨 수는 없습니다."라고 하자, 조정에서도 그의 의견을 옳게 여기었다.

임진년(壬辰: 48세. 1592년) 4월 16일. 왜적들이 부산을 함락시켰다는 말을 듣고 공은 급히 여러 장수들을 모두 본영으로 불러 모아 나아가 싸울 일을 의논하였다. 그때 모두들 본 도의 수군은 마땅히 본 도를 지켜야 하고, 영남으로 들어온 적을 나아가서 치는 일은 자기들의 책임이 아니라고 말할 때에, 군관 송희립(宋希立)만이 혼자서 주장하기를, "큰 적들이 나라 안으로 쳐들어와서 그 형세가 마구 달려가듯이 뻗쳤는데 외로운 성을 가만히 앉아서 지킨다고 해서 혼자 보전될 리도 없으니 나아가 싸우는 것만 못합니다. 그래서 다행히 이기게 되면 적들의 기운이 꺾일 것이고, 또 불행히 전쟁에서 죽는다고 하더라도 신하된 도리에 부끄러움이 없을 것입니다."라고 하였다.
녹도(鹿島: 전남 고흥군) 만호 정운(鄭運)도 말하기를, "신하로서 평소에 나라의 은혜를 입고 국록(國祿)을 먹고 있다가 이런 때에 죽지 않고 어떻게 감히 가만히 앉아서 보고만 있을 수 있소."라고 하였다.
이에 공이 크게 기뻐하며 큰 소리로, "적의 기세가 마구 뻗쳐서 국가가 위급하게 된 이때 어찌 다른 도의 장수라고 핑계대면서 뒤로 물러나 앉아 자기 경계만 지키고 있을 수 있겠는가. 내가 시험 삼아 물어본 것은 우선 여러 장수들의 의견을 들어보자는 것뿐이었다. 오늘 우리가 할 일은 다만 나아가 싸우다가 죽는 것밖에 없다. 감히 이에 반대하는 자가 있다면 목을 벨 것이다."라고 하니, 모든 군사들이 두려워 벌벌 떨었다. 그 뒤로는 많은 군사들이 죽기를 각오하고 떨쳐 일어났다.

5월 1일. 원근(遠近)의 여러 장수들이 모두 본영 앞 바다에 모이니 전선은 24척이었다. 여도(呂島) 수군 황옥천(黃玉千)이 도망쳐 달아나려고 하므로 목을 베어 매달았다.

5월 4일. 여러 장수들을 거느리고 당포(唐浦)에 이르러 사람을 시켜 경상우수사 원균(元均)이 있는 곳을 찾게 하였다. 그때 원균은 전선 73척을 모조리 적에게 패하여 버리고 다만 남은 것이라고는 옥포(玉浦) 만호 이운룡(李雲龍)과 영등(永登) 만호 우치적(禹致績)이 타고 있는 배가 각각 1척씩이었고, 원균은 작은 배 1척을 타고 걸망포(傑望浦)에 가 있었다. 공은 원균이 영남의 수로(水路)에 익숙할 것이라고 생각하여 맞이해 와서 전선 1척을 주고 같이 싸우자고 약속하였다.

5월 7일. 옥포에 이르러 왜선 30여 척이 포구에 줄지어 있는 것을 보고 공이 깃발을 휘두르며 진군하자, 여러 장수들도 용감히 앞으로 나서서 적선을 모조리 잡아 없앴다. 후에 이때의 전공으로 품계가 가선대부(嘉善大夫)로 올려졌다.

5월 8일. 고성(固城) 땅 월명포(月明浦)에 이르러 진을 치고 군사들을 휴식시키고 있을 때 전라 도사(都事) 최철견(崔鐵堅)이 와서 보고하기를, 임금의 어가(御駕)가 서쪽으로 피란을 갔다고 하였다. 이 소식을 듣고 공은 서쪽을 향하여 통곡한 후 일단 군사를 돌려서 본영으로 돌아왔다.

5월 29일. 공이 꿈을 꾸는데, 한 백발노인이 공을 발로 차면서 "일어나라, 일어나! 적이 왔다."고 하였다. 공이 일어나 곧 여러 장수들을 거느리고 나아가 노량(露梁)에 이르니, 과연 적이 와 있었다. 적들이 공을 보고 달아나므로 사천(泗川)까지 뒤쫓아 가서 적선 13척을 불태워 깨뜨렸다. 적들 가운데 화살에 맞고 물에 빠져 죽은 자가 수백명이나 되었다.

이날 공도 탄환에 맞았는데, 왼편 어깨를 뚫고 등에까지 박혀서 피가 발뒤꿈치까지 흘러 내렸지만 그런데도 공은 활을 놓지 않고 하루 종일 싸움을 독려하다가, 싸움이 끝나고 나서야 칼끝으로 살을 갈라 탄환을 꺼냈는데 두어 치나 깊이 박혀 있었다. 군사들이 그제야 비로소 알고 놀라지 않는 자가 없었지만, 공은 태연하게 웃으며 이야기하였다.

공은 매번 싸울 때마다 여러 장수들에게 약속하여 말하기를, "적의 머리 한 개 베는 시간에 여러 적들을 쏘아죽일 수 있으니, 적의 수급(首級)을 많이 베지 못한다고 걱정하지 말고 그저 적을 쏘아 맞히기를 우선하라. 힘써 싸우는지 않는지는 내 눈으로 직접 보고 있느니라."고 하였다. 이 때문에 전후로 싸울 때 오직 많이 쏘아 죽이기만 생각하고 수급을 베어 상 받는 일에는 신경을 쓰지 않았다.

6월 1일. 사량(蛇梁) 뒤쪽 바다로 나가서 진을 쳤다.

6월 2일. 아침에 당포(唐浦) 앞에 이르러 적선 20여 척을 만났다. 그 중에서 제일 큰 배 위에는 높이가 두 길이나 됨직한 층루(層樓)가 있었는데, 사면으로 붉은 비단 휘장을 드리웠고, 누각 위에는 왜장(倭將)이 금관을 쓰고 비단 옷을 입고 오뚝 앉아 싸움을 지휘하는 것이었다. 우리 군사들이 편전을 마구 쏘아 맞히자 왜장이 누각 아래로 굴러 떨어졌다. 다른 여러 적들도 화살에 맞아 거꾸러지는 자가 부지기수였다. 마침내 모조리 무찔러 버렸다.

그리고 거기서 금물 뿌린 접는 부채 한 자루를 얻었는데, 바른 편에는 '우시축전수(羽柴筑前守)'라 썼고 왼편에는 '구정유구수(龜井劉矩守)'라고 썼으며, 불룩한 가운데에는 '6월 8일 수길(秀吉) 씀'이라고 씌어 있었다.

싸움이 끝났을 때는 이미 해가 거의 한낮이 되어 있는데, 군사들이 겨우 좀 쉬려고 할 무렵 갑자기 적이 오고 있다는 보고가 들어왔다. 공은 짐짓 못 들은 체하였다. 그러자 또다시 급보하기를, 적들이 수도 없이 온다고 하였다. 공은 성난 목소리로, 적이 오면 싸우면 되지 왜 이리 소란이냐고 하였다. 그렇게 말한 것은, 그때 장졸들이 모두 힘껏 싸운 끝에 기운이 지쳐서 자못 당황해 하는 빛이 보였기 때문이었다. 공은 아침에 빼앗아 온 적장이 탔던 배를 앞 바다로 끌어내다가 적과의 거리가 불과 한 마장쯤 되는 곳에서 불태우도록 지시하였다. 불길이 그 배 속으로 뻗어가자 그 안에 쌓아 두었던 화약이 일제히 터지자 그 폭발하는 소리가 우레와 같이 허공을 울리고 시뻘건 불길이 하늘을 물들였다. 적들은 둘러서서 그것을 바라보고는 넋이 빠져서 더 이상 앞으로 나오지 못하고 물러갔다.

그날 밤, 군중에서 놀라서 소란이 벌어져 그치지 않았는데, 공은 그대로 누운 채 꼼짝도 하지 않다가 한참만에야 사람을 시켜서 요령을 흔들게 하니, 이에 소란이 진정되었다.

6월 4일. 당포(唐浦) 앞바다로 나아가 진을 쳤다. 그때 전라우수사 이억기(李億祺)가 전선 25척을 거느리고 돛을 달고 호각을 불면서 왔다. 모든 배의 장병들이 연속 싸워서 지쳐 있던 때여서 구원병이 오는 것을 보고는 모든 군사들의 기운이 더해졌다. 공은 이억기를 보고 말하기를, "왜적들이 극성을 부려서 나라의 위급함이 조석(朝夕)에 달렸는데 영공(令公)께서는 왜 이리 늦게 오시오." 하였다.

6월 5일. 공은 이억기와 함께 이른 아침에 같이 출발하여 고성 땅 당항포(唐項浦)에 이르러 적들과 서로 만났다. 큰 배 한 척은 3층 누각으로 된 것이었는데, 밖에는 검은 비단 휘장을 둘렀고 앞에는 푸른 일산(日傘)이 세워져 있었다. 적장은 그 속에 앉아 있었으므로 그를 쏘아 죽였다. 그리고 중간 배 12척, 작은 배 20척도 한꺼번에 들이받아 깨뜨리고 적의 머리 7개를 베었으며 쏘아 죽인 자는 수도 없이 많았다. 남은 적들은 배를 버리고 뭍으로 달아났다. 이리하여 군대의 명성이 크게 떨치게 되어, 이 공로로 자헌대부(資憲大夫)로 승진하였다.

6월 7일. 아침에 영등포(永登浦)에 이르자 적들이 율포(栗浦)에 있다가 우리 군사들을 바라보고는 남쪽 바다로 도망갔다. 공은 모든 배들에 명령을 내려서 뒤따라가 잡도록 하였다. 사도(蛇渡) 첨사 김완(金浣)과 우후(虞侯) 이몽구(李夢龜)와 녹도 만호 정운(鄭運) 등이 각각 1척씩을 온전히 잡고 또 합쳐서 왜적의 머리 36개를 베었다.

6월 9일. 공은 이억기(李億祺)와 원균(元均)과 함께 모든 장수들을 거느리고 곧바로 천성(天城), 가덕(加德) 등지로 가서 수색하였으나 적들은 도망가고 보이지 않았으므로, 그대로 돌아왔다.

6월 14일. 본영에 있으면서 장계 2통을 썼다. 장계에서 아뢰기를,

"신은 이제 전선 수만 척을 이끌고 비장군(飛將軍) 모(某: 宣居怡를 가리킴)를 선봉으로 삼아 곧바로 일본을 치기 위해 모월 모일(某月某日)에 출발하려 하나이다."라고 하였다. 군관을 보내어 장계 1통을 서울 가는 길에 던져놓도록 하였다. 적으로 하여금 주워서 보게 하기 위해서였다.

7월 8일. 공과 이억기, 원균 등은 적들이 양산(梁山)으로부터 전라도 쪽으로 가려고 한다는 말을 듣고, 각자 배들을 거느리고 앞으로 나아가 고성 땅 견내량(見乃梁)에 이르렀다. 적의 선봉선 30여 척이 과연 와 있었고 또 그 뒤에 무수히 많은 배들이 바다를 뒤덮고 있었다. 공은 말하기를, "이곳은 바다가 좁고 항구가 얕아서 싸울 만한 곳이 못되니 큰 바다로 꾀어내어 깨뜨려야겠다."고 하고는, 모든 장수들에게 짐짓 패하여 물러나는 듯이 하라고 명령했다. 그러자 적들은 승리한 기세로 따라 나왔다.

한산도 앞에 이르니 바다가 넓어졌는데 적선들도 모두 다 쫓아와서 모였다. 공은 깃발을 흔들고 북을 치면서 급히 배를 돌려 싸우라고 지시하였다. 모든 배들이 돛을 높이 올리고 곧바로 앞으로 나아가면서 대포와 화살을 우레처럼 쏘아대자 연기와 화염이 하늘을 뒤덮었다. 잠깐 사이에 바다는 비린내 나는 피로 붉게 물들여졌으며, 적선 73척이 한 척도 돌아가지 못하였다. 사람들이 〈한산대첩(閑山大捷)〉이라고 하는 것이 바로 이 싸움이다.

적에게 사로잡혀 갔던 사람들이 돌아와서 말하기를, 용인(龍仁) 전투에서 적에게 궤멸되어 흩어진 후 서울에 있던 적의 장수들은 모두들 "조선에는 사람이 없다. 그러나 유독 수군만은 이기기 어렵다."라고 하자, 평수가(平秀家: 宇喜多秀家를 가리킴)란 자가 팔을 걷어붙이면서 큰 소리치기를, '내가 맡아 보겠다.' 고 하여, 여러 적장들이 수가(秀家)를 해군 장수로 삼았었는데, 이번 한산 싸움에서의 적장이 바로 그자였다고 하였다.

그 후 웅천(熊川) 사람 제말(諸末)이 한 말에 의하면, 그는 일찍이 사로잡혀 일본으로 가서 그곳에서 서기(書記) 노릇을 하고 있었는데, 그때 대마도에서 일본국에 보내온 공문서를 보았더니, 일본이 조선 수군들과 싸워서 패하여 죽은 자가 9천여 명이라고 하더라는 것이었다. 공은 이번 싸움에서의 공으로 정헌대부(正憲大夫)로 승진하였다.

7월 9일. 한 패의 왜선들이 안골포(安骨浦)에 진을 치고 있다는 말을 듣고 공과 이억기, 원균 등이 군사를 거느리고 일제히 그곳에 이르러 보니, 적들은 배를 쇠로써 덮어 싸고 젖은 솜으로 가렸는데, 우리 군사를 보고는 나가서 죽기로써 싸울 계획을 세우고 혹은 총을 가지고 언덕 위로 올라가고, 혹은 배에서 힘껏 싸웠지만, 우리 군사들이 승세를 몰아 적들을 꺾어버리자 적들은 당해내지 못하고 언덕에 있던 자들은 달아나고 배에 있던 자들은 죽임을 당했다. 적선 42척을 불태워 깨뜨렸다.

9월 1일. 공은 이억기, 원균, 조방장 정걸(鄭傑) 등과 더불어 상의하여 말하기를 "부산이 적의 근거지로 되어 있으니 그 소굴을 짓부숴버린다면 적의 간담이 터져버릴 것이다." 라고 하고는 같이 나아가 부산에 이르니, 적들은 이미 여러 차례 패한 뒤인지라 우리 편의 위세에 겁을 먹고 감히 나오지 못하고 다만 높은 데로 올라가 총을 쏠 따름이었다. 적의 빈 배 100여 척을 들이받아 깨뜨렸다.

이번 싸움에서 녹도 만호 정운(鄭運)이 탄환에 맞아 죽었으므로 공은 그지없이 슬퍼하면서 친히 글을 지어 제사를 지내주었다.

공이 따로 정미 500섬을 한 곳에 쌓아놓고 봉하자, 어떤 사람이 그것을 어디에 쓸 것이냐고 물었다. 공이 대답하기를, "지금 임금께서 용만(龍灣: 의주)에 피난 가 계시는데, 저 기성(箕城: 평양)에 있는 적(小西行長)들이 만약 또다시 서쪽으로 쳐들어간다면 임금의 수레는 바다(압록강)를 건너가려 할 것이다. 그렇게 되면 나는 직책상 마땅히 배를 가지고 바다로 가서 임금의 수레를 모시고 갔다가, 하늘이 저 중국까지 망하게 하지 않는 한, 다시 나라 회복을 도모할 것이다. 설령 그런 불행한 지경에 이르지 않는다 하더라도, 임금과 신하가 우리나라 땅에서 같이 죽는다면 그것은 어쩔 수 없는 일일 것이다. 그리고 내가 죽지 않는 동안에는 적들이 감히 침범해오지 못할 것이다."라고 대답하였다.

계사년(癸巳: 49세. 1593년) **2월 1일.** 공이 이억기와 함께 적을 토벌할 일을 의논한 후 배를 출발하여 부산에 이르니, 웅천의 적들은 부산으로 가는 길목을 틀어쥐고 험고한 곳에 배를 감추고는 소굴을 많이 만들어 놓고 있었다. 공은 한편으로는 복병을 남겨두고 적을 유인하기도 하고 또 한편으로는 드나들며 싸움을 걸어도 보았지만, 적들은 우리의 위세에 겁을 먹고 바다 가운데로 나오지 않고 다만 가볍고 빠른 배로 포구로 달려 나왔다가는 곧바로 되돌아 소굴로 들어가는 것이었다. 다만 동서 양쪽 산기슭에 깃발들을 많이 세워 놓고 높은 데로 올라가서 총질을 하며 겉으로 거만한 모습을 보였다.
우리 군사들은 분함을 이기지 못하여 좌우에서 일제히 나아가서 대포와 화살을 쏘아대니 그 형세가 마치 바람과 우레 같았는데, 이렇게 하기를 하루 종일 하자 엎어지고 자빠져 죽는 자가 얼마나 되는지 알 수 없었다. 좌별도장(左別都將) 이설(李渫), 좌돌격장(左突擊將) 이언량(李

彦良)이 왜적 수백 명이 타고 있는 왜선 3척을 끝까지 쫓아갔더니, 그 중에 적장 하나가 금 투구에 붉은 갑옷을 입고 큰 소리로 외치며 노를 재촉하므로, 우리 군사들은 피령전(皮翎箭)으로 적의 괴수를 쏘아서 바다 속으로 거꾸러뜨리고 나머지 적들도 모두 쏘아 죽였다.

2월 22일. 공은 이억기 및 다른 여러 장수들과 상의하여 말하기를, "적들이 우리의 위세에 겁을 먹고 나오지 않으므로 여러 날을 싸웠으나 모조리 섬멸할 수가 없다. 그러나 만약 수륙으로 같이 들이친다면 적의 기세를 꺾을 수 있을 것이다."라고 하고는, 곧 3도 수군에게 명령하여, 각각 가벼운 배 5척씩 뽑아서 적선들이 줄지어 정박해 있는 곳으로 돌진해 들어가 싸우도록 하였다. 그리고 또 의승병(義僧兵)들과 3도의 용감한 사부(射夫)들이 타고 있는 10여척의 가볍고 빠른 배에도 명령을 내려, 동쪽으로는 안골포(安骨浦)에 배를 대고 서쪽으로는 제포(薺浦)에 배를 대어서 뭍으로 올라가 진을 치도록 하였다.

그랬더니 적들은 수륙으로 공격당할까봐 겁을 내어 동서로 급히 달아나면서 서로 응전(應戰)하였는데, 우리 수륙 장수와 군사들은 좌우에서 돌진해 들어가 싸우면서 만나는 대로 들이받아 깨부수니 왜적의 무리들은 발을 동동 구르며 통곡할 뿐이었다. 그때 이응개(李應漑)와 이경집(李慶集) 등이 이긴 기세를 타고 다투어 돌진하며 적선을 들이받아 깨뜨리고 나서 배를 돌릴 때 그만 두 배가 서로 부딪혀 배가 뒤집혀졌다.

공은 곧 장계를 올렸는데, 그 내용은 이러하였다.

"신이 능력도 없으면서 외람되게도 중임(重任)을 맡게 되어 밤낮으로 근심하며 조그마한 공이라도 세워서 은혜에 보답하려고 하였습니다. 지난 해 여름과 가을에 흉악한 적들이 마구 독살을 부리면서 바다와 육지로 침범해 왔을 때, 다행히도 하늘의 도우심으로 여러 번 승첩(勝捷)을 하게 되었습니다. 그러자 부하 군사들은 모두들 승세를 타고 교만한 생각이 나날이 더해져서 앞을 다투어 돌진해 들어가 싸우고 다만 걱정하는 것이라고는 남에게 뒤쳐질까 하는 것이었습니다. 그래서 신은 적을 가볍게 여기면 반드시 패하게 된다는 이치를 들어 재삼 엄히 경계해 왔습니다. 그리하였는데도 또 경계하지 않다가 통선(統船) 한 척이 끝내 뒤집혀짐으로써 많은 사망자까지 내게 되었습니다. 이것은 신이 군사를 잘 부릴 줄 모르고 또 지휘가 방략(方略)에 어긋났기 때문입니다. 참으로 황공하기 그지없어 거적 위에 엎드려서 죄 주기를 기다립니다."

7월 15일. 공은 본영이 전라도에 치우쳐 있기 때문에 해상을 막고 통제하기가 어렵다고 생각하여 마침내 진을 한산도(閑山島)로 옮기기를 청하였고, 조정에서도 이를 허락하였다. 한산도는 거제 남쪽 30리에 있는데 산 하나가 바다를 굽어 껴안고 있어서 그 안에다 배를 감출 수가 있고, 밖에서는 그 속을 들여다 볼 수 없을 뿐더러 또 왜적의 배들이 전라도로 가려고 하면 반드시 이 길을 거치게끔 되어 있는 곳이기 때문에 공이 늘 승리할 형세의 땅이라고 하였는데, 이때에 와서 여기에다 진을 치게 되었다. 그 뒤에 명나라 장수 장홍유(張鴻儒)가 이 섬에 올라 한참이나 멀리 바라보다가 말하기를, 진을 치기에는 참으로 좋은 터라고 감탄하였다.

이해 8월에, 조정에서는 삼도의 수사들이 서로 통섭(統攝)되지 않으므로 반드시 주관하는 장수가 있어야 되겠다고 하여 공으로써 삼도 수군통제사를 삼고 본직은 그대로 겸하게 하였다. 원균은 자기가 선배인데도 도리어 공의 지휘를 받게 된 것을 부끄럽게 여기므로, 공은 매번 그를 너그럽게 대해 주었다.

공은 진중에 있으면서 항상 군량을 걱정하여 백성들을 모아서 둔전(屯田)을 경작하게 하고, 사람을 뽑아서 고기를 잡게 하고, 소금을 굽고, 질그릇을 만드는 일 등에 이르기까지 하지 않는 일이 없었다. 그리고 그것들을 모두 배로 싣고 나가 팔아서 양식과 바꿔오게 하니, 오래지 않아서 곡식 수만 섬을 쌓아놓게 되었다.

또 공은 진중에 있는 동안 여자를 가까이 하지 않았으며, 매일 밤 잠을 잘 때에도 띠를 풀지 않았다. 그리고 겨우 서너 시간 자고나서는 사람들을 불러들여 날이 밝을 때까지 의논하였고, 또 먹는 것이라고는 아침저녁 합하여 5~6홉뿐이어서 보는 이들은 모두, 공의 먹는 것은 적고 일은 번잡하게 많은 점을 깊이 걱정하였다.

공의 정신은 보통사람보다 갑절이나 더 강인하여 이따금 손님과 함께 밤중까지 만취하도록 술을 마시고도 닭이 울면 반드시 촛불을 밝히고 혼자 일어나 앉아서 혹은 문서를 보기도 하고 또 혹은 전술을 궁리하기도 하였다.

갑오년(甲午: 50세, 1594년) **정월 11일.** 공은 배를 타고 바람을 따라 어머님께서 우거(寓居)하시는 곳을 찾아가 뵙고 이튿날 떠나겠다는 인사를 드리자, 어머님께서는 어서 진중으로 잘 가서 나라의 욕됨을 크게 씻으라고 두 번 세 번 거듭 타이르시며 조금도 작별의 서운한 감정을 품지 않았다.

3월. 담 도사(都事)란 자(譚宗仁)가 왜적과 강화하는 일 때문에 명나라로부터 웅천의 적진에 이르러서 공에게 패문(牌文: 공문)을 보내왔는데, 이르기를, "일본의 여러 장수들이 무기를 거두고 싸우지 않겠다고 하니, 그대는 속히 본고장으로 돌아가고 왜군의 진영에 가까이 감으로써 말썽을 일으키는 일이 없도록 하라."는 것이었다.

공은 이에 답장을 써 보내면서 말하기를, "영남의 연해안으로서 우리 땅 아닌 곳이 없는데 나에게 왜군의 진영에 가까이 간다고 하신 것은 무슨 말씀이며, 또 속히 본고장으로 돌아가라고 하시니, 그 본고장이란 어느 곳을 가리키는 것입니까. 왜적들은 신의가 없는 자들로서, 그들이 화친을 한다는 말은 거짓입니다. 나는 조선의 신하이기 때문에 의리상 이 도적들과는 한 하늘을 같이 이고 살 수 없습니다."라고 하였다.

이때 공은 전염병에 걸려서 병세가 몹시 위중했는데도 오히려 하루도 가만히 누워 있지 않고 이전처럼 일을 하였다. 자제들이 몸을 쉬면서 몸조리 하기를 청하자, 공은 말하기를, "적과 상대하고 있는 상황에서는 승패가 순식간에 결판난다. 장수된 자가 죽음에 이르지 않은 한 어찌 누워 있을 수 있겠느냐."라고 하였다. 이렇게 병마와 싸우기를 12일 동안이나 하였다.

계사년과 갑오년 동안에 전염병이 크게 번져 진중에 있던 군사와 백성들로서 죽는 자가 연달았을 때, 공은 차사원(差使員)을 정하여 유골을 거두어 장사지내게 하고, 또 제문(祭文)을 지어 제사지내 주었다. 하루는 또 제문을 지어 전염병으로 죽은 사람들을 제사지내 주려고 하였다. 제사를 지내려는 새벽에 공이 꿈을 꾸었는데, 한 떼의 사람들이 앞으로 와서 원통함을 호소하기에, 공이 왜 그러는지 물어보았더니, 그들이 대답하였다. "오늘 제사에서 전쟁에 죽은 사람들과 병으로 죽은 사람들은 모두 다 얻어먹을 수 있는데, 우리들만 거기에 빠져 있기 때문입니다." 공이 다시 물었다. "너희들은 무슨 귀신이냐." 그들이 대답하였다. "물에 빠져 죽은 귀신들입니다." 공이 일어나서 그

1. 이충무공 행록(行錄) / 337

제문을 가져와서 살펴보니 과연 그들은 제문에 실려 있지 않았다. 그래서 다시 같이 제사 지내주라고 지시하였다.

공은 군중의 무기로는 총통(銃筒)보다 더 나은 것이 없다고 생각하였다. 그러나 총통을 만들려면 반드시 구리(銅)와 쇠(鐵)를 써야 하는데, 준비되어 있는 것이 없었다. 그래서 널리 민간에서 거두어 들였더니 한꺼번에 얻은 것이 8만여 근이나 되었다. 그래서 그것을 녹여서 각 배에 나누어 주었더니 다 쓸 수 없을 정도로 많았다.

공이 일찍이 달밤에 노래를 읊었는데, 그 노래는 이러하였다.

　한 바다에 가을 빛 저물어 가고
　찬바람에 놀란 기러기 높이 나는데
　가슴에 근심 가득 잠 못 드는 이 밤
　새벽달빛 방에 들어 활과 칼을 비추네
　(水國秋光暮, 驚寒雁陣高. 憂心輾轉夜, 殘月照弓刀)

또 시조 한 수를 읊었는데 그 가사가 참으로 격렬하였다. 그 가사는 이러하였다.

　한산섬 달 밝은 밤에 수루에 혼자 앉아
　큰 칼 옆에 차고 깊은 시름 하는 차에
　어디서 일성 호가(胡歌)는 남의 애를 끊나니
　(閑山島月明夜, 上戍樓撫大刀深愁時, 何處一聲羌笛更添愁.)

원균이 공의 지위가 자기보다 높은 것에 원한을 품고, 그렇게 된 것은 공이 자기를 배척하였기 때문이라고 생각하면서 사람들을 만나기만

하면 매번 눈물을 흘리면서 이야기하였고, 혹은 싸움에 나가서도 명령을 준수하지 않았다. 공은 말하기를, "적과 대치하고 있는 상황에서 이러다가는 반드시 큰 일을 그르치게 될 것이다."라고 하였다.

을미년(乙未: 51세. 1595년) 2월. 공은 자기 직책을 갈아 달라고 장계를 올렸으나 조정에서는 대장을 바꿀 수 없다고 하여 마침내 원균을 충청병사로 전임시켰다.

배설(裵楔)이 원균을 대신하여 경상수사가 되었다. 배설은 성격이 자기 자랑이 심하고 교만하여 일찍이 남에게 마음을 굽힌 적이 없었다. 그런데 진중에 와서 공이 일 처리하는 것을 보고 나와서 사람들에게 말하기를, 이 섬에 와서 진정한 호걸을 만나볼 줄은 생각지도 못했다고 하였다.

8월. 정승 완평(完平) 이원익(李元翼)이 도체찰사(都體察使)가 되어 영남과 호남으로 내려 왔는데 부(副)체찰사와 종사관(從事官)들도 따라왔다. 이(李) 정승이 전라도에 이르자 수군들 가운데 진정서를 올리는 자들이 수없이 많았는데, 정승은 일부러 그것들은 처리하지 않고 모두 둘둘 말아서 축(軸)으로 만들게 한 후 그것들을 말에 싣고 진주로 가서 공을 불러와서 일을 의논한 다음, 관리를 시켜서 수군의 진정서들을 가져오게 하여 공의 앞에 쌓아 놓게 하니 몇 백 장이나 되는지 모를 정도였다.

공은 오른손에는 붓을 쥐고 왼손으로는 종이를 끌어당기며 판단하고 결재해 나가기를 마치 물 흐르듯 하니 잠깐 사이에 결재가 끝났다. 이 정승과 부체찰사들이 그것들을 가져다 보니 모두 다 사리에 합당하였다. 이 정승이 놀라며 말하기를, "우리들은 이렇게 할 수 없었는데 공은 어떻게 이렇게 할 수 있소?"라고 하자, 공이 대답하기를 "이것들은 모두 수군에 관계된 일이기 때문에 늘 보고 듣고 해서 익숙하기 때문입니다."라고 하였다.

그리고 이 정승과 부체찰사와 종사관들이 공의 배에 같이 타고 한산도 진중으로 들어가서 진의 형세를 두루 시찰하고 조용히 유숙한 뒤에 돌아가려고 할 때, 공이 이 정승에게 청하였다. "군사들은 모두 대감이 내려왔으니 틀림없이 한턱 크게 먹여 줄 것으로 기대하고 있을 텐데, 이제 그런 일도 없이 그냥 돌아가신다면 크게 실망할까 염려됩니다."라고 하였다.

그러자 이 정승이 말했다. "그렇기는 하오만, 내가 진작 준비해 오지를 못했으니 어쩌겠소."라고 하였다. 공이 다시 말하기를, "내가 대감을 위하여 미리 준비해 두었으니 허락만 해주신다면 대감의 분부라고 하고 잔치를 열어 주겠습니다."라고 하였다.

이 정승은 크게 기뻐하면서 마침내 성대한 잔치를 베푸니 온 군중이 좋아라고 날뛰었다. 공이 전사한 뒤에 이 정승이 이 일을 이야기하며 탄식하기를, "이 통제사는 참으로 큰 인물이었습니다."라고 하였다.

【*인조(仁祖) 때에 정승 이원익이 궐에 들어가 임금을 뵙고 아뢰기를, "신이 체찰사로서 영남에 있을 적에, 순시(巡視)차 한산도에 이르러 이모(李某)의 진영으로 가서 그가 일을 해놓은 것들을 보니 참으로 짜임새가 있었습니다. 신이 돌아오려 할 적에 이모(李某)가 은밀히 신에게 말하기를, '대신께서 이곳에 오셨으니 임금의 뜻을 받들어 타이르고 또 상을 내려 격려하지 않을 수 없습니다.' 라고 하였습니다. 신이 그 말을 듣고 크게 깨닫고는 곧 군중에 명령을 내려 한편으로는 무예시험을 치루고 또 한편으로는 상을 주었는데, 소를 30여 마리나 잡아서 군사들에게 먹여주었습니다."라고 하였다.

그러자 임금(仁祖)께서 말하기를, "이모(李某)는 진정한 장군이었다. 그리고 그 마음씨와 지혜 또한 가상하였다."라고 하였다.
　　　　　　　－이원익(李元翼)의 〈오리문집(梧里文集)〉에서】

원균(元均)이 충청도 병사로 있으면서도 한결같이 공을 비방하는 것을 일삼았으므로 공을 헐뜯는 말이 날마다 조정에 이르렀으나, 공은 조금도 변명하는 일이 없었을 뿐만 아니라 굳게 입을 다물고 원균의 단점을 전혀 말하지 않았다. 그러자 당시의 여론은 대체로 원균을 옳게 여기고 공을 넘어뜨리려 하였다.

병신년(丙申: 52세. 1596년) 겨울. 왜장 평행장(平行將)이 거제에 진을 치고 있으면서 공의 위엄과 명망을 꺼려서 온갖 꾀를 다 내던 끝에 그 부하 요시라(要時羅)란 자를 시켜서 반간계(反間計)를 시행하도록 하였다. 요시라는 경상좌병사 김응서(金應瑞)를 통하여 도원수 권율(權慄)에게 보고하기를, "평행장은 청정과 서로 사이가 나빠져서 그를 죽이고 싶어하는데, 청정이 지금은 일본에 있지만 머지않아 다시 올 것입니다. 내가 그가 나오는 때를 확실히 알아내서 청정의 탄 배를 알려 드릴 테니, 조선에서는 통제사를 시켜서 수군을 거느리고 바다로 나가서 그를 맞이하여 치도록 하십시오. 그러면 조선 수군의 백전백승한 위세로 그를 잡아 목 베지 못할 리가 없을 것이니, 그렇게 되면 조선의 원수도 갚게 되고 행장의 마음도 통쾌해질 것입니다."라고 하면서 거짓으로 충성과 신의를 보이면서 간절히 권하여 마지않았다. 조정에서는 그 말을 듣고 만약 그대로 한다면 청정의 머리를 얻을 수 있을 것이라고 생각하고는 공에게 전적으로 요시라의 계책대로 하라고 칙령을 내렸을 뿐, 실상은 그것이 놈들의 술책에 빠지는 일인 줄은 알지 못했다.

정유년(丁酉: 53세. 1597년) 정월 21일. 원수 권율(權慄)이 한산진에 이르러 공에게 말하기를, "적장 청정(淸正)이 가까운 시일 안에 다시 나온다고 하니, 수군은 꼭 요시라(要時羅)의 말대로 하시오. 그래서 기회를 잃지 말도록 하시오."라고 하였다.

조정에서는 이때 원균의 말만 믿고 공을 비방하여 마지않았으므로, 공은 비록 마음속으로는 요시라에게 속는 것인 줄 알면서도 감히 그 앞에서 맘대로 물리칠 수가 없었다.

도원수(權慄)가 육지로 돌아간 지 겨우 하루만에 웅천에서 보고가 오기를, 지난 정월 15일에 이미 청정이 장문포(長門浦)에 와 닿았다고 하였다. 그런데도 조정에서는 청정이 무사히 도착했다는 말을 듣고는 공이 그를 사로잡지 못한 것만 꾸짖었고, 대간(臺諫)들은 전부 들고 일어나서 공에게 적을 놓아준 죄를 물어야 한다고 주청하였으며, 마침내 공을 잡아다가 국문(鞫問)하라는 명령이 내려졌다.

그때 공은 수군을 거느리고 가덕(加德)의 바다로 나가 있었는데, 공을 잡아 올리라는 명령이 내려졌다는 소식을 듣고는 곧 본진으로 돌아와서 진중의 물품들을 헤아려서 원균에게 인계하였다. 군량미가 9,914섬이었는데, 본영 밖에 있는 곡식은 계산에 넣지 않은 것이며, 화약은 4천근이었고, 총통은 각 배에 실려 있는 것을 제외하고도 따로 또 3백 자루가 있었고, 그밖에 다른 물품들도 모두 이렇게 헤아려 인계해 주었다.

완평 이 정승(李元翼)이 도체찰사로서 영남에 있다가 공을 잡아 올리라는 명령이 내려졌다는 말을 듣고 급히 장계를 올렸다. 장계에서 말하기를, "왜적들이 꺼려하는 것은 우리 수군이므로 이모(李某)를 바꿔서는 안 됩니다. 원균을 보내서는 안 됩니다."라는 내용으로 건의하였으나, 조정에서는 듣지 않으므로, 이 정승은 "나라의 일이 다시 어떻게 해볼 길이 없어졌다."고 탄식하였다.

2월 26일. 길을 떠났는데, 가는 도중에 남녀노소 모든 백성들이 에워싸고 울부짖으며 "사또, 어디로 가시오. 이제 우리들은 다 죽었습니다."라고 하였다.

3월 4일. 저녁에 감옥에 들어갔다. 그때 어떤 사람이 말하기를, "임금의 노여워함이 극에 달하였고, 또 조정의 중론도 엄중하여 사태가 장차 어찌될지 알 수 없으니, 이 일을 어쩌면 좋겠는가."라고 걱정하였다. 그러자 공이 천천히 말하였다. "죽고 사는 것이야 운명이지요. 죽어야 한다면 죽어야지요."라고 하였다.

그때 임금이 어사 남이신(南以信)을 보내어 한산도로 내려가서 사실을 조사해 오게 하였다. 어사는 공을 모함하려고, 돌아와서 보고하기를, "들으니 적장 청정이 바다를 건너오다가 배가 섬에 걸려서 7일간이나 꼼짝 못했는데도 이모(李某)는 나가서 잡지 않았다고 합니다."라고 하였다.

이날 경림군(慶林君) 김명원(金命元)이 임금을 모시고 경연(經筵)에 참석하였다가 그 보고를 듣고 말하였다. "왜적들은 배를 부리는데 익숙한데, 7일간이나 배가 섬에 걸렸다는 말은 허언(虛言)인 듯합니다."라고 하자, 임금이 말하기를, "내 생각에도 역시 그렇다."라고 하였다. 그 뒤에 원균이 패하고 나서 공이 다시 통제사가 되어 큰 공을 세웠을 때, 지난날의 그 어사(南以信)란 자가 옥당(玉堂)에 당직이 되어 들어가자 한 동료가 그에게 묻기를, "7일간이나 배가 섬에 걸렸다는 말을 자네는 도대체 어디서 들었는가. 나도 그때 마침 전라도를 순시하고 있었지만, 나는 그런 말을 전혀 듣지 못했는데."라고 하자, 그는 부끄러워했다고 하였다.

3월 12일. 문초를 받았다.

처음에 공이 붙잡혀 오자 수군의 여러 장수들의 친척으로서 서울에 있는 사람들은 혹시나 공이 죄를 다른 장수들에게 돌릴까봐 염려하고 두려워하지 않는 사람이 없었다. 그러나 공이 심문을 받게 되자 다만 일의 전말만 차례 정연하게 진술할 따름이고 조금도 다른 사람을 끌어들이는 일이 없자 모두들 탄복하였다. 심지어 공의 얼굴이라도 한 번 보기를 원하는 사람까지 있었다.

공이 옥에 있을 때 전라우수사 이억기(李億祺)는 사람을 보내어 편지를 바치고 공의 안부를 묻게 하였는데, 그 사람을 보내며 울면서 말하기를, "수군은 얼마 못가서 패배할 것입니다. 우리들은 어디서 죽을지 모릅니다."고 하였다. 그때 북도(北道)의 지방 군사 몇 사람이 마침 과거를 보기 위해 서울에 올라와 있다가 공이 옥에 갇혔다는 말을 듣고는 비분강개하여, 공을 석방시켜 북병사(北兵使)로 임명해 주기를 청하는 상소를 올리려고까지 하였다.

4월 1일. 공을 특사(特赦)하면서 평복으로 원수의 휘하에서 공로를 세우라고 명하였다.

4월 11일. 어머님이 돌아가셨으므로 압송해 가는 금부도사에게 간청하여 상복을 입고 길을 떠났다. 공은 통곡하면서, "나라에 충성을 다하려 했건만 이미 죄를 얻었고, 어버이에게 효도하려 했건만 어버이 또한 돌아가셨다(竭忠於國而罪已至, 欲孝於親而親亦亡)."고 하였다.

7월 16일. 원균이 결국 패하고, 이억기도 죽고, 삼도 수군이 모두 적에게 몰살당하였다. 공은 그때 초계(草溪: 합천군)에 있었다. 원수(權慄)

가 공을 보내어 급히 진주로 달려가서 흩어진 군사들을 거두어 모으게 하였다.

8월 3일. 한산에서 패했다는 보고가 도성에 이르자(7월 22일), 조정과 민간은 크게 놀라 떠들었다. 임금이 비변사(備邊司)의 여러 신하들을 불러들여 물었으나, 여러 신하들은 당황하여 대답할 바를 알지 못했다. 그때 경림군(慶林君) 김명원(金命元)과 병조판서 이항복(李恒福)이 조용히 아뢰었다. "이것은 원균의 죄입니다. 이모(李某)를 다시 일으켜 통제사로 삼아야 할 것입니다."라고 하였다. 임금이 그 건의대로 따라 공을 다시 통제사로 임명하니, 장수와 군사들이 이 소식을 듣고 차츰 모여들었다.

공은 곧 군관 9명과 군사 6명을 데리고 진주에서 급히 말을 달려 옥과(玉果: 전남 곡성군)에 이르니 피난민들이 길을 가득 메어 오다가 멀리서 공이 오는 것을 보았다. 젊은 장정들은 자기 처자들을 보고 말하기를, "우리 대감이 오셨으니 인제 너희들도 죽지 않을 것이다. 천천히 찾아오너라. 나는 먼저 대감을 따라가야겠다."라고 하였는데, 이렇게 공을 따르는 자들이 연달아 줄을 이었다. 순천에 이르렀을 때에는 정예병 60여 명을 얻었다. 모두들 텅 비어 있는 성안으로 들어가서 각자 무장을 하고 갔다. 보성에 이르렀을 때에는 120명이 되었다.

8월 18일. 회령포(會寧浦: 전남 장흥군)에 이르니 전선이라고는 단지 10척뿐이었다. 공은 전라우수사 김억추(金億秋)를 불러서 병선을 거두어 모으게 하고, 또 여러 장수들에게 분부하여 거북선 모양으로 꾸며서 군사의 위세를 돋우도록 하였다. 그리고 약속하기를, "우리들이 다 같이 임금의 명령을 받들었으니 의리상 같이 죽어야 마땅하다. 그런데 사태가 여기에 이르렀으니 한 번 죽음으로써 나라에 보답하는 것이 무엇이 아깝겠느냐. 오직 죽음이 있을 따름이다."라고 하자, 장수들로 감동하지 않는 자가 없었다.

8월 24일. 앞으로 나아가 어란포(於蘭浦: 전남 해남군) 앞 바다에 이르렀다.

8월 28일. 적선 8척이 우리 배를 습격해 오려고 하므로 공이 나팔을 불며 기를 휘두르자 적들은 달아나고 말았다.

8월 29일. 진도의 벽파진(碧波津)으로 나아가 진을 쳤는데, 경상우수사 배설(裵楔)이 군사를 버리고 달아났다.

9월 7일. 적선 13척이 우리 진을 향해 오므로 공이 그것을 맞아 치니 적들은 물러나 달아났다. 이날 밤 10시경에 적들이 다시 와서 대포를 쏘며 우리 군사들을 놀라게 하려 하자 공도 역시 명령을 내려 대포를 쏘게 했더니, 적들은 우리를 동요시킬 수 없을 줄 알고 또 물러갔다. 적들이 이렇게 하는 것은 지난 날 한산도에서 밤중에 놀라게 함으로써 크게 이득을 본 일이 있었다는 말을 들었기 때문일 것이다(*원균이 패할 때의 사실을 말한 것이다-역자).

이때 조정에서는 수군이 무척 취약하여 적을 막아내지 못할 것이라고 생각하여 공에게 뭍으로 올라와서 싸우라는 명령을 내렸다. 이에 공은 회답 장계를 올렸다.

 "저 임진년으로부터 5, 6년 동안 적들이 감히 전라도와 충청도로 바로 쳐들어오지 못한 것은 수군이 그 길목을 누르고 있었기 때문입니다. 지금 신에게는 아직도 12척의 배가 남아 있습니다. 죽을힘을 다해 항거해 싸운다면 오히려 해볼 만합니다(今臣戰船尙有十二, 出死力拒戰, 則猶可爲也). 지금 만일 수군을 전부 없애 버린다면 이는 곧 적들이 크게 다행으로 여기는 것으로, 호남을 거쳐 한강까지 곧바로 쳐들어갈 터인데, 신이 걱정하는 바는 바로 이것입니다. 전선의 수는 비록 적지만, 신이 죽지 않은 한, 적은 감히 우리를 업신여기지 못할 것입니다(戰船雖寡, 微臣不死, 則賊不敢侮我矣)."라고 하였다.

9월 16일. 이른 아침 적선이 바다를 가득 덮고 명량(鳴梁: 전남 해남군과 진도와의 사이)을 거쳐 우리 진을 향해 오자, 공은 모든 장수들을 거느리고 나가서 막았다.

적들은 열 겹으로 에워싸고서 패를 갈라 차례로 나와 싸웠는데, 공은 닻을 내리고 배를 멈추었다. 적들은 대장선인 줄 알고 마침내 333척이 나와서 에워쌓는데 그 형세가 몹시 급박해졌다. 그러자 여러 장수들은 공이 다시 죽음에서 벗어나기 어려울 것이라 생각하고는 각각 1리쯤이나 물러났다. 공은 한 사람의 목을 베어 매달고는 기를 흔들며 앞으로 나와서 싸우라고 독려하였다. 그러자 첨사 김응함(金應諴)이 배를 돌려서 들어오고, 거제 현령 안위(安衛)도 다가왔다. 공은 일어나 뱃머리에 서서 큰 소리로 안위를 부르며 말했다. "네가 군법에 죽고 싶으냐!" 다시 또 부르며 말했다. "안위야, 네가 정말로 군법에 죽고 싶으냐. 네가 물러간다고 살 수 있을 것 같으냐!" 그러자 안위도 황급히 대답하였다. "예! 어찌 감히 죽지 않을 수 있겠습니까." 그리고는 돌진해 들어가 싸우자 적의 배 3척이 개미떼처럼 달라붙어 안위의 배가 거의 함락되게 되었으므로 공은 자기 배를 돌려서 들어가 그를 구출하자, 안위도 죽기 살기로 싸워서 적선 2척을 무찌르자 적의 기세가 조금 꺾이면서 잠깐 사이에 적선 30척이 연달아 당파(撞破)되었고, 죽은 자도 그 수를 알 수 없었다. 적들은 결국 지탱해내지 못하여 포위를 풀고 달아났다.

공이 전에 한산도에 있을 적에 왜인 준사(俊沙)란 자가 안골포 적진에서 죄를 범하고는 항복해 와서 우리 진중에 머물러 있었는데, 이날 준사는 공이 타고 있는 배 위에 같이 있다가 바다에 떠 있는 적의 시체들 속에 수놓은 붉은 비단 옷을 입은 자가 있는 것을 굽어보더니 손가락으로 가리키며 "저것은 안골포의 왜장 마다시(馬多時)다."라고 외쳤다. 공이 갈고리로 뱃머리로 끌어올리게 하고 보니, 아직도 죽지 않았는데, 준사가 좋아라고 날뛰며 말했다. "맞다, 바로 마다시다." 그래서 공은 그의 목을 베라고 명하였다.

그날 피난한 사람들이 높은 산봉우리 위에 올라가 바라보니 적선이 쳐들어오는데 300까지는 헤아렸으나 그 나머지는 얼마인지 그 수를 헤아릴 수 없었다. 큰 바다에 가득 차서 바닷물이 안 보일 지경이었는데, 우리 배는 단지 10여 척이라, 마치 계란으로 바위치기 같았다. 그런데다가 여러 장수들은 막 패전한 뒤에 갑자기 큰 적을 만났기 때문에 기가 죽고 혼이 빠져 모두들 달아나려고만 할 뿐이었고 다만 공만이 죽음을 각오하고 바다 복판에다 닻을 내리자 그만 적들에게 포위를 당하게 되니 마치 구름과 안개 속에 파묻힌 것처럼 되었다. 그런 중에 눈에 보이는 것이라고는 공중에 번뜩이는 시퍼런 칼날뿐이었고, 들리는 것이라고는 우레처럼 바다를 진동시키는 대포 소리뿐이었다. 피난하는 사람들이 서로 마주보고 통곡하며 말하기를, "우리들이 여기에 온 것은 다만 통제사 대감을 믿었기 때문인데, 이제 이렇게 되었으니 우리는 장차 어디로 간단 말인가."라고 하였다. 그런데 조금 있다가 다시 보니 적선들이 조금씩 물러나는데 공이 탄 배는 아무 탈 없이 우뚝 서 있었다. 그러자 적들이 다시 패를 갈라 교대로 나와 싸웠는데, 이렇게 하기를 하루 종일 하였으나 결국은 적들이 크게 패하여 달아났던 것이다. 이로부터 남쪽 백성들이 공을 의지하는 마음은 더욱 두터워졌다.

그때 공은 수군이 완전히 거덜 난 뒤에 다시 통제사로 임명을 받아 지치고 흩어진 군사들을 거두어 모았으므로 군량이나 무기 등속은 보잘 것 없었다. 그런데다가 철은 또 늦가을인지라 해상의 날씨가 무척 차가왔기 때문에 공은 그것을 걱정하였다. 그때 문득 모여든 피난선들이 몇 백 척인지 알 수 없을 정도로 많은 것을 보고, 공은 드디어 영(令)을 내려 물었다. "큰 적들이 바다를 휘젓고 있는데 너희들은 어쩌자고 여기에 있는 것이냐?" 그들은 대답하였다. "저희들은 오직 사또만 바라보고 여기 있나이다."

공은 다시 영을 내렸다.

"너희들이 내가 시키는대로 따른다면 내가 너희들의 살 길을 가리켜 줄 것이지만, 만약 따르지 않겠다면 나로서도 어찌할 길이 없다." 그러자 모두들 말했다. "어찌 감히 명령에 복종치 않을 수 있겠나이까?"

공은 다시 영을 내렸다. "이제 장수들이 배도 고프고 옷도 없어서 이대로 가다가는 모두 죽을 수밖에 없다. 그런데 어찌 적을 막아 주기를 바랄 수 있겠느냐. 너희들이 만약 여분의 옷이나 양식을 나누어주어 우리 군사들을 구해 준다면 이 적을 무찌를 수 있을 것이고, 그리되면 너희들도 죽음을 면할 수 있을 것이다."라고 말하자, 모두들 그 말을 따름으로써 마침내 양식을 얻어 여러 배에 갈라 싣고, 또 옷을 입지 못한 군사들도 없어졌다. 그래서 승첩을 거두었던 것이다.

이보다 앞서 피난민들에게 배를 옮겨 적들을 피하라고 지시하였지만 그들은 모두 공을 버리고 떠나가려고 하지 않았다. 그래서 명량(鳴梁)의 싸움에서 공은 그 배들로 하여금 먼 바다에 늘어 서 있도록 함으로써 마치 후원하는 배들처럼 꾸며 놓고, 공은 앞으로 나가서 힘써 싸웠으므로 적들이 크게 패했던 것이다. 적들은 또 우리 수군이 아직도 왕성하다고 하면서 감히 다시 쳐들어오지 못했던 것이다.

그날 저물녘에 당사도(唐笥島: 무안군 암태면)로 진을 옮겼다. 피란하는 사람들도 모두 와서 승전을 축하하였다. 승첩 장계가 서울에 이르자 임금은 크게 기뻐하면서 곧 여러 신하들에게 지시하기를, 이 장계를 양 경리(楊鎬)에게 보여주도록 하라고 하였다.

경리는 남별궁(南別宮)에 있다가 우리 임금에게 공문을 보내어 이르기를, "근래에 이런 대첩(大捷)이 없었습니다. 내가 직접 붉은 비단 천을 걸어주는 의식을 행하고 싶으나 길이 멀어서 가지 못하고 지금 붉은 비단과 은자(銀子) 약간을 보내니, 모름지기 이런 뜻으로 포상해주기 바랍니다."라고 하였다. 그리하여 임금께서도 글을 내려 칭찬해 주시면서 숭정대부(崇政大夫)로 승진시키려 하자, 대간들이 건의하기를, 공의 품계가 이미 높고, 또 일이 끝난 뒤에 다시 더 보답할 길이 없어진다고 하여 중지하고 다만 부하 여러 장수들에게만 품계를 높여 주었다.

【*1597(丁酉). 9. 16.일자 〈난중일기〉 뒷부분의 편역자 주 참고. 이순신의 승첩장계가 〈선조실록〉에 소개되지도 않고, 이에 대한 조정에서의 반응이나 논의가 전혀 없는 것으로 보아, 승첩소식을 접한 선조 및 조정에서의 반응은 이와는 사실 거리가 있었을 것으로 추정된다. 이 글을 쓴 사람은 이 글이 공개될 것을 전제로 하여 썼기 때문에, 당시 임금인 선조의 체면을 생각하지 않을 수 없었을 것이다.】

10월 14일. 공이 전라우수영에 있다가 아들 면(葂)이 죽었다는 기별을 들었다. 면(葂)은 공의 막내아들로 용기와 지혜가 있고 또 말 타기와 활쏘기도 잘하여 공은 늘 자기를 닮았다고 사랑했었다.

이해 9월에 어머님을 모시고 아산의 본가에 가 있다가 왜적들이 여염집을 분탕질한다는 말을 듣고 달려 나가 싸우다가 복병의 칼에 찔려 길에서 죽은 것이다. 공이 그 기별을 듣고 너무나 애통한 나머지 그로부터 정신이 날마다 쇠약해져 갔다.

그 후 공이 고금도(古今島: 전남 완도군 고금면)에 진을 치고 있을 때였다. 어느 날 낮에 선잠이 들었는데 면이 앞에 와서 슬피 울면서 말하기를, "저를 죽인 왜적을 아버지께서 죽여주십시오."라고 하였다. 공이 대답하기를, "네가 살았을 때는 장사였는데, 죽어서는 적을 죽일 수가 없더냐."하고 물었다. 그러자 면이 말했다. "제가 적의 손에 죽었기 때문에 겁이 나서 감히 죽이지를 못하겠습니다."라고 하였다. 이 말을 듣고 공이 문득 깨어 일어나서 곁에 있는 사람들을 보고 말하기를, "내 꿈이 이러이러하였는데, 어찌된 일일까."하며 슬픔을 스스로 억제하지 못하고 그대로 팔을 굽혀 베고 눈을 감았더니, 몽롱한 가운데 면이 또 와서 울며 말하기를, "아버지로서 자식의 원수를 갚는 일에 저승과 이승 사이에 무슨 차이가 있겠습니까. 저의 원수를 같은 진 속에 놓아두고서 제 말을 예사로 듣고 죽이지 않다니요."하면서 통곡하고는 가버렸다.

공이 깜짝 놀라서 사람들에게 물어보니, 과연 새로 잡혀 온 왜적 하나가 배 속에 갇혀 있다고 하였다. 공이 그 자의 소행을 자초지종 물어보게 하였더니, 과연 면을 죽인 것이 바로 그놈임이 틀림없었으므로, 동강내어 죽이도록 명령하였다.

12월 5일. 나주 땅 보화도(寶花島: 목포 앞 바다 고하도)에 있었을 때였다. 임금의 유서(諭書)가 내려왔는데, "들으니 경(卿)은 아직도 상례(喪禮)의 규정만 따르고 권도(權道)를 좇지 않는다고 하니, 사사로운 정으로야 간절하기는 하나 지금 나랏일이 한창 어려운 고비가 아니냐. 옛 사람의 말에도 전진(戰陣)에서 용기 없음은 효(孝)가 아니라고 하였다. 전진(戰陣)에서 용기라는 것도 본래 소찬이나 먹어서 기력이 곤비(困憊)해진 자로서는 할 수 있는 일이 아니다. 또 예(禮)에도 큰 원칙(經)과 권도(權)가 있어서 반드시 평상시의 규정(常制)만을 고수할 수는 없는 것이다. 그대는 내 뜻을 따라 속히 권도(權道)를 따르도록 하라."고 하였다. 그리고 아울러 고기 등속을 보내왔으므로 공은 슬프고 감격한 마음을 누를 길이 없었다.

무술년(戊戌: 54세. 1598년) 2월 17일. 진을 고금도(古今島)로 옮겼다. 고금도는 강진에서 남쪽으로 30여 리쯤 되는 곳에 있어 산이 첩첩이 둘러쳐져 지세가 기이하고, 또 그 곁에 농장이 있어서 아주 편리하였다. 공은 백성들을 모아서 농사를 짓게 하여 거기서 군량을 공급받았다. 이때 군대의 위세가 이미 강성해져서 남도 백성들로 공을 의지하여 사는 자들이 수 만 호(戶)에 이르렀고, 군대 위세의 장엄함도 한산진보다 열 배나 더하였다.

7월 16일. 명나라 수군 도독 진린(陳璘)이 해군 5천 명을 거느리고 왔다. 공은 진린의 군사가 온다는 말을 듣고 술과 안주를 성대하게 차리고 또 군대의 위의를 갖추어 멀리 나가 맞이하여 큰 잔치를 베풀었더니 장수들과 그 이하 모든 군사들로 잔뜩 취하지 않은 자가 없었다. 병졸들도 서로 말을 전하기를, "과연 훌륭한 장수다."라고 하며 감탄하였다.
진린의 사람됨이 사납고 오만하여 임금이 이를 걱정하여 미리 공에게 분부를 내렸는데, 말하기를 "후하게 대접하여 도독을 노엽게 하지 말도록 하라."고 하였다.

도독의 군사들이 처음 오자마자 자못 약탈을 일삼기 때문에 우리 군사와 백성들은 고통을 겪었다. 하루는 공이 군중에 명령을 내려 크고 작은 막집(廬舍)들을 한꺼번에 헐어버리게 하고, 공 역시 자기 옷과 이부자리를 배로 옮겨 실었다. 곳곳에서 집들이 헐리는 것을 바라보고 도독이 이상히 여겨서 아랫사람을 보내어 공에게 그 이유를 물었다. 공은 대답기를, "우리 작은 나라의 군사와 백성들은 큰 나라의 장수가 온다는 말을 듣고 마치 부모를 기다리듯 했었는데, 지금 귀국 군사들은 오자마자 행패를 부리고 약탈하는 데만 전념하기 때문에 백성들은 도저히 견딜 수가 없어서 모두 피해서 달아나려고 하는 것이다. 나는 대장의 몸으로서 혼자서만 여기 남아 있을 수는 없기 때문에 같이 배를 타고 다른 곳으로 가려고 하는 것이다." 라고 하였다.

심부름 온 사람이 돌아가서 그대로 보고하자, 도독이 깜짝 놀라서 곤두박질치면서 달려와서 공의 손을 잡고 말리는 한편, 하인을 시켜서 공의 옷과 이부자리를 도로 실어 올리게 하면서 간절히 애걸하였다. 그래서 공이 "대인께서 만약 내 말대로 따라준다면 그렇게 하겠소." 하였더니, 도독도 말하기를, "어찌 안 따를 리가 있겠소." 하므로, 공은 이렇게 말하였다.

"귀국 군사들은 우리들을 속국의 신하로만 알고 전혀 꺼림이 없소. 그러니 만약 그때그때의 형편을 봐서 내가 그들을 금지할 수 있는 권한을 나에게 허락해 주신다면, 서로를 보존할 수가 있을 것입니다." 라고 하자, 도독이 "그렇게 하지요." 하고 승낙하였다.

 그 후부터는 도독의 군사로서 규율을 범하는 자가 있으면 공이 법에 따라 처벌을 하니, 명나라 군사들도 공을 두려워하기를 도독보다 더 하였다. 이로써 온 군중이 편안해졌다.

7월 18일. 적선 1백여 척이 녹도(鹿島)로 침범해 온다는 말을 듣고 공과 도독이 각각 전선을 거느리고 금당도(金堂島: 장흥군)에 이르러 보니 단지 적선 2척이 우리를 보고 달아날 뿐이었다. 공과 도독은 하룻밤을 지나고 이내 돌아오면서, 공은 녹도 만호 송여종(宋汝悰)을 남겨 두어 배 8척으로 절이도(折爾島: 고흥군)에서 복병해 있도록 하고, 도독도 30척을 남겨 두어 사태에 대비하도록 하였다.

7월 24일. 공이 도독을 위하여 운주당(運籌堂)에 술자리를 베풀고 한창 술에 취했을 때, 도독의 휘하에 천총(千摠)으로 있는 한 장수가 절이도(折爾島)로부터 와서 보고하기를, "오늘 새벽에 적을 만났는데 조선 수군들이 모조리 다 잡았습니다. 명나라 군사들은 바람세가 불순하여 싸워보지도 못했습니다."라고 하였다. 그러자 도독은 크게 성을 내면서 "저 자를 끌어내리라."고 호령하면서 술잔을 던지고 술상을 뒤엎는 등 그 하는 행동이 시정잡배와 같았으므로, 공은 그 뜻을 알고 노여움을 풀어주며 말하였다.

"대인(大人)께서는 명나라의 대장으로서 해적들을 무찌르기 위하여 이곳에 오셨습니다. 그러므로 이곳 진중의 모든 승첩은 바로 대인의 승첩입니다. 우리가 베어온 적의 머리는 마땅히 전부 대인에게 드려야지요. 대감께서는 여기에 온 지 얼마 되지도 않아 귀국의 황제께 큰 공로를 아뢰게 되었으니, 이 어찌 좋은 일이 아니겠습니까."라고 하였다.

도독은 크게 기뻐하며 공의 손을 잡고서 말했다. "내가 본국에 있을 때부터 장군의 이름을 수없이 많이 들었는데, 지금 보니 과연 허명(虛名)이 아니었소." 그리고 종일토록 취하도록 마시며 즐기었다.

그날 송여종(宋汝悰)이 잡아다 바친 배가 6척이고, 적의 머리는 69개였는데, 그것들을 전부 도독에게 보내고 그 내용을 자세히 장계하였더니, 임금께서도 공이 명나라 장수의 체면 세워준 일을 가상히 여기시고 유서를 내리었다.

도독이 진에 있은 지 오래 되어 공의 호령하고 절제(節制)하는 것을 익숙히 보고, 또 자기는 배가 비록 많다고 해도 적을 막아내기는 어려울 것을 짐작하고, 매번 전쟁에 임할 때마다 우리 판옥선을 타고 공의 지휘 받기를 원하였으며, 모든 호령과 지휘를 모두 공에게 양보하였다. 그리고 반드시 공을 "이(李) 대인(大人)"이라고 부르면서 "공은 작은 나라에서 살 사람이 아니다."라고 하였다. 공에게 중국으로 들어가 벼슬하기를 여러 차례 권하였다.

9월 15일. 모든 적들이 곧 철거해 돌아가려고 한다는 말을 듣고 공과 도독은 수군을 거느리고 출발하였다.

9월 19일. 좌수영 앞 바다에 이르렀다.

9월 20일. 순천의 예교(曳橋)로 나아가 진을 치니, 거기는 바로 적장 평행장(平行長)의 진 앞이었다. 적이 장도(獐島: 전남 승주군)에다 군량을 쌓아 두었는데, 군사를 보내어 가져오게 하고, 남은 것은 모조리 불태워 버렸다.

9월 21일. 공이 해남 현감 유형(柳珩) 등을 보내어 적진을 때려 부수게 하였는데, 죽인 적이 8명이었다. 조수가 썰물이 들어 물이 얕아지므로 돌아왔다. 그날 명나라 육군 제독 유정(劉綎)이 묘족(苗族) 병사 1만5천 명을 거느리고 와서 예교 북쪽에다 진을 쳤다.

9월 24일. 적장 평의지(平義智)가 정예병 1백여 명을 거느리고 남해로부터 예교에 이르렀는데, 듣기로는 아마 철병 문제를 행장과 의논하기 위해서 온 것이라고 하였다.

10월 2일. 육군과 협공하기로 약속하고 공은 도독의 해군들과 함께 나가 싸우다가 미쳐 결판이 나기도 전에 사도 첨사 황세득(黃世得)이 탄환에 맞아 죽었다. 황세득은 공의 처 종형(妻從兄)이었다. 여러 장수들이 들어가 조문하자, 공이 말하기를 "세득은 나라의 일로 죽었으니 그 죽음 또한 영광스러운 것이다."라고 하였다. 그런데 이때 유 제독(劉綎)이 약속을 어기고 나와 싸우지 않았기 때문에, 도독(陳璘)은 격분해 하기를 마지않았다.

10월 3일. 공과 도독이 군사를 내보내어 한참 싸우는데, 공은 조수가 물러나는 것을 보고 도독에게 배를 돌리자고 했으나 도독은 듣지 않았다. 결국 명나라의 사선(沙船) 19척이 얕은 바다에 얹히어 왜적의 포위를 당하고 말았다.
공은 그것을 가만히 앉아서 보고만 있을 수 없다고 하여 배 7척에 무기와 군사들을 많이 싣고 장수를 골라서 보내며 경계시켜 말했다.
"적들이 우리 배가 얕은 바다에 얹히는 것을 보면 반드시 그 기회에 배를 빼앗으려 덤빌 것이다. 그러니 너희들은 다만 힘써 싸우기는 하되 스스로를 지키면서 조수의 물이 이르거든 곧 돌아오라."고 하였다. 우리의 배 7척은 하나같이 공의 명령대로 하여 온전히 다 돌아왔지만, 명나라의 사선(沙船)들은 모조리 초멸(剿滅) 당하고 말았다.

11월 6일. 왜적에게 사로잡혀 갔던 변경남(邊敬男)이란 자가 적진으로부터 도망쳐 와서 말하기를, "지난 8월에 일본에서 나왔는데, 왜적의 괴수 평수길(平秀吉)은 이미 죽었으며, 여러 두목들이 서로 자리를 차지하려고 싸우고 있는데 아직 결정되지 않은 상태입니다. 그래서 여기 있는 적들도 급히 철수해 돌아가려고 합니다."라고 하였다.

11월 14일. 평행장(平行長)이 속히 돌아가고 싶어 하였으나 우리 수군이 길을 가로막고 있는 것이 걱정되어 도독에게 많은 뇌물을 바치고 진을 물리어 달라고 청하자, 도독도 그것을 들어 주려고 하였다. 그날 밤 초저녁에 왜의 소장(小將)이 7명을 데리고 배를 타고 몰래 도독부로 들어가서 돼지고기와 술을 바치고 돌아갔다.

11월 15일. 왜의 사자(使者)가 또 도독부로 왔다.

11월 16일. 도독이 그 부하 장수 진문동(陳文同)을 적의 진영으로 보냈더니, 조금 있다가 왜적 오도주(五島主)라는 자가 배 3척에 말과 창과 칼 등의 물건들을 싣고 와서 도독에게 바치고 돌아갔다. 그리고 나서부터는 왜의 사자들이 도독부에 끊임없이 왕래하더니 마침내 도독이 공에게 화친을 허락해 주도록 부탁하려고 했다.
그때 공이 말했다. "대장된 사람은 화친을 말해서는 안 됩니다. 이 원수는 결코 놓아 보낼 수 없습니다."라고 하니, 도독이 부끄러워하며 얼굴을 붉혔다.
왜의 사자가 또 오자 도독이 말했다. "내가 너희 왜인들을 위하여 이미 통제사에게 말을 했다가 거절을 당했다. 이제 두 번 다시 말할 수는 없다."라고 하였다.
행장이 공에게도 사람을 보내어 총과 칼 등속을 선물로 가지고 와서 매우 간절히 청하자, 공이 그것을 물리치며 말했다. "임진년 이래로 무수히 많은 적들을 잡아서 얻은 총과 칼이 산처럼 높이 쌓였는데 원수의 심부름꾼이 여기는 뭣 하러 찾아온단 말이냐."라고 야단을 치자, 왜적의 사자는 아무 말도 못하고 물러갔다.

행장이 또 사람을 보내어 "조선 수군은 마땅히 명나라 해군과는 다른 곳에 진을 쳐야 할 터인데 같은 곳에 진을 치고 있는 이유가 무엇입니까." 하고 물었다.

공이 대답하기를 "우리 땅에서 진을 치는 것은 우리 마음대로이다. 너희 적들의 알 바가 아니다."라고 하였다.

이때 도독은 적의 뇌물을 이미 많이 받은 후여서 놈들에게 빠져나갈 길을 터주려고 하면서 공에게 말하기를, "나는 잠시 이곳의 행장(行長)은 내버려두고 먼저 남해에 있는 적들을 토벌하러 가고자 하오."하였다.

이에 공은 대답하였다. "남해에 있는 자들은 모두 적에게 포로로 잡혀간 우리 백성이지 왜적이 아니오."

도독은 다시 말하기를, "하지만 이미 적에게 붙은 이상 그들 역시 적이오. 이제 그곳으로 가서 토벌한다면 힘도 안 들이고 머리를 많이 벨 수 있을 것이오."라고 하였다.

그러자 공은 "귀국 황제께서 적을 무찌르라고 명령하신 것은 작은 나라 백성들의 생명을 구원하기 위해서였소. 그런데 이제 구해 내지는 않고 도리어 그들을 죽이겠다는 것은 귀국 황제의 본의가 아닐 것이오."라고 하였다.

도독은 성을 내며 "우리 황제께서 내게 긴 칼을 내려주셨소."하고 위협하였다. 공은 다시 "한번 죽는 것은 아까울 게 없소. 나는 대장으로서 결코 적을 놓아주고 우리 백성을 죽일 수는 없소."하였다. 이렇게 한참 동안이나 서로 다투었다.

11월 17일. 초저녁에 행장이 봉화(烽火)를 올려서 남해에 있는 적들과 서로 연락을 하였다. 그것은 행장이 구원을 요청하는 것이었다. 그래서 곤양(昆陽)과 사천(泗川)의 적들이 노량으로 와서 호응할 것이라고 하므로, 공은 모든 장수들에게 영을 내려 군비를 엄하게 하여 기다리라고 하였다.

11월 18일. 저녁 6시경(酉時)에 적선들이 남해로부터 무수히 나와서 엄목포(嚴木浦)에 정박해 있고 또 노량으로 와서 정박하는 것도 부지기수로 많았다. 공은 도독과 약속하고 이날 밤 10시쯤에 같이 출발하여 새벽 2시쯤에 노량에 이르러 적선 5백여 척을 만나 아침때가 되도록 크게 싸웠다.

이날 밤 자정에 공은 배위에서 손을 씻고 무릎을 꿇고 하늘에 빌었다. "이 원수들을 쳐 없앨 수 있다면, 죽어도 여한이 없겠나이다(此讎若除, 死則無憾)." 그때 문득 큰 별이 바다 속으로 떨어졌는데, 그것을 본 이들은 모두 이상하게 여기었다.

11월 19일. 새벽에 공이 한창 싸움을 독려하고 있었는데, 한 순간 지나가는 탄환에 맞았다. "싸움이 한창 급하다. 내가 죽었다는 말을 내지 마라(戰方急, 愼勿言我死)." 이 말을 마치자 공은 세상을 떠나시었다.

이때에 공의 맏아들 회(薈)와 조카 완(莞)이 활을 잡고 곁에 있다가 울음을 참고 서로 말하기를,

"일이 이 지경에 이르다니, 망극, 망극하구나!" "그렇지만 지금 만일 곡성(哭聲)을 내었다가는 온 군중이 놀라고 적들이 또 이 틈을 타서 기세를 올리게 될지도 모른다. 그리고 또 시체를 보전하여 돌아갈 수 없게 될지도 모른다." "그렇다. 전쟁이 끝나기까지는 참는 수밖에 없다."

그리고는 곧 시체를 안고 방안으로 들어갔기 때문에, 오직 공을 모시고 있던 종 김이(金伊)와 회(薈)와 완(莞) 세 사람만 알았을 뿐 비록 친하게 믿고 지냈던 송희립(宋希立) 등도 알지 못했다.

이들은 그대로 기를 휘두르며 계속 싸움을 독려하였다.

적이 도독의 배를 에워싸서 거의 함몰 당하게 되자 여러 장수들은 공의 배에서 지휘, 독전하는 것을 보고 서로 다투어 달려들어 포위 속에서 구원해 내었다.

전쟁이 끝난 뒤에 도독이 급히 배를 저어 가까이 와서 "통제사! 속히 나오시오, 속히 나오시오!"하고 외쳤다. 완(莞)이 뱃머리에 서서 울면서 "숙부님께서는 돌아가셨습니다."라고 하였다.

그 말을 듣고 도독은 배 위에서 세 번이나 넘어지더니 큰 소리로 통곡하면서 공은 "죽은 후에도 나를 구원해 주셨소."하고는 또다시 가슴을 치면서 한참이나 통곡하였다. 도독의 군사들도 모두 다 고기를 내던지고 먹지 않았다.

영구(靈柩)는 고금도(古今島)에서 떠나 아산으로 돌아왔다. 도중에 백성들은 남녀노소 없이 통곡하면서 그 뒤를 따랐다. 선비들은 제물을 차리고 제문을 지어 곡을 하였는데 슬퍼하기를 마치 친척의 죽음을 맞은 듯이 하였다.

제독과 부하 여러 장수들도 모두 만장(挽章)을 지어 슬퍼하였으며, 후에 명나라 군사들을 철수하여 돌아갈 때에도 도독은 신창현(新昌縣)에 들어서면서 먼저 사람을 보내어 제사지내러 오겠다는 뜻을 알렸다. 그러나 마침 형 군문(邢玠)이 보낸 군관이 속히 서울로 올라가자고 재촉하는 바람에 도독은 다만 백금 수 백 냥을 보내왔다. 아산현에 이르러서는 공의 아들들을 만나보았다.

회(薈)가 맞이하러 나가서 길에서 도독을 만났는데, 말에서 내리자 도독 역시 말에서 내려 그의 손을 마주잡고 통곡하고 물었다.

"그대는 지금 무슨 벼슬을 하고 있는가." 회가 대답하기를, "선친의 장례도 아직 치르지 못했기 때문에 벼슬을 할 때가 아닙니다."라고 하였더니, 도독이 말하기를 "중국에서는 비록 초상 중에 있더라도 공로와 상을 내리는 법은 그대로 시행하는데, 그대 나라에서는 상을 내림이 무척 느리구나. 내가 임금께 말씀 올리겠다!" 라고 하였다.
임금께서도 예조의 관리를 보내어 제사를 올리게 하고 의정부 우의정(右議政)을 추증하였다.

기해년(己亥: 1599년) 2월 11일. 아산 금성산(金城山) 아래 서쪽(酉方)에 자리 잡은 언덕에 장사지냈는데, 부친 덕연군(德淵君)을 모신 선영에서 서쪽으로 1리쯤 되는 곳이다.
그 후 16년 되는 갑인년(甲寅: 광해 6년 1614)에 어라산(於羅山) 북쪽(壬方)에 자리잡은 언덕 위로 옮겨 모셨는데, 덕연군의 선영에서는 북쪽으로 1리쯤 되는 곳이다.

공의 부하들이 공을 위하여 사당(祠堂)을 세우기를 청하였다. 조정에서는 그 청에 따라 좌수영 북쪽에 사당을 세우고 충민(忠愍)이란 액자를 내려주고 봄과 가을로 두 번 제사를 지내게 하였다. 그리고 이억기(李億祺)를 배향(配享)하였다.
호남의 군사와 백성들은 끊이지 않고 공을 추모하면서 서로 앞 다투어 재물을 바쳐 사사로이 비석을 만들고는 관찰사에게 글을 새겨주도록 청하였다. 관찰사가 진안(鎭安: 전북) 현감 심인조(沈仁祚)를 보내어 비문을 쓰게 하고 〈이장군타루비(李將軍墮淚碑)〉라 하였다. 이를 동령(東嶺) 고개 위에 세우니, 그것은 곧 좌수영으로 내왕하는 길목이었다.

호남의 중들은 공을 위하여 제사를 올렸는데 산사(山寺)마다 올리지 않는 곳이 없었다. 자운(慈雲)이란 중은 진중에서 공을 따라 다녔으며 늘 승군(僧軍)을 이끌고 많은 공을 세웠었다. 그는 공이 돌아가신 뒤에 정미 6백 섬으로 노량에서 큰 수륙제(水陸祭)를 열었으며, 또 충민사(忠愍祠)에도 제물을 성대히 차려 제사를 지냈다.

그리고 옥형(玉洞)이란 사람도 중으로서 공을 위하여 군량을 이어대어 자못 신임을 받았었는데, 이때 와서 스스로 아무런 보답도 드린 것이 없다고 생각한 나머지 충민사로 와서 사당을 지키며 날마다 쓸고 닦으면서 죽을 때까지 떠나가지 않았다.

함열(咸悅: 전북) 사람인 박기서(朴起瑞)는 자기 양친이 모두 적에게 죽임을 당했건만 자기는 절름발이여서 종군하여 복수하지 못하는 것을 늘 한으로 여기고 있다가, 공이 여러 차례 승첩했다는 소식을 듣고서는 마음으로 항상 공을 떠받들고 있었던 사람인데, 공이 세상을 떠났다는 소식을 듣고는 상복을 입고 삼년상을 치르고 소상(小祥) 때에도 대상(大祥) 때에도 모두 와서 제사를 지냈다.

그리고 영남 해변 백성들도 사사로이 착량(鑿梁: 경남 통영군)에다 초가로 사당을 짓고 어디로 나가거나 들어올 때마다 반드시 제사를 지냈는데, 착량은 한산도에서 가까운 곳이기 때문이다.

이운룡(李雲龍)이 통제사가 된 후에 민심을 따라 거제에다 큰 사당을 짓고는 전선이 출행할 적마다 반드시 가서 아뢰었다.

(돌아가신 지 6년 뒤인) 갑진년(甲辰: 선조 37년 1604) 10월. 임진전란 때의 공로를 논평하여 상을 내리게 되었을 때 공으로써 으뜸을 삼았다.

효충장의(效忠仗義) 적의협력(迪毅協力) 선무공신(宣武功臣)과 대광보국(大匡輔國) 숭록대부(崇祿大夫) 의정부좌의정(議政府左議政) 겸 영경연사(兼 領經筵事) 및 덕풍부원군(德豊府院君)을 추증하였다. 그리고 돌아가신 부모 이상에게도 은전을 추증하고 정려문(旌閭門)을 세워 표창하였다.(*인조 조 계미년(癸未: 인조 21년. 1643)에 시호를 충무(忠武)라 하였다.)

부인은 상주(尙州) 방씨(方氏)인데 정경부인(貞敬夫人)에 봉하였다. 보성(寶城) 군수 진(方震)의 따님이요, 영동(永同: 충북) 현감 중구(方中矩)의 손녀이며, 평창(平昌: 강원도) 군수 홍(方弘)의 증손녀요, 장사랑(將仕郞) 홍윤필(洪胤弼)의 외손녀이다.

아들 셋, 딸 하나를 낳았으니, 장남은 회(薈)로 현감 벼슬을 하였고, 둘째는 정랑(正郞) 열(茂)이고, 막내는 면(葂)으로 이미 죽었다. 딸은 선비 홍비(洪棐)에게 시집갔다.

소실의 아들은 둘인데, 훈(薰)과 신(藎)이며, 소실의 딸은 둘이다.

손자는 둘인데 지백(之白), 지석(之晳)이며, 손녀는 한 분으로 윤헌징(尹獻徵)에게 시집가고, 외손자는 넷으로 홍우태(洪宇泰), 홍우기(洪宇紀), 홍우형(洪宇逈), 홍진하(洪振夏)이며, 외손녀는 하나이다.

2. 이충무공 행장(行狀)

승지(承旨) 최 유 해(崔有海)

본관은 풍덕부(豊德府) 덕수현(德水縣: 덕수현은 지금의 북한 개성군에 속한 땅으로, 한강과 임진강이 합류하는 지점 부근에 있었음).

효충장의(效忠仗義) 적의협력(迪毅恊力) 선무공신(宣武功臣) 대광보국(大匡輔國) 숭록대부(崇祿大夫) 의정부좌의정(議政府左議政) 겸 영경연사(兼 領經筵事) 덕풍부원군(德豊府院君)에 추증되었으며, 정헌대부(正憲大夫) 전라좌도 수군절도사(水軍節度使) 겸 충청·전라·경상 삼도수군통제사(三道水軍統制使)를 지냈으며, 시호(諡號)는 충무(忠武) 이공(李公).

증조부는 병조참의(兵曹參議)를 지낸 거(李琚), 증조모는 임피(臨陂) 진씨(陳氏)로 그 부친은 현령을 지낸 세번(陳世蕃)이며,

조부는 평시서(平市署) 봉사를 지내고 호조참판(戶曹參判)에 추증된 백록(李百祿), 조모는 초계(草溪) 변씨(卞氏)로 그 부친은 생원인 함(卞諴)이며,

부친은 병절교위(秉節校尉)를 지냈고 순충적덕(純忠積德) 병의보조공신(秉義補祚功臣) 의정부좌의정(議政府左議政) 덕연부원군(德淵府院君)에 추증된 정(李貞), 어머니는 초계(草溪) 변씨(卞氏)로 그 부친(즉, 이순신의 外祖父)은 수림(卞守琳)이다.

공(公)의 이름은 순신(舜臣), 자(字)는 여해(汝諧), 덕수(德水) 사람이다. 처음 명망 있는 인물로 알려진 이는 돈수(李敦守)인데, 벼슬이 중랑장(中郎將)에 이르렀다. 증조부 거(李琚)는 병조참의(兵曹參議)였고, 조부 백록(李百祿)은 평시봉사(平市奉事)를 지냈는데 호조참판(戶曹參判)에 추증되었다. 아버지 정(李貞)은 좌의정(左議政)에 추증되고 덕연군(德淵君)에 봉해졌다. 이분들은 모두 공 때문에 높여진 것이다. 어머니는 변수림(卞守琳)의 따님이다.

인종 원년(乙巳: 1세. 1545년) 3월 초8일(양력 4월 28일) 밤 12시경(子時)에 공이 태어났다. 변(卞) 부인이 꿈에 참판공(祖父 李百祿)을 뵈었는데, 반드시 귀하게 될 테이니 이름을 순신(舜臣)이라 지으라고 하였다. 꿈을 이상히 여겨서 그대로 이름을 지었다. 점치는 자의 말이, 나이 50이 되면 북방에서 대장이 될 것이라고 하였다.

어려서부터 호탕하여 남의 구속을 받지 않았고, 뛰어나게 기백이 있었으며, 여러 아이들과 장난하며 놀 때에도 진을 치고 전쟁놀이를 하였는데 공을 받들어 장수로 삼았다. 그가 지휘하는 법도는 아주 볼만하였다. 형들을 따라 시와 글을 배우다가 이를 탐탁히 여기지 않고 그만두고 마침내 무예를 닦기 시작하여 활을 당기고 말을 달렸는데, 동료들 중에서 따를 자가 없었다.

병자년(丙子: 32세. 1576년) 봄. 무과 시험에 합격하였다. 그때 무경(武經)의 「황석공(黃石公)」을 강(講)하는데, 시험관이 "장량(張良)이 적송자(赤松子)를 따라 놀았다고 하니, 장량은 끝내 죽지 않았는가?" 하고 묻자, 공은 "태어나면 반드시 죽는 것이 정한 이치이며, 또 강목(綱目)에 임자년(壬子年)에 유후(留侯) 장량이 죽었다고 씌어 있으니 어찌 신선을 따라가서 죽지 않았을 리가 있겠습니까." 하고 대답하였더니, 시험관들이 놀라며 탄복하였다.

처음 과거에 급제하여 선산에 성묘 갔을 때, 묘 앞에 세워둔 돌로 만든 사람(石人)이 넘어진 것을 보고 하인들을 시켜 일으켜 세우게 하였으나 여러 사람의 힘으로도 움직이지 못하자, 공이 혼자서 떠밀어 일으켜 세웠다.

조용히 처신하여 공명을 다투지 않으므로 세상에서는 아는 이가 없었는데, 유서애(柳西厓: 柳成龍)만은 어려서부터 같이 놀았기 때문에 언제나 대장으로서의 자질(資質)이 있다고 알아주었다.
율곡(栗谷)이 이조판서로서 정부의 인사(人事)를 담당하고 있을 때 공의 이름을 듣고 서애(西厓)를 통하여 한번 만나보기를 청했으나, 공은 말하기를 "나와 율곡이 같은 성씨(姓氏)이니 의리상 마땅히 서로 가깝게 지내야겠으나, 그가 관리의 인사를 맡고 있는 동안에는 만나볼 수 없다."고 하고는 기어이 찾아가지 않았다.

그해 겨울 함경도 동구비(童仇非)의 권관(權管)이 되었다. 그때 이후백(李後白)이 함경감사가 되어 여러 진을 순시하며 변방 장수로서 충실하지 못한 자들에게 곤장을 쳤는데, 이곳에 와서 공을 만나서는 무척 후대하였다. 공이 형벌과 위엄이 너무 과중하다고 간하자, 감사는 웃으며 공의 말을 받아들였다.

기묘년(己卯: 35세. 1579년) 에 돌아와서 훈련원에서 근무할 때, 병부낭중(兵部郞中)으로 있는 자(徐益)가 자기와 친한 사람을 뽑아서 계급을 뛰어넘어 참군(參軍)으로 승진시키려 하였는데, 공은 규칙을 지키고 듣지 않으며 말했다. "밑에 있는 자가 위로 올려지고 위에 있는 자가 그대로 머물러 있는 것은 공정한 처사가 못 된다. 법은 지키지 않을 수 없다."라고 하였다. 비록 낭중(郞中)이 위력으로 눌렀으나 공은 끝내 굽히지 않았다.

경진년(庚辰: 36세. 1580년) 9월에 발포(鉢浦) 만호가 되었을 때, 전라 감사 손식(孫軾)이 공을 중상 모략하는 말을 믿고 죄를 주려고 하여 순시차 와서는 공을 불러 병서를 강독하게 하고 또 진형(陣形)을 그리게 하였는데, 공의 붓 놀리는 솜씨가 법도가 있음을 보고 공과 더불어 이야기해 보고는 공을 더욱 기특하게 여기고 예로써 대우하였다.

전라좌수사 성박(成鎛)이 관아 뜰에 있는 오동나무를 베어 가고 싶어 하였으나, 공이 허락하지 않으면서 말하기를, "이것은 나라의 물건입니다. 또한 오랜 세월 동안 기른 것을 하루아침에 베어내어, 그것도 공용(公用)을 위해서가 아니라 사용(私用)으로 쓰려는 것이 옳은 일입니까."라고 하였다. 그래서 수사가 화를 내었으나 끝내 베어 가지 못했다. 그 뒤에 수사와 감사가 관하 관리들의 성적 순위를 매기면서 공을 맨 아래에 두려고 의논하자, 도사(都事) 조헌(趙憲)이 서류를 덮고 말하기를, "이모(李某)의 성적이 도내에서 제일이라는 것은 자세히 들어서 알고 있는 바입니다. 차라리 다른 모든 진들의 성적을 깎아내릴지언정 이모를 깎아내려서는 안 됩니다."라고 하였다.

임오년(壬午: 38세. 1582년)에 무슨 일로 인하여 파직되어 돌아와 있다가 계미년(39세: 1583년) 가을에 남병사(南兵使) 이용(李瑊)의 군관이 되었다. 북쪽으로 행군을 하게 되었을 때, 공이 군대를 거느리고 서문(西門)으로 나가자 병사가 노하여 꾸짖으니, 공이 대답하기를, "서쪽은 오행(五行)에서 금(金)의 방위에 속합니다. 금(金)은 시절로는 가을(秋)

에 속하고, 뜻으로는 살기(殺氣)를 주관하는 것이므로, 군대는 서문으로 나가는 것이 오래된 법도입니다."라고 하니 병사가 기뻐하였다.

이해 겨울에 건원보(乾原堡) 권관(權管)으로 전임되었다. 그때 오랑캐 울지내(鬱只乃)가 변방을 시끄럽게 하여 조정이 그 때문에 염려하므로 공이 기묘한 계책을 생각해내어 그를 불러와서 사로잡았다. 그러자 병사 김우서(金禹瑞)가 공의 공로를 시기하여 주장(主將)인 자기에게 미리 보고하지 않았다는 내용으로 장계를 올렸다. 조정에서는 공에게 상을 주려다가 중지하였다. 11월에 부친상을 당하였다.

병술년(丙戌: 42세. 1586년) 정월에 삼년상을 마치고 사복시(司僕寺) 주부(主簿)로서 조산(造山) 만호가 되었다. 그때 오랑캐들의 날뜀이 무척 심하였으므로 공에게 중책을 맡겼던 것인데, 그대로 녹둔도(鹿屯島)의 둔전 관리를 겸임하게 하자, 공은 군사가 적으므로 여러 번 방위군을 더 보내주기를 청하였으나, 병사 이일(李鎰)은 들어주지 않았다.

그러자 8월에 적들이 쳐들어와서 목책을 여러 겹 에워쌓는데, 붉은 털옷을 입은 자가 앞에 서 있었는데, 공이 그를 쏘아 맞히자 적들은 퇴각하였다. 공과 이운룡(李雲龍)이 그들을 추격하여 포로로 잡혀가던 사람 60여 명을 도로 빼앗아 왔다. 이때 공도 화살을 맞았으나 그 화살촉을 몰래 뽑아버렸다.

그런데 이일(李鎰)이 공에게 죄를 덮어씌움으로써 자기의 책임을 면하려고 동헌 뜰에서 공을 신문하려 하였다. 공이 들어가려고 하자 공의 벗인 선거이(宣居怡)가 울면서 공에게 말하였다. "술을 마셔서 마음을 진정시킨 후 들어가는 것이 좋겠소." 그러자 공이 말했다. "죽고 사는 것은 천명인데, 술은 마셔서 무엇 하겠소."
공이 신문을 받으면서 대답하였다. "병력이 약하기 때문에 나는 여러 번 수비병을 더 보내달라고 청했습니다. 그러나 병사께서 허락하지 않았습니다. 또 오고 간 공문이 분명히 남아 있을 뿐만 아니라 내가 힘껏 싸워서 적을 물리치고 우리 사람들을 도로 찾아왔습니다. 그런데 패군(敗軍)의 죄로 처단하려는 것은 무엇에 근거한 것입니까?"
이일은 한참 동안이나 대답을 하지 못하다가, 다만 공을 가두어 놓고서 급히 장계를 올렸다. 임금께서는 백의종군하여 공로를 세우도록 하라고 명하였다.

이해 겨울에 시전(施錢) 부락의 전투에 종군하여 공을 세워 풀려나 돌아왔다. 이때 조정에서는 순서를 무시하고 특별히 발탁해 쓰려는 인물들을 뽑았는데, 공이 두 번째로 뽑히었다.

기축년(己丑: 45세. 1589년)에 전라감사 이광(李洸)이 위에 청하여 그 도의 조방장(助防將)으로 삼았다. 11월에는 무신(武臣)으로서 선전관(宣傳官)을 겸하게 되었다. 12월에는 정읍(井邑) 현감으로 나갔는데, 태인(泰仁) 현감을 겸임하게 되어 태인으로 갔다. 그때 태인은 오랫동안 현감 자리가 비어 있었기 때문에 처리하지 않은 문서가 산더미처럼 쌓여 있었으나, 공이 물 흐르듯이 신속하게 처결했더니 그곳 백성들이 어사(御使)에게 글을 올려서 공으로 하여금 태인 고을을 다스리게 해달라고 청하였다.

경인년(庚寅: 46세. 1590년) 7월. 고사리(高沙里) 첨사(僉事)로 발탁되었고, 또 만포(滿浦) 첨사로 승진하였는데, 사헌부와 사간원의 대간(臺諫)들이 너무 빨리 승진시켜서는 안 된다고 비판하자 중지하였다.

신묘년(辛卯: 47세. 1591년) 2월에 진도(珍島) 군수로 옮겼다가 곧 가리포(加里浦) 첨사로 승진되고, 또 미처 부임하기도 전에 천거되어 전라좌수사(全羅左水使)가 되었다.

이때 어느 한 친구가 꿈을 꾸었는데, 큰 나무가 있어 키는 하늘에 닿고 가지는 땅에 서렸는데, 만백성이 그 큰 나뭇가지에 의지하고 있었다. 그러다가 그 나무의 뿌리가 뽑히게 되자 한 사람이 몸으로 그 나무를 떠받치고 있기에 자세히 보았더니 그가 바로 공이었다. 그리고는 이 꿈을 저 (중국 송(宋)나라 때의) 문천상(文天祥)이 손으로 하늘을 떠받들었다는 꿈에 비유하였다.

공이 전라좌수사로 있으면서 왜적이 쳐들어오리라는 것을 미리 알고 창을 벼르고 쇠사슬을 만들어 불의의 사변에 대비하였다. 그리고 지혜를 내어 큰 전선을 창작했는데, 배 위에는 큰 판자를 덮고, 판자 위에는 열십자(十字)로 좁은 길을 내어 사람이 통행할 수 있게 하고, 그 나머지 부분에는 전부 송곳칼을 꽂아서 사방에 발을 붙일 곳이 없도록 했으며, 앞에는 용의 머리, 뒤에는 거북꼬리 모양이었다. 전후좌우로 각각 6개씩의 총구멍을 내어서 큰 탄환을 쏘게 만들었다. 적과 싸울 때는 거적으로 위를 덮어서 송곳과 칼을 가리고 선봉이 되어 나서는데, 적이 배에 오르려 하면 송곳과 칼끝에 찔리고, 또 만일 엄습하여 오면 일제히 대포를 쏘아댔기 때문에 향하는 곳마다 쓰러지지 않는 적이 없었다. 크고 작은 여러 번 싸움에서 이것으로써 공로를 세운 것이 극히 많았는데, 그 형상이 엎드려 있는 거북과 같다고 해서 이름을 거북선(龜船)이라고 불렀다.

이때 조정에서는 신립(申砬)이 올린 장계에 따라서 수군을 폐지하고 육전(陸戰)에 전력하려고 하였다. 이에 공이 장계를 올려서, 해적(海賊)을 막는 데는 수군만한 것이 없으니, 해전과 육전 중 어느 한 쪽도 폐지할 수는 없다고 하자, 조정에서도 공의 주장을 따랐다.

임진년(壬辰: 48세. 1592년) 4월. 이때 왜적이 동래와 부산을 함락시키고 장차 호남과 영남으로 넘어오려고 하자, 공은 여러 장수들을 모아 놓고 나아가 싸울 것인지, 이대로 지킬 것인지를 물었다. 그러자 모두들 이대로 있으면서 본 도를 지켜야 한다고 하였는데 다만 녹도(鹿島) 만호 정운(鄭運)과 군관 송희립(宋希立)만이 분연히 일어서서 말하기를, "큰 적이 이제 우리 경계를 침범해 와서 그 형세가 마치 자리를 둘둘 말아 감듯이 하는데(席捲), 이대로 꼼짝하지 않고 앉아서 외로운 성을 지키려고 하더라도 어찌 온전히 지켜낼 수 있겠습니까. 나아가서 적의 예기(銳氣)를 막아 꺾는 것이 낫습니다. 비록 싸우다가 불행히 죽는다고 하더라도 신하된 도리에 부끄러울 게 없습니다."라고 하니, 공이 기뻐하며 큰 소리로 "내가 물어본 것은 여러 장수들의 진심을 알아보기 위해서였소. 오늘 우리가 해야 할 일은 단지 나아가 싸우는 것뿐이니 감히 딴 말을 하는 자는 목을 벨 것이오."라고 하니 모든 군사들이 벌벌 떨었다.

5월 1일. 여러 장수들이 다 모이니 전선은 24척이었고, 무기는 날카로웠고 군사들은 용맹하였으며, 호령은 분명하고 엄숙하였다.

5월 4일. 당포(唐浦)에 이르니 경상우수사 원균(元均)이 대병력을 금방 다 잃어버리고는 단지 조그마한 배 한 척으로 자기 몸을 보호하고 있었다. 공이 그를 맞아들여 배 한 척을 내주면서 함께 싸울 것을 약속하였다.

5월 7일. 다시 나아가 옥포(玉浦)에 이르니, 적선 30여 척이 깃발을 벌려 달고 정박하고 있으면서 병사들을 풀어 사방으로 다니면서 약탈하다가 멀리서 우리 군대를 바라보고는 다투어 노질을 재촉하였다. 공이 군사를 이끌고 달려 들어가 적선 20여 척을 불태워버렸다.

이때 임금은 서쪽으로 피난 갔는데, 거듭 패하던 끝에 승첩(勝捷)의 소식을 듣고는 온 조정이 기뻐하여 공의 품계를 가선(嘉善)으로 올려주었다.

5월 29일. 밤에 공이 꿈을 꾸었는데, 한 백발노인이 공을 발길로 차면서 적이 왔다고 하므로, 공이 놀라서 일어나 군사를 정돈하고 원균과 함께 전함을 거느리고 노량으로 가서 적을 기다리고 있으니 과연 적들이 나타났다. 서로 맞붙어 싸운 지 얼마 안 되어 적선 1척을 깨뜨려 불태우고 도망가는 적을 뒤쫓아 사천(泗川)에 이르니, 멀리 산 위에 뱀이 똬리를 틀듯이 진을 치고 있는 것이 보였고, 또 적선 12척이 바닷가에 대어 있었다. 공이 말하기를, "아침 조수가 이미 빠져나갔으므로 큰 배가 물이 얕은 항구로 들어가기는 어렵다. 패한 것처럼 가장하여 적을 넓은 바다로 꾀어내어 쳐부수어야만 섬멸할 수 있을 것이다."라고 하고는 드디어 나팔을 불어 배를 돌리게 하였다. 적이 과연 빠짝 따라 나오므로 거북선을 앞세우고 여러 전함으로 쳐들어가니 뒤집어지는 적선들과 물에 빠지는 적들이 바다에 가득하였다. 남은 적들은 해안에서 울부짖을 뿐이었다. 싸우는 중에 공 또한 탄환에 맞았는데, 어깨에서 등까지 꿰뚫었으나, 공은 오히려 활을 잡고 싸움을 독려하였다. 싸움이 끝난 뒤에 칼끝으로 탄환을 파내니, 모든 군사들이 보고 놀라고 감탄하였다.

6월 1일. 당포(唐浦)에 이르니 적선 20여 척이 바닷가에 대어 있었는데 그 속에 층각선이 끼어 있고 적의 괴수가 그 위에 앉아 있었다. 공이 여러 장수들을 시켜서 대적케 하였더니, 순천부사 권준(權俊)이 편전으로 그 괴수를 쏘아 넘어뜨리고 마침내 그 배를 온전히 잡았다. 그 배에서 부채 하나를 주웠는데, 바른 편에는 우시축전수(羽柴筑前守)라 씌어 있었고, 왼편에는 구정유구수(龜井劉矩守)라고 씌어 있었으며, 솟아오른 가운데에는 〈6월 초8일, 수길(秀吉) 쓰다〉라고 적혀 있었다.

싸움이 끝난 뒤 조금 휴식을 취하고 있을 때 또 적이 왔다는 급보가 있었다. 공은 여러 군사들에게 명령하여 잡은 적장의 층루선(層樓船)을 바다 가운데로 끌어내게 하여 적이 볼 수 있는 가까운 거리에서 불태우자, 왜적들은 소리치며 도망쳤다.

이날 밤, 군중에 헛소동이 벌어졌으나 공은 꼼짝 않고 누워있었는데, 한참 있다가 저절로 진정되었다.

6월 4일. 전라우수사 이억기(李億祺)가 전함 25척과 여러 장병들을 거느리고 와서 합세하니 마침내 군대의 형세가 크게 떨치게 되었다.

6월 5일. 고성 땅 당항포(唐項浦)에 이르러 공이 탐색선을 내보내어 정찰하게 하였는데, 탐색선이 바다로 나가자마자 곧 변고를 알려 왔다. 배들이 줄을 지어 나아가니 적선들이 소소강(召所江)에 진을 치고 있었는데, 그 중에서 층루선 한 척에는 검은 휘장을 드리우고 푸른 일산(日傘)을 세워 놓았다. 공은 적의 괴수가 바닷가에 대어 있는 것인 줄 알고 짐짓 패하여 물러나는 체하자 층루선이 곧바로 뒤쫓아 달려 튀어나왔다. 여러 군대가 협공하여 함몰시키니 적의 괴수도 화살 하나에 떨어졌다. 마침내 적선 1백여 척을 불태우고 적의 머리 20여 개를 잘랐다. 물에 빠진 놈, 상한 놈, 화살에 맞아 넘어진 놈들은 헤아릴 수 없이 많았다. 이 승첩 소식이 조정에 보고되니, 품계를 자헌대부(資憲大夫)로 올려주었다.

6월 7일. 아침에 영등포에 이르렀는데, 적이 율포에 있다가 우리 군대를 바라보고는 남쪽 바다로 도망가므로, 공이 여러 장수들을 시켜서 그 뒤를 추격케 하였다. 김완(金浣), 이몽구(李夢龜), 정운(鄭運) 등이 각각 적선 1척씩을 잡고 적의 목 30여 개를 얻었다.

6월 14일. 장계 한 장을 꾸며서 쓰기를, "신이 1만 척의 전함과 1백 명의 장수로써 어느 날 출동하여 바로 일본을 정벌하겠나이다."라고 한 후 봉함을 하지 않고 왜적이 통행하는 길목에 던져서 적들이 의심하도록 하였다.

7월 7일. 공이 원균, 이억기 등과 함께 노량에서 군사를 모아 있다가 적이 호남을 침범하려 한다는 말을 듣고 견내량으로 진군하니, 적선 70여 척이 물이 얕은 항구에 진을 치고 있었다. 그러나 공은 "여기는 싸울 만한 곳이 못된다."하고 약간의 군사를 내보내어 꾀어냈더니, 과연 적이 따라 나왔다.

한산도 바다의 넓은 곳에 이르러 군사를 돌려 적을 향해 급히 노를 저어 나가면서 북소리 요란하게 울리고 대포와 화살을 번개 같이 쏘아대자 불길은 하늘을 뒤덮었다. 그런 가운데 활을 쏘아 죽이고 창으로 찔러 죽이는데, 1만 개의 창날이 번뜩여 비린 피가 바다에 가득 찼다. 적선 73척을 삽시간에 침몰시켰다. 남은 적들은 육지로 달아났는데 겨우 4백여 명에 불과했다. 당시 적들이 우리 수군을 무서워하자 평수가(平秀家)라는 자가 큰소리치면서 자기가 담당하겠다고 하였는데, 그대로 여기서 패하고 말았다.

후에 사로잡혀 갔던 사람 하나가 적의 소굴에서 빠져나와서 하는 말이, 왜적의 진영에서 저희들끼리 서로 위로하며 주고받는 말을 들었는데, 이번 싸움에서 죽은 자가 9천여 명이나 된다고 하더라고 했다.

7월 9일. 남은 적들이 안골포(安骨浦)에 모여 있다는 말을 듣고 공이 원균 등과 함께 군대를 이끌고 가보았더니, 그것은 바로 한산의 왜적을 구원하러 온 적들이었다. 그런데 그 배는 쇠로 둘러쌌으며, 젖은 솜으로 가리고, 험고한 곳에 의지하여 감히 나오지 않으므로, 공은 여러 장수들을 시켜서 번갈아 가며 싸우게 했는데, 날은 저물고 안개가 짙게 드리운 가운데 적들이 몰래 도망가므로 따라가서 40여 척을 깨뜨렸다.

이번 싸움에서 왜적의 목을 벤 것이 2백여 개나 되어 군의 기세가 크게 떨쳤다. 이번의 공로로 품계가 정헌대부(正憲大夫)로 올랐다.

9월 1일. 공이 원균, 이억기, 정걸(鄭傑) 등과 함께 계책을 세우며 말하기를, "부산은 적의 길목이니 나아가 억누른다면 적들은 반드시 그 근거를 잃게 될 것이다." 하고는, 드디어 부산으로 진격해 들어갔다. 적은 이미 여러 번의 패전에 놀라서 성벽을 지키고 있으면서 탄환을 날려 보냈는데, 정운(鄭運)이 그만 날아오는 탄환에 맞아서 죽었다. 결국 빈 배 100척만 깨뜨리고 돌아왔다.

이때 왜적이 호남을 엿보면서 쳐들어오려고 하였으므로, 공은 마침내 진을 한산으로 옮겨서 그 길목을 지켰다. 그곳은 바다와 산자락이 서로 엇물려 그 안에는 배를 감출만하고 밖에서는 안을 엿보지 못하게 되어 있었는데, 왜적이 온다면 반드시 이 길로 와서 남쪽 지방을 침범할 것이라고 생각하여 공이 이곳에다 진을 쳤던 것이다. 명나라 장수 장홍유(張鴻儒)가 섬에 올라와 보고는 "참으로 적을 제압할 만한 뛰어난 곳이다."라고 하였다.

이에 앞서 8월에 조정에서 공을 삼도수군통제사로 삼자, 원균은 자기가 선배인데도 공에게 지휘 받게 된 것을 부끄럽게 여겼다. 공이 비록 너그러이 포용해 주었으나, 원균의 시기와 질투는 이때부터 시작되었던 것이다.

공은 여러 장수들에게 여러 번의 승리로 군심이 교만해지는 것을 경계하도록 하였으며, 군량이 계속 공급되지 못할 것을 걱정하여 고기 잡고 소금 굽는 일과 둔전 농사에 힘을 기울였다. 그렇게 마련된 고기와 소금을 팔아 쌀을 사서 군사들에게 먹였는데 마치 기민(飢民)을 구제하는 것처럼 하였다. 그렇게 하기를 몇 달 지나지 않아 배불리 먹이고도 여유가 있게 되었다. 민간에서 놋쇠를 거두어 대포(火器)를 대대적으로 만드니, 무기 또한 정교해졌다.

계사년(癸巳: 49세. 1593년)에 전염병이 크게 퍼져 죽어나가는 자가 줄을 이었다. 공은 관원을 정하여 시체를 거두어 매장하고 단을 세워 제사를 지내 주었는데 가끔 이상한 꿈을 꾸기도 하였다. 하루는 공 자신도 전염병에 걸려서 거의 열흘이나 앓으면서도 똑바로 앉아서 사무를 결재하는 것을 보고 어떤 사람이 휴양하기를 청하자, 공은 말하기를, "적과 대치하고 있을 때에는 승패가 한순간에 결정된다. 장수가 되어서 죽지 않은 한 조금도 느슨하게 할 수 없다."라고 하였다.

을미년(乙未: 51세. 1595년) 8월. 이원익(李元翼) 대감이 체찰사(體察使)로 남쪽으로 내려왔을 때, 각 진영의 수군들이 투서한 진정서들을 말아가지고 진주로 와서 머물면서 공과 함께 군사 관계 일을 의논한 후 그 진정서들을 공에게 넘겨주고 처리하게 하였더니, 공의 처결함이 민활하고 또 모두 정당한지라, 이 대감은 그의 능력을 인정하게 되었다.

이 대감이 한산진(閑山陣)으로 들어가서 시찰하고 돌아가려 할 때, 공이 말하기를 "군사들은 틀림없이 대감께서 잔치를 베풀어주고 상도 줄 것으로 기대하고 있을 텐데, 이제 아무것도 주지 않는다면 그들을 실망시키게 될까 두렵습니다."라고 하였다. 이 대감이 "내가 아무런 준비도 해오지 않았으니 어찌하겠소."라고 하였다. 그러자 공은 "내가 벌써 마련해 두었으니 대감의 이름으로 먹여주기만 하면 됩니다."라고 하니, 이 대감이 크게 기뻐하며 허락하자 모든 군사들이 기뻐하였다.

정유년(53세: 1597년) 1월. 이때 청정(淸正)이 일본으로부터 또 다시 쳐들어 올 것이니 나아가 맞이하여 쳐야 한다는 말들이 있었다. 조정에서는 공에게 기회를 보아서 나아가 청정을 치라고 지시하였으나, 공은 놈들의 간사함을 알고 있었으므로, 상황에 맞게 하고 억지로 하지는 않았다. 그러자 원균(元均)이 그 틈을 타서 공을 중상모략 하였다. 조정에서는 공이 적을 놓아주었다고 탄핵하면서 공을 잡아오게 하는 한편 원균에게 공의 직책을 대신하게 하였다. 이때 공은 원균에게 군량 9천9백여 섬, 화약 4천 근, 총 4백 자루를 인계하였다.

그러자 이원익(李元翼) 대감이 장계를 올려서, 이모(李某)는 적들이 겁을 내는 인물이므로 이러한 난리 중에 장수를 바꿔서는 안 된다고 하였다. 그러나 조정에서는 그의 건의를 들어주지 않았다. 압송되어 오는 도중에 연변의 백성들은 한 사람도 빠짐없이 모두들 울부짖으면서 "이제 모든 백성들은 다 죽었다."라고 말하였다.

그 후 심문을 끝내고 임금이 풀어주면서 "백의종군하여 공을 세우도록 하라."고 하였다. 옥에서 나오자마자 모친상을 당하여, 상복을 입고 곧 길을 떠났다.

정유년(53세: 1597년) 7월 16일. 원균이 패하고 이억기도 죽었다. 원수(權慄)가 공을 진주(晉州)로 보내어 흩어진 군사들을 거두게 하였다. 조정에서도 다시 공을 통제사로 임명하였다. 공이 진주로부터 보성(寶城)에 이르는 동안 약간의 장수들을 모으고 정예군사 1백여 명을 얻어 회령포(會寧浦)에 도착하니, 경상수사 배설(裵楔)이 다만 전선 8척을 가지고 있었고, 또 녹도(鹿島)의 전선 1척을 얻었다.

공이 배설(裵楔)에게 계책을 물으니, 배설은, 배를 버리고 육지로 올라가 육전(陸戰)을 도와서 공을 세우자고 하였다. 또 조정에서도 육전에 병력을 합치라고 명령하였다. 이에 공은 장계를 올려서, "임진년 이후로 적이 감히 남쪽 지방을 겁탈하지 못한 것은 사실은 수군이 적의 세력을 막았기 때문인데, 이제 만일 수군을 없앤다면 적들은 반드시 호남을 거쳐 한강으로 올라갈 것입니다. 다만 순풍에 돛 한 번만 달면 될 것이니, 신의 두려워하는 바는 바로 이것입니다. 지금 신에게는 아직도 전선이 12척 남아있으니, 신이 죽지 않은 한 적도 감히 우리를 업신여기지 못할 것입니다(今臣戰船尙有十二, 臣若不死, 則敵亦不敢侮我矣)."라고 하였다.

(8월) 24일. 어란포(於蘭浦)에 이르니 적선 8척이 습격하려고 하였다. 공이 깃발을 휘두르며 나아가자 적들은 도망을 갔다.

9월 7일. 적선 13척이 밤을 타서 침범하려는 것을 공이 대응하여 전선을 정비하여 대포를 쏘며 출전하니, 적들은 동요시킬 수 없을 줄 알고 그대로 퇴각하였다.

9월 16일. 적선 3백여 척이 명량(鳴梁)을 거쳐 곧바로 우리 진을 향해 돌진해 왔는데, 돛대와 노들이 바다를 뒤엎었다. 우리나라 수군은 다만 10척뿐이어서 중과부적(衆寡不敵)인지라 모든 장수들은 겁을 내며 퇴각하려고 하였다. 그러나 공은 홀로 죽음을 각오한 마음으로 바다 가운데 닻을 내려놓고 여러 장수들을 지휘하여 막아내게 하였다. 적들은 대장이 있는 곳을 노리고 130여 척의 배로 여러 겹으로 에워싸고 군사를 나누어 접전하였는데, 그 형세가 마치 태산이 계란을 짓누르는 것 같았다.

공이 북채를 잡고 홀로 서서 크게 소리쳐 사기를 북돋우자 모두들 죽을 힘을 다했다. 만일 장수들 중에 조금이라도 물러서는 자가 있으면 먼저 찢어 죽여 매달겠다고 하였다. 첨사(僉事) 김응함(金應諴)이 앞으로 돌진해 들어오고 거제 현령 안위(安衛)가 그 뒤를 따라왔다. 공이 큰소리로 외치기를, "안위야. 안위야. 네가 도망간다고 살 것 같으냐, 군법에 죽고 싶으냐."라고 하니, 안위가 드디어 곧장 적의 선봉을 치고 들어가자 적선 3척에 타고 있던 적들이 개미떼같이 달라붙어 거의 함몰되게 되었는데, 안위도 죽을힘을 다해 힘껏 싸워 마침내 적선이 함몰되자 적의 기세가 조금 꺾이었다.

공이 더욱 강하게 독전하자 여러 장수들이 번갈아 가면서 진격하여 적선 30여 척을 짓부수니 적은 감히 버텨내지 못하고 포위를 풀고 도망쳤는데, 비단옷을 입은 적이 바다에 뜬 것을 보고 항복해 온 왜인 준사(俊沙)라는 자가 그것을 가리키며, "이 자는 바로 안골포의 왜장 마다시(馬多時)다."고 하였다. 공은 갈고리로 끌어당겨 목을 베라고 지시하였다.

이 싸움이 있기에 앞서, 공은 조선 수군이 거덜 난 뒤에 임명을 받았기 때문에 군량도 없었고 가을 옷도 준비되어 있지 않았는데, 공은 피난 배들이 모여드는 것을 보고, "지금 큰 적이 바다를 가로막고 있어 살 길이 전혀 없다. 그러나 너희들이 내 말대로 하면 살 것이고, 그렇지 않으면 살기 어려울 것이다."라고 하자, 모두들 "장군의 명령대로 따르겠습니다."라고 하였다. 공이 다시 말하기를, "군사들의 춥고 배고픔이 이미 극도에 달하여 적을 막아내기 어렵다. 그러니 너희들이 남은 의복과 양식을 내어놓아 우리 군사들을 도와준다면 이 적들을 토벌할 수도 있고, 너희 목숨도 살아날 수 있을 것이다."라고 하였다. 모두들 그대로 따름으로써 마침내 의복과 양식을 마련하여 군사들에게 공급해 주었다.

적과 싸우려 할 때 피난선들을 멀리 늘여 세워놓아 후원하는 군사들처럼 보이게 하였더니, 적은 우리 군대의 세력이 다시 강성해진 것으로 여기고 감히 다시 쳐들어오지 못하였다. 승첩의 장계가 조정에 올라가자 전하께서도 크게 기뻐하면서 그것을 명나라 장수 경리 양호(楊鎬)에게 보여주도록 하니, 경리가 말하기를, "근래에 이보다 더 큰 승첩이 없었습니다. 내가 직접 가서 붉은 비단 천을 걸어주는 의식을 거행하고 싶으나 길이 멀어서 할 수 없습니다."라고 하면서 붉은 비단과 은자(銀子) 얼마를 보내어 포상해 주었다. 그리고 전하께서는 교지를 내려 그 공을 드높여 주고, 의정부에 지시하여 공의 품계를 숭정대부(崇政大夫)로 올려주라고 하였으나, 말하는 사람들이 "공의 벼슬이 이미 높은데, 그러다가는 일이 끝난 뒤에 줄 것이 없지 않겠습니까."라고 하여 마침내 중지하고, 다만 여러 장수들의 벼슬만 올려주었다.

무술년(54세: 1598년) 2월 17일.(*〈行狀〉의 원문에는 3월 17일로 되어 있으나, 이순신이 이해 2월 19일자로 쓴 현건(玄健)이란 사람에게 보낸 답장 편지에서, 〈어제 고금도로 옮겼다〉고 한 것으로 보아 2월 17일이나 18일이 분명하다. 그리고 이분(李芬)이 쓴 〈행록(行錄)〉에도 2월 17일로 되어 있다.) 진을 강진(康津) 땅 고금도(古今島)로 옮기니, 남쪽 백성들이 공에게 의지하기 위하여 모여드는 자가 1만여 호나 되었고, 군사의 세력 또한 매우 강성해졌다. 이때 명나라 병사들이 대거 내려왔는데, 유정(劉綎)은 묘족(苗族)의 병사 1만 5천 명을 거느리고 순천 동쪽에 진을 쳤고, 도독 진린(陳璘)은 수군 5천 명을 거느리고 와서 공의 진영에 합류했다. 왜장 평행장(平行長)은 순천의 왜교(倭橋: 曳橋)에 근거를 두고 있었으므로, 백리 거리를 두고 서로 진을 치고 있었던 것이다.

명나라 병사들이 우리 백성들을 약탈하였으므로, 공은 막집(廬舍)들을 헐어버리라고 명령하여 진을 옮기려는 뜻을 보였다. 진린(陳璘) 도독이 이상하게 여겨서 그 이유를 묻자, 공이 "백성들이 명나라 병사들 때문에 편히 살 수가 없어서 그렇다."라고 대답하였다. 도독이 깜짝 놀라서 "공께서 형편대로 군령을 시행하도록 하시오."라고 하였다. 그래서 공이 백성들을 침탈하는 자들을 보면 묶어다가 군법대로 처형하니, 명나라 군사들도 감히 함부로 하지 못하였다.

7월 18일. 적이 녹도(鹿島)로 쳐들어왔다는 말을 듣고 공이 도독과 함께 배를 출발, 금당도(金堂島)로 나아갔더니, 적선이 겨우 3척이 있다가 아군(我軍)을 보고는 먼저 도망치므로, 공은 녹도 만호 송여종(宋汝悰)에게 8척의 전선을 거느리고 절이도(折爾島)를 지켜보게 하니, 도독도 30여 척을 내어서 같이 있게 한 후 공과 도독은 돌아와서 운주당(運籌堂)에서 술을 마셨다.

얼마 있다가 송여종이 들어와서 적의 큰 배 1척과 적의 머리 69개를 바쳤다. 그러나 명나라의 천총(千摠)은 적과 싸우지 못했다고 보고하자, 도독은 크게 화를 내면서 그의 목을 베려고 하였다. 공이 도독의 노여움을 풀어주기 위해 말하기를, "대인께서 명나라 대장으로서 작은 나라의 원수를 무찌르러 왔으니, 진중에서 거둔 모든 승첩은 곧 대인의 공로인 것입니다. 그러므로 나는 당연히 이 수급 벤 공로를 대인에게 드려야 할 것입니다. 대인께서 군사를 데리고 온 지 얼마 안 되어 황제에게 큰 승첩을 아뢰게 되었으니 이 또한 좋은 일 아닙니까."라고 하니, 도독이 크게 기뻐하고 공을 더욱 존경하게 되었다. 공이 이 사연을 위에 보고하자, 임금께서도 명나라 장수에게 생색을 내게 되었다고 좋게 여겨 칭찬하는 뜻의 유서를 내리었다.

도독은 공이 호령하는 것과 절제하는 것에 있어서 옛날 이름난 장수의 풍도가 있음을 익히 보아온 터여서 언제나 "이 대인(大人)"이라고 존칭으로 부르고 이름을 부르지 않았다. 또 적을 만나면 곧바로 공의 배로 달려와서 지휘권을 공에게 양보하는 것이었다.

9월. 공과 함께 좌수영으로 진군하였다가 장도(獐島)에 적의 군량이 많이 쌓여 있다는 말을 듣고는 군사를 보내어 빼앗아 오게 하고, 미쳐 다 실어 오지 못한 것은 불을 질러버리게 하였다.

9월 21일. 해남 현감 유형(柳珩)을 적진 속으로 들여보내어 적을 시험해 보게 하였더니, 다만 적의 머리 8개만 베고 조수가 물러나므로 돌아왔다.

10월 2일. 유(劉綎) 제독과 약속하여 수륙 합동으로 적을 치기로 했는데, 수군은 나아가 싸웠지만 유 제독은 뒤쳐져 있으면서 나아가지 않았다. 이때의 싸움에서 첨사 황세득(黃世得)이 죽었다.

10월 3일. 한창 싸우고 있을 때 공은 조수가 물러나는 것을 보고 도독에게도 배를 돌리라고 했으나, 도독이 그 뜻을 깨닫지 못하여 배를 돌리지 않고 있다가 그만 명나라의 사선(沙船) 19척이 얕은 바다에 걸리고 말았다. 적이 도독의 배를 여러 겹으로 에워쌌으므로 공은 7척의 배를 내어 구원병을 골라서 보내며 지시하기를, "만약 적이 우리 배가 바닥에 걸리는 것을 보면 반드시 기회를 보아서 같이 잡으려고 할 테니, 너희는 힘써 싸우되 조심해서 하라."라고 하였다. 7척의 배는 공의 명령대로 하여 온전히 돌아왔으나 사선만은 모두 침몰되고 말았다.

이때 괴수 수길(秀吉)은 이미 죽고 일본은 영주들끼리 서로 주권(主權)을 다투느라 아직 결정을 보지 못한 때였기 때문에 적장들은 철수하여 돌아가기에 바빴다. 행장(行長)은 우리 수군들이 바다를 굳게 지키고 있는 것을 염려하여 마음으로 화친을 청하면서 심부름꾼과 뇌물을 수도 없이 보내니 드디어 도독은 이를 허락하고 싶어 하였다. 공이 말하기를, "이 적들은 우리 작은 나라에게는 이미 한 하늘 아래서는 같이 살 수 없는 원수입니다. 그리고 명나라에 대해서도 역시 죽여야 할 죄를 지었습니다. 그런데도 도독은 도리어 뇌물을 받고 화의를 하려고 하십니까." 라고 하니, 도독이 부끄러워하면서 왜적의 심부름꾼을 타일러 내보냈다.

그 후에 왜적은 또 부하 장수를 공에게 보내어 총과 칼을 선물로 바치려고 하였다. 공이 꾸짖어 말하기를, "임진년 이후 적을 소탕하여 얻은 총칼이 산더미처럼 쌓였는데 뭐 하러 적의 선물을 받겠느냐." 라고 하였더니, 적장이 아무 말도 하지 못했다.

그 후에 적이 도독에게 칼을 선물로 보내주며 공을 설득해 주기를 청하니, 도독이 공에게 말하기를, "나는 잠시 행장(行長)은 내버려두고 먼저 남해에 있는 적부터 치겠다." 고 하였다. 공이 말하기를, "남해에 있는 적이란 모두 왜적에게 사로잡혀가서 적의 협박에 못 이겨 따르게 된 우리나라 사람들로서 진짜 적이 아닙니다. 황제께서 적을 토벌하라고 한 것은 우리 작은 나라의 인명(人命)을 구원하고자 해서인데, 그들을 되찾아 올 계책은 내지 않고 도리어 죽여 버리려고 하는 것은 도대체 어찌된 무슨 일이오?" 하니, 도독이 비록 성은 내었으나 어떻게 하지 못했다.

11월 17일. 어둘 녘에 행장이 봉화(烽火)를 올려서 남해의 적들과 호응하였다.

11월 18일. 남해의 적들은 엄목포(嚴木浦)로 배를 출동하고, 곤양(昆陽)과 사천(泗川)의 적들은 노량(露梁)으로 출동하기 위하여 적선들이 바다를 뒤덮고 왔는데, 그 칼끝이 매우 날카로웠다. 공은 도독과 함께 밀모(密謀)하기를, 밤을 틈타서 공격하기로 하였다. 그리하여 밤 10시경에 묘도(猫島)에서 출발하여 새벽 2시경에 노량(露梁)에 도착하여 군사들의 입에 하무(枚)를 물리고, 또 북도 눕혀놓고 조용히 적진으로 다가갔는데, 이것은 적이 미처 준비하지 못한 사이에 치기 위해서였다.

공은 이때 향을 피우고 하늘에 축원하기를, "**이 원수만 쳐 없앨 수 있다면 죽어도 여한이 없겠습니다**(此讐若除, 死且無憾)."라고 하였다. 축원이 끝나자 문득 하늘에서 큰 별이 바다에 떨어졌는데, 보는 이들이 모두 이상히 여기었다. 조선과 명나라의 두 군대가 합세하여 노를 급히 저어 곧바로 적선을 들이받으니 무기에 부딪친 자는 부셔졌고, 화살에 맞은 자는 넘어졌다. 밤새도록 맞붙어 싸웠는데, 적들은 죽어가는 자를 구할 틈도 없이 죽기 살기로 도독의 배를 에워싸기에 급급했다. 공은 여러 장수들을 지휘하여 도독의 포위를 풀어주고, 몸소 화살과 총알을 무릅쓰고 싸움 독려하기를 날이 새도록 하였다. 동틀 무렵에 공은 탄환에 맞아 돌아갔다. 숨을 거두면서도 자기가 죽었다는 말을 하지 말라고 경계하였다. 그리고 조카 완(莞) 등에게 싸움 독려하기를 조금도 늦추지 말라고 하였다. 여러 장수들이 더 한층 명령대로 싸우니, 마침내 적들은 대패하여 남쪽으로 달아났다.

싸움이 끝난 뒤 도독이 공이 돌아갔다는 말을 듣고는 펄쩍펄쩍 뛰고 엎어지면서 큰 소리로 통곡하기를 "나라 일을 같이 도모할 사람이 없어졌다."고 하였다. 그 후 수백 냥의 부의금을 내놓았다. 전하께서도 관리를 보내어 조상(弔喪)하고, 우의정을 추증하고, 공훈을 선무공신(宣武功臣) 1등으로 기록하였다.

공은 군수를 지낸 방진(方震)의 따님에게 장가들어 아들 셋, 딸 하나를 두었으니 회(薈)는 현감이오, 열(茂)은 사과(司果)요, 면(葂)은 불행히 일찍 죽었다. 따님은 홍비(洪棐)에게 출가하였다. 서자는 훈(薰)과 신(藎)이요, 손자 하나는 지백(之白)이다. 면(葂)은 무용(武勇)의 재주가 있었는데, 정유년에 아산에 있다가 갑자기 쳐들어온 왜적에게 죽었다.

후에 공이 고금도(古今島)에 있을 때 꿈에 면(葂)이 나타나 울면서, 나를 죽인 도적이 사로잡혔으니 원수를 갚아달라고 하므로, 공이 깨어나서 군중에 물어보니, 과연 새로 잡혀온 왜적이 있었다. 그래서 적의 그간 행적의 자초지종을 신문해 보았더니, 과연 면을 죽인 놈이 분명하므로, 마침내 죽이도록 하였다.

공은 엄격하고 진중하여 위풍이 있었으며, 사람들과 아래 군사들을 사랑하였으며, 은혜를 베풂과 신의가 분명히 드러났으며, 식견과 도량이 깊고 순미(純美)했으며, 기쁨과 노여움을 얼굴에 잘 나타내지 않았다. 일찍이 말하기를, "대장부가 세상에 나서 쓰이면 죽을힘을 다해 충성하고, 쓰이지 못하면 농사짓고 살더라도 또한 족하다. 권세 있는 자에게 아첨하여 뜬구름 같은 영화를 탐내는 것을 나는 수치로 여긴다(丈夫生世, 用則效死以忠, 不用則耕野足矣. 若媚要人竊浮榮, 吾恥也)."라고 하였다.

일찍이 활쏘기 시합이 있었을 때, 어느 한 재상이 공의 화살통을 보고 그것을 탐내었다. 공이 말했다. "이것이 무엇이 아깝겠습니까마는, 다만 받으시거나 바치거나 하면 남들이 이를 보고 무어라 하겠습니까. 하찮은 물건 하나 때문에 이름을 더럽힌다면 올바른 도리에 어떠하겠습니까."라고 하였더니, 그 재상도 공이 큰 그릇의 인물임을 알았다.

정읍(井邑) 현감으로 있을 적에, 도사(都事) 조대중(曺大中)에게서 서신을 받고 공도 답장을 보냈는데, 후에 조대중이 역적죄에 걸려서 공의 편지도 압수된 문서 뭉치 속에 끼어 있었다. 그를 잡아가던 금부도사가 마침 공과 아는 사이였는데, 그는 공을 위해서 그 편지들을 뽑아버리고자 하였다. 공이 말하기를, "옛날부터 도사와는 서로 안부를 물어보는 그런 정도의 사이였을 뿐이다. 그것이 이미 수색물 속에 들어 있는데 그것을 사사로이 뽑아낸다는 것은 도리어 마음에 편치 않은 일이다."라고 하였다. 그가 화(禍)와 복(福)에 동요되지 않음이 이와 같았다.

건원(乾原)에 근무하고 있을 때, 북방에 수자리 사는 한 병사가 집안에 상을 당하여 가려고 하였으나 타고 갈 말이 없어서 걱정하였다. 공이 말했다. "내가 평소에 그를 잘 알지는 못하지만, 급한 처지에 있는 사람을 구해주는 일에 어찌 알고 모르는 것을 구분할 수 있는가." 하고는 자기가 타는 말을 내어주었다.

또 정읍 현감으로 있을 때 죽은 형이 남긴 고아들을 데려다가 길렀는데, 어떤 사람이 남솔(濫率: 관리가 되어 식구를 너무 많이 거느리고 있는 죄)의 혐의가 있다고 비난하였다. 그러자 공이 눈물을 흘리면서 말했다. "내가 차라리 국법에 죄를 지을망정 의지할 데 없는 이 어린것들을 차마 내버려 둘 수는 없다."라고 하니, 듣는 이들은 그가 어진 사람(仁人)임을 알았다.

대장이 되어서도 형벌과 포상을 분명히 하였고, 친하고 덜 친한 것으로 차별을 두지 않았으므로 부하들이 모두 경외하고 마음으로 복종하였다. 또 매번 여러 장수들과 약속하기를, "적의 목 한 개를 베는 동안 많은 적을 쏘아죽일 수 있다."고 하면서, 적의 목 베는 공을 높이 쳐주지 않고 다만 쏘아 죽임으로써 승첩하기만을 독려하였다. 그가 승첩을 여러 번 거둔 것은 이 때문이었다.

어가(御駕)가 서쪽으로 피난 갔다는 소식을 듣고 공은 별도로 쌀 500여 섬을 저장해 놓고 말했다. "임금께서 만일 요동으로 건너가시게 되면 나는 마땅히 수군을 거느리고 가서 바다 위에서 임금의 수레를 맞이해야 한다. 만약 하늘이 돕는다면 국운을 회복할 수 있을 것이고, 또 설령 불행해지더라도 내 나라 땅에서 임금과 신하가 같이 죽는 것이니 괜

찮지 않느냐."라고 하였다.

공은 또 진중에 있을 때 여자를 가까이 하지 않았고, 잠을 잘 때도 띠를 풀지 않았으며, 닭이 울면 일어나서 혹은 부하들과 같이 전략을 의논하기도 하였고 혹은 옛 역사를 상고하기도 하였다. 자기 몸 돌보는 일은 매우 박하게 하였고 담담하게 하였다.

승전하여 받은 상품은 반드시 여러 부하들에게 나눠 주었으며, 11년간 군사들을 통솔하고 있을 때에는 집안일은 털끝만치도 돌보지 않아서, 자녀들의 혼사가 때를 놓쳐도 아무렇지 않게 생각하였다. 그러나 죽은 형의 유족들을 생각하는 마음은 자기 소생들보다 훨씬 더 심하였다.

일찍이 원균(元均)과 틈이 벌어져서 근거 없는 말들이 퍼졌을 때, 공은 자제들에게 경계시켜 말하기를, "누가 만일 묻거든, 다만 '죄를 용서해 주어야지요.' 라고 응대해야 한다."라고 하였다.
공의 자제들이 일찍이 공이 어떤 자에게 형벌을 내리는 것을 보고는, "그 자의 죄는 사정을 봐주어서는 안 됩니다."라고 하자, 공이 천천히 말하기를, "형벌은 법에 정해진 대로 하는 것이지 사람들의 말에 따라 더해지거나 덜해지는 것이 아니다. 그리고 남의 자제된 자의 도리는 남을 살려주는 길로 말하여 구해 주려고 해야지 무거운 형벌을 주라고 부추기는 것은 옳지 못한 일이다."라고 하였다.

진에 있을 때 시를 지었는데, 그 시에서 노래하기를,

> 한바다에 가을 빛 저물었는데
> 찬바람에 놀란 기러기 높이 떴구나.
> 가슴에 근심 가득 잠 못 이루는 밤
> 새벽 달 창에 들어 칼을 비추네.
> (水國秋光暮, 驚寒雁陣高. 憂心轉輾夜, 殘月照弓刀.)

라고 하였다. 이 시를 읽는 이는 누구나 다 그의 충성을 칭찬하였다.

○내가 사신(使臣)의 명을 받들고 남쪽 변경으로 내려가서 전함을 타고 견내량(見乃梁)을 거쳐 거제로 들어가서 한산도를 바라보니, 공의 영특한 풍모와 호방한 혼백을 그대로 뵙는 듯하였다.

어허, 하늘이 이처럼 악독한 오랑캐를 낼 적에 만약 큰 바다로써 한계를 지어 그 땅을 따로 만들지 않았더라면 반드시 우리 동방을 여러 번 피로 물들였을 것이다.

또 임진년 전쟁에 만일 이공(李公)께서 큰 배를 이끌고 적을 무찌르지 않았더라면, 동방의 백성들은 저 오랑캐들 속에 섞여 살게 되고 말았을 것이다.

거북선을 창제하여 강적을 꺾고 많은 적들을 섬멸하기를 마치 썩은 나무 끌어당기듯이 한 것이야말로 천지신명이 백성들을 사랑하기 때문에 이 분을 내어서 그 어려운 고비를 구제한 것이리라.

만일 장차 적의 기세가 크게 뻗히어 큰 총으로 부딪쳐 오고 불로써 공격해 온다면 어떻게 제어할 수 있을 것인가.

애석하여라. 공의 온갖 전략이 틀림없이 여기에 있을 텐데, 죽은 이를 다시 살려 내오지 못하니, 어허! 슬픈지고!

【*지은이 최유해(崔有海)는 해주(海州) 사람으로 자(字)는 대용(大容)이고 호(號)는 묵수당(黙守堂)이다. 진사(進士) 전(瀍)의 아들로 선조 21년(1588년)에 나서 인조 19년(1641년)에 돌아갔으며, 벼슬은 승지(承旨)를 지냈다. 평소에 의학과 지리서 등 온갖 학문에 다 능하였으며, 또 백성을 사랑하고 성격이 깨끗하여 가는 곳마다 칭송을 받았다.】

3. 시장(諡狀)

대제학(大提學) 이 식(李植)

공(公)의 이름은 순신(舜臣)이요, 자는 여해(汝諧)요, 덕수(德水) 사람이다. 고려 때 전법판서(典法判書)인 소(李劭)가 처음 현달한 이었고, 3대를 지나 본조(本朝)에 와서 영부사(領府事) 홍문관(弘文館) 대제학(大提學) 변(李邊)이 있어 문학(文學)으로 출세했는데, 시호(諡號)는 정정(貞靖)으로서 통례원(通禮院) 봉례(奉禮) 효조(李孝祖)를 낳았고, 봉례는 병조참의(兵曹參議) 거(李琚)를 낳았는데, 성종과 연산 2대에 대관(臺諫)이 되어 탄핵을 엄중히 하므로 호랑이 장령(掌令)이라는 별명이 있었다. 그가 백록(李百祿)을 낳으니, 평시서(平市署) 봉사(奉事)를 지냈고, 호조참판(戶曹參判)으로 추증되었으며, 참판이 정(李貞)을 낳으니 병절교위(秉節校尉)를 지냈고 순충적덕(純忠積德) 병의보조공신(秉義補祚功臣) 의정부 우의정(議政府右議政) 덕연부원군(德淵府院君)으로 추증되었으며, 그 부인은 정경부인(貞敬夫人)에 추증된 초계(草溪) 변씨(卞氏)이다.

인종(仁宗) 원년 을사년(1545년) 3월 초8일(양력 4월 28일)에 공은 한성 건천동(乾川洞) 본가에서 태어났는데, 아기를 낳게 되자 그 어머니의 꿈에 참판공(祖父 李百祿)이 나타나서 하는 말이, 아들을 낳으면 반드시 귀하게 될 터이니 이름을 순신(舜臣)이라 하라고 하여, 마침내 그대로 이름을 지었다. 어려서 영특하고 남의 구속을 받지 않았으며, 여러 아이들과 놀면서도 언제나 진을 치고 전쟁놀이를 하며 아이들이 대장으로 떠받들었는데, 동리에 불쾌한 일이 있으면 문득 억누르고 꺾어버리므로 동리 사람들이 경외하였다.

장성함에 있어서는 공손하고 근신했으며, 글을 읽으면 큰 뜻을 통달하였다. 그러나 문자만 새기고 있는 글공부는 대수로이 여기지 않아 마침내 무예에 종사하니, 말 타기와 활쏘기에서 모두 남보다 뛰어났었고, 비록 무사들과 사귈망정 기상이 높고 조용하고 침묵하여 입으로 실없는 말을 하지 않았으므로 동료들이 모두 그의 앞에 나가기를 꺼려하였다.

만력(萬曆 4年) 병자년(1576년: 32세)에 급제하였는데, 무경(武經) 시험을 치를 때 장량(張良)이 벽곡(辟穀: 곡식으로 만든 음식을 끊음)을 하고 신선의 도를 닦았다는 일에 대하여 설명하는 것이 옛날 학자들의 평론한 것과 부합되니, 시험관이 놀라지 않을 수 없었다. 그리고 또 급제한 뒤에도 나아가 경쟁하는 데 뜻을 두지 않아 권세가를 찾아가서 벼슬 구하는 일을 하지 않았다.

훈련원 봉사(奉事)로 있을 때 병조판서 김귀영(金貴榮)이 첩의 딸이 있어서 공에게 첩으로 주려고 했지만, 공은 내가 이제 벼슬길에 막 나서면서 어찌 권세 있는 집과 관계를 맺을 수 있겠는가, 하고는 그 자리에서 중매를 돌려보냈다.

문성공(文成公) 이이(李珥)가 이조판서로 있으면서 공의 위인이 어떠하다는 말을 듣고, 또 같은 문중이라는 정리(情理)를 펴볼까 하여 사람을 통해 만나보자고 청했으나, 공은 응하지 않으면서, 같은 문중이니 만나

보는 것이야 무방하겠지만, 그가 벼슬을 주관하는 지위에 있는 동안에는 만날 수 없다고 하였다.

동구비(童仇非)의 권관(權管)이 되었다가, 임기가 차서 돌아와 훈련원에 있었고, 그러다가 충청병사의 군관(軍官)이 되는 등, 그럭저럭 낮은 자리에 돌면서도 자기 뜻을 굽혀서 남을 추종하지 않았다. 또 주장(主將)이라도 잘못하는 일이 있으면 곧바로 자세히 말하여 바로 잡았고, 청렴하고 규율 있게 몸을 간직하였으며 조금도 사사로움이 없었다.

발포(鉢浦) 만호(萬戶)로 전임되어 가 있을 때, 전라수사 성박(成鎛)이 거문고를 만들려고 관사에 있는 오동나무를 베어 가려는 것을 보고 공이 거절하며 허락하지 않으니, 수사가 성이 나기는 했지만 감히 베어가지 못했다. 그리고 얼마 안 지나 경차관(敬差官: 徐益)의 비위에 거슬려 탄핵을 받아 파면되어 돌아왔다.

다시 건원보(乾原堡) 권관(權管)이 되었는데, 오랑캐 울지내(鬱只乃)가 오랫동안 변방의 걱정거리로 되어 있었는데, 공이 도임하던 즉시 그를 묘한 꾀로 꾀어내다가 사로잡아 묶어 바쳤지만, 병사(李鎰)는 도리어 자기를 거치지 않고 그런 일을 했다고 미워하면서, 주장인 자기에게 보고하지도 않고 군사를 함부로 출동시켰다는 이유로 죄를 청하였다. 조정에서도 속으로는 그 공로를 가상히 여기면서도 상을 주지 않았다.

인사규정에 따라 참군(參軍)으로 승진하였다. 아버지 덕연공(德淵公)의 상사를 만났다가, 삼년상을 마친 다음 사복시(司僕寺) 주부(主簿)로 오르고, 조산(造山) 만호로 선발되었는데, 이때 그곳 감사가 조정에 건의하여 녹둔도(鹿屯島)에 둔전을 설치하고 공에게 그것을 겸임시켜 관할하도록 했었다. 그러자 공은 그곳이 거리가 멀고 또 군사가 적음을 근심하여 여러 번 군사를 더 보내 달라고 청했으나 병사 이일(李鎰)은 허락하지 않았다. 그리다가 가을 추수 때가 되니 과연 오랑캐들이 군사를 몰고 와서 침범하므로, 공이 몸소 뛰쳐나가 항전하여 괴수를 쏘아 넘어 뜨리니 적들이 도망갔는데, 공은 그대로 추격하여 적에게 사로잡힌 백성 60여 명을 빼앗아 가지고 돌아 왔다.

그러나 병사는 공을 죽여 자기 책임을 면하려고 형벌을 가하는 기구를 관청 뜰에 벌려놓고 곧 목을 베려 하니, 군관들은 둘러서서 보다가 울며 작별하면서 술을 권하면서 놀란 가슴을 진정시키라고 하였다. 그러나 공은 엄정한 얼굴빛으로, 죽고 사는 것은 천명인데 술은 마셔서 무엇 하랴, 하고는 그대로 심문하는 자리로 나아가 항변하면서 문초에 서명하기를 거부하니, 병사도 기가 죽어 공을 다만 가두기만 하고 조정에 아뢰었다.

선조는 그가 무죄임을 살피시고 평복으로 종군하여 다시 공로를 세우도록 하였다. 마침 또 얼마 안 지나 반격해 오는 오랑캐를 쳐부수고 목을 베어 바침으로써 사죄함을 입었다. 전라순찰사 이광(李洸)이 공을 불러 군관을 삼고는, 그대와 같은 재주와 능력으로 어찌 이렇게 꿀려서 지나는가, 하고는 위에 주청하여 그 도의 조방장(助防將)으로 삼았다. 그 후 다시 돌아와 무신으로서 선전관(宣傳官)을 겸하게 되었다.

기축년(1589년: 45세) 봄에 정읍(井邑) 현감이 되어서는 행정을 잘 하기로 소문이 났다. 그때 도사(都事) 조대중(曹大中)이 정여립(鄭汝立)의 역적 사건에 연루되어 뒷조사를 받을 무렵, 금부도사가 문서를 수색하다가 공과 주고받은 편지가 있는 것을 보고 몰래 공에겐 말하여 그 문서를 뽑아내 버리겠다고 하자, 공은 내 편지엔 다른 별 말이 없을 뿐만 아니라, 또 이미 수색물 가운데 들어 있으니 그대로 올리지 않을 수 없지 않으냐고 하였다. 결국 그 일로는 걸리지 않았다. 또 대중(曹大中)의 상여가 고을 앞으로 지나가므로 공은 제물을 차리고서 곡하여 영결하자, 누가 그것을 보고 질문하니, 공은 조공(曹公)이 불복하고 죽었으니 그 죄를 알 수 없는 일이고, 또 이 도의 사또를 지낸 분이라 괄시할 수 없다고 하였다.

재상 정언신(鄭彦信) 역시 옥에 갇혔는데, 공이 마침 공문을 가지고 서울로 올라왔다가, 그가 옛날의 스승이었기 때문에, 옥문 앞으로 찾아가서 안부를 물었더니, 듣는 이들이 모두 그를 의롭게 알았다.

비변사에서 무신(武臣)으로 차례를 초월해서 발탁해 쓸만한 인물을 뽑는데 공이 거기에 두 번째로 끼이게 되었으니, 그것은 문충공(文忠公) 유성룡(柳成龍)이 공과 한 동리에 살아서 공의 현명한 언행을 잘 알고 있었으므로, 그를 힘껏 조정에 천거하였기 때문이다.

경인년(46세: 1590년)에 고사리(高沙里) 첨사로 올랐으나 대간(臺諫)들이 너무 빠르다고 반대하였으며, 얼마 안 되어 품계를 당상으로 올리고 만포(滿浦) 첨사로 임명했으나 또다시 너무 급히 승진시킨다고 반대하자 다시 그대로 유임되었다.

신묘년(辛卯: 47세. 1591년)에 진도(珍島) 군수로 옮겨 임명하고, 또 가리포(加里浦) 첨사로 발령했다가, 두 곳 다 부임하기 전에 다시 뽑아 전라좌도 수군절도사(水軍節度使)로 임명하였다.

이때 왜국과의 사이에 흔단(釁端)이 벌써 벌어졌으나 조정에서나 민간에서는 모두 다 안심하고 있었는데, 다만 공만이 이를 깊이 걱정하여 날마다 방비할 무기를 수리 보수하고, 쇠사슬을 만들어 포구와 앞 바다 목을 막아 가로 건너 매고, 또 거북선을 창제하니, 모양은 엎드린 거북과 같았는데, 위에는 판자로 덮고 송곳칼을 꽂아서 적이 밟고 올라오지 못하게 했으며, 그 밑에 군사들을 감추고 사방으로 대포를 쏘게 하였다. 그것으로 선봉을 삼아 적선을 깨뜨리어 언제나 승첩을 거두었다.

임진년(壬辰: 48세, 1592년) 4월에 왜적이 크게 침범하여 먼저 부산과 동래를 함락시키고 영남을 거쳐 서울로 향하므로, 공이 군사를 옮겨 치러 나가려 하자, 부하들은 모두들 진을 옮겨 다른 도로 나가는 것은 곤란하다고 반대하였으나 오직 군관 송희립(宋希立)과 만호 정운(鄭運)의 주장이 공과 합치되었다. 그래서 공은, 이제 우리들의 할 일은 오직 왜적을 무찌르다가 죽는 것뿐이므로, 만약 이것에 감히 반대하는 자는 목을 베겠다고 하고, 마침내 모든 포구의 군병들을 앞 바다에 모으고 기한을 정하여 떠나려고 하였다.

이때 마침 경상우수사 원균(元均)은 수군을 모조리 잃어버리고는 사람을 보내어 구원을 청하므로, 공이 곧 군사를 이끌고 나갔다. 옥포(玉浦) 만호 이운룡(李雲龍)과 영등포(永登浦) 만호 우치적(禹致績)의 인도로 옥포에 이르러 먼저 왜선 30척을 깨뜨리고, 고성(固城)에 이르렀을 때 적이 서울을 쳐들어가 임금이 서쪽으로 피난 가셨다는 소식을 듣고는 서쪽을 향해 통곡하고, 군사를 이끌고 본영으로 돌아왔다.

원균 등이 다시 구원을 청하자 노량(露梁)으로 진군하여 왜선 13척을 깨뜨리고, 적을 쫓아 사천(泗川)에 이르러서는 공이 왼편 어깨에 탄환을 맞았지만 오히려 활을 놓지 않고 종일 싸움을 독려했는데, 싸움이 끝난 뒤에야 군사들이 비로소 알고서 놀라지 않는 이가 없었다.

6월 초순에 적을 당포(唐浦)에서 만나니, 적의 괴수가 층루선(層樓船)을 타고 있었는데 금관을 쓰고 비단 옷을 입었으며, 모든 기구들이 무척 화려하였다. 공은 북을 치며 접근하여 총통과 화살로 그 괴수를 쏘아 죽이고 나머지 적들도 모조리 섬멸하였다. 정오 때쯤 또다시 많은 적선들이 들어오므로, 공은 잡아온 층루선을 앞으로 끌어내어 적들과 1리쯤 떨어진 곳에서 불을 지르니, 배 안의 화약이 폭발하여 큰 소리와 불꽃이 진동하자, 적들이 또다시 패하여 달아났다.

얼마 있다가 전라우수사 이억기(李億祺)가 군사를 거느리고 와서 합세하여 고성 앞 포구에서 싸우는데, 적의 괴수는 3층 누각의 배를 타고 푸른 일산을 둘러친 속에서 마주보고 싸우는 것을 활을 쏘아 죽이고 30여 척을 깨뜨리자, 남은 적들은 언덕으로 올라가 달아났다. 이로부터 여러 번 싸움에 모조리 이기자 적의 군사들이 멀리 도망가므로 이억기와 함께 본영으로 돌아왔다.

적이 다시 양산(梁山)으로부터 호남을 향해 가려고 하므로, 공은 다시 고성 땅 견내량(見乃梁)으로 진군하여 바다를 덮으며 오는 적선의 대부대를 만나자, 거짓 물러나는 척하여 적을 꾀어내어 한산도 앞바다까지 와서는 군사를 돌려 크게 싸웠는데, 대포 연기가 하늘을 뒤덮은 속에서 70여 척을 모조리 깨뜨리니, 그 대장 평수가(平秀家)는 몸을 빼어 달아나고, 적의 장령과 군졸로서 죽은 자가 거의 1만 명이나 되니 왜적들은 크게 동요되었다.

적이 또 안골포(安骨浦)로부터 평수가(平秀家)의 군사들을 구원하러 오므로, 공은 배의 기구를 한층 더 정비하여 가지고 그것을 역습하여 40여 척을 불태워 깨뜨리고, 다시 부산(釜山)에 진을 치고 있는 적을 진격하여 적의 근거지를 뒤엎어버리려 하였으나 적들이 높은 데로 올라가 성채를 만들어 든든히 하고 있으므로, 마침내 빈 배 100여 척만 불태우고 돌아왔다.

이때 왜군들은 여러 도에 가득 차 있고 우리 관군과 의병들은 연달아 패하여 당해내지를 못했는데, 공만이 홀로 연달아 큰 승첩을 아뢰니 위에서 가상히 여기고 세 번이나 품계를 올려 정헌대부(正憲大夫)에 올리고 교서를 내려 표창하였다.

수군의 본영이 지세가 한 편으로 치우쳐 있기 때문에, 공이 위에 청하여 진을 한산도로 옮기고 전라와 경상 두 도를 한꺼번에 막으니, 한산도는 거제(巨濟) 고을 남쪽에 있어서 전라와 충청도로 가는 수로의 길목이었다. 조정에서는 마침내 수군통제사(水軍統制使)라는 제도를 설치하여 공으로 하여금 본직(전라좌수사)과 함께 겸하게 하니, 통제영(統制營)의 설치는 여기서부터 시작되었다.

처음에 원균(元均)이 한 척의 배로 공에게 와서 의지하여 연명으로 승첩을 아뢰었으나, 조정에서는 공의 공로가 더 큰 것을 살펴서 통제사에까지 올렸던 것인데, 원균은 그 아래에 서게 된 것을 부끄럽게 여기어 비로소 공과 사이가 벌어지게 된 것이다.

공은 매번 너그러이 포용해주려고 하였으나, 원균은 온갖 행패를 다 부리고 분풀이를 하면서 공의 지휘를 받지 않으려 하였으므로, 공은 나라의 큰일을 그르칠까 걱정하여 책임을 지고 사임하고자 하였다. 이에 조정에서는 부득이 원균을 충청병사로 전근시켰는데, 원균은 그대로 쌓인 감정을 풀지 않고 조정의 고관들과 결탁하여 백방으로 공을 모함하는 것이었다.

왜장 평행장(平行長)은 일찍이 대마도 영주로서 우리나라를 섬기다가 이 때에 와서 앞장서 침략해 들어왔기 때문에, 우리 사람 보기가 부끄러워 간사하게도 조정에 화의를 청하고, 또 사로잡힌 왕자를 빼내자고 경상병사 김응서(金應瑞)를 시켜서 왕복하면서 의논하게 했는데, 평수길(平秀吉)이 이 틈에 이간책을 쓰도록 하였다.

행장은 자신의 부하 요시라(要時羅)를 시켜서 비밀히 말하기를, "화친하는 일이 이루어지지 못하는 것은 전적으로 가등청정(加藤淸正)이 싸우자고 주창하기 때문인데, 그가 이번에 또다시 나올 것인데 만약 수군을 내보내어 바다 가운데서 습격하여 이 사람을 죽이기만 하면 전쟁은 저절로 중지될 것이다."라고 하였다. 그리고 이어서 청정이 탄 배의 깃발을 알려 주겠다고 하는 바람에, 조정도 크게 미혹되어 공에게 진격하기를 독촉하면서 행장의 말대로 하라고 했으나, 공은 그 말이 헤아릴 수 없이 간사하고 거짓되다고 하여 순리대로 진만 지키며 몇 날을 지났더니, 요시라가 다시 와서 하는 말이, 청정이 벌써 바다를 건너와서 해안에 대었는데, 수군은 어찌하여 이런 기회를 놓쳤느냐고 하였다.

그래서 대간들은 서로 상소하여 공을 머뭇거린 죄로 탄핵하였으나, 체찰사 이원익(李元翼)만은 그렇지 않다는 점을 변명하였으나, 유 정승(柳成龍)은 공의 혐의를 의심하여 감히 구원하려 나서지 못하니, 그것은 그때 조정의 논란이 이미 두 갈래로 나뉘어 있었기 때문이다.

위에서 측근의 신하를 보내어 사정을 알아보게 하였더니, 그 신하마저 원균의 편당이 되어 사실과는 반대로 보고하는 바람에 정유년(53세: 1597년) 2월에 공이 묶여가서 심문당하고, 장차 무서운 죄목으로 처단당하게 되어 있을 무렵, 정승 정탁(鄭琢)이 임금에게 아뢰기를, 순신(舜臣)은 명장이니 그 죄를 용서하여 공로를 다시 세우도록 하는 것이 옳다는 뜻을 말하자, 임금께서도 역시 공의 공로를 생각하여 특별히 용서해주면서 평복으로 종군하여 공로를 다시 세우도록 하였다.

이때 공의 어머님이 아산에서 돌아가셨으므로(사실은 여수에서 배를 타고 고향 아산으로 오다가 배에서 돌아가시어 아산 바다 해암(蟹岩)에 와서 대었음-편역자) 공은 종군 길에 달려가 곡을 하고, 상복을 입고는 곧 떠나면서 말하기를, "내가 한 마음으로 충성하고 효도하고자 했으나 이제 와서는 두 가지를 다 잃고 말았구나!" 하고 탄식하였다. 수많은 군사와 백성들이 길을 가로막고 울었고, 멀고 가까운 곳의 모든 사람들이 모두 다 애석히 여기었다.

원균이 대신 통제사가 되어서는 공이 확립해 놓은 군정(軍政)의 규모와 절차, 관행 등을 모조리 뒤집어 엎어버렸다. 공은 일찍이 진중에 운주당(運籌堂)을 지어놓고 장수들과 함께 거기에 모여 의논하였기 때문에 군졸들까지 모두 자기 의견을 말할 수가 있었는데, 원균은 그곳에다가 기생과 첩들을 데려다 놓고, 울타리를 둘러쳐서 막아 놓았으며, 잔뜩 취해서 사무를 돌보지 않고 매를 때리고 잔악한 일만 하니, 군심이 이탈되어 모두들 적이 쳐들어오면 그저 달아나는 수밖에 없다고 하였다.

이때 요시라(要時羅)가 다시 와서, 많은 군사가 방금 바다를 건너오니 곧 나아가서 치도록 하라고 하자, 조정에서는 또 원균에게 분부를 내려 싸우기를 재촉하였는데, 원균은 진작 공의 하던 일을 반대했던 자였으므로, 감히 그것이 어려운 일이란 말을 하지 못하고, 이해 7월에 군사를 이끌고 앞으로 나아가자 왜선들이 좌우에서 유인하여 피곤하게 한 다음 밤을 타서 엄습하니, 군대는 완전히 무너지고 원균도 달아나다가 죽고 말았다. 1백여 척의 배와 군사들이 모두 없어지고, 한산도도 마침내 함락되어, 공이 그동안 마련해 놓았던 군량과 병기 등 몇 해 동안 쓸만한 것들이 모두 다 없어졌는데, 이같이 공이 갇히게 되었던 일이나 원균이 패망하고 만 것이 모두 다 왜의 간첩 때문이었던 것이다.

그런데 적이 부산과 동래 지방을 먼저 점령하여 대마도와 서로 호응하게 되니, 돛 한 번만 달면 바로 건너다니는 터인지라 우리 군사가 설령 진군한다고 하더라도 놈들은 피하고 싸우지 않으면서 왼편 바다로 돌아가 정박하는 것이 우리 군사들이 물길을 가로막고 있는 서해 쪽 형세와는 달라서, 우리 군사가 거기를 손쉽게 끊어 막지 못하고 있었던 것인데, 조정에서는 다만 수군이 여러 번 승첩한 것만 보고 그저 싸우라고만 독촉하였고, 또한 원균 자신도 패하고 말 것임을 번연히 알면서도 어쩔 수 없이 나아간 결과 기어이 실패를 보게 된 것이니, 이것이 모두 다 멀리 앉아서 지휘하려고만 하였기 때문에 생긴 실패였다.

한산이 이같이 패해버리자 적들은 서해를 거쳐 상륙하여 남원을 함락하니 전라, 충청은 수비할 도리가 없어지고 말았다. 이때 도원수(權慄)는 진주에 있다가(진주 관내 합천 초계(草溪)의 본진) 공을 보내어 남은 군사들을 거두어 모으게 했는데, 얼마 안 되어 다시 통제사가 되었다. 공은 10여 명의 부하들과 함께 말을 달려 순천부(順天府) 경내로 들어가서 병선 10여 척을 얻고, 또 도망병 수백 명을 겨우 거두어 어란도(於蘭島)에서 적병을 물리쳤는데, 조정에서는 공의 군사가 약하다고 생각하여 육지로 올라와서 육군과 합세하여 싸우도록 하라고 지시했으나, 공은 "신이 만일 육지로 올라가면 적선이 서해로 바로 올라가 서울이 곧 위태해질 것입니다." 하고 장계하니, 위에서도 그대로 좇았다.

이때 전라도 피난민들의 배 1백여 척이 여러 섬에 흩어져 대어 있으면서 공이 자신들의 방패막이가 되어줄 것으로 믿고 있으므로, 공이 그들과 약속하고 진을 친 뒤쪽에 늘여 세워 성원케 하고, 다만 10여 척으로써 진군하여 적을 진도 벽파정(碧波亭) 아래에서 맞아 싸웠다.
적선은 수백 척이 쳐들어오는데 그 형세는 마치 태산으로 계란을 누르는 것 같았으나, 공은 조금도 동요하지 않고 一자 형으로 진(一字陣)을 치고 대포와 화살을 사방에서 쏘아 대니, 적병은 쓰러졌다. 거제 현령 안위(安衛)가 배를 이끌고 물러가려 하므로, 공이 뱃머리에 서서 바삐 작은 배를 보내어 안위의 머리를 베어 오라고 명령했더니, 안위도 마침내 나아가 죽을힘을 다하여 싸워서 마침내 적이 크게 패하고 또 적장 마다시(馬多時)를 사로잡아 목을 베니 군대의 위엄이 다시 떨쳤다.

위에서는 품계를 더 높이 올려주려 하였으나, 대간들이 공의 직위가 이미 높다고 하여, 다른 여러 장수들과 그 이하 군졸들에게만 상을 내리고 말았는데, 양 경리(楊鎬)는 마침 서울에 있다가 공을 위로하는 상으로 돈과 비단을 보내었다.

이때 육로에서는 적의 병화를 입어 군량 운반이 계속되지 못하게 된 형편이어서 군대에서는 군량 조달이 걱정이었다. 그래서 공이 어느 날 밤에 피난민들의 배에다 격문을 돌렸더니, 여러 배들도 이미 저희가 공을 무척이나 의지하는 터인지라, 서로 다투어 양식을 실어오며 또 옷들도 가지고 와서 군사들이 그 때문에 배불리 먹고 따뜻이 입을 수 있었다.

공이 상제의 몸으로 다시 기용되어 전쟁에 나서긴 했지만 아직도 소찬만 먹고 또 하루 두어 홉의 밥밖에 먹지 않았으며, 그 위에 전략 세우는 일, 물자 조달하는 일 등으로 밤에도 잠을 자지 않아 얼굴이 파리해졌으므로 위에서 특사를 내려 보내어 상례(喪禮)의 법대로만 하지 말고 방편(權道)을 따라 하라는 분부와 함께 맛있는 고기까지 내려 보내주었으므로, 공은 눈물을 흘리면서 억지로 그것을 받는 수밖에 없었다.

무술년(戊戌: 54세. 1598년) 봄에 강진 땅 고금도(古今島)로 진을 옮기고 백성들을 모아 둔전을 경작하게 하니, 남쪽 백성들이 연이어 들어와 마침내 큰 진을 이루었다.

그해 가을에 명나라의 도독 진린(陳璘)이 해군 5천 명을 거느리고 우리나라로 왔는데, 진린은 성질이 본래 사나운 사람이어서 위에서 혹시 공이 서로 화목하게 지내지 못할까봐 걱정하여 은밀히 분부를 내려 잘 대접해 주라고 하였다. 공은 위의(威儀)를 갖추고 먼 섬에까지 나가 마중해 와서는 위로연을 크게 베풀어주니, 그들이 모두 다 기뻐하였다.

그러면서도 그들은 오히려 우리의 여염집과 가게들을 약탈하여 우리나라 사람들이 불안해하므로, 공은 문득 군사들을 시켜서 집들을 헐고 옷들을 실어다 배 안으로 옮겨 싣도록 하였다. 그러자 진린이 깜짝 놀라서 사람을 보내어 그 까닭을 물었다. 공은 "우리나라 백성들은 귀국 군사들을 마치 부모 같이 우러러 보았소. 그런데 오자마자 이처럼 약탈을 일삼으니, 모두들 견딜 수 없어서 피해 가려고 하니, 나는 대장으로서 혼자 남아 있을 수가 없어서 다른 섬으로 옮겨가려 하는 것이오." 라고 하였다. 진린이 크게 죄송하게 여기고, 곧 공을 찾아와서 허리를 굽혀 사과하며 간절히 만류하였다.

그래서 공이 "대인께서 만약 내 말을 들어준다면 그대로 머물러 있겠소." 하니, 진린이 "앞으로는 일체 공의 말대로 하고 조금도 어기지 않겠소." 라고 하였다. 공은 다시 "명나라 군사들이 마치 우리를 속국 사람 보듯이 하며 조금도 꺼림 없이 행동하니, 대인이 다행히 내게 형편에 맞게 그들을 적절히 금지시킬 수 있는 권한을 준다면 두 군대가 서로 다 무사할 것이오." 라고 하자, 진린이 그대로 승낙하였다. 그리하여 그 뒤로는 명나라 군사가 죄를 범하기만 하면 곧바로 묶어다가 죄를 다스려서 온 섬 안이 편안해졌다.

녹도(鹿島) 만호 송여종(宋汝悰)이 명나라 배와 함께 나가서 적을 무찔러 배 6척을 빼앗고 적의 머리 70개를 베었는데, 명나라 사람들은 아무런 소득도 없었다. 진린은 이때 마침 공과 함께 술을 마시고 있다가 그 보고를 듣고는 부끄러워 성을 내므로, 공은 "대인이 와서 우리 군사까지 통솔하고 계시니, 우리의 승첩은 곧 대인의 승첩인데, 이 수급들을 어찌 내가 차지할 수 있겠소. 모두 대인께 바칠 테니 대인은 이 공로를 황제께 아뢰시오." 라고 하자, 진린은 크게 기뻐하며, "평소부터 공이 동쪽 나라의 명장이란 말을 들었는데, 지금 보니 과연 그러하오."하는 것이었다.

그러나 한편, 송여종은 실망하여 원망스러운 말을 하므로, 공은 다시 웃으며 "적의 머리는 썩은 고깃덩어리이다. 명나라 사람에게 준들 무엇이 아까우냐. 네 공로는 내 장계 속에 적어 그대로 위에 알릴 것이다."라고 하니 송여종도 또한 감복하였다.

이로부터 진린은 공의 군사 다스리는 방법과 승첩을 거두는 방략 하나하나에 모두 감복하여, 싸움에 나갈 때에는 자신이 우리 판옥선을 빌려 탔고 또 군중의 크고 작은 일을 걸핏하면 와서 공에게 자문하였다. 그리고 또 매번 "공은 작은 나라의 인물이 아니오. 만일 중국으로 들어가 벼슬한다면 당연히 천하의 명장이 될 텐데 왜 여기서 이렇게 곤궁하게 지나려고 하오?"하고, 또 우리 선조 대왕에게 글을 올리기를, "이모(李某)는 천지를 주무르는 재주와 나라를 다시 세운 공로(經天緯地之才, 補天浴日之功)를 가진 분이오."라고 하였는데, 그 말 그대로는 아니라 할지라도, 그가 그만큼 공을 마음으로 존경하고 따랐던 것만은 틀림없었다.

육군 제독 유정(劉綎)이 묘족(苗族)의 군사를 거느리고 와서 진린과 서로 약속하고 행장(行長)을 협공하기로 하였다. 그래서 수군은 항구로 진군하여 싸우는데 승부를 결판내지 못하고 있는 판인데, 유정의 군사는 약속을 어기고 호응하지 않았다. 이것은 실상 행장이 진작 저희 본국에 있는 관백 수길(秀吉)이 죽었다는 소식을 듣고 급히 철수하여 돌아가려고만 꾀를 내었건만, 우리 수군이 앞을 막고 있는 것이 무서워서 유정에게 뇌물을 먹였기 때문에 그같이 공격을 짐짓 늦추어 준 것이었다.

그리고 또 남몰래 진린에게도 내통하여 길을 틔워 달라고 간절히 애걸하자, 진린도 뇌물에 걸려들어 그것을 허락해 주려고 하므로, 공은 나무 조각에 비밀히 글을 써서 던져 보이며 그 잘못하는 짓임을 풍자하자 진린이 부끄럽게 여겨서 중지하니, 행장이 그것을 알고 다시 사신을 공에게로 보내어 총과 칼을 바쳤으나 공은 준엄하게 거절하며 물리쳤다.

왜의 진중에 당장 양식이 떨어지자 왜적들은 명나라 사람들에게 빌붙어 그리로 왕래하면서 그들의 양식을 사들여 놓고는 영문을 닫고 나오지 않았다. 진린은 뇌물을 받아 챙기려다 하지 못한 일을 부끄럽게 여기고는, 행장은 잠시 그대로 내버려두고 남해의 적부터 가서 치겠다고 하면서 공을 독촉하여 먼저 출발하라고 하였다. 그러나 공은 힘써 다투어 말리고 그 말에 복종하지 않았다.

그래서 행장이 또 다시 곤궁한 상태에 빠져서 사천(泗川)에 진을 치고 있는 적(島津義弘)에게 구원병을 요청하면서 봉화를 올려 서로 호응하니, 사천의 적들은 저 살마주(薩摩州)의 군사들로서 강하고 용감하여 대적할 상대가 없었으며, 함부로 싸움에 달려들지 않고 반드시 가장 중요한 대목에서만 나섰는데, 이때 행장이 위급해진 것을 보고서 모두 나선 것이다.

이날 밤 큰 별이 바다 속으로 떨어지니 그것을 본 모든 군사들은 이상하게 여겼다. 공이 명나라 배들과 함께 노량으로 나가 싸우며 밤중부터 아침에 이르기까지 수십 번 접전하여 적병을 격퇴하였는데, 이때 공은 문득 지나가는 탄환에 맞아 돌아갔다.
공의 조카 완(莞)은 용맹함이 뛰어났는데, 공의 시신을 안고 방으로 들어가 숨기고 곡소리를 내지 않은 채 여전히 기를 들고 독전하였으므로, 온 배 안의 사람들은 전혀 그것을 알지 못했다.

도독이 왜적들 가운데 에워싸이자 우리 군사가 가서 구원해 내었는데,

정오 때쯤에 적이 크게 패하여 달아나고, 행장도 그 틈에 배를 띄워 바다로 도망쳤다. 진린이 사람을 보내어 공을 위로하려 하였는데, 우리 배에서는 이미 발상(發喪)한 때였으므로, 도독이 공의 죽음을 듣고는 의자 아래로 굴러 떨어져 바닥을 치며 대성통곡하고, 두 편 군대가 모두 울어 그 소리가 바다를 뒤흔들었다.

위에서도 관리를 보내어 제사를 지내주게 하고, 의정부 우의정(右議政)을 추증하였다. 영구를 아산으로 모셔 올리는 길에는 선비와 백성들이 나와서 울부짖으며 제사지내는 것이 천리에 끊이지 않았다.

그 이듬해(1599년)에 선영 아래에 장례를 모시고 고을에서도 조정에 청원하여 수영(水營)에 사당을 세우고 충민(忠愍)이라 사액(賜額)하였다. 거제에 사는 군사와 백성들도 역시 사당을 세워 때때로 빌고 제사를 모셨으며, 전라도 사람들은 동령(東嶺)에 비를 세워 슬퍼하고 사모하는 뜻을 표시하였다.

갑진년(돌아가신 후 6년: 1604년) 겨울에 비로소 임진년 이래의 전쟁 공로를 정리하였는데, 공으로써 으뜸을 삼고, 좌의정(左議政)을 추증하고, 효충장의(效忠仗義) 적의협력(迪毅恊力) 선무공신(宣武功臣)이란 녹권(錄券)을 하사하고, 또 덕풍부원군(德豊府院君)에 봉하고, 관리를 보내어 제사지내도록 하고, 논밭과 종들을 하사하는 등 애도하고 표창하는 예절을 갖추었다.

공의 부인은 상주(尙州) 방씨(方氏)였는데 정경부인(貞敬夫人)에 봉했다. 세 아들을 두었으니, 맏아들 회(薈)는 현감이요, 다음 아들 열(莅)은 정랑(正郞)이요, 그 다음은 면(葂)으로서 재주와 용맹이 뛰어나고 또 군사에 관한 일을 좋아하므로 공이 늘 자기를 닮았다고 칭찬하더니, 정유년(丁酉年)에 어머님을 따라 아산에 있다가 적을 만나 싸우다가 죽었다. 그리고 한 딸은 선비 홍비(洪棐)에게 시집갔고, 서자(庶子)는 두 사람으로 훈(薰)과 신(藎)인데 모두 무과에 올랐으나 벼슬은 못했다.

공은 집에 있어서도 행실이 돈독했었다. 두 형이 먼저 죽자 공은 너무도 슬퍼하며 그 외로운 조카들을 쓰다듬어 길렀고, 혼인을 치러 보내는 것도 자기 친자식보다 먼저 하였다.

그리고 그는 지조를 지킴이 곧고 깨끗하여 태산같이 우뚝 서 있어서 비록 학문에만 전력하는 선비로서 규율을 지키는 자라 하더라도 그에게 미치지 못하는 바가 있었다.

훈련원 벼슬은 무사의 직책으로 가장 하등의 것이었지만, 공은 즐거이 처하면서 다만 자기 몸을 바로 가질 뿐이었다. 재상 유전(柳㙉)이 공이 좋은 화살통을 가지고 있는 것을 보고 달라고 하자, 공은 "이까짓 것 하나야 하찮은 것이지만, 내가 바치고 대감이 받고 하는 것은 의리에 크게 해롭습니다."라고 하여 유정승이 굴복했었고, 또 병조정랑 서익(徐益)은 기운이 호탕하고 승벽이 있어 동료들도 모두 그를 꺼려했는데, 일찍이 훈련원 참하관(參下官) 하나를 계급을 뛰어넘어 승진시키려 하자, 공은 법규에 의거하여 그것을 반대하니, 서익도 공을 비난하지 못했다.

또 하옥한 후 처벌하는 문제를 논의할 적에 어떤 관원이 하는 말이, 뇌물 쓸 길이 있으니 그대로 하면 죽음을 면할 수 있을 것이라고 했으나, 공은 도리어 성을 내면서, 죽으면 죽는 것이지 어찌 구차하게 면하려 할 것이냐고 꾸짖었다.

그 스스로 신념을 지키고 아첨하지 아니함이 이와 같았으므로, 그는 반생을 불우하게 지냈으나 세상에서 알아주는 이가 없었다.
난리를 만나 드러나게 공로를 세워 그 정성이 위아래를 감동시켰지만, 그러고도 오히려 세속 평론에는 용납되지 못하고 옥 속에 갇히고 말게 된 것도 다 이 때문이었던 것이다.
그러나 공은 지혜를 내고 일을 지휘함에 있어서 한 가지도 실수하는 일이 없었고, 또 용기를 내고 기회를 결단하기만 하면 그의 앞에는 강한 적이 없었으니, 이것이 어찌 평소의 수양이 밑받침되어 된 것이 아니겠느냐.

그가 군사를 다스림에는 간명하면서도 법도가 있어서 한 사람도 망령되이 죽이지 않았기 때문에 온 군중이 한 뜻이 되어 감히 그의 명령을 어기는 자가 없었으며, 비록 기운을 뽐내는 억센 자라도 공을 바라보기만 하면 그만 굴복해버리고 마는 것이었다.
또 그는 전쟁에 임해서도 조용히 생각하며 항상 여유가 있었고, 또 나갈 만한 것을 보고야 나가며, 지켜야 할 때는 물러나면서 반드시 신중하게 세 번 나팔을 불고 북을 친 연후에야 군대를 돌리므로, 마지막 죽던 날에도 군대의 규율과 법도가 평일과 같아서 마침내 승첩하게 된 것이다.

진(陣)에 있을 때에는 척후를 멀리까지 보내고 엄중히 경계하기 때문에 적이 오는 것을 먼저 알아내어 모든 군졸들이 그의 신명함을 탄복했었고, 또 밤마다 군사들을 휴식시키고 자기는 스스로 화살을 다듬기도 하였으며, 언제나 사부(射夫)들에게 빈 활만 주고서 적선이 앞에 닥쳐온 후에야 화살을 나눠 주고 또 자기도 활을 당기어 같이 쏘는 것이었다. 그래서 부하 장수들은 공이 다시 탄환에 상할까 염려하여 팔을 잡고 말리면서 "어째서 나라를 위해 몸을 아끼지 않습니까?" 하고 말하면, 공은 하늘을 가리키며 "내 명은 하늘에 있거늘 어찌 너희들만 시켜 적을 대항하게 할 수 있겠느냐."라고 하였다. 죽음으로써 충성을 다하려고 처음부터 작정한 것이 이와 같았다.

오호! 우리 역사상의 장수들로서 보통 때에 조그마한 적을 만나 공로를 세우고 이름을 날린 이는 많았지만, 공과 같은 이는 나라가 쇠약해지고 전쟁을 꺼려하는 때에 천하에 더할 수 없이 강한 적을 만나서 크고 작은 수십 번 싸움에 모조리 다 이겨내어 서해를 가로막고 적들이 수륙으로 병진할 수 없도록 함으로써 나라를 다시 일으키는 근본을 삼은 것이니, 저 한 때의 공을 세운 신하들로서는 결코 따를 수 없는 일이다.

더구나 그의 몸을 세우는 절개와 국난(國難)에 죽는 충성과 또 행군하고 용병하는 묘리며 복잡한 사무를 처리하는 지혜 등은 이미 다 보고 아는 일인바, 비록 옛날의 명장이나 또 어진 장수들로서 백년에 한 둘밖에 나지 못하는 그런 인물로도 이 분을 넘어설 이는 없을 것이다. 공의 사적은 조정과 민간에 기록된 것이 많고 또 군사와 민중들로 그를 사모하여 읊은 시들도 여기에 이루 다 적을 수 없으므로, 이제 우선 그 대강만 모아서 이 글을 지어 삼가 태상시(太常寺)에 고하여 이름을 바꾸어 시호(諡號)를 내림에 참고로 보게 하는 바이다.

【*이식(李植): 충무공과 같은 덕수(德水) 이씨(李氏)로서 자(字)는 여고(汝固), 호(號)는 택당(澤堂)이다. 선조 17년 갑신(甲申. 1584)년에 태어나니 율곡(栗谷)이 죽던 해이고 충무공은 40세 되던 해이며, 임진왜란이 일어나기 8년 전이다.

26세에 생원(生員), 그 다음해에 문과(文科)에 급제하고, 33세에 선전관이 되었다가 광해조의 어두운 정치를 싫어하여 벼슬을 버리고 동곡(東谷)으로 돌아가 숨어 살았다. 그러다가 인조(仁祖)가 일어서자(1623

년) 이조 좌랑(佐郞)이 되고, 승지(承旨), 대사성(大司成), 양관(兩館)의 대제학(大提學) 등을 거쳐, 병자호란이 있은 뒤 인조 20년 59세 되던 해에는 청나라 사람에게 묶여 옥중에 구금도 당했으며, 다시 풀려나와서는 대사헌(大司憲), 형조 판서, 예조 판서, 이조 판서 등을 지내고, 인조 25년(1647)에 64세로 죽었다.】

4. 국조보감(國朝寶鑑)

○전라수군절도사 이순신이 경상도로 구원 나가 왜병을 거제 앞 바다에서 크게 깨뜨렸다.

왜병이 바다를 건너오자 경상우수사 원균(元均)이 형세가 대적할 수 없음을 알고 전함과 무기를 모두 물 속에 집어넣고 수군 1만여 명을 해산시키고는 다만 옥포 만호 이운용(李雲龍), 영등포 만호 우치적(禹致績)과 함께 남해 고을 앞에 배를 대고 육지로 올라가서 적을 피하려고 하였다. 이에 이운용이 항의하여 말하기를, "사또는 나라의 중한 책임을 맡았으니 의리상 자기 경계 안에서 죽는 것이 마땅합니다. 이곳은 충청도와 전라도로 가는 병목이니 이곳을 잃어버리면 호남(湖南)과 호서(湖西)가 위태로워질 것입니다. 이제 우리 군사들이 흩어지기는 했으나 오히려 모을 수도 있고 또 전라도 수군에 구원을 청할 수도 있는 것입니다."라고 하였다.

원균도 그 계책을 따라 율포(栗浦) 만호 이영남(李英男)을 보내어 이순신을 만나보고 구원을 청하게 하였다. 이순신도 방금 모든 포구의 수군들을 본영 앞바다에 모아 놓고 적이 오면 싸우기로 하고 대기하던 중이었다.

이영남의 말을 듣고 여러 장수들은 대부분 말하기를, "우리가 우리 관내를 수비하기에도 부족한데 무슨 힘으로 다른 도까지 나갈 수 있겠는 가."
하는 것이었는데, 오직 녹도(鹿島) 만호 정운(鄭運)과 군관 송희립(宋希立)이 분개하여 눈물을 지으며 이순신에게 진격하기를 권하면서 말하기를,
"적을 토벌하는 일에 어찌 내 도, 네 도가 있을 수 있습니까. 먼저 적의 총부리를 꺾어 놓아야만 본도도 보전할 수 있을 것입니다."라고 하니, 이순신이 크게 기뻐하였다.

광양 현감 어영담(魚泳潭)이 자기가 물길을 인도하겠다고 자청하면서 앞을 나섰다. 마침내 출발하여 원균을 거제 앞바다에서 만났는데, 원균이 이운룡(李雲龍)과 우치적(禹致績)을 시켜서 선봉장이 되게 하여 옥포에 도착하여 왜선 30척을 만나 진격하여 크게 깨뜨리니, 남은 적들은 육지로 올라 도망가므로 배들을 모조리 불태우고 돌아왔다.
다시 노량에서 싸워 적선 30척을 불태우자 적들은 모두 빠져 죽었는데, 이번 싸움에서 이순신이 왼편 어깨에 탄환을 맞았지만 오히려 종일토록 독전하고 전쟁이 끝난 뒤에야 비로소 사람을 시켜 칼끝으로 탄환을 파내게 하니 온 군중이 그제야 알았다.

처음에 이순신이 대규모로 전쟁 준비를 할 적에 독창적으로 거북선을 만들었는데, 그 제도는 배 위에 널판자를 깔아서 거북 등처럼 만들고, 그 위에는 십자(十字)로 작은 길을 내어 사람들이 통행할 수 있도록 하고 그 나머지는 모두 칼과 송곳을 빽빽이 박았다. 앞에는 용의 머리를 만들었는데 입은 총 구멍이 되고, 뒤에는 거북꼬리를 만들었는데 꼬리 밑에도 총 구멍이 있었다. 또 좌우편에 총구멍이 여섯 개씩이며, 군사들을 그 속에 감추어 두어 사방으로 대포를 쏘게 하고 전후좌우로 다니

는데 빠르기가 나는 것 같았다.
싸울 적에는 거적자리를 덮어 송곳과 칼끝이 안 보이게 하여 적이 뛰어 올라 오다가는 송곳칼에 꺼꾸러지고, 둘러싸면 큰 총을 한꺼번에 쏘아대기 때문에, 적선들 속으로 마구 돌아다녀도 우리 군사는 피해가 없고 향하는 곳마다 적들만 쓰러지니, 이리하여 언제나 승리하였다. 조정에서는 이순신의 승첩보고를 받고 가선대부로 올렸다.

○이순신이 연이어 왜병을 격파하였다. 이순신이 본영에서 사량(蛇梁)으로 나가 진을 치고 적선을 당포(唐浦)에서 만났는데, 적장은 큰 배를 타고 누각에 앉아 독전하므로, 순신은 군사를 이끌고 진격하며 총탄과 화살을 누각 위로 마구 쏘아대니 왜장이 먼저 화살에 맞아 물에 떨어지는지라, 마침내 덮쳐 무찔러 크게 깨뜨렸다.
그러자 전라좌수사 이억기(李億祺)가 휘하의 수군을 모두 이끌고 와서 같이 당항포(唐項浦)에 이르러 왜선을 만나 크게 싸웠는데, 또 다시 다락 위에 있는 적장을 쏘아 죽여 그 머리를 베고, 적선 30척을 쳐서 부수니 적이 크게 패하여 육지로 올라가 흩어졌다.
또 영등포(永登浦)에서 싸우면서도 적선 전부를 섬멸시키니, 이로부터 수군의 명성이 크게 떨쳤고, 승첩한 소식이 위에 들리어 이순신의 품계를 자헌대부(資憲大夫)로 올려주었다.

○이순신이 왜병을 고성(固城) 땅 견내량(見乃梁)에서 크게 깨뜨렸다. 이때 왜적이 대규모로 해군을 발동하여 호남을 향하려 하므로, 순신이 이억기와 함께 각각 부하들을 거느리고 나아가 적을 견내량에서 만났다. 적선들이 바다를 덮어 나오는데, 원균은 지금까지 승첩한 자랑으로 바로 쳐들어가려 하므로, 이순신이 말하기를 "이곳은 바닷목이 좁고 얕아서 방략대로 싸우기가 어렵소. 저 큰 바다로 꾀어내어 격파해야 하

오."라고 하였으나 원균이 듣지 않으므로, 순신은 또 다시 말하기를, "공은 그렇게도 전술을 모르시오?" 하고는 여러 장수들에게 명령하여 짐짓 패한 체하며 물러나게 했더니, 적들이 과연 이긴 기세를 타고 따라 나오는지라, 한산도 앞바다에 이르러 갑자기 군사를 돌려서 싸우기를 재촉하니, 대포 불꽃에 바다가 끓고 적선 70여 척을 모조리 무찌르니 붉은 피가 바다에 넘쳤다.

또 그들의 후원군을 안골포(安骨浦)에서 반격하여 무찌르자 적들이 언덕으로 올라가 달아나므로 그들의 배 40척을 불태웠다. 왜군들 속에서 전하는 말이, 조선 한산의 전투에서 왜군의 죽은 자가 9천 명이라고 하였다. 이 일이 임금에게 들려서, 순신에게 정헌대부(正憲大夫)의 품계를 올려주고 글을 내려 칭찬하였다.
이때 이순신은 수군으로써 서해 어귀를 막고 김성일(金誠一) 등은 진주(晉州) 요해지를 지키고 있었으므로 적들은 부산 길을 거쳐 호남 지경으로 들어오다가 여러 번 실패를 본 후 오던 길로 되돌아갔기 때문에 충청도까지도 함락을 당하지 않았으며, 그래서 우리나라는 이 두 도를 힘입어 군량을 댈 수 있었던 것이니, 한때 장수들의 수비한 공로가 참으로 큰 것이었다.

○전라좌수사 이순신이 진을 한산도(閑山島)로 옮기기를 청하므로 허락하였다. 섬은 거제 남쪽 30리 거리에 있는데, 산세가 둘러싸서 배를 감추기에 편리하며, 왜선들이 호남을 침범하려고 하면 반드시 이 길을 거쳐야 했다. 이순신은 본진(麗水)이 한 편에 치우쳐 있어 적을 방어하기에 어려우므로 이 청원을 올린 것이다.

○이순신에게 삼도수군통제사(三道水軍統制使)를 겸직하게 하고 본직

은 그대로 가지게 하였다. 조정의 의논이, 삼도의 수군들이 서로 통일되지 않기 때문에 특별히 통제사(統制使)를 두어 주장하게 해야 한다고 하였다. 순신이 육지에서는 군량 조달이 곤란하기 때문에 체찰사(李元翼)에게 청하여 "다만 해안지대 한 구역이라도 맡겨 주면 군량과 무기를 스스로 마련하겠다."라고 하였다. 그래서 이때에 이르러 바다에서 소금을 구워 팔아 군량이 여러 만 섬이 되고, 영문 안 막사와 기구들이 완비되지 아니한 것이 없었고, 백성들을 모아들여 큰 진이 이루어졌다.

○한효순(韓孝純)을 한산도로 보내어 무과(武科) 과거를 실시하게 하고, 수자리 사는 군사들에게 시험을 치게 하여 급제(及第)를 주도록 하니, 이것은 통제사 이순신의 요청에 의한 것이었다.

○적이 우리 수군을 습격하여 깨뜨렸으므로, 통제사 원균이 패하여 죽고 전라수사 이억기(李億祺)와 충청수사 최호(崔湖) 등도 죽었다. 한산도에서 패배한 보고가 이르자 조정과 민간이 모두 놀랐다. 위에서 비변사 여러 대신들을 불러 대책을 물었던바, 경림군(慶林君) 김명원(金命元)과 병조판서 이항복(李恒福)이 대답하기를, 지금 상황에서는 오직 이순신을 다시 통제사로 삼는 길밖에 없다고 하니, 위에서도 그대로 허락하였다.

○통제사 이순신이 적병을 강진 땅 고금도(古今島)에서 크게 깨뜨렸다. 순신이 명나라 도독 진린(陳璘)과 함께 방금 술을 마시고 있다가 적이 습격하려 한다는 말을 듣고 여러 장수들을 시켜 정비 단속하고 대기하게 했었다. 얼마 있다가 적선이 크게 닥쳐오므로, 순신이 몸소 수군을 이끌고 적진 속으로 돌입하여 화포를 쏘아 50여 척을 불태우자 적들은 마침내 도망가고 말았다.

○행장(行長)이 순천 왜교(倭橋)에 성을 쌓고 굳게 지키며 물러가지 않으므로, 유정(劉綎)이 나가 공격하여 이순신도 진린과 함께 바다 어귀를 막고 공격하였다.

행장이 사천(泗川)의 적장 심안돈오(沈安頓吾: 島津義弘)에게 구원을 청하자, 돈오가 물길을 따라서 구원하러 오는 것을 순신이 진격하여 크게 깨뜨렸다. 적선 100여 척을 불태우고 죽이고 노획한 것도 무수했으며, 뒤쫓아 남해 지경까지 이르러서는 순신이 몸소 화살과 탄환을 무릅쓰고 힘써 싸우다가 지나가는 탄환에 가슴을 맞았다. 곁에 있던 사람들이 부축하여 장막 안으로 들어갔는데, 순신은 "전쟁이 한창 급하니 내가 죽었다는 말을 내지 마라." 하고 말을 마치자 운명하였다.

순신의 조카 완(莞)이 그의 죽음을 숨기고 순신의 명령대로 독전하기를 한결 더 급히 하여 온 군중이 알지 못했다.

진린(陳璘)이 탄 배가 적에게 포위되므로 완이 군사를 지휘하여 구원하니 적이 흩어져 갔는데, 진린이 사람을 순신에게 보내어 자기를 구원해 준 것에 감사의 인사를 하려다가 비로소 순신이 죽었다는 말을 듣고는 의자에서 바닥으로 굴러 떨어지며 가슴을 치면서 크게 통곡하였다. 우리 군사들과 명나라 군사들도 순신의 죽음을 듣고 온 군중이 통곡했으며, 조정에서는 우의정(右議政)을 추증하였다.

○궁중 대청에 모인 원로와 대신들이 임금께 아뢰기를,

"신축년(辛丑: 선조 34년. 1601년)에 훈공을 책정할 때 호종(扈從: 임금을 모시고 감)과 정왜(征倭: 왜적을 침) 등 공신을 둘로 나누었다가, 그 이듬해인 임인년(壬寅: 1602년) 가을에 합동하여 등록하자는 의견이 생겨서 즉시 품의를 올려 개정하였던 것입니다. 이제 간관(諫官)들이 또 다시 갈라서 등록하자고 청하면서 그 중에서 삭제한 자가 27명이고, 뒤에 등록한 정운(鄭運) 등도 모두 아울러 삭제해야 한다고 하니, 그렇게 되면 왜적을 친 무장으로 남는 자라고는 다만 이순신(李舜臣), 권율(權慄), 원균(元均), 고언백(高彦伯) 네 사람 뿐이게 됩니다.

영천에서 수복한 공로가 있는 권응수(權應銖)와 같은 사람과 수군에 있어서 이억기(李億祺), 신주에서 승첩한 공로를 세운 조경(趙儆), 진주에 있어서 김시민(金時敏), 이광악(李光岳), 연안에 있어서 이정암(李廷馣) 등이 모두 성읍(城邑)을 보전한 공로가 있는데 다 함께 삭제해 버린다면 뒷날 무장들의 마음이 흩어져버릴 것을 걱정하지 않을 수 없습니다. 임진란 초기에 신점(申點)이 옥하관(玉河館)에 있다가 왜변의 소식을 듣고 통곡하며 구원병을 청했는데, 그 뒤에 대국의 군대가 출동하게 된 것은 사실 신점의 힘이었건만 홀로 참여치 못하였는바, 이 몇 사람들은 모두 당연히 참여해야 할 것입니다.

또 두 가지 공신이 당초에는 그 수가 매우 많았기 때문에 4등으로 나누었던 것인데, 이제 이미 명분을 나누어서 등록하기로 한다면, 청컨대 3등으로 책정하고 군량 주청한 사신도 정왜(征倭) 공신 속에 옮겨 등록하도록 하심이 좋겠습니다."

위에서도 그대로 허락하여(그 뒤 호종(扈從)을 고쳐서 호성(扈聖)이라 부르고, 정왜(征倭)를 선무(宣武)라고 부르게 되었다.) 크게 공신을 표창했는데, 서울에서부터 의주까지 끝까지 왕의 수레를 수행한 사람을 호성공신(扈聖功臣)이라 하고, 왜적을 정벌한 여러 장수와 군량 주청한 사신들을 선무공신(宣武功臣)이라 하고, 이몽학(李夢鶴: 충청도에서 반란을 일으킨 자)을 토벌하여 평정한 사람들은 청난공신(淸難功臣)이라 하여 모두 3등으로 나누고, 서로 차등을 두어 칭호를 내리었다.」

【*국조보감(國朝寶鑑): 조선 역대 임금의 뛰어난 치적을 적은 책으로 세조(世祖) 때 신숙주(申叔舟) 등이 편집한 태조(太祖), 태종(太宗), 세

종(世宗), 문종(文宗)의 사조보감을 비롯하여 철종(哲宗)에 이르기까지 역조의 보감이 있다. 따라서 여기서 말하는 국조보감은 선조 시대의 역사적 사실을 편년체 형식으로 기록해 둔 것이다.】

5. 선묘중흥지(宣廟中興誌)

○선조 24년 신묘년(辛卯: 1591년) 7월에 비변사에서 논의하기를, 왜적들이 해전에는 능하지만 육지에 오르기만 하면 민활하지 못하다고 하여 육지 방비에 전력하기를 주청하고, 또 대장 신립(申砬)도 수군을 철폐하자고 청하여, 마침내 호남과 영남 큰 고을의 성들을 증축하고 보수하도록 명령하였다.

이때 전라좌수사 이순신이 장계하기를, "해적을 막는 데는 해전이 제일이므로 수군을 결코 폐해서는 안 됩니다."라고 하여, 위에서도 그 말을 따랐다. 이때 벌써 왜국과의 사이에 흔단이 벌어졌건만, 조정과 민간은 무사태평으로 지내고 이순신만이 홀로 걱정하여 크게 전함을 보수하고 군사들을 다스림에도 법도가 있었다.

○임진년 4월에 왜적의 괴수 평수길(平秀吉)이 16만 명의 대군을 출동시켜 모리휘원(毛利輝元)으로 원수(元帥)를 삼고 평수가(平秀家)를 부원수로 하여 대장 15명을 거느리고 평의지(平義智)가 선봉이 되어 바다를 건너 침략해 들어왔다.

○5월에 전라좌수사 이순신이 영남으로 출정하여 왜적을 해상에서 연달아 격파하였다. 경상좌수사 원균(元均)이 남해에서 전함을 모조리 침

몰시키고 수군 1만여 명을 해산시킨 다음, 홀로 옥포 만호 이운룡(李雲龍)과 영등포 만호 우치적(禹致績)과 함께 포구에 모여 정박하고 육지를 찾아 올라가 적을 피하려고만 하므로, 이운룡이 항거하여 말하기를, "공은 나라의 중책을 맡은 사람이므로 의리상 자기 경계 안에서 죽는 것이 마땅하오. 이제 우리 군사들이 비록 흩어졌다고 하더라도 오히려 모아들일 수도 있고, 또 전라도 수군에 구원을 청해올 수도 있을 것이오." 하자, 원균도 그 계책을 좇기로 하고 사람을 시켜 이순신에게 가서 구원을 청하도록 하였다.

이순신이 여러 장수들을 모아 의논하니, 여러 장수들이 모두 말하기를, "직책에는 분담하는 한계가 있고, 군대에는 맡겨진 지역이 있습니다. 우리가 우리 지역을 지키기에도 오히려 힘이 모자라는데 무슨 여가에 다른 도에까지 나간다는 말입니까." 라고 하였다. 그러나 군관 송희립(宋希立)과 녹도 만호 정운(鄭運)은 말하기를, "그렇지 않습니다. 적을 치는데 어찌 내 도 네 도가 있을 수 있습니까. 지금 영남 해안 여러 진이 모두 함락되는데, 우리가 한 도의 온전한 군사를 가지고 그냥 보고 있기만 하고 구원하지 않아서 영남 수군이 오늘 모두 함몰된다면 내일 일을 어떻게 처리할 것입니까." 라고 하는 것이었다.
이때 이순신은 크게 기뻐하며 큰 소리로, "내가 물어본 것은 잠시 너희들의 의견을 들어보려고 한 것이다. 오늘 우리가 할 일은 진격이 있을 뿐 퇴각은 없다. 감히 싸울 수 없다고 말하는 자가 있으면 목을 벨 것이다." 라고 하였다.

그래서 약속을 정하고 규율을 엄하게 하니 온 군중이 조용해졌다. 곧 전함 40척을 모아가지고 나아가 노량에서 원균(元均)과 만났더니, 원균은 너무 기뻐서 울면서 감사하였다. 마침내 진군하여 옥포(玉浦)에 당도하니 적들이 막 배에서 내려 불을 지르고 노략질을 하다가 졸지에 우리 군사가 이르는 것을 보고는 모두 크게 놀라서 아우성치며 배에 올라타고 나오는 것이었다.

이순신이 기세를 올려 북을 치고 큰소리치며 나아가 급히 공격하여 크게 깨뜨리니, 적이 낭패하여 육지로 올라가 흩어졌으며, 왜장은 의관과 무기를 모두 벗어 던지고 도망쳤다. 왜선 30척을 불태우니 연기가 하늘을 뒤덮었으며, 군량과 기구를 노획한 것이 1천여 점이었다.

다시 적미포(赤彌浦)에서 적을 격파하여 배 10여 척을 부수고, 월명포(月明浦)에 이르러 적이 서울을 함락하였다는 소식을 듣고는 이순신이 서쪽을 향하여 통곡한 뒤에 군사를 거느리고 본영으로 돌아왔다.

얼마 뒤 임금의 수레가 평양에 머무르신다는 소식을 듣고 그제야 손바닥을 어루만지며, "임금님께서 무사하시다니, 이제는 근심이 없다."라고 하였다. 그리고 다시 진군하여 원균과 회합하였다.

왜병을 사천(泗川) 땅 천암(千岩)에서 만났는데, 순신이 뱃머리에 올라 앞장서니 여러 장수들이 따라 나갔다. 녹도 만호 정운(鄭運)이 적의 층루선 아래로 돌격해 들어가서 닻을 끊고 불태우자 여러 군사들이 다투어 나가 적선 10여 척을 깨뜨렸다.

이순신은 이때 왼편 어깨에 탄환을 맞았지만 그대로 활을 잡고 싸움을 독려하고, 전투가 끝난 다음에야 어깨를 헤치고 탄환을 뽑아내며 천연스럽게 웃고 이야기하니, 온 군중이 그제야 알고 놀라지 않는 이가 없었다.

이튿날 아침 월명포(月明浦)로 진군하니 적선이 새벽 바다 안개 낀 속으로 수없이 들어오는 것이었다. 순신은 적이 많이 들어오므로 잠깐 물러가서 형세를 보리라 하고 군사를 지휘하여 퇴각하였다. 얼마 뒤 적선은 큰 바다 위로 구름같이 모여 들었다. 순신은 군사를 정돈한 채 요동하지 않고 이따금 전선 2~3척을 내어보내어 교대해 가면서 적의 행동을 시험해 보기만 하였다. 해질녘에 적이 조수를 따라 달아나기에 순신은 다시 군사를 이끌고 전진하였다.

일찍이 이순신이 독창적인 생각으로 거북선을 만들었는데, 그 제도는, 배 위에 널판자를 깔아 거북 등 같이 만들고, 그 위에는 십자로 된 좁은 길을 내었으며, 그 밖에는 줄줄이 송곳칼을 꽂았다. 앞에는 용의 머리처럼 만들었는데 그 입은 총구멍이 되었고, 뒤는 거북꼬리처럼 만들었는데 꼬리 아래에도 총구멍이 있었고, 좌우편에 총구멍이 각각 여섯 개씩이요, 군사들을 그 아래 감추고 사면으로 대포를 쏘며 전후좌우로 자유자재로 움직였는데 그 빠르기가 마치 북(梭)과 같았다. 싸울 때는 거적을 덮어 송곳칼이 보이지 않게 하여 적이 뛰어 오르면 거기에 찔리고, 둘러싸면 총포를 일제히 발사하였다. 적진 속으로 마구 다녀도 우리 군사들은 상함이 없고 가는 곳마다 적이 쓰러졌다.

○6월에 이순신이 왜인을 당포(唐浦)에서 격파하고 그 장수 우시축전수(羽柴筑前守)를 베었으며, 또 당항포(唐項浦)에서 싸워 크게 이기고 그 장수를 베었다.
이순신이 진군하여 당포에 이르니 왜장 우시축전수가 누각이 있는 큰 배를 타고 큰 배 20척을 지휘하며 항전하였는데, 화살이 그 놈의 이마에 들어맞고도 얼굴빛이 변하지 않고 태연스레 독전하므로, 순천 부사 권준(權俊)이 창검을 무릅쓰고 돌입하여 화살 하나로 가슴팍을 꿰고, 소교(少校) 진무성(陳武晟)이 누각 위로 뛰어 올라가 목을 베자 왜적이 모두 겁을 먹고 퇴각하므로, 마침내 이긴 기세를 타고 진격하여 왜선을 모조리 깨뜨렸다.

싸움을 끝내고 군사들이 피곤하여 좀 쉬려고 하자 적이 또 뱃머리를 치며 크게 들어오므로 온 군중이 놀라 겁을 내었다. 좌우에서 적이 온다고 보고했으나 이순신은 짐짓 못 들은 척하고, 두 번째 보고했으나 역시 대답하지 않다가, 세 번째 보고하자 이순신은 문득 노획해 두었던 큰 층루선을 적과 서로 떨어지기를 약 1리쯤 되는 곳까지 끌고나가 불 태우게 하니, 쌓아 두었던 화약이 한꺼번에 터져 폭발음과 화염이 천지를 진동하였다. 적들은 그것을 둘러서서 보다가 기세가 꺾여 달아나고 말았다. 그날 밤 군대 안이 헛 경보에 놀라서 소란해졌지만, 순신은 자리에 누운 채 꼼짝도 하지 않고 있다가 한참 뒤에 사람을 시켜서 요령을 흔들게 하니 그제야 진정되었다.

그때 전라좌수사 이억기(李億祺)가 역시 수군을 이끌고 와서 마침내 합세하여 진군하였다. 적선 30여 척을 당항포에서 만났는데, 왜의 대장은 삼층으로 된 큰 누선을 타고 있었으며, 돛은 검은 배로 만들었고 휘황찬란하게 꾸미었다. 이순신이 함정을 지휘하여 일제히 진격하자 적은 당해내지 못하고 도망가려 하므로, 이순신이 말하기를, "적이 만약 육지로 올라가면 잡을 수 없다."고 하면서 한 쪽을 틔워놓아 꾀어내니, 적들이 과연 바다 가운데로 나오는 것이었다. 군사들을 독려하여 포위 공격하며 화전(火箭)으로 그 배의 돛을 쏘아 불길이 하늘을 찌르자 군사들이 기세를 올려 적을 함몰시키고 마침내 그 대장을 베었다. 그리고 왜병 3천 명을 모두 섬멸하였는데, 그 중에 적장 한 명은 화살 열 개를 맞고서도 크게 외치며 항전하다가 죽었다.

또 그들의 남은 군사를 영등포에서 격파하여 모조리 죽이니 군대의 위세가 크게 떨쳤다. 적선들이 모두 달아나 부산으로 들어가므로 이순신 등도 군사를 거느리고 돌아왔다.

적들이 다시 서쪽으로 향하겠다고 큰소리는 치면서도 실제로는 가지 못하고 다만 눈을 부릅뜨고 칼을 빼어 들고 가리킬 다름이었다. 바다를 건너올 때마다 먼저 높은 곳으로 올라가 멀리 해상을 조망한 다음에야 떠났는데, 어느 날 밤에는 고기잡이 하는 불을 바라보고 잘못 알고 놀라서 달아나기도 하였다.

○7월에 평수가(平秀家)가 남해로 쳐들어왔으므로 이순신이 한산도 아래에서 요격하여 크게 깨뜨리고, 또 안골포(安骨浦)에서도 깨뜨리니 수가(秀家)가 서울로 달아나 돌아갔다.
이때 적은 육지를 유린하여 가는 곳마다 승리했으나 다만 수군만은 뜻대로 하지 못했는데, 평수가가 이 소식을 듣고 팔을 휘두르며 자기가 담당하겠다고 나서서 군사를 거느리고 바다로 내려와 장차 호남을 침범하려 하였던 것이다.

원균이 형세가 급한 것을 이순신에게 알리니, 이억기와 함께 군사를 합하여 진군하여 적병을 고성 땅 견내량(見乃梁)에서 만났다. 원균이 곧장 나아가 공격하려고 하자, 이순신은 말하기를, "견내량은 지형이 좁아서 마음대로 싸울 수 없으니 적을 넓은 바다로 유인해 내어 공격해야만 전부 섬멸할 수 있다."고 하고는 선봉선을 시켜 적을 시험하여 짐짓 패한 체하고 물러나게 하니, 수가(秀家)가 과연 전군을 지휘하여 따라 나오는 것이었다. 한산도 앞까지 유인해 나오니 해변이 광활하였다.

이순신이 곧 군사를 돌려서 함정을 연결하여 학익진(鶴翼陣)을 만들고 북치고 고함치며 일제히 나아가니 대포 연기가 바다를 덮었다. 권준(權俊)과 어영담(魚泳潭)이 앞장서서 쳐부수고 정운(鄭運) 등이 뒤를 이어 잠시 동안에 적선 60여 척을 깨뜨리고 적장 2명을 베고 1명을 사로잡앉으며, 적병으로 목 베고 물에 빠져 죽은 자가 얼마인지 헤아릴 수 없었으며 비린 피가 바다에 넘쳤다. 평수가는 겨우 10여 척의 배를 가지고 빠져 나갔다.

이순신이 다시 안골포에 진을 치고 있던 적의 후원부대를 공격했는데, 적이 물 위에 울타리와 누각 배를 마련하고 배는 쇠로 쌌다. 항구의 좁은 물목에서 적이 결사항전 하므로, 이순신이 어렵게 생각하여 배를 돌려 물러나려 하다가, 정운이 "날이 아직 이르고 전투가 한창 급합니다."라고 하므로, 이순신이 북을 쳐 호령하며 들어가 종일토록 크게 싸워 많은 적병을 죽이고 적선도 많이 깨뜨리자, 적들의 기세가 크게 꺾여 배를 버리고 육지로 올라갔다.

그날 밤 적들은 시체를 10여 무더기로 쌓아 놓고 불사른 다음 모든 장비를 다 버리고 도망쳤는데, 두 차례 싸움에 왜병을 죽인 것이 9천여 명이었다. 이때 수가가 도망가서 서울로 돌아갔더니 여러 왜적들이 놀라고 겁을 내었으며, 다시는 감히 서쪽 바다를 엿볼 생각을 못하였다.

전에 평행장(平行長)이 평양에 이르러 편지를 보냈는데, "일본 해군 10여 만 명이 또 서해를 거쳐 올라올 텐데 대왕의 수레는 이제 어디로 갈 것입니까?"라고 하였으니, 그것은 적의 육해군이 합세하여 서해를 올라올 계획이었음을 말한 것이다. 그랬다가 순신이 바다를 막아 여러 번 승첩했기 때문에 행장이 겁이 나서 주저하며 감히 다시 전진하지 못했던 것이다.

순신은 군중에서 밤에도 갑옷을 벗지 않았고, 잘 때도 북을 베개 삼아 베었는데, 견내량에 있을 때에 밤에 달빛이 하도 밝으므로 순신은 문득 일어나서 여러 장수들을 불러 모아놓고, "적은 간사한 꾀가 많다. 캄캄한 밤에는 의례히 우리를 습격해 오겠지만, 오늘 밤에는 달이 밝으니까 방비가 없을 줄 알고 역시 올 것이다."라고 하고는 곧 호각을 불어 닻을 올리게 하였다. 그때 달은 서산에 걸렸는데 적선이 과연 산기슭의 검은 그늘 쪽으로 붙어 수없이 나오는 것이었다. 그래서 우리 편 군사들이 대포를 쏘면서 북을 치고 고함을 지르자 적이 크게 놀라 물러갔는데, 여러 장수들이 모두 신기하게 여기었다.

○8월에 이순신이 부산을 공격했는데, 녹도 만호 정운(鄭運)이 죽고, 순신은 군사를 거느리고 돌아왔다.

이때 순신이 여러 장수들에게, "부산은 적의 근거지다. 나가 쳐서 뒤엎으면 적이 근거지를 잃어버릴 것이다."라고 하고 마침내 부산으로 나가 그 선봉을 격파하고 유격 군대로 큰 배 30척을 불태워버렸다.

정운이 승리한 기세를 타서 앞장섰는데, 적은 5백여 척의 함정을 해안에 벌려 세우고 기다리는 것이었다. 조방장 정걸(鄭傑)이 정운에게 "날이 거의 저물었고 적의 형세도 성대하니 군사를 휴식시키고 형편을 살피는 것만 같지 못하오. 내일을 기다려서 결전하더라도 늦지 않을 것이오."하고 말하였으나, 정운은 "내가 적과 함께 살지 않기로 맹세했는데 무엇 때문에 내일까지 기다릴 것이오."하고 급히 노를 저어 앞장섰다. 순신의 큰 군사가 뒤따라 이르니 적이 무서워서 모두 배를 버리고 언덕으로 올라가서 총을 마구 쏘는 것이었다. 순신도 함정을 널리 벌려 연안을 포위하고 쏘아 많은 적을 살상하였다.

그리하여 적선 1백여 척을 깨뜨렸는데, 적들은 내려다보면서도 감히 구원하지 못하는 것이었다. 오래 싸우고 날도 저물어 이순신이 배를 돌려 물러났는데, 바다 한 가운데로 나오기 전에 정운이 갑자기 큰 탄환에 맞아 죽으니, 이순신이 큰 소리로 통곡하며 "나라가 바른 팔을 잃었다."라고 하였다.

이때 적이 많은 병력으로 오랫동안 부산에 머물면서 성벽과 누각 배들을 고쳐 만들어 차리고 웅거한 품이 장엄했기 때문에, 이순신은 쉽사리 함락시킬 수 없을 것임을 알고 군사를 거느리고 본영으로 돌아와 명나라 군사가 오기를 기다렸다.

○ 계사년(1593년) 2월에 이순신이 웅천(熊川)으로 나아가 왜병을 공격하였다.
정부에서 순신 등을 시켜 병력을 합해 나가 바다를 가로 막고 명군과 호응하게 하므로, 순신은 수군을 연합하여 전진하였다.
그때 적병은 이미 웅천의 바닷목을 차단하고 두 편 언덕에 방어진을 구축했는데, 순신이 오는 것을 보고는 배를 포구 깊숙이 감추고 감히 나오지 못하였다. 우리 편 군사들이 드나들며 유인했으나 끝내 움직이지 않으므로, 순신이 함정들을 지휘하여 산협을 둘러싸고 대포와 화살을 치쏘아 적의 전사자가 매우 많았다.

군관 이설(李渫) 등이 왜선 3척을 쫓아 붉은 갑옷 입은 왜장을 쏘아 죽이고 그 군사를 전부 섬멸하였는데, 혹시라도 복병이 있을까 하여 더 깊이 들어가지는 않았다.
이순신이 경상우감사 김성일(金誠一)에게 요청하여 수륙으로 협공하자고 제의하였으나, 김성일은 병력이 적다고 거절하므로, 이순신은 다시 여러 장수들에게 "적병이 나와 싸우지 못하는 것은 우리 수군을 무서워하는 것이지 복병하고 있는 것은 아니다." 하고는 가볍고 빠른 배 15척을 내어 보내어 포구 가운데를 뚫고 들어가 대포로 적의 함정을 연달아 쳐부수었다. 그리고 군사를 나누어 육지로 올라가 좌우로 둘러싸고 진천뢰(振天雷)까지 아울러 쏘아대니 부딪히는 곳마다 엎어져 죽은 적의 시체가 삼대 쓰러지듯 했다. 대장 한 명을 죽였다.

전후 여덟 번 싸움에서 적들을 수없이 죽이니 적의 형세가 크게 꺾이고 진영마다 통곡하는 소리가 높았으나, 그러면서도 적은 그대로 요해지에 의거하여 굳게 수비하는 것이었다.

○4월에 이순신이 군사를 돌려 본영으로 돌아왔다.
이순신이 웅천 바다에서 15일 동안이나 군사를 머물고 있었는데, 적들은 요해처를 의거하여 지키고만 있고 명나라 군사들은 끝내 내려오지 않았으며, 게다가 전염병까지 크게 유행하였다. 그래서 이순신이 "지금 명나라 군사 소식은 묘연한데 여러 고을의 왜적은 그대로 튼튼히 자리 잡고 있다. 우리에게는 서로 협조하는 세력이 없고 적들은 유리한 지세를 차지하고 있는 것이다. 만일 다시 배를 버리고 상륙한다면 우리의 장점을 포기하는 것으로서 실정이 드러나고 세력이 꺾일 것이요, 또 원정하는 날이 길어지면 날씨는 점점 더워지고 병만 크게 유행하게 될 것이다. 이 두 가지에는 한 가지도 이로운 것이 없다. 더구나 지금 국가의 군량을 호남에만 의존하고 있는 형편인데, 농사철을 당해서 장군들은 창을 메고 나섰고 늙은이와 어린이는 군량운반에 피곤하여 연해안 여러 고을 백성들은 모두 생업을 잃어버리게 되었으니 이것은 작은 일이 아니다."라고 하고는, 이억기 등과 함께 군사를 돌려 본영으로 돌아와서 군사들로 하여금 교대로 고향으로 돌아가 농사를 짓게 하였다.

○7월에 이순신이 진을 한산도(閑山島)로 옮겼다.
이순신은 본영이 한편에 치우쳐 있으므로 적을 방어하기에 곤란하다고 하여 진영을 한산도로 옮기기를 주청하여 허락하였다.
한산도는 거제 남쪽 30리에 있어 산세가 둘러 처져 배들을 감추기에 편리하므로, 이순신은 군사를 옮겨 주둔함으로써 거제에 있는 적과 대진해 있게 되었다.

적선 10여 척이 견내량으로 향하는데, 이순신은 그것이 우리를 유인하는 군사임을 알고 관군을 시켜 추격하되 깊이 들어가지 말라고 했더니 적이 도망쳐 돌아갔다. 여러 곳 적병들이 거제로 모여 들어 진을 합하여 그 형세가 매우 성대하였다.

○이순신에게 삼도수군통제사를 겸임하게 하였다.
조정에서 삼도의 수군이 서로 통일되지 못한다고 하여 특별히 통제사를 두어 주관하게 한 것이다.
이순신이 육지에서는 군량 조달이 곤란함을 들어 체찰사에게 청하기를, "다만 한 쪽 해안 지역만이라도 맡겨 주면 군량과 무기를 자급자족하겠습니다."
하였는데, 이때에 이르러 소금을 구워 팔아 양곡 수만 섬을 모아 쌓고 또 영문 안에 집과 온갖 물자가 모두 구비되자 백성들이 모여 들어 큰 진이 형성되었다.
이때 왜적과 화친하자는 논의가 한창 일어났는데, 이순신만은 "까닭 없이 화친을 청하는 것은 딴 생각이 있는 것이다."라고 하면서 더욱 전투준비를 철저히 하고, 때로는 군사들을 내보내어 출몰하는 적을 무찌르니, 적이 무서워서 감히 나오지 못하여 영남 연해안 고을들이 편안하게 되었다.

○명나라 도사 담종인(譚宗仁)이 왜의 진영으로 들어가 화친을 의논하면서 통제영으로 패문(牌文)을 보내어 이르기를, "일본 사람들이 곧 무기를 거두어 가지고 바다를 건너가려 하니, 너희는 속히 제 고장으로 돌아가고 왜의 진영에 가까이 가서 말썽을 일으키지 말라."고 하였다.
이에 이순신이 회답하기를, "영남 연해안은 모두 우리 땅 아닌 곳이 없는데 왜의 진영에 가까이 하지 말라는 것은 무슨 말이며, 우리에게 제

고장으로 돌아가라고 하니, 어느 쪽을 가리키는 말이오? 또 말썽을 일으키는 자도 우리가 아니고 왜적이며, 왜인이란 변하고 속이기를 만 번이나 더할 뿐만 아니라 해가 지나도 물러가지 않고 우리 강토를 침략하는 것이 전일보다 배나 더한데, 무기를 거두어 가지고 바다를 건너가려는 의사가 어디 있다는 말입니까."하였다.

이순신의 부하 여러 장수들 중에 권준(權俊), 어영담(魚泳潭), 및 방답첨사 이순신(李純信), 흥양 현감 배흥립(裵興立), 옥포 만호 이운룡(李雲龍), 군관 송희립(宋希立) 등은 모두 충성스럽고 용감하며 잘 싸우기 때문에 이순신이 소중히 여기는 자들이 되었다.

○갑오년(1594년) 9월에 조정에서 체찰사 윤두수(尹斗壽)에게 명령하여 김덕령(金德齡)을 독려하여 왜적을 치게 하였다.

윤두수가 남원에 이르러 권율, 이순신, 김덕령을 시켜서 고성에 모여 거제에 진을 치고 있는 적들을 협공케 하고, 권율은 또 곽재우(郭再祐), 홍계남(洪季男) 등으로 하여금 조력하게 했는데, 곽재우가 세 번이나 권율에게 보고하여 그 부당함을 말했지만 권율은 듣지 않았다. 김덕령 등이 부득이 바다로 내려가 이순신과 함께 군사를 합쳐서 거제로 향하니 위세가 매우 성대하였으나, 적도 역시 바닷가 소굴 속에 웅거하고 있어서 쉽게 공격할 수 없었기 때문에 제 각기 군사를 거느리고 돌아갔다.

○을미년(1595년) 2월에 원균(元均)을 충청병사로 전임시켰다.

처음에 원균이 군사들을 해산시켜 버리고 이순신에게 의지하여 공을 세웠는데, 조정에서는 이순신의 공로가 큰 것을 살펴서 하루아침에 통제사로 승진시키니, 원균이 그의 부하되기를 부끄럽게 여겨 끝내 그의 지휘를 받지 않았다. 이순신은 입을 다물고 그의 장단점을 말하지 않고 스스로 허물을 자신에게 돌리며 사직을 청하였던바, 조정에서는 부득이 원균을 충청병사로 옮겼던 것이다.
원균은 오랜 원한을 풀지 않고 조정의 대관들과 사귀며 이순신을 백방으로 모함하니, 그로부터 원균을 편드는 사람들이 많아져서 비방하는 말이 조정에 가득하였다.

○7월에 도체찰사 이원익(李元翼)이 한산도로 들어가서 수군을 순시하고 떠나려 하자, 이순신이 몰래 청하여 말기를, "대감께서 오셨으니 크게 잔치를 차리고 전군을 격려하셔야 합니다. 그렇지 않으면 사병들이 실망하게 됩니다."라고 하였다. 이원익이 말하기를, "내가 애초에 준비해 가지고 오지 못했으니 어찌하겠소."하니, 이순신이 대답하기를, "내가 이미 대감을 위해서 준비를 해 놓았으니 대감께서 허락만 하신다면 대감의 이름으로 군사들에게 잔치를 베풀겠습니다."라고 하였다. 원익이 크게 기뻐하며 그대로 하였다. 그래서 소를 잡고 술을 내어 큰 잔치를 베푸니, 모든 군사들이 기뻐하였다.

○정유년 2월에 통제사 이순신을 잡아가고 원균으로 대신하였다.
그때 왜적들은 곧바로 다시 침략할 것을 계획하고 있었으나 다만 이순신을 꺼려하면서 온갖 꾀를 다 내었다.
행장(行長)이 요시라(要時羅)를 시켜서 김응서(金應瑞)에게 밀고하기를, "화친이 이루어지지 못하는 것은 청정(淸正) 때문인데, 방금 청정이 다시 건너오려고 하니, 수군을 시켜서 해상에서 몰래 습격하게 하면 전쟁은 끝날 것입니다."라고 하므로, 김응서가 그 사연을 조정에 보고하였다.

임금이 여러 대신들을 불러서 의논하였더니 모두들 좋은 기회를 놓칠 수 없다고 하였는데, 황신(黃愼)만은 "신은 일찍이, 적이 낸 묘한 계책이 우리에게 이익이 되었다는 말을 들어보지 못했습니다."라고 하였다. 그런데도 임금은 황신을 보내어 비밀히 이순신에게 권유하도록 하자, 이순신은 "왜놈들의 마음씨가 협잡이 많고 또 바닷길이 험하니 적이 반드시 복병하고 기다릴 것이므로 적의 꾀에 떨어지기 쉽다."하고 마침내 나아가지 않자, 조정의 여론은 시끄러워지며 그를 비난하였다.

행장이 다시 요시라를 보내어 우리나라를 속여 말하기를, "청정이 배 한 척을 타고 건너왔는데, 통제사가 겁을 내어 기회를 놓쳤으니 참으로 한탄스런 일이다."라고 하였다. 이때 조정에서는 이미 원균의 모함에 빠져 있었기 때문에 이 말을 듣고서는 모두 이순신을 잡아 올리라는 상소문을 올리고, 또 원균으로써 통제사를 대신하게 하자고 청하였다. 임금도 그대로 따라 하면서도 혹시 소문이 모두 사실이 아닐는지도 모른다고 생각하여 사성(司成) 남이신(南以信)을 남쪽으로 보내어 조사하게 하였는데, 남이신이 또 임금을 속여서 "청정의 배가 바다에서 바위에 걸려 7일 동안이나 움직이지 못했는데, 만약 이순신이 가기만 했더라면 잡을 수 있었을 것입니다."라고 보고하였기 때문에 마침내 이순신은 서울로 압송되었다.

이때 군사들과 백성들이 모두 말 앞을 막고 서서 소리 내어 울면서 "사또, 이제 어디로 가십니까? 우리들은 이제 다 죽은 목숨입니다."라고 하였다. 그리하여 남쪽 사람들은 인심이 흉흉해져서 모두들 이고 지고 떠나가려고 하지 않는 자가 없었다.

이원익(李元翼)이 급히 장계를 올려 말하기를, "적이 무서워하는 것은 수군입니다. 이순신을 갈아서는 안 되며, 원균을 보내서도 안 됩니다."라고 하였으나 조정에서 듣지 않으므로, 이원익은 "나라의 일이 다시 어찌해 볼 수가 없게 되었다."고 탄식하였다.

원균이 부임해서는 군중의 규례를 모두 뒤집어엎고 형벌만 혹독하게 하므로 온 군중이 분개하고 원망하며 모두들 "적이 오면 달아나는 수밖에 없다."고들 하였다.

○ 7월에 원균이 왜적을 해상에서 맞이해 싸웠으나 패하여 달아나다가 죽었고, 전라우수사 이억기와 충청수사 최호(崔湖)도 죽었고, 왜적이 마침내 한산도를 함락시키고 상륙하여 치고 달리니 조정과 민간이 크게 동요하였다.

○ 정유년 난리에 형조좌랑(刑曹佐郎) 강항(姜沆)이 호조참의(戶曹參議) 이광정(李光庭)을 따라 호남에서 군량 운반을 독려하다가 난리 중에 이광정과 서로 흩어지게 되었다. 그리하여 집안과 장수들 40명을 이끌고 해상으로 나가서 이순신의 부대로 들어가려다가 갑자기 왜장 좌도수(佐渡守)의 군사를 만나 전부 포로가 되었는데, 적은 강항이 관원임을 알고 왜국의 서울로 묶어 보냈다.

이때 연해안 장수들은 아침저녁으로 갈리고, 급하게 되면 임시로 임명하여 징발하기에 바빠서, 적이 이르는 곳마다 무너지지 않는 곳이 없었다.

강항(姜沆)이 호남에 있을 때 그 폐단을 목격하였는데, 포로가 된 후에는 비밀 상소를 올려서 왜적의 정황을 보고하고, 또 말하기를, "신이 본즉, 우리나라 장병들이 자주 바뀌어 병기를 묶기에 여가가 없는 터이니 어찌 죽을 땅으로 달려 나가 적을 제어할 수 있겠습니까? 이복남(李福男)이 오늘 방어사가 되었다가 내일 절도사가 된다는 것은 옳지 못한 일입니다. 이순신 장군은 바다 길 위에 세워진 만리장성과 같은 사람인데(李舜臣將軍爲水路長城), 죄상이 드러나기도 전에 그저 관리들의 의

논에만 따라서 원균으로 그 직임을 대신하게 하는 것은 옳지 못한 일입니다. 엎드려 원하옵건대, 한 사람의 변방 장수를 임명함에 있어서나 한 사람의 변방장수를 바꿈에 있어서나 문관, 무관 누구든지, 또 자격의 여하를 물론하고, 그에게 오래 눌러 있도록 허락하여 형편에 맞게 일할 수 있게 해주어야 할 것입니다." 라고 하였다.

【*강항(姜沆: 1576-1618)의 행적과 그가 일본에 포로로 잡혀가서 보고들은 것을 글로 써서 조정에 보고하고, 그 밖에 기록한 것들을 모은 것이 『간양록(看羊錄)』(2005, 서해문집)이란 책이다. 당시 조선의 상황과 일본의 정황 및 정세를 알 수 있는 좋은 자료이다.】

○8월에 다시 이순신을 통제사로 임명하였다.
처음 이순신을 옥에 가둔 후 임금이 대신들에게 그를 처벌하는 문제를 의논하게 하였을 때, 판중추부사(判中樞府事) 정탁(鄭琢)이, "이순신은 명장이니 죽여서는 안 됩니다. 군사의 기밀과 이해관계는 멀리 앉아서 헤아리기 어려운 것입니다. 그가 진군하지 아니한 것도 반드시 까닭이 없지 않을 것이오니, 청컨대 용서하시어 다음날 공로를 세울 수 있도록 하소서." 라고 하여, 임금도 마침내 삭직(削職)하고 종군하도록 명령하였다.
이순신이 옥에서 나오자마자 어머니의 초상을 만나 통곡하기를, "일편단심으로 충성하고 효도하려던 것이 이제 와서는 모두 다 허사가 되어버렸다." 라고 하여 듣는 이들이 모두들 슬퍼하였다.

한산도의 패전보가 전해지자 조정과 백성들이 모두 크게 놀랐다. 경림군(慶林君) 김명원(金命元)과 병조판서 이항복(李恒福)이 말하기를 "이것은 전적으로 원균의 죄입니다. 이순신을 다시 통제사로 임명하는 길밖에 없습니다." 라고 하였다. 임금이 그 말을 따라서 특명으로 상중에서 기용하여 부임케 하였다.
그리하여 이순신은 10여 명의 기병을 데리고 진도로 들어가니, 군사와 민중들이 바라보고는 기뻐 날뛰며 "우리 사또께서 오신다."라고 하면서 모두들 무기를 들고 따라나섰다.

경상우수사 배설(裵楔)과 전라우수사 김억추(金億秋)가 패잔병을 거느리고 와서 모였는데, 배는 겨우 12척이요, 군량과 무기는 아무것도 없었다. 이순신이 여러 장수들에게 명령하여 매일 군사를 모집하고 전함을 준비하도록 하였다.
그때 왜적은 이미 호남에 가득 찼는데, 이순신이 홀로 패잔병들을 데리고 의지할 곳조차 없어서 해상으로 떠돌기 때문에 보는 이들이 모두 위태롭게 여기었다.

배설은 말하기를, "사태가 급합니다. 배를 버리고 육지로 올라가서 육군과 합하여 싸우는 것만 못합니다."라고 건의했으나, 이순신은 듣지 않았다.
조정에서도 역시 전함이 적고 군사가 약한 것을 걱정하여 군사를 옮겨 육지에서 싸우라고 명령하자, 순신은 장계를 올려, "적이 감히 곧장 돌진하지 못했던 것은 사실 수군이 길을 막았기 때문입니다. 신이 일단 육지로 올라가기만 하면 적은 반드시 서해를 거쳐 한강에까지 이를 것입니다. 돛대에 바람 한번 태우면 될 수 있는 일이니, 신이 염려하는 바는 바로 이것입니다. 지금 신에게는 전선이 아직도 12척이나 남아 있습니다. 신이 죽지 않는 한, 적은 감히 우리를 업신여기지 못할 것이옵니다(今臣戰船尙有十二, 臣若不死, 則敵不敢侮我矣)."라고 하고는 마침내 여러 장수들과 맹세하며 결사의 뜻을 보이니, 군사들도 모두 감격하고 두려워하였다.

○9월에 이순신이 왜적을 진도(珍島)에서 크게 격파하고 그 장수 래도수(來島守)의 목을 베었다.

처음에 왜장 가정(家政) 등 6명이 수백 척의 함정을 거느리고 서해로 향했는데, 이순신은 병력이 적어서 대항하지 못하고 바다를 따라 서쪽으로 물러갔다. 가정 등이 마침내 무안(務安)까지 이르러 좌랑 강항(姜沆)을 잡아 우리 수군 있는 곳을 물었다. 강항이 속여서 말하기를,
 "태안(泰安)의 안흥량(安興梁)은 물길이 아주 험한 곳인데, 명나라 장수 소(김), 고(顧) 두 유격대장이 병선 1만여 척을 이끌고 물목의 위아래를 차단하였고, 유격선이 벌써 군산포(群山浦)에 도착했는데, 통제사도 군사가 적어서 대항하지 못하고 물러나서 명나라 군사와 합세하였다."라고 하니 적들이 듣고 서로 돌아다보며 얼굴빛이 달라지더니, 마침내 군사를 돌려서 순천으로 돌아갔다.

이순신은 다시 진도로 돌아와서 군사를 더 많이 모집하고 약속을 분명히 하니, 적들이 듣고 다시 래도수(來島守)로 수로 대장을 삼아 모리민부(毛利民部) 등 여러 장수들의 1천여 척의 군사들을 영솔하고 서해로 올라가게 하였다. 래도수가 먼저 9척의 배를 보내어 시험하므로 이순신이 쳐서 물리쳤으며, 또 밤에도 군사를 보내어 대포를 쏘며 놀라게 하므로 이순신이 역시 대포를 쏘도록 명령했더니 적이 움직이지 못할 줄 알고 물러갔다. 배설이 군사를 버리고 도망가므로, 이순신이 장계를 올려 그의 죄를 지적하면서 그가 있는 곳에서 잡아 죽이라고 하였다.

래도수가 군사들을 전부 이끌고 전진하니 배가 꼬리를 물고 바다를 덮어 그 끝을 알 수 없었는데, 이순신이 거느린 배는 겨우 10여 척뿐이었다. 순신은 피난민의 여러 배들을 먼 곳에 벌려 군함인 것처럼 만들어 놓고 바다 한 가운데서 닻을 내리고 대항하였다. 적은 먼저 1백여 척의

배로 포위했는데, 그 형세가 마치 비바람이 몰아치는 듯하므로 여러 장수들이 겁을 내어 안색이 변하면서, 이순신도 이번에는 죽음을 면할 수 없게 되었다고 생각하면서 일제히 물러갔다.

순신이 친히 뱃머리에 서서 소리 높여 독려하니, 첨사 김응함(金應諴)과 거제 현령 안위(安衛) 등이 배를 돌려서 들어와 적을 대항하자, 적이 개미 떼처럼 달라붙어 안위의 배가 거의 함몰하게 되었을 때, 이순신이 배를 돌려 그것을 구원하고 그 자리에서 적선 2척을 쳐부수고 잠시 동안에 30여 척을 연달아 깨뜨리고 그 선봉장의 목을 베니, 적이 크게 놀라 물러났다.

순신이 적의 머리를 달아매고 배 위에서 풍악을 치며 도전하니, 적이 분노하여 군사를 나누어 교대로 나오는데, 순신은 승리한 기세를 타고 불을 놓아 여러 배들을 불태우니 시뻘건 불길이 바다를 덮은 속에서 불에 타고 물에 빠져 죽는 적병이 그 수를 알 수 없었다. 마침내 적장 래도수를 죽였고, 모리민부는 물에 떨어져서 죽음을 겨우 면했으나, 그 밖에도 적장으로 죽은 자가 몇 명 더 있었다.
이날 피난하는 백성들이 모두 이순신만을 태산 같이 믿고 산마루에 모여서 이순신이 수백 겹으로 포위당하고 대포 소리와 적의 칼날이 사방에서 진동하고 번뜩이는 것을 보고는 크게 놀랐으나, 마침내 승리한 것을 보고는 앞을 다투어 달려와서 치하하였다.

승첩한 것을 아뢰자 임금도 크게 기뻐하며 글월을 내려 보내어 칭찬하고 숭정대부(崇政大夫)로 승진시키려 하자, 이순신의 지위가 이미 높다고 말하는 이가 있어서 장병들에게 상을 주는 것만으로 그쳤다. 양호(楊鎬)가 이 승첩 소식을 듣고 "이번 승첩이야말로 근래에 없었던 것이다."라고 찬탄하면서 은(銀)과 비단을 보내어 상을 주고 명나라 황제에게도 보고하였다.

이순신이 드디어 보화도(寶花島: 목포 고하도)로 진군하자 전쟁에 나갈 군사가 1천여 명이나 되었는데, 군량이 모자라는 것을 근심하여 마침내 해로(海路) 통행첩을 만들고 포고하기를, "공사선(公私船)을 막론하고 삼도의 모든 배들은 이 통행첩이 없으면 간첩으로 간주하여 처벌할 것이다."라고 하니, 피난선들이 모두 와서 통행첩을 받아가는 것이었다. 이순신이 배의 크고 작은 데 따라 차등 있게 쌀을 바치고 통행첩을 타가게 하자, 열흘 동안에 쌀 만여 섬을 얻었다.
군사들이 또 의복이 없어서 걱정을 하자, 이순신은 피난 온 백성들에게 물었다. "너희들은 왜 여기까지 왔느냐."라고 하니, 모두들 대답하기를, "사또를 믿고 왔습니다."라고 하였다.
이순신이 말하기를, "지금 날씨가 춥고 바닷바람이 차가워서 군사들은 모두 손가락이 얼어서 빠지고 있다. 이래서야 어떻게 적을 맞아 싸워 이겨 너희들을 지켜줄 수 있겠느냐. 너희들에게 남은 옷이 있을 터인데 어째서 우리 군사들에게 나누어 주지 못하느냐."라고 하자, 백성들은 다투어 남은 의복들을 가져와 바쳤다.
또 사람들을 모집하여 구리와 쇠를 실어다가 대포를 만들고, 나무를 베어다가 배를 만드는 등 모든 것들을 다 마련하였다.

○무술년(1598년) 2월에 이순신이 진영을 고금도(古今島)로 옮겼다. 이 섬은 강진 앞 바다에 있는데 형세가 기이하고 험하였다. 이순신이 군사를 옮겨 진을 치고 백성들을 모아 둔전을 경작하니, 장사(將士)들이 다시금 구름 같이 모여 들었고, 남쪽 백성들로 이고 지고 찾아 들어오는 자가 수만호나 되니, 진영의 웅장한 것이 그 전 한산도에 있을 때보다

열 배나 더하였다.

장흥에 주둔한 왜적들이 사방으로 나가서 죽이고 노략질한다는 말을 듣고 녹도 만호 송여종(宋汝悰)으로 하여금 별동부대를 거느리고 가서 추격하도록 보내니, 적은 나와서 덤비지 못하고 성을 버리고 순천으로 달아났다. 적선 16척이 가까운 포구에까지 들어와서 고기 잡고 나무하며 노략질하는 것을 이순신이 공격하여 섬멸하였다.

○7월에 명나라 장수 진린(陳璘)이 고금도로 내려갔다. 황제는 이순신에게 도독(都督)의 인장을 특사할 것을 명령했다. 진린이 해군 5천 명을 거느리고 남으로 전라도로 내려가므로, 임금은 그를 동작나루까지 나가서 전송하였다.

진린은 성질이 사나웠고 소속 부하들은 횡포하여 보급 절차가 조금만 뜻에 맞지 않으면 문득 관장(官長)을 잡아다 매를 때리므로 조정 대신들이 근심하여 말하기를, 이순신의 군사가 반드시 이 군사들에게 눌려서 장차 또 패할 것이라고 하였고, 임금도 또한 염려하였다.

이순신은 진린이 온다는 소문을 듣고 미리 군사들을 시켜서 사냥하고 고기를 잡아 사슴이며 돼지며 그 밖의 해물까지도 많이 쌓아 놓고 천가마의 술을 마련하여 대기하였다. 이윽고 당도하게 되자 위의를 갖추고 멀리 나가 맞아들인 후 큰 잔치를 베풀고 힘껏 대접하니, 진린은 무척 기뻐하고 병정들도 모두 실컷 취하여 서로 돌아보며 이르기를, 과연 훌륭한 장수라고 하였다.

그러나 명나라 군사들이 그 후 백성의 집들을 약탈하면서 괴롭히므로, 이순신은 갑자기 군사들에게 집들을 헐고 옷가지들을 운반하여 배에 싣게 하였다. 그러자 진린은 놀라고 이상히 여겨서 사람을 보내어 그

5. 선묘중흥지(宣廟中興誌) / 437

이유를 물었더니, 이순신이 대답하기를, "명나라 군사가 오는 것을 보고 우리 백성들은 마치 부모처럼 우러러 보았는데, 이제 와서 약탈을 일삼는 것을 보고 나서 사졸들이 견디지 못하여 제 각기 다른 섬으로 도망을 가려는데, 대장인 내가 어찌 혼자 남아 있을 수 있겠는가."라고 하였다.

이 말을 전해들은 진린은 크게 부끄러워하면서 허둥지둥 달려와서 사죄하며 간곡히 붙들었다. 이순신이 말하기를, "대인께서 내 말을 들어준다면 머물러 있겠습니다."라고 하니, 진린이 대답하였다. "어찌 감히 어길 리가 있겠습니까."

이순신이 다시 말하였다. "명나라 군사가 우리에게 조금도 꺼림이 없이 행동하는데, 대인께서 나에게 형편에 맞게 군사들을 금지시킬 수 있는 권한을 허락하신다면 두 나라 군사가 아무런 탈이 없을 것입니다." 라고 하니, 진린이 이를 허락하였다.

그 후부터 명나라 군사가 법을 범하면 이순신이 곧 잡아다가 죄를 다스리니, 명나라 군사는 이순신을 진린보다 더 무서워하여 온 섬 안이 다 편안해졌다.

이순신은 송여종을 보내어 명나라 군사와 함께 적을 쳐부수라고 하였더니, 그는 왜적의 배 6척을 빼앗고 적의 머리를 많이 베어 왔다. 그러나 명나라 군사는 아무런 소득이 없었다. 진린은 마침 이순신과 함께 술을 마시다가 그 소식을 듣고는 크게 성을 내면서 부하 장수의 목을 베려고까지 하자, 이순신이 말하기를, "우리 군사를 통솔하는 이는 대인이시니, 우리 군사의 승리는 곧 명나라 군사의 승리입니다. 그런데 우리가 어찌 적의 수급을 따로 가지겠습니까. 이번에 얻은 것을 모두 드리겠으니 황제께 이대로 보고하시지요." 하였다. 진린은 크게 기뻐하며 이순신의 손목을 잡고 말했다. "중국에 있을 때부터 공의 명성을 익히 들었더니, 이제 보니 과연 그러하오."라고 하였다.
그 후부터 진린은 이순신의 군사 다루고 적을 억제하는 일들을 익히 보고 절절이 탄복하여 언제나 싸움에 다다르게 되면 지휘 받기를 원했고, 군사를 호령하는 권한까지도 모두 양보하였다.

진린이 선조에게 글을 올려 보고하기를, "이순신은 천지를 주무르는 재주와 나라를 바로 잡은 공이 있습니다."라고 했다. 또 중국 황제에게 보고하니, 황제도 매우 가상히 여겨서 이순신에게 도독(都督)의 인장을 특사하니, 온 군사가 우러러 보고 또 모든 백성들까지도 영광으로 여겼다.

○9월에 명나라 장수 유정(劉綎)이 순천에서 평행장(平行長)을 공격했으나 소득이 없었다. 처음에 행장이 여러 진에 있는 군사 수만 명을 합쳐 순천 예교(曳橋)에 진을 치고 여러 겹으로 성을 쌓았다. 유정은 군사를 몰아 나가고 진린도 수군을 이끌고 나가면서 이순신으로 선봉장으로 삼고 순천 앞바다에 진을 쳤는데, 수많은 배가 모두 검정 베로 만든 돛을 달고 갖은 채색으로 물들인 기를 줄을 지어 꽂아 나부끼고 어른거리자, 언덕 위에 있던 군사들이 바라보고 모두 놀랐다.
유정이 내일 밤에 공격하자고 약속하므로, 진린은 기한에 맞춰 와서 급히 공격했으나 유정은 군사를 내보내지 않고 다만 북만 울리고 큰소리로 호령을 하여 서로 호응만 할 따름이었다. 진린은 육지에 있는 군사가 벌써 성안으로 들어갔으리라고 생각하고 앞을 다투어 올라가 초저녁부터 싸우기 시작하여 밤 10시까지 싸웠다.

이순신이 진린에게 조수가 물러간다고 알려주었으나, 진린은 한창 기운이 나서 싸움을 독려하기를 더욱 급히 하며 말하기를, 오늘 밤에 적을 다 죽이고 돌아가겠다고 하였다. 조수가 갑자기 물러가니 명나라 군사의 배 20여 척이 땅에 걸려서 돌아가지 못하자, 적들이 군사를 내어 보내 에워싸고 공격하며 모두 불살라버리는 것이었다.

그날 밤에 적의 성이 거의 함락될 뻔했다. 행장이 거주하는 집이 세 번이나 대포를 맞았고, 적은 모두 동북쪽에 모여 황급하게 항전하는 것이었다. 언덕 위에 있는 유정의 군사는 수군의 많은 포탄이 바다를 뒤덮고 불빛 속에 칼과 창이 번뜩이는 것을 바라보고서 모두들 날뛰며 분발하였다. 더구나 적에게 사로잡혀 갔던 사람이 성을 넘어 달려 나와 말하기를 "이 성은 텅 비어 있다."고 하므로, 이덕형(李德馨)과 권율(權慄)이 유정의 장막 속으로 달려가서 적진으로 공격해 들어가자고 청했으나, 유정은 끝내 승낙하지 않았다.
진린은 크게 성을 내어 유정의 진영 안으로 달려 들어가 마음 씀이 나쁘다고 책망하니, 유정은 얼굴빛이 흙같이 되며 여러 장수에게 허물을 돌릴 따름이었다. 그러다가 수군이 도중에서 실패했다는 소식을 듣고는 유정은 갑옷과 군량을 내던져 버리고 물러갔다.

그날 수군이 조수를 타고 진군하니 언덕 위에 있던 군사는 하나도 보이지 않으므로 진린은 더욱 분히 여기며 말하기를, "나는 차라리 순천의 귀신이 될지언정 차마 너같이 비겁하게 물러나지는 못하겠다."라고 하며 유정을 비난하였다. 감군 왕사기(王士琦)가 남원에 있다가 그 소식을 듣고 급히 사람을 보내어 유정을 물러나지 못하게 중지시키니, 유정은 어쩔 수 없어서 다시 순천으로 진군하였다.

○11월에 도진의홍(島津義弘: 沈安頓吾)이 평행장(平行長)을 구원하러 오므로 진린과 이순신이 나가 크게 쳐부수었다. 이 싸움에서 이순신과

부총병 등자룡(鄧子龍)은 전사하고 행장과 도진의홍 등은 바다를 건너서 도망쳤다.

처음에 이순신이 순천에 이르러 여러 장수들을 불러 놓고 계책을 물으니, 군관 송희립(宋希立)이 말하기를, "적이 이미 든든한 형세를 갖추고 있으니 힘으로는 빼앗기 어렵고, 방금 명나라 군사와 우리 군사가 바다로 육지로 내려가고 있으니 만일 육군으로 예교를 육박하고 수군으로 장도(獐島)를 억눌러 영남의 바닷길을 막아 적으로 하여금 안팎이 다 막히고 허리와 팔목이 중단되게 하면 사천(泗川)에 있는 적들도 반드시 서로 도와주지 못할 것이며, 설사 서로 돕고자 해도 피차간에 호령이 통하지 못하면 서로 호응할 수 없을 것이니, 군사가 지치고 양식이 고갈되고 기운이 꺾이고 형세가 군색해질 때를 기다려 사면으로 육박하면 행장을 사로잡을 수 있을 것입니다."라고 하였다.

이순신은 기뻐하며 그것이 바로 내 뜻이라고 하고, 드디어 진린과 함께 장도의 바다 어귀를 점령한 다음, 쌓여 있는 물자를 불사르고, 경상우수사 이순신(李純信)으로 하여금 노량의 바닷길을 차단하게 하고, 유정, 권율도 역시 예교의 서북쪽을 점령하고 군사를 나눠 섬진의 육로를 차단하여 사천의 구원병 오는 길을 끊어버렸다. 이미 몇 달 동안 서로 버티고 있었기 때문에 행장은 과연 양식이 떨어지고 형세가 군색케 되었으므로 진린과 이순신은 날마다 나가 쳐서 언제나 이겼다.

행장은 크게 두려워한 나머지 몰래 유정에게 사람을 보내어 본국으로 돌아갈 길을 열어 달라고 애걸하여 유정이 승낙하자 선물과 서신이 끊어지지 않았다. 왜적은 드디어 유정의 군사에게 찾아가서 군량을 바꾸어 갔는데도 유정은 이를 금하지 않고, 사람을 보내어 진린에게 말하기를, "행장이 장차 저희 나라로 돌아가려고 하는데 구태여 막을 필요가 있겠는가."라고 하였다.
행장이 먼저 선발대 10여 척을 묘도(猫島)로 내어보내므로 수군이 모조리 쳐 죽였더니, 행장이 크게 성을 내어 유정의 사신 두 사람을 끌어내어 그 팔을 자르고 돌려보내며 이르기를, "제독이 나를 이같이 속이니 나는 결코 떠나지 않겠다."라고 하자, 유정은 진린(陳璘)을 잘 달래면 무사히 돌아갈 수 있을 것이라고 대답하였다.

행장은 드디어 은화와 좋은 칼을 진린에게 선사하고 이르기를, "전쟁에는 피를 흘리지 않고 이기는 것이 상책이니, 원컨대 내게 돌아갈 길을 허락해 주시오."라고 하였다. 이에 진린은 허락하고, 또 이순신으로 하여금 길을 열어 주라고 하니, 이순신은 진린을 책망하며 말했다.
 "장수는 화친을 말할 수 없소. 원수를 놓아 보내서는 안 되오. 이 왜적은 명나라로서도 역시 놓아 줄 수 없는 적인데도 당신은 도리어 화친을 허락하려 하시오."라고 하니 진린은 대답할 말이 없었다.

행장은 또 전봉선(前鋒船) 10여 척을 내어 바다로 나가게 했던바 이순신이 모두 무찔러 버렸더니, 행장이 또 이순신에게 보화(寶貨)를 선사하자, 순신은 물리치며 "원수 놈이 감히 이럴 수 있느냐."라고 하였다. 행장은 어찌할 도리가 없어서 천금(千金)으로 사람을 매수하여 섬 속에 있는 여러 진영에 급박한 사정을 알리려고 먼저 진린에게 간청하기를, 사람을 여러 진영으로 보내어 함께 바다를 건너 본국으로 돌아갈 것을 약속할 수 있도록 해달라고 하자, 진린이 역시 허락해 주어 작은 배를 타고 빠져 나갔다.

이순신이 그 소식을 듣고 크게 놀라며, "적이 방금 빠져 나갔으니 반드시 기일을 정해 구원을 청하고 몰래 서로 계략을 통했을 것이다. 모든 적이 수일 내로 올 것이니 우리가 만일 이곳에서 응전하면 안팎으로 공격을 받아 우리 군사는 그대로 없어지고 말 것이다. 그러므로 군사를 큰 바다로 옮겨서 한 번 죽도록 싸우는 것만 같지 못하다."라고 하였다. 해남 현감 유형(柳珩)이, "적이 구원병을 불러 들여 우리와 싸우게 해 놓고 그 틈을 타서 빠져 나갈 계획을 하는 모양이니, 이제 만일 구원하러 오는 적병을 급히 물리치면 돌아가는 길을 끊을 수 있을 것입니다."라고 하므로, 순신도 그렇게 생각하고, 드디어 계획을 정한 다음 진린에게 알리니, 진린도 그제야 놀라며 스스로 뉘우쳤다.

도진의홍(島津義弘)은 남해에 주둔한 적의 장수 평조신(平調信)의 무리와 함께 군사를 합쳐 구원 차 떠나와서 노량에 가까워지자, 행장은 봉홧불을 들어 서로 호응했다. 순신은 진린과 함께 어두운 밤에 공격하기로 하고 앉은 자리에서 밥을 먹인 후 몰래 군사를 출동시켰다. 순신은 배 위에서 향을 피우고 하늘에 빌기를 "이 원수들만 섬멸시킬 수 있다면 죽어도 여한이 없겠습니다(若殲斯讎, 死亦無憾)."라고 하였다. 그때 문득 큰 별이 바다에 떨어지므로, 보는 이들이 모두 놀라며 이상하게 생각하였다.

이순신은 군사를 갈라서 좌우 부대로 만들고 또 포구 앞 섬에는 복병을 시켜 놓고 대비하고 있었다. 밤중에 적선 5백여 척이 광주(光州) 바다로부터 곧장 노량(露梁)에 이르는 것이었다. 이때 우리 편 두 군사가 좌우에서 튀어나가자 적은 흩어졌다가 다시 뭉쳤는데, 우리 두 부대는 불이 붙은 나무를 마구 던져 적의 배를 불태우니, 적이 견디지 못하고 관음포(觀音浦) 항구로 몰려 들어갔는데, 그때는 이미 날이 새었다.

적들은 항구로 들어갔으므로 그 뒤로는 돌아갈 길이 없어서 다시 군사를 돌려서 죽도록 싸우므로, 우리 군사는 이긴 기세로 육박해 들어가고 이순신은 손수 북을 두들기며 앞서 나갔다. 그러자 적이 이순신이 탄 배를 에워싸서 위급하게 되자, 진린은 포위망을 뚫고 곧장 들어가서 구원하니, 이번에는 적들이 다시 진린의 배를 에워싸므로, 이순신이 또한 헤치고 나아가 힘을 합쳐서 피나도록 싸웠다.

부총병(副摠兵) 등자룡(鄧子龍)의 배에서 불이 일어나자 온 군사들이 불을 피해 서로 소동이 일어나서 배가 기울어졌다. 적은 그 틈을 타서 등자룡을 죽이고 그 배를 불태웠다. 우리 군사들은 그것을 바라보고 적선이 또 불붙은 것으로만 알고 더욱 기운을 내어 앞을 다투어 환호소리를 더욱 높였다.

적의 추장 세 놈이 층루선에 앉아서 싸움을 독려하고 있으므로 순신이 재빨리 쳐서 그 중 한 놈을 쏘아 죽이니, 적들은 진린의 배를 버리고 그리로 쫓아가 구원하였다. 진린은 그 틈에 벗어나서 이순신의 군사와 힘을 합하여 호준포(虎蹲砲)를 쏘아서 적의 배들을 연달아 쳐부수었는데, 그때 문득 날아온 총탄이 이순신의 왼쪽 겨드랑이를 뚫고 지나갔다. 이순신은 부하에게, "싸움이 한창 급하니 내가 죽었다고 말하지 말라(戰方急, 勿言我死)."라고 하고는 급히 방패로 몸을 가리라고 명하였다. 말이 끝나자 절명하였다.

부하 장병들은 그 말을 좇아 이순신의 죽음을 비밀에 붙이고 그대로 싸움을 독려했다. 유형(柳珩), 송희립(宋希立)은 다 총탄을 맞아 신음하다가 다시 일어나 상처를 싸매고 싸웠다. 그날 정오에 적이 크게 패하여 달아나므로 쫓아가 2백여 척을 불사르니, 적의 군사는 불에 타고 물에 빠지고 목이 잘리고 포로가 되어 거의 다 없어지고, 의홍(義弘) 등은 겨우 남은 전선 50여 척으로 빠져나가고, 행장도 그 틈을 타서 몰래 묘도(猫島) 서쪽 해협으로 빠져나가 바깥 바다를 향해 도망갔다. 유정은 오히려 군사를 불러들이고 움직이지 않았다.
진린은 이순신의 군사들이 적의 머리와 왜적의 물건들을 서로 다투어 갖는 것을 바라보고 놀라며, "통제사가 죽었는가?" 하였는데, 이윽고 과연 울음소리가 들렸다. 진린은 놀라서 펄쩍 뛰며 일어나다가 넘어지기를 세 번이나 하고는 바다을 치고 대성통곡하였다. 두 진영의 울음소리가 온 바다에 가득히 울려 퍼졌다.

○이순신은 천품(天稟)이 영특하고 예리하였으며 도량이 깊고 또 진중하여 군사를 다룸에 있어서는 간략하게 하면서도 법도가 있어서 한 사람도 함부로 죽이지 않았으므로 삼군이 다 한 뜻이 될 수 있었다.
비록 완고하고 거칠고 자부심이 강한 자도 그의 모습을 보고는 저절로 굴복했고, 싸움에 임해서는 마음과 기색이 편안하고 한가로운 동시에 항상 여유가 있어서, 합당하면 나아가고 어려우면 물러나되, 반드시 세 번 호각을 불고 북을 치며 기세를 뽐내면서 돌아섰다.

군중에 있을 적에 군사일이 복잡하여 서류가 산처럼 쌓였어도 좌우로 결재하는데 붓의 움직임이 마치 물 흐르듯 하였으며, 척후를 멀리 보내고 경비를 삼엄히 하여 적이 올 때에는 반드시 먼저 알았다. 그래서 온 군중이 정돈되어 있기가 평상시와 같았다.

밤이면 군사를 휴식시키고 자신은 반드시 화살을 다듬었는데, 언제나 군사에겐 빈 활만 주고 적이 앞에 접근하면 그때야 화살을 나누어주었다. 또 몸소 적의 칼날을 무릅쓰고 총탄이 좌우에 떨어져도 마음이 흔들리지 않았으며, 장병들이 붙잡고 만류하여도 그는 말하기를, "나의 목숨은 하늘에 달렸는데 어찌 너희들만 수고롭게 할 수 있겠느냐(我命在天, 豈令汝輩獨勞)."라고 하였다. 승리하여 상을 받으면 곧바로 여러 장수들에게 골고루 나눠주는 데 전혀 인색하지 않았으므로, 장병들이 경애하고 각자 제 힘을 다하여, 전후 수십 번의 싸움에서 단 한 번도 곤경에 처한 일이 없었다.

그랬기 때문에 남쪽 바다를 진압하여 적의 한 쪽 기세를 꺾어 나라를 다시 일으키는 업적의 기초를 닦아 그 이름이 천하에 들리고 사람마다 추대하여 중흥(中興)의 제일 명장(名將)으로 추대하였다. 그때에 호남과 영남 사람들은 친척을 여읜 듯이 슬퍼하였고, 상여를 맞아 통곡하였으며, 제사 올리는 일이 천리에 잇대었고, 삼년상을 입은 이도 있었으며, 곳곳마다 재(齋)를 올리며 말하기를, "우리 목숨을 살리고 우리 원수를 갚으신 분은 공이시다(活我命復我讎者, 公也)."라고 하였다.

일찍이 진린이 이순신에게 이르기를, "내가 밤에 천문(天文)을 보았더니 동방의 장수별이 희미해져 갔오. 옛날에도 하늘에 기도하여 재앙을 물리친 사람이 있었으니, 당신도 부디 그렇게 해보시오."라고 하였다. 그러자 순신은 대답하기를, "정성과 재주와 지식이 다 옛 사람만 못한데, 하늘에 기도하는 것만 본뜬다고 무슨 소용이 있겠습니까(精誠才識, 皆下古人, 而但效祈禳, 何益之有)."라고 하였다. 진린은 아마도 그가 죽을 줄을 미리 알았던 모양이다. 그 후 조정에서는 영의정을 추증하고, 자손들에게는 벼슬을 내려주고 사당을 세워서 제사지내 주도록 명령하였다.

○신축년(辛丑年: 1601년) 5월에 왜적을 친 공훈을 기록할 때, 이순신과 권율(權慄)을 제1등 공신으로 삼았다.

【*선묘중흥지(宣廟中興誌): 1587년(선조 20) 9월부터 1607년까지의

20여 년 동안 일본과의 사신 왕래와 임진왜란 및 그 뒤처리 등에 관한 사실을 기록한 책으로 저자는 미상.

전부 6권으로 되어 있다. 제1권은 1587년 9월 일본에서 사신을 보내 온 때부터 임진년에 왜병이 침입하여 중국에 청병사(請兵使)를 보낸 때까지, 제2~3권은 임진년 6월, 이순신(李舜臣)이 당포(唐浦)에서 왜병을 격파하여 왜장 하시바지쿠젠노가미(羽柴筑前守)를 죽인 때부터 중국의 원병 대장 이여송(李如松)이 평양에서 적을 대파하기까지, 제4권은 권율(權慄)이 행주(幸州)에서 왜병을 격퇴한 것을 비롯하여 의병장(義兵將) 김덕령(金德齡)이 영남으로 진병한 때까지, 제5권은 원균(元均)으로 충청병사를 삼은 때부터 왜장 도요토미히데요시(豊臣秀吉)가 철병하기까지, 제6권은 1598년(선조 31) 6월 사천에 주둔한 왜병에 대한 공격을 청하였으나 거절당한 때부터 1607년 일본의 강화를 청하는 사신(請和使)이 온 데 대하여 회답하는 사신(回答使)을 보낸 사실까지를 수록하고 있다.】

6. 징비록(懲毖錄)

서애(西厓) 유성룡(柳成龍)

○정읍(井邑) 현감 이순신(李舜臣)을 뽑아 올려 전라좌도 수군절도사를 삼았다.
그는 어려서부터 담략이 있고 말 달리기와 활쏘기를 잘하였다.
일찍이 조산(造山) 만호로 있을 때 북쪽 변방에 성가신 일이 많으므로, 이순신은 꾀를 내어 모반한 오랑캐 우을기내(于乙其乃: 鬱只乃)를 잡아 묶어 병영으로 끌고 와서 목을 베니, 이로써 오랑캐에 대한 근심이 사라졌다.
또 순찰사 정언신(鄭彦信)이 이순신에게 녹둔도(鹿屯島)의 둔전을 지키게 하였는데, 하루는 안개가 자욱한데 군인들은 다 나가 벼를 거두고 울타리 안에는 겨우 열여 사람밖에 없었다. 그때 갑자기 오랑캐들이 말을 타고 사방에서 모여들었다. 순신은 울타리 문을 굳게 닫아 걸어 놓고 울타리 안에서 직접 유엽전(柳葉箭: 화살촉이 버드나무 잎처럼 생겨서 붙여진 이름이다)을 당겨 연달아 쏘아서 적 수십 명을 맞추자 적들은 말에서 떨어졌다. 이로써 오랑캐들이 크게 무너졌고 약탈해 가던 물건들도 다 찾아왔다. 그러나 조정에서 끌어주는 사람이 없어서 과거에 급제한 후 십여 년이 지나도 승급되지 못하다가 비로소 정읍 현감이 되었던 것이다.

그때 왜적의 소문이 나날이 급박해지자 위에서 비변사에 명령하여 각기 장수의 자질이 있는 사람을 천거하라고 하여, 나는 그를 천거하였다. 정읍 현감으로부터 한등 뛰어 수사(水使)에 임명하게 되니, 너무 빠른 승진에 의심의 눈길을 보내는 이들도 있었다.

  (*임진왜란이 일어난 초기의 나라 안의 여러 사정들과 그 후 전황 및 이순신과 관련된 기록들은 본서의 해당 부분에서 이미 소개하였기에 중복을 피하기 위하여 생략한다.--편역자)

○수군통제사 이순신을 잡아 옥에 가두었다. 처음에 원균은 이순신이 와서 구원해 준 것을 은덕으로 여겨 서로 좋게 지냈는데, 얼마 후부터는 공을 다투어 차츰 사이가 벌어졌다.

원균은 본래 성질이 음흉하고 간사한데다 또 안팎으로 많은 사람들과 작당하여 순신을 모함하기에 있는 힘을 다했다. 그는 언제나 말하기를, "순신이 처음에 오려고 하지 않았는데 내가 여러 번 청해서야 할 수 없이 와서 적을 이겼으니, 공로로 치자면 내가 으뜸가는 공을 차지해야 마땅하다."고 하였다.

그때 조정의 의논이 둘로 나뉘어 각기 주장하는 바가 달랐으므로, 우상(右相) 이원익(李元翼)이 그렇지 않다는 점을 밝히고, 또 말하기를, "이순신과 원균은 각각 맡은 지역이 다르니, 처음에 곧 오지 않았다고 해도 크게 잘못된 것은 아니다."고 하였다.

그 무렵 적의 장수 평행장(平行長)이 부하 요시라(要時羅)를 시켜서 경상우병사 김응서(金應瑞)의 진에 들락날락 하면서 은근한 태도를 표시하는 척하게 하였다. 청정(淸正)이 두 번째 나오려 할 때 요시라가 은밀히 김응서에게 말하기를, "우리 장수 행장이 말하기를, '이번에 화친이 못 이뤄진 것은 청정 때문이므로 나는 그를 심히 미워한다.' 고 하였습니다. 아무 날 청정이 바다를 건너올 터인데, 바다에서 길목을 지키고 있다가 치면 잡아 죽일 수 있을 것이니, 아무쪼록 기회를 잃지 말기 바랍니다."라고 하였다.

김응서가 그 사실을 위에 보고하였더니, 조정에서도 그 말을 믿었으며, 해평군(海平君) 윤근수(尹根壽)는 더욱 날뛰면서 기회를 잃어서는 안 된다고 자주 상소를 올리고 이순신에게 나아가 싸우도록 재촉하게 하였다.

그러나 이순신은 적의 간사한 계략에 빠지는 것이라고 의심하고 여러 날 동안 늦추고 있었다.

그러는 사이에 요시라가 또 와서 말하기를, "청정이 이제는 벌써 육지에 내렸다. 조선에서는 어찌하여 길목을 지키지 않았습니까." 하면서 거짓으로 통탄스럽고 애석해 하는 듯한 모습을 보였다.

이 사실이 조정에 들리자 조정에서는 모두 나서서 이순신을 비난하였고, 대간(臺諫)들은 이순신을 잡아다가 국문을 하자고 청하였으며, 경상도 현풍 사람으로 현감을 지낸 박성(朴惺)이란 자는 한때는 추앙을 받던 자인데, 그 또한 상소하여 극력 주장하기를, 이순신을 사형에 처해야 옳다고 하였으므로, 드디어 의금부 도사를 보내 이순신을 잡아오도록 하고 원균으로써 통제사를 대행케 하였던 것이다.

그러나 임금께서는 혹시 소문이 모두 진실이 아닐지도 모른다고 의심하여 특별히 성균관 사성(司成) 남이신(南以信)을 한산도로 내려 보내어 조사해 오도록 하였다.

남이신이 전라도에 들어서자 수많은 군사와 백성들이 길을 가로막고 이순신이 무고하게 잡혀갔다고 호소하였다. 그러나 남이신은 실제대로 보고하지 않고 결국 거짓 보고를 하였다.

"청정이 7일 동안이나 섬에 머물러 있었으니, 만약 우리 군사가 가기만 했더라면 잡을 수도 있었는데, 이순신이 머뭇거리다가 그만 기회를 놓쳐버리고 말았다."

그리하여 이순신은 옥에 갇히게 되었고, 임금이 대신들에게 죄를 논의하게 하였던바, 오직 판중추부사 정탁(鄭琢)만이 혼자 말하였다.
"이순신은 명장이니 죽여서는 안 됩니다. 군사상의 기밀에 있어서의 이롭고 해로운 것은 멀리서는 추측키 어려운 것인바, 그가 나아가지 않은 것도 반드시 까닭이 없지는 않을 것이니, 너그러이 용서하고 다시 공로를 세우도록 하소서."
그리하여 한 차례 고문이 있은 후 사형을 면제하고 관직을 삭탈하고 백의종군케 하였다.
이순신의 늙은 어머니가 아산에 있었는데, 순신이 옥에 갇혔다는 소식을 듣고 근심과 울분으로 돌아갔다. 순신은 감옥에서 나와서 중도에 아산에 들러 상복을 입고 곧 권율(權慄)의 휘하에 들어가 종군하니, 사람들이 그 이야기를 듣고 모두 슬퍼하였다.

○정유년 8월 7일(*날짜 기록 착오임) 한산도의 수군이 패하였다. 이 싸움에서 통제사 원균과 전라우수사 이억기가 전사했고 경상우수사 배설은 도망쳐 죽음은 면했다.
이에 앞서 한산도에 도착한 원균은 이순신이 시행한 제도를 모두 바꾸고 이순신이 신임하던 장수와 병사들 또한 모두 쫓아냈다. 특히 이영남은 예전에 자신이 패하여 도망친 사실을 상세히 알고 있다고 해서 더욱 미워하였다. 이렇게 되자 군사들 마음속에는 원망만이 가득 차게 되었다.
이순신이 한산도에 머무르고 있을 때 운주당(運籌堂)이라는 집을 지었다. 그는 그곳에서 장수들과 밤낮을 가리지 않고 전투를 연구하면서 지냈는데, 아무리 졸병이라 하여도 군사에 관한 내용이라면 언제든지 와서 자유롭게 말할 수 있게 하였다. 그러자 모든 병사들이 군사에 정통하게 되었으며, 전투를 시작하기 전에는 장수들과 의논하여 계책을 결정하였던 까닭에 싸움에서 패하는 일이 없었다.

그런데 원균은 그 집에 첩을 데려다가 함께 살면서 이중 울타리를 쳐놓아 장수들조차 그를 보기 힘들었다. 또한 술을 좋아해서 술주정이 다반사였다. 군중에서는 형벌이 시도 때도 없이 이루어져 병사들은 이렇게 수군거렸다.

"왜놈들을 만나면 달아나는 수밖에 없네그려."

장수들 또한 그를 비웃으며 두려워하지도 않아 지휘관으로서의 품위나 명령이 지켜지질 않았다.

그때 적이 쳐들어왔다.

소서행장은 요시라를 다시 김응서에게 보내어 소식을 전하였다.

"우리 배가 모일(某日)에 출범할 것이니 중간쯤에서 맞아 싸우는 것이 좋을 것입니다."

도원수 권율은 이 소식이 믿을 만하다고 생각했으며, 더욱이 이순신이 머뭇거리다가 죄를 받은 것을 알고 있었기 때문에 원균에게 빨리 공격할 것을 명령하였다. 원균 또한 자신이 이순신이 나가 싸우지 않았다고 비난한 덕에 그 자리에 대신 임명되었기 때문에, 싸움이 어려운 줄 알면서도 출전할 수밖에 없었.

우리 배가 출전하자 언덕 위의 적진에서는 우리 측 움직임을 파악하면서 동정을 살피는 것이었다. 원균이 절영도에 이르자 바람이 불기 시작하면서 물결이 높아졌으며 날은 저물기 시작했는데 배가 정박할 곳도 마땅치 않았다.

그때 적의 배가 바다 한가운데 나타나자 이를 본 원균은 군사들에게 공격을 명령했다. 그러나 한산도로부터 쉴 틈도 없이 하루 종일 배를 저어 온 군사들은 배고픔과 목마름에 지쳐 더 이상 움직이기도 힘들었다. 배들은 이리저리 흔들리고 앞서거니 뒤서거니 해서 대열을 정비할 수 없었다.

왜적들은 우리 군사들을 지치게 하기 위하여 가까이 다가왔다가는 멀리 달아나기를 반복하면서 싸우지도 않았다. 밤은 깊어지고 바람은 점점 세지자 우리 배들은 사방으로 흩어져 표류하기 시작하였다. 원균은 겨우 남은 배를 모아 가덕도에 닿을 수 있었다. 섬에 닿자마자 병사들은 다투어 내려 물을 찾았다.

우리 군사들이 허둥지둥 물을 찾아다닐 순간, 갑자기 왜적이 섬에서 나타나 덮치는 것이었다. 결국 4백여 군사를 잃고 원균은 다시 물러나 거제의 칠천도(漆川島)에 도착했다.

당시 고성에 머물고 있던 권율은 아무 성과도 거두지 못한다고 문책하여 원균을 불러 곤장을 쳤다. 진으로 돌아온 원균은 분한 마음에 술만 마셔대더니 그만 누워버렸고, 장수들이 군사를 의논하고자 했으나 만날 수조차 없었다.

그날 밤 왜적의 배가 기습, 우리 진영은 무너져버렸다.

원균은 배를 버리고 언덕으로 기어올라 달아나려고 했으나 몸이 비대하여 소나무 밑에 주저앉고 말았다. 수행하는 사람도 없이 혼자였던 그는 왜적에게 죽었다고도 하고 도망쳐 죽음을 모면했다고도 하는데 정확한 사실은 알 수가 없다. 이억기는 배 위에서 바다에 뛰어들어 죽었다.

이에 앞서 배설은 원균을 만나 여러 번 권고하였다.

"이러다가는 반드시 패하고 말 것입니다."

그날도 배설은 이렇게 간하였다.

"칠천도는 물이 얕고 좁아 배를 움직이기 어렵습니다. 진을 다른 곳으로 옮기는 것이 좋겠습니다."

그러나 원균은 듣지 않았다. 배설은 자기 수하의 배들만을 이끌고 지키고 있다가 적이 공격해오자 달아났기 때문에 그의 군사들은 화를 면할 수 있었다. 한산도에 도착한 그는 무기와 양곡, 건물 등을 모두 불태워 버리고 남아 있는 백성들과 함께 대피하였다.

한산도를 격파하자 적들의 기세는 서쪽을 향해 나아갔다.
남해, 순천이 차례로 함락되었으며, 두치진에 이른 적들은 육지로 올라 남원을 포위하였다. 이렇게 되자 충청과 전라도가 모두 전란에 휩싸이게 되었다.
왜적이 임진년에 우리 국경으로 들어온 이래 오직 수군에게만 패배를 맛보았기에 평수길(平秀吉)이 분하게 여겨 행장(行長)을 꾸짖으며 기필코 수군을 쳐 없애라고 지시하였다. 정면으로 붙어서는 이길 수 없다고 판단한 행장은 계략을 꾸몄다. 김응서에게 호감을 사면서 한편으로는 이를 이용해 이순신이 모함에 빠지도록 술수를 부렸고, 그런 후에는 원균을 바다 한가운데로 유인해 습격한 것이다. 그의 간교한 계략에 빠져 큰 피해를 입었으니 얼마나 슬픈 일인가!

○상중에서 이순신을 다시 기용하여 삼도수군통제사로 삼았다.
한산도에서의 패전한 보고가 이르자 조정이나 민간이 다 놀랐다. 위에서는 비변사의 여러 신하들을 불러보고 물으니, 모든 신하들이 벌벌 떨며 대답할 바를 몰랐다.
경림군(慶林君) 김명원(金命元)과 병조판서 이항복(李恒福)이 조용히 아뢰기를, "이것은 원균의 죄입니다. 오직 이순신을 기용하여 통제사로 삼는 길밖에 없습니다."라고 하여 그대로 승낙했다.
그때 권율은 원균이 패전한 소식을 듣고 곧 이순신에게 남은 군사를 수습하도록 지시하였다. 적이 바야흐로 마구 쳐들어오고 있을 때, 이순신은 군관 한 사람과 더불어 전라도로 들어가 밤낮으로 몰래 걸어 가까스로 진도에 이르러 군사를 거두어 왜적을 막았다.

○통제사 이순신이 진도 벽파정(碧波亭) 아래에서 왜적을 크게 쳐부수고 그 장수 마다시(馬多時)를 죽였다.
이순신은 진도에 이르러 전선을 수습하여 10여 척의 배를 마련했다. 그때 연해안 사람들이 배를 타고 피란을 많이 왔는데, 이순신이 왔다는 소문을 듣고 기뻐하지 않는 이가 없었다.
이순신은 여러 곳으로 사람을 보내어 군사들을 불러들이니, 멀고 가까운 여러 곳에서 구름처럼 모이므로 후방에 두고 형세를 돕게 하였다. 적의 장수 마다시는 해전을 잘 하기로 유명했는데, 배 2백여 척을 거느리고 서해를 침범하려 하다가 벽파정 아래에서 이순신과 서로 만났다. 이순신은 배 20척에 대포를 싣고 조수를 타고 공격하니 적이 패하여 달아났다. 이로써 군대의 명성이 크게 떨쳤다.

그때 순신은 이미 군사 8천여 명이 있어서 고금도(古今島)로 나가 머물렀는데, 군량이 떨어질까 걱정하여 바다를 통행하는 증명서를 만들어 놓고 영을 내리기를, 삼도 연해안의 모든 배들은, 공사선(公私船)을 막론하고, 증명서가 없으면 간첩으로 인정함과 동시에 통행을 허락하지 않는다고 하였다.
그날부터는 난을 피하여 배를 탄 이들이 모두 증명서를 받으러 오므로, 순신은 배의 대소를 차별하여 쌀을 바치게 하고 증명서를 주었는데 큰 배는 3섬, 중간 배는 2섬, 작은 배는 1섬으로 정했다. 피란 온 사람들은 모두 다 돈과 곡식을 싣고 바다로 들어왔기 때문에, 쌀 바치는 것은 어렵게 여기지 않고 통행에 편리한 것만을 기뻐했다.
열흘도 채 안 되어 군량 1만여 섬이 마련되었고, 또 민간에 있는 구리와 쇠를 거두어 들여 대포를 만들고, 나무를 베어 배를 만드는 등 모든 일들을 다 마련하니, 먼 곳이나 가까운 곳에서 난리를 피해 온 사람들이 이순신에게 의지하여 집을 짓고 막을 치고 장사하여 생활하고 있어서 온 섬이 좁아 용납할 수 없을 정도였다.

얼마 뒤에 명나라 수군 도독 진린(陳璘)이 남으로 고금도에 내려와 순신과 더불어 병력을 합쳤다.
진린은 본래 성질이 사나워서 남과 서로 어긋나므로 두려워하는 이가 많았다. 임금께서 청파(靑坡) 들까지 전송하실 때에 내(柳成龍)가 진린의 군사들을 보니, 고을 수령에게도 기탄없이 욕질을 하였고 노끈으로 찰방(察訪) 이상규(李尙規)의 목을 걸어 끄는데, 피가 흘러서 얼굴에 가득하기에 통역관을 시켜서 화해를 붙이려 했으나 되지 않았다.
나는 함께 앉은 대신에게 말하기를, "애석하게도 이순신의 군사도 또 패하겠군! 진린과 더불어 함께 군중에 있게 될 텐데 아마도 충돌을 피하지 못할 것이며, 반드시 장수의 권리를 침해하고 군사를 괴롭힐 것이니, 거슬리면 성을 낼 것이고, 받아들이면 한이 없을 것이니, 군사가 패하지 않고 어쩔 것이오."라고 했더니, 여러 사람들도 그렇겠다고 하며 서로 탄식할 따름이었다.

이순신은 진린이 오고 있다는 소문을 듣고 군사들을 시켜서 사냥하고 고기를 잡아서 사슴이며 돼지며 해물을 많이 얻어 술안주를 풍성하게 장만해 놓고 기다렸다. 진린의 배가 바다 가까이 들어오자 이순신은 군대의 의식을 갖추고 멀리 나가 맞아들여 그 군사를 잘 대접하니, 여러 장병들은 전부 다 실컷 취하였다. 군사들은 서로 말하기를 "과연 훌륭한 장수다."라고 했고, 진린도 진심으로 기뻐했다.
오래지 않아 적선이 근방의 섬을 침범하므로 순신이 군사를 내보내어 무찌르고 적의 머리 40개를 얻어 모두 진린에게 주어 공로로 삼게 했더니, 진린은 바라던 것 이상이어서 더욱 더 기뻐하였다.

그 뒤부터는 모든 일을 일절 이순신에게 자문했고, 진영 밖으로 나갈 때에는 수레를 나란히 하며 감히 앞서 가지 않았다.

이순신은 드디어 진린으로부터 중국 군사와 자기 군사 사이에 차별을 두지 않기로 약속을 받고, 백성의 조그마한 물건이라도 뺏는 자는 모두 잡아다가 매를 때리니, 명나라 군사로서 감히 명령을 어기는 자가 없어져 온 섬 안이 조용해졌다.

진린은 선조 대왕께 글을 올려 아뢰기를, "통제사는 천지를 주무르는 재주와 나라를 바로잡은 공이 있습니다."라고 하였으니, 대개 진심으로 굴복하였던 것이다.

○유 제독(劉綎)이 두 번째로 순천에 있는 진영을 공격했다. 통제사 이순신이 수군을 거느리고 적의 구원병을 바다 위에서 크게 부수고 이순신이 죽었다.

적의 장수 평행장(平行長)은 성을 버리고 도망갔으며, 부산, 울산, 하동 등지의 연해안에 진을 치고 있던 적들도 모두 물러갔다.

앞서 행장이 순천 왜교(倭橋)에 성을 쌓고 굳게 지키므로, 유정은 대군을 거느리고 나가 쳤으나 상황이 불리하여 순천으로 되돌아왔는데, 이윽고 다시 나가 공격하고, 이순신과 명나라 장수 진린은 같이 바닷목을 억눌러 육박했더니, 행장은 사천(泗川)에 있는 왜장 심안돈오(沈安頓吾: 島津義弘)에게 구원을 청했다.

돈오(頓吾)가 바닷길을 좇아 구원하러 오므로 이순신이 나가 쳐서 크게 부수고 적선 2백여 척을 불사르는 동시에 사로잡고 죽인 자가 헤아릴 수 없었다. 남해의 경계까지 쫓아가면서 이순신은 몸소 총탄을 무릅쓰고 힘껏 싸우다가 지나가는 탄환이 가슴에 맞아 등을 뚫고 나갔다. 좌우에 있는 사람들이 껴안고 장막 속으로 들어가니 이순신이 말하기를, "싸움이 한창 급하니 내가 죽었다는 말을 하지 마라."고 하였다. 그 말이 끝나자 절명하였다.

이순신의 조카 완(莞)은 본래 지혜가 있는지라, 죽은 것을 비밀에 붙이고 이순신의 명령이라 하면서 싸움을 독려하기를 더욱 급히 하므로 군사들은 전혀 몰랐다. 진린의 탄 배가 적에게 포위를 당하므로 완(莞)이 바라보고 군사를 지휘하여 가서 구원하니 적이 흩어졌다. 진린은 이순신에게 사람을 보내어 자기를 구원해 준 것을 감사하다고 인사하려다가 비로소 죽었다는 말을 듣고는 의자 위에서 땅에 주저앉으며 말하기를, "나는 이 어른이 살아서 나를 구해주는 줄로 알았는데 어쩌다가 죽었는고." 하면서 가슴을 치며 통곡하니, 온 군사들도 모두 울어 그 소리가 바다를 뒤흔들었다.

행장은 수군이 왜적을 쫓아 자기 본영을 지나간 틈을 타서 뒤로 빠져 도망갔는데, 이전에 이미 왜의 추장 평수길(平秀吉)이 죽어서 연해안에 진을 치고 있던 적들이 모두 물러간 것이다.
우리 군사와 중국 군사들은 이순신이 죽었다는 말을 듣고 이 진영 저 진영에서 모두 통곡하여 마치 어버이를 여읜 것 같이 했고, 영구가 이르는 곳마다 백성들은 제사를 올리고 상여를 붙들고 울면서 "공께서 실로 우리를 살렸는데, 이제 공께서는 우리를 버리고 어디로 가십니까." 라고 하였다. 길이 막혀 수레가 가기 어려웠고, 길 가는 사람들도 눈물을 흘리지 않는 사람이 없었다.

○의정부 우의정(右議政)을 추증했으며, 형(邢玠) 군문(軍門)은 이르기

를 "마땅히 바다 위에 사당을 세워 충신의 넋을 떠받들어야 한다."고 했는데, 그 일은 끝내 이뤄지지 못했다. 이때 바닷가 사람들이 서로 사재(私財)를 모아 사당을 짓고 이름을 충민사(忠愍祠)라 하여 철마다 제사를 받들고, 장사치나 고깃배들도 그 아래를 지나갈 때는 누구나 제사를 올린다고 한다.

○이순신의 자(字)는 여해(汝諧)이고, 덕수(德水) 사람이다. 선조 변(李邊)은 벼슬이 판부사(判府事)에 이르렀는데 정직하기로 이름이 났었고, 증조 거(李琚)는 성종(成宗)을 섬겼다. 연산군(燕山君)이 세자로 있을 때 거(琚)는 강관(講官)이 되어 너무 엄격하여 꺼림을 받았다. 일찍이 장령(掌令)이 되어 기피하는 일이 없었으므로 모든 관리들이 꺼려하여 호랑이 장령이란 별명이 있었으며, 조부 백록(李百祿)은 음덕(蔭德)으로 벼슬을 하였다. 아버지 정(李貞)은 벼슬을 하지 못했다.

이순신이 어렸을 적부터 영특하고 뛰어나서 얽매이는 데가 없었는데, 아이들과 함께 놀 때에도 나무를 깎아 활을 만들어 가지고 마을 안에서 놀다가 뜻에 맞지 않는 자를 만나면 그 눈을 쏘려고 하니, 어른들도 가끔 놀래어 감히 그 문 앞을 지나가지 못했다.
장성하여서는 활을 잘 쏘아 무과에 급제하여 출세했다. 이씨(李氏)의 가문은 대대로 유학(儒學)에 종사하였는데, 이순신에 이르러 비로소 무과에 급제하여 권지(權知) 훈련원 봉사(奉事)라는 보직을 받았다.
병조판서 김귀영(金貴榮)이 첩의 딸이 있어서 이순신에게 첩으로 보내고자 하였으나 이순신이 듣지 않았다. 누가 그 이유를 물었더니, 이순신은 말하기를, "내가 처음으로 벼슬길에 나섰는데 어찌 감히 권세가에 의탁하여 승진을 꾀할 수가 있겠는가."라고 하였다.

병조 정랑(正郎) 서익(徐益)이 자기와 친한 사람이 훈련원에 있어서 차례를 뛰어넘어 천거하려고 하자, 이순신은 담당관의 직책으로 그것이 옳지 못한 일이라고 반대했다. 서익이 순신을 불러서 뜰아래에 세워놓고 그 이유를 따졌으나, 순신은 얼굴빛조차 변하지 않고 흔들림 없이 바로 말했다. 서익이 크게 성을 냈으나 그는 기가 죽지 않았다.

서익은 본래 기가 세고 사람을 무시하므로 비록 동료라 하더라도 함부로 쏘아대므로 남들은 그와 말싸움하기를 싫어했는데, 그날 아래에 있는 하급 관리들이 서로 돌아보고 혀를 내두르며 말하기를, "이 분은 감히 본관에게 항거하면서 앞날도 생각하지 않는구나."라고 하였다.

날이 저물자 서익은 부끄럽게 여겨서 스스로 굽히며 이순신에게 돌아가라고 하였다. 식자층에서는 이 일로 가끔 이순신을 알아주는 사람도 있었다.

마침 감옥에 있을 때, 일이 장차 어찌될지 예측할 수 없었다. 어느 한 감옥 담당 관리가 이순신의 조카 분(芬)에게, "뇌물을 바치면 죄를 면할 수 있다."고 하니, 이순신이 그 말을 전해 듣고 분(芬)에게 성을 내면서 "죽게 되면 죽을 따름이지 어찌 도를 어겨가며 살 길을 구할 것이냐."라고 말하니, 그의 지조가 이와 같았다.

이순신의 사람됨이 말과 웃음이 적고, 얼굴은 아담하여 마치 수양하고 근신하는 선비 같았으나, 가슴 속엔 담략(膽略)이 있어서 몸을 잊고 나라를 위해 죽었으니, 이는 본래부터 몸을 수양해왔기 때문이라 하겠다.

그의 형 희신(羲臣)과 요신(堯臣)은 모두 그보다 먼저 죽었는데, 그 소생을 자기 자식들같이 돌보아 무릇 시집가고 장가드는 일에도 반드시 형의 자식들을 먼저 하고 자기 자식들을 뒤에 했다.

재주는 있었으나 명(命)이 없어서 백에 한 가지도 써보지 못하고 죽었으니, 어허, 애석한 일이다.

○통제사로 진중에 있으면서 밤낮으로 계엄하고 갑옷을 벗는 적이 없었다.
견내량(見乃梁)에서 적병과 더불어 대치하고 있는데, 모든 배는 이미 닻을 내리고 달빛은 매우 밝았다. 통제사로 갑옷을 입고 북을 베고 누워 있다가 문득 일어나 좌우에 있는 사람을 불러서 소주를 가져다가 한 잔 마신 다음 여러 장수를 모두 불러 앞에 세우고 말했다. "오늘 밤에는 달빛이 무척 밝은데, 적이 간사한 꾀가 많기 때문에 달이 없을 적에는 당연히 우리를 습격해 오려니와, 달이 밝을 때에도 역시 습격해 올 것이니 경비를 튼튼히 하지 않아서는 안 된다." 그리고는 마침내 호각을 불어 여러 배들에 명령하여 닻을 들게 하고, 또 척후선에 전령을 내렸더니, 척후병들이 곤히 잠들어 있기에 깨워서 대기시켰다. 이윽고 척후가 달려와서 적이 온다고 아뢰었다.

그때 달은 서산에 걸리고 산 그림자는 바다에 드리우니 바다 반쪽이 컴컴하여 많은 적선들이 그늘진 속으로 좇아와 차츰 우리 배에 접근하므로, 이때 군중에서는 대포를 터뜨리며 고함을 치자 여러 배들이 호응했다.
적은 우리가 방비하고 있음을 알고는 일제히 조총을 쏘니, 총소리가 바다를 흔들고 물 위에 떨어지는 총탄이 비 오듯 하였으나 감히 침범하지 못하고 물러가니, 여러 장수들은 그를 신(神)으로 여기었다.

【*징비록(懲毖錄): 이 책은 조선 중기의 문신인 서애 유성룡(柳成龍: 1542~1607)이 임진왜란 때의 상황을 기록한 것이다. 징비(懲毖)란

"미리 징계하여 후환을 경계한다."는 뜻이다.

유성룡은 퇴계 이황(李滉)의 문인이며, 김성일(金誠一)과 동문수학하였다. 명종 21년(1566) 문과에 급제하여 후에 공조좌랑, 이조좌랑 등의 벼슬을 거쳐 삼정승을 모두 지냈다.

왜적이 쳐들어올 것을 알고 장군인 권율과 이순신을 중용하도록 추천하였고, 화포 등 각종 무기의 제조, 성곽을 세울 것을 건의하고 군비 확충에 노력하였다. 또한 도학·문장·글씨 등으로 이름을 떨쳤으며, 그가 죽은 후 문충(文忠)이라는 시호가 내려졌고, 안동의 병산서원(屛山書院)에 모셔졌다.

이것을 저술한 시기는 자세히 알 수는 없으나 유성룡이 조정에서 물러나 향리에서 지낼 때 전란 중의 득실을 기록한 것이다.

그 내용은 임진왜란 이전 일본과의 관계, 명나라의 구원병 파견 및 제해권의 장악에 대한 전황 등이 정확하게 기록되어 있다.

이 책은 임진왜란 전후의 상황을 연구하는 데 없어서는 안 될 귀중한 자료로서 『난중일기』, 〈임진장초〉, 〈선조실록〉과 함께 높이 평가받고 있다. 본서에서 인용한 부분은 김흥식 역 〈징비록〉(서해문집)에서 일부 수정하여 옮긴 것이다.】

7. 난중잡록(亂中雜錄)

조경남(趙慶南)

「○ 전라좌수사 이순신에게 삼도수군통제사를 겸임하게 하였다. 이순신이 여러 장수들을 거느리고 한산도에 진을 치고 거제의 적을 상대하고 있으니, 한 달도 지나지 않아 수비가 튼튼해졌다. 때로는 이따금 거북선을 몰고 나가 적을 무찔러 사로잡으니, 적이 겁내어 감히 나오지 못하므로 영남 연해안과 호남 한 쪽이 그 때문에 편안해졌다. 이순신이 한산음(閑山吟)이란 시 20수를 지었는데, 그 가운데 "바다에 맹세하니 물고기와 용이 감동하고, 산에 맹세하니 초목이 알아주네(誓海魚龍動, 盟山草木知)."라는 구절이 있다.

○ 통제사 이순신이 장계를 올리기를, "신은 있는 힘을 다하여 청정(淸正)의 오는 길을 막으려 합니다. 각도의 수령에게 수군의 무리를 이곳으로 보내는 일에 진력하도록 명령해 주십시오."라고 하였다. 조정에서는 부찰사(副察使) 한효순(韓孝純)에게 수군의 일을 전담시켜 삼도의 수군 및 그들이 먹을 군량을 밤낮으로 조달해 보내도록 하고, 병선과 무기를 급히 수리하여 적을 막는 이순신의 병력을 도와주라고 하였다.

○ 요시라(要時羅)가 우리나라에 말을 전하기를 "청정이 배 한 척으로

바다를 건너오다가 중도에 풍파를 만나 작은 섬에서 수일 동안 머물러 있기에 내가 급히 이 통제사에게 이 사실을 알렸으나, 그가 의심을 품고 오지 않았기 때문에 일을 그르쳤습니다." 라고 하였다.

조정에서는 또 이순신이 헛된 장담만 하여 임금을 속인다고 허물을 잡아 금부도사를 보내어 잡아 올려 문초를 받기로 하고, 전라병사 원균에게 삼도수군통제사를 겸임케 하고, 전주목사 이복남(李福男)을 전라병사로 삼았다. 남쪽 백성들이 한산도로써 울타리를 삼고 이순신으로써 성벽을 삼고 있다가, 그가 파직되었다는 소문을 듣고는 의지할 곳이 없어져 살림살이를 메고 지고 서 있었다.

○적의 추장 래도수(來島守)가 병선 수백 척을 거느리고 먼저 서쪽 바다를 향해 진도 벽파정(碧波亭) 아래에 이르렀다. 그때 통제사 이순신이 명량(鳴梁)에 진을 치고 머물러 있었는데, 피란선 백여 척이 후방에서 성원하고 있었다. 이순신이 적이 온다는 소식을 듣고는 여러 장수들에게 명령하기를, "적은 많고 우리는 적으니 경솔히 싸워서는 안 되고 기회를 보아 이와 같은 책략으로 응해야 한다."고 하였다.

적은 우리 군사가 외롭고 약한 것을 보고 거저 삼킬 듯이 여겨 서로 앞을 다투어 사면으로 에워싸므로, 우리 군사는 거짓 포위망 속으로 들어가니, 적은 우리 군사가 겁을 내는 것을 기뻐하며 육박전이 시작되었다.

그때 문득 대장선에서 호각 소리가 들리고 깃발이 나부끼며 적선에서 불이 일어나 여러 배가 타버려 연기와 불꽃이 하늘을 덮었고, 화살이며 돌이며 창과 칼이 서로 번뜩여 맞아 죽어 쓰러지는 자가 삼대 같았고, 불에 타고 물에 빠져 죽은 자도 역시 그 수를 모를 정도였다. 먼저 래도수의 목을 베어 머리를 장대 끝에 매어달자 장병들이 용기를 내어 도망가는 자를 쫓아 수백여 놈을 베어 죽였다. 도망간 배는 겨우 10여 척이었고 우리 배는 다 탈이 없었다. 그 뒤에 적들이 저희 소굴에 돌아가서까지도 전쟁을 말할 때엔 반드시 명량 싸움을 얘기하는 것이었다.

○적의 장수 의홍(島津義弘), 윤직무(允直茂) 등이 각각 군사 1만여 명을 거느리고 해남에 머물러 있었다. 명량에서 실패한 뒤부터는 배들이 오지 못하고, 윤직무 등은 바른 편 길로, 의홍 등은 왼 편 길로 하여 모두 남원을 향해 달아났다.

○이순신이 진린과 함께 잔치를 베풀고 있는 중에 문득 탐망선(探望船) 달려와서 적의 경보가 심히 급박하다는 것을 알리므로 곧 잔치를 멈추고 여러 장수에게 분부하기를, "군사를 잠복시켜 동정을 살피고, 군의 기밀을 단속하여 날카로운 기세로써 기다리라."고 하였다.
한밤중의 바람결에 누에가 실을 뽑는 듯한 소리가 귀에 들리더니, 동이 트자 적의 배가 몰아오므로 곧 부딪혀 싸움을 걸었다. 순신은 진린으로 하여금 높이 올라가 내려다보게 하고 자기는 여러 배를 거느리고 적진 속을 뚫고 들어가 화살과 돌을 퍼부으며 대포를 연달아 터뜨려서 적선 50여 척을 불태워버리고 1백여 명을 베어 죽이자, 적이 본진으로 도망쳐 돌아가므로 진린은 크게 기뻐하였다.

○그런데 전에 사천(泗川)의 적장 의홍(島津義弘)과 남해의 부장 평조신(平調信) 등이 행장과 의지(義智)의 청에 따라 쇠약한 군사와 사로잡은 남녀들을 배에 실어 앞서 내보내고 자기는 수백 척 병선을 이끌고 밤 조수를 타고 구원하러 왔다. 수군 복병장 경상우수사 이순신(李純信)이 가볍고 빠른 배로 달려와서 아뢰므로, 진린은 이순신과 함께 모든 배를 거느리고 좌우로 갈라 우리 군사는 남해 관음포(觀音浦)에 주둔하

고 명나라 군사는 곤양(昆陽)과 죽도(竹島)에 머물러 닻을 내려놓고 사변을 기다렸다.

그날 밤중에 많은 적선이 광주(光州) 바다로부터 구름처럼 뭉치고 안개같이 모여 노량(露梁)을 지나 왜교(倭橋)를 향하므로, 두 편 군사가 갑자기 나가서 좌우로 덮쳐 화살과 돌을 퍼붓고 불을 붙인 나무를 마구 던지니 많은 적선이 태반은 불타버렸다. 우리 군사들이 목숨을 걸고 피나게 싸워 적이 견디지 못하고 물러나 관음포로 들어가자 날은 이미 새었다. 순신은 친히 북채를 쥐고 앞장서서 적을 추격해 무찌르는데, 왜적이 배 뒤에 엎디었다가 순신을 향해 일제히 총을 쏘자, 순신은 탄환에 맞아 정신을 차리지 못하면서 급히 부하에게 명령하여 방패로써 몸을 가리게 하고 자기 죽음을 비밀에 붙여서 죽었다는 말을 내지 말도록 하였다.

그때 그 아들 회(薈)가 배에 있다가 부친의 분부를 따라 북을 울리고 기를 흔들었다. 정오가 채 못 되어 적선은 거의 다 부서지고 물에 빠져 죽은 자도 헤아릴 수가 없었으며, 도망 간 배는 겨우 50여 척이었다. 우리 군사는 적의 목을 베어 명나라 장수에게 모두 바쳤다. (우리나라 배들 중에서는 함평(咸平) 전함 한 척이 적에게 불태워졌다.)
싸움이 한창 치열할 무렵에 행장의 무리는 군사를 거두어 몰래 묘도(猫島) 서쪽 바다로 빠져 평산(平山: 남해땅) 바다를 향해 달아났다. 남해에 머물러 있던 적들은 노량의 패보를 듣고 섬 속의 육로를 거쳐 미조항(彌助項)으로 달아났고, 의지(義智)도 군사를 거두어 함께 떠났다.

유정(劉綎)은 왜교(倭橋)에서 연기와 불꽃이 하늘을 덮은 것을 보고 군사를 이끌고 달려나가 보니, 적의 성이 이미 비었기로 그대로 머물러

주둔하자, 우리나라 장병도 그를 따랐다.

이순신의 상사(喪事)를 듣고 좌의정(李德馨)은 충청병사 이시언(李時言)으로써 임시 통제사를 임명하고, 전라방어사 원신(元愼)으로써 임시 병사를 임명했다.

이시언이 하동으로 달려갔더니 진린이 이순신(李純信)을 임시 통제사로 정하여 이미 수군을 거느리게 하고 있었으므로, 이시언은 곧 본진으로 돌아갔다. 진린은 모든 군사를 거느리고 남해로 들어가 적진을 수색하여 군량 만여 섬을 거둬들였는데, 거둬들인 소와 말도 헤아릴 수 없이 많았다.

【*난중잡록(亂中雜錄): 조선시대 선조 때 남원의 의병장 조경남(趙慶男)이 지은 임진왜란 때의 잡록(雜錄). 1582년(선조 15)에서 1610년(광해군)까지 왜병과 싸운 사실 등을 기록하였다. 저자 자신이 의병장으로 활동한 사실뿐 아니라, 당시 나라 전체의 역사적 상황을 상세히 기록해 놓아 임진왜란 및 당시의 사회 전반을 연구하는 데 귀중한 자료이다. 〈대동야승(大東野乘)〉 26~34권에도 수록되어 있다.】

8. 비문(碑文): 전라좌수영대첩비

영의정(領議政) 이항복(李恒福)

지난 임진년에 남쪽의 왜적들이 방자하게 배를 서로 이어 바다 위를 떠올 때에 경상도를 거쳐 전라도로 가려면 가로 막힌 곳이 한산(閑山)이며, 경계는 노량(露梁)이며, 그 목은 명량(鳴梁)인지라, 만약 한산을 잃어버리면 노량이 보전되지 못하고, 명량이 짓밟히면 서울 복판이 흔들리는데, 그 날에 뉘 공로로 세 군데 험한 관문(險關)을 막아 냈던가. 그는 곧 으뜸 공신 통제사이다.

그때 마침 사신으로 갈 사람이 없어서 위에서 내게 명하여 군사를 시찰하라고 하시므로, 떠나려고 하자, 다시 하교하시기를, 돌아간 통제사 이순신(李舜臣)은 나라를 위해 애쓴 이로서, 남방을 지키다가 나라가 복이 없어서 그 목숨이 떨어졌다. 내가 그를 사랑하고 장하게 여기건만, 사당도 아직 못 세워 충신을 권장하지 못했으니 네가 가서 정성껏 하라고 하셨다. 명령을 받고 나와서 법전(法典)을 상고해 보니, 죽음으로써 나랏일에 애쓴 이라면 제사를 지낸다고 하였고, 큰 환란을 막아낸 이라면 제사를 지낸다고 하였으니, 이는 참으로 옳은 일로서 옛 기록에 적혀 있는 것이다.

되돌아보건대, 난리 첫 무렵에 공의 직임(職任)은 호남의 방비에 있었으므로 자기 맡은 바 한계가 있었지만, 나라의 욕됨을 몹시 부끄럽게 여기고, 이웃 경상도의 재앙을 자신의 근심으로 여겨서, 남쪽 바다를 건너서 왜적들이 점령하고 있는 지대를 짓밟아서 옥포 싸움, 노량 싸움, 당포 싸움, 율포 싸움, 한산 싸움, 안골포 싸움 등에서 적선 220여 척을 불사르고 왜적 590여 명의 목을 베었고, 물에 빠져 죽은 놈들은 그 수조차 헤아릴 수 없었으니, 적들은 꺅 소리도 못 질렀고, 감히 공의 진 아래 가까이 오지도 못하였다. 그리하여 한산에 진을 치고 적이 쳐들어오는 것을 막았다.

정유년(丁酉年)에 이르러 통제사를 바꾸었다가 한산이 그만 무너지자 패전한 장수들이나 달아나는 졸병들이나 그리고 또 남도 백성들이 모두 다 탄식하며 한소리로 외치기를, "만일 이 통제사가 계셨다면 어찌 왜적으로 하여금 한 발걸음인들 호남 땅을 엿보게 하였으랴." 하는 것이었다.

조정에서도 급히 공을 찾아 다시 그 전 직함을 내렸더니, 공은 홀로 말을 달려 나가 군사를 모으고 배를 거두어 명량(鳴梁)에 진을 치자 적들은 갑자기 밤중에 기습을 해왔다. 적은 수의 군사로써 죽기를 맹세하고 13척 새로 모은 전함으로 바다를 덮고 들어오는 수만 명 왜적을 대적하여 300척을 깨뜨리고 용기를 내어 진군하니 적은 마침내 달아나고 말았다.

무술년(戊戌年)에 명나라에서 많은 구원병이 오게 되어 수군 도독 진린(陳璘)이 공과 더불어 진을 합쳤을 때, 공의 하는 일에 감탄하여 반드시 "대인(大人)"이라고 존칭으로 부르고 함부로 이름을 부르지 않았다. 그해 겨울에 왜적들이 합세하여 노량으로 쳐들어오므로 공은 몸소 정예 군사를 거느리고 앞장서서 막아냈으며, 명나라 군사들도 진군하여 공과 함께 호응하였다.

이날 닭이 울 무렵 물귀신은 길을 터주고, 바람 귀신은 위세를 거두자 사방이 밝아왔다. 조선과 명나라 양 군대가 한꺼번에 나아가니 1천여 개 돛대가 춤추듯 달렸는데, 공은 앞장서서 뛰어들어 날카롭게 쳐부수니 적들은 개미떼 무너지듯 하여 죽는 자를 구해내기에 바빴다. 독전하는 북소리는 그치지 않았는데, 하늘에서는 장수별이 빛을 잃더니, 공은 날이 샐 무렵 탄환에 맞아 넘어졌다. 그러면서도 오히려 부하들에게 죽었다는 말을 내지 말라고 경계하며 "우리 군사들의 기가 꺾일까 두렵다."고 하였다. 나중에 명나라 수군 도독이 공의 주검을 듣고 배 위에 세 번 엎어지면서 "이제는 같이 일할 이가 없어졌다."고 탄식하였고, 명나라 군사들도 공을 조상(弔喪)하여 고기를 먹지 않았다. 남도 백성들은 모두들 달려 나와 거리에서 통곡하고, 글을 지어 제사하고, 남녀노소가 거리를 막고 우는데 가는 곳마다 다 그러하였다.

어허! 공 같은 이야말로 죽음으로써 나랏일에 애쓰고 능히 큰 환난을 막아낸 이가 아니겠느냐. 마땅히 공로로는 으뜸 공신이 되고, 벼슬로는 최고 재상이 되며, 봉토를 하사하고, 기린각에 그 초상을 걸고, 대대로 국록을 내려주고, 또 후세 영웅들로 하여금 길이 눈물을 씻게 할만하니, 대장부로서 세상에 나서 이만하면 천고에 훌륭한 인물이거늘, 하물며 이제 명령을 받들어 남쪽 일을 맡아 보게 되었으니 내 어찌 이를 잘 하도록 도모하지 않을 수 있겠는가.

이때에 통제사 이시언(李時言)이 이 말을 듣고 감격하여 이 일을 주장하자, 무릇 군중의 장교와 병졸들로서 공의 덕을 입은 자들이 임금의 은혜를 칭송하고 공의 죽음을 슬피 여겨 뭇 사람이 모두 나서서 수천 마리의 참새들이 뛰듯이 도끼와 망치를 번개같이 번뜩여서 열흘도 안 되어 공사를 끝냈는데, 15년 후 갑인(甲寅)년에 해서절도사(海西節度使) 유형(柳珩)이 서한을 보내어 노량(露梁)의 일을 비에 새겨서 길이 전하기를 원하므로, 나는 말하기를, "공의 덕을 입은 남쪽 백성들의 입으로 칭송하는 말이 영원히 끝나지 않을 것이며, 사직에 끼친 공의 공로는 역사에 기록되어 남을 것이니, 어찌 구태여 비문(碑文)에 적을 필요가 있으리오. 다만 공이 집안에 있어서는 아비 없는 조카들을 어여삐 여겨서 자기 자식 같이 한 것은 안으로 순후(淳厚)한 행적이요, 여러 해를 진중에 있으면서 고기 잡고, 소금 굽고, 둔전을 크게 열어 군비에 모자람이 없게 하고, 위에서 받은 상을 모든 군사들에게 남김없이 갈라 준 것 등은 밖으로 원만(圓滿)한 행적들이었다. 그리고 화평하고 어진 덕과, 확실하게 일을 처단하는 재능과, 상과 벌을 꼭 맞게 하는 과단성 같은 것은, 만일 다른 사람으로서 이렇게 할 수 있다면 그 이름을 백세에 날릴 수 있는 것이지만, 공에게 있어서는 하찮은 일에 속하는 것인지라, 여기서는 생략한다."라고 하고, 이에 비명(碑銘)에 적기를,

지난 임진년에 미친 반역의 도적들이 이웃나라 쳐들어와서
모든 고을 깨어지고 도적 떼 막지 못해 무인지경 되었는데
그때 오직 이공께서 용맹 더욱 떨치시어 바닷가 억누르고
명나라도 달려들어 많은 군사 뽑아내어 진린에게 명령하니
번개처럼 공격하고 바다귀신 지키시어 적들이 움츠러들어
포구에 진을 치매 언덕마다 싸움 벌려 화살 모아 쏘았건만
죽어가며 발악하여 님의 몸에 해 끼칠 때 신은 어이 못 돕던가.
노량 바다 검붉은 물 넘실대는 이곳에 이 비석 세우노니
뒷세상 길이길이 공의 이름 높이 들려 나라운명 같이 하리.

在壬辰歲, 狂寇不臣, 虐始於隣. 列郡瓦裂, 迎敵津津, 若蹈無人.
時維李公, 其氣益振, 扼拊海溽. 皇耆其武, 出師牲牲, 命虎臣璘.
列缺掉幟, 玄冥司辰, 賊窘而罠.
師于阤港, 大戰其垠, 矢集脩鱗. 黿蛇掉尾, 毒于公身, 不佑于神.
露梁殷殷, 維水淵淪, 樹此貞珉. 後天不墜, 公名嶙峋, 維永宗禋.)

【*이항복(李恒福, 1556~1618.): 조선 중기의 문신・학자. 본관 경주(慶州). 자(字)는 자상(子常), 호(號)는 백사(白沙)・필운(弼雲)・청화진인(淸化眞人)・동강(東岡)・소운(素雲) 등으로 불려졌고, 몽량(李夢亮)의 아들이며, 권율(權慄)의 사위이다. 오성부원군으로도 불렸으며, 주요저서로는《백사집》이 있다. 어렸을 때, 훗날 함께 재상이 된 이덕형(李德馨)과 돈독한 우정을 유지하여 오성(鰲城)과 한음(漢陰)의 일화가 오랫동안 전해오게 되었다.

1580년(선조 13) 알성문과에 병과로 급제한 후, 여러 관직을 두루 거쳤으며, 1589년 예조정랑으로 정여립(鄭汝立)의 옥사를 다스리는 데 참여했다.

1592년 임진왜란이 일어나자 선조를 따라 의주로 갔으며, 이후 병조판서가 되어 명나라 군대의 파견을 요청하는 한편 국왕의 근위병을 모집하는 데 주력하였다.

1595년 이조판서에 올랐으며, 1598년 좌의정으로 진주사(陳奏使)가 되어 명나라를 다녀왔다. 1599년 좌의정을 거쳐 이듬해에 영의정이 되었으며, 1602년 오성부원군(鰲城府院君)에 진봉되었다.

광해군이 즉위한 후에도 정승의 자리에 있었으나, 대북파(大北派)들과는 정치적 입장이 달랐으며 1617년 이이첨(李爾瞻) 등이 주도한 폐모론(廢母論)에 적극 반대하다가 1618년 삭탈관직되어 북청(北靑)으로 유배되었다가 그곳에서 죽었다. 사후에 복관되고 청백리(淸白吏)에 녹선(祿選)되었다.

임진왜란 때 5번이나 병조판서에 오를 만큼 선조의 신임을 받았으며, 전란 후에는 그 수습책에 힘썼다. 고향 포천의 화산서원(花山書院)과 북청의 조덕선원(老德書院)에 제향되었다. 저서로는 〈백사집〉, 〈북천일록(北遷日錄)〉, 〈사례훈몽(四禮訓蒙)〉 등이 있다.】

9. 비문(碑文): 신도비(神道碑)

영의정(領議政) 김 육(金堉)

우리나라가 이백년 동안이나 태평하여 백성들이 병란을 알지 못하다가 총을 쏘고 칼을 멘 도적들이 동남쪽을 쳐들어와 서울, 개성(開城) 평양(平壤)을 모조리 빼앗기고 7개 도가 도탄에 빠졌을 때, 도원수 권공(權慄)은 서울 근처에서 적을 노려 큰 도적을 잡았고, 통제사 이공(李舜臣)은 바다에서 활약하여 큰 공을 세웠으니, 두 분이 아니었더라면 명나라 군사들인들 어디를 믿고 힘을 썼을 것이며, 종묘사직의 무궁한 국운인들 무엇을 힘입어 다시 이었으랴.

그런데 도원수의 무덤에는 이미 큰 비석을 세웠지만 통제사의 산소에는 아직 사적을 기록한 비문이 없으니 이 어찌 여러 선비들의 유감으로 여기는 바 아니랴.

이제 공의 외손 홍군(洪君)이 판서 이식(李植)이 지은 공의 시장(諡狀)을 가지고 와서 내게 보이며 비문을 청하는데, 나는 이미 늙어 나이 팔십에 가까운지라, 붓과 벼루와 서로 멀어져 공의 기개와 공훈을 진실로 만분의 하나도 형용하기 어렵지마는, 그 깨끗한 충성과 큰 절개를 마음으로 우러러 보는 것은 진작 어려서부터였으니, 어찌 감히 말로써 핑계를 대며 본시부터 한번 이야기해 보고 싶어 하던 바를 그만둘 수 있을까보냐. 이에 감히 사양치 아니하고 적어 보건대,

공은 덕수(德水) 이씨(李氏)요, 이름은 순신(舜臣)이요, 자는 여해(汝諧)
인데, 세종조 대제학(大提學) 정정공(貞靖公) 변(李邊)의 오대손이다. 인
종 원년 을사(乙巳)에 났으니, 아이 때부터 이미 보통사람보다 뛰어 났
고, 여러 아이들과 함께 놀 때에도 진 치는 시늉을 내며 대장으로 높임
을 받으므로 사람들이 이상히 여기더니, 자라매 또한 활 쏘는 재주가
남보다 뛰어났었다.

선조 병자년에 무과에 급제하고 무경(武經)에 있는 황석공(黃石公)의 글
을 강(講)할 적에 시험관이 묻기를, 장량(張良)이 적송자(赤松子)를 따라
가 놀았다고 하였으니 끝내 죽지 않았겠느냐고 묻자, 공이 대답하기를,
한(漢)나라 혜제(惠帝) 6년에 유후(留侯) 장량이 죽었다고 하는 것이 강
목(綱目)에 적혀 있으니, 어찌 신선을 따라가 죽지 않았을 리가 있겠습
니까, 라고 하니, 시험관들이 서로 돌아보며 무인(武人)으로서 어찌 이
것을 알고 있는가, 하고 찬탄하였다.

서애(西厓) 유 정승(柳成龍)은 공과 더불어 젊어서부터 좋아하던 사이인
지라 언제나 공을 대장(大將)의 재목이라고 칭찬했으며, 율곡(栗谷) 이
이(李珥) 선생도 이조판서(吏曹判書)로 있을 적에 서애를 통하여 만나보
기를 청했으나, 공은 듣지 않으며 말하기를, 같은 문중이니 만나봄직도
하지만 그가 인물 고르는 자리에 있는 동안은 만나는 것이 옳지 않다고
하였으며, 또 공이 훈련원(訓鍊院) 봉사(奉事)로 있을 적에 병조판서(兵
曹判書) 김귀영(金貴榮)이 서녀(庶女)가 있어 공을 불러 사위를 삼으려
했으나, 공은 말하기를, 내가 이제 처음으로 벼슬길에 나섰는데 어찌
세도가의 집 대문에 발자국을 남기랴, 하고는 당장에 중매쟁이를 쫓아
버린 일도 있었다.

또 공은 변방 장수가 되었을 때에나 군관이 되었을 때에 한 가지도 사

욕을 채우는 일이 없었으며, 상관이라도 잘못이 있으면 철저히 말하여 바로잡아 비록 미움을 받을망정 꺼리지 아니하였다. 일찍 건원보(乾原堡)의 권관(權管)으로 있을 적에 오랑캐 울지내(鬱只乃)가 오랫동안 변병의 걱정거리가 되었는데, 공이 그 놈을 잡아 오자 병사(兵使) 김우서(金禹瑞)가 그 공을 시기하여, 군사를 제 맘대로 부렸다는 죄목으로 장계를 올려 상을 주지 않았다.

공이 건원보에 있는 동안 부친의 상사를 당하여 분상(奔喪)했다가 삼년상을 마치고 곧 사복시(司僕寺) 주부(主簿)가 된 지 겨우 반달 만에 다시 조산만호(造山萬戶)가 되었는데, 순찰사 정언신(鄭彦信)이 녹둔도(鹿屯島)에 둔전을 개설하고 공을 시켜 겸하여 관할토록 하였다.

공이 둔전의 군사가 적다고 하여 여러 차례 수자리 군사를 더 달라고 청했으나, 병사 이일(李鎰)이 허락하지 않더니, 가을이 되자 과연 오랑캐들이 크게 쳐들어오는 지라. 공이 추격하여 사로잡혀간 둔전 군사 60여명을 빼앗아 돌아왔건만, 병사는 스스로 자기 잘못을 벗어나려고 하여 공을 감옥에 가두고 죽이려고 하였다.

군관 선거이(宣居怡)가 공의 손목을 잡고 눈물을 지으면서 술을 권하며 마음을 진정시키려고 하자, 공은 정색하고 말하기를, 죽고 사는 것이 모두 천명(天命)이거늘 술은 마셔서 무엇 하랴, 하고 뜰 안으로 들어가 항변하며 조금도 굴복하지 아니하자, 병사도 그만 기가 꺾여서 다만 가두어놓고 장계를 올릴 뿐이었다. 그러나 위에서 그의 무죄임을 살피시고 백의종군케 하였다가, 다시 곧 오랑캐의 목을 바친 공로로 용서를 입었었다.

기축(己丑: 1589)년에 선전관(宣傳官)으로 정읍(井邑) 현감에 임명되고, 경인(庚寅: 1590) 년에는 서애(西厓)가 힘써 조정에 천거하여 고사리(高沙里) 첨사(僉事)로 뽑히니, 이때 왜놈과의 흔단이 이미 벌어져 공은 이것을 깊이 걱정하여 날마다 방비할 기구들을 수보하고 거북선을 창작했는데, 판자로 덮고 못을 꽂았으며 군사를 감추고 대포를 벌려 마침내 그 힘으로 승첩을 얻었다.

임진(壬辰: 1592)년에 왜적이 부산, 동래를 함락하고 거침없이 몰아오자 공은 군사를 옮겨 그것을 치자고 하였으나, 부하들이 모두 전라도 진을 떠나는 것을 어렵게 생각하므로, 공이 말하기를, 오늘 우리 할 일은 오직 적을 치다가 죽을 따름이라고 하고, 여러 곳 군사를 합하여 떠나려 할 때, 마침 경상우수사 원균(元均)이 사람을 보내어 구원을 청하므로, 공이 군사를 이끌고 옥포(玉浦)로 나아가 만호 이운룡(李雲龍), 우치적(禹致績) 등으로써 선봉을 삼아 먼저 왜적선 30척을 깨뜨리고, 고성(固城)에 이르러 서울이 함락되고 임금의 수레가 서울을 떠났다는 말을 듣고 서쪽을 향하여 통곡하고 군사를 이끌고 다시 본영으로 돌아왔다.

원균이 또 구원병을 청하므로 공이 다시 노량(露梁)으로 달려가 적선 13척을 깨뜨리고, 사천(泗川)까지 쫓아가 싸울 적에 어깨에 탄환을 맞았건만, 오히려 활을 놓지 않고 종일토록 싸움을 독려했으므로 아무도 그것을 아는 이가 없었다.

6월에는 당포(唐浦)에서 싸웠는데, 왜적이 그림을 그린 층루선(層樓船)을 타고 오므로 화살을 쏘아서 금관 쓰고 비단 전포(戰袍)를 입은 적의 장수를 죽이고, 또 남은 졸병들을 모두 다 무찔렀더니, 정오에 왜선이 또다시 크게 들어오므로, 공이 빼앗은 적선을 앞줄에 세우고 적과 한 마장쯤 떨어진 곳에서 불을 지르니 화약이 폭발하고 불꽃이 솟아오르며 벼락을 치는 듯한 소리가 나자 적들이 크게 패하여 달아났다.

전라우수사 이억기(李億祺)도 와서 고성에서 합세하여 또다시 층루선에 타고 있는 적장을 죽이고 30여 척을 깨뜨리니, 적이 육지로 올라가 달아나므로 드디어 이억기와 함께 본영으로 돌아왔다. 왜적이 또 호남으로 향해 가려고 한다는 소식을 듣고 공이 고성으로 나갔더니 적선이 바다를 덮고 오는지라, 거짓 물러나 적을 꾀어내어 한산도에 이르러 70여 척을 깨뜨리니 적장 평수가(平秀家)는 몸을 빼어 달아나고, 죽은 자는 거의 1만 명이나 되어 왜병들이 놀라 떨었다.

공은 진에 있을 때 밤낮으로 계엄하며 언제나 갑옷을 벗고 누운 적이 없었는데, 어느 날 밤 달빛이 몹시 밝으므로 공이 갑자기 일어나 술 한 잔을 마시고 모든 장수들을 불러 모아 놓고, "적은 간사한 꾀가 많은지라, 달이 없을 적에는 의례 우리를 습격해 오지만, 달이 밝을 때에도 또한 오기 쉬우니 경비하지 않으면 안 된다."라고 하고, 드디어 호각을 불어 모든 배로 하여금 닻을 들게 하였더니, 뒤이어 보초선이 적이 온다고 보고하는데, 달은 서산에 걸리고 적선은 그늘을 타고 어둠 속으로 오는 것이 이루 다 헤아릴 수 없는지라, 중군(中軍)이 대포를 놓고 고함을 지르자 여러 배에서 모두 응하니, 적은 우리가 방비하고 있음을 알고는 감히 달려들지 못하고 물러가버리므로, **모든 장수들이 공을 신(神)이라고 하였다.**

공이 부산으로 진격해서 적의 근거를 엎어버리려 했으나 적들은 성채를 쌓아놓고 높이 올라가 있는지라, 다만 빈 배만 불태우고 돌아왔다. 공이 연달아 승첩을 아뢰자 위에서는 이를 가상히 여겨서 품계를 정헌대부(正憲大夫)로 올려주고 교서를 내려서 그의 공로를 표창하였다. 공이 한산도(閑山島)로 진을 옮겨 전라, 경상 두 도를 제압하자고 청하자 조정에서 허락하고 또 수군통제사(水軍統制使) 제도를 만들어 공으로 하여금 겸하게 하니, 통제영(統制營) 제도는 이로부터 시작되었다.

공이 따로 쌀 오백 섬을 쌓아서 봉해 두므로, 어떤 이가 무엇에 쓸 것이냐고 물었더니, 공은 대답하기를, "지금 임금이 의주(義州)에 계신데, 만일 요동(遼東)으로 건너가시게 된다면 배를 가지고 가서 임금의 수레를 맞아 국운의 회복을 꾀하는 것이 나의 직책이요, 이것은 임금께서 드실 양식으로 쓸 것이다."라고 하였다. 그의 멀리 걱정함이 모두 이와 같았다.

원균(元均)은 성품이 본래 급하고 질투가 많고 또 스스로 선배라고 하여 공의 아래에 있기를 부끄럽게 여겨 지휘를 따르지 않았으나, 공은 입을 다물고 그의 장단을 말하지 않았으며, 도로 자기에게 허물을 돌려 자리를 갈아 달라고 청했으나, 조정에서는 균으로써 충청병사를 삼았다. 그러자 원균은 조정의 대신들과 사귀며 백 가지로 공을 모함하였다.

이때 적장 행장(行長)과 청정(淸正)이 거짓으로 서로 죽이려는 형상을 하면서 요시라(要時羅)를 시켜 이간질을 하게 하면서 먼저 청정을 치도록 하게 하자, 조정에서는 그 말을 곧이듣고 공에게 군사를 이끌고 나가라고 재촉했다. 그러나 공은 적의 간사한 꾀를 알고 적절한 방법으로 대처하려고 하면서 난색을 보였더니, 헐뜯어 말하기 좋아하는 자들이 그것을 명령을 피하고 머뭇거린 죄로 탄핵하여, 정유년 2월에 공을 잡아 올려 감옥에 가두었다. 관찰사 이원익(李元翼)이 장계를 올려서 말하기를, "적이 꺼리는 것은 수군이니, 통제사 이순신을 갈아서는 안 되고, 원균을 보내서도 안 된다."고 하였으나, 조정에서는 듣지 않았다. 이원익이 탄식하기를, "나라의 일도 이제는 어찌할 수 없게 되었다."고 하였다.

그러자 임금께서 대신들로 하여금 의논하도록 하였더니, 판부사(判府事) 정탁(鄭琢)이 구명 상소를 올려서 말하기를, "군사의 기밀은 멀리서 헤아릴 수 없는 것이며, 또 그가 나아가지 않은 데에는 그 까닭이 없지 않을 것이니, 청컨대 뒷날 다시 한번 공로를 세우도록 하소서."라고 하여, 마침내 백의종군(白衣從軍)토록 하였다. 그때에 어머님이 아산에서 돌아가시니, 공이 울부짖으며, "나라에 충성을 다했건만 죄를 입었고, 어버이를 섬기려고 했건만 돌아가시고 말았구나."라고 하니, 듣는 이들이 모두 슬퍼하였다.

공이 진에 있을 적에 운주당(運籌堂)을 짓고 모든 장수들과 함께 거기서 군사를 의논하였는데, 원균이 공을 대신해서는 공의 해오던 모든 일들을 변경시켜 그 집에다 첩을 두고 울타리를 둘러쳐서 막으니, 모든 장수들은 그의 얼굴을 보기 어려웠고, 못된 짓만 하므로, 군중의 인심을 잃어버리고 말았다.

그러자 요시라가 또다시 와서 말하기를, "청정의 후원 군사들이 지금 오고 있으니, 그것을 막아 치는 것이 좋다."라고 하였고, 또 조정에서도 빨리 나가서 싸우라고 재촉하였으므로, 7월에 원균이 전군을 다 데리고 나갔다가, 적이 밤을 타고 엄습하여 원균의 군사가 모두 무너져 달아나고, 죽고, 전함 100여 척도 모두 다 한산에서 깨어지고 말았다.

그래서 적들은 바다로부터 상륙하여 남원을 함락시키니, 조정에서는 마침내 공을 상중에서 기용하여 다시 통제사를 삼았다. 공은 10여 명의 부하들과 함께 말을 달려 순천으로 가서 남은 배 10여 척을 얻고 흩어진 군사 수백 명을 모아 어란도(於蘭島)에서 적을 깨뜨렸다. 이때 조정에서는 수군이 약하다고 하여 공에게 육지로 올라와서 싸우도록 하라고 명령하자, 공은 "적이 곧바로 전라도, 충청도로 쳐들어오지 못하는 것은 수군이 그 길목을 가로막고 있기 때문입니다. 전선이 비록 적다고 할지라도 신이 죽지 않은 이상 적이 우리를 업신여기지 못할 것입니다."하고 아뢰었다.

호남의 피난선들이 여러 섬에 흩어져 대어 있는 것이 100여 척이었는데, 공이 그들과 약속한 다음 진을 친 후방에다 늘여 세워 응원케 하고, 공의 배 10여 척이 앞에 나서 적을 벽파정(碧波亭)에서 맞았는데, 적선 수백 척이 와서 덮쳤으나 공은 동요하지 않고 진을 정돈하여 기다리다가, 적이 가까이 오자 총과 활을 한꺼번에 쏘고 군사들도 모두 죽기로 싸워서 적이 크게 패하여 달아나고 적장 마다시(馬多時)의 목까지 베니, 군대의 위세가 다시 떨쳤다. 승첩한 소문이 들려 품계를 높여 상을 주려 하니 또다시 대간(臺諫)들이, "이미 지위와 녹이 높다."고 하면서 그것을 막아버렸다.

그때 명나라 경리 양호(楊鎬)가 서울에 있다가 글을 보내어 치하하기를, "근래에 와서 이런 승첩이 없었으므로 내가 직접 가서 괘홍(掛紅: 붉은 비단을 배에 걸어주는 의식)을 행하고자 하나 길이 멀어서 가지 못한다."고 하고는 백금과 붉은 비단을 보내어 표창하니, 괘홍(掛紅)이란 중국 사람들이 폐백으로써 축하하는 예식을 말하는 것이다.

무술(戊戌: 1598)년 봄에 진을 고금도(古今島)로 옮겼는데, 공이 상중에서 기용되어 군문에 종사하면서도 날마다 겨우 몇 홉 밥을 먹어 얼굴이 여위므로 위에서 특별히 사신을 보내어 방편을 따르라고 분부를 내렸다.

이해 가을에 명나라 장수 도독 진린(陳璘)이 해군 5천 명을 거느리고 와서 자못 우리 백성들을 성가시게 하므로, 공이 군중에 영을 내려 막집을 뜯어내게 하니 진린이 사람을 보내어 물었다. 공이 이르기를, "우리 군사와 백성들이 귀국 장수가 온다는 말을 듣고 마치 부모를 기다리듯 하였는데, 정작 와서는 약탈만 일삼기로 모두 도망칠 생각만 하고 있으니, 대장인 내가 어찌 혼자 남아 있겠소."라고 하였더니, 진린이 달려와서 공의 손을 잡고 말리므로, 공이 다시 말하기를, "귀국 군사들이 우리를 속국 신하로 보고 조금도 꺼림이 없으니, 만일 형편을 보아 가며 제어할 권한을 나에게 준다면 양편 다 보존될 수 있을 있을 것이오."라고 하자, 진린이 또한 허락하니, 그 후부터는 온 섬 안이 무사해졌다.

부하 송여종(宋汝悰)이 명나라 수군과 함께 적을 쳐서 70명의 목을 베었지만 명나라 수군은 하나도 얻은 것이 없어 진린이 부끄러워하며 성을 내므로, 공이 위로하기를, "장군께서 와서 우리 군사를 지휘하고 계시니, 우리 군사의 승첩은 곧 장군의 승첩인데 내가 어찌 감히 그것을 차지할 수 있겠소. 얻은 것을 모두 바치겠소."라고 하니, 진린이 몹시 기뻐하여 말하기를, "일찍이 공의 명성을 들어왔는데, 이제 보니 과연 그러하오이다."라고 하였다. 그러자 송여종이 실망하여 불평하므로, 공이 웃으며 말하기를, "그까짓 썩은 고깃덩이를 아껴서 무엇 하겠느냐. 네 공은 내가 다 장계로 아뢰겠다."라고 하니, 송여종도 또한 복종하였다.

진린이 공의 군사 다스리고 전략 세우는 것을 보고 탄복해 말하기를, "공은 실로 작은 나라에 있을 인물이 아니다. 만일 중국으로 들어가면 반드시 천하의 대장이 되리라." 하고는 우리 선조대왕께 글을 올려 말하기를, "이 통제사는 천지를 주무르는 재주와 나라를 바로 잡은 공이 있다."고까지 하였으니, 이는 진심으로 탄복했기 때문이다. 마침내 명나라 황제에게까지 아뢰니, 황제 또한 가상히 여겨서 공에게 도독(都督)의 인장(印章)을 내렸는데, 그것은 지금까지도 통제영에서 간직하고 있다.

9월에 명나라 제독 유정(劉綎)이 중국 묘족(苗族)의 군사 1만5천 명을 거느리고 예교(曳橋) 북쪽에 진을 치고서 10월에 수군들과 더불어 적을 협공하기로 약속하여, 공은 도독과 함께 나가 싸우던 중에 첨사 황세득(黃世得)이 탄환에 맞아 죽었는데, 황세득은 공의 처 종형(從兄)이므로 여러 장수들이 들어와 조상하자, 공은 말하기를, "세득은 나라의 일에 죽었으니 영광스러운 일이다."라고 하였다.

행장(行長)이 도독에게 뇌물을 보내며 돌아갈 길을 틔워 주기를 청하니 도독이 공에게 뒤로 물러나도록 하려 하자, 공이 말하기를, "대장이란 화친을 말해서는 안 되고 또 원수는 놓아 보낼 수 없다."라고 하니 도독이 부끄러워하였다. 행장이 공에게 사람을 보내어 말하기를, "조선 군사는 마땅히 명나라 군사와 진을 따로 쳐야 할 터인데 같은 곳에 함께 있는 것은 무엇 때문인가."라고 하자, 공은 "내 땅에서 진을 치는 것이야 내 뜻대로이지, 적이 상관할 바가 아니다."라고 대답하였다.

행장(行長)이 곤양(昆陽)과 사천(泗川)에 있는 저희 군사들과 함께 횃불을 들어 서로 신호하므로, 공은 군사를 단속하여 대기하자 남해(南海)의 적들이 노량(露梁)으로 와서 대어 있는 자가 무수히 많으므로, 공이 도독과 함께 밤 10시경에 떠나면서 하늘에 빌기를, "이 원수만 섬멸할 수 있다면 죽어도 여한이 없겠습니다(此讎若除, 死亦無憾)."라고 하자, 문득 큰 별이 바다 속으로 떨어졌는데 보는 이들이 모두 놀라고 이상하게 여겼다. 새벽 2시경부터 적을 만나 큰 전투가 벌어져 아침에 이르러 크게 깨뜨리고 200여 척을 불태웠다.

그대로 남해 지경까지 추격하여 친히 화살과 포탄을 무릅쓰고 싸움을 독려하다가 날아드는 탄환에 맞았다. 좌우에서 공을 부축하여 장막 안으로 들어가자 공은 말하기를, "싸움이 한창 급하니 내가 죽었다는 말을 내지 마라."고 하였다. 말을 마치자 숨을 거두니, 이때 공의 나이 54세였다. 공의 조카 완(莞)이 공의 말대로 배 위에서 기를 흔들며 싸움을 독려하기를 전과 같이 하였다. 적이 도독의 배를 에워싸서 몹시 급하게 되었으므로 여러 장수들이 대장선에서 깃발 휘두르는 것을 보고 모두 달려가 구원해 내었다. 정오 때에야 적이 크게 패하여 먼 바다 밖으로 도망치고 말았다.

도독이 배를 돌려서 가까이 오며 "이 통제, 어서 나오시오." 하고 부르자, 완(莞)이 울면서 "숙부님은 돌아가셨습니다."라고 대답하니 도독이 펄쩍 뛰다가 넘어지기를 세 번이나 하면서 말하기를, "죽은 뒤에도 능히 나를 구원해 주었다."고 하고는 가슴을 치며 통곡하였다. 두 진에서 통곡하는 소리가 바다를 진동시켰다.

영구를 아산으로 모셔올 때 연도의 모든 백성과 선비들이 울부짖었으며, 차리는 제사가 천리에 끊어지지 않았다. 위에서도 즉시 제관(祭官)을 보내어 조상하였다. 후에 우의정(右議政)을 추증하고, 다시 갑진(甲辰)년에는 일등공신으로 책정하고, 효충장의 적의협력 선무공신(効忠仗義 迪毅協力 宣武功臣)의 호를 내리고, 좌의정으로 올리고, 덕풍부원군(德豊府原君)을 봉하고, 시호(諡號)를 충무(忠武)라 하였다. 좌수영 근처에 사당을 세워 충민(忠愍)이라 사액(賜額)하고, 호남 사람들은 수영 동쪽 산마루에 비를 세워 사모하는 뜻을 표시하였다. 기해(己亥: 1599)년 2월에 아산의 얼음목(冰項)에 장사지내니, 거기는 선산(先山)이다.

공은 담력이 보통 사람보다 뛰어났고, 뜻이 굳었으며, 스스로의 몸가짐이 규모 있는 학자와 같았고, 효도와 우애는 타고난 천성이었으며, 집안에서도 행실이 돈독하여 일찍 죽은 두 형이 남긴 조카들을 자식 같이 길렀으며, 일용하는 물품과 혼사 예절에까지도 반드시 조카들을 먼저 하고 자기 아들은 뒤에 했다. 혹 죄 없이 옥에 갇힐 때에도 죽고 사는 문제로 마음이 동요되지 않았으니, 공은 본시부터 이같이 수양한 바가 있으므로 지혜와 생각을 내면 한 가지도 버릴 것이 없었고, 적의 정황을 헤아리기를 귀신같이 하여, 마침내 승리를 거두어 호서, 호남 수천 리 땅을 온전케 함으로써 나라를 다시 일으키는 근본이 되게 하였다.

바다를 뒤덮고 오는 적의 세력을 가로막은 것은 저 장순(張巡), 허원(許遠)과 같았고, 몸을 굽혀 있는 힘을 다하고 죽은 뒤에야 멈춘 것은 저 제갈무후(諸葛武侯)와도 같았지만, 그러나 나라 일에 죽은 것은 다 같을지라도 큰 공을 거둔 이는 오직 공 한 분뿐이시니, 혹시 저 이른바 "세 분과 다르다" 고 한 말은 맞는 것인가, 틀린 것인가.

과연 그 공로는 온 나라를 덮었고 이름은 천하에 들렸으니, 어허, 위대하시도다. 공이 일찍이 시를 지어 노래하기를, "**바다에 맹세하니 고기와 용들이 감동하고, 산에 맹세하니 초목이 알아주네(誓海魚龍動, 盟山草木知).**"라고 하였는데, 이 글을 외우는 사람마다 눈물 흘리고 분격하지 않는 이가 없었다.

부친의 이름은 정(貞)이니, 순충적덕 병의보조공신 대광보국 숭록대부 의정부 좌의정 겸 영경연사 덕연부원군(純忠積德 秉義補祚功臣 大匡輔國 崇祿大夫 議政府左議政 兼領經筵事 德淵府院君)을 추증하였고, 조부의 이름은 백록(百祿)이니, 선교랑(宣敎郎) 평시서(平市署) 봉사(奉事)인데, 가선대부 호조참판 겸 동지의금부사(嘉善大夫 戶曹參判 兼同知義禁府事)를 추증하였고, 증조부의 이름은 거(琚)이니, 통정대부(通政大夫) 병조참의(兵曹參議)요, 어머니는 정경부인(貞敬夫人)을 추증받은 초계(草溪) 변(卞)씨이다.

공은 보성 군수(寶城郡守) 방진(方震)의 따님에게 장가들어 세 아들, 한 딸을 낳았는데, 큰 아들은 현감으로 이름은 회(薈)요, 둘째 아들은 정랑

(正郞)으로 이름은 열(茢)이요, 끝의 아들 이름은 면(勔)으로 공이 자기와 같다고 하여 가장 사랑하더니, 임진년에 어머님을 모시고 바다로 나가는 어귀에서 피란해 있다가, (무술년에) 적을 만나 혼자 싸우다 죽으니, 당시 나이 17세였다. 따님은 선비 홍비(洪棐)에게 시집갔다.

회(薈)는 아들 둘, 딸 하나를 낳았는데, 맏아들은 참봉(參奉) 지백(之白)이요, 둘째는 지석(之晳)이요, 딸은 윤헌징(尹獻徵)에게 시집갔다. 그리고 열(茢)은 자식이 없어서 지석(之晳)으로써 양자를 삼았다. 사위 홍비(洪棐)는 네 아들, 한 딸을 두었는데, 큰 아들은 우태(洪宇泰)요, 둘째는 현감 우기(洪宇紀)니, 비명(碑銘)을 청하러 온 이가 곧 이 사람이다. 셋째는 우형(宇逈)이요, 넷째는 진하(洪振夏)요, 딸은 윤수경(尹守慶)에게 시집갔다. 지백(之白)은 겨우 한 벼슬밖에 못하였고 또 자식이 없어서 지석(之晳)의 맏아들인 광윤(光胤)을 양자로 삼았다. 지석(之晳)은 두 번 장가들어 아들 여섯, 딸 하나를 낳았으나, 아직 모두 어리니 공의 후손이 어찌 이리도 번성치 못할까. 아마도 틀림없이 훗날에 큰 인물이 나려는 때문일 것이다.

비명(碑銘)에 쓰기를,

> 옛날 임진년에 큰 물결 일으키는 용과 고래처럼,
> 하늘 향해 활을 쏘던 예(羿)처럼,
> 태산 끼고 북해 건너뛰듯 배 띄워 다리 놓고 중원 땅을 노려보아,
> 삼남(三南)이 짓밟히고 칠도(七道)가 불에 탈 때,
> 그 누가 나섰던가. 우리 님 일어나서 부득부득 이를 갈고
> 죽기로 맹세하셨도다.

눈물 뿌린 온교(溫嶠) 같고 뱃전 치던 사아(士雅) 같은 우리 통제
계셨는데, 왜적의 간첩 꾀를 내어 다른 상수 내려오니,
무슨 죄로 갈리셨나.
임금 은혜 내리시고, 어진 대신 말을 올려, 패한 뒤를 이으시니,
깃발은 새로 빛나고 군령은 엄숙하여 모든 군사 정예롭도다.

벽파진에서 대첩하여 명성이 다시 떨쳐 강한 적이 약해지자,
도망가기 바쁜 적들 동쪽 바다 바라보며 돌아가려 하건마는,
적을 어찌 놓아주랴, 우리 군사 더욱 날래어 회복할 기세인데,
개선가 울리려 할 때 장수별 떨어지며 저 님이 가시오니,
양의(楊儀)가 뒤를 잇자 중달(仲達)은 달아났지만,
일만 군사 모두 울어, 슬프도다, 눈물 뿌려 바닷물 넘치거니,
그 이름 천추에 전하도다.
붉은 명정(銘旌) 날리는데 부모라도 여읜 듯이 천리에 차린 제사,
공도 크고, 지위도 높고, 공신 그림도 걸렸으니,
저 님 길이 사시도다.

돌아가심 슬퍼하고 기련(祁連) 본뜬 무덤 치레 끝내 임금 은혜로
세. 사당 지어 충민(忠愍)이라 액자 써서 내리시며,
춘추 제사 올리도다.
평생에 그리건만 황천길이 막혀 있어 눈물 언제 마르리오.
글은 비록 거칠어도 훌륭하신 어른이라 이 비석을 세우노라.

현감 회(薈)와 정랑(正郎) 열(茢)이 모두 승정원 좌승지(承政院 左承旨)로
추증되었으니, 이것은 원종공신(原從功臣)으로 기록된 때문이다. 지석
(之晳)은 뒤에 벼슬이 사직령(社稷令)에 이르렀고, 아들 여섯, 딸 하나를

두었는데, 맏아들 광윤(光胤)은 이미 종손이 되어 참봉공(參奉公)의 뒤를 이어 벼슬이 참봉(參奉)이었고, 다음으로 광헌(光憲), 광진(光震)은 수사(水使)가 되었고, 광보(光輔)는 우후(虞候)가 되었으며, 그 다음은 광우(光宇), 광주(光冑)이다. 딸은 생원 홍서하(洪叙夏)에게 시집갔고, 서자는 광세(光世)이다.

참봉(參奉: 光胤)은 아들 여섯, 딸 하나를 두었는데, 맏이 홍의(弘毅)는 도사(都事)요, 홍저(弘著)는 영장(營將)이요, 그 다음은 홍서(弘緖), 홍건(弘健)이고, 홍유(弘猷)는 광헌(光憲)의 뒤를 이었고, 그 다음은 홍무(弘茂)이다. 그리고 딸은 김진숙(金震橚)에게 시집갔다.
수사(水使: 光震)의 두 서자는 홍수(弘樹), 홍재(弘梓)이고,
우후(虞候: 光輔)의 두 아들은 홍규(弘規), 홍구(弘矩)이고, 딸은 박성서(朴聖瑞)에게 시집갔다.
광우(光宇)의 딸은 김한정(金漢鼎)에게 시집갔으며,
광주(光冑)의 두 아들은 홍택(弘澤), 홍협(弘恊)이다.

도사(都事: 弘毅)의 두 아들은 만상(萬祥), 언상(彦祥)이며,
영장(營將: 弘著)의 한 아들은 봉상(鳳祥), 한 딸은 홍원익(洪元益)에게 시집갔다.
홍서(弘緖)의 두 아들은 운상(雲祥), 두상(斗祥)이다.
홍건(弘健)에게는 세 아들이, 홍유(弘猷)에게는 두 아들이, 홍무(弘茂)에게는 세 아들이 있는데 모두 다 어리다.

그리고 이 비석에 글을 새기는 일이 끝나기는 경자(庚子: 현종 원년, 1660)년이었으나, 힘이 모자라서 세우지 못했다가, 이제 34년만에야 광진(光震)이 본도 수군절도사가 되어 옴으로써 비로소 무덤 길 앞에 세우게 되었는바, 여러 자손들로 전일 기록에 미처 올리지 못한 이들을

삼가 여기에 기록하며, 다만 외손들도 조금 먼 분들은 번거로워서 싣지 아니한다.

숙종(肅宗) 19년(1693) 계유(癸酉) 4월 일에 세우다.

【*김육(金堉, 1580~1658.)：본관 청풍(淸風). 자(字)는 백후(伯厚), 호는 잠곡(潛谷)이었다. 기묘명현(己卯名賢)의 한 사람인 김식(金湜)의 고손자. 이이(李珥)에게 수학한 흥우(興宇)의 아들. 광해군 때 벼슬을 버리고 물러나 가평(加平) 잠곡(潛谷)에서 농사를 짓고 살았기 때문에 이를 호로 삼았다. 시문집과 〈해동명신록(海東名臣錄)〉, 〈구황촬요(救荒撮要)〉, 〈벽온방(辟瘟方)〉 등 많은 저서를 남겼다.

1605년(선조 38) 진사시에 급제하고 이후 성균관에서 공부하였다. 성균관 유생의 신분으로 1610년(광해군)에 세 번이나 상소를 올려 성혼(成渾)의 원통함을 풀어줄 것을 요청하였고, 1611년 정인홍(鄭仁弘)이 이황(李滉)을 극렬하게 비난하는 상소를 올리자 이에 격분하여, 정인홍의 이름을 유생들의 명부인 청금록(靑襟錄)에서 삭제하는 것에 앞장섰다가 성균관에서 쫓겨났다.

이후 자신의 근거지인 경기 가평군 잠곡리(潛谷里)에 은둔, 농사를 지으며 학업에 열중하였다. 인조반정으로 새로운 정권이 들어서자 다시 금오랑(金吾郎)으로 임명되었고, 1624년(인조 2)에는 문과에 급제하여 본격적으로 벼슬길에 나섰다. 1627년 청(淸)나라가 군사적으로 압박해 오자 호패법을 중지하여 민심을 안정시킬 것을 주장하였다.

1636년 성절사(聖節使)로 명(明)나라에 갔으며, 이듬해 병자호란의 발발과 인조의 항복 소식을 들었다. 명나라에 다녀와서 남긴 〈조천일기(朝天日記)〉에는 그가 직접 목도한 명나라 관원의 타락과 어지러운 사회 분위기가 잘 나타나 있다.

1638년 승문원 부제조를 거쳐 충청감사로 나가서 도내의 토지대장과 세금 징수상황을 점검하였다.

1649년 우의정에 임명되고, 1654년(효종 6)에는 영의정에 이르렀다. 그는 관직에 있는 동안 줄곧 대동법(大同法) 시행을 통해 민생을 안정시킬 것을 주장했는데, 이에는 자신이 가평 잠곡에서 직접 농사를 지으며 목격한 백성의 곤궁한 생활에 대한 이해와, 각 지방의 수령·감사로 여러 번 재직한 경험이 크게 작용하였다. 1623년 음성현감으로 재직할 때는 백성의 피폐하고 곤궁한 상황을 구체적으로 열거하면서 조정에 대해 부세를 재촉하지 말고 요역을 감면해줄 것을 주장하였다. 정묘호란 직후인 1627년에는 평안도와 황해도의 사정을 논한 논양서사의소(論兩西事宜疏)〉를 올려, 전쟁의 참화와 각종 잡역의 부담 때문에 고통받고 있는 평안도와 황해도 지역 백성을 살리기 위한 종합적인 대책을 제시하였다. 여기에서 전쟁 직후인 당시의 과제는 백성을 어린애 어루만지듯 안정시키는 것이라고 강조하고, 구체적으로 전쟁에 지고 도망한 군졸을 용서해 주고, 그들을 성 쌓는 데로 동원하여 기력을 고갈시키지 말 것이며, 살기가 어려워 고향을 떠나는 백성을 억지로 붙잡지 말 것을 주장하였다.

이렇게 해서 원망을 품은 백성을 안정시켜 민심을 얻은 다음 농사짓는 것과 군사 일을 분리하고(兵農分離), 비어 있는 땅에다 둔전(屯田)을 설치하는 등 장차 오랑캐가 다시 공격할 때를 대비한 방책을 제시하였다.

대동법을 시행하려는 그의 집념은 대단하였다. 효종 연간에 정승으로 있을 때 호서·호남지방에 대동법을 실시하려고 진력했는데, 스스로 "내가 처음부터 끝까지 대동법 이야기만 꺼내니 사람들이 웃을 만도 하다."고 고백할 정도로 열성적이었다. 이것은 확고하고 냉철한 현실감각에서 비롯된 것이었다.

고위직에 있던 인조 말년과 효종 대에는 청나라의 정치적 간섭이 극심한 가운데, 그들에게 해마다 바치는 조공과 북벌정책의 추진과정에서 발생한 경제적 부담이 백성에게 집중된 시기였다. 여기에 거의 한 해도 빼놓지 않고 가뭄·홍수·풍해·지진 등 각종 천재지변이 발생하여 위축된 백성의 삶을 더욱 힘들게 하고 있었다.

이러한 위기를 맞아 민생의 안정을 도모하여 민심의 이반을 막는 것을 국왕과 자신의 과제로 생각하였다. 대동법은 바로 그 해답이었던 셈인데, 그는 대동법의 효과를 한마디로 "호서에서 대동법을 실시하자 마을 백성들은 밭에서 춤추고 삽살개도 아전을 향해 짓지 않았다."라고 표현하였다.

그러나 대동법을 확대 실시하려는 노력은 많은 우여곡절을 겪어야 했다. 대동법의 실시를 둘러싸고 확연히 갈라지는 이해관계 때문에 반대하는 수령·관료 등의 반발을 잠재워야 했고, 그를 위해서는 국왕 자신을 확고히 자신의 편으로 끌어들여야 했다. 이 때문에 대동법 실시에 반대한 김집(金集) 등과는 정치적 갈등이 생겼고, 이른바 산당(山黨)·한당(漢黨)의 대립을 낳기도 하였다. 그러나 그는 죽기 직전 왕에게 올린 글에서조차 호남의 대동법 시행을 강조하였다. 그 결과 그의 생전에 충청도에서 대동법이 시행되었고, 호남의 경우도 죽은 뒤 그의 유지를 이은 서필원(徐必遠)의 노력으로 실현되었다.

그는 또 백성을 유족하게 하고 나아가 국가재정을 확보하는 방안으로서 유통경제를 활성화하는 데에도 노력하였다. 당시 물화(物貨)가 제대로 유통되지 않는 현실을 개탄하고 그 이유를 쌀과 베(布)만을 유통수단으로 사용할 뿐 변변한 화폐가 없는 데서 찾았다. 그래서 동전 사용을 강조하였고, 나아가 백성에게 각지에 퍼져 있는 은광 개발을 허용할 것을 주장했다.

이 밖에도 백성들의 윤택한 삶을 보장함으로써 국가기반의 안정을 도모하기 위해 수차(水車)의 사용 등 농사기술의 개선, 수레의 사용, 시헌력(時憲曆) 사용을 통한 역법의 선진화를 주장하고, 기근 등 각종 재난과 질병에 시달리는 백성을 구할 목적에서 〈구황촬요(救荒撮要)〉, 〈벽온방(辟瘟方)〉 등을 편찬하였다.

주목되는 것으로, 가뭄 등의 재난을 미리 예방하는 방도로서 서울의 각 개천을 준설하자는, 당시로서는 이색적인 주장을 펴기도 했다. 그는 주자학적 명분론이 강조된 17세기 후반의 분위기에서 보기 드문 개혁정치가였다.

그는 당시의 내외 상황을 엄청난 위기로 파악하고 그 본질을 위정자들의 과오에서 비롯한 민심이반(民心離反)에서 찾았는데, 그것을 여러 가지 안민책(安民策)의 실시를 통해 극복하려 하였다. 대동법 실시, 수차 사용, 화폐통용, 역법의 개선 등은 바로 그 구체적인 대안이었던 것이다.

18세기 실학의 융성에 많은 영향을 끼친 선구자라고 할 수 있는 그의 정책들은 뒷날 실학 사상가들의 정책과 상당히 관련성이 있다.】

10. 충민사기(忠愍詞記)

영의정(領議政) 이항복(李恒福)

선조대왕 34년(庚子: 1600) 정월에 신 항복(李恒福)에게 명령하여 남방으로 군사 시찰을 가라고 하시며 편전(便殿)까지 불러들이고 말씀하시기를, "고인이 된 통제사 이순신은 왕실에 충성을 다하고 마침내 나라 일에 죽었으니 내가 사랑하고 어여삐 여기는 바이다. 그러나 아직도 사당을 세우지 못했기에 네게 명령하는 것이니, 그의 공적을 밝히도록 하라."고 하시므로, 이때 신 항복(恒福)은 명령을 받들고 감격하며 황송하게 여기면서 곧 말을 타고 해상에까지 이르러 여러 장수들과 함께 그의 충성을 표창하고, 또 공적을 기념하여 영원무궁토록 전할 수 있는 방법을 의논했더니, 모두들 응낙하는 것이었다.

그리하여 통제사 이시언(李時言)이 실제로 그 일을 맡고, 충청수군절도사 오응태(吳應台)와 전라수군절도사 김억추(金應秋)는 서로 같이 찬성하고, 목포 만호 전희원(田希元), 갑도(甲島) 만호 송희립(宋希立), 발포 만호 소계남(蘇季男), 가리포(加里浦) 첨사 변홍달(卞弘達) 등도 이 일에 분주하였다.

그런 지 두어 달 뒤에 전라도 병마절도사 안위(安衛)가 약간의 물건을 보내어 공사를 돕고, 또 평소에 공의 아래에 있던 모든 장교, 관리, 선비들이 모두 다 진력하며 즐거이 공사 터로 나오고, 또 모든 기술자들도 각자 재주를 기울여 일제히 공사함으로써 그해 어느 달 공사를 마치고, 그리하여 신 항복(恒福)은 마침내 일을 끝마쳤다고 조정에 보고하고, 이어서 사당에 액자(額子) 내려 주시기를 청하여 그 일을 빛나게 하는 동시에, 여기 공의 집안 계통과 경력에 대한 것을 적는 바이다.

삼가 상고하건데, 증(贈) 대광보국 숭록대부(大匡輔國 崇祿大夫) 의정부 우의정(議政府右議政) 행(行) 정헌대부 전라좌도 수군절도사 겸삼도통제사(正憲大夫 全羅左道 水軍節度使 兼三道統制使) 이공(李公) 순신(舜臣)은 그 선조가 덕수(德水)사람이다.

고려에 벼슬하여 합문지후(閤門祗侯) 문림랑(文林郎) 사자금어대(賜紫金魚袋) 지삼사사(知三司事)를 역임한 소(李劭)로부터 5대를 내려와서 정정공(貞靖公) 변(李邊)이 되니, 그는 벼슬이 영중추부사(領中樞府事)에 이르렀고, 그의 손자 거(李琚)는 병조참의로서 백록(李百祿)을 낳으니 평시서(平市署) 봉사(奉事)요, 또 그가 정(李貞)을 낳았는데, 이 분이 바로 공(公)을 낳았다.
이렇게 9대를 벼슬하며 대대로 인물이 이어오다가, 공에게 이르러 비로소 크게 나타났는데, 어머니는 초계 변씨(草溪卞氏)로서 장사랑(將仕郎) 수림(卞守琳)의 따님이었다.

공은 을사(인종 원년: 1545)년 3월 초8일(그해 양력으로는 4월 28일)에 낳는데, 점치는 사람이 "나이 쉰 살이 되면 장수가 되어 북방으로 가리라."고 하였다. 커서는 유학(儒學)을 배우고 특히 글씨를 잘 쓰다가 나이 스무 살이 되면서 학문을 내던지고 무예를 전문으로 하였다.

병자년(32세. 1576년)에 무과(武科)에 올라 발포(鉢浦) 만호가 되었다가 파직되어 집에 와 있었고, 다시 갑신년(40세: 1584년)에는 부친상을 당했다가, 병술년(42세: 1586년)에 상을 마친 뒤 사복시(司僕寺) 주부(主簿)로서 조산보(造山堡) 만호가 되었다.

정해년(43세: 1587년)에 조정에서 녹둔도(鹿屯島)에 둔전을 설치하고 공으로써 그 일을 맡아보게 했던바, 공은 그곳이 멀리 떨어져 있는데다가 군사조차 적기 때문에 여러 번 군사를 더 보내 달라고 청했었다.
그해 8월에 적들이 습격해 와서 둔전 울타리를 에워쌓는데, 그 중에 적 몇 명이 붉은 털옷을 입고 앞을 나서서 덤비므로 공이 연달아 쏘아 죽이고 물리친 후 울타리를 열고 추격해 나가 사로잡혀 가는 남녀 60여 명을 도로 빼앗아 왔다. 그때 한창 싸울 적에 공이 지나가는 화살에 맞았으나 남 몰래 혼자 뽑아버리고 얼굴빛도 끄떡하지 않았기 때문에 온 군중에서 아무도 아는 이가 없었다.

그때 주장(兵使 李鎰)이 공을 영문으로 잡아 오게 하여 곧 들어가 문초를 받게 되자, 친구 선거이(宣居怡)는 공이 벌을 면하지 못할 것을 알고 손목을 붙들고 눈물을 지으며 술을 권하면서 마음을 진정시키도록 했더니, 공은 정색하여 말하기를, "죽고 사는 것은 천명인데 술은 마셔서 무엇 하랴."고 하였다.
마침내 신문을 받으면서도 공은 항복하지 아니하고, "내가 군사 적은 것 때문에 여러 번 보고도 했고, 또 더 보내 달라고 청하기까지 하지 않았소."라고 하였다. 이 사실을 듣고 위에서도 "그는 패전한 것과는 다르니 평복을 입고 종군케 하는 것이 좋겠다."라고 하더니, 그해 겨울에 시전(時錢: 豆滿江건너의 마을 이름) 부락 싸움에 종군하여 공로를 세우고 도로 풀렸다.

기축년(45세: 1589년)에 정읍(井邑) 현감이 되고, 신묘년(47세: 1591)에 진도(珍島) 군수로, 또 곧 가리포(加里浦) 첨사로 올랐다가 그대로 발탁되어 전라좌도 수군절도사(全羅左道 水軍節度使)가 되었다.
그 이듬해 임진년(48세: 1592) 여름에 일본 관백 평수길(平秀吉)이 저희 국력을 기울여 우리나라를 쳐들어와서 부산, 동래 등 여러 성을 연달아 함락시킨 다음, 길을 갈라 서쪽으로 올라가며 곧장 중국까지 칠 것이라고 선언하는 것이었다.

공은 여러 장수들을 모아 일을 논의하였는데 녹도(鹿島) 만호 정운(鄭運)과 공의 군관 송희립(宋希立) 등이 분해하며 죽음으로써 자원하였는데 그 언사(言辭)조차 강개하므로, 공은 크게 기뻐하며 5월 초4일 수군들을 거느리고 바다로 내려섰다. 경상우수사 원균(元均)이 글을 보내어 공과 함께 한산도(閑山島)에서 만나기로 약속했는데, 이때에 공에게는 전선 80여 척이 있었다. 그리하여 원균과 함께 옥포(玉浦) 앞바다에 이르니 적선 30여 척이 있는데, 사면에 휘장을 두르고 붉고 흰 깃발들을 꽂은 채 바다 가운데 정박하고 있었으며, 한 패의 군사들은 육지로 올라가 여염집에 불을 질러 연기가 온 산에 그득 찼다.

그러다가 적들은 우리 군사들이 졸지에 닥치는 것을 보고 일제히 배를 타고 노를 빨리 저어 나오는데, 공은 바다 가운데서 그들을 만나 여러 군사들을 독려하여 적선 20여 척을 불태우고 내일 다시 싸우기로 약속하던 차에, 어떤 이가 서쪽으로부터 와서 전하기를, "전하께서는 서쪽으로 피난가시고, 서울도 함락되었다."라고 하므로, 공과 여러 장수들은 모두 각각 본영으로 돌아갔다.
그때 임금께서는 의주(義州)에 계시어 남쪽 길이 막혀서 소식을 모르던 중에 승첩 보고가 행재소(行在所)에까지 들리자 모든 관원들이 목을 길게 늘여 서로 치하했으며, 그리하여 공도 가선대부(嘉善大夫)로 품계가 올랐다.

얼마 안 되어 공의 꿈에 백발노인이 공을 발길로 차서 일깨우며 말하기를, "적이 왔다."고 하므로, 공이 벌떡 놀라 일어나 전선 23척을 재촉해 거느리고 나가 원균을 노량(露梁)에서 만났는데, 과연 적이 와 있었다.

처음 한 차례 싸움으로 배 1척을 불태우고 그대로 사천(泗川) 바다 가운데로 추격해 가서 멀리 바라보니, 바다 위에 한 산이 있고 1백여 명의 적들이 장사진(長蛇陣)을 쳤으며, 그 아래 적선 12척이 기슭에 정박해 있었는데, 때는 이미 조수가 물러나고 항구에 물도 얕아 배들이 들어갈 수 없으므로, 공이 말하기를, "우리가 만일 짐짓 물러나면 적들은 반드시 배를 타고 우리를 따라 나올 것이다. 이번에는 꾀를 써서 그들을 바다 가운데로 끌어낸 다음 우리 큰 배들이 힘을 합하여 공격하면 이기지 못할 리가 없을 것이다." 하고는, 곧 소라를 불며 배를 돌려 한 마장도 채 못 나왔을 때 과연 적들이 배를 타고 우리를 쫓아 나왔다.

공이 일찍 본영에 있을 적에 날마다 왜적들이 쳐들어올 것을 걱정하여 지혜를 내어 배를 만들었는데, 특별히 새 제도를 창안하였으니 위에는 판자로 뚜껑을 덮어 그 모양이 마치 거북이 엎드려 있는 것 같았다. 이 때 공은 그 거북선에 명령하여 먼저 돌진하여 적진 속으로 들어가서 싸워 배 12척을 불태우니, 남은 적들은 멀리서 바라보고 발을 구르며 아우성쳤다.

그때 한창 싸우는 중에 적탄이 공의 왼편 어깨를 맞혀 등을 꿰뚫었건만 공은 오히려 활을 들고 화살을 당기며 독전하여 마지않았고, 싸움이 끝난 뒤에야 사람을 시켜서 칼끝으로 그것을 파내게 하니, 모든 군중이 그제야 공이 탄환에 맞은 줄 알고 놀라지 않는 이가 없었다.

다시 당포(唐浦)로 나가니 또 적선 12척이 언덕 아래에 정박해 있었는데, 그 중에 제일 큰 배는 배 위에 누각을 지었고 밖으로 붉은 비단 휘장을 드리웠으며, 적의 괴수 하나가 금관을 쓰고 비단 옷을 입고서 부하 적들을 지휘하고 있었다.
공은 여러 장수들에게 명령하여 노를 재촉하여 바로 돌격하게 하였는데, 순천(順天) 부사 권준(權俊)이 아래에서 치쏘아 바로 그 괴수를 맞추자 적이 활시위 소리에 따라 꺼꾸러지므로 온 군중이 경사로 여겼다. 해가 저물자 진을 사량(蛇梁) 앞바다로 돌렸는데, 군중에서는 밤중에 적이 왔다는 헛소문으로 혼란이 일어나 그치지 않았으나, 공은 누운 채로 꿈쩍도 하지 않고 있다가 한참 뒤에야 사람을 시켜서 요령을 흔들어 모든 군사들을 안정시켰다.

그후 6월 초4일 당항포(唐項浦) 앞바다로 진군했을 때 전라우수사 이억기(李億祺)가 전선 25척을 거느리고 와서 같이 만났는데, 앞서 여러 장수들은 항상 조촐한 군사를 이끌고 깊이 쳐들어가는 것을 걱정하던 나머지라, 이때 이억기가 오는 것을 보고서는 더욱 기운을 내지 않는 자가 없었다.
이튿날 여러 군사들이 바깥 바다로 나갔는데, 여러 적들이 당항포 앞바다에 진을 쳤으므로 공은 먼저 척후선(斥候船)을 보내어 그 형세를 살펴보게 했더니, 척후선이 바다 어귀로 나가자마자 곧바로 대포를 쏘아 사변을 알리므로, 모든 군사들이 일제히 노를 재촉하여 뱃머리와 꼬리를 서로 잇대어 일렬로 진군하여 소소강(召所江)에 이르니 적선 26척이 항구 안에 흩어져 대었는데, 그 중에 큰 배 하나는 배 위에 판자로 3층 누각을 지었고, 밖으로는 검은 비단 휘장을 드리웠으며 앞에는 푸른 일산을 세워 놓았다.
멀리 휘장 안을 바라보니 여럿이서 한 사람을 모시고 서 있는 모습들이 어른거렸는데, 아마 거기에 그들의 괴수가 있는 모양이었다.

싸움을 몇 번 붙지 않아 공은 거짓 패하여 물러나니 큰 층각배가 공이 패하여 물러나는 것을 보고 돛을 달고 곧장 따라 나오므로, 여러 군사들이 협격하여 용맹하게 쳐부수니, 적의 괴수는 화살에 맞아 죽었고, 적선 1백여 척을 불태웠으며, 적의 머리 210여 개를 베었고, 물에 빠져 죽은 자도 매우 많았는데, 이 사실이 위에 보고되어 품계가 자헌대부(資憲大夫)로 올랐다.

그 뒤 7월 6일에 공은 원균, 이억기 등과 함께 노량(露梁)에서 모여 적선 70여 척이 견내량(見乃梁)으로 옮겨 정박해 있다는 소식을 듣고 우리 군사가 바다 가운데쯤 이르렀더니, 적이 우리 군대가 거창한 것을 보고는 배를 돌려 항구 안으로 들어가는 것이었다.
항구 안에는 원래부터 있던 군영에 적선 70여 척이 떼를 지어 진을 치고 있었는데, 항구가 얕고 좁으며 또 암초도 많아서 행선하기 어려우므로, 공은 군사를 조금 내어보내어 그들을 꾀었더니, 과연 적들이 모두 따라 나오는지라, 공은 한편으로 싸우고 한편으로 물러나면서 한산도(閑山島) 바다 가운데까지 끌어 나온 다음 문득 배를 돌려서 도로 쫓으며 기를 휘두르고 북을 울리면서 화살과 대포를 마구 쏘아대자 적의 기세가 꺾여서 조금 물러나므로, 여러 장병과 관원들이 고함치며 달려들어 적선 63척을 불태우니, 남은 적 4백여 명은 배를 버리고 육지로 올라가 달아났다.

우리 군사들이 진격하여 안골포(安骨浦) 앞바다에 이르니 또 적선 40여 척이 있었는데, 그 중 3척은 배 위에 층각을 지었고 나머지 여러 배들이 차례로 정박해 있었다. 저들은 이미 여러 번 패하여 우리가 바로 돌격해 들어갈까봐 겁을 내어 앞으로는 물 얕은 항구를 끼고 뒤로는 험고한 지형을 등지고서 감히 나오지 못하므로, 공은 여러 군사를 독려하여 패를 나누어 교대로 진격했다. 날이 저물고 바다 안개가 사방에 덮여서 남은 도적 20여 척이 밤을 이용하여 닻을 끊고 도망하였다.
이번 전쟁에서 적의 머리 250여 개를 베었고, 물에 빠져 죽은 자도 얼마인지 그 수를 몰랐다. 그리하여 군대의 장한 소문이 크게 떨치어 계급이 정헌대부(正憲大夫)로 올랐다.

공은 매번 전쟁에서 이길 때마다 문득 여러 장수들을 경계하기를, "자주 이기게 되면 반드시 교만해지기 쉽다. 그러므로 장수들은 조심하라."고 하였다.
그때 적들은 여러 번 호남을 엿보며 쳐부순다고 떠들었는데, 공은 국가의 군량을 모두 호남에 의존하고 있는 만큼 "만약 호남이 없으면 나라도 없다(若無湖南, 是無國家也)고 하였다."

계사년(49세: 1593) 7월 15일. 진을 한산도(閑山島)로 옮겨 치고 바다 길목을 막았더니, 그해 8월에 조정에서 공을 삼도수군통제사(三道水軍統制使)를 겸하게 하고 본직은 그 전대로 맡아 해군 전체를 지휘하도록 하였다.

공이 군중에 있는 6년 동안 본 도의 군량 저축이 차츰 소모되어 공급할 수 없게 된 것을 보고 드디어 고기 잡고 소금 굽는 일을 크게 장려하고, 또 둔전을 널리 설치하는 등, 무릇 국가에 이롭고 군사에 도움이 될만한 일이라면 용감히 진행하여 주저하지 않고 마치 재미나는 일처럼 하면서 조그마한 것이라도 버리는 것이 없었으므로 군량이 넉넉해져서 군량이 떨어져 본 적이 없었다.

정유년(53세: 1597년) 정월에 적의 괴수 청정(淸正)이 두 번째 바다를 건너왔을 때 조정에서는 공이 그것을 막아 치지 못했다고 하여 왕의 명령으로 옥에 가두고 대신 원균(元均)으로 통제사를 삼았다.
그리하여 공이 길을 떠나게 되자 남녀노소들이 모두 길을 막고 통곡했다. 마침내 심문을 받았다가 위에서 특사하여 평복을 입혀 원수(權慄)의 진중으로 보내어 죄명을 쓴 채 스스로 공로를 세우도록 하였다.

그해 7월에 원균이 과연 패하자 도원수 권율(權慄)이 공을 시켜 진주(晋州)로 가서 남은 군졸을 거두어 모으게 하였는데, 얼마 아니하여 조정에서는 다시 기용하여 통제사를 삼았다.
그때는 막 패전한 뒤였기 때문에 배와 병기가 모두 다 거덜나고 남은 것이 없었다. 공은 명령을 받들고 외로이 말을 달려 회령포(會寧浦)에 이르렀는데, 도중에서 경상우수사 배설(裵楔)을 만났다. 그때에 배설이 거느린 전선은 다만 8척이었다. 다시 녹도(鹿島) 전함 1척을 더 얻었다.

공이 배설에게 진격할 계책을 물으니, 배설은 "사태가 위급하니 배를 버리고 육지로 올라가 호남의 육군에 붙어서 전쟁을 도와 공로를 세우는 것이 더 낫다."고 했으나, 공이 듣지 않았더니, 배설은 결국 배를 버리고 도망가 버렸다.

공은 전라우수사 김억추(金億秋)를 불러서 그를 시켜 관하 여러 장수 5명을 소집하여 병선을 수습케 하고, 또 여러 장수들에게 분부하여 전함처럼 가장하도록 하여 군의 위세를 돕게 하며 다짐하기를, "우리들이 다 같이 임금의 명령을 받았으니 의리상 죽고 사는 것을 같이 하는 것이 마땅하다. 국가가 이렇게까지 되었으니 어찌 한번 죽음을 아낄까 보냐. 다만 충의(忠義)에 죽는다면 죽어도 또한 영광스러운 일이다."라고 하였더니, 모든 장수들도 감격하고 경외하지 않는 이가 없었다.

이때 공은 깨어지고 무너진 판국에 기용되어 다시 국방의 명령을 받들었으나 호남, 영남의 모든 고을들이 모조리 적의 소굴이 되었으며, 또 행장(行長)은 육지에 있고 의지(義智)는 바다에 있어 사람을 보내어 왕래하면서 계교를 꾸미고 군대의 사기를 길러서 우리의 허술한 틈을 엿보고 있었다.

공은 홀로 상하고 남은 병졸들로서 전함 13척을 거느리고 의지할 곳이 없어서 벽파정(碧波亭) 바다 가운데서 왔다 갔다 하였으므로 보는 이들이 위태롭게 여기었다. 그런데 하루는 문득 군중에 명령을 내리기를, 오늘 밤에 적이 반드시 우리를 습격해올 것이니 여러 장수들은 각각 군사를 정비하고 엄중히 경계하라고 하는 것이었다.

그날 밤 적이 과연 비밀히 진군하여 오므로, 공은 친히 일어나 큰 소리로 군사들에게 꼼짝하지 말도록 명령하고 각각 닻을 내리고 대기하게 하여 전쟁을 더욱 더 힘차게 독려하였더니, 적도 포위를 풀고 돌아갔다. 그러자 공은 군사를 돌려서 우수영의 명량(鳴梁) 바다로 가 있었는데, 날이 밝자 바라보니 적선 5~6백 척이 바다를 덮어 올라오는 것이었다.

이보다 앞서 호남 백성들로 배를 타고 피난하는 자들이 모두 공의 진영으로 모여들어 공에게 자신들의 목숨을 의지하고 있었는데, 이때에 이르러 공은 적은 군사로써 많은 적들을 대항하기 어려우므로 먼저 피난 선들에게 차례로 물러나서 열을 지어 벌려 서 있게 함으로써 마치 싸우는 군대처럼 꾸며 놓고, 자기는 전함을 거느리고 앞으로 나가서 적을 상대하였다.

적들은 공이 배를 정비하여 나오는 것을 보고 각각 노를 재촉하여 바로 진격해 오는데, 깃발과 돛대가 바다를 뒤덮었다.

그때 마침 조수가 막 물러가고 있었으므로 항구의 물살은 급한데 거제현령 안위(安衛)가 조수를 따라 내려가며 바람을 타고 빨리 달려 배가 마치 화살 같이 적진으로 돌격하자, 적이 사방으로 에워쌌으나 안위는 죽음을 무릅쓰고 돌진하였다. 공도 여러 장수들을 독려하여 그 뒤를 따라가서 먼저 적선 31척을 깨뜨리니, 적은 조금 퇴각하였다. 공은 돛대를 치며 군중에 맹세하고, 승전한 기세로 진격하니, 적들은 죽어 쓰러지며 감히 저항하지 못하고 모두들 도망갔다. 공도 진을 보화도(寶花島: 목포 고하도)로 옮겼다.

이때 한산도(閑山島)의 여러 장수들은 모두 도망쳐서 본도 피난민들과 함께 여러 섬으로 숨어 들어가 있었는데, 공은 날마다 부하 장수들을 보내어 여러 섬으로 돌아다니며 타이르게 하여 흩어진 군사들을 불러 모으고, 배들을 수선하고, 기계를 정비하고, 소금을 구워 팔아 두 달 동안에 곡식 수만 섬을 얻게 되니, 장병들이 구름같이 모여 들고 군대의 소문도 또다시 떨치었다.

무술년(54세: 1598) 2월 17일에 진을 고금도(古今島)로 옮겼는데, 이때 행장도 군사를 거두어 험고한 곳에 웅거하여 순천 왜교(倭橋)에 진을 치니 공과 서로 백리 떨어진 곳에 진을 친 셈이었다.

그해 7월에 명나라 장수 도독 진린(陳璘)이 수군 5천 명을 거느리고 공과 함께 진을 합치고, 도독 유정(劉綎)은 묘족(苗族)의 병사 1만5천 명을 이끌고 순천 동쪽에 진을 쳐서 장차 수륙으로 함께 들이칠 형세를 갖추었다.

그러자 명나라 군사들이 우리 군중을 침범하고 소란케 하므로 공은 군사들을 시켜서 우리 막집들을 철거하도록 하니, 도독이 이상히 여겨서 묻는지라, 공이 대답하기를, "명나라 군사들이 수시로 침범하고 소란케 하므로 우리나라 백성들이 견딜 수 없어서 모두 멀리 이사 가려고 하오."라고 하였더니, 도독이 크게 놀라, 공으로 하여금 형편에 따라 명나라 군사들을 처단할 권한을 허락해 주니, 그 뒤로부터는 명나라 군사들이 조금도 침범하지 못하여 진중이 서로 안정되었다.

행장(行長)은 공의 위엄 있는 이름을 꺼려서 그 부하 장수를 보내어 조총과 긴 칼을 공에게 선물하려고 했는데, 공은 그것을 물리치며 "내가 임진년 이래로 적을 수없이 죽이고 얻은 총과 칼이 쓰고도 남는다."라고 하였다.

적은 또다시 도독 진린을 통하여 은과 술과 고기 등을 보내므로, 공은 말하기를, "이 적들은 명나라 조정에서도 역시 용서받을 수 없는 죄가 있는데 대인은 어찌하여 이놈들의 뇌물을 받으려고 합니까."라고 하였다.

그 뒤에 왜적의 사신이 다시 오니 이번에는 도독도 사절하면서, "내가 지난번에도 통제공한데 무안을 당했는데, 어떻게 또다시 그런 부탁을 할 수 있겠느냐."라고 하였다.

그해 11월 18일, 남해와 부산에 있던 여러 적들이 구원하러 오는데, 그 선봉이 벌써 노량(露梁)에 도착했으므로 공은 도독에게, "우리 군사들이 여기서 앞뒤로 적을 받기보다 차라리 묘도(描島)로 물러가서 여러 장수들과 다시금 약속하고 뜻을 세워 결전하는 것이 더 낫겠습니다." 라고 하자 도독도 공의 말을 따랐다.

그날 밤 자정에 공은 배 위에서 무릎 꿇고 하늘에 축원하기를, "오늘은 기어이 죽기로 결심하나이다. 원컨대 하늘이시여, 꼭 이 적들을 무찔러 주소서(今日固決死, 願天必殲此賊)."라고 하였다. 축원을 마친 후에 정예 군사들을 거느리고 앞장서서 노량으로 진군하였다.

19일 새벽 2시경에 적들이 도독을 에워싸서 심히 위태롭게 되자, 공은 바로 전진하여 그것을 구원했는데, 친히 탄환을 무릅쓰고 북을 치며 독전하다가, 문득 날아오는 탄환에 맞아 넘어졌다. 숨을 거두며 부하들을 돌아보고, "내가 죽었다는 말을 내지 마라. 군사들을 놀라게 해서는 안 된다."라고 하였다. 나중에 도독이 공이 죽었다는 말을 듣고 배에서 세 번이나 넘어지며, "이제는 같이 일할 이가 없어졌다."라고 하였고, 또 남쪽 백성들은 공의 죽음을 듣고 거리를 오가며 통곡하고, 저자에서는 술들을 마시지 않았다. 마침내 집안에서 상여를 모셔 가게 되자, 남방 선비들은 글을 지어 제사지내고, 남녀노소 가리지 않고 모두 나와서 길을 막고 통곡하는 것이 고향에 다 이르도록 끊어지지 않았다.

공은 군수 방진(方震)의 따님에게 장가들어 두 아들(*세 아들임)과 한 딸을 낳았으니, 맏아들은 회(薈)로서 여러 번 공을 세워 훈련원 첨정(僉正)이 되었고, 둘째는 열(茷)이요, 따님은 선비 홍비(洪棐)에게 시집갔다.

공이 일찍 과거를 보고 강독하는 자리에 나아가 장량(張良)의 전기를 문답하는 대목에 이르러, 시험관이 "장량이 적송자(赤松子)를 따라가 놀았다고 하니, 정말로 죽지 않았을까?"하고 묻자, 대답하기를, "강목(綱目)에 유후(留侯) 장량이 죽었다고 기록되어 있으니, 장량의 뜻이 어찌 정말로 신선이 되려는 데 있었겠습니까."라고 하여 함께 있던 시험관들이 모두 기특하게 여기었다.

발포(鉢浦) 만호가 되었을 때에도 강직하여 아첨하지 않았는데, 상관이 사람을 보내어 영문(營門) 뜰에 있는 오동나무를 베어다가 거문고를 만들려 하자 공은 허락하지 않으면서 말하기를, "이것은 관청의 나무이다. 이 나무를 심은 이에게는 심은 뜻이 있었을 것이다. 그런데 이것을 베려는 이는 또 무슨 뜻으로 베려고 하는가."라고 하였다. 그래서 상관은 분하여 공에게 죄를 주려고 생각했지만, 끝내 공이 관직에 있는 동안 털끝만한 죄도 잡아내지 못하였다.

일찍 북쪽에 가 있었을 때, 어떤 사람이 초상을 당했으나 가난하여 분상(奔喪: 상을 당했다는 소식을 듣고 집으로 달려가는 것)하지 못하고 있었는데, 공이 그 말을 듣고 가련하게 여겨서 곧 자기 말을 내어준 일도 있었다. 그리고 평소에 말하기를, "대장부가 세상에 나서 나라에 쓰일 때에는 죽기로써 맹세할 것이요, 쓰이지 못한다면 들판에서 농사짓는 것으로 만족하는 것이다. 권세 있는 곳에 아첨하여 한때의 영화를 사는 그런 짓은 내가 제일 부끄럽게 여기는 것이다."라고 하였다.
그리고 대장이 되어서도 이런 도리를 지킬 뿐 조금도 변함이 없었고, 사람을 접함에 있어서도 화평하고 친절하며 간격을 두지 않았고, 일을 당해서는 과단성 있게 판단하며 조금도 회피하거나 굽히지 않았다.

사람에게 벌을 주고 상을 주는 데 있어서도 귀한 자, 권세 있는 자나 친하고 덜 친한 것으로 가볍게 하거나 중하게 하지 않았으므로 모든 부하들이 경외하고 친애하였으며, 그가 가는 곳마다 원만히 처리되므로 칭찬이 자자하였다.

왜교(倭橋) 싸움에서 공의 처종형(妻從兄) 황세득(黃世得)이 전사하자 여러 장수들이 조상하였더니, 공이 말하기를, "세득(世得)이 나라 일에 죽었으니 슬퍼할 것이 아니라 영광스러운 일이다."라고 하였으며, 군중에 있은 지 7년 동안 몸과 마음은 고달팠으며, 한 번도 여자를 가까이 하지 않았고, 전쟁에 이겨 상을 받으면 반드시 여러 장수들에게 나누어 주고 조금도 남겨 두지 않았다.

일찍 원균(元均)과 함께 군사에 관한 일로 두 번 서로 어긋나는 언쟁이 있어서 그 불평이 쌓여 서로 용납되지 못했는데, 공은 일찍이 자식들에게 경계하여 말하기를, "만일 누가 묻거든 너희들은 그의 공로 있음만을 말해야지 단점은 말해서는 안 된다."고 하였다.

그리고 또 어떤 군졸이 형벌을 당하게 되었을 때 공의 자제가 곁에 있다가 "죄가 중하므로 용서해줄 수 없습니다."라고 하자, 공은 천천히 말하기를, "남의 자식 된 도리는 마땅히 살리는 길로써 남을 구원해 내려고 해야 한다."라고 하였다.

또 두 형이 공보다 먼저 죽었는데, 공은 그 남긴 고아들을 기르기를 마치 자기 소생처럼 하여, 집안 물건도 반드시 조카에게 먼저 주고 난 뒤에야 자기 자식들에게 주었으니, 군자(君子)들은 이런 것에서 공의 행실이 집안에서도 돈독했음을 알 수 있을 것이다.

제7부

부록(附錄) : 기타 참고 자료들

(*끝으로 제 7부에서는 김간(金幹) 저 〈원균행장록(元均行狀錄)〉 전문을 비판적으로 검토하고, 단재 신채호(申采浩) 저 〈이순신전(李舜臣傳)〉의 일부를 편역자의 현대어 번역으로 소개하고, 당시의 시대배경을 이해하는 데 도움이 되기 위하여 〈조선시대 관료조직과 품계〉와 〈조선의 관직구조와 각 행정기구의 기능〉이란 글을 소개하는데, 이 두 가지 글은 인터넷상에서 옮긴 것임을 밝혀 둔다.)

1. 원균 행장록(元均行狀錄)

대사헌(大司憲) 김간(金幹)

【*이 〈원균행장록〉은 한문 원문을 구할 수 없어서 『원균을 위한 변명』(학민사, 1996)이란 책에서 전재한 것임을 밝혀둔다. 약간의 문장 교열을 가하였을 뿐, 내용상으로 변경한 것은 없다. 특히 옅은 글자로 표시한 부분은 역사적 사실과 너무 많이 어긋나거나 사실은 원균의 잘못을 증명하는 것임에도 불구하고 그를 변호하기 위해 잘못 인용되고 있는 부분임을 밝히기 위한 것이다.

이 글에 나오는 사실이란 것은 실제로는 역사적 사실과는 전혀 부합되지 않는 것으로서, 한마디로 원균에 대한 허황한 엉터리 변명이나 근거 없는 옹호에 지나지 않는 글이다.

여기에 〈역사적 사실〉인 양 제시된 것들은 실제로는 선조가 이순신을 통제사에서 해임하고 원균을 대신 임명한 자신의 엄청난 과오를 은폐하기 위한 수단으로 조작해낸 거짓말에 불과하다. 그리고 선조 자신은 도성과 백성들을 버리고 멀리 도망갔으나, 외로운 형세에서도 강한 적을 맞아 싸우면서 백전백승한 이순신에 대해 갖는 심리적 열등의식을 감추기 위해서, 그 대항마로서 내세운 원균을 어떻게든 정당화시켜 주어야만 자신의 처사 또한 합리화될 수 있기 때문에, 원균과 이순신이 모두 죽고 왜란까지 종결된 후에 임금의 지위를 이용하여 신하들을 강압하여 조작해 낸 근거 없는 주장들에 불과하다는 것을 우리는 앞의 수많은 역사적 기록과 기초사료에서 보아왔다.
그런데도 지금에 와서 선조가 조작하여 기록해놓은 거짓 사실들을 마치 역사적 사실인 양 말하고 있는 사람들은 곧 진실을 기만하고 역사를 왜곡하고 있을 뿐만 아니라 원균의 뒤를 이어 이순신을 모함하는 대열에 참여하고 있는 것임을 앞에서 보아온 본서 전체의 내용들이 증명하고 있다.】

「공(公)의 이름은 균(均)이요, 자(字)는 평중(平仲)이고, 성은 원(元)씨이며, 본관은 원주(原州)이다. 공의 시조(始祖)는 고려 태조 통합삼한(統合三韓) 공신 병부령(兵部令) 극유(克猷)이며, 고조(高祖) 몽(元蒙)은 군자감정(軍資監正)에 추증되었고, 증조 숙정(元叔貞)은 병조참의(兵曹參議)에 추증되었으며, 조부 임(元任)은 호조참판(戶曹參判)에 추증되었고, 부친 준량(元俊良)은 영의정(領議政)에 추증된, 평원부원군(平原府院君) 경상좌병사이다. 모친은 정경부인(貞卿夫人)으로 추증된 양씨로서, 남원 희증(梁希曾)의 딸이다.

공은 가정(嘉靖) 경자년(庚子年: 1540) 1월 5일에 출생하였는데, 어려서부터 날쌔고 힘이 세었으며, 자라서 무과(武科)에 급제하고, 선전관이 되었다가, 조산(造山) 만호로 있을 때에 변경 오랑캐를 토벌하는 데 공이 컸으므로, 정규의 등급을 뛰어넘어서 부령 부사가 되었다가, 다시 종성(鍾城)으로 옮겨서 병사 이일(李鎰)을 따라 시전(時錢) 부락을 격파하였다. 임진년(1592), 공의 나이 53세에 경상우수사로 제수되었는데, 그해 4월에 왜적이 국력을 기울여 우리나라를 침공해 오니 부산·동래가 차례로 함락되었다.

이때 공의 수하에는 단지 배 4척이 있을 뿐이어서, 군사 세력의 부족으

1. 원균 행장록(元均行狀錄) / 511

로 혼자서는 능히 적을 섬멸할 수 없음을 예측하고 우후(虞侯) 우응진 (禹應辰)으로 하여금 머물러 본영(本營)을 지키게 하고, 옥포(玉浦) 만호 이운룡(李雲龍), 영등포 만호 우치적(禹致績), 남해 현감 기효근(奇孝謹) 등 으로 하여금 물러가서 곤양(崑陽)을 지키도록 하고, 비장(裨將) 이영남 (李英男)을 전라좌수사 이순신(李舜臣)에게 보내어, 힘을 합해서 적을 방 어하기를 청하였으나, 이순신이 지키는 바 각기 한계가 있다고 하면서 듣지 않으므로, 서로 의견이 5, 6차나 오갔다. 이때에 광양 현감 어영 담(魚泳潭)과 순천 부사 권준(權俊)이 이순신에게로 달려가서, 바다로 나 아가 싸울 것을 힘써 권고하니, 이순신이 비로소 허락하였다. 【*사실과 다른 사람의 이름을 거명하고 있음에서 초보적인 역사적 사실에조차 어두운 사람의 글임을 알 수 있다.】
공은 이순신이 도착하기 전에 수차 적과 교전하여 적선 10여 척을 불사 르고 빼앗으니 군성이 점차로 떨치게 되었다. 【*배 4척으로 도망가고 있던 자가 어떻게 적선 10여 척을 불사르고 빼앗을 수 있겠는가 이곳 외의 어느 곳에도 이런 사실의 기록이 발견되지 않는다.】

5월 6일에 이르러 비로소 이순신이 전함 24척을 거느리고 우수사 이억 기(李億祺)와 더불어 거제 앞바다로 모이었고, 【*이 때 이억기는 참전하지 않았다.】 7일 새벽에 삼도의 수군들이 일제히 옥포 앞바다로 진격하니, 진을 치고 있는 적선이 개미떼와 같이 몰려 있었다. 공이 북을 높이 울 리며 곧바로 진격하여 적의 중앙을 공격하고, 이순신 등이 일시에 승세 를 타고 공격하여 적을 무너뜨리니. 불태워버린 적선이 100여 척이고, 불에 타서 죽은 자와 물에 빠져 죽은 자는 그 수를 헤아릴 수 없었다. 【*배 4척의 원균이 중앙을 공격하고 이순신 등은 그저 거들고 있는 것으로 묘사하 고 있다. 첫 번째 옥포전투에서 깨트린 적선의 수는 40여 척이다.】
빼앗은 적선 중에서 둥근 금부채 한 자루를 얻었는데, 부채면 한 가운데에 '6월 8일 수길(六月八日秀吉)'이라 쓰여 있고, 바른쪽 가에는 '우시축전수(羽柴筑前守)'라고 5자가 쓰여 있으니, 이는 필시 풍신수길(豊臣秀吉)이 우시축전수(羽柴筑前守)에게 준 물건이 확실하며, 이날 목을 벤 적장은 곧 우시축전수가 틀림이 없었다. 【*이것은 6월 2일 두 번째 해전 당포해전에서 있었던 일로서, 이순신의 우후 이몽구가 왜장의 배에서 찾아낸 부채이야기이다.】
공이 적진으로 돌격을 잘하여 적은 병력으로 능히 많은 적을 격파하니, 공이 향하는 곳에는 대적할 적이 없었다.

5월 8일에 선조께서 서울을 떠나셨다는 소식을 듣고 공은 여러 장수들을 거느리고 서쪽을 향하여 통곡하니 온 군중(軍中)이 감동하였다. 공은 동생인 전(堧)으로 하여금 포로를 행재소(行在所)에 드리게 하였고, 【*임진왜란 중에 포로를 행재소에 올려 보낸 일은 전혀 없었다.】 이순신 등이 또한 승리의 장계를 올리니, 선조께서는 크게 기뻐하시고, 공에게 특별히 가선(嘉善)의 벼슬을 더하여 내리시고, 전(堧)에게는 선전관을 제수하시었으며, 유지를 내려 격려하셨다.

5월 21일에 왜선이 당포로부터 공격하여 오므로 우리 수군이 해구로 나아가서 맞아 싸우는데, 주위의 여러 섬에서 왜적의 무리가 사면으로 일제히 나오는지라 이때에 이순신 등은 본진으로 돌아갔으므로 공은 육지로 올라가서 우선 적의 선봉을 피하고, 다시 사람을 보내어 이순신에게 구원을 청하고 배들을 노량으로 옮겨 놓았다. 얼마 후 이순신이 수군을 이끌고 와서 다시 모여서 적을 곤양 근처에서 격파하고 사천 앞바다까지 적을 쫓아가서 이를 모두 섬멸해 버렸다. 【*이순신이 없을 때는 원균은 도망가는 일밖에 없었음을 실토한 것이다.】

6월 당포에 이르니 적선이 바닷가에 나누어 정박하고 있었는데, 그 중에 큰 배 한 척은 3층 누각이었고, 밖으로 붉은 장막을 드리웠는데 그 속에서 한 사람이 금관과 비단옷을 입고 적들을 지휘하고 있는 것이 보이므로 우리의 여러 장수들이 노를 재촉하여 곧바로 공격하였으며, 순천 부사 권준(權俊)이 아래로부터 치쏘아 한 대의 화살로 적중시키니 금관을 쓴 자는 활촉 소리와 함께 거꾸러지고, 남은 왜적들은 놀래서 흩어지고 스스로 몸을 던져 물에 빠져 죽었다.

조금 있다가 적선 40여 척이 뒤로부터 공격하여 오므로 우리 군사가 노를 돌려서 이를 맞아 힘껏 싸워서 오전 10시부터 해가 저물 때까지 이르니 적들은 밤을 타고 도주해버렸다. 이날 전라우수사 이억기(李億祺)가 다시 와서 합세하니 【*이억기는 이 날 처음으로 참전하였다.】 먼저는 여러 장수들이 적은 병력으로 적진 깊숙이 진격하는 것을 근심하다가 이억기가 도착한 것을 보고는 사기가 두 배로 되어 동도 앞바다까지 적을 추격하여 북을 울리며 용감하게 싸워서 적장 다섯이 함께 탄 배를 붙잡았고, 율포와 가덕 전투에서도 완전한 승리를 거두었다. 전후 전투에서 공이 붙잡은 적선이 모두 55척이오, 목 벤 적이 모두 103급이었다. 【*2차 당포해전에서 조선수군이 거둔 전과는 적선 72척을 불태우고, 적의 목을 벤 것이 95급이었다. 원균은 배 4척으로 조선 수군 전체가 거둔 전과보다 많은 전과를 올렸다는 것이다.】

임금이 이 일을 들으시고 글월을 내리시어 칭찬하시니, 그 내용은 대략 다음과 같다.

〈경(卿)은 나라가 허락한 간담(肝膽)이오, 세간에 다시없는 영웅호걸이라.… 당항포에서 수십 차 결전하니 참수한 적의 머리가 강을 막았고, 한산도에서는 적선 70여 척을 불태우니 고래가 머리를 바쳤도다. 위급한 때를 당하여 기발(奇拔)한 계책을 냈다는 말을 옛이야기로 들었더니,

소수의 군사로써 큰 적을 무찌른 일을 오늘에 이르러서 볼 수 있었도다. 의연한 천진 절벽이요, 엄연한 일대 장성이로다. 주(周) 나라가 중흥함에 있어서는 곧 윤길보(尹吉甫)의 정벌이 있었고, 당(唐) 나라가 재건됨은 실로 곽자의(郭子儀)의 진충(盡忠)에 힘입었도다.〉【*〈선조실록〉에는 이런 유서를 보냈다는 기록이 없다.】

7월 6일에 공이 이순신 등과 또 다시 노량에 모여서 적선 63척을 불태우고, 안골포 앞바다에 이르러 적선 40여 척과 마주쳐서 우리 군사가 번갈아 공격하여 적의 목을 베고 빼앗은 것이 더욱 많으니, 적은 지탱하지 못하고 거제와 부산으로 도주하여 다시는 나오지 못하였다.

7월 30일에 조서(詔書)가 내렸는데 이르기를, "경이 올린 네 차례의 군공장계(軍功狀啓)를 보고 그 중에서 특별히 공이 있는 자를 먼저 논상(論賞)하며 내가 기뻐하는 뜻을 보이고자 하였으나, 그때에 본직에 있던 자를 지금에 와서 승진시키려면 자리를 바꾸고 갈아야 하는 불편함이 있으니 아직은 본직을 그대로 두고 다만 급수만을 올려 주었다가 후일에 등용하게 하라. 소록(小錄)에 기록한 왜물(倭物)은 경이 노획한 자들에게 나누어 주어 뒷사람들을 권장하게 하라."라고 하였다.
【*〈선조실록〉에는, 이때 원균이 승첩장계를 올리자 선조가 포상해주자고 하자, 비변사에서 원균이 보고한 전과는 이순신을 따라다니면서 이룬 공로이므로 보류하자고 건의하여 이루어지지 않은 것으로 나온다.】

9월에 자헌대부(資憲大夫) 지중추부사(知中樞府事)로 승진하고 또 교서를 내려 표창하였다.

처음에 적이 수륙 두 길로 나누어 서토(西土)로 달리어 평양에서 만나서 명나라를 침범할 계획을 세웠으므로 적장 소서행장(小西行長)이 서신을 보내와서 공갈하기를, "일본 수군 10여만 명이 또한 해로를 따라서 뒤

쫓아 올 터이니 대왕의 어가(御駕)가 장차 어디로 갈 수 있을지 알 수 없다."라고까지 하였는데, 이제 공과 이순신이 해로를 막아서 적이 한 명도 지나가지 못하게 하니 이로 인하여 소서행장이 평양에 오랫동안 머물러 있게 하였으며, 다시 서로(西路)를 범하지 못하게 하였으니, 그 뒤에 나라에서 양서(兩西: 평안도와 황해도)를 보전하여 마침내 광복의 공을 거두게 된 것이 모두 이에 힘입어 이루어진 것이라 하겠다. 【*이것은 원균과 이순신의 공로가 아니라 전적으로 이순신의 공로이다.】

을미년(1595) 겨울에 충청병사를 제수하고, 병신년(1596) 가을에는 전라병사로 전임되었는데, 대궐을 하직하는 날 임금께서 하교하여 말하시기를 "경이 국가를 위하여 진력하는 충용(忠勇)의 정성은 고금에 그 예를 비길 데 없으니 내가 일찍이 가상하게 여겼으나, 아직 그에 대한 보답을 못하고 있었는데, 이제 멀리 떠나보내게 됨에 친히 전송코자 하였으나 마침 몸이 불편하여 뜻대로 하지 못하노라."하시고, 이에 궁중의 좋은 말 한 필을 하사하였다.

이때 왜적들은 여러 번의 수전에서 패배하니, 소서행장이 이를 근심하여 왜인 요시라(要時羅)로 하여금 경상우병사 김응서(金應瑞)에게 왕래하게 하여 정성을 다하는 척하였다.
그러다가 정유년(1597)에 이르러 가등청정(加藤淸正)이 다시 나오게 되자 요시라가 은밀히 김응서에게 와서 말하기를 "두 나라의 화의가 성립되지 못하는 것은 오직 가등청정 때문이며, 이로 인하여 소서행장은 가등청정을 심히 미워하고 있다. 이제 가등청정이 한 척의 배로 바다를 건너오게 되니, 만일 바다 가운데서 지키고 있으면 능히 생포할 수 있을 터이니 신중히 하여 기회를 놓치지 말라."라고 하였다.
김응서가 이 사실을 상부에 보고하니, 조정에서는 그 말을 믿고 위유사

(慰諭使) 황신(黃愼)을 보내어 통제사 이순신에게 비밀히 알리고 조치토록 하였는데, 이순신은 적의 계략인 것으로 생각하고 의심하여 여러 날 동안 지체하였으므로 가등청정을 놓치고 말았다. 조정에서는 이순신이 머뭇거리고 나아가지 아니하여 군기를 그르치게 하였다 하여 조정으로 잡아 올리고, 이 해 3월에 공으로 하여금 그 임무를 대행케 하였다. 【*이것은 적의 계략이었고, 적의 계략에 속아넘어가지 않은 것은 당시 다만 이순신 한 사람 뿐이었다. 그런데도 이때 원균은 상소문을 올려, 요시라의 허위 정보에 편승하여 이순신을 모함하였는바, 그 사실이 선조실록에 기록으로 남아 있다.】
공은 조정으로부터 부산 앞바다로 공격해 들어갈 것을 지시받고 적의 동정을 살펴본즉, 적은 계략을 써서 우리를 속이고 있는 것을 알아내고 부산 앞바다로 공격해 들어가지 못할 뜻을 진술하였는데 【*원균은 이순신이 부산앞바다로 공격해 들어가지 않는 것은 적을 두려워하기 때문이라고 모함하여 이순신을 옥에 가두게 하고, 자기가 대신 통제사가 되었는데, 통제사가 되고 나서는 부하들이 말을 듣지 않아 공격해 들어갈 수 없다고 장계를 올렸다.】 조정에서는 듣지 아니하므로, 또다시 장계를 올려서 꼭 부산 앞바다로 들어가려 한다면 안골포에 주둔한 적을 먼저 육군으로 공격하여 몰아낸 후에 공격해 들어가는 것이 옳겠다고 하였다. 【*원균이 장계를 올려서 건의하기를, 당시 조선에 있지도 않은 육군 병력 30만으로 육지에서 먼저 적을 쳐서 바닷가로 몰아내 주어야만 수군이 쳐들어갈 수 있다고 하자, 선조조차 기가 막혀서 그의 건의를 무시하였던 것이다.】 조정에서는 또 듣지 아니하고 체찰사 이원익이 종사관 남이공(南以恭)을 보내어 공격할 것을 재촉하였다.
7월 초에 소서행장이 또 요시라를 보내어 김응서를 속여서 말하기를 "왜선이 바야흐로 바다를 건너온다는 연락이 있으니 그 방비가 없는 틈을 타서 수병으로 공격하면 승리를 거둘 수 있을 것이다." 라고 하였다. 도원수 권율(權慄)이 그 말을 믿고 급히 싸움을 독촉하는지라, 공이 드디어 웅천(熊川) 앞바다에 이르러 적을 맞아 크게 싸워 깨뜨렸다. 【*크게 깨뜨린 사실이 없었다.】

1. 원균 행장록(元均行狀錄) / 517

이 때에 적병이 다시 움직여서 군세가 매우 강성해지므로, 공은 그 승세를 타서 군사를 물리치고 구원병을 청하여 다시 공격해 나갈 계획을 세웠는데, 권율은 공이 머뭇거려서 기회를 잃었다고 하여 군문 앞으로 공을 잡아들여 곤장을 쳤다. 공은 일이 돌이킬 수 없이 잘못되어 가는 것을 알았으나 원수부(元帥府)에서 죄를 받았으므로 하는 수 없이 수군을 거느리고 곧바로 부산 앞바다로 공격해 들어갔다. 【*조선 수군의 전체 운명이 달린 결정을 개인적인 사정이나 감정 때문에 하는 수 없이 하는 자가 무슨 장수란 말인가. 옳다고 판단하는 일은 목숨을 걸고라도 관철해내야 하는 것이 장수된 자의 진정한 용기이다.】

적은 약한 체하고 아군을 유인하는지라, 우리 군사는 세를 타고 급히 적을 쫓아 이전처럼 공격해 들어가니 어느덧 적진 깊숙이 들어간 것을 깨닫지 못하였다. 【*적이 유인한다고 유인당하고, 장수가 넘어가서는 안 될 적진 깊숙이 들어간 것을 몰랐다는 것은 장수로서 변명의 여지조차 없는 말이다.】 뱃사람이 이미 물의 경계를 넘었다고 하므로 공이 크게 놀래어 급히 배를 돌려 퇴군할 때에 【*이런 모습이 어찌 장수된 자의 모습이겠는가.】 전라수사의 배가 벌써 물결에 떠밀려 동해바다로 나가버린지라, 적은 우리 군사가 기세를 잃어버린 것을 보고 신구 병선을 다 모아서 나는 듯이 마구 쳐들어왔다. 또 은밀히 가벼운 배를 영등포 섬 쪽에 보내어 복병해 두었다가 우리 군사가 영등포로 퇴각하여 급히 배에서 내려 나무와 물을 취하는 것을 보고 갑자기 대포를 쏘고, 적병들이 사방에서 나타나 장검을 휘둘러 좌우로 마구 찌르니, 할 수 없이 항구를 떠나서 도로 후퇴하였는데, 이때에 이미 해는 져서 바다 위는 어두워지고 쫓아오는 적은 바다를 덮고 오므로 군사들의 마음은 더욱 위급한지라 공이 여러 장수들을 모아 의논하여 말하기를 "오늘의 전투 계획은 오직 일심으로 순국할 따름이니라."고 하였다. 【*정보에도 어둡고, 계책도 없이 우왕좌왕하다

가 궁지에 몰리자 해결 방안을 강구하지 않고 죽기만을 맹세하는 자가 어찌 장수란 말인가.】
이날 밤에 적은 야음을 타서 작은 배로 하여금 은밀히 우리 군선 사이로 뚫고 들어오게 하고, 또 병선으로 밖을 포위한 것을 모르고 있었는데 【*당시의 실제 상황은 포위되었던 것도 아니지만, 또한 포위된 것을 모르고 있었다는 것도 변명이 될 수 없는 일이다.】 날이 밝아오자 우리 배에서 불이 일어나므로 공이 급히 바라를 쳐서 변고를 알렸으나, 돌연 적선이 사방에서 공격해오고 탄환이 비 오듯 날랐으며, 고함소리가 하늘을 진동하였고, 적세가 산을 무너뜨리고 바다를 말아 올릴 듯하여 대항하여 싸울 수 없는 형편이었다.
경상우수사 배설(裵楔)이 먼저 닻을 거두고 달아나자 우리 군사가 드디어 무너지고 말았다. 공은 할 수 없이 배를 버리고 해안으로 올라갔는데, 적이 따라와서 목을 베어갔다. 【*조선 수군이 무너진 것은 전적으로 원균의 책임인데도 부하 장수인 배설에게 그 책임을 돌리고 있다. 그리고 그런 상황에 놓였어도 배를 버리고 달아나다가 죽을 것이 아니라, 사도 첨사 김완(金浣)처럼 바다에서 끝까지 싸우다가 죽었어야 했다. 전쟁에서 달아나다가 죽는 것은 무장으로서는 최대의 수치이자 죽은 후에도 용서받지 못할 행동이다.】 때는 정유년(1597) 7월 16일이니, 공의 나이 58세이었다.

적이 물러간 후에 시신을 거두어 진위(振威) 여좌동(余佐洞)에 장사지내니 조정에서는 예에 따라서 제문과 부의(賻儀)를 하사하였다.
　【*제문과 부의를 하사할 것이 아니라 사후에라도 패전의 책임을 추궁했어야 한다. 그러나 조정의 여론과는 반대로 선조가 자신의 인사권자로서의 책임을 감추기 위하여 원균을 두둔한 결과 이런 식의 처리가 이루어졌던 것이다.】

신축년(1601)에 영의정 이덕형(李德馨)이 체찰사로 남하할 때 임금이 불러들여 말하기를, "원균이 패하고 죽은 후에 아직도 헐뜯는 말이 그치지 아니함을 나는 원통하게 여기노라. 우리나라 풍속에 한 가지 일을 잘하면 으레 어질고 현명하다 하고, 한 가지 일을 잘못하면 으레 그르다 하는데, 이 패전은 어찌 원균의 소위라 할 수 있으리오. 【*이순신을 모함하여 그 자리에 대신 들어앉은 다음 조선 수군을 전멸시킨 행위가 어찌 한 가지 일을 잘못한 그런 정도의 것이며, 그리고 이것이 원균의 소위(所爲)가 아니면 누구의 소위인가.】 그 당시의 서장을 보면, 안골포의 적진을 먼저 몰아낸 후에 들어가 싸우자고 하였는데도 조정에서는 싸움을 독촉하고, 도원수(權慄)는 원균을 잡아다 곤장을 쳤으니, 이는 원균 스스로가 패전한 것이 아니고 곧 조정에서 명령하여 패하게 한 것이다."라고 하였다.

이덕형이 대답하여 말하기를 "대체로 애초에 이순신과 바꾼 것이 잘못된 일이라 하겠습니다."라고 하였다. 【*통제사 이순신을 원균으로 바꾸어서는 안 되는데 바꾼 것이 잘못이었다는 지적은 곧 원균은 애초부터 수군 장수로서의 자격이 없었다는 말이다.】

임금이 다시 말씀하시기를, "조정에서 시켜서 속히 싸우게 하는데 비록 장수를 바꾸지 않았다고 한들 역시 패하지 않았겠는가. 병법에서 말하기를 대장을 죽게 한 자는 부장(副將)을 목 자르고, 부장을 죽게 한 자는 영장(領將)을 목 자른다 하였으니, 원균이 이미 패하여 죽었은즉 그 부하를 비록 다 목 베지는 못할지라도 조사해 내서 목을 베도록 해야 할 것이다."라고 하였다. 【*한마디로 말도 안 되는 억지 궤변이다. 해서는 안 된다는 부하들의 의견을 묵살하고 진군시킨 대장에게 잘못이 있지 어떻게 부하들의 올바른 건의를 무시하고 잘못된 전략을 강행하는 장수의 명령을 따를 수밖에 없었던 부하들에게 잘못이 있단 말인가.】

계묘(1603) 6월에 선무공신(宣武功臣)을 녹훈(錄勳)할 때에 이덕형·이항복 등이 장계를 올려 말하기를, "원균이 처음에는 군사가 없는 장수로 해상 전투에 참가하였으나 【*이때 이미 한 차례 크게 패전하여 우수영 소속 배들을 모두 잃어버렸으므로 군법에 의해 처벌을 받았어야 했다.】 그 뒤에 수군을 패망하게 한 과실이 있으므로 이순신·권율 등과 더불어 같이 할 수 없으니 내려서 2등으로 기록하였나이다."라고 하였다.

임금이 이르시기를, "적변(敵變)을 처음 당했을 때에 원균이 이순신에게 구원을 요청하였고, 이순신이 스스로 달려간 것이 아니었으며, 적을 공격함에 있어서는 원균은 스스로 죽기를 결심하고 매번 선봉이 되어 용맹하게 싸워서 먼저 올라갔으니 승리의 공이 이순신과 꼭 같으며【*한마디로 헛소리이다.】 원균이 잡은 적괴(敵魁)와 누선(樓船)은 도리어 이순신에게 빼앗긴 바 되었던 것이다.【*이제 와서는 원균을 변호하기 위하여 있지도 않은 허위 사실로 이순신을 모함까지 하고 있다.】 또한 이순신을 대신하게 된 이후에는 여러 번 장계를 올려 부산 앞바다로 들어가 싸울 수 없다는 뜻을 힘써 말하였으나【*이순신이 부산 앞바다로 들어가 싸우지 않는다고 겁쟁이라고 모함한 장본인이 바로 원균이었다.】 비변사에서는 독촉하였고, 도원수는 잡아다 곤장을 치니, 드디어 원균은 패전할 줄 분명히 알면서도 할 수 없이 진을 떠나서 적을 공격하다가 전군이 괴멸하고 그 자신도 순국하였으니, 이는 원균의 용맹함이 삼군에서 으뜸일 뿐 아니라 그의 지략이 또한 출중한 것이었다.【*억장이 무너지고 벌려진 입이 다물어지지 않을 정도로 저능아 수준의 논리와 억지소리를 하고 있다.】 옛적에 가서한(哥舒翰)이 가슴을 쓰다듬으며 동관(潼關)에 나갔다가 적에게 패한 바 있었고, 양무적(楊無敵)은 반미(潘美)에게 협박을 당하여 눈물을 뿌리고 할 수 없이 나아가 싸우다가 드디어 적에게 패하여 죽었으니, 어찌 이러한 일들과 다르다고 할 수 있겠는가. 고금의 인물을 성패만으로 논할 것이 아니라 그의 운과 시기가 어긋나서 공은 무너지고 일은 실패한 것을 생각할 때 마음은 아프고 불쌍하게 생각되는 바이다.

전번에 영상(李恒福)이 남하하였을 때에는 대체로 원균이 불쌍하다는 뜻을 보이더니, 오늘에 이르러 공을 의논하는 마당에서는 도리어 2등에 기록하려 하니 어찌 원통하지 않겠는가. 원균의 눈이 지하에서 감기지 못하리라."고 하시고 드디어 공훈을 제1등 제3인에 책봉하시었다. 【*나라를 누란의 위기에서 구하고 백전백승한 장수와, 자신은 전투에서 한 번도 승리한 적이 없고 패배만을 거듭하다가 위대한 장수를 모함함으로써 그 자리를 대신 차지하였으나 결국에는 한 나라의 수군 전부를 바닷물 속에 수장시키고 자신도 달아나다가 적의 칼날에 죽임을 당한 자의 공로가 같다면, 도대체 선조가 말하는 공로란 어떤 것인지 되물어보고 싶을 따름이다. 그의 말은 너무나 이치에 어긋나서 도저히 이해할 수가 없다.】

갑진(1604) 4월에 효충장의(效忠仗義) 적의협력(迪毅協力)선무공신(宣武功臣)의 호(號)를 하사하시고, 숭록대부(崇祿大夫) 의정부좌찬성(議政府左贊成) 겸 판의부사원릉군(兼判義府事原陵君)으로 추증(追贈)하고, 그 이듬해인 을사년(1605) 5월 18일에 예부랑(禮部郞) 유성(柳惺)을 보내어 가묘(家廟)에 제사지내게 하시었다.

그 후에 학사 이선(李選)이 공을 위하여 전기를 지어 공의 시종(始終) 사실을 올바로 밝히고 심히 자상하고 명확하게 기술하였으니, 그가 기술한 대략은 이러하였다.

"원균이 거느린 군사의 수가 아주 적고 그 세력이 심히 약하였으므로 【*원래부터 약했던 것이 아니라 본격적으로 싸워 보기도 전에 스스로 배를 물속에 침몰 버리고 달아났던 것이다.】 이순신에게 구원을 청하였으나, 그가 도착하기 이전에 이미 적선을 불태워 깨뜨렸고 【*사실 무근이다.】 이 공(李舜臣)으로 인하여 승급하였으며, 이순신과 합세한 후에도 반드시 스스로 선봉이 되어 곧바로 적진에 돌입하여 적과의 싸움에서 모두 승리하였으며, 비록 패전하였을 때에도 오히려 적선 10척을 깨뜨렸은즉 【*그 많던 조선 수군의 배들을 전멸시키고 겨우 적선 10척을 깨뜨린 것을 -이것조차도 거짓말이지만- 공로라고 하는 논리라면, 세상에서 공로 없는 패장은 있을 수 없다.】

그 충의의 공렬(功烈)이 탁월하여 족히 일세의 호신(虎臣:용맹한 무장)이 었다.
후세에 이순신을 위하여 문자를 희롱(戱弄)하는 무리들이 편벽(偏僻)된 소견으로 원균을 여지없이 공박하니, 원균이 이순신에게 비교하여 성패(成敗)의 자취는 약간 다를지언정 나라를 위하여 죽은 절개는 다름이 없었거늘, 어찌하여 혹은 억누르고 혹은 찬양함이 이다지도 판이할 수 있겠는가."라고 하였으며, 그 아래에 조목을 따라서 해명을 하였는데, 거의 빠뜨림과 결함이 없도록 세세히 기록하였다.

우재(尤齋)선생이 말하였다.
"숭정(崇禎) 기해년(1659) 봄에 조정에서 충무공 이순신의 비를 노량에 세울 때에 나에게 글씨를 부탁하였는데, 그 글 중에 '통제사 원균이 군사가 패함에 달아나다가 죽었다.'라는 말이 있었는데, 대개 이 글은 택당(澤堂) 이식(李植)이 지은 시장(諡狀)에 나오는 말이었다.【*택당 이식의 시장뿐만 아니라 이것은 선조실록에도 수도 없이 많이 기록되어 있다.】그 후(乙丑年, 1685) 5월에 원(元均) 통제사의 증손인 순격(元舜格)이 통제사에 대한 녹훈(祿勳) 교서와 하사한 제문(祭文)을 가지고 와서 나에게 보이는데, 시장(諡狀)에 기록되어 있는 것과는 크게 다른지라【*다를 수밖에 없다. 녹훈 교서와 하사한 제문에 나오는 내용은 선조가 꾸며낸 엉터리 거짓말이기 때문이다.】나는 말하기를, 택당은 세상에서 착한 사관이라고 일컫고 있는데, 그가 그 글을 쓸 때 반드시 살핌이 있었을 것으로 생각되나, 교서나 제문이 모두 임금의 말씀이었을 터인바, 당시 임금을 대신하여 말하는 신하들이 또한 어찌 감히 털끝만큼인들 허위로 과장하였겠는가.【*선조의 말이기 때문에 거짓말일 수밖에 없음을 이미〈선조실록〉의 기록들을 통하여 살펴보았다.】그 자손으로서 원통하다고 말하는 것은 당연한 일이다."라고 하였다.

1. 원균 행장록(元均行狀錄)

아, 슬프다. 공은 충성스럽고, 순박하고, 정직한 자세로(오성 이항복과 한음 이덕형이 공을 칭찬하던 말이다-원주) 국가를 위하여 진중에서 죽겠다는 뜻을 품고 처음에는 오랑캐를 토벌하는 데 공을 세움으로써 조야에 명성을 떨치더니, 해구(海寇)와 만나 싸워서 전열이 와해되는 날에 분발하여 몸을 돌보지 아니하고 장병들을 격려하였으며 【*사실이 아니다.】 이순신과 마음과 힘을 합하기를 청하고 반드시 흉도(凶徒)들을 초멸하고 해상의 기세를 확청(廓淸)하기로 기약하였으며, 그 불태우고, 빼앗고, 붙잡고, 적의 목을 벤 공이 이순신에게 사양할 바 없었더니, 【*웃음밖에 나오지 않는 거짓말이다. 원균은 이순신이 이겨놓은 전장에서 뒤를 따라다니면서 죽은 적의 수급을 베는 일에만 열중하였다.】 정유년(1597) 재란을 당함에 조정에서 왜적에게 속아, 드디어는 공으로 하여금 군사를 패하게 하고, 끝내는 모습을 잃게 하였는데도 【*자신이 이순신을 모함하다가 빚어진 결과이지 원래 조정에서 그렇게 시킨 것은 아니었다.】 죽은 뒤에 비방하는 말이 분분하니, 공의 충성과 공적이 아주 묻혀버리고 나타나지 못할 뻔하였으나, 우리 선조대왕께서 그의 원통한 정상을 깊이 살피시고 앞뒤의 성유(聖諭)가 정연하실 뿐 아니라, 그 녹훈(祿勳) 교서는 더욱 명백하시고 또한 지극히 간절하고 측은하게 생각하시어 【*당시 세상에서 원균을 욕하지 않고 측은하게 생각했던 사람은 궁중 깊숙이 처박혀 있으면서 이순신에 대한 열등의식에 사로잡혀 있었던 선조 한 사람뿐이었다.】 가서한(哥舒翰)과 양무적(楊無敵)의 일을 끌어와 비유하여 말씀하시기까지 하시니, 아아, 크시도다, 임금의 말씀이시여, 영세(永世)에 공안(公案)이 되시기에 족하도다. 【*원균에게 내린 선조의 제문이나 유서 등은 우리 역사상 가장 희극적인 근거 없는 문서임이 이미 판명되었다.】

만일 공의 영혼이 아는 바 있다면 반드시 지하에서 흐느껴 울 것이오, 또한 학사 이선(李選)이 지은 전기와 우재(尤齋) 선생의 말씀 같은 것도

또한 가히 그 당시에 신용과 인정을 받은 바 있으므로, 능히 내세에 고
징(考徵)이 될 수 있을 것이다.
옛적에 장순(張巡)과 허원(許遠)이 함께 수양(睢陽)을 지키다가 급기야 성
이 함락되자 함께 순국하였는데, 그때 장순을 위하여 말하는 자가 허원
을 깎아서 말하는 일이 있었는데, 한문공(韓文公: 韓愈)이 이를 위하여
전기를 짓고 후서(後敍)로 그렇지 않음을 밝힌 후에야 비로소 시비(是非)
가 올바로 정해진 적이 있었는데, 우재 선생과 여러 사람의 말들이 한
문공(韓文公)의 후서(後敍)에 비하여 더욱 빛나고 있으므로, 공에 대한
비방이 이제부터는 그치게 될 것이며, 더구나 성조(聖朝)에서 사실을 들
추어내어 시비를 가리고 높여서 포상함에 이르렀는바, 이러한 일은 저
허원(許遠)이 얻지 못하였던 바이니라. 슬프도다, 공에 대하여 이제부터
는 또다시 털끝만치도 유감된 일이 없을 것이로다. 【*한유가 지은 전기와
후서는 잘못 알려진 사실을 바로잡은 것이기에 후에 와서 시비가 올바로 정해졌지
만, 원균의 경우는 거짓말을 꾸며 내어 시비를 거꾸로 만들려는 시도이기 때문에 성
공할 수 없었던 것이다.】

부인은 파평 윤씨이니 참판(參判)으로 추증된 진사 윤언성(尹彦成)의 딸
이다. 【*처가 쪽으로 윤두수, 윤근수와 인척관계였음을 윤두수가 임금 앞에서 실
토한 적이 있었다. 〈선조실록〉에 나온다.】 선조 때 국고(國庫)에서 공양하게
하였는데, 광해 때에 이르러 폐하여 버렸고, 인조반정(仁祖反正) 이후에
다시 명하여 급료를 하사하셨다. 가정(嘉靖) 정미년(1547)에 출생하여
숭정(崇禎) 임오년(1642)에 죽으니, 향년 96세였다.
이제 와서 공의 묘를 옮겨 개장하고 부인을 부장하면서 그 친의(親意)로
와서 공의 행장(行狀)을 지어줄 것을 청하므로, 글을 지을 자격이 없음
을 말하고 수차 사양하였으나, 끝내 사양할 수 없어서 【*자격이 없으면
끝까지 사양하고 쓰지 말았어야 했다. 결국 허위 문서를 쓰는 잘못을 범하고 말았음

을 안타깝게 여길 수밖에 없다.】 이에 감히 성교(聖敎)와 선배들이 남긴 증거가 될만한 글을 참고로 하여 대략 점철(點綴)을 가함으로써 언론을 바로 세우는 군자들이 다시 살펴보게 하는 재료로 삼을까 하는 바이다.
【*반면교사로서의 기능은 하게 되었을지도 모른다.】

사헌부 대사헌 김간(金幹)은 찬(撰)하노라.」

【*이 글을 지은이는 지은 연대를 밝히고 있지 않으나, 글의 내용으로 보아서 원균의 부인이 죽은 후의 일이니 빨라도 왜란이 끝난 지 약 50년 후의 일일 것이다.】

【**다음에 소개하는 것은 선조가 예조정랑 유성(柳惺)을 통해 보내어 원균을 제사지내게 한 제문이다. 제문을 가지고 시비하는 것은 도리가 아닐 수도 있지만, 그것이 한 나라의 국왕의 이름으로 작성된 것인 한 그것은 어디까지나 하나의 역사적 공문서이고, 따라서 비판적으로 살펴볼 필요가 있다. 본문은 앞의 〈원균행장록〉과 마찬가지로 〈원균을 위한 변명〉(학민출판사, 1996)에서 인용한 것이다.】

〈선조의 제문(祭文)〉

「만력(萬曆) 33년 을사(乙巳: 1605) 정월 18일 계사(癸巳)에, 국왕은 신 예조 정랑 유성(柳惺)을 보내어 증(贈) 의정부좌찬성(議政府左贊成) 원균(元均)의 영전에 고하여 제사지내노니, 경(卿)은 굳센 장군으로 이 나라의 영걸이오, 기품이 용맹함에 만부(萬夫) 중에 특출한 인물이라, 일찍이 무과에 급제하여 의장(儀仗)의 창을 잡고 여러 차례 변방에서 그 능력을 시험보아 늠름한 성망(聲望)이 있었도다. 이에 정전(征戰)의 전권을 위탁하여 남쪽 바다를 지키게 하니, 수로(水路)의 요충이 의연하여 금성탕지(金城湯池)와도 같았도다.

먼 나라 땅이 순하지 못하여 살기(殺氣)가 충천하니 여러 고을이 바람에 쓸려 더욱 창궐하여 극에 달했는데, 오직 경(卿)만이 용기를 내고 나라를 위하여 죽기를 맹세하고, 우리의 군사들을 격려하여 쳐들어오는 적을 방비하고, 바다에 나아가 싸우니, 달마다 승전 첩보를 올렸도다. 우리의 바다를 보장하는 일을 경이 아니고 누구에게 의지하리요. 【*제문의 이 부분은 원균이 아니라 이순신의 공을 찬양할 때 했어야 할 내용이다.】

내가 그 빛나는 공훈을 가상히 생각하여 특별히 승급을 시켰는데, 적이 재차 침범함에 힘을 다하여 맞아 싸워서 승승장구하다가 매복한 적이 밤에 엄습하여 와서 불우의 변을 당하였으니, 이는 하늘이 순리를 돕지 아니함이로다. 【*다른 부하 장수들의 패전에 대해서는 냉혹하면서도 원균의 패전에 대해서는 끝까지 '하늘이 한 일이다'고 하면서 책임을 묻지 않는 선조이다.】

한번 패하여 지탱하지 못하니 장군의 죽음은 나의 박덕함에 기인한 것이로다. 장군의 웅도(雄圖)가 영영 사라지고 장엄한 계략을 펴지 못하니, 자나 깨나 가슴을 치는 탄식이 그치지 아니하고, 피로써 충성을 맹세함에 이르니 더욱 슬픔이 간절하도다.

이에 종묘 제관(宗祝)에게 명하여 약간의 제의(祭儀)를 갖추었으니, 영(靈)이여, 아시겠거든 흠향(歆饗)할지어다.」

2. 이순신전(李舜臣傳)

단재(丹齋) 신채호(申采浩)

(*아래는 단재 신채호 선생이 쓴 〈이순신전〉의 일부분이다. 이순신에 대한 역사적 평가에 도움이 되는 자료라고 생각되어 이에 소개한다. 원문 고어체를 편역자가 현대어로 옮겼다.)

1. 이순신의 장례와 그 유한(遺恨)

기해년(1599년) 2월 11일에 〈효충장의(效忠仗義) 적의협력(迪毅恊力) 선무공신(宣武功臣) 전라좌도 수군절도사(水軍節度使) 겸 충청·전라·경상 삼도수군통제사(三道水軍統制使) 이순신(李舜臣)〉의 영구(靈柩)가 고금도(古今島)에서 떠나 아산(牙山)으로 돌아올 때, 연도에는 남녀노소가 상여를 붙들고 애통해 하며 놓지 아니하고, 곡성(哭聲)이 천리에 그치지 아니하고, 팔도 인민이 하나같이 친척의 상사(喪事)같이 슬퍼하였다.

오호라! 임진년(1592)으로부터 무술년(1598)까지의 칠년 동안의 역사를 상고(詳考)하건대, 우리 조선 민족의 치욕과 고통이 과연 어떠하였던가. 늙은이와 어린아이들의 죽은 시체가 구덩이를 메웠고, 장정들은 칼날과 탄환에 맞아 목숨을 잃었으며, 굶주렸으나 밥을 얻어먹을 수 없었고, 추워도 옷을 얻지 못하였으며, 아침에 단란하게 모여 있던 부모와 처자가 저녁에는 서로 잃었고, 저녁에 만나던 형제와 친구들이 이튿날 아침에 서로 영결(永訣)하여, 죽은 자는 물론이고 일반 산 자도 이미 죽은 줄로 알았더니, 다행히 천고(千古)의 명장 이순신이 나셔서 그 손으로 우리의 빠진 것을 건지고, 그 입으로 우리의 회생함을 부르고, 피를 토하여 우리의 뼈만 남은 것을 살찌게 하고, 마음을 다하여 우리의 죽은 것을 살아나게 하더니, 우리가 다시 사는 날에 홀연히 죽으셨으니, 이는 우리 인민들이 공을 위하여 가히 통곡해야 할 첫 번째 이유이다.

우리의 생존함은 공의 힘이고, 우리의 안거(安居)함도 공의 힘이며, 우리의 음식과 의복은 공의 주신 바이며, 우리의 금슬화락(琴瑟和樂)함도 공의 주신 바이다. 우리의 한 번 일어나고, 한 번 앉고, 한 번 노래하고, 한 번 우는 것이 공의 은택 아닌 것이 없거늘, 우리는 공의 은택을 털 끝 하나(一毫)만큼도 보답하지 못하고 있다. 공이 7년 동안 우리를 위하여 고생하고 애쓰시던 역사를 돌아보건대 어찌 비창(悲愴)하지 않겠는가. 이는 우리 인민들이 공을 위하여 가히 통곡해야 할 두 번째 이유이다.

공이 만약 7년 전에 죽었더라면 우리는 이 난리에 다 죽었을 것이며, 공이 만약 7년 이후에 났더라면 우리는 이 난리에 다 죽었을 것이며, 공이 만약 7년 전쟁하던 첫해에 죽었거나 혹 둘째 해에나 셋째 해에나 넷째, 다섯째, 여섯째 해에 죽었을지라도 우리는 이 난리에 다 죽고 구원해줄 자도 없었을 것이다. 그런데 공은 먼저 죽지도 아니하고 후에 나지도 아니하고 이때에 나셔서 이 7

년을 지냈는데, 그 동안에는 탄환에 맞아도 죽지 아니하고, 칼에 찔려도 죽지 아니하고, 옥에 가두어도 죽지 아니하고, 1천 개의 창이나 1만 개의 총이 다투어 올지라도 죽지 아니하고, 허다한 풍상을 바다 위에서 겪으시다가 7년 전쟁이 끝나는 날 노량에 이르러 몸을 마쳤으니,

오호라! 공은 틀림없이 하느님(上帝)께서 보내주신 천사로서 수군의 영문에 내려오시어 그 수고하심과 그 흘리신 피로 우리의 생명을 바꾸어 구제하신 후에 홀연히 가셨으니, 우리 백성이 이 충무공에 대하여 가히 통곡할만한 세 번째 이유이다. 그러므로 우리 백성이 이 충무공에 대하여 이런 애정을 갖지 않기가 어렵다.

그러나 영웅의 마음과 일은 원래 이러한 것이 아니다. 그 서리처럼 맑고, 눈처럼 흰 저 가슴속에는 부귀(富貴)도 없고, 빈천(貧賤)도 없고, 안락(安樂)도 없으며, 우려(憂慮)함도 없고, 다만 이 나라 백성에 대한 연민의 안광(眼光)이 끝없이 비추기 때문에 나의 몸을 죽여서 나라와 백성에게 이롭다면 아침에 나서 저녁에 죽을 수도 있는 것이며, 오늘 저녁에 나서 내일 아침에 죽을지라도 여한이 없는 것이다.

하늘과 땅이 있은 이후로 죽지 않은 사람이 결코 없고, 이미 죽은 후에는 썩지 않는 뼈가 없어서, 부귀하던 자도 마지막에는 반드시 썩은 뼈가 될 뿐이고, 빈천하던 자도 마지막에는 반드시 한 조각 썩은 뼈가 될 뿐이며, 안락하던 자도 마지막에는 반드시 한 조각 썩은 뼈가 될 뿐이고, 고생하던 자도 마지막에는 반드시 한 조각 썩은 뼈가 될 뿐이며, 장수한 자와 요절한 자도 모두 그 마지막에는 한 조각 썩은 뼈가 될 뿐이니, 이는 천고 만고에 바뀌지 아니하는 이치이다. 그러므로 한 조각 썩은 뼈가 될 한 개 나의

몸을 죽여서 천세만세에 영구히 있는 이 나라 이 백성에게 이롭다면 어찌 이것을 피하며, 어찌 이것을 하지 아니하겠는가.

설령 광성자(光成子)와 같이 장수하고 석숭(石崇)과 같이 부자가 되어 입으로 고량진미(膏粱珍味)를 먹고 파파백발(皤皤白髮: 머리털이 하얗게 센 모습)이 될 때까지 오래 살지라도 나라의 부끄러움과 백성의 욕됨이 날로 심하여 사방에서 죽는 소리, 우는 소리, 원망 소리, 한탄 소리, 앓는 소리가 모두 와서 모인다면 나의 홀로 즐기는 것이 차마 좋겠는가.

대저 영웅의 눈은 이것을 미리 알기 때문에, 이 충무공을 보더라도, 당시에 전랑(銓郎: 조선시대 이조의 정랑과 좌랑)과 양사(兩司: 사헌부와 사간원)의 좋은 자리, 높은 자리를 부러워하지 아니하고, 사람들이 천대하는 무변(武弁)에 몸을 던져 대동국(大東國) 무사의 정신을 발휘하기로 자처하였으며, 일체의 권문세가(權門勢家)를 초개처럼 보아서 발자취가 그 문 앞에 가지 아니하고 자신의 지조를 지키고 있었다.

그런데 드디어 동남쪽에 괴이한 구름과 비린 바람이 일어나서 나라의 일이 암울해졌을 때 집과 몸을 돌아보지 않고 칼을 휘두르며 우리 원수를 향하여 대적하다가, 그 뜻을 이미 이루던 날에 갑자기 돌아가심을 사양치 아니하셨으니,

오호라! 누가 이 충무공의 죽음을 우는가.

대장부가 충의(忠義)의 마음을 품고 나라의 환난에 몸을 던져 비할 바 없이 큰 마귀를 초멸(剿滅)하여 물과 불 속에 빠져 있는 백성들을 구제하고, 나의 몸은 빠르게 날아온 탄환에 맞아 죽어서

높이 펄럭이는 명정(銘旌: 죽은 사람의 관직, 성씨 등을 기록하여 상여 앞에 들고 가는 기다란 기)들은 괴이한 구름이 말끔히 사라진 푸른 바다 하늘에 드리우고, 상여는 덩실덩실 춤을 추며 나서 자란 고향으로 돌아와서, 전국 팔도에서 울리는 만세소리와 드높게 울려 퍼지는 승전고 소리 가운데서 상례(喪禮)를 거행하니,
오호라! 장하도다. 누가 이 충무공의 죽음을 우는가.
다만 노래하고 춤을 춰야 할 것이로다.

비록 그러하나, 후세 사람들이 이 충무공을 위하여 한번 울만한 바가 있으니, 대개 이 충무공이 몸을 일으키던 처음에 허다한 사사 당파의 무리와 소인의 무리들이 영웅을 억눌러서 그 재능을 한껏 펴지 못하게 하였으므로 그가 이룬 바 공로가 겨우 이만하고 말았으며, 중간에 또 몇몇 참소하고 투기하는 자들이 마귀의 재주를 희롱하여 수년 동안 장난질함으로써 싸움 준비를 탕진케 하였기 때문에 그 이룬 바 공이 또한 겨우 이만하고 말았으며, 하늘이 영웅을 내시어 우리나라 인민으로 하여금 무인의 기상과 정신을 이같이 고취하였으나 또 다시 저 백성의 역적인 나약한 소인(小人)들이 뒤쫓아 가며 독을 폄으로써 공이 죽은 후 수백 년간 나라의 부끄러움과 인민의 욕됨이 자주 일어났으니, 이것이 후세 사람으로 하여금 이 충무공을 위하여 한번 통곡하게 하는 것이다.
그러나 어찌 다만 후세 사람들만 통곡할 뿐이겠는가.
지하에서 이 충무공 또한 눈을 감지 못하실 것이다.」

2. 이순신과 기담(奇談)

하루는 이순신이 배 가운데 있었는데, 갑자기 일곱 가지 색깔이 찬란한 궤짝 하나가 물에 떠내려 왔다. 군사들이 건져서 보니 금으로 자물쇠를 하여 잠가 놓았다. 여러 장수들이 이공께 열어 보기를 청하였으나 이공은 허락하지 않고 톱을 가져오라고 하여 그 궤짝을 켜라고 하니, 궤 속에서 요동치며 부르짖는 소리가 나며 피가 흘러나왔다. 궤를 다 켜서 쪼개어 놓고 보니 자객 하나가 손에 비수를 잡고 허리가 잘려져 죽어 있었다. 이를 보고 여러 장수들이 일제히 놀라 탄복하였다.

○하루는 달빛이 환한 밤에 갑자기 섬 가에 있는 수풀 곁에서 오리 떼가 놀라서 날아올랐다. 이공이 배 가운데서 자다가 베개를 밀치고 일어나서 군중에 명령을 내려, 물에다 대고 총과 활을 어지러이 쏘게 하였다.

날이 밝은 후에 보니 수많은 왜적의 시체가 물에 떠내려 왔다. 여러 장수들이 이상히 여겨서 그 연고를 물으니, 이공이 말하기를, "옛글에 이르기를, '달은 검은데 기러기 높이 나니, 오랑캐가 밤에 도망간다'고 하였다. 밤중에 자던 오리가 어찌 아무 이유 없이 놀라서 날아가겠느냐. 이는 반드시 왜병들 중에 헤엄을 잘 하는 자들이 몰래 와서 우리 배 밑을 뚫어 침몰케 하고자 함인 줄 알고 총을 쏘라고 했던 것이다."라고 하였다.

○김대인(金大仁)은 본래 촌백성이었다. 힘은 절륜(絕倫)하였으나 겁이 많아서 북소리만 들으면 먼저 벌벌 떨기부터 하고 한 걸음도 앞으로 나아가지 못하였다. 이에 이공이 그를 자기 휘하에 두었다가, 하루는 갑자기 어두운 밤에 대인을 불러서 말하기를 "너는 나의 뒤를 따라오라."고 하였다.

둘이서 앞에 서고 뒤에 서서 산부리 수풀 속으로 갔는데, 그때 별안간 나무 사이로 불빛이 비쳐왔다. 그 불빛을 따라 그곳에 이르러보니 두어 길 떨어진 언덕 아래 평지에서 수십 명의 왜적들이 밥을 짓고 있었다.

이공이 대인의 손을 잡고 내려다보며 그의 귀에 대고 이르기를, "네가 한번 힘을 써서 저것들을 모조리 다 없애 보는 것이 어떻겠느냐." 하니, 대인이 벌벌 떨면서 대답하기를, "할 수 없나이다."고 하였다. 이공이 말하기를, "이것도 못할 것 같으면, 너는 차라리 죽는 것이 낫다." 하고는 그를 발로 차서 언덕 아래로 떨어뜨리니 왜병들이 놀라서 일제히 그를 둘러쌌다.

김대인이 이 지경에 이르자 달아날 길도 없고 죽는 수밖에 없게 된지라 별안간 담력이 크게 생겨서 주먹을 들어 왜병 한 놈을 쳐서 거꾸러뜨리고 그 칼을 빼앗아서 좌충우돌하며 소리를 벽력같이 지르고 쳐 죽이니, 그 칼이 번개같이 번뜩이고 그 소리는 산천을 진동시켰는데, 잠깐 동안에 왜병 수십 명을 다 죽이고는 전신에 피를 묻히고 서 있었다. 그때 이공이 뛰어 내려가서 그의 손을 잡고 웃으면서 말하기를, "이제부터는 너를 쓸 수 있겠다." 하고 데리고 돌아왔다.

그 후부터 김대인은 왜적을 만나면 신바람이 나서 매번 싸움에 앞서 나아가 여러 번 공을 세웠으므로, 그의 공을 표창하여 가덕 첨사로 임명하였다.

○어떤 사람이 이공에게 물었다. "이공이 성공한 원인은 무엇인가? 여러 인재들을 거두어 썼기 때문인가. 아니면 여러 가지 기이한 계교를 썼기 때문인가."

공이 대답하였다. "그렇지 않다."

이순신이 성공한 것은 다만 그가 왜적의 탄환과 화살이 비 오듯 하는 곳에 서서 피하여 달아나는 장사를 꾸짖으며, 하늘을 가리켜 이르기를 '나의 명은 저기에 있다.'고 하던 그 말 한 마디에 있다.

나의 죽고 사는 것을 하늘에 맡기기 때문에 칼날이라도 능히 밟으며, 물과 불 속에라도 능히 들어가며, 호랑이 굴속이라도 능히 들어가는 것이다.

만약 이 죽고 삶의 문턱을 벗어나지 못하면 비록 신묘(神妙)한 모략(謀略)이 있더라도 겁이 많아서 그 모략을 능히 행할 수 없을 것이며, 정예 군사가 있더라도 그 기운이 약하여 그 군사를 능히 지휘하지 못할 것이다. 가시를 보거나 돌부리만 대하여도 오히려 찔릴까 겁을 내고 부딪칠까 염려하면서 하물며 어찌 비 오듯 하는 총알을 대하여 겁을 내지 않을 수 있으며, 한 주먹 한 발길질을 대하여도 오히려 겁을 내면서 하물며 어찌 구름 모이듯 한 큰 적을 보고 두려워하지 않을 수 있겠는가.

오호라! 영웅을 배우는 자는 불가불 이 죽음과 삶의 문턱을 벗어날 수 있어야 할 것이다.

3. 이순신과 넬슨의 비교

내 일찍 국내외 고금의 인물들을 들어 이공과 비교해 보았더니, 국내에서는 고려 때 강감찬(姜邯贊: 948~1031) 장군이 나라가 판때기로 눌러놓은 듯이 찌그러진 때에 나서 큰 난리를 평정한 것이 이공과 같으나, 적은 군사로 많은 적을 쳐서 이긴 신통한 모략은 이공만 못하며, 고려 말 정지(鄭地: 1347~1391)가 해전을 잘하여 왜적을 소탕한 것이 이공과 같으나, 그 나라를 위하여 몸을 바치는 열성에서는 공만 못하였다.
제갈량(諸葛亮)이 정성과 노력을 다하여 나라 일에 이바지하던 곧은 충성심과 큰 절개(貞忠大節)가 이공과 같으나, 수십 년 동안 한 나라의 정승으로서 일국의 모든 권리를 다 손안에 넣고 있으면서도 옛 도읍을 회복하지 못하였으니, 그 성공함은 이공만 못하였다.

그런즉 이 충무공은 필경 누구와 같다고 할까? 근년에 어떤 선배가 영국의 해군 제독 넬슨(Nelson)씨를 이 충무공과 짝을 지어 말하기를 "고금의 수군에는 동(東)과 서(西)에 두 영웅만 있을 뿐이다."라고 하는데, 정말로 그러한가, 그렇지 아니한가?
과연 누가 낫고 누가 못한지 한번 비교하여 평론해 보고자 한다.

대개 이 충무공의 역사를 보면 넬슨씨와 같은 것이 많은데, 다만 그 해전에서의 뛰어난 능력만 같았을 뿐 아니라 세세한 일까지도 같은 것이 많았다.
초년에 그 이름을 알아주는 이가 거의 없었던 것이 같고,
미관말직(微官末職)으로 여러 해 동안 침체(沈滯)해 있었던 것이 같고,
수군의 명장이지만 그 첫 번째 성공은 육지에서의 전투(陸戰)로 시작한 것이 같고,
첫번째 육지에서의 전투 후에는 죽을 때까지 해전(海戰)에만 종사하여 다시 육지로 올라가지 않았음도 같고, 여름 더울 때에 전장에서 더위를 먹어 건강이 나빠져 위태하게 지냈던 것도 같고,
탄환에 여러 번 맞고도 죽지 않은 것이 같고,
마지막에는 적의 군함을 다 쳐서 함몰한 후에 승전고를 울리고 개가를 부를 때에 적의 탄환을 맞고 죽은 것도 같고,

임금을 사랑하고 나라를 근심하는 열성도 같고,
맹세코 도적과 함께 살지 않겠다고 하는 그 뜨거운 마음(熱心)도 같고,
그 대적하던 적병이 강하고 사나웠던 점도 같고,
그 전쟁이 오래 지속되었던 것도 같으니,
이 충무공과 넬슨은 과연 서로 같다고 할 수도 있을 것이다.

비록 그러하나, 그때에 영국의 형세가 우리나라 임진년 시절과 비교하면 어떠하며,
그때에 영국 군사의 힘이 우리나라 임진년 시절과 비교하면 어떠하며,
영국에서 군사를 거느린 장수의 권리가 우리나라 임진년 시절과 비교하면 어떠하며,
영국의 전쟁하고 방어하는 능력이 우리나라 임진년 시절과 비교하면 어떠하였던가?

당시 영국인들은 수백 년 동안 열강의 여러 나라들과 경쟁하던 끝이어서 전쟁에 익숙해 있었고,
오랫동안 전쟁을 연구해 왔으므로 인민들도 적을 미워하는 사상이 넉넉하여 사람마다 적을 대함에 있어서 뒤로 물러나는 것을 부끄럽게 여겼기 때문에 영웅이 그들을 쓰기가 쉬웠으며,
나라의 금고에는 수억 만 파운드의 재정이 있어서 군비가 결핍되지 않았으며,
기계공장에서는 수백 대의 대포를 제조하여 무기를 계속 공급할 수 있었고,
각 부대의 병졸들은 편히 앉아서 죽는 것을 좋아하지 않고 모두

들 한번 싸우기를 원했으며,
각 항구에 있는 큰 배들은 비록 값은 받지 못하더라도 전장에서 한 번 시험삼아 쓰이기를 기다리고 있었고,
조정에서는 전심전력으로 군비의 수요를 충당해 주었으며,
전국의 인민들은 침식을 전폐하고 군중에서 승첩의 소식이 오기를 기도하였으니,
그러므로 넬슨은 아무런 깊은 지모(智謀)와 원려(遠慮) 없이 다만 뱃머리에 높이 앉아 휘파람이나 불고 있더라도 성공하기가 쉬웠을 것이다.

그러나 이순신은 그렇지 않았다.
군량이 완전히 바닥이 난 상태에서 자신이 그것을 준비하지 않으면 누가 준비하며,
무기란 것들은 모조리 낡아빠지고 둔한 것들이니 자신이 직접 무기를 새로 만들지 않으면 누가 만들며,
군사들은 이렇게 숫자도 적고 쇠약하니 자신이 직접 군사를 모집하지 않으면 누가 모집하며,
배들의 운행이 이렇게 느리고 둔하니 자신이 이것을 개량하지 않으면 누가 개량할 것인가.

그래서 한편으로는 전쟁하고, 한편으로는 둔전(屯田)을 만들어 군량을 저축하고, 철을 캐어 병기(兵器)를 만들고, 배를 만드는 일에 골몰하느라 전혀 틈이 없었다.
그런데도 불구하고, 다른 한편에서는 동료인 원균(元均)과 같은 자들의 시기와 모함을 당하고, 또 한편으로는 조정의 여러 간신배들의 참소(讒訴)함을 입었다.

아, 나의 생각에는 넬슨이 만일 큰 적이 자기 나라를 이미 거덜 내버린 때를 당하여 이순신과 같이 여러 가지 곤란을 당하였더라면 과연 성공할 수 있었을는지는 단언하기 어려운 문제라 할 것이다.

더욱이, 마지막에 원균이 칠천량(漆川梁) 싸움에서 대패하여 이순신이 육칠년간 노심초사하여 교련해 놓은 용맹한 장수들과 건장한 군사들, 군량과 배들을 한꺼번에 모두 화염 속에 쓸어 넣어버린 후에 겨우 십여 척 깨디다 만 배와 160여 명의 새로 모집한 군사로써 왜적의 장수 휘원(毛利輝元)과 평수가(平守家)와 행장(小西行長)과 청정(加藤淸正) 등을 만나서 바다를 덮어 오는 수천 척의 적선과 더불어 서로 싸우려 하였다.

이때 그는 조정에 대하여 당당하게 말하기를 "적선이 비록 많다고 하나 신이 죽지 않는 한 적은 감히 우리를 업신여기지 못할 것입니다."라고 하였다.

이순신이 바다로 나아가 한 번 큰소리로 호령하자 고기와 용들이 그의 위엄을 도왔고, 하늘과 해가 빛을 잃었으며, 참담한 도적의 피로 바닷물이 붉게 물들었으니, 이렇게 한 것은 오직 이충무공뿐, 오직 이(李) 충무공뿐이더라.

이 충무공 외에는 고금의 수많은 명장들을 다 모아놓고 보더라도 이 일을 능히 해낼 수 있을 자, 정말로 없을 것이다.

오호라! 저 넬슨이 비록 영무(英武)하나 만일 오늘날 20세기에 서로 비슷한 전함과 무기로 해상에서 이순신과 서로 만난다면, 이들 둘은 필경 하늘과 땅의 차이와 같을 것이다.

그러나 지금 본다면, 세계에서 수군에서 제일가는 자를 말할 때는 모두 넬슨을 먼저 꼽아 말하며, 영웅을 숭배하는 자는 반드시 넬슨의 초상화를 가리키며, 역사를 배우는 자는 반드시 먼저 넬슨의 전기(傳記)를 말하며, 군인의 자격을 기르고자 하는 자는 반드시 넬슨의 이름을 외우고, 넬슨의 자취를 사모하여, 생전에는 영국 한 나라의 넬슨이었으나 죽은 후에는 만국의 넬슨이 되었으며, 생전에는 구라파(유럽) 한 지역의 넬슨이었으나 사후에는 6대주(六大洲)의 넬슨이 되어 있다.

그러나 이 충무공은 중국의 역사서에 그 싸우던 일을 약간 기록하였고 일본에서 그 위엄을 두려워할 뿐이며, 그 외에는 본국의 초동(樵童: 나무하는 아이들)과 목수(牧豎: 소 먹이는 아이들)의 노래 가사에 오를 뿐이고 세계에 전파되어 알려진 역사로는 철갑선을 창조한 일 한 가지에 지나지 못하니,
오호라! 영웅의 명예는 항상 그 나라의 세력을 따라서 높고 낮음이로다.

무릇 수군 중에서 제일 유명한 사람이 있고 철갑선을 창조한 나라이면서, 오늘날에 이르러서는 저 해군이 가장 강성한 나라(英國)와 비교되기는 고사하고 끝내 나라라는 명색조차 없어질 지경에 빠졌으니, 나는 저 수백 년 이래 백성의 기운을 꺾고, 백성의 앎을 틀어막고, 잘못된 문치(文治)의 사상을 강조하던 비루한 정치가들의 여독(餘毒)을 생각하면 한(恨)이 바닷물처럼 깊도다.

이에 〈이순신전〉을 지어 고통에 빠진 우리 국민에게 널리 전파하노니, 무릇 우리의 선남선녀는 이것을 모범으로 삼을지어다. 하나님께서는 20세기 태평양의 둘째 이순신을 기다리느니라.

3. 조선시대의 관료조직과 품계

조선시대 장군의 계급(정3품~종4품)

조선시대의 관료조직은 문반(文班)과 무반(武班)의 양반(兩班)체제로 이루어졌고, 상하 계급이 엄격하였다.

관료의 등급은 품(品) 또는 유품(流品)이라 하여 크게는 9품으로 나누고, 이를 다시 정(正)과 종(從)으로 구별하여 정 1품에서 종9품까지 18품으로 구분되었다.

다시 정1품에서 종6품까지는 상, 하의 품계(品階, 문산계, 무산계 등)가 있어 이하 단일 품계와 더불어 30품계로 구분되었다.

여기서 경국대전(經國大典)에 나타난 문산계(文散階)와 무산계(武散階)를 살펴보자.

품계: 문산계 무산계 비고
        문관 / 종친 / 의빈
정1품 상 대광보국숭록대부(大匡輔國崇祿大夫) / 현록대부 / 수록대부
정1품 하 보국숭록대부(輔國崇祿大夫) / 흥록대부 / 성록대부
종1품 상 숭록대부(崇祿大夫) / 소덕대부 / 광덕대부

종1품 하 숭정대부(崇政大夫) / 가덕대부 / 숭덕대부
정2품 상 정헌대부(正憲大夫) / 숭헌대부 / 봉헌대부   이상 대감

정2품 하 자헌대부(資憲大夫) / 승헌대부 통헌대부 /
종2품 상 가정대부(嘉靖大夫) / 중의대부 자의대부 /
종2품 하 가선대부(嘉善大夫) / 정의대부 순의대부 /
정3품 상 통정대부(通政大夫) / 명선대부 봉순대부 / 절충장군(折衝將軍)
                                              이상 당상관 영감

정3품 하 통훈대부(通訓大夫) / 창선대부 정순대부 / 어모장군(禦侮將軍)
종3품 상 중직대부(中直大夫) / 보신대부 명신대부 / 건공장군(建功將軍)
종3품 하 중훈대부(中訓大夫) / 자신대부 돈신대부 / 보공장군(保功將軍)
정4품 상 봉정대부(奉正大夫) / 선휘대부 / 진위장군(振威將軍)
정4품 하 봉열대부(奉列大夫) / 광휘대부 / 소위장군(昭威將軍)
종4품 상 조산대부(朝散大夫) / 봉성대부 / 정략장군(定略將軍)
종4품 하 조봉대부(朝奉大夫) / 광성대부 / 선략장군(宣略將軍)
                                              이상 당하관

정5품 상 통덕랑(通德郎) / 통직랑 / 과의교위(果毅校尉)
정5품 하 통선랑(通善郎) / 병직랑 / 충의교위(忠毅校尉)
종5품 상 봉직랑(奉直郎) / 근절랑 / 현신교위(縣信校尉)
종5품 하 봉훈랑(奉訓郎) / 신절랑 / 창신교위(彰信校尉)
정6품 상 승의랑(承議郎) / 집순랑 / 돈용교위(敦勇校尉)
정6품 하 승훈랑(承訓郎) / 종순랑 / 진용교위(進勇校尉)
종6품 상 선교랑(宣敎郎) /   여절교위(勵節校尉)
종6품 하 선무랑(宣務郎) /   병절교위(秉節校尉)   이상 참상관

정7품 무공랑(務功郞)/	적순부위(迪順副尉)	이하 참하관
종7품 계공랑(啓功郞)/	분순부위(奮順副尉)	
정8품 통사랑(通仕郞)/	승의부위(承義副尉)	
종8품 승사랑(承仕郞)/	수의부위(修義副尉)	
정9품 종사랑(從仕郞)/	효력부위(效力副尉)	
종9품 장사랑(將仕郞)/	전력부위(展力副尉)	

이상 30계 22계 12계 22계

문관 4품 이상은 대부(大夫), 5품 이하는 낭관(郎官)이라 하였고, 무관 2품 이상은 문관이 겸직하고, 3~4품은 장군(將軍), 5~6품은 교위(校尉), 7품 이하는 부위(副尉)라 하였다.
한편 모든 관직을 당상관(堂上官), 당하관(堂下官), 참상관(參上官), 참하관(參下官)의 4등급으로 나누기도 한다.
당상관은 정3품 상위 품계인 문관의 통정대부(通政大夫), 무관의 절충장군(折衝將軍) 이상의 고급관료이고,
당하관은 정3품 하위 품계인 문관의 통훈대부(通訓大夫), 무관의 어모장군(禦侮將軍) 이하의 관료를 말한다.
그리고 정5품~종6품을 참상관(參上官), 정7품 이하를 참하관이라 한다. 참하에서 참상으로 오르는 것을 승륙(陞六)이라 하여 승진의 큰 관문이 되었다.
당상관은 고급관료로서 인사권(人事權), 포폄권(褒貶權), 군사권(軍事權) 등 여러 특권을 가지고 주요 국정에 참여할 수 있는 지위였다.
한편, 나랏일이 이들 당상관 이상으로 임명된 관직에 집중되어 존귀하게 여겨지면서 국왕은 상감(上監), 정2품 이상은 대감(大監), 종2품과 정3품 당상관은 영감(令監)이라는 존칭이 사용되었다.
고려시대에는 12여 명의 재추(宰樞)가 귀족회의 성격을 띠고 국정을 의

논하였는데 비해, 조선의 양반 관료는 많은 당상관에게 여러 특권을 부여하였다.
또 참상관 이상이라야 지방 수령에 나아갈 수 있었으며, 수령의 역임은 당상관으로의 승진에 필수조건이었다.
관직의 명칭은 품계, 관아, 직임의 순으로 표현되었다.
예를 들면 '대광보국숭록대부 의정부 영의정 ○○○'으로 나타냈다.
그리고 관직에는 정해진 품계가 있지만 직임이 일치하지 않는 경우에는 행수법(行守法)이 적용되었다.

품계가 높고 직임이 낮으면(階高職卑) 행(行- 가선대부 행 양주군수), 품계가 낮고 직임이 높으면(階卑職高) 수(守 - 통정대부 수 한성판윤)라 하였다.

문관의 인사는 이조(吏曹)에서, 무관의 인사는 병조(兵曹)에서 맡았으며, 따라서 이조와 병조를 합하여 전조(銓曹)라 하였다.
특히 인사 실무를 담당하였던 정5품 정랑(正郎)과 정6품 좌랑(佐郎)의 지위는 막중하였다. 관료의 근무평정에 따라 승진, 전보, 퇴임 등 인사 행정을 도목정사(都目政事)라 하고 매년 6월과 12월에 시행하였다. 전조에서는 후보자 3인씩을 전형하여 국왕에게 천거하였는데 이를 삼망(三望)이라 하고, 국왕이 그 중에서 적격자를 결정하는 것을 낙점(落點) 또는 비하(批下)라고 하였다.
관료 임명에는 서경(署經)이라는 절차를 거쳤다. 이것은 전조에서 해당자의 친족·외족·처족의 부·조·증조·외조 등 4조(四祖)의 신상명세서를 대간(臺諫)에 보내어 3족의 4조에 하자가 없음을 검증받아야 직첩을 받을 수 있게 되는 것이다.」(*네이버 블로그, 〈이태원의 역사교실〉에서 전재한 것임)

4. 조선의 관직 구조와 각 행정기구의 기능

-E.W.와그너의 "조선 사회에 대한 연구"에서-

조선의 관직구조는 통상 문관직과 무관직으로 나뉘어져 있었다. 문관을 동반(東班)이라 했고 무관을 서반(西班)이라 했는데, 이 둘을 합쳐 양반(兩班)이라 하였다. 양반들이 차지하고 있는 모든 직위의 등급조직은 총 18개의 품계로 나뉘어져 있었다. 제일 높은 등급이 정1품, 그 다음이 종1품인데 이런 식으로 쭉 내려가 종9품(총 18개 품계)에서 끝난다. 개개의 관리는 본질적으로 근무 부서에 따라 등급이 정해져 있는 개인 품계를 가진다. 그는 이 품계의 증명서인 직첩(職牒: 임명사령장)을 발급받는데, 그가 중죄를 범하지 않는 이상 박탈되지 않는다.

물론 통상적으로 맨 처음 관리에 임명되었을 때 첫 개인 품계를 받게 되며, 개인 품계와 임명받는 직위의 품계 사이에는 밀접한 관련이 있었다. 개인 품계의 상승은 대체로 더 높은 품계의 직위에 임명됨으로써 이루어졌다. 하지만 개인 품계의 상승 없이 더 높은 직위에의 임명을 허용하는 규정이 있었다.(이런 경우 직위 앞에 행(行)이란 명칭을 붙었다.) 마찬가지로 개인 품계보다 한 품계 낮은 직위에 임명될 수도 있었다(이런 경우 직위 앞에 수(守)란 명칭을 붙였다. 그러나 한 품계 이상 낮아지는 경우는 거의 없었다). 더 높은 품계를 가진 직위로의 승진은 개인 품계가 높아져서만은 아니었다. 특별 승진은 공신서훈, 왕실과의 혼인, 전쟁에서의 혁혁한 공훈, 왕이 시행하는 문예경연에서의 우승 등과 같은 여러 가지 이유로 이루어졌다.

  정부 고위관직들을 차지한 "양반", 즉 조선왕조의 통치 엘리트는 거의 전적으로 세습신분인 귀족가문 사람들로 구성돼 있었다. 이 특권계급은 조선왕조 때 성립된 것이 아니고 그보다 앞선 역사적 요인들에 의해 생겨났다. 조선왕조 창업으로 기존의 양반계보에 어떤 중요한 변화를 가져온 흔적은 거의 없다. 그리고 왕조의 교체가 지배계급의 구성에 특별한 변화를 야기하지 않았다면, 조선왕조 기간 내내 본질적으로 양반 자격이 그대로 유지되었다고 해서 결코 놀라운 일이 아니다.
  분명히 관습법에 근거한 법적인 문제에서는 양반계급으로의 접근이 그렇게 크게 제한되어 있지 않았다. 그러나 갖가지 법적 사회적 실행에서 지배 엘리트들은 별도로 보호를 받았고 그들 혈통의 신성함이 근본적으로 유지되었다. 물론 수 세기가 흘러가면서 급격히 늘어난 양반인구 중 수많은 사람들이 정부 관직에의 의미 있는 접근이 사실상 차단되어 결국 평민 대중에 흡수되었다.

  양반계급의 핵심에 있으면서도 혜택을 덜 받는 사람들이 있었다. 이 부류의 대표적인 경우가 왕실 문중 사람들이었다. 왕실의 문중 친척들을 정치권력의 나머지 지점으로부터 격리시키는 것이 조선왕조의 기본 정책이었다. 하지만 국왕의 자손이라도 5대 이상 내려온 후손들은 과거 응시와 관직 임명에 대한 자격에서 일반 양반들과 동일한 취급을 받았다. 두 번째 그룹인 양반 서자(庶子)들은 과거응시도 쉽게 허용되지 않았고, 다른 채널을 통해 관직에 나아갈 기회도 제한되어 있었다. 더욱 기가 막혔던 것은 재가(再嫁)한 양반가문 아녀자들의 자식이나 손자들의 관직 임용이 완전히 금지되어 있었다는 점이다.

하급 관료직은 당연히 또 다른 계급인 중인(中人)들의 차지였다. 이 소그룹의 엘리트층들은 특별전형을 거쳐 중앙정부의 기술직과 여러 실무 서기직 등에 채용되었다. 지방에서는 제3의 중인그룹이 관찰사 및 하급 지방 수령을 보좌하는 행정 및 서기직을 수행할 세습적인 권리를 갖고 있었다. 이들 하급 관료들을 향리(鄕吏)라고 불렀다.

두 개의 또 다른 주요 사회계급 그룹이 있었다. 하나는 생산자와 납세자의 핵심을 이루고 있는 농민, 어민, 상인 및 장인(匠人)들로 구성된 상민(常民)이다. 다른 하나는 개인 및 관공서 소유의 노비와 그 외 풍각쟁이, 무당, 기생, 백정 등으로 구성된 천민(賤民)이다. 이들 계급의 사람들은 정부 고위 공직에의 접근이 아주 희귀한 경우를 제외하고는 거의 허용되지 않았다.

정부의 최고위 기관은 의정부(議政府)였다.

의정부는 모든 관청과 그들의 업무에 대한 일반적인 감독권을 갖고 있는 정책기관이었다. 의정부는 뚜렷하게 두 그룹으로 나눠진 7명의 정원으로 구성되었다(舍人 2명, 檢詳 1명, 司祿 2명의 보조직을 제외하고 - 역자 주). 최고위 세 관직인 3공(三公: 3정승)은 일종의 최고회의 간부회 역할을 했다. 즉, 국왕은 간혹 그들에게만 자문을 구했고, 일반적으로 그들은 다른 관리들을 배제하고 국왕과 독대하여 의견을 말하거나 건의할 수 있었다. 3공의 직은 장기근속이 이상적이었으며, 대부분은 이 표준에 따랐다. 3공이 되는 것은 모든 관리들이 열망하는 최고의 영예였다. 그 직위에 임명되는 것은 보통 일생을 바친 공직생활의 정점이었다.

한편, 네 개의 하위 정승직(左贊成, 右贊成, 左參贊, 右參贊)은 거의 명목상의 중요성을 갖고 있었다. 고위 관리들은 가장 빈번하게 육조판서(아래 참조)나 그에 버금가는 직위 및 의정부의 하위 정승직 사이를 번갈아 맡게 되는 경우가 많았으며, 재직 기간은 3공보다는 훨씬 짧았다. 더욱이 정무(政務)는 대부분 3공들이 다루었기 때문에, 그리고 행정적인 책임이 없었기 때문에, 이 네 개의 하위 정승직은 고귀한 명예직으로 고려되는 경향이 있었다. 한편, 3공의 직에 결원이 생기면 거의 대부분 이 하위 정승직에 오른 관리들 사이에서 후보자를 골랐다.

조선 초기에 공신들은 3공의 직을 거의 독차지했다. 첫 3명의 국왕 치세 기간인 26년 동안에는 총 20명의 3공들 중 단지 3명만이, 그리고 단종에서 성종에 이르는 1452년에서 1494년 사이에는 35명 중 3명만이 비(非)공신이었다. 그 사이의 기간인 세종에서 문종까지의 34년 동안에는 전혀 반대현상이 일어났는데, 그러나 이것은 의심할 여지없이 개국공신들 대부분이 무대에서 사라진 것이 주된 이유였다. 성종을 이은 연산군 치세에서 삼공을 지낸 사람들의 대부분이 공신이 아니었던 것도 아마 비슷한 이유로 설명할 수 있을 것이다.

나라의 최고 행정기관은 육조(六曹)였다.
간단히 설명하면, 이조(吏曹)는 문관의 선임, 공훈의 사정(査定), 관리들의 근무성적 평정(評定) 등의 일을 보았다. 호조(戶曹)는 호구, 전지(田地), 조세, 부역, 공납(貢納), 진대(賑貸) 및 수송체계에 대한 행정을 맡았다. 예조(禮曹)는 외교문제, 학교 및 과거(科擧)의 행정, 불교승려의 허가 업무, 국가의 여러 예식 등을 다루었다. 병조(兵曹)는 병적(兵籍), 병참, 우역(郵驛), 봉화(烽火), 성보(城堡), 병기 생산, 부위(府衛), 방호(防護)를 포함한 군사제도에 관한 모든 업무를 보았다. 형조(刑曹)는 검찰관으로서보다는 재판관과 형옥(刑獄) 관리자로서의 기능이 더 강했다. 그러한 범위 내에서 민정과 형사사건들을 함께 다뤘다.

공조(工曹)는 공공건물, 교량 및 도로의 건설과 보수, 국영광산 및 벌채 작업, 장인(匠人) 단체들에 의한 관수용(官需用) 공예품 제작 등을 관장했다.

각 조(曹)에는 3명의 장관급 관리들(判書, 參判, 參議)이 있어서 업무를 관장했다. 병조는 그 외 네 번째 장관급인 참지(參知)를 두고 있었다. 하지만 실질적으로 일상 업무는 젊은 하위 관리인 정랑(正郎)이나 좌랑(佐郎)이 도맡아 처결했으며, 이들은 각 조(曹)에 소속돼 있는 3, 4개 기구의 서기직들을 감독했다. 정랑이나 좌랑이 실질적으로 조(曹)의 업무를 총괄하지 않을 수 없었던 이유는, 장관급인 상전들이 때로는 2, 3개월 혹은 그보다 더 짧은 기간에 휙휙 바뀌었기 때문이다.

세조 치세(1455-1468) 기간에 행정절차에 한 가지 중요한 변화가 일어났다. 왕조의 초기 관습은 육조(六曹)의 운영이 분명히 의정부의 감독 아래 있었다. 즉, 초 긴급사항에 들어가는 몇몇 경우를 제외하고는, 육조는 국왕에게 직접 그들의 업무를 보고할 권한이 없었고 의정부를 통해서만 할 수 있었다. 의정부의 이러한 감독권을 서사(署事)라고 하였다. 의정부의 독단적인 행동에 대해 불평들이 많아지자, 태종은 의정부의 이 감독권을 없애버렸다. 그러나 약 20년 후 세종에 의해 이 제도가 다시 부활되었다. 더욱이 어린 소년인 단종이 직접 국사를 챙길 수 없게 되었을 때 의정부의 총체적인 감독권이 재확인되었으며 실질적으로 더욱 강력해졌다.

물론 의정부가 행사하는 권력과 국왕이 휘두르는 권력 사이에는 상관성이 있었음이 틀림없다. 어리거나 혹은 유약한 국왕 아래서는 우선적인 결정권이 3공에게 크게 치우치는 경향이 있겠지만, 강력한 통치

자라면 통제수단을 직접 휘두르는 경향을 보일 것이다. 영의정의 자리에 있을 때 서사권(署事權)을 무소불위로 행사했던 세조는 일단 국왕이 되자 즉시 그 제도를 폐지해 버렸다.

그래서 육조(六曹)가 거의 모든 업무에 대하여 국왕에게 직접 품의(稟議)할 수 있는 특권을 다시 찾게 되었으며, 이 바람에 의정부의 권한이 약화되었다. 그런데 중종(中宗) 치세기간인 1516년에 의정부의 서사권(署事權)이 다시 부활되었다. 그러나 이 때는 그 개선이 실질적인 결과를 거의 가져오지 못했던 것으로 보인다.

그 이름이 암시하듯이, 승정원(承政院)은 국왕에게 올라가는, 그리고 국왕으로부터 내려오는 모든 정보와 지시, 즉 커뮤니케이션을 처리했다. 승정원에는 총 6명의 승지(都承旨, 左承旨, 右承旨, 左副承旨, 右副承旨, 同副承旨)들이 있었는데 모두 동일한 품계(정3품)였다. 이들 6명의 승지들은 각각 육조(六曹) 중 하나와 관련된 업무를 맡았다. 그들이 국왕을 가까이 모시기 때문에 그리고 정부의 움직임을 광범위하게 알 수 있는 업무를 처리하기 때문에, 승정원 관리들은 동시에 정치적인 역할도 했다. 덜 중요한 정치적인 문제나 혹은 절차상의 문제들에 대해 때때로 국왕이 직접 승지들의 의견을 듣는 경우가 있었다.

승정원 소속의 두 사람의 주서(注書)가 정부의 일상 활동을 사실상 사가(史家)처럼 기록했는데, 그들이 기록한 일기는 실록을 편찬하는 데 가장 중요한 자료 중 하나가 되었다.

사헌부(司憲府)는 시정(施政)에 대한 비평, 모든 관리들에 대한 규찰, 기강과 풍속 정립, 문서위조 및 자격 사칭 예방 등의 업무를 관장했다. 한편 사간원(司諫院)은 국왕에 대해 간쟁하고 관료에 대해 탄핵할 수 있는 권한을 부여받고 있었다. 이처럼 이론적으로 아주 뚜렷한 두 부서의 직무의 차이가 실제상으로는 전혀 지켜진 적이 없었다. 이들 두 부서가 다 함께 왕실, 관료 및 백성(주로 양반)들의 품행과 사회적 관습에 관한 모든 상황들을 감시했다. 사헌부와 사간원은 때때로 그들의 상소를 공동으로 제출하기도 했으며, 그리고 사실 이들 두 부서 모두를 합쳐서 대간(臺諫)이라는 단 하나의 명칭으로 불러 왔다.

사헌부에는 종2품인 대사헌(大司憲)에서 정5품인 2명의 지평(持平)에 이르기까지 6개의 중요한 직위가 있었다. 이 외에 한 무리의 감찰(監察)들이 있었는데, 이는 사헌부가 일정한 한도의 경찰권과 사법권을 갖고 있었기 때문이다.

사간원은 사헌부보다 약간 낮은 품계의 기관이었다. 정3품인 대사간(大司諫)을 우두머리로 하여 총 5명으로 구성되어 있었다. 고위 품계인 대사헌과 대사간의 자리는 상당한 공직근무 기록을 가진, 풍부한 관직 경험이 있는 관리들로 채워졌다. 실제로 위기가 닥친 중대한 시점에서는 의정부의 좌참찬(左參贊)이나 우참찬(右參贊) 혹은 육조판서 중 한 사람이 일정한 기간 동안 대사헌으로 위임되는 경우가 있었다. 하지만 하위 대간직(臺諫職)은 관직생활을 시작한 지 얼마 되지 않은 젊은 사람들에게 꽤 빈번하게 주어졌다. 단지 3, 4년 전에 대과(大科)에 급제한 사람들이 사간원의 정언(正言)이나 사헌부의 지평(持平)에 임명되는 경우가 결코 보기 드문 일이 아니었다. 경우에 따라서는 대간직에의 발탁이 이보다 더 빠른 경우도 있었다.

사헌부와 사간원이 함께 행사했던 주요 직무 중 하나는 4품 이하의 모든 문무 관직 임명에 대한 한정된 종류의 거부권이었다. 서경(署經)이라고 알려진 절차에 따라 피임명자의 성명, 혈통 및 경력을 기록한 서류가 진위 확인을 위해 대간에 제출되었으며, 만약 대간의 관리들이

50일 이내에 동의하지 않으면 그 임명은 무효가 되었다.

때때로 사실상의 간쟁 기관으로서 기능을 했던 또 다른 정부기관이 있었는데 홍문관(弘文館)이 그것이다. 홍문관은 정부기구에 뒤늦게 추가됐는데, 성종 9년(1478년)에야 설치됐다(세조 9년인 1463년이란 설도 있다). 이 관청이 맡은 업무는 다양했다. 정부 소유의 경서(經書)와 사적(史籍)을 관리함으로써 일종의 국영 도서관 역할을 했으며, 왕실에 바치는 비문(碑文)과 찬송문(讚頌文)의 작성 및 정부가 관리하는 여러 서적의 편집 및 간행과 같은 전문적인 문화 사업을 책임졌다. 그리고 정책 혹은 유교 교의에 대한 국왕의 자문관 역할도 했는데, 이때는 국왕의 주의력을 높이기 위해 흔히 예컨대 역사적 교훈이나 정통 중국 작가들의 교훈적인 시문(詩文)을 인용하곤 하였다.

홍문관에는 실질적인 수장인 부제학(副提學: 정3품)에서 정자(正字: 정9품)에 이르기까지 총 17개의 주요 관직이 있었다. 이들 17개 중 12개가 정 5품 내지 그 이하의 품계이기 때문에, 홍문관의 대다수 관원들은 관직에 발을 들여놓은 지 얼마 되지 않은 젊은이들이었음이 분명했다.

부제학 위에는 다른 부서에서 중요한 직책을 갖고 있는 고위 관료들이 겸임하는 3개의 관직이 있었다. 이 가운데 가장 높은 영사(領事: 정1품)는 항상 3공 중 한 사람이 맡았으며, 한편 다른 두 관직(大提學과 提學)은 학문의 성취도가 높은 관리들 중에서 뽑혔던 것으로 보인다. 이들 세 사람은 홍문관 관원들의 업무활동에 대한 감독은 하지 않았다.

홍문관의 가장 중요한 특징은 전체 관원들이 경연(經筵)에서 일정한 직책을 갖고 있어서, 직권상 다른 직무를 겸하고 있었다는 점이다. 경국대전(經國大典)이 경연의 독점적인 기능을 정의하기 위해 사용한 말로 미루어 보건대, 경연은 중국과 조선 고전의 "개념을 밝히고 토론하기 위해" 설치된 것 같다. 하지만 실제로 고전의 연구는 경연 회합에서 부차적인 활동이었다. 경연 회합은 그날의 연구를 위해 선택된 특정한 고전을 읽고 해설하는 것으로 시작된다고 하더라도, 그러나 성서의 한 구절이 설교에서 부연 인용되는 것과 같이, 중요한 시사문제를 토의하면서 고전을 관련시키는 것은 흔히 있을 수 있는 일이었다. 그래서 경연 회합은 (국왕과의) 특별한 접견과 같은 것이었으며, 이 접견에서 실질적으로 하는 일은 그날의 이슈를 토론하는 것이었다. 이 제도가 최적의 조건으로 잘 운영되고 있었을 때에는 경연에 참여하는 관리들이 당면한 정치적 문제점들에 대한 그들의 의견을 국왕에게 제시하거나 간언할 수 있는 중요한 수단이 되었다.

경연관(經筵官)은 다양한 관리들로 채워졌는데, 3명의 영사(領事: 정1품)는 항상 3공들이었고, 6명의 지사(知事: 정2품)와 동지사(同知事: 종2품)는 의정부의 다른 관료 내지 육조판서들 가운데서 임명되었다. 7명의 참찬관(參贊官: 정3품)은 승지(承旨)와 홍문관 부제학으로 채워졌으며, 한편 다른 홍문관 관리들은 하위 경연관으로 근무했다. 그리고 특별참찬관이라는 직위가 있었는데, 이것은 경연에 참여할 수 있는 직책을 가진 관리가 아니거나 전혀 직무를 가지지 않은 관리들이 경연의 회합에 참여할 수도 있었다는 것을 의미한다. 간혹 이들은 공신이나 지도급 무관일 수도 있었다.

본래 경연은 하루에 아침, 점심, 저녁으로 3번 갖게 돼 있었다. 물론 국왕들은 자주 그들의 편의에 따라 시간을 바꿨다. 성종과 중종은 전 치세기간 내내 이 일상적인 회합에 성실히 참여했지만, 연산군은 날이 갈수록 참여도가 줄어들다가 결국 경연 자체를 없애버렸다. 경연에 겸임직을 갖고 있는 관료들은 하루 3번의 회합에 빠짐없이 참여하였음에 틀림없으며, 게다가 대간은 아침과 저녁 회합에 참여할 권한이 부여되어 있었다.

대간이 참여하는 이 경연제도의 모습은 의심할 나위 없이 홍문관을 일종의 간언(諫言)기관으로 변화시키는 중요한 요인이 되었다. 국왕에게 간언을 하는 중요한 광장으로 이용되었던 이 단 하나의 무대에 홍문관은 대간의 다른 두 구성요소(사헌부, 사간원)와 함께 참여했던 것이다. 국왕에게 '충고하는' 주요한 권한을 위임받은 홍문관은 대간들이 제기한 문제점들에 대해 간청을 하건 않건 간에 불가불 그들의 관점을 제시해야만 하였다.

결과적으로 홍문관 관리들은, 비록 그들이 정규 간언(諫言) 기관이 아니었음에도 불구하고 대간의 의견을 중재하는 조정자로서 스스로를 자리매김했으며, 실제로 국왕은 간혹 그들을 이런 역할에 간여시켰다. 대체적으로 홍문관은 대간이 사용했던 것보다 더욱 강력하고 포괄적인 언사로 대간이 올린 권고를 간혹 보증하면서 그들의 견해를 지지했다. 조만간 홍문관의 이 가장 중요한 기능은 사헌부, 사간원 및 홍문관을 총괄적으로 부르는 단일 용어, 즉 '삼사(三司)'라는 말이 만들어짐으로써 공식적으로 인정을 받게 되었다. 이 논문에서 사용되고 있는 용어 "간쟁 기관"과 "사정 기관"은 이들 3개의 기관 전체를 포함하여 말하는 것이다.

의금부(義禁府)는 주로 양반계급이 범한 중대 범죄를 다루는 사법기관이었다. 이 기관은 오직 특별히 명시된 국왕의 명령에 의해서만 활동할 수 있었으며, 국왕이 지적한 범죄사건을 추국하는 것이 본래의 직무였다. 정적 숙청이나 역모와 같은 중대 사건의 경우에는, 의금부의 소규모 상설 관리인 4명의 사법행정관(=判事, 知事, 同知事 등) 외에 최고위 관리들 가운데서 임시로 선임된 특별조사관(=推官)들이 나선다. 추국을 하여 조사과정이 끝난 후 그들은 흰 담비 가죽을 쓰고 국왕에게 형량을 품신(稟申)한다.

중앙정부의 다른 수많은 국가기관 가운데서 약간 중요한 곳 몇 개를 추가로 간단하게 살펴보기로 한다.

예문관(藝文館)은 본래 속기(速記)기관으로 이 기관의 일지 담당자들(=奉敎, 待敎, 檢閱 등)이 경연에서의 토론내용 및 국왕과 신하들 사이의 의견교환 내용을 기록했다.

승문원(承文院)의 직무는 조선의 외교관계에 관련된 서류를 기안, 수정, 정서, 기록하는 일이었다.

춘추관(春秋館)은 국가기록보관소였으며, 때때로 임시로 설치되곤 했던 실록청(實錄廳)의 핵심적인 역할을 한 것으로 보아, 이 기관은 주로 조선왕조실록의 편집업무를 도맡았던 것 같다.

장예원(掌隷院)은 노비들에 대한 기록을 보관했다.

세자시강원(世子侍講院)은 세자의 교육을 책임졌다.

돈령부(敦寧府)는 직계 왕실에 관련된 서류를 발행하고 기록을 보관하는 업무를 맡았다.

충훈부(忠勳府)는 공신들에 대한 같은 내용의 업무를 맡았다. 국왕의 가족, 사위, 그리고 등외 공신들을 위한 유사한 기관들도 있었다.

한성부(漢城府)는 수도권의 행정과 관련된 다양한 업무를 보았으며, 중요한 사법 및 경찰권을 갖고 있었다. 개성부(開城府) 역시 한성부와 마찬가지로 독립적인 지방관청이었다.

4. 조선의 관직 구조와 각 행정기구의 기능 / 555

조선의 지방행정은 중앙정부 기구들과 밀접하게 연결돼 있었다. 단지 두 가지 중요한 표준의 지방관청이 있었다. 즉, 전국을 8도(道)로 나눠 각각 관청을 두었고, 다시 8도를 군(郡) 혹은 그와 유사한 단위로 나누어 각 단위마다 관청이 있었다. 이들 도(道)를 세분화한 각 단위는 그 규모와 그들에게 할당된 정치적 위상이 각각 달랐지만, 어느 것도 행정적으로 다른 것에 종속되지 않았다. 특별수도라고 할 수도 있는 소경(小京)이 동서남북 방위마다 하나씩 4개가 있었고, 4개의 특별시라고 할 수 있는 대도호부(大都護府), 20개의 도시라고 할 수 있는 목(牧, 제주도의 경우엔 島라 했음), 44개의 읍(都護府), 82개의 군(郡), 34개의 현(縣: 縣令이 통치), 그리고 141개의 소현(小縣: 縣監이 통치)이 있었다. 이들 각각의 행정구역들을 다스리는 최고 관리들은 중앙에서 파견되었다. 각 도의 관찰사와 몇몇 다른 범주의 지방장관들은 전문화된 기능을 갖고 있었다. 이들 가운데는 해당 도(道)와 도의 주요 지역의 육군 및 수군 사령관직을 겸하는 경우도 있었다.

군사행정의 목적에서 지방을 5개의 군사령부 관할지역으로 나누었다. 이들 각각의 사령부는 수도의 일부와 일정한 지방을 수비하는 책임을 맡았다. 이들 전체를 수도에 있는 소규모 최고사령부인 오위도총부(五衛都摠府)가 총괄 지휘했다. 왕궁수비대는 별도의 지휘부 아래 있었다.

최고위 군사기구인 중추부(中樞府)는 일정한 직무가 없었던 기구였는데(군사업무는 병조에서 담당), 이 기구에는 24개의 당상관 자리가 마련돼 있었다. 비록 이 자리에는 당연히 무관이 임명되어야 했지만 대부분이 문관들로 채워져 있었다. 무관 직책에 이와 같이 문관들을 채워 넣은 것은 오직 관례적인 사무처리상의 문제였다. 중추부는 그 품계에 합당한 일정한 직무가 없는 당상관들을 대우해주기 위해 적당한 자리를 마련해 주는 것으로 그 소임을 다하고 있었다. 정부는 중요 관직에 더 이상 머무르기가 곤란했던 관리들을 – 예컨대 대간의 공격 때문에 – 종종 이러한 방법으로 사직시켰다.

문관우대는 조선 관직제도의 두드러진 특징이다. 이것은 주로 조선의 유교편향 정책 때문이었지만, 그러나 그것은 또한 거의 1세기 동안 군부독재자들의 세습적인 무단통치의 고통을 겪었던 고려의 불행했던 경험에서 나온 우려를 반영한 것이기도 했을 것이다. 확실히 문관들의 위세와 출세 기회는 그들의 무관 동료들의 그것보다 현저하게 높았다. 비록 많은 무관들이 의정부와 육조(六曹)와 같은 주요 문관직에 합법적인 방법으로 전출하려고 애를 썼지만, 대부분이 그 소망을 이루는 데 실패했다. 이들 주요 문관직들은 특정한 관직들 – 예컨대 승정원, 대간 및 홍문관 – 에게만 사실상 전적으로 기회가 주어져 있었다.

다른 한편으로 거의 모든 중요 무관직들은 문관들의 영향을 받기 쉬웠다. 예를 들면, 문관들이 지방의 육군 및 해군 사령관으로 임명되는 사례가 점점 증가해가고 있었다. 문관우대의 원칙은 병조(兵曹)에서 제도화되어 있었다. 병조는 거의 전 기간을 통해 문관들로 채워진 문민기구였다. 개인적인 우수성과는 아무 관련이 없는, 이와 같은 문관 우월 위상은 무관들 사이에서 적지 않은 분노를 불러 일으켰으며, 때때로 그들의 불만이 폭력으로 나타나기도 했다.

문관직과 무관직 모두 가장 중요한 선발 방법은 정부에서 시행하는 시험(科擧)이었다. 간단히 말해, 매 3년마다 정기적으로 한 번씩 치르는 과거(대과)의 문과 지원자는 2개의 시험관문을 거쳐야 했다.

유생들이 대과 예비시험인 소과(진사과, 생원과)에 합격하면 진사, 생원이 된다. 이 신분은 본질적으로 대과 응시 자격의 의미만 있는 것은 아니었다. 이 과정의 첫 단계인 각 지방에서 실시하는 시험에 총 지원자들 중 700명을 뽑고, 그리고 두 번째 단계인 수도에서 관리하는 시험에서 진사 100명, 생원 100명을 뽑는다. 진사와 생원 합격자들만 응시자격을 갖는 대과의 문과시험 과정은 세 단계로 수행된다. 각 도(道)별로 치르는 시험에서 전국적으로 총 240명을 합격시키고, 그 다음 서울의 예조(禮曹)에서 치르는 시험에서 이들 중 약 33명을 합격시킨다. 이 두 번째 합격자들은 그 후 국왕이 참석한 가운데 세 번째 시험을 치르며 여기서 최종 합격자와 등급이 결정된다. 이 대과 과정에서는 중국 고전과 다른 기본적인 한문서적에 관한 박학다식보다는 문예적인 기술 -다양한 표현 스타일을 구사하여 한자로 된 산문과 시를 짓는 능력-을 훨씬 크게 강조하였다.

매 3년마다 정기적으로 치르는 과거 외에, 별시(別試)라고 불리는 특별한 임시과거가 수시로 행해졌다. 통상적으로 과거 급제자들은 극히 적은 숫자였지만, 그러나 왕국의 나이가 점점 들어가면서 합격자 수가 단계적으로 증가해갔다. 1392년부터 임진왜란 때까지 2세기 동안에 약 4,200명이 문과에 합격했는데, 이는 연평균 21명꼴이다. 그러나 단종 치세 때까지의 첫 60년 동안에는 단지 연평균 약 15명 선이었다. 세조 때 이 비율이 연평균 26명으로 급격히 상승했는데, 이는 아마도 그의 왕위찬탈로 인해 조성된 고약한 여론을 희석시키려는 방편에서 나온 의식적인 시도를 대변하고 있는 것 같다. 그 후 성종 때 이 비율이 18명 선으로 떨어졌으나 연산군과 중종 치세 기간에 다시 각각 21명과 24명으로 올라갔다. 다시 명종 조에서 약간 떨어졌다가 순조 치세 28년 동안에는 28명으로 급상승했다.

매 3년마다 치르는 정규 시험 과정이 변함없이 계속됐기 때문에, 이처럼 합격자 수가 급격히 늘어난 것은 수시로 치르는 별시 때문이었다. 이들 정규시험의 평균 합격자 수는 약 15명으로 꽤 고정되어 있어서 그 증가속도가 매우 낮았으나, 별시가 점점 더 자주 치러지게 되었다. 예컨대 세종 조에서는 치세 32년간 단지 7번의 별시가 있었던 반면, 세조 조에서는 평균 매년 한 번 꼴이었다.

무과 과거는 병조의 감독 아래 문과와 유사하게 시행됐다. 3년마다 치르는 정규 시험에서 무과 최종합격자는 28명이었다. 무과 별시는 문과 별시와 병행하여 시행됐는데, 합격자 수가 문과 합격자 수를 이따금씩 크게 능가했다.

간혹 부정시험에 대한 불만들이 있었지만, 그러나 대체로 왕조 초기의 시험제도는 감탄할 정도로 공정하게 관리된 것으로 보인다. 하지만 때때로 미묘한 형태의 정실이 있었음을 보여주는 증거가 결코 부족하지 않다. 예컨대 고위관리와 공신들의 자식들이-그리고 때로는 공신들 자신들이- 일시에 대거 문과시험에 합격한 적도 있었던 것 같다. 이런 경우가 무관시험에서 훨씬 더 많았음은 의심할 여지가 없다.

정부는 과거제도의 보조기관으로서 학교를 운영했다. 수도에 있는 성균관은 문과 과거 과정을 위한 최상급 예비학교였다. 이 학교의 스텝들도 물론 관료들이었다. 비록 성균관의 관리자나 교수들이 고위관직은 아니었지만, 그들은 대단한 위세를 갖고 있었다. 이는 성균관의 교육과정에 부여된 고도의 중요성은 물론 신참 관료 혹은 견습 관료들로 간주되고 있는 학생(유생)들이 굉장한 잠재력을 가진 하나의 정치 파워를 형성하고 있었기 때문이다. 성균관의 학생 정원은 200명으로 한정돼 있었으며, 거의 전 학생이 자격증(진사. 생원)을 갖고 있었다. 성균관에는 중국과 조선의 유교 철인(哲人)들 가운데서 시성(諡聖)된 정예들에게 예배를 드리는 문묘(文廟)가 있었다.

지방에서는 각 고을의 행정단위마다 "지방학교(鄕校)"가 있었다. 학생 수는 그 행정구역의 등급(府, 郡, 縣)에 따라 최고 90명에서 30명까지였다. 진사, 생원 지망자들을 위한 교육의 장이기도 한 향교와 동등한 수준의 학당이 수도에 4개가 있었는데, 이들의 정원은 각각 100명이었다.

훈련원(訓練院)은 무과 과거 지망자들을 위한 교육을 담당했다. 그 외 몇몇 정부기관에 부속된 기술학교들이 있었는데, 이들은 여러 전문 분야 과거에 응시코자 하는 사람들을 교육시켰다. 외국어, 의술, 천문 및 법률을 가르치는 학교들도 이들 가운데 포함돼 있었다.

과거제도는 관직에 오르는 주된 길이었지만 유일한 길은 아니었다. 그 대안으로 마련된 길 중에서 주된 것이 음직(蔭職) 제도였다. 이것은 국가에 공훈을 세운 사람들을 보상하고 그들의 아들들이나 다른 자손들에게 관직을 내리는 수단이었다. 이러한 제도의 혜택을 가장 많이 받은 사람들이 공신들이었고, 그 다음이 세도가들과 혼인으로 연결된 사람들이었다. 고명한 유교 철인들이나 "청백리(淸白吏)"로서 공경을 받은 사람들에게 특채나 특진을 시키는 경우도 있었다.

출사(出仕)를 의도적으로 피해 왔던 학문과 덕망이 높은 유학자들을 도울 목적으로 그들에게 "유일지사(遺逸之士)"라는 명목상의 벼슬을 내리는 또 다른 임용제도도 있었다. 대체로 과거 외 방법 중 어느 한 가지에 의해 채용된 사람들은 주변 하위직에 머물러 있었다. 그 중 소수가 중간직에 도달할 수 있었고 극소수만이 고위직으로 승차할 수 있었다. 아무튼 정부 내 대부분의 실질적인 중요 직위에 오르기 위해서는 문과나 무과, 특히 문과의 대과에 급제할 필요가 있었다.

(***비변사(備邊司)**): 조선 중기(중종 12년; 1517년)에 와서 설치된 정부기구. 조선시대 군사상 중요 기밀업무(軍國機務)를 관장한 문무(文武) 합의기구로서 비국(備局) · 주사(籌司)라고도 불렀다.

조선의 군사행정은 지금의 국방부격인 병조(兵曹)에서 관장하였는데, 외적의 침입 등 변방에 국가적 비상사태가 발생하면 병조 단독으로 군사 문제를 처결할 수 없기 때문에 의정부와 육조(六曹)의 대신, 그리고 변방의 일을 잘 아는 재상들(知邊司宰相: 경상도 · 전라도 · 평안도 · 함경도의 관찰사와 병사(兵使) · 수사(水使)를 지낸 종2품 이상의 관원)로 구성된 회의에서 협의, 결정하였다.

그러나 이 회의는 대개 적의 침입이 있다는 보고를 받은 후에야 소집되어 즉각 대처하지 못하는 일이 많았기 때문에, 남쪽 해안과 북쪽 국경지대에 대한 국방대책을 사전에 마련하기 위해 1517년(중종 12) 6월에 비변사를 설치하였다. 그러나 초기에는 변방에 중대한 사건이 일어났을 때에만 활동하였다.

또 청사가 설치되고 관원이 임명된 것도 1555년이었다. 이때에는 변방의 군무 외에도 전국의 군무를 모두 처리하였기 때문에, 주무 대신인 병조판서와 국가 최고행정기관인 의정부 대신들도 군사기밀 · 군무를 알지 못하는 폐단이 생겨 행정체계가 무너진다는 비판이 일어 폐지론이 대두되기도 하였다.

그러나 1592년(선조 25) 임진왜란이 일어나 국가의 모든 행정이 전쟁수행과 직결되자 비변사의 기구가 강화되고 권한도 크게 확대되었다. 따라서 3의정(議政) · 판서 · 5군문(軍門)의 장, 4도(都)의 유수(留守) 등 국가 주요 기관의 장이 모두 도제조(都提調) · 제조(提調)가 되어 이에 참여하였으며, 국방문제뿐만 아니라 외교 · 산업 · 교통 · 통신 등 주요 국정(國政) 전반을 비변사 회의에서 토의·결정하였다.
이렇게 되자 국가 최고행정기관인 의정부와 육조는 실권이 없어져 제구실을 하지 못하였다. 관원으로는 도제조(都提調)·제조·부제조·낭청(郎廳)을 두었는데, 도제조는 현임 3정승과 과거에 정승을 지낸 사람이 자동적으로 겸임하게 하였다. 제조는 처음엔 변방을 잘 아는 재상, 이(吏)·호(戶)·예(禮)·병(兵)의 판서 4인, 강화유수(江華留守)가 겸임하였으며, 부제조는 정3품 당상관인 문관들 중에서 병사에 능한 사람을 뽑아 임명하였다. 이들 도제조·제조·부제조를 비변사 당상관이라 하였다. 또한 이 중에서 병무에 통달한 사람 3명을 뽑아 유사당상(有司堂上: 常任委員)으로 임명하여 매일 비변사에 나가 군무를 처리하게 하였다.
1865년 대원군이 집정하면서 의정부와 비변사의 관계를 규정, 국정 의결권을 의정부로 이관하면서 비변사의 기능은 약화되었고, 이후 3군부(三軍府) 제도를 부활, 군무를 처리하게 함으로써 폐지되었다.)

(*인터넷 사이트 네이버에서 인용하였음.)
http://blog.naver.com/saintjet/80019091698

〈이순신과 임진왜란〉(전4권)

이순신역사연구회 저

충무공 자신의 설명으로 들어보는 임진왜란 해전사,
전 국민의 필독서

〈1권〉 **삼가 적을 무찌른 일로 아뢰나이다.**
〈2권〉 **죽더라도 천자의 나라에 가서 죽겠노라.**
〈3권〉 **우리 땅에서 왜적을 토벌치 말라니 통분하옵니다.**
〈4권〉 **신에게는 아직도 열두 척의 배가 남아 있나이다.**

〈각권 신국판 420~464페이지.
값 1,2권: 각 12,000원. 3,4권: 각 13,000원〉

〈독후감〉-〈이순신과 임진왜란〉을 읽고

〈 "....책을 구입해 밤새워 읽었습니다.
그렇게 읽으려고 했던 것은 아니었는데 보는 순간부터
책에서 손을 뗄 수가 없었습니다.

책을 보면서 엄청난 책이라는 것을 알았습니다.
지금까지 제가 알고 있던 상식의 틀은 부서졌고
그 자리에 자랑스럽고 가슴이 뜨거워지는 지식과 체험,
그리고 새로운 임진왜란 해전사가 꿈틀대기 시작했습니다.
짧은 시간이었지만 제가 알고 싶었던 것. 많은 의문부호들이
비로소 느낌표로 바뀌기 시작했습니다.

난중일기를 통해서도, 징비록을 통해서도, 소설들을 통해서도
전문서를 통해서조차 이해할 수 없었던 모든 의문들이
이 책을 통해서 거의 한꺼번에 풀렸습니다.
어떻게 보면 이 점이 이 책의 가장 훌륭한 점이라고 할 수
있을 것 같습니다. 속된 표현일지는 모르지만
'한 큐로 꿰뚫는다'는 표현이 어울리는 책입니다.

책을 읽다보면 어느 순간 나 자신이 독자가 아닌 장군이 이끄시는
조선 함대의 일원이 되어 남해안 이곳저곳을 누비고 다니는듯한 착
각에 빠지게 됩니다.
때로는 해상 숙영지에서, 때로는 격랑의 바다 위에서 기동하며,
때로는 적을 맞아 싸우고 있는 자신을 보게 됩니다.

그 어떤 영화나 드라마, 그리고 소설이나 책에서도 경험하지

못했던 현장감을 이 책은 너무도 실감나게 보여주었습니다.
태산과 같은 감동이 파도를 타고 가슴으로 가슴으로 사정없이
부닥쳐왔습니다. 쉬지 않고 계속해서… 진짜 파도처럼 말입니다.

그리고 온 몸으로 전율을 느끼게 될 즈음 저는 불현듯
이런 자문을 하게 되었습니다.
 "왜 이런 책이 이제야 나왔을까?"
 "지금까지 내가 배우고 알았던 것들은 뭐지?"

-출처: 인터넷, DAUM 아고라, 챔피온님의 글

옮긴이 박기봉(朴琪鳳) 약력

경북고등학교 졸업(1966)
서울상대 경제학과 졸업(1970)
비봉출판사 대표(現)
한국출판협동조합 이사장(前)

〈저서〉
214 한자 부수자 해설(1995)
비봉한자학습법(1998)

〈역서〉
孟子(1992)
漢字正解(1994)
교양으로 읽는 논어(2000)
교양으로 읽는 맹자(2001)
성경과 대비해 읽는 코란(2001)
을지문덕전(2006)
조선상고사(2006)
조선상고문화사(2007)
삼국연의(2014)
독립정신(2017)

충무공 이순신 전서 4

초판 1쇄 발행 | 2006년 12월 15일
초판 3쇄 발행 | 2018년 1월 25일

편역자 | 박기봉
펴낸이 | 박기봉
펴낸곳 | 비봉출판사
주 소 | 서울 금천구 가산디지털2로 98, 2-808(가산동, IT캐슬)
전 화 | (02)2082-7444
팩 스 | (02)2082-7449
E-mail | bbongbooks@hanmail.net
출판등록 | 2007-43 (1980년 5월 23일)
ISBN | 978-89-376-0346-4 03990
　　　　978-89-376-0342-6 03990 (전4권)

값 23,000원

ⓒ 이 책의 판권은 본사에 있습니다.
본사의 허락 없이 이 책의 복사, 일부 무단전제, 전자책 제작 유통 등 저작권 침해 행위는 금지됩니다.

〈조선의 남해 바다 지도〉